강화학습 개념 및 산업현장의 적용 사례

Reinforcement Learning

Industrial Applications of Intelligent Agents

Reinforcement Learning

by Phil Winder, Ph.D.

Reinforcement Learning

강화학습 개념 및 산업현장의 적용 사례

인 쇄: 2023년 10월 23일 초판 1쇄
발 행: 2023년 10월 27일 초판 1쇄

역 자: 김귀훈 · 임현교 · 지창훈
발행인: 송 준
발행처: 도서출판 홍릉
주 소: 01093 서울시 강북구 인수봉로 50길 10
등 록: 1976년 10월 21일 제5-66호

전 화: 02-999-2274~5, 903-7037
팩 스: 02-905-6729
e-mail : hongpub@hongpub.co.kr
http://www.hongpub.co.kr
ISBN : 979-11-5600-135-5(93000)

정 가: 32,000원

낙장 및 파본은 구입처나 본사에서 교환하여 드립니다.

O'REILLY®

강화학습 개념 및 산업현장의 적용 사례

Reinforcement Learning

Industrial Applications of Intelligent Agents

Phil Winder, Ph.D. 지음

김귀훈 · 임현교 · 지창훈 옮김

도서출판 홍릉

역자소개

김귀훈 한국교원대학교 인공지능융합교육전공 전공주임 교수

김귀훈 교수는 KAIST에서 학사, 석사, 박사학위를 취득했다. LG데이콤, 한국전자통신연구원(ETRI)에서 지식융합슈퍼브레인 자가학습엔진 등을 개발하였고 2020년부터 한국교원대학교 인공지능융합교육전공에서 대학생과 현직교사들에게 인공지능을 가르치는 역할을 하고 있다. 산학연 인공지능 커뮤니티인 AI프렌즈 부대표를 역임하고 있고, 한국컴퓨터정보학회, 한국컴퓨터교육학회, 한국통신학회에서 이사 역할을 수행하며 인공지능플랫폼, 지능형에지컴퓨팅, 산업형 강화학습, 인공지능융합교육에 관한 논문을 투고하며 연구 활동을 수행하고 있다. 영재교육원에서 영재교육부장으로 다양한 정보AI 영재 꿈나무를 키우고 있으며, SW/AI 새싹캠프 등을 통해 초중고 아이들에게 재밌는 AI, 따뜻한 AI를 전파하는 전도사 역할을 하고 있다. 주요 저서로는 2015 개정 교육 과정 교과서 인공지능 프로그래밍 기초(파이선), 꼬리에 꼬리는 무는 인공지능 이야기 with 파이썬, 인공지능I/II, 인공지능프로그래밍I/II, 인공지능융합교육프로젝트 등이 있다.

임현교 한국기술교육대학교 융합형 인재양성사업단 박사후연구원

임현교 박사는 2022년에 한국기술교육대학교 창의융합공학협동과정의 ICT융합전공으로 박사학위를 취득했다. 2021년부터 한국교원대학교 교육대학원 인공지능융합교육전공에서 4차 산업혁명 시대에 접어들면서 미래사회에 필요한 역량을 학생들에게 가르칠 수 있는 교사양성을 위한 시간강사와 2022년부터 한국기술교육대학교에서 사람중심형 스마트시티 실현을 위한 융합형 인재양성사업단에서 박사후연구원으로 재직 중이다. 석사과정동안 네트워크 모빌리티 관리분야를 연구했으며, 특히 소프트웨어 정의 네트워킹에서 분산 모빌리티 관리를 연구으며, 박사과정 동안에는 딥러닝과 강화학습을 네트워크 환경 및 다양한 애플리케이션에 적용하기 위한 융합연구를 수행했으며, 다수의 연구 논문 및 특허 실적을 보유하고 있다.

치창훈 한국기술교육대학교 미래융합공학 박사과정

지창훈 연구원은 2023년에 한국기술교육대학교에서 석사 학위를 취득한 후 현재는 박사과정을 진행 중이다. 주요 연구 분야는 머신러닝 및 강화학습이다. 특히, 현실에서 강화학습을 활용한 로봇의 직접 제어에 큰 관심을 가지고 있으며, 회전 이중 도립진자, 드론, 로버 등 다양한 로봇을 강화학습을 통해 제어하는 연구와 개발에 전념하고 있다. 또한, 강화학습과 관련된 다수의 국책 연구사업에 참여하였으며, 다양한 국내외 학회에서 논문을 게재하였다.

이 책은 강화학습의 기본 이론과 함께 다양한 산업현장의 적용 사례가 담긴 실용적인 산업용 강화학습 가이드입니다.

다양한 강화학습 알고리즘은 쉬운 설명과 함께 보고 싶은 븐들과 각 알고리즘에 대해서 산업 적용 사례가 궁금하신 분들에게 추천합니다.

또한, "실제 RL 프로젝트에는 무엇이 포함됩니까?"라는 질문에 답하고 싶습니다.

생성형 AI 시대에 강화학습 기술이 재조명 받고 있는데, 빠르게 이론과 활용을 살펴 보는 데 도움이 되셨으면 좋겠습니다.

이 책의 주요 특징은 다음과 같습니다:

– 강화학습의 기본 이론들을 쉽게 다룹니다.

– 여러 가지 산업 적용 사례를 제공합니다. 대표적인 사례는 다음과 같습니다.
  - 어플리케이션 컨테이너 자동 확장을 통한 비용 절감
  - 빌딩의 에너지 사용 감소
  - 광고 실시간 입찰
  - 소비자를 위한 자동 물품 구매
  - 리뷰를 활용한 추천
  - 자동화된 교통 관리를 통한 대기 줄 감소
  - 원격 차 운전 배우기
  - 자율주행차에서 POMDP 사용
  - UAV에서 싱글 에이전트 분산 학습 사용

이 책을 통해 여러분을 실용적인 산업 강화학습 여행으로 안내하도록 하겠습니다.

좋은 책으로 나올 수 있도록 함께 고민해주신 홍릉출판사 관련자 여러분들, 함께 번역 작업을 함께 해 준 임현교 박사님, 지창훈 연구원님께 감사 말씀을 드립니다. 마지막으로 항상 부족한 저를 응원해주는 우리 가족 진영이, 제희, 연영이 에게도 항상 감사드립니다.

2023. 9. 16.

김귀훈

CONTENTS

CHAPTER 1

왜 강화 학습인가?

1.1 왜 지금 강화 학습이 필요한가? ····· 2
1.2 기계 학습 ····· 3
1.3 강화 학습 ····· 4
1.3.1 언제 강화 학습을 사용해야 할까? ····· 6
1.3.2 강화 학습을 적용한 어플리케이션 ····· 7
1.4 RL 접근 방식의 분류 ····· 9
1.4.1 Model-Free or Model-based ····· 9
1.4.2 에이전트가 전략을 사용하고 업데이트하는 방법 ····· 10
1.4.3 이산(Discrete) 혹은 연속(Continuous) 행동 ····· 11
1.4.4 최적화 방법 ····· 12
1.4.5 정책 평가와 개선 ····· 12
1.5 강화 학습의 기본 개념 ····· 13
1.5.1 첫 번째 강화 학습 알고리즘 ····· 14
1.5.2 RL은 ML과 동일합니까? ····· 17
1.5.3 보상과 피드백 ····· 17
1.6 학문으로서의 강화학습 ····· 19
1.7 요약 ····· 21
1.8 추가 자료 ····· 22
Reference ····· 23

CHAPTER 2

마르코프 결정 프로세스, 동적 프로그래밍과 몬테카를로 방법

2.1 Multi-Arm Bandit 테스트하기 ··· 27

2.1.1 보상 엔지니어링 ··· 28

2.1.2 정책 평가: 가치 함수 ··· 28

2.1.3 정책 개선: 최고 행동 선택 ··· 31

2.1.4 시뮬레이션 환경 ··· 32

2.1.5 실험 실행 ··· 33

2.1.6 ϵ-greedy 알고리즘 개선하기 ··· 35

2.2 마르코프 의사 결정 프로세스(Markov Decision Process) ··· 37

2.2.1 제고 관리 ··· 38

2.2.2 제고 관리 시뮬레이션 ··· 42

2.3 정책과 가치 함수 ··· 44

2.3.1 감가된 보상 ··· 44

2.3.2 상태-가치 함수로 보상 예측 ··· 45

2.3.3 행동-가치 함수로 보상 예측하기 ··· 49

2.3.4 최적의 정책 ··· 50

2.4 몬테카를로 정책 생성 ··· 52

2.5 동적 프로그래밍을 사용한 가치 반복 ··· 54

2.5.1 가치 반복 구현 ··· 56

2.5.2 가치 반복 결과 ··· 58

2.6 요약 ··· 59

2.7 추가 자료 ··· 60

Reference ··· 61

CHAPTER 3

시간차 학습, Q-learning 및 n-스텝 알고리즘

3.1 시간차 학습의 정의 ··· 63

3.2 Q-러닝(Q-learning) ··· 65

3.3 SARSA ··· 67

3.4 Q-러닝과 SARSA 비교 ··· 68

3.5 연구 사례: 어플리케이션 컨테이너 자동 확장을 통한 비용 절감 ··· 71

3.6 산업 적용 사례: 광고 실시간 입찰 73
3.6.1 MDP 정의 73
3.6.2 실시간 입찰 환경의 결과 74
3.6.3 추가 개선 사항 76
3.7 Q-러닝의 확장 77
3.7.1 더블 Q-러닝(Double Q-learning) 77
3.7.2 지연 Q-러닝(Delayed Q-learning) 77
3.7.3 표준, 더블, 지연 Q-러닝 비교 78
3.7.4 대립학습(Opposition Learning) 79
3.8 n-스텝(n-Step) 알고리즘 79
3.9 그리드 환경에서 n-스텝 알고리즘 82
3.10 타당성 추적(eligibility traces) 83
3.11 타당성 추적의 확장 86
3.11.1 Watkins's $Q(\lambda)$ 87
3.11.2 Fuzzy wipes in Watkins's $Q(\lambda)$ 87
3.11.3 빠른 Q-러닝(Speedy Q-Learning) 87
3.11.4 타당성 추적의 저장과 대체 88
3.12 요약 88
3.13 추가 자료 89
Reference 90

CHAPTER 4

심층 Q-네트워크(Deep Q-Networks, DQN)

4.1 딥러닝 구조 92
4.1.1 딥러닝의 기본적인 구조 92
4.1.2 많이 사용하는 신경망 구조 93
4.1.3 딥러닝 프레임워크 94
4.1.4 심층 강화학습 95
4.2 심층 Q-러닝(Deep Q-Learning) 96
4.2.1 경험 재생(Experience Replay) 96
4.2.2 Q-네트워크 복제 97
4.2.3 뉴럴 네트워크 구조 97
4.2.4 DQN 구현 98

4.2.5 예제: CartPole 환경에서 DQN ···· 99
4.2.6 연구 사례: 빌딩의 에너지 사용 감소 ···· 102
4.3 Rainbow DQN ···· 104
4.3.1 분산 강화학습(Distributional RL) ···· 104
4.3.2 우선 순위 기반 경험 재생(Prioritized Experience Replay, PER) ···· 106
4.3.3 노이지 네트(Noisy Nets) ···· 106
4.3.4 듀얼링 네트워크(Dueling Networks) ···· 107
4.4 예제: Rainbow DQN의 Atrai Games 적용 ···· 108
4.4.1 결과 ···· 108
4.4.2 추가로 논의할 부분 ···· 110
4.5 다른 DQN 구현 ···· 112
4.5.1 탐험 개선 ···· 113
4.5.2 보상 개선 ···· 114
4.5.3 오프라인 데이터로 학습하기 ···· 114
4.6 요약 ···· 116
4.7 추가 자료 ···· 117
Reference ···· 118

CHAPTER 5

정책 기울기 메소드

5.1 정책 직접 학습의 장점 ···· 120
5.2 정책의 기울기를 계산하는 방법 ···· 121
5.3 정책 기울기(Policy Gradient) 이론 ···· 122
5.4 정책 함수(Policy Functions) ···· 124
5.4.1 선형적인 정책(Linear Policies) ···· 125
5.4.2 임의의 정책(Arbitrary Policies) ···· 127
5.5 기본 구현(Basic Implementations) ···· 127
5.5.1 몬테 카를로(REINFORCE) ···· 128
5.5.2 베이스라인을 가진 REINFORCE ···· 129
5.5.3 기울기 분산 감소 ···· 132
5.5.4 n-스텝 액터-크리틱과 이득 액터-크리틱(Advantage Actor-Critic, A2C) ···· 134
5.5.5 액터-크리틱의 타당성 추적(Eligibility Traces) ···· 139
5.5.6 기본 정책 기울기 알고리즘 비교 ···· 140

5.6 산업 적용 사례: 소비자를 위한 자동 물품 구매 141
5.6.1 환경: Gym-Shopping-Cart 142
5.6.2 기대치 142
5.6.3 Shopping Cart 환경의 결과 143
5.7 요약 147
5.8 참고 자료 147
Reference 149

CHAPTER 6

정책 기울기를 넘어

6.1 Off-Policy 알고리즘 150
6.1.1 중요도 샘플링(Importance Sampling) 151
6.1.2 행동과 타켓 정책 153
6.1.3 Off-Policy Q-러닝 153
6.1.4 기울기 시간차(Gradient Temporal-Difference, GTD) 학습 154
6.1.5 탐욕적-GQ 155
6.1.6 Off-Policy 액터-크리틱 155
6.2 결정론적 정책 기울기 157
6.2.1 결정론적 정책 기울기 157
6.2.2 심층 결정론적 정책 기울기(Deep Deterministic Policy Gradients, DDPG) 159
6.2.3 이중 지연된 심층 결정론적 정책 기울기(Twin Delayed DDPG, TD3) 162
6.2.4 연구 사례: 리뷰를 활용한 추천 166
6.2.5 DPG의 개선 167
6.3 신뢰 영역 방법(Trust Region Methods) 168
6.3.1 쿨백-라이블러(Kullback Leibler, KL) 발산 170
6.3.2 자연 정책 기울기(Natural Policy Gradients)와 신뢰 영역 정책 최적화(Trust Region Policy Optimization) 172
6.3.3 근접 정책 최적화(Proximal Policy Optimization, PPO) 174
6.4 예제: 실제 환경에서 원하는 곳에 도달하기 위한 서보 모터 활용하기 179
6.4.1 환경 설정 179
6.4.2 강화학습 알고리즘 구현 180
6.4.3 알고리즘의 복잡성 증가시키기 182
6.4.4 시뮬레이션에서 하이퍼파라미터 조정 183

6.4.5 정책들의 결과 ········ 185
6.5 그 밖의 다른 정책 기울기 알고리즘들 ········ 186
6.5.1 리트레이스(λ) ········ 187
6.5.2 경험 재생 액터-크리틱(Actor-Critic with Experience Replay, ACER) ········ 187
6.5.3 Kronecker-Factored 신뢰 영역을 활용한 액터 크리틱(Actor-Critic Using Kronecker-Factored Trust Regions, ACKTR) ········ 188
6.5.4 강조적 방법 ········ 188
6.6 정책 기울기 알고리즘들의 확장 ········ 189
6.6.1 정책 기울기 알고리즘들의 분위수 회귀(Quantile Regression in Policy Gradient Algorithms) ········ 189
6.7 요약 ········ 190
6.7.1 어떤 알고리즘을 사용해야 할까? ········ 190
6.7.2 비동기적 방법 ········ 191
6.8 참고 문헌 ········ 191
Reference ········ 192

CHAPTER 7

엔트로피 방법과 연관된 정책 모두 배우기

7.1 엔트로피(Entropy)란 무엇일까? ········ 196
7.2 최대 엔트로피 강화학습 ········ 197
7.3 소프트 액터-크리틱(Soft Actor-Critic, SAC) ········ 198
7.3.1 SAC 구현 세부사항과 이산 행동 공간 ········ 199
7.3.2 자동 온도 매개변수 조정 ········ 199
7.3.3 연구 사례: 자동화된 교통 관리를 통한 대기 줄 감소 ········ 200
7.4 최대 엔트로피 방법들의 확장 ········ 201
7.4.1 다른 엔트로피 측정 방법들(그리고 앙상블) ········ 201
7.4.2 더블 Q-러닝의 상한값을 사용한 낙관적 탐험(Optimistic Exploration) ········ 201
7.4.3 경험 재생(Experience Replay)의 조정 ········ 202
7.4.4 부드러운 정책 기울기 ········ 202
7.4.5 부드러운 Q-러닝(Soft Q-Learning)과 그 유도 ········ 202
7.4.6 경로 일관성 학습(Path Consistency Learning) ········ 203
7.5 성능 비교: SAC vs PPO ········ 203

7.6 **어떻게 엔트로피가 탐험을 장려시킬까?** ········ 205
7.6.1 온도 매개변수는 탐험을 어떻게 변화시킬까? ········ 208
7.7 **산업 적용 사례: 원격 차 운전 배우기** ········ 210
7.7.1 문제 정의 ········ 210
7.7.2 훈련 시간 최소화 ········ 210
7.7.3 극적인 행동들 ········ 213
7.7.4 하이퍼파라미터 탐색 ········ 214
7.7.5 최종 정책 ········ 215
7.7.6 추가적 개선 사항 ········ 216
7.8 **요약** ········ 216
7.8.1 정책 기울기와 부드러운 Q-러닝 간의 등가성 ········ 217
7.8.2 이것이 미래에 의미하는 바는? ········ 217
7.8.3 이것이 현재에 의미하는 바는? ········ 217
Reference ········ 218

CHAPTER 8

에이전트 학습 방법 개선

8.1 **MDP에 대한 재고** ········ 221
8.1.1 부분적으로 관찰 가능한 마르코프 결정 프로세스(Partially Observable Markov Decision Process, POMDP) ········ 221
8.1.2 연구 사례: 자율주행차에서 POMDP 사용 ········ 223
8.1.3 상황별 마르코프 의사 결정 프로세스 ········ 224
8.1.4 변경 행동이 있는 MDP ········ 224
8.1.5 정규화된 MDP ········ 225
8.2 **계층적 강화 학습(Hierarchical Reinforcement Learning)** ········ 225
8.2.1 Naive 계층적 강화 학습 ········ 226
8.2.2 내재적 보상이 있는 고-저 수준 계층 구조(HIRO) ········ 227
8.2.3 학습 기술 및 비지도 RL ········ 228
8.2.4 HRL에서 기술 사용하기 ········ 229
8.2.5 HRL 결론 ········ 230
8.3 **다중 에이전트 강화 학습(Multi-Agent Reinforcement Learning)** ········ 231
8.3.1 MARL 프레임워크 ········ 231
8.3.2 중앙집중식 혹은 비중앙집중식 ········ 233

8.3.3 단일 에이전트 알고리즘 ··· 235
8.3.4 연구 사례: UAV에서 싱글 에이전트 분산 학습 사용 ··· 235
8.3.5 중앙 집중식 훈련, 비 중앙 집중식(분산) 실행 ··· 236
8.3.6 비중앙 집중식(분산/탈중앙식) 학습 ··· 237
8.3.7 다른 조합 방법 ··· 238
8.3.8 MARL의 과제 ··· 240
8.3.9 MARL의 결론 ··· 241
8.4 전문가의 가이드 ··· 241
8.4.1 행동 복제 ··· 241
8.4.2 모방 RL ··· 242
8.4.3 Inverse RL ··· 242
8.4.4 커리큘럼 RL ··· 244
8.5 새로운 패러다임 ··· 246
8.5.1 메타 학습(Meta-Learning) ··· 246
8.5.2 전이 학습(Transfer Learning) ··· 246
8.6 요약 ··· 247
8.7 추가 자료 ··· 248
Reference ··· 250

CHAPTER 9

실용적인 강화 학습

9.1 RL 프로젝트 라이프 사이클 ··· 256
9.1.1 라이프 사이클 정의 ··· 258
9.2 문제 정의: RL 프로젝트란 무엇입니까? ··· 261
9.2.1 순차적인 RL 문제들 ··· 261
9.2.2 전략적인 RL 문제들 ··· 262
9.2.3 저수준 RL 지표 ··· 263
9.2.4 학습의 종류 ··· 265
9.3 RL 공학 및 개선 ··· 269
9.3.1 프로세스(과정) ··· 269
9.3.2 환경 공학 ··· 270
9.3.3 상태 공학 또는 상태 표현 학습 ··· 273
9.3.4 정책 공학 ··· 275

9.3.5 행동 공간에 정책 매핑 ... 281
9.3.6 탐험 ... 284
9.3.7 보상 엔지니어링(Reward Engineering) ... 290
9.4 요약 ... 295
9.5 추가 자료 ... 296
Reference ... 297

CHAPTER 10

운영 강화 학습(Operational Reinforcement Learning)

10.1 구현 ... 304
10.1.1 프레임워크 ... 304
10.1.2 스케일링 RL ... 307
10.1.3 평가 ... 315
10.2 배치 ... 324
10.2.1 목표 ... 324
10.2.2 아키텍쳐 ... 327
10.2.3 보조 도구 ... 329
10.2.4 안전성, 보안성, 윤리 ... 335
10.3 요약 ... 342
10.4 추가 자료 ... 342
Reference ... 345

CHAPTER 11

결론과 미래

11.1 팁과 속임수 ... 350
11.1.1 문제 프레이밍 ... 350
11.1.2 당신의 데이터 ... 352
11.1.3 훈련 ... 353
11.1.4 평가 ... 353
11.1.5 배포 ... 354

11.2 디버깅 ··· 355

11.2.1 ${ALGORITHM_NAME} Can't Solve ${ENVIRONMENT}! ··· 356

11.2.2 디버깅을 위한 모니터링 ··· 357

11.3 강화 학습의 미래 ··· 358

11.3.1 강화 학습의 시장성 ··· 359

11.3.2 미래의 강화학습과 연구 방향 ··· 360

11.4 끝 맺음 ··· 365

11.4.1 다음 단계 ··· 366

11.4.2 이제는 당신의 차례 ··· 367

11.5 추가 자료 ··· 367

Reference ··· 368

왜 강화 학습인가?

인간은 어떻게 학습을 할까요? 이 단순한 질문은 수천 년 동안 사상가들에게 오랫동안 고민하게 만들었습니다. 그리스 철학자 플라톤과 그의 학생 아리스토텔레스는 스스로에게 물었으며, 2,500년이 지난 지금도 인간은 여전히 이 질문에 답하려고 노력하고 있습니다.

인간이 이미 모든 것을 알고 있다면 더 이상 여러 경험을 할 필요가 없습니다. 인간은 "내 열쇠는 어딨어?"와 "정문을 잠그셨나요?" 같은 질문에 심사숙고함으로써 좋은 결정을 하게 됩니다. 그러나 인간은 어떻게 처음부터 그 지식을 얻습니까? 인간은 지식을 서로 가르칠 수 있습니다. 또한, 더 높은 수준의 교육을 통해 인간 간의 더 나은 사회가 이루어집니다. 그러나 당신은 모든 것을 가르칠 수는 없습니다. 따라서, 인생에서 인간은 당야한 경험을 겪어야합니다.

어린 아이들은 다양한 상황과 결과를 경험하는 과정에서 새르운 영감을 얻습니다. 장기적으로, 아이들은 보람있는 경험을 추구하기 시작하고 해로운 경험을 피합니다. 또한, 적극적으로 결정을 내리고 결정에 따른 결과를 평가합니다. 그러나 어린이의 삶은 수수께끼이며 보상은 종종 오해의 소지가 있습니다. 찬장에 올라감으로써 쿠키를 먹는 것에 대한 즉각적인 보상은 어린아이를 달콤하지만, 위험한 찬장에 올라간 것에 대한 처벌은 더 큽니다.

강화(Reinforcement)에 의한 학습 방법은 두 가지 임무를 결합하여 이루어집니다. 첫 번째는 새로운 상황을 탐색하는 것입니다. 두 번째는 그 경험을 활용하여 추후에 더 나은 결정을 내리는 것입니다. 예를 들어, 아이는 스스로 서서 사랑하는 부모의 팔에서 벗어나며 앞으로 걷는 법을 배웁니다. 그러나 이것은 몇 시간 동안 반복하고 넘어지는 것을 경험한 후에 아이의 다리 근육은 언제 어떻게 움직여야 걸을 수 있는지 다단계 전략을 사용함으로써 걸음걸이를 터득합니다. 부모는 자녀가 필요로하는 모든 것들을 가르칠 수는 없으므로 인생을 스스로 배울 수 있는 방법을 제공하는 프레임워크를 제공해야합니다.

이 책에서는 컴퓨터 내에서 강화 과정을 수행할 수 있는 방법을 소개합니다. 기계(컴퓨터)가 스스로 학습할 수 있게 한다는 것은 여러분이 기계(컴퓨터)에게 새로운 경험을 제시하고, 어떤 기계도 이전에 가지 않았던 곳으로 대담하게 갈 수 있는 능력을 제공하는 것입니다.

이 장에서는 강화에 의한 학습의 서론을 설명합니다. (2장에서는 공식적인 정의를 합니다.) 먼저 엔지니어들이 왜 강화 학습을 필요로 하고 왜 지금 필요한지 설명합니다. 이 챕터를 마치면 강화 학습을 사용할 수 있는 산업을 파악하고, 자신만의 첫 번째 수학적 모델을 개발할 수 있습니다. 또한 이 책의 뒷부분에서 만나게 될 알고리즘 유형에 대한 개요도 얻을 수 있습니다.

> 이 책에서 '엔지니어'라는 단어는 문제를 해결하기 위해 자신의 기술을 사용하는 모든 사람을 추상적으로 이야기합니다. 즉, 소프트웨어 엔지니어, 데이터 엔지니어, 데이터 과학자, 연구원 등입니다.

1.1 왜 지금 강화 학습이 필요한가?

다음의 두 가지 이유로 인해 강화 학습을 수행할 필요성을 증가시켰습니다. 1) 대량의 데이터에 대한 처리, 2) 더 빠른 데이터 처리 속도입니다.

2000년까지 인간의 지식은 책, 신문, 자기 테이프와 같은 아날로그 장치에 저장되었습니다. 이 지식을 압축하면 1993년에는 15.8엑사바이트의 공간이 필요했을 것입니다(1엑사바이트는 10억 기가바이트). 2018년에는 33제타바이트(1제타바이트는 1조 기가바이트)로 증가했습니다.[1] 한 클라우드 공급업체는 대량의 데이터를 업로드하기 위해 배송 컨테이너 크기의 하드 디스크 드라이브에 저장해야 합니다.[2]

또한 모든 데이터를 분석하는 데 필요한 많은 계산 능력이 필요합니다. 이를 보여주기 위해 초기 강화 학습 구현 사례를 보겠습니다.

1947년에 Dietrich Prinz는 영국 맨체스터에서 Ferranti에서 근무했습니다. 그곳에서 그는 Ferranti Mark 1.3이라는 맨체스터 컴퓨터의 첫 번째 생산 버전을 설계하고 구축하는 것을 도왔습니다. 그는 Alan Turing과 Cicely Popplewell의 지도 아래 Mark 1[3]을 프로그래밍하는 방법을 배웠습니다. 이 주제에 관해 Turing의 논문에 영향을 받은 Prinz는 1952년에 "matein-2"라는 단일 문제 세트를 풀 수 있는 체스 프로그램을 발표했습니다. 이것은 체스에서 체크메이트를 일으키는 두 가지 수를 선택하는 퍼즐입니다. Prinz의 알고리즘은 가능한 모든 위치를 철저하게 검색하여 평균 15~20분 안에 체크메이트할 수 있는 솔루션을 생성했습니다. 이것은 2장에서 설명한 몬테카를로 알고리즘의 구현입니다. Prinz는 체스 프로그래밍을 "전자 컴퓨터를 통해 다른 분야의 구조적 또는 물류 문제를 처리하는 데 사용할 수 있는 방법에 대한 단서"로 보았습니다.[4]

엄청난 데이터 양의 축적과 하드웨어의 계산 성능 증가는 2010년경 기계에게 학습을 가르치는 것이 가능하고 필요하다는 것을 의미했습니다.

1.2 기계 학습

> 기계 학습에 대한 전체 요약은 본 장의 주제를 벗어납니다. 그러나 강화 학습은 기계 학습에 의존되어 있습니다. 기계 학습에 대해 가능한 한 많이 읽으십시오. 특히 20페이지의 "추가 읽기"에서 추천하는 책을 읽으십시오.

데이터의 편재성과 값싼 고성능 컴퓨팅의 가용성으로 인해 연구자들은 1950년대의 알고리즘을 다시 검토할 수 있었습니다. 기계 학습(Machine Learning, ML)이라는 이름을 선택한 이유는 ML이 하나의 분야이자 일련의 기술로 동시에 받아들여지기 때문입니다. ML을 현상에 의해 생성된 데이터를 조사하는 포괄적인 과학 분야인 데이터 과학의 하위로 볼 수 있습니다. 비슷한 이유로 인공 지능(AI)이라는 용어를 싫어합니다. 지능이 달성되는 방법을 지정하는 것은 고사하고 지능이 무엇인지 정의하는 것도 충분히 어렵습니다.

ML은 관찰 데이터 형태의 많은 정보로 시작합니다. 관찰은 엔터티를 설명하는 단일 지점의 특성 모음을 나타냅니다. 예를 들어, 선거 여론 조사에서 하나의 관찰은 한 사람의 예상 투표를 나타냅니다. 추천 작업의 경우 관찰은 특정 제품에 대한 클릭일 수 있습니다. 엔지니어는 ML 알고리즘을 사용하여 이 정보를 해석하고 결정을 내립니다.

지도 학습에서 레이블은 특정 관찰에 대한 문제에 대한 답을 찾는 것입니다. 그런 다음 알고리즘은 정보를 사용하여 올바른 결과를 추측하려고 시도합니다. 비지도 학습은 레이블 없이 작동하며 데이터의 특성에 따라 결정을 내립니다. 저는 항상 Winder Research의 고객에게 지도 학습을 목표로 할 것을 권장합니다. 예를 들어 레이블을 찾기 위해 비용을 지불하거나 실험을 실행하는 방식으로 말입니다. 근거 정보가 없으면 성능을 정량화하기가 어려울 것이기 때문입니다.

문제를 해결하기 위한 알고리즘을 찾는 과정을 모델링이라고 합니다. 엔지니어는 근본적인 현상을 단순화하고 표현하기 위해 모델을 설계합니다. 그들은 모델을 사용하여 새로운 관찰에 대해 교육적인 추측을 합니다. 예를 들어 모델은 신규 고객이 애플리케이션에 잘못된 정보를 제공했다고 알려주거나 음성을 텍스트로 변환할 수 있습니다.

이러한 설명이 주어지면 자녀에게 자전거 타는 방법을 가르치는 것을 생각해 봅시다. 이 작업을 수행하는 가장 좋은 방법은 무엇입니까? ML 패러다임에 따르면 레이블이 있는 많은 관찰을 제공해야 합니다. 자녀에게 전문 자전거 타는 사람의 비디오를 보라고 말할 수 있습니다. 지루할 수 있으나, 무시하고 비디오를 충분히 본 후에는 임의의 기술적 성공 기준에 따라 그들의 능력을 테스트할 수 있습니다. 정상적으로 자녀가 자전거를 탈까요? 아니요.

ML이 많은 애플리케이션의 기본임에도 불구하고 일부 문제는 적합하지 않습니다. 이전 예를 계속하기 위한 더 나은 해결책은 자녀가 시도하도록 하는 것입니다. 때때로 그들은 시도하고 실패할 것입니다. 다른 때에는 성공할 것입니다. 각 결정은 그들의 판단을 바꿀 것입니다. 충분한 시도와 지도를 받은 후, 그들은 성공에 대한 자신의 정의를 극대화하는 전략을 배우게 될 것입니다. 이것은 지도가 아닌 강화를 통한 학습의 성공입니다.

1.3 강화 학습

강화 학습(Reinforcement Learning, RL)은 실제 성공 측정을 최대화하기 위해 컨텍스트 내에서 순차적으로 최선의 결정을 내리는 방법을 알려줍니다. 의사결정 주체는 시행착오를 통해 이를 학습합니다. 어떤 결정을 내려야 하는지 알려주는 것이 아니라 스스로 시도하면서 학습해야 합니다. 그림 1-1은 RL의 네 가지 구성 요소를 소개하고 2장에서서는 더 자세히 살펴봅니다.

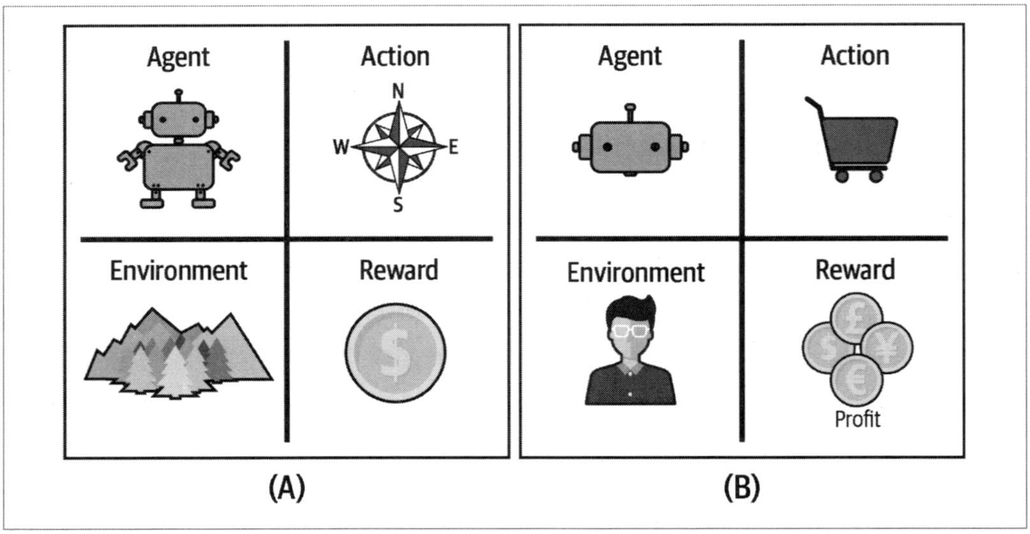

그림 1-1 RL에 필요한 네 가지 구성 요소의 그림: 행동을 제시하는 에이전트, 환경에 가장 큰 보상을 제공하는 에이전트. 예 (A)는 동전을 모으기 위해 미로를 통과하려는 로봇을 보여줍니다. 예 (B)는 수익을 극대화하기 위해 사용자의 장바구니에 제품을 자동으로 추가하는 전자 상거래 애플리케이션을 보여줍니다.

각 결정은 행동입니다. 예를 들어, 당신이 자전거를 탈 때 행동은 스티어링의 방향, 얼마나 페달을 밟아야 하는지, 브레이크를 밟을 것인지 여부입니다. 장바구니에 항목을 자동으로 추가하려는 경우 작업은 특정 제품을 추가하는 결정입니다.

컨텍스트는 모든 실제 상황을 나타낼 수 있지만 종종 문제를 해결할 수 있도록 제한됩니다. RL 에이전트는 환경과 상호 작용할 인터페이스를 만듭니다. 이것은 시뮬레이션, 실생활 또는 둘의 조합일 수 있습니다. 환경은 행동을 받아들이고 결과와 새로운 관찰 세트로 응답합니다.

에이전트는 결정을 내리는 엔터티입니다. 예를 들어 자녀, 일부 소프트웨어 또는 로봇일 수 있습니다.

보상은 에이전트의 도전을 인코딩합니다. 이 피드백 메커니즘은 에이전트에게 어떤 행동이 성공(또는 실패)으로 이어졌는지 알려줍니다. 보상 신호는 일반적으로 숫자이지만 행동을 강화하기만 하면 됩니다. 예를 들어 유전 학습 전략은 보상을 제공하지 않는 대신 성과가 저조한 에이전트를 삭제합니다.

계속해서 예를 들면 목표를 달성한 로봇에게 브상을 주거나 올바른 제품을 바구니에 추가한 에이전트에게 보상할 수 있습니다. 간단하죠? 하지만 로봇이 대부분의 시간을 원을 그리며 돌기 때문에 단순한 미로를 푸는 데 3일이 걸린다면 어떨까요? 또는 상담원이 장바구니에 모든 제품을 추가하기 시작하면 어떻게 될까요?

이 과정은 동물들에게도 일어납니다. 유전자를 물려주려면서 생존 가능성을 극대화해야 합니다. 예를 들어, 대부분의 초식 동물처럼 무스는 생존을 위해 많이 먹어야 합니다.[5] 그러나 2011년 스웨덴 예테보리 근처에서 발효된 사과를 먹은 후 나무에 갇힌 무스가 발견되었습니다. 먹으라고 하는 무스 보상 시스템은 목표가 너무 일반적이기 때문에 무너졌습니다. 생존 가능성을 극대화하기 위해 아무것도 먹을 수 없으며, 그것보다 더 복잡합니다.

이러한 이유로 Ada Lovelace가 Bernoulli 수를 생성하는 알고리즘을 처음 작성한 이후 존재했던 RL의 주요 문제를 강조하기 시작합니다. 기계에게 원하는 작업을 어떻게 지시합니까? RL 에이전트는 종종 잘못된 것을 최적화하기 때문에 어려움을 겪습니다. 지금은 가능한 한 간단하게 보상을 유지하는 것이 좋습니다. 문제에는 종종 자연스러운 보상이 있습니다. 9장에서 이에 대해 자세히 설명합니다.

이 네 가지 구성 요소는 Markov 결정 프로세스(Markov Decision Process, MDP)를 나타냅니다. 엔지니어링 문제가 아닌 경우에도 MDP를 사용하여 문제의 틀을 잡습니다. 2장에서는 이러한 아이디어를 보다 자세히 설명합니다.

1.3.1 언제 강화 학습을 사용해야 할까?

인터넷에서 찾은 일부 RL 예제는 억지가 보입니다. 그들은 명확한 에이전트나 행동이 없음에도 불구하고 ML 예제를 취하고 RL을 적용하려고 시도합니다. 예를 들어 RL을 주식 시장 예측에 통합하려는 몇 가지 예를 살펴보십시오. 자동 에이전트를 사용하여 거래를 할 가능성이 있지만 많은 예에서 이것은 초점이 아닙니다. 초점은 여전히 예측 모델에 있습니다. 이것은 적절하지 않으며 ML에 맡기는 것이 가장 좋습니다.

RL은 결정이 순차적이고 행동이 환경 탐색으로 이어질 때 가장 잘 작동합니다. 고전적인 RL 애플리케이션인 로봇 공학을 살펴보겠습니다. 로봇의 목표는 알려지지 않은 행동을 수행하는 방법을 배우는 것입니다. 성공하는 방법을 로봇에게 알려서는 안 됩니다. 왜냐하면 이것은 너무 어렵거나(로봇에게 집을 지으라고 어떻게 말합니까) 아니면 자신의 경험에 편향되어 있을 수 있기 때문입니다(당신은 로봇이 아닙니다). 로봇으로 움직이는 가장 좋은 방법을 알고 있습니다. 대신 로봇이 탐색하도록 허용하면 최적의 솔루션을 향해 반복할 수 있습니다. 이것은 RL에 적합합니다.

> 항상 당면한 문제를 만족스러운 수준으로 해결하는 가장 간단한 솔루션을 선택해야 합니다.

RL의 주요 장점은 장기적이고 다단계 보상을 위해 최적화된다는 것입니다. 두 번째 장점은 비즈니스에서 사용하는 메트릭을 통합하는 것이 매우 쉽다는 것입니다. 예를 들어, 광고 솔루션은 일반적으로 개별 광고에 대해 최상의 클릭률을 홍보하도록 최적화되어 있습니다. 시청자는 종종 여러 광고를 보고 목표는 클릭이 아니라 유지, 가입 또는 구매와 같은 더 큰 것이기 때문에 차선책입니다. 표시되는 광고의 조합은 어떤 순서로, 어떤 콘텐츠와 함께 비즈니스 요구 사항과 일치하는 사용하기 쉬운 목표를 활용하여 RL에 의해 모두 자동으로 최적화될 수 있습니다.

개발을 더 쉽게 하기 위해 이전 섹션에 제시된 네 가지 구성 요소 중 일부를 생략할 수 있습니다. 로봇이 목표에 도달하는 것과 같은 자연스러운 보상 신호가 없다면 인위적인 보상을 설계할 수 있습니다. 환경의 시뮬레이션을 만드는 것도 일반적입니다. 동작을 퀀타이즈하거나 자를 수 있습니다. 그러나 이것들은 모두 타협입니다. 따라서, 시뮬레이션은 실제 경험을 대체할 수 없습니다.

RL은 최적의 모델을 적극적으로 검색합니다. 무작위 샘플을 생성하고 오프라인에 맞출 필요가 없습니다. 빠른 온라인 학습은 가능한 한 빨리 성과를 극대화하는 것이 중요할 때 놀라운 효과를 발휘할 수 있습니다. 예를 들어 어떤 마케팅 카피를 사용할지 결정하는 것과 같은 수익 기반

A/B 테스트에서 실적이 저조한 무작위 샘플을 수집하는 데 시간을 낭비하고 싶지 않을 것입니다. RL은 이 작업을 무료로 수행합니다. 2장에서 A/B 테스트가 RL과 어떻게 관련되는지 자세히 알아볼 수 있습니다.

> 요약하면 RL은 순차적이고 복잡한 결정이 필요하고 장기적인 목표(단일 결정의 맥락에서)가 있는 애플리케이션에 가장 적합합니다. ML은 절반 정도 도달할 수 있지만 RL은 직접적인 피드백이 있는 환경에서 탁월합니다. 저는 ML 솔루션의 성능을 조정하는 데이터 과학자 팀을 대체하기 위해 RL을 사용한 일부 실무자와 이야기를 나눴습니다.

1.3.2 강화 학습을 적용한 어플리케이션

나는 이 책 전체에서 두 가지 이유로 다양한 예를 제시한다. 먼저 알고리즘 작동 방식과 같은 이론적 측면을 설명하고 싶습니다. 이러한 예는 간단하고 추상적입니다. 개인적으로 예제를 보는 것이 학습에 도움이 된다고 생각합니다. 또한 학습에 도움이 되도록 예제를 복제해 보는 것이 좋습니다. 둘째, 산업계에서 RL을 사용하는 방법을 보여주고 싶습니다.

다양한 미디어 매체에서는 RL 에이전트가 게임에서 인간을 물리치는 사례에 집중하는 경향이 있습니다. 그들은 인간이 쓸모 없게 된다는 좋은 이야기를 좋아합니다. 그리고 학자들은 복잡한 시뮬레이션 환경 때문에 게임이 계속해서 유용하다고 생각합니다. 그러나 저는 바둑 세계 챔피언을 이긴 에이전트 버전인 DeepMind의 AlphaGo Zero나 Dota 2 세계 챔피언을 이긴 OpenAI Five에 대해 이야기하지 않고 대신 광범위한 산업 분야의 응용 프로그램과 사례에 집중하기로 결정했습니다. 게임 예제가 시간 낭비라는 말은 아닙니다. 게임 회사는 게임 내 "AI"를 테스트하거나 최적화하여 수익을 극대화하는 것과 같은 많은 실용적인 목적으로 RL을 사용할 수 있습니다. 나는 당신이 과대 광고를 지나 RL을 적용할 수 있는 모든 다른 장소를 보여주고 싶다는 말을 하고 싶습니다. 무엇이 가능한지 보여드리기 위해 저는 개인적으로 흥미롭다고 생각하는 다양한 실험을 제시합니다.

- 로봇 공학 분야에는 이동 및 제조 개선, 컵에 공 넣기(ball-in-a-cup) 놀이, 팬케이크 뒤집기[6] 등 많은 응용 분야가 있습니다. 자율 주행 차량드 활발한 연구 주제입니다.[7]
- RL을 사용하여 클라우드 컴퓨팅을 개선할 수 있습니다. 한 논문은 대기 시간,[8] 다른 전력 효율성/사용에 대해 애플리케이션을 최적화합니다.[9] 데이터 센터 냉각, CPU 냉각 및 네트워크 라우팅은 모두 현재 사용 중인 RL 애플리케이션입니다.[10, 11, 12]

- 금융 산업은 RL을 사용하여 거래를 하고 포트폴리오 할당을 수행합니다.[13, 14] 그리고 실시간으로 가격을 최적화하는 데 상당한 관심이 있습니다.[15]
- (난방, 물, 조명 등을 통해) 건물에서 사용하는 에너지의 양은 RL을 통해 크게 줄일 수 있습니다.[16] 그리고 전기 그리드는 수요가 복잡한 상황을 처리하기 위해 RL을 활용할 수 있습니다. 주택은 생산자이자 소비자입니다.[17]
- RL은 신호등 제어 및 능동적 차선 관리를 개선하고 있습니다.[18, 19] 스마트 도시도 이점을 얻습니다.[20]
- 최근 논문에서는 의료 분야, 특히 투여 및 치료 일정 영역에서 RL을 많이 적용할 것을 제안합니다.[21, 22] RL은 더 나은 보철 및 보철 컨트롤러를 설계하는 데 사용할 수 있습니다.[23]
- 교육 시스템과 e-러닝은 고도로 개별화된 RL 기반 커리큘럼의 이점을 누릴 수 있습니다.[24]

게임, 기술, 운송, 금융, 과학 및 자연, 산업, 제조 및 공공 서비스 모두 RL 응용 프로그램을 인용했습니다.

> 다양한 분야에 속한 여러분을 놓치고 싶지 않기 때문에 대신 RL 애플리케이션의 포괄적인 카탈로그가 있는 함께 제공되는 웹 사이트를 참조하십시오.

모든 기술은 잘못 사용하면 위험합니다. 그리고 AI에 대한 포퓰리스트 주장처럼 RL을 위험하다고 해석할 수 있습니다. 엔지니어로서, 인간으로서 무엇을 만들고 있는지 생각해 보시기 바랍니다. 다른 사람들에게 어떤 영향을 미칠까요? 위험은 무엇입니까? 그것은 당신의 도덕과 충돌합니까? 항상 자신의 작업을 정당화하십시오. 그렇게 할 수 없다면 아마 하지 말아야 할 것입니다. 다음은 세 가지 더 문서화된 악의적인 응용 프로그램입니다. 각각은 다른 윤리적 경계를 가지고 있습니다. 당신의 경계는 어디입니까? 어떤 응용 프로그램이 허용됩니까?

- Pwnagotchi는 handshake들을 해독하여 WPA/WPA2 WiFi 네트워크를 능동적으로 스캔, 스니핑 및 해킹하는 RL 기반 장치입니다.[25]
- 연구원들은 바이러스 스캐너에서 정적 맬웨어 모델을 회피하도록 에이전트를 훈련시킬 수 있음을 보여주었습니다.[26]

- 미 육군은 자율 로봇이 전장에서 어떻게 도움이 되는지 보여주기 위해 전쟁 시뮬레이션을 개발하고 있습니다.[27]

10장에서 안전과 윤리에 대해 더 깊이 논의합니다.

1.4 RL 접근 방식의 분류

RL 개발 과정에서 여러 테마가 발전했습니다. 이러한 테마를 사용하여 알고리즘을 함께 그룹화할 수 있습니다. 이 책은 이러한 많은 알고리즘을 자세히 설명하지만 지금 개요를 제공하는 데 도움이 됩니다.

1.4.1 Model-Free or Model-based

가장 먼저 내려야 할 주요 결정은 환경에 대한 정확한 모델이 있는지 여부입니다. 모델 기반 알고리즘은 학습을 개선하기 위해 작동 중인 환경에 대한 결정적인 지식을 사용합니다. 예를 들어 보드 게임은 종종 수행할 수 있는 행동을 제한하며, 이 지식을 사용하여 (a) 잘못된 작업을 제공하지 않도록 알고리즘을 제한하고 (b) 시간을 앞당겨 성능을 향상시킬 수 있습니다(예: 내가 여기로 이동하고 상대가 저기로 이동하면 내가 이길 수 있습니다.) 바둑이나 포커와 같은 게임에서 사람을 때리는 알고리즘은 게임의 고정된 규칙을 이용할 수 있습니다. 당신과 당신의 상대는 제한된 움직임을 만들 수 있습니다. 이는 알고리즘이 검색해야 하는 전략의 수를 제한합니다. 전문가 시스템과 마찬가지로 모델 기반 솔루션은 부적절한 경로를 찾는 데 시간을 낭비하지 않기 때문에 효율적으로 학습합니다.[28, 29]

이론적으로 Model-Free 알고리즘은 모든 문제에 적용할 수 있습니다. 그들은 상호 작용을 통해 전략을 배우고 그 과정에서 환경 규칙을 흡수합니다.

그러나 이것은 이야기의 끝이 아닙니다. 일부 알고리즘은 최적의 전략 학습과 동시에 환경 모델을 학습할 수 있습니다. 몇 가지 새로운 알고리즘은 잠재적이지만 다른 에이전트(또는 다른 플레이어)의 알려지지 않은 작업을 활용할 수도 있습니다. 즉, 이러한 에이전트는 다른 에이전트의 전략에 대응하는 방법을 배울 수 있습니다.

이와 같은 알고리즘은 궁극적으로 어딘가에 환경 모델이 필요하기 때문에 Model-Based과 Model-Free 사이의 구분을 모호하게 만드는 경향이 있습니다. 차이점은 정적으로 정의할 수 있는지, 학습할 수 있는지 또는 전략에서 모델을 가정할 수 있는지 여부입니다.

> 모든 산업 문제에 적용할 수 있는 Model-Free는 알고리즘에 대해 이 책은 설명합니다. 그러나 환경에 엄격하고 정적 규칙이 있는 경우 이점을 활용할 수 있는 맞춤형 Model-Based RL 알고리즘을 개발하는 것이 좋습니다.

1.4.2 에이전트가 전략을 사용하고 업데이트하는 방법

에이전트의 목표는 보상을 극대화하는 전략을 배우는 것입니다. 저는 전략이라는 단어가 이해하기 쉽기 때문에 이 단어를 사용하지만 올바른 용어는 정책입니다. 2장에서는 정책을 보다 자세히 소개합니다.

알고리즘이 전략을 업데이트하는 방법과 시기는 대부분의 Model-Free RL 알고리즘 간의 정의 요소입니다. 에이전트의 성능과 기능을 지배하는 두 가지 주요 전략 형태가 있지만 혼동하기 쉽습니다.

첫 번째는 전략에 대한 온라인 업데이트와 오프라인 업데이트의 차이입니다. 온라인 에이전트는 방금 관찰한 데이터만 사용하여 전략을 개선한 다음 즉시 버립니다. 오래된 데이터를 저장하거나 재사용하지 않습니다. 모든 RL 에이전트는 어느 정도 새로운 경험을 만났을 때 전략을 업데이트해야 하지만 대부분의 최첨단 알고리즘은 과거 경험을 유지하고 재사용하는 것이 유용하다는 데 동의합니다.

오프라인 에이전트는 오프라인 데이터 세트 또는 이전 로그에서 학습할 수 있습니다. 때때로 현실 세계와 상호 작용하는 것이 어렵거나 비용이 많이 들기 때문에 이는 큰 이점이 될 수 있습니다. 그러나 RL은 에이전트가 온라인에서 학습할 때 가장 유용한 경향이 있으므로 대부분의 알고리즘은 온라인과 오프라인 학습의 혼합을 목표로 합니다.

두 번째, 때로는 미묘한 차이는 에이전트가 전략에 정의된 행동을 선택하는 방법에 따라 다릅니다. On-Policy 에이전트는 현재 전략에 따라 행동을 선택한 후 특정 상태에 있을 때의 보상을 예측하는 방법을 배웁니다. Off-Policy 에이전트는 작업을 선택한 후 보상을 예측하는 방법을 배웁니다.

이 미묘함을 이해하기 어렵기 때문에 간단한 예를 들어 보겠습니다. 당신이 아기이고 새로운 음식을 시도할 준비가 되었다고 상상해보세요. Evolution은 혀에 달콤한 센서를 제공하여 행복감을 느끼게 하여 모유를 사랑하게 만들 정도로 친절했습니다. On-Policy 아기는 현재 정책을 출발점으로 사용하여 새로운 정책을 배우려고 시도합니다. 그들은 우유 맛이 나는 다른 단 것을 좋아할 것입니다. 정책에 따른 아기는 "달콤한 치아"를 가질 것입니다. 그러나 Off-Policy 아기는 여전히 현재 정책을 시작점으로 사용하지만 여전히 우유를 제공받는 동안 다른 임의 선택을 탐색할 수 있습니다. Off-Policy 아기는 여전히 달콤한 우유를 좋아하지만 다른 즐거운 맛도 좋아할 수도 있습니다.

이 시점에서 차이가 작게 보일 수 있지만 이러한 초기 발견을 통해 오늘날 볼 수 있는 놀라운 RL 기반 작업이 가능해졌습니다. 대부분의 최첨단 알고리즘은 탐색을 장려하거나 개선하기 위해 정책을 위반하는 경우가 있습니다. 또한, Planning 메커니즘을 사용하여 에이전트를 지시하고 지연된 보상이 있는 작업에서 더 잘 작동하는 경향이 있습니다. 그러나 On-Policy 정책 알고리즘은 새로운 전략을 즉시 활용할 수 있기 때문에 더 빨리 학습하는 경향이 있습니다. 최신 알고리즘은 두 세계의 장점을 위해 이러한 품질 간의 균형을 형성하려고 합니다.

1.4.3 이산(Discrete) 혹은 연속(Continuous) 행동

환경 내에서의 행동은 다양한 형태를 취할 수 있습니다. 모터 컨트롤러에 적용할 토크의 양을 변경하거나, 장바구니에 바나나를 추가할지 여부를 결정하거나, 거래에서 수백만 달러의 주식을 매수할 수 있습니다.

실제 환경의 일부 행동은 이진법입니다. 정지/이동 도로 표지판에는 정확히 두 가지 클래스가 있습니다. 다른 경우에는 바이너리 작업으로 인코딩할 수 있는 범주가 있을 수 있습니다. 예를 들어 차량의 엑셀 제어를 없음, 절반 출력 및 최대 출력의 세 가지 이진 동작으로 양자화할 수 있습니다.

그러나 종종 행동에는 더 많은 기교가 필요합니다. 자동차를 운전할 때 핸들을 무한한 각도로 돌립니다. 버스 기사가 운전대를 90도씩 밖에 돌리지 못한다면 어떨 것 같나요?

행동의 무게 또는 시간 길이도 중요할 수 있습니다. Super Mario Bros.에서는 점프 버튼을 길게 누를수록 더 높이 점프합니다. 예를 들어 시간을 문제의 일부로 만들고 버튼을 누르고 있는 시간을 나타내는 연속 동작을 가질 수 있습니다. 또는 불연속적으로 만들고 에이전트를 반복적으로 폴링하여 작업을 계속 수행해야 하는지 확인할 수 있습니다. 작업 시간이 작업 수행과 분리되어 있다고 주장할 수 있다면 별도의 변수가 될 수 있습니다.

RL 알고리즘은 이진 및 연속 가변 작업을 모두 처리해야 합니다. 그러나 많은 알고리즘은 하나로 제한됩니다.

1.4.4 최적화 방법

14세에서 16세 사이에 데이터와 많은 종이가 주어졌을 때 손으로 선형 방정식을 푸는 방법을 배웠을 것입니다. 그러나 당신이 작업한 예제는 알려지지 않은 단일 변수를 사용하는 매우 단순했을 것입니다. 실제 세계에서는 종종 수백, 수천 또는 수백만 개의 독립 변수로 작업하게 됩니다. 이 시점에서 계산 복잡성 때문에 학교에서 배운 것과 동일한 방법을 사용하는 것이 불가능해집니다.

일반적으로 모델(선형 방정식을 포함하거나 포함하지 않을 수 있음)을 구축하고 최적화 방법을 사용하여 모델을 훈련합니다. RL에도 같은 문제가 있습니다. 목표가 주어진 솔루션을 생성할 수 있는 에이전트를 빌드하려고 합니다. 이것이 정확히 어떻게 수행되는지는 RL에서 또 다른 기본 테마를 생성합니다.

한 가지 방법은 가능한 한 많은 작업을 시도하고 결과를 기록하는 것입니다. 앞으로는 최상의 결과를 가져온 전략을 따라 에이전트를 안내할 수 있습니다. 이를 가치 기반 알고리즘이라고 하며 곧 소개하겠습니다.

또 다른 방법은 모델을 유지하고 모델의 매개변수를 조정하여 최상의 결과를 생성하는 행동을 취하는 것입니다. 이를 정책 기반 알고리즘이라고 합니다. 5장에서 자세한 내용을 읽을 수 있습니다.

이해를 돕기 위해 남쪽으로 절벽이 있는 2차원 그리드를 상상해 보십시오. 당신의 임무는 각 사각형을 반복적으로 테스트하고 절벽에서 떨어지는 것과 관련된 비용이 있음을 배우는 로봇을 설계하는 것입니다. 가치 기반 알고리즘을 사용하고 전략을 단어로 변환하면 "절벽에서 벗어나지 마십시오"라고 말할 것입니다. 정책 기반 알고리즘은 "절벽에서 벗어나라"고 말할 것입니다. 미묘하지만 중요한 차이.

가치 기반 및 정책 기반 알고리즘은 현재 가장 많이 연구되고 있으므로 가장 많이 사용됩니다. 그러나 전문가의 행동을 모방하도록 에이전트를 최적화하는 모방 기반 알고리즘은 사람의 안내를 통합하려고 할 때 잘 작동할 수 있습니다. 이러한 방식에 적합하지 않은 다른 알고리즘은 향후 새로운 방법론을 제시할 수 있습니다.

1.4.5 정책 평가와 개선

알고리즘이 정책을 개선하는 방법을 해석하는 또 다른 방법은 정책 평가 및 정책 개선 측면에서 보는 것입니다(그림 1-2 참조).

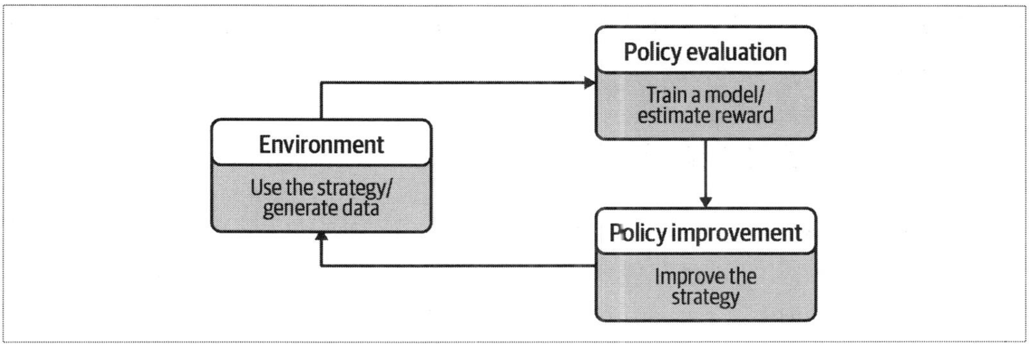

그림 1-2 알고리즘이 전략을 업데이트하는 방법에 대한 해석

첫째, 에이전트는 환경 상태를 설명하는 새로운 데이터를 생성하는 결정을 내리는 전략(정책)을 따릅니다. 이 새로운 데이터에서 에이전트는 환경의 현재 상태에서 보상을 예측하려고 시도하며, 현재 정책을 평가합니다.

다음으로 에이전트는 이 예측을 사용하여 다음에 수행할 행동을 결정합니다. 일반적으로 정책을 개선하기 위해 전략을 변경하려고 합니다. 예측 보상이 더 높은 상태로 이동하도록 제안하거나 더 많은 것을 탐색하도록 선택할 수 있습니다. 어느 쪽이든 행동이 환경에 다시 적용되고 다시 반복됩니다.

> 대부분의 알고리즘은 이 패턴을 따릅니다. 이 책을 다시 쓸 기회가 생긴다면 이런 방식으로 내용을 제시하는 것도 고려해 볼 정도로 기본적인 구조입니다.

1.5 강화 학습의 기본 개념

모든 RL 알고리즘의 기본 기반인 시행착오를 통한 강화에 의한 학습 아이디어는 동물 학습 심리학에 대한 초기 연구에서 시작되었습니다. 저명한 러시아 생리학자 이반 파블로프는 1927년에 먹는 것과는 무관한 자극을 사용하여 동물의 소화 시스템을 촉발할 수 있다고 처음 보고했습니다. 한 유명한 실험에서 그는 음식을 제공했을 때 개가 생성하는 타액의 양을 측정했습니다. 개에게 음식을 제공하며 소리를 들려주었고 이를 여러 번 반복한 후 개는 소리에만 반응하여 침을 흘렸습니다.[30]

소리는 자연적인 음식의 전조가 아니며 음식 섭취에 도움이 되지도 않습니다. 눈 깜박임이나 타액 생성과 같은 타고난 반사 작용과 새로운 자극 사이의 연결을 이제 고전적 조건화 또는 파블로프식 조건화라고 합니다.

1.5.1 첫 번째 강화 학습 알고리즘

1972년 Robert Rescorla와 Allan Wagner는 파블로식 조건화로 설명할 수 없는 또 다른 흥미로운 현상을 발견했습니다. 그들은 먼저 토끼의 눈에 공기를 불어넣어 눈을 깜빡이게 했습니다. 그런 다음 그들은 토끼에게 외부 자극인 소리를 공기의 퍼프와 연관시키도록 훈련시켰습니다. 공기를 들이마시지 않아도 토끼는 그 소리를 듣고 눈을 깜빡였다. 그런 다음 그들은 소리와 빛 모두에 노출되었을 때 토끼가 눈을 깜빡이도록 재훈련시켰습니다. 다시 말하지만, 토끼는 소리를 듣고 공기를 들이마시지 않고 빛을 보았을 때 눈을 깜박였습니다. 그러나 다음으로 연구원들이 빛만 비추었을 때 토끼는 눈을 깜빡이지 않았습니다.[31]

토끼는 기대의 계층을 발전시켰습니다. 소리와 빛은 깜박임과 같습니다. 토끼가 기본 기대치(소리)를 관찰하지 않았을 때, 이는 이후의 모든 조건들을 차단했습니다. 이 감각을 직접 경험했을 수 있습니다. 때때로 여러분은 너무나 놀랍고 근본적인 것을 배우게 되어 어떤 파생적인 믿음도 유효하지 않다고 느낄 수 있습니다. 낮은 수준의 조건이 위반되었으며 높은 수준의 기대치가 차단되었습니다. 이 작업의 결과가 Rescorla-Wagner 모델이었습니다. 그들의 연구는 이런 식으로 제시된 적이 없지만 이것은 가치 추정이라는 방법을 설명합니다.

가치 추정

Rescorla-Wagner 토끼 실험을 시뮬레이션하려고 한다고 상상해 보십시오. 목표는 토끼가 눈을 깜박일 때를 예측하는 것입니다. 입력과 예상 출력을 설명하여 해당 실험의 모델을 만들 수 있습니다. 입력은 사용자가 제어할 수 있는 작업을 나타내고 출력은 토끼가 눈을 깜박이는지 여부에 대한 예측입니다.

입력을 벡터 $s = (s_0, s_1, \ldots, s_{n-1})$로 나타낼 수 있습니다. 여기서 i번째 자극이 시도에 있으면 $s_i = 1$이고 그렇지 않으면 0입니다. 이것은 바이너리 행동입니다.

예를 들어 특성 s_0가 소리를 나타내고 s_1이 빛을 나타낸다고 가정합니다. 그런 다음 벡터 $s = [0, 1]$은 소리가 없고 빛이 있는 상황을 나타냅니다.

토끼가 눈을 깜박일지 여부에 대한 예측을 나타내는 V로 예상 출력을 쓸 수 있습니다. 그런 다음 상태는 V_s 함수를 사용하여 올바른 예측에 매핑됩니다.

> 나는 가독성과 이해를 향상시키기 위해 가능한 한 수학을 단순화하기 위해 적극적인 결정을 내렸습니다. 이것은 가독성을 향상시키기 위해 모자로 추정치를 표시하는 것과 같은 수학적 형식을 잃음을 의미합니다. 완전한 수학적 엄격함은 학술 논문을 참조하십시오.

이제 매핑 기능을 정의하는 어려운 부분이 있습니다. 한 가지 일반적인 솔루션은 제어할 수 있는 매개변수로 입력을 곱하는 것입니다. 이러한 매개변수를 변경하여 입력에 따라 달라지는 출력을 생성할 수 있습니다. 이러한 매개변수를 가중치라고 하며 방금 구축한 모델은 선형입니다.

가중치는 특징과 동일한 모양인 다른 벡터 w르 정의됩니다. 예를 들어 데이터는 빛 때문에 토끼가 눈을 깜박이지 않았음을 보여줄 수 있습니다. 소리가 들릴 때만 깜박입니다. 그 결과 사운드 기능에 대한 가중치 값이 1이고 조명에 대한 가중치 값이 0인 모델이 생성됩니다.

공식적으로 이 함수는 입력에 가중치를 곱한 합계입니다. 이 연산을 내적이라고 합니다. 수학식 1-1과 같은 결과는 토끼의 눈 깜박임 여부를 예측한 것이다.

수식 1-1. 가치 추정

$$
\begin{aligned}
V(s, w) &\doteq w_0 s_0 + w_1 s_1 + \ldots + w_n s_n \\
&= w \cdot s = w^{\mathsf{T}} s
\end{aligned}
$$

그러나 일반적으로 가중치 값을 어떻게 결정합니까?

예측(추정치) 오류(에러)

최적화 방법을 사용하여 최적의 매개변수를 찾을 수 있습니다. 가장 일반적인 방법은 추정치가 실측값(정답)과 비교하여 얼마나 잘못되었는지 정량화하는 것입니다. 그런 다음 오류를 최소화하기 위해 다양한 가중치를 시도할 수 있습니다.

예측 에러 δ는 실험의 실제 결과 E와 예측(값 추정치) 간의 차이입니다. 예측은 환경의 현재 상태(토끼 관찰), s 및 현재 가중치를 기반으로 합니다. 모든 변수는 시간이 지남에 따라 변경되며 종종 아래첨자 t로 표시되지만 표기량을 줄이기 위해 무시합니다. 수식 1-2에서 정의된 것을 볼 수 있습니다.

수식 1-2. 예측 에러

$$\delta \doteq E - V(s, w)$$

수식 1-2를 생각하는 한 가지 방법은 δ가 놀라움의 한 형태라는 것입니다. 토끼가 확실히 눈을 깜박일 것이고 깜박이지 않을 것이라고 예측하면 예측한 것과 일어난 일의 차이가 클 것입니다. 결과에 놀랄 것입니다.

놀람에 대한 정량적 정의가 주어졌을 때 가중치를 어떻게 변경해야 할까요? 한 가지 방법은 예측 오류에 비례하여 가중치를 조금씩 조정하는 것입니다. 예를 들어 소리(인덱스 0)와 빛(인덱스 1)이 동등하게 중요하다고 기대하는 상황을 생각해 보십시오. 가중치 집합은 $w = [1, 1]$ 입니다.

이번에 실험은 소리가 아닌 빛만 비추는 것입니다. 따라서 실험의 관찰된 상태는 $X(s) = [0, 1]$ 입니다. $V(s, w)$를 예측하려면 이전 벡터에 대해 내적을 수행한 결과를 계산합니다. 결과는 1 (깜박임)입니다.

시뮬레이션을 실행했을 때 토끼는 눈을 깜빡이지 않았습니다. 값은 실제로 0이었습니다. 수식 1-2의 값인 δ는 -1과 같습니다.

이전 상태 및 예측 오류에 대한 지식은 가중치를 변경하는 데 도움이 됩니다. 이들을 함께 곱하면 결과는 $\delta x(s) = [0,1]$ 입니다. 이것을 현재 가중치에 추가하면 $w = [1, 0]$ 이 됩니다.

새 가중치가 어떻게 실제 결과인 0(깜박이지 않음)을 올바르게 예측했는지 확인하십시오 ($w^T x(s) = [1, 0]^T [0, 1] = 0$).

가중치 업데이트 규칙

ML에 대한 경험이 있는 경우 정확하고 최적의 결과로 바로 이동하려고 시도해서는 안 됩니다. 한 가지 이유는 실험 결과에 노이즈가 있을수 있다는 것입니다. 항상 올바른 결과를 향해 점차적으로 이동하고 실험을 여러 번 반복하십시오. 그런 다음 대수의 법칙으로 인해 최적의 답이기도 한 최상의 평균 답을 향해 수렴합니다. 한 가지 주의할 점은 수렴이 불가피하다는 것이 기본 수학으로 입증된 경우에만 이것이 사실이라는 것입니다. 비선형 근사기를 사용하는 알고리즘과 같은 많은 알고리즘에서는 보장되지 않습니다.

이것은 가중치에 대한 업데이트 규칙으로 공식화됩니다. 수식 1-3에서 0과 1 사이여야 하는 하이퍼파라미터 α를 사용하여 가중치가 업데이트되는 속도를 제어할 수 있습니다. 수식 1-3은 가중치를 인라인으로 업데이트합니다. 즉, 다음 단계의 가중치가 현재 시간 단계의 가중치에서 파생됩니다. 다시 말하지만 표기법을 단순화하기 위해 아래 첨자를 무시합니다.

수식 1-3. 가중치 업데이트 규칙

$$w \leftarrow w - \alpha \delta x(s)$$

1.5.2 RL은 ML과 동일합니까?

수식 1-1과 수식 1-3에 제시된 수학은 동물이 학습하는 방법에 대한 하나의 심리적 모델을 제공합니다. 소프트웨어 제어 에이전트에 동일한 접근 방식을 쉽게 적용할 수 있습니다. 하지만 그렇게 깊이 들어가는 진짜 이유는 책의 나머지 부분에 대한 수학적 준비 운동을 제공하기 위해서였습니다. 여기서는 이후 장에서 사용되는 수학적 기호를 사용했습니다(원본에서는 심리학에서 다른 기호와 용어를 사용했습니다).

잠시 동안 수학을 무시한다면 더 나은 fitting을 생성하기 위해 가중치를 업데이트한다는 아이디어가 친숙하게 들릴 수 있습니다. 따라서, 이것은 ML의 회귀입니다. 목표는 주어진 입력 세트(관찰)에서 수치 결과(총 보상)를 예측하는 것입니다. 실무자들은 이것을 예측 문제라고 부릅니다. 올바른 결정을 내리려면 어떤 행동이 최적인지 예측할 수 있어야 합니다.

ML과 RL을 구별하는 가장 중요한 점은 에이전트에게 선택의 자유를 제공한다는 것입니다. 이것은 문제의 제어 부분이며 언뜻 보기에 ML 예측 문제 위어 간단한 추가 항목처럼 보입니다. 그러나 이 도전을 과소 평가하지 마십시오. 최상의 정책은 예측이 가장 높은 행동을 선택하는 것이라고 생각할 수 있습니다. 아니오, 훨씬 더 좋은 다른 행동이 있을 수 있기 때문입니다.

제어의 자율성을 부여합니다. 슈퍼 머신은 자신의 실수로부터 배울 수 있습니다. 이 기술은 다양한 새로운 기회를 열어줍니다. 예를 들어 특정 물체의 사진을 찍도록 로봇을 가르치는 것과 같이 많은 과제가 너무 복잡하기 때문에 엔지니어는 제약 조건, 규칙에 의존하고 과제를 미세한 문제로 분할해야 합니다. 마찬가지로 저는 새로운 데이터를 통합하기 위해 매일 또는 매시간 모델을 재교육해야 하는 고객과 협력합니다. 따라서 제어를 포기하고 RL을 사용하십시오.

RL 알고리즘은 탐색(Exploration)과 활용(Exploitation)라는 두 가지 문제의 균형을 서로 다른 방식으로 시도합니다. 한 가지 일반적인 차이점은 알고리즘이 탐색하는 속도를 변경하는 방법입니다. 일부는 고정된 속도로 탐색하고 다른 일부는 값의 예측에 비례하는 속도를 설정합니다. 일부는 주어진 상태에 대해 최대 보상을 얻을 확률을 시도하기도 합니다. 이것은 책 전체에서 논의됩니다.

1.5.3 보상과 피드백

ML 연구자들은 신경과학에서 영감을 얻었습니다. 이것의 가장 일반적으로 인용되는 예는 원자 모델이 물질의 원소 단위를 요약하는 것과 마찬가지로 뇌의 구성 단위 모델인 신경망과 딥 러닝의 기반인 인공 뉴런의 개발입니다. 특히 RL은 뇌가 소통하는 방식에 영향을 받았습니다.

신경 전달 물질인 도파민은 뇌의 특수 세포에서 생성됩니다. 이것은 동기 부여와 학습, 따라서 의사 결정을 포함한 주요 뇌의 활동 과정에 관여합니다. 또한 중독 및 다양한 의학적 장애와 같은 부정적인 측면을 가질 수 있습니다. 도파민에 대해 아직 알려지지 않은 부분이 많지만, 보상을 처리하는 데 근본적인 역할을 하는 것으로 알려져 있습니다.

도파민의 존재에 대한 전통적인 이론은 화학 물질의 강화 및 즐거운 효과에 의존했습니다. 그러나 1990년대 초반의 연구는 많은 놀라운 사실을 보여주었다. 연구자들은 원숭이의 도파민 활동을 정량적으로 측정할 수 있었습니다. 그 결과는 지속적인 도파민 방출의 이유가 있음을 증명했습니다. 먼저 그들은 13페이지의 "가치 추정"에서 본 것과 같은 전통적인 조건화 작업에서 각 원숭이를 훈련시켰습니다. 여기서 원숭이는 빛을 본 후 몇 분 후에 음식을 기대했습니다. 훈련이 시작되었을 때 보상이 주어졌을 때 기존 도파민 수치에 비해 상당한 증가가 있었습니다. 시간이 지남에 따라 연구원들은 원숭이의 도파민 방출이 빛의 시작 쪽으로 이동하는 것을 관찰했습니다. 결국 각 원숭이는 빛을 볼 때마다 도파민 스파이크를 생성했습니다.[32] 인간의 경험으로의 제 아이들이 실제로 아이스크림을 먹는 것보다 아이스크림을 받을 것이라는 기대에 더 흥분한다는 것을 증명할 수 있습니다.

훨씬 더 흥미로운 후속 연구는 동일한 조건화 훈련을 사용했고 원숭이가 조건화된 자극으로 인한 보상을 예측했을 때 동일한 도파민 스파이크를 관찰했습니다. 그러나 연구원들이 자극을 보여줬지만 예상 시간에 원숭이에게 보상을 주지 않았을 때 배경 도파민 수치가 크게 감소했습니다. 원숭이가 보상을 받지 못했을 때 부정적인 도파민 효과가 있었습니다(기존의 계측 결과 값과 비교했을 때).[33]

14페이지의 "예측 오류"에서와 같이 이러한 경험은 개선 프로세스를 통해 잘 모델링할 수 있습니다. 도파민 뉴런은 그 자체로 보상 신호를 보내지 않습니다. 도파민은 보상 예측 오류를 나타내는 신호입니다. 즉, 도파민은 뇌의 δ입니다.

지연된 보상

보상은 에이전트의 동기 부여를 위한 것입니다. 아침에 일어나도록 동기를 부여하는 것은 무엇입니까? 즉시 보상을 받습니까? 아마 아닐 겁니다. 그렇기 때문에 지연된 만족은 마스터하기에 매우 중요하고도 어려운 삶의 기술입니다. 아침에 침대에서 일어나 건강한 아침 식사를 하고 열심히 일하고 사람들에게 친절하게 대하는 것에 대한 보상은 우리 모두에게 다릅니다.

지연된 보상 문제도 RL에서 해결하기 어렵습니다. 종종 에이전트는 보상을 관찰하기 위해 오랜 시간을 기다려야 합니다. 여기서 알고리즘 트릭이 도움이 될 수 있지만, 근본적으로 보상 신호를 변경하여 더 자주 업데이트를 제공하면 에이전트가 해결책을 찾는 데 도움이 됩니다. 이러한 방식으로 보상을 변경하는 것을 보상 형성(Reward Shaping)이라고 하지만 저는 이를 ML의 특징 엔지니어링과 유사한 보상 엔지니어링이라고 생각하고 싶습니다.

이 문제와 관련된 것은 보상의 속성입니다. 예를 들어, 어떤 결정으로 인해 현재 상황에 처하게 되었습니까? 어떻게 알 수 있습니까? 조기 결정이 성공과 실패의 차이를 만들었을 수 있습니다. 그러나 복잡한 시스템에서 가능한 모든 상태와 동작을 고려하면서 이 문제를 해결하는 것은 어렵습니다. 일반적으로 결정이 일련의 가정과 제약 조건을 고려할 수 있다면, 평균적으로 최적이라고 말할 수 있습니다.

이전의 경험을 통한 통찰(Hindsight)

관용구 'trust your gut'은 새로운 상황을 관찰할 때 본능적인 반응을 믿어야 한다는 의미입니다. 이러한 휴리스틱 방법은 수년간의 경험을 통해 학습되었으며 일반적으로 좋은 결과로 이어집니다. 논리적이고 체계적으로 문제를 해결하는 과정인 비판적 사고에는 훨씬 더 많은 에너지와 집중력이 필요합니다.

종종 시스템 1 및 2 모델이라고 하는 뇌의 이 두 프로세스는 에너지 절약 메커니즘입니다. 매일 수행하는 작업을 처리하는 데 귀중한 정신적 자원을 낭비하는 이유는 무엇입니까? 걷는 방법에 대해 의식적으로 생각해야 하는 것이 어렵다는 것을 알게 될 것입니다. 그러나 알츠하이머병 환자들은 매일 이 끔찍하게 쇠약해지는 상황에 대처해야 합니다.[34]

연구원들은 뇌 내의 신경학적 차이가 이러한 시스템을 설명한다고 제안합니다.[35] 뇌의 "본능적" 부분이 하는 일은 행동을 신속하게 결정하는 것입니다. 상대방의 임무는 이러한 조치를 감사하고 필요한 경우 시정 조치를 취하는 것입니다.

이러한 구조는 행위자 비평(Actor-Critic) 알고리즘 계열의 개발로 이어졌습니다. 행위자(Actor)는 보상을 극대화하기 위해 중요한 결정을 내릴 책임이 있습니다. 비평가(Critic)는 미래를 계획하고 행위자가 잘못된 답을 얻었을 때 바로잡기 위해 존재합니다. 이 발견은 많은 고급 RL 알고리즘에 매우 중요했습니다.

1.6 학문으로서의 강화학습

RL은 1980년대까지 두 개의 독립적인 분야로 발전했습니다. 심리학은 동물의 행동을 연구했습니다. 기계 및 전기 엔지니어는 시스템의 최적 제어를 설명하는 이론을 개발했습니다.

최적 제어라는 용어는 목표를 유지하기 위해 시스템을 조정하는 방법을 설명하기 위해 1950년대에 시작되었습니다. 이것은 1957년 Richard Bellman이 수학적으로 다루기 쉬운 환경에 대한 일련의 요구 사항인 Markov 결정 프로세스(Markov Decision Process, MDP)와 MDP를 해결하는 방법인 동적 프로그래밍을 개발하면서 절정에 달했습니다.[36]

동물 행동에 대한 연구는 19세기까지 거슬러 올라가 "더듬기 및 실험"과 관련된 실험이 있습니다.[37] Edward Thorndike는 고양이를 "수수께끼 상자"에 가두고 고양이가 탈출하는 데 걸리는 시간을 측정했습니다.[38] 그는 경험이 반복될수록 탈출하는 시간이 5분에서 6초로 줄어드는 것을 발견했습니다. 이 작업의 결과는 시행착오를 통한 학습으로 더 일반적으로 알려진 "효과의 법칙"이었습니다.

강화라는 용어는 1927년 조건반사에 관한 Pavlov의 원고 번역에서 처음 등장했습니다. 그러나 RL은 컴퓨팅의 할아버지인 Alan Turing이 1948년 인공 지능에 대한 초기 생각을 썼을 때 대중화되었습니다. 다음 인용문에서 그는 다음에 대해 이야기하고 있습니다. 그가 "기계"라고 부르는 전자 회로의 물리적 집합을 실용적인 작업을 수행하도록 "구성"하는 방법:

> This may be done simply by allowing the machine to wander at random through a sequence of situations, and applying pain stimuli when the wrong choice is made, pleasure stimuli when the right one is made. It is best also to apply pain stimuli when irrelevant choices are made. This is to prevent getting isolated in a ring of irrelevant situations. The machine is now "ready for use".[39]
>
> —Alan Turing (1948)

Turing의 작업이 오늘날에도 여전히 관련이 있다는 사실이 놀랍습니다. 그의 시대에 연구원들은 일상적인 작업을 수행하기 위해 로봇 기계를 만들고 있었습니다. William Gray Walter라는 특히 독창적인 연구원은 1951년에 "기계 거북이"를 만들었습니다. 1953년에 그는 환경에서 "학습"할 수 있는 CORA(Conditioned Reflex Analogue)라는 "거북이"를 공개했습니다. 로봇에는 Pavlovian 컨디셔닝 실험을 시뮬레이션할 수 있는 회로가 포함되어 있습니다. 그때에도 대중은 "학습"할 수 있는 기계에 매료되었습니다.

1950년대 말에 연구원들의 관심은 순수한 시행착오 학습에서 지도 학습으로 옮겨가고 있었습니다. 사실 초기에 사람들은 이 두 용어를 같은 의미로 사용했습니다. Frank Rosenblatt, Bernard Widrow 및 Ted Hoff를 포함한 초기 신경망 개척자들은 논문에서 보상과 처벌이라는 용어를 사용했습니다. 지도, 비지도 및 RL이 모두 동일한 아이디어를 나타내는 데 사용되었기 때문에 이로 인해 혼동이 발생했습니다.

> In England a police whistle has two notes which sound together and make a particularly disagreeable sound. I tried to teach [CORA], therefore, that one note meant obstacle, and that the other note meant food. I tried to make this differential reflex by having two tuned circuits, one of which was associated with the appetitive response and the other with the avoidance response. It was arranged that one side of the whistle was blown before the machine touched an object so that it learned to avoid that, while the other side of the whistle was blown before it was supposed to see the light. The effect of giving both notes was almost always disastrous; it went right off into the darkness on the right-hand side of the room and hovered round there for five minutes in a sort of sulk. It became irresponsive to stimulation and ran round in circles.[40]
>
> —William Grey Walter (1956)

동시에 1950년대와 1960년대 AI의 과잉 판매는 AI 학계의 발전에 대한 큰 불만을 불러일으켰습니다. 1973년 영국의 AI 연구 현황에 대한 Lighthill 보고서는 "거대한 목표"를 달성하지 못한 완전한 실패를 비판했습니다. 1970년대는 "AI 겨울"로 알려졌고 발전이 정체되었습니다.

1980년대 RL의 부활은 1970년대 내내 주요 학습 행동에 대한 지식과 사용이 손실되고 있다고 선언한 Harry Klopf 때문인 것으로 인정됩니다. 그는 원하는 결과를 얻기 위해 환경을 제어하는 것이 지능형 시스템의 핵심이라고 반복했습니다. Richard Sutton과 Andrew Barto는 1980년대와 1990년대에 시간차(Time Difference, TD) 학습을 통해 심리학과 제어 이론(1.5장 "강화 학습의 기본 개념" 참조) 분야를 통합하기 위한 Klopf의 아이디어를 발전시키기 위해 노력했습니다. 1989년 Chris Watkins는 RL 연구의 모든 이전 연구를 통합하고 Q-러닝을 만들었습니다.

향후 30년간의 연구 결과가 이 책의 내용이기 때문에 여기에서 RL의 역사에 대한 간략한 설명을 마칩니다. 이후 "참고 자료"의 참고 자료에서 RL의 역사에 대해 자세히 알아볼 수 있습니다.

1.7 요약

시장 조사 기관인 Gartner는 미국에서 AI 기술이 비즈니스에 연간 수조 달러의 가치가 있다고 제안합니다.[42] RL은 오늘날의 많은 비즈니스 문제가 전략적이고 복잡하기 때문에 시장에서 큰 역할을 합니다. 시장에서 최고 경영진에 이르기까지 기업은 장바구니에 항목을 추가하거나 시장 진입 전략을 정의하는 것과 같은 최적화되지 않은 다단계 결정으로 가득 차 있습니다. ML은 문제에 대한 근시안적인 관점을 가지고 있기 대문에 차선책에 불과합니다. 그러나 폭발적으로 증가하는 데이터, 계산 능력 및 개선된 시뮬레이션은 모두 인간을 능가하는 최적의 전략을 학습할 수 있는 소프트웨어 기반 ML 기반 RL 에이전트를 가능하게 합니다.

생물학적 프로세스는 계속해서 RL 구현에 영감을 줍니다. 초기 심리 실험은 탐색과 보상의 중요성을 강조했습니다. 연구자들은 강화를 통해 학습을 모방하는 다양한 방법을 제안했으며, 이는 몇 가지 공통된 주제로 이어졌습니다. 엔지니어로서 귀하는 이러한 주제 중 어떤 것이 귀하의 문제에 적합한지 결정해야 합니다. 예를 들어 RL 알고리즘을 최적화하는 방법, 수행하는 작업의 형식, 에이전트에 공식적인 계획 메커니즘이 필요한지 여부 및 정책을 온라인으로 업데이트해야 하는지 여부입니다. 이 책을 통해 더 많은 경험을 얻을 수 있으며 마지막 장에서는 적용 방법을 보여 드리겠습니다. 행동과 보상에 대한 신중한 정의를 통해 다양한 산업 작업을 해결하기 위해 환경 내에서 작동하도록 에이전트를 설계할 수 있습니다. 그러나 먼저 에이전트가 최적의 정책을 학습할 수 있도록 하는 알고리즘에 대해 배워야 합니다. 따라서 이 책의 주된 목적은 그것들이 어떻게 작동하고 어떻게 적용되는지 가르치는 것입니다.

1.8 추가 자료

- RL 소개:
  - 많은 자료가 있지만 Sergey Levine의 것이 최고 중 하나입니다.
- RL의 역사:
  - Sutton, Richard S., and Andrew G. Barto. 2018. *Reinforcement Learning: An Introduction*. MIT Press.
  - 1996년부터 RL에 대한 역사적인 조사이지만 오늘날에도 여전히 관련이 있습니다.[43]

References

[1] Reinsel, David, John Gantz, and John Rydning. 2018. "The Digitization of the World from Edge to Core". IDC.

[2] AWS Snowmobile is a service that allows you to use a shipping container to snail-mail your data to its datacenters.

[3] "Papers of Dr Dietrich G. Prinz-Archives Hub". n.d. Accessed 2 July 2019.

[4] Copeland, B. Jack. 2004. *The Essential Turing*. Clarendon Press.

[5] BBC News. "Drunk Swedish Elk Found in Apple Tree Near Gothenburg". 8 September 2011.

[6] Kormushev, Petar, et al. 2013. "Reinforcement Learning in Robotics: Applications and Real-World Challenges". *Robotics* 2(3): 122-48.

[7] Huang, Wenhui, Francesco Braghin, and Zhuo Wang. 2020. "Learning to Drive via Apprenticeship Learning and Deep Reinforcement Learning". ArXiv:2001.03864, January.

[8] Dutreilh, Xavier, et al. 2011. "Using Reinforcement Learning for Autonomic Resource Allocation in Clouds: Towards a Fully Automated Workflow." ICAS 2011, The Seventh International Conference on Autonomic and Autonomous Systems, 67-74.

[9] Liu, Ning, et al. 2017. "A Hierarchical Framework of Cloud Resource Allocation and Power Management Using Deep Reinforcement Learning". ArXiv:1703.04221, August.

[10] "DeepMind AI Reduces Google Data Centre Cooling Bill by 40%". n.d. Deep-Mind. Accessed 3 July 2019.

[11] Das, Anup, et al. 2014. "Reinforcement Learning-Based Inter- and Intra-Application Thermal Optimization for Lifetime Improvement of Multicore Systems". *In Proceedings of the 51st Annual Design Automation Conference*, 170:1-170:6. DAC '14. New York, NY, USA: ACM.

[12] Littman, M., and J. Boyan. 2013. "A Distributed Reinforcement Learning Scheme for Network Routing". Proceedings of the International Workshop on Applications of Neural Networks to Telecommunications. 17 June.

[13] Wang, Haoran. 2019. "Large Scale Continuous-Time Mean-Variance Portfolio Allocation via Reinforcement Learning". ArXiv:1907.11718, August.

[14] Wang, Jingyuan, Yang Zhang, Ke Tang, Junjie Wu, and Zhang Xiong. 2019. "AlphaStock: A Buying-Winners-and-Selling-Losers Investment Strategy Using Interpretable Deep Reinforcement Attention Networks". *Proceedings of the 25th ACM SIGKDD International Conference on Knowledge Discovery & Data Mining*— KDD '19, 1900-1908.

[15] Maestre, Roberto, et al. 2019. "Reinforcement Learning for Fair Dynamic Pricing." In *Intelligent Systems and Applications*, edited by Kohei Arai, Supriya Kapoor, and Rahul Bhatia, 120-35. *Advances in Intelligent Systems and Computing*. Springer International Publishing.

[16] Mason, Karl, and Santiago Grijalva. 2019. "A Review of Reinforcement Learning for Autonomous Building Energy Management". ArXiv:1903.05196, March.

[17] Rolnick, David, et al. 2019. "Tackling Climate Change with Machine Learning". ArXiv:1906.05433, June.

[18] LA, P., and S. Bhatnagar. 2011. "Reinforcement Learning With Function Approximation for Traffic Signal Control". *IEEE Transactions on Intelligent Transportation Systems* 12(2): 412-21.

[19] Rezaee, K., B. Abdulhai, and H. Abdelgawad. 2012. "Application of Reinforcement Learning with Continuous State Space to Ramp Metering in Real-World Conditions". In *2012 15th International IEEE Conference on Intelligent Transportation Systems*, 1590-95.

[20] Mohammadi, M., A. Al-Fuqaha, M. Guizani, and J. Oh. 2018. "Semisupervised Deep Reinforcement Learning in Support of IoT and Smart City Services". *IEEE Internet of Things Journal* 5(2): 624-35.

[21] Shah, Pratik. n.d. "Reinforcement Learning with Action-Derived Rewards for Chemotherapy and Clinical Trial Dosing Regimen Selection". MIT Media Lab. Accessed 4 July 2019.

[22] Liu, Ying, et al. 2017. "Deep Reinforcement Learning for Dynamic Treatment Regimes on Medical Registry Data". *Healthcare Informatics: The Business Magazine for Information and Communication Systems* (August): 380-85.

[23] Mohammedalamen, Montaser, et al. 2019. "Transfer Learning for Prosthetics Using Imitation Learning". ArXiv:1901.04772, January.

[24] Chi, Min, et al. 2011. "Empirically Evaluating the Application of Reinforcement Learning to the Induction of Effective and Adaptive Pedagogical Strategies". *User Modeling and User-Adapted Interaction* 21(1): 137-80.

[25] Pwnagotchi. "Pwnagotchi: Deep Reinforcement Learning for Wifi Pwning!".

[26] Anderson, Hyrum S., et al. 2018. "Learning to Evade Static PE Machine Learning Malware Models via Reinforcement Learning". ArXiv:1801.08917, January.

[27] Sydney J. Freedberg, Jr. "AI & Robots Crush Foes In Army Wargame". Breaking Defense. December 2019.

[28] Silver, David, et al. 2017. "Mastering the Game of Go without Human Knowledge". Nature 550(7676): 354-59.

[29] Zha, Daochen, Kwei-Herng Lai, Yuanpu Cao, Songyi Huang, Ruzhe Wei, Junyu Guo, and Xia Hu. 2019. "RLCard: A Toolkit for Reinforcement Learning in Card Games". ArXiv:1910.04376, October.

[30] Pavlov, I. P. 1927. ***Conditioned Reflexes: An Investigation of the Physiological Activity of the Cerebral Cortex***. Oxford, England: Oxford Univ. Press.

[31] Rescorla, R.A and Wagner, A.R. 1972. "A Theory of Pavlovian Conditioning: Variations in the Effectiveness of Reinforcement and Nonreinforcement." In ***Classical Conditioning II: Current Research and Theory***, 64-99. New York, NY: Appleton-Century-Crofts.

[32] Schultz, Wolfram, Ranulfo Romo, Tomas Ljungberg, Jacques Mirenowicz, Jeffrey R. Hollerman, and Anthony Dickinson. 1995. "Reward-Related Signals Carried by Dopamine Neurons." In ***Models of Information Processing in the Basal Ganglia***, 233-248. Computational Neuroscience. Cambridge, MA: The MIT Press.

[33] Schultz, Wolfram, Peter Dayan, and P. Read Montague. 1997. "A Neural Substrate of Prediction and Reward". ***Science*** 275(5306): 1593-99.

[34] Kahneman, Daniel. 2012. ***Thinking, Fast and Slow***. Penguin UK.

[35] Takahashi, Yuji, Geoffrey Schoenbaum, and Yael Niv. 2008. "Silencing the Critics: Understanding the Effects of Cocaine Sensitization on Dorsolateral and Ventral Striatum in the Context of an Actor/Critic Model". ***Frontiers in Neuroscience 2***.

[36] Bellman, Richard. 1957. "A Markovian Decision Process." ***Journal of Mathematics and Mechanics*** 6(5): 679-84.

[37] Newman, Edwin B. 1954. "Experimental Psychology". ***Psychological Bulletin*** 51(6): 591-93.

[38] Thorndike, Edward L. 1898. "Animal Intelligence: An Experimental Study of the Associative Processes in Animals". ***The Psychological Review: Monograph Supplements*** 2(4): i-109.

[39] Turing, A. M. 1948. "Intelligent Machinery." In Copeland, B. Jack. 2004. ***The Essential Turing***, 428. Clarendon Press.

[40] Grey Walter, W. (1956). Presentation: Dr. Grey Walter. In J.M. Tanner and B. Inhelder (Eds.), ***Discussions on Child Development: Volume*** 2, 21-74. London: Tavistock Publications.

[41] Lighthill, J. 1973. "Artificial intelligence: A paper symposium." Science Research Council, London.

[42] "Gartner Says AI Augmentation Will Create $2.9 Trillion of Business Value in 2021". n.d. Gartner. Accessed 17 August 2020.

[43] Kaelbling, L. P., M. L. Littman, and A. W. Moore. 1996. "Reinforcement Learning: A Survey". ArXiv:Cs/9605103, April.

마르코프 결정 프로세스, 동적 프로그래밍과 몬테카를로 방법

강화 학습(Reinforcement Learning, RL)의 기초는 세 가지 주제를 기반으로 합니다. 가장 중요한 것은 문제를 설명하는 데 도움이 되는 프레임워크인 마르코프 결정 프로세스(Markov Decision Process, MDP)입니다. 그리고 동적 프로그래밍(Dynamic Programming, DP) 및 몬테카를로(Monte Carlo) 방법은 MDP를 해결하려는 모든 알고리즘의 핵심입니다. 이번 장에서는 먼저 들어본 적이 있지만 RL이 아닌 응용 프로그램에 대해 논의하겠습니다.

2.1 Multi-Arm Bandit 테스트하기

온라인 전자 상거래 회사에서 일한다고 상상해보십시오. 엔지니어링에서의 역할을 고려할 때 새로운 기능을 개발하고 기존 기능을 유지해야 합니다. 예를 들어 체크아웃 프로세스를 개선하거나 새 라이브러리로 변경하라는 요청을 받을 수 있습니다.

그러나 변경 사항이 원하는 효과를 갖는다는 것을 어떻게 확신할 수 있습니까? 핵심 성과 지표(Key Performance indicators, KPIs)를 모니터링하는 것이 가능한 솔루션 중 하나입니다. 새로운 기능의 경우 KPI에 긍정적인 영향을 디치고 싶습니다. 유지 관리 작업의 경우에는 변경 사항이 영향을 주지 않아야 합니다.

예를 들어 버튼에 가장 적합한 색상을 설정하는 고전적인 시나리오를 생각해 보십시오. 빨간색과 녹색 중 어느 것이 더 낫습니까? 그 차이를 어떻게 정량화합니까? RL을 사용하여 이에 접근하려면 문제의 세 가지 핵심 요소인 보상, 행동 및 환경을 정의해야 합니다.

> RL 솔루션 개발에 대한 심층적이고 실질적인 조언은 9장에서 제공됩니다.

2.1.1 보상 엔지니어링

성과를 정량화하려면 행동의 결과를 측정할 수 있어야 합니다. RL에서는 이것이 보상의 목적입니다. 결과가 좋거나 나쁠 수 있다는 증거를 제공합니다. 실무자는 일반적으로 좋은 결과를 긍정적인 가치로 인코딩합니다(그러나 꼭 필요한 것은 아닙니다).

웹사이트 버튼 예제에 대해 어떤 보상 신호를 선택해야 합니까? 클릭은 긍정적인 결과라고 말할 수 있습니다. 판매는 매우 긍정적인 결과입니다. 종종 메트릭에 대한 액세스가 제한되고 타협해야 합니다. 예를 들어 판매를 KPI로 사용하는 대신 버튼을 클릭하는 모든 사람의 평균 판매를 계산하고 모든 클릭에 단일 값을 할당할 수 있습니다. 그렇게 하면 다른 시스템과 통합할 필요가 없습니다.

새로운 소프트웨어가 엄청난 해로운 영향을 미치지 않는 문제의 경우, 간단한 +1 보상으로 버튼 클릭과 같은 간단한 것으로 해결할 수 있습니다. 클릭수를 표시하면 아무것도 유지관리 측면에서도 만족할 수 있습니다. 성공적인 엔지니어링의 예시입니다.

어느 쪽이든 보상은 정량적이어야 하며 이상적으로는 가능한 한 단순해야 합니다. 지나치게 복잡한 보상 신호를 사용하는 경우 제안된 알고리즘이 과적합(Overfit)되어 의도한 문제를 해결하기보다 보상 신호의 결함을 이용하는 방법을 배울 수 있습니다. 예를 들어, 목표까지의 거리 기반 보상이 자주 사용되며 일반적으로 매우 강력하지만 이 보상을 사용하여 미로를 탐색하려는 경우, 에이전트는 목표 근처에 있기 때문에 목표 근처에서 막다른 골목에 갇힐 가능성이 높습니다.

다음으로 보상을 어떻게 사용하여 최상의 결과를 정량화할 수 있습니까?

2.1.2 정책 평가: 가치 함수

환경에서 에이전트는 수학적 집합의 구성원인 특정 행동 a를 수행합니다. 즉, 에이전트는 집합에서 여러 행동 A 중 하나를 수행할 수 있지만 이 경우 a를 선택했습니다. 이것은 $a \in A$로 표현할 수 있습니다.

환경은 집합 R에 의해 정의된 광범위한 잠재적 보상에서 오는 특정 보상 r로 에이전트에게 보상했습니다. 이것은 환경을 새로운 상태인 $s \in P$로 옮겼을 때 받는 보상입니다.

이러한 모든 변수는 확률적일 수 있습니다. 즉, 에이전트가 정확히 동일한 상황에서 정확히 동일한 행동을 요청한 경우 환경이 약간 다른 보상 또는 상태를 반환할 수 있습니다. 문헌에서는 대문자로 표시된 것을 볼 수 있지만 이 책에서는 표기법을 단순화하기 위해 소문자 용어만 사용합니다.

이전 웹 사이트 버튼 예제에서 행동은 방문자에게 빨간색 버튼 또는 녹색 버튼을 표시할지 여부를 선택하는 것입니다. 수학적 형식은 $A = a_{red}, a_{green}$ 입니다. 사용자가 웹사이트를 방문할 때마다 에이전트는 현재 전략에 정의된 대로 선택할 행동을 결정합니다. 그런 다음 사용자가 버튼을 클릭하거나 클릭하지 않으면 보상이 에이전트에게 다시 전송됩니다. 예를 들어 보상이 클릭에 대해 1이고 클릭이 없으면 0이라고 상상하는 것이 가장 쉽습니다. 하지만 이것은 쉽게 해당 고객이나 다른 비즈니스 메트릭에서 얻은 이익일 수 있습니다.

원래 질문으로 돌아가서 어떤 것이 가장 좋습니까? 성과를 정량화하는 한 가지 방법은 방정식 2-1에 표시된 각 행동 a에 대해 특정 수의 그객 N에 대한 평균 보상 r^{avg}를 계산하는 것입니다.

> 단일 버튼을 제시하고 단일 클릭을 기다리는 것은 순차적인 행동이 아님을 기억하십시오. 단 하나의 결정이 있습니다. 이것0 Bandit과 RL의 주요 차이점입니다. 곧 순차적 결정을 시연하겠습ㄴ 다.

방정식 2-1. 평균 보상 계산식

$$r^{avg}(a) \doteq \frac{1}{N(a)} \sum_{i=1}^{N(a)} r(a)_i = \frac{r_1 + r_2 + \cdots + r_{N(a)}}{N(a)}$$

방정식 2-1은 각 행동에 대한 평균 보상을 계산하기 위해 관찰된 보상을 합하고 고객 수로 나눈다는 것을 설명합니다.

이것은 수행될 수 있지만, 메모리나 스토리지 측면에서 계산적으로 효율적이지 않습니다. 더 중요한 것은 이것을 계산하기 전에 많은 고객이 버튼과 상호 작용할 때까지 기다려야 한다는 것입니다.

대신 방정식 2-1을 온라인 알고리즘으로 재구성할 수 있습니다. 이는 모든 실험이 끝날 때까지 기다리지 않고 알고리즘의 매개변수가 제자리에서 업데이트됨을 의미합니다. 방정식 2-2는 많은 후속 RL 알고리즘에 중요하기 때문에 이를 명시적으로 유도합니다.

방정식 2-2. 온라인 가치 함수

$$
\begin{aligned}
r_N^{avg} &\leftarrow \frac{1}{N}\sum_{i=1}^{N} r_i && (1)\\
&\leftarrow \frac{1}{N}\left(r_N + \sum_{i=1}^{N-1} r_i\right) && (2)\\
&\leftarrow \frac{1}{N}\left(r_N + (N-1)\frac{1}{N-1}\sum_{i=1}^{N-1} r_i\right) && (3)\\
&\leftarrow \frac{1}{N}\left(r_N + (N-1)r_{N-1}^{avg}\right) && (4)\\
&\leftarrow \frac{1}{N}\left(r_N + Nr_{N-1}^{avg} - r_{N-1}^{avg}\right) && (5)\\
&\leftarrow r_{N-1}^{avg} + \frac{1}{N}\left(r_N - r_{N-1}^{avg}\right) && (6)
\end{aligned}
$$

이것을 수행하고 나서야 명백해지는 수학적 방법 중 하나입니다. 목표는 수학적 트릭을 사용하여 정적 평균 계산을 온라인 버전으로 변환하는 것입니다. 집중하지 않으면 트릭을 놓치기 쉽습니다.

방정식 2-1을 재사용하여 단계 (1)에서 시작하지만 이번에는 보상이 행동의 함수라는 표기를 제거했습니다. 이것은 각 행동에 대해 동일하다는 것을 기억하십시오. 또한 할당 연산자 ←를 사용하여 변수를 제자리에서 업데이트하고 있음을 나타냅니다. 동일하지 않습니다.

(2) 단계에서 합계에서 가장 최근 보상을 추출하기 시작하여 합계 연산자가 마지막에서 두 번째 고객인 $N-1$에서 끝납니다.

(3)에서 수학적 트릭을 사용하여 합계에 $1=(N-1)/(N-1)$을 곱합니다. 이러한 움직임은 $\frac{1}{N-1}\Sigma_{i=1}^{N-1}r_i$가 단계 (1)과 동일한 형식임을 확인하기 위해 필요로 하며, 이는 r_{N-1}^{avg}와 동일하게 만듭니다. 따라서 단계 (4)에서 이전 단계의 확장을 r_{N-1}^{avg}로 바꿀 수 있습니다.

(4)와 (5) 사이에 곱셈을 수행하여 $(N-1)$을 확장하면 서로 상쇄되는 $1/N$과 N이 있음을 알 수 있습니다.

(6)에서 $1/N$을 곱한 후 결과는 평균을 추정하는 온라인 알고리즘의 일반적인 형태인 지수 가중 이동 평균(exponential smoothing이라고도 함)처럼 보입니다.

실제로 대부분의 RL 알고리즘은 이러한 방식으로 작동합니다. 방정식 2-2의 표기법을 정리하여 방정식 2-3에 표시된 지수 가중 이동 평균 알고리즘의 일반적인 형식을 얻을 수 있습니다.

방정식 2-3. 일반적인 지수 가중 이동 평균

$$r \leftarrow r + \alpha(r - r')$$

이것은 친숙하게 들릴 수 있습니다. 이것은 방정식 1-3과 동일하지만 여기서는 행렬 수학을 사용하지 않았습니다. 오류를 계산하고 그에 따라 예측을 업데이트하는 것은 기계 학습과 RL에서 공통된 주제입니다.

이제 보상을 계산하는 방법과 온라인에서 업데이트하는 방법을 알았으므로 다음 과제는 이러한 평균 보상을 기반으로 수행할 조치를 결정하는 것입니다.

2.1.3 정책 개선: 최고 행동 선택

에이전트가 선택 사항을 완전히 제어할 수 있도록 허용하면 RL과 ML이 구별됩니다. 에이전트가 그러한 결정을 내리는 방법을 결정해야 합니다. 먼저 가장 간단한 솔루션부터 시작한 다음 확장하겠습니다.

동일한 웹 사이트 버튼 예제를 사용하여 에이전트가 모든 버튼 클릭에 대해 고정된 보상을 받도록 이미 결정했다고 가정합니다.

50%의 시간 동안 웹사이트의 새 버전을 보여줄 수 있습니다. 나중에 보상(클릭 수)을 합산하여 선호하는 버튼을 찾을 수 있습니다. 이것이 바로 A/B 테스트가 하는 일입니다. 그러나 이 솔루션에는 중대한 결함이 있습니다. 고객의 50%가 최적이 아닌 버튼을 볼 수 있습니다. 따라서, 당신의 회사는 매출을 잃을 수 있습니다.

두 번째 접근 방식에서는 처음에는 50%의 시간 동안 새 버전을 표시할 수 있지만 시간이 지남에 따라 선호하는 옵션으로 분할을 전환할 수 있습니다. 이것이 Bandit 알고리즘의 기본 아이디어입니다.

이 전략은 RL의 중요한 문제를 강조합니다. 어떤 행동이 가장 좋은지 알기 전에 모든 행동의 보상을 여러 번 관찰해야 합니다. 그러나 에이전트가 현재 보상을 최대화하기 위해 가장 잘 알려진 행동을 활용하기를 원할 수도 있습니다. 이것은 탐색(Exploration)과 착취(Exploitation) 사이의 절충안입니다.

이 알고리즘의 일반화된 버전은 탐색에 시간에 시간을 할애합니다. 모든 행동에는 매개변수 ϵ로 지정된 무작위 행동이 선택될 확률이 있습니다. 이를 ϵ-greedy 알고리즘이라고 하며 알고리즘 2-1과 같다. r^{avg}와 N은 이전과 같은 의미입니다.

Algorithm 2-1. ϵ-greedy bandit algorithm

1: **input**: a exploration probability $0 \le \epsilon \le 1$,

2: Initialize $r^{avg}(a) \leftarrow 0, N(a) \leftarrow 0$, for each $a \in \mathscr{A}$

3: **loop** for ever:

4: $$a \leftarrow \begin{cases} \underset{a_s \in \mathscr{A}(s)}{\text{argmax}}\ r^{avg}(a_s) & \text{with probability } 1 - \epsilon \text{, breaking ties randomly} \\ \text{random } a & \text{with probability } \epsilon \end{cases}$$

5: Present action a in the environment and receive reward r

6: $N(a) \leftarrow N(a) + 1$

7: $$r^{avg}(a) \leftarrow r^{avg}(a) + \frac{1}{N(A)}\left[r - r^{avg}(a)\right]$$

1단계에서는 0과 1 사이의 ϵ 값을 전달해야 한다고 명시합니다. 더 높은 값이 탐색됩니다. 낮은 값은 악용됩니다. 2단계에서는 결과를 저장할 배열을 만듭니다. 3단계는 무한 반복을 지시합니다.

알고리즘은 4단계에서 흥미로워집니다. $1-\epsilon$의 확률로 에이전트는 현재 가장 높은 평균 보상을 생성하는 행동을 선택해야 합니다. 유사하게, 에이전트는 확률이 ϵ인 무작위 행동을 선택해야 합니다.

5단계는 환경에서 선택한 행동을 실행하고 곧 정의하는 보상을 반환합니다. 예를 들어 알고리즘이 빨간색 버튼을 선택한 경우 UI는 이를 표시하고 사용자가 클릭했는지 알려야 합니다. 이것은 환경과의 상호 작용입니다.

6단계는 다음에 사용할 이 행동에 대한 카운터를 증가시킵니다. 그리고 마지막으로 7단계는 에이전트가 해당 행동을 선택한 순간 보상, 행동 및 횟수를 기반으로 온라인 평균 보상 함수(방정식 2-2)를 업데이트합니다. 시간이 지남에 따라 보상이 변경되지 않는다고 가정할 때 이 가치 추정치는 더 정확해질 것입니다.

알고리즘 2-1은 Bandit 슬롯머신의 이름을 딴 Bandit 알고리즘입니다. 시간이 지남에 따라 이 알고리즘을 사용하면 기계에서 가장 높은 보상을 제공하는 "팔"을 자동으로 선택할 수 있습니다. 두 개 이상의 경쟁 솔루션을 비교하는 프로세스인 자동화된 적기 테스트를 수행하려는 경우 알고리즘 2-1을 사용하면 가장 높은 보상을 생성하는 버전으로 자동으로 기울어집니다.

2.1.4 시뮬레이션 환경

산업 프로젝트에서 일할 때 최고의 환경은 실생활입니다. 그러나 환경을 개발하기에 너무 비싸거나 위험하거나 복잡할 수 있습니다. 대신 도메인의 단순화된 버전(예: 3차원 게임 엔진)이거나 수집된 데이터에서 모델링할 수 있는 시뮬레이션을 구축할 수 있습니다.

명목상 웹 사이트 방문자가 버튼을 매번 클릭하지 않고 일정 비율만 클릭한다고 가정합니다. 또한 그들은 녹색 버튼보다 빨간 버튼을 선호합니다. 이 예에서는 무려 40%의 사용자가 빨간색 버튼을 클릭하지만 사용자의 5%만이 녹색 버튼을 클릭한다고 가정합니다. 그러나 이러한 수치는 이전 실험이나 공개된 모델에서 나온 것일 수 있습니다. 이 정보를 사용하여 알고리즘 2-2에 표시된 대로 간단한 시뮬레이터를 만들어 RL 알고리즘을 테스트할 수 있습니다.

Algorithm 2-2. Website simulator

function *Environment*$(a, p(a))$
input: The action, a, and its probability, $p(a)$
output: $r \leftarrow 1$ with probability $p(a)$, else 0.

이것이 간단하다는 것을 알고 있지만 시뮬레이션이 유용하기 위해 복잡할 필요는 없다는 것을 설명하는 것이 유용하다고 생각했습니다. 행동과 행동의 확률을 받아들이고 $p(a)$ 확률로 1의 보상을 출력합니다. 나는 여기서 보상 1을 제공하지만 상황에 맞는 숫자를 반환할 수 있습니다. 예를 들어 총 판매 금액(이 경우 주문 금액도 시뮬레이션해야 함)입니다.

2.1.5 실험 실행

이제 첫 번째 실험을 실행할 수 있습니다. 그림 2-1은 웹 사이트에서 일반적인 적기 테스트의 워크플로우를 보여줍니다. 에이전트, 행동 및 보상과 같은 RL 구성 요소를 명시적으로 포함하기 때문에 이 이미지는 예상과 다를 수 있습니다. 먼저 사용자가 URL을 탐색하고 에이전트는 표시할 버튼을 결정합니다. 그런 다음 사용자는 페이지를 보고 버튼을 클릭할 수 있습니다. 결과는 에이전트에게 다시 전달되므로 에이전트는 나중에 어떤 행동을 선택해야 하는지 학습할 수 있습니다.

> 모든 코드는 함께 제공되는 웹사이트에서 온라인으로 사용할 수 있습니다(자세한 내용은 "보충 자료" 참조).

두 개의 버튼을 나타내는 두 개의 베르누이 분포를 사용하여 알고리즘 2-2를 구현했으며, 선택 확률은 빨간색 버튼이 40%, 녹색 버튼이 5%로 설정되었습니다. 그런 다음 알고리즘 2-1을 구현하여 이러한 시뮬레이션된 사용자가 선호하는 버튼을 자동으로 학습했습니다.

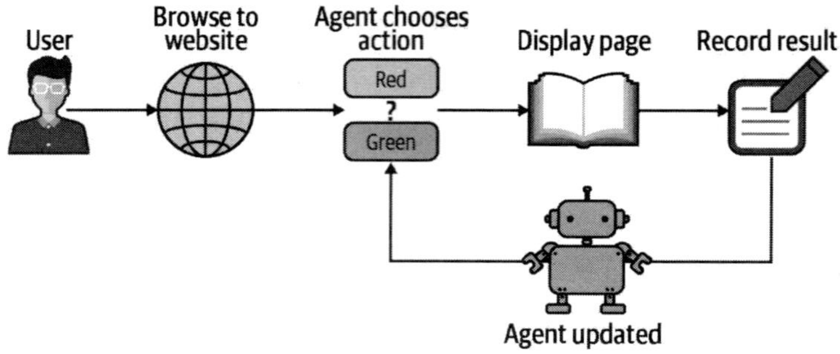

그림 2-1 Bandit 테스트 워크플로우의 도식화

그림 2-2는 내가 알고리즘 2-1에 전달하는 하이퍼파라미터 ϵ의 세 가지 다른 값을 비교합니다. 각 시뮬레이션은 250단계 동안 실행되었으며, 이는 알고리즘이 기본 버튼 색상 기본 설정(즉, 시뮬레이션된 고객이 빨간색 버튼을 선호함)을 학습하고 가장 많은 가치를 추출할 수 있는 250번의 기회가 있음을 의미합니다. 각 선은 임의 샘플링으로 인한 잡음을 줄이기 위해 평균적으로 1,000회 이상 반복하여 에이전트가 방문자에게 표시할 최적의 버튼을 선택한 시간의 백분율을 나타냅니다.

실험 시작 부분을 보면 각 실행마다 최적의 버튼을 학습하는 데 어느 정도 시간이 걸렸음을 알 수 있습니다. 이 학습 속도는 다음 요소에 따라 달라집니다. ϵ가 높을 때 에이전트는 대부분의 시간 동안 무작위 행동을 선택하고 에이전트는 최선의 행동을 가로질러 비틀거릴 기회가 많습니다. ϵ가 낮으면 에이전트가 탐색할 기회가 줄어들고 오래 기다려야 합니다. 즉, ϵ는 학습 속도에 영향을 미칩니다.

실험이 끝날 때까지 다양한 ϵ 값이 최종 최적 보상 비율에 영향을 미칩니다. 각 곡선이 점근적이기 때문에 최종적이라고 말합니다. 즉, 어떤 최종 값을 향하는 경향이 있음을 의미합니다. 당신이 ϵ이 1인 알고리즘이라고 상상해보십시오. 이것은 당신이 항상 무작위 행동을 선택한다는 것을 의미합니다(무작위 버튼 표시). 이것은 당신이 얻을 수 있는 최대 보상이 50%라는 것을 의미합니다. ϵ를 줄이기 시작하면 때때로 최적의 조치를 선택하게 됩니다. 최적 행동의 점근선은 $1/n+(1-\epsilon)/n=(2-\epsilon)/n$입니다. 여기서 n은 행동의 수입니다. $\epsilon=1$인 경우 에이전트는 항상 무작위 행동을 선택하고 결과는 0.5의 최적 행동입니다. $\epsilon=0$일 때. 1, 결과는 0.95의 최적 행동입니다. ϵ는 알고리즘이 최적의 행동을 선택하는 최종 속도에 영향을 미칩니다.

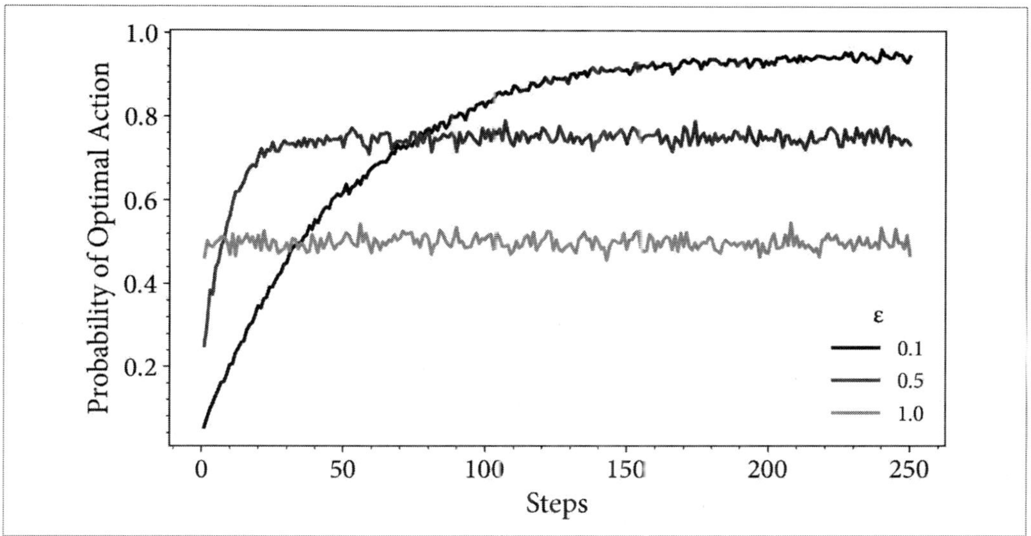

그림 2-2 에이전트가 탐색할 시간의 비율인 하이퍼파라미터 ϵ를 변경한 효과입니다. ϵ의 값이 높으면 탐색이 더 많이 이루어지지만 최적 행동의 활용은 줄어들고 반대의 경우도 마찬가지입니다.

2.1.6 ϵ-greedy 알고리즘 개선하기

모든 알고리즘은 근본적으로 그들이 얼마나 효과적으로 탐색하고 얼마나 빨리 활용하는지에 따라 제한됩니다. 최고의 알고리즘은 두 가지를 동시에 수행할 수 있지만 탐색 방법을 정의하는 것은 대체로 문제에 따라 다릅니다. 예를 들어 미로와 최적의 의료 일정에는 서로 다른 탐색 전략이 필요합니다.

이전 섹션에서는 하이퍼파라미터 ϵ가 이러한 트레이드오프를 제어한다는 것을 보여주었습니다. 너무 높으면 에이전트가 너무 많은 탐색을 수행하여 잘못된 행동을 선택하게 됩니다. 너무 낮으면 에이전트가 탐색을 너무 적게 수행하고 최적의 새 행동을 찾는 데 오랜 시간이 걸립니다.

> 여기에서 다른 간단한 탐색 방법에 대한 직관을 제공하고 싶습니다. 자세한 내용은 57페이지의 "추가 자료"의 문헌을 참조하십시오.

시뮬레이션은 또한 이 논의에 영향을 미칩니다. 두 행동의 보상 차이가 작다면 에이전트는 이 두 결과를 많이 샘플링해야 합니다. 대수의 법칙에 따르면 보상에 대한 에이전트의 신뢰도는 관찰이 많을수록 작아집니다.

보상의 분배는 현재 추정치를 기반으로 행동을 선택하는 것이 더 나은 경우가 많습니다. 즉, 단일 행동을 반환하는 대신 에이전트는 각 상태의 예상 보상으로 가중치를 부여한 각 행동의 확률을 반환합니다. 이를 소프트맥스 함수라고 합니다. 이는 현재 보상 추정치에 의해 정의된 자연스러운 탐색 기능을 제공합니다.

최종 목표가 가능한 한 많은 보상을 추출하는 것이라면 탐색을 계속할 필요가 없습니다. 즉, ϵ-greedy 작업을 제거할 수 있습니다. 그러나 시간이 지남에 따라 ϵ의 값을 줄이는 것이 더 일반적입니다. 이것을 어닐링(Annealing)이라고 합니다. 어닐링이라는 단어는 야금술에서 유래했습니다. 금속을 천천히 가열하고 냉각하여 응력을 강화하고 제거하는 것을 의미합니다.

세 번째 인기 있는 개선 사항은 특히 간단한 시뮬레이션에서 무작위로 탐색하는 것이 이치에 맞지 않는다는 생각을 중심으로 합니다. 에이전트는 이전에 본 적이 없는 상태를 탐색하여 더 많은 것을 배우게 됩니다. 이러한 알고리즘은 부적절하게 샘플링된 상태에 대한 각 행동에 보너스를 추가하며 상한 신뢰 범위(Upper Confidence bound, UCB) 방법이라고 합니다. UCB 알고리즘은 ϵ(또는 어닐링을 위해 ϵ가 감소하는 속도)와 같은 하이퍼파라미터가 없기 때문에 유용합니다.

그림 2-3은 이 세 가지 방법을 비교한 것입니다. 다른 방법과 동일한 최종 성능을 근사화하기 위해 ϵ 값을 선택했습니다. annealing-softmax 및 UCB 전략이 ϵ-greedy 방법보다 훨씬 빠르게 최적의 동작을 학습하는 것을 볼 수 있습니다. UCB는 조정 가능한 매개변수가 없다는 이점도 있습니다.

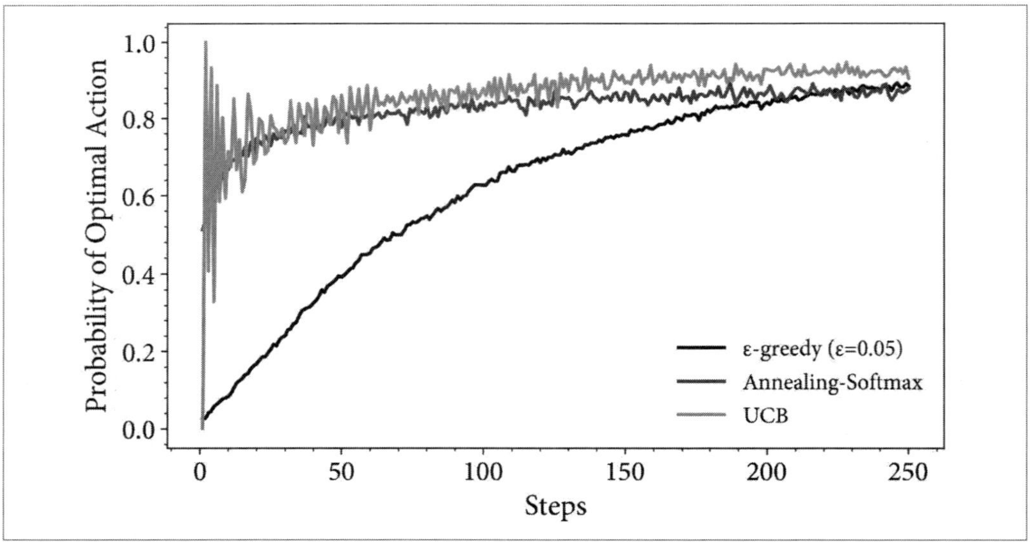

그림 2-3 ϵ-greedy, annealing-softmax 및 UCB의 세 가지 일반적인 탐색 전략 비교

> 알고리즘이 학습하는 속도를 높이는 것이 새로운 RL 알고리즘의 공통 목표입니다.

2.2 마르코프 의사 결정 프로세스(Markov Decision Process)

마르코프 결정 프로세스(MDP)은 1장에서 소개된 많은 아이디어의 수학적 형식입니다. 에이전트는 행동을 선택하여 확률 시스템(환경)의 관찰된 행동에 영향을 미칩니다. 목표는 일부 성공 기준(보상)에 의해 정의된 대로 시스템이 최적의 방식으로 작동할 수 있도록 일련의 행동을 선택하는 것입니다.

에이전트는 환경을 완전히 인식할 수 없습니다. 에이전트는 시스템의 현재 상태를 나타내는 제한된 관찰 집합을 받습니다. 이 두 단어는 정확히 그들이 무엇인지를 의미합니다. 상태는 특정 시간에 환경이 있는 조건입니다. 관찰은 해당 상태의 숨겨진 보기입니다. 많은 환경에서 상태를 직접 관찰할 수 있습니다.

디지털 에이전트는 불연속적인 시간에 행동을 수행합니다. 이것은 스티어링 휠의 각도와 같은 연속 동작의 사용을 막지 않는다는 점에 유의하십시오. 디지털 에이전트의 반대인 아날로그 에이전트는 기계적으로 감쇠되는 시스템과 마찬가지로 기술적으로 가능하지만 본 적이 없습니다.

이와 같이 에이전트와 환경은 일련의 이산 시간 단계 t에서 상호 작용합니다. 각 시간 단계에서 에이전트는 상태 표현을 수신합니다. 환경의 상태에 따라 에이전트는 행동 a를 제안할 수 있으며 한 단계 후에 보상 r을 나타내는 값과 새로운 상태 세트 s'를 받습니다. 여기서 s 위의 아포

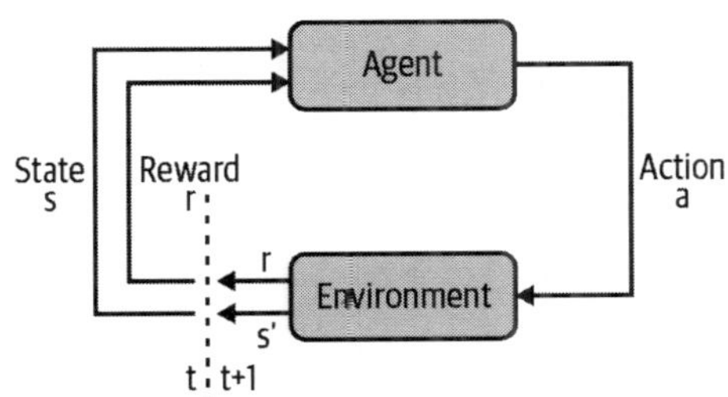

그림 2-4 MDP에서 환경과 에이전트 간의 인터페이스 및 피드백 르프 표현. 에이전트는 환경으로부터 현재 상태와 보상을 받아들이고 이 정보를 기반으로 행동을 수행합니다. 환경은 행동를 취하고 다음 단계를 위한 새로운 보상과 상태를 생성합니다.

스트로피는 다음 상태를 나타내는 데 사용됩니다. t와 $t+1$이 같은 것을 의미하는 첨자를 자주 보게 될 것입니다. 그림 2-4는 이러한 요소를 시각화합니다.

대부분의 환경은 확률적이므로 상태와 보상은 확정된 값이 아니라 임의의 변수라는 점을 기억하십시오. 예를 들어, 에이전트는 자율 주행 자동차에서 운전대를 돌리도록 선택할 수 있지만 자동차가 실제로 회전한다는 보장은 없습니다. 이를 충족시키기 위해 전이 모델의 개념이 사용됩니다. 이것은 일부 책에서 MDP의 역학이라고도 합니다. 방정식 2-4에 표시된 전환 모델은 이전 상태 및 수행된 행동에 대한 보상으로 새로운 상태에 도달할 확률입니다. 행동의 인과 관계를 강조하기 위해 표기법을 단순화했습니다.

방정식 2-4. MDP의 전이 모델

$$p(s', r \mid s, a)$$

방정식 2-4는 MDP의 핵심입니다. Markov 결정 프로세스에서 전이 모델은 환경의 역학을 설명합니다. 다음 상태와 보상은 이전 상태와 행동에만 의존합니다. MDP와 Markov 프로세스라고도 하는 기존 Markov 체인의 유일한 차이점은 행동 및 보상 매개변수가 추가되었다는 것입니다. 행동는 결정이며 MDP에서 "D"입니다.

> 저는 MDP를 인터페이스로 생각하고 싶습니다. 에이전트와 환경 간의 계약입니다. 에이전트는 상태를 관찰하고 행동을 제안할 수만 있습니다. 그 대가로 환경은 당신이 얼마나 잘하고 있는지를 나타내는 새로운 상태와 가치를 줄 것입니다. 이것은 제한적으로 들릴 수 있지만 인터페이스의 양쪽에서 상당한 유연성을 허용합니다. 환경은 필요한 만큼 복잡할 수 있습니다. 사용자가 버튼을 클릭하는 시뮬레이션, Atari 게임 또는 실생활이 될 수 있습니다. 또한 에이전트는 필요한 만큼 복잡할 수 있습니다. 녹색 또는 빨간색 버튼을 표시하기로 결정하거나 게임에서 왼쪽 또는 오른쪽으로 이동할지 또는 시골로 이동하는 것이 좋은 생각인지 결정할 수 있습니다.

나는 아포스트로피를 사용하여 시간상 앞으로 나아가는 것을 나타냅니다. 그러나 그 시간이 고정된 간격일 필요는 없습니다. 행동을 구별하는 역할을 할 뿐입니다. 다시 말해, 결정을 내려야 할 필요성을 느낄 때마다, 그때가 바로 발걸음을 내디딜 때입니다. 행동은 코스 수정으로 생각하고 시간을 타임 스탬프의 기록으로 생각하십시오.

2.2.1 제고 관리

RL 용어로 문제를 정의하는 것은 데이터 과학에 대한 배경 지식이 있는 사람들에게 공통적인 문제입니다. MDP를 해결하는 다른 방법으로 이동하기 전에 문제 정의 단계에서 더 많은 경험을 얻는 것이 좋습니다.

재고 관리는 유용하고 이해하기 쉽기 때문에 시작하기에 좋은 예입니다. 이 예는 가격 책정, 최적 중지(자산 판매), 유지 관리 등과 직접적으로 유사합니다. 아주 간단한 예제로 시작한 다음 더 복잡한 버전으로 확장합니다.

당신이 작은 가게를 소유하고 있다고 상상해보십시오. 이 가게는 너무 작아서 하나의 제품만 있습니다. 매일 고객이 제품을 구매하므로 재고를 보충해야 합니다. 재고가 없으면 제품을 팔거나 돈을 벌 수 없습니다. 당신은 재고 부족을 원하지 않습니다. 당신은 당신의 상점을 임대하고 평방 미터당 일정 금액의 비용이 듭니다. 더 큰 공간이 필요하기 때문에 수백만 개의 품목을 비축하고 싶지 않습니다. 부지의 최적 크기나 배송비 최소화와 같은 많은 높은 수준의 문제를 정의할 수 있지만 간단히 시작하기 위해 문제를 재입고할 최적의 지점을 결정하는 것으로 정의합니다.

특정 날짜에 재고가 있는 품목의 수를 나타냅니다. 이것은 환경의 상태입니다. 최대한 단순하게 유지하기 위해 세 가지 가능한 상태를 가정합니다. 재고 없음, 재고가 있는 항목 또는 재고가 있는 항목이 두 개, $P \doteq 0, 1, 2$(여기서 대문자 글꼴은 세트를 나타냄을 의미함).

현재 상태가 주어지면 에이전트는 행동을 수행할 수 있습니다. 간단하게 에이전트가 두 가지 행동 중 하나를 수행할 수 있다고 가정합니다. 1개의 새 제품을 주문하는 재입고 또는 아무것도 하지 않음: $A \doteq Restock, None$. 현재 상태가 1이고 에이전트가 행동을 수행하면 다음 상태는 2가 됩니다. 또한 전체 용량에 도달했을 때 재고를 주문할 수 없다고 가정합니다.

방정식 2-4에서 다음으로 누락된 것은 전이 확률입니다. 에이전트가 한 상태에서 다른 상태로 이동할 확률은 얼마입니까? 당신은 환경을 시뮬레이션하고 있기 때문에 그것들을 선택해야 하지만 그것들은 당신의 상점 관찰에서 나올 수 있습니다. 하루 동안 단일 판매의 확률 p 판매 가 0.7이라고 가정합니다. 앞으로 판매되는 품목의 수를 예측할 수 있습니다. 하지만 지금은 베르누이 분포를 다시 사용합니다. 이것은 각 주에서 판매될 확률이 70%이고 판매되지 않을 확률이 30%라는 것을 의미합니다.

> 이것은 순전히 가상의 예입니다. 물론 실생활에서 재입고까지는 시간이 걸립니다. 단순화는 특히 개발 초기 단계에서 엔지니어링의 필수 부분입니다. 작동하는 프로토타입이 있으면 이러한 단순화를 제거하는 행동을 할 수 있습니다.

마지막으로 필요한 것은 보상 r입니다. 상점은 돈을 벌어야 제품을 판매할 때마다 보상을 받을 수 있습니다. 단, 판매는 해당 상품의 재고가 있는 시점이거나, 재입고가 된 경우에만 가능합니다. 이것은 보상이 현재 상태와 판매에 따라 조건부임을 의미합니다. 판매가 없다는 것은 보상이 없다는 것을 의미합니다. 방정식 2-5에서 이 정의를 수학적 형식으로 볼 수 있습니다.

방정식 2-5. 재고 관리 보상 정의

$$r \doteq \begin{cases} 1 \text{ if } s > 0 \text{ and a sale} \\ 1 \text{ if } a = \text{restock and a sale} \\ 0 \text{ otherwise} \end{cases}$$

전이 테이블

다음 작업은 시스템에서 가능한 모든 상태 전이를 정의하는 것이며 이를 세 가지 방법으로 수행할 수 있습니다. 첫 번째 방법은 테이블 2-1에 표시된 전이 테이블로 알려진 테이블로 가능한 모든 조합을 제시하는 것입니다.

표 2-1 MDP 전이 테이블

s	a	s'	$p(s' \mid s,a)$	r
0	none	0	1 − *p*(sale)	0
0	none	0	*p*(sale)	0
0	restock	1	1 − *p*(sale)	0
0	restock	0	*p*(sale)	1
1	none	1	1 − *p*(sale)	0
1	none	0	*p*(sale)	1
1	restock	2	1 − *p*(sale)	0
1	restock	1	*p*(sale)	1
2	none	2	1 − *p*(sale)	0
2	none	1	*p*(sale)	1
2	restock	2	*p*(sale)	1

표 2-1에는 현재 상태 s, 행동 a, 다음 상태 s' 및 이전 상태와 행동이 주어진 상태로 전환할 확률 $p(s' \mid s, a)$의 각 가능한 조합에 대한 행이 있습니다. 전환에 대한 보상은 마지막 열 r에 있습니다. 이 테이블을 사용하여 에이전트의 궤적을 추적할 수 있습니다.

> 상태 2(항목 2개)는 가능한 전이가 3개뿐입니다. 왜냐하면 판매 상황 없이 최종 재입고를 중단했기 때문입니다. 가득 차면 재입고가 불가능하다는 말씀입니다.

전이 그래프

이 정보를 나타내는 또 다른 방법은 그림 2-5에 표시된 전이 그래프로 알려진 유향 그래프를 사용하는 것입니다.

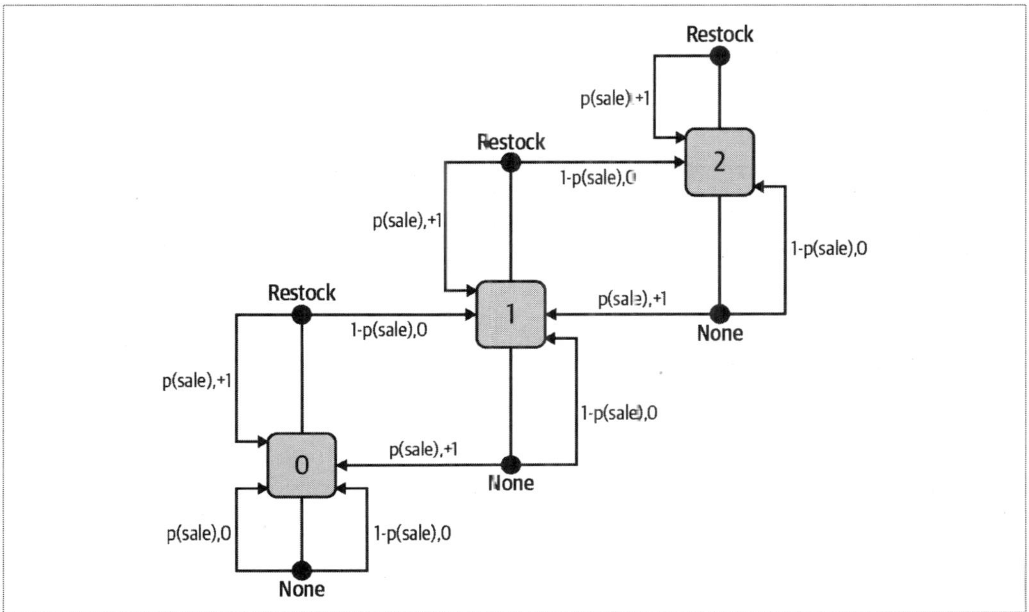

그림 2-5 단순 재고 문제의 전이 확률을 나타내는 그래프

그래프에는 두 가지 유형의 노드(정점이라고 함)가 있습니다. 하나는 내부에 해당 상태의 이름이 있는 원으로 표시되는 상태용이고 다른 하나는 단색 원으로 표시되는 행동용입니다. 이들은 링크(에지라고 함)를 통해 연결되며, 행동 후 해당 링크를 따를 확률(전이 확률)과 해당 링크를 따라간 후 얻은 보상으로 레이블이 지정됩니다.

전이 행렬

전이 확률을 나타내는 마지막 방법은 전이 행렬라고 하는 각 행동에 대한 행렬을 사용하는 것입니다. 표 2-1과 같은 방법으로 행렬을 구성할 수 있습니다.

$$p(s', a = \text{none}) = \begin{bmatrix} 1 & 0 & 0 \\ p(\text{sale}) & 1 - p(\text{sale}) & 0 \\ 0 & p(\text{sale}) & 1 - p(\text{sale}) \end{bmatrix}$$

$$p(s', a = \text{restock}) = \begin{bmatrix} p(\text{sale}) & 1 - p(\text{sale}) & 0 \\ 0 & p(\text{sale}) & 1 - p(\text{sale}) \\ 0 & 0 & 1 \end{bmatrix}$$

각 셀은 현재 상태(행의 0, 1 또는 2)에서 새 상태(열의 0, 1 또는 2)로 전이할 확률을 나타냅니다. 각 행의 합계는 1이어야 합니다. 예를 들어 상담원이 재입고하지 않기로 선택한 경우 $a = none$ 조치를 취하면 상단 전이 매트릭스를 사용합니다. 상점에 재고가 있는 항목이 하나인 경우 상태가 1(두 번째 행)인 경우 p 판매가 상태 0으로 전환될 확률이 있고 항목을 판매했으며 $1-p$ 판매는 판매하지 않은 후에도 동일한 상태로 유지됩니다. 또한 획득한 보상에 대해서도 별도의 함수 또는 행렬이 필요합니다.

> 에이전트가 이동한 궤적을 손가락으로 추적할 수 있기 때문에 전이 그래프를 선호합니다. 그러나 적은 수의 상태 및 행동까지지만 그래프를 시각화할 수 있습니다. 계산 능력은 전이 행렬을 제한하는 유일한 것이지만 눈으로 해석하기는 어렵습니다.

2.2.2 재고 관리 시뮬레이션

이전 섹션에서는 시뮬레이션(환경)을 구축하는 데 필요한 모든 요소를 제시했습니다. 하지만 에이전트는 어떻습니까? 언제 재입고해야 합니까?

재고가 가득 차면 재고를 보충할 수 없다는 제약 조건을 이미 설정했습니다. 그것은 하나의 어려운 규칙입니다. 그러나 그 후에 취해야 할 최선의 행동은 무엇입니까? 목표를 나타내는 보상만 본다면 판매에 대한 긍정적인 보상만 있을 뿐입니다. 결정적으로 주문에 대한 부정적인 보상은 없습니다. 즉, 보상 매트릭스에 따르면 재고를 유지하는 데 비용이 들지 않으며 새 재고를 주문하는 것은 무료입니다. 이러한 보상 구조를 고려할 때 최선의 전략은 가능한 한 많이 주문하는 것입니다.

이 경우 전략이 뻔하지만 항상 아이디어, 즉 과학적 방법을 테스트해야 합니다. 이론을 다른 Baseline과 비교하는 것은 항상 좋은 생각입니다.

그림 2-6은 세 가지 다른 재입고 전략 또는 정책을 비교합니다. 정책은 에이전트에게 어떤 행동을 취해야 하는지 알려주고 일반적으로 최선의 행동은 총 보상을 최대화합니다. 정책은 가능한 한 많이 재입고하거나, 재고 수준이 0으로 떨어질 때만 재입고하거나, 임의로 재입고하는 것입니다. 선은 각 정책에 대한 누적 보상을 나타냅니다. 판매 비율은 범례에서 괄호 안에 표시됩니다.

이 경우 사람들이 구매를 원하지만 재고가 없는 경우가 많기 때문에 무작위로 재입고하는 것은 좋은 생각이 아님이 분명합니다. 판매 확률(0.7)이 재입고 확률(0.5)보다 크기 때문이다. 지속적인 재입고 정책은 각 단계에서 재주문했기 때문에 수요를 따라잡을 수 있었습니다. 따라서 재고 수준(상태)은 2와 1 사이에서 반등했습니다. Upon Zero 재고 정책이 0–1 수준 주위에서 반등할 때 재정렬은 0에 도달했을 때만 재입고되기 때문입니다. 사실상 이 두 가지 사이에는 성능 차이가 없지만, 필요한 것보다 더 많은 공간을 사용하고 있기 때문에 유지 구매 정책이 낭비적이라고 생각할 수 있습니다. 그것은 당신의 높은 수준의 관점과 목표에 달려 있습니다.

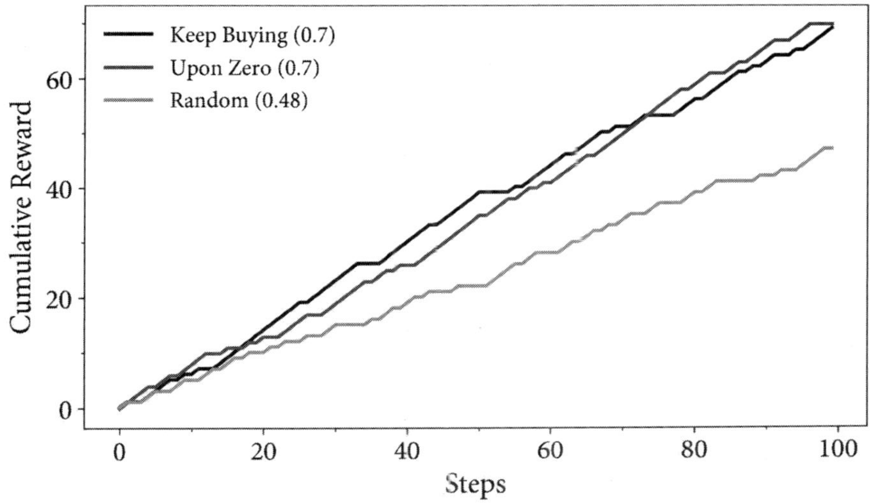

그림 2-6 간단한 제고 문제에 대한 다양한 에이전트 정책 비교. 괄호 안은 일일 매출 비율입니다. 0.7은 문제 정의로 인한 최대값입니다.

이것은 정확히 동일한 데이터가 사람마다 다른 의미를 가질 수 있다는 흥미로운 예입니다. 당신의 상사는 낭비를 싫어할 수도 있고 버퍼를 좋아할 수도 있습니다. 어느 쪽도 잘못된 입장이 아닙니다.

첫 번째 정책 집합을 도출했습니다. 그리고 나는 최적의 정책을 배우는 방법에 대해 아직 논의하지 않았습니다. 이 책의 나머지 부분을 다룰 것입니다. 그러나 이것은 받아들여야 할 중요한 결과입니다. 최적의 정책은 MDP의 모든 구성 요소에 따라 다릅니다.

더 많은 재고를 포함하도록 환경을 변경하거나 사람들이 한 번에 둘 이상의 품목을 구매할 수 있도록 허용하면 최상의 재고 보충 전략에 영향을 미칩니다. 주문에 대한 페널티(예: 배달 요금)를 도입하여 보상 기능을 변경하면 최상의 전략도 변경됩니다. 이러한 경우 재고가 없을 때까지 기다린 다음 전체 2개 단위의 제품을 주문하는 것이 더 나을 수 있습니다. 보상 기능은 해결 방법이 아니라 해결하려는 문제를 정의합니다.

표준 MDP는 상태를 완전히 관찰할 수 있어야 합니다. 에이전트가 시스템의 실제 상태를 관찰할 수 없다면 어떻게 최적의 행동을 선택할 수 있습니까? 부분적으로 관찰 가능한 MDP(partially observable MDPs, POMDP)라는 MDP 모델에 대한 확장이 있습니다. 여기에서 관찰과 실제 상태 사이에 추가 매핑을 도입할 수 있습니다. 즉, 에이전트는 관찰할 수 없는 상태에 매핑된 관찰에 행동을 매핑하는 방법, 즉 이중 매핑을 배워야 합니다. 당신이 상상할 수 있듯이 이것은 더 많은 미지수 때문에 해결하기 까다롭습니다. 많은 응용 프로그램에서 엔지니어는 이전 시간 단계에서 현재 시간 단계로 더 많은 정보를 제공하여 시스템을 다시 표준 MDP로 속입니다. 과거에 대한 지식은 에이전트가 오랜 기간 동안 행동이 인지된 상태를 어떻게 변경했는지 파악하는 데 도움이 될 수 있습니다.

여기서 중요한 것은 환경이 아니라 상태를 관찰하는 것이라는 점을 강조하고 싶다. 에이전트는 MDP 인터페이스 뒤에서 일어나는 일에 대해 걱정하지 않습니다. 인터페이스를 변경하지 않는 한 원하는 만큼 시뮬레이션을 변경할 수 있습니다. 재고 예에서 고객의 구매 행동을 변경하면 최적 정책에만 영향을 미칩니다. 에이전트가 학습하는 방식은 변경되지 않습니다.

이 책의 나머지 부분을 읽을 때 이러한 점을 염두에 두십시오.

2.3 정책과 가치 함수

정책은 전략과 같습니다. 예를 들어, 다른 축구 팀이 무엇을 할지 완전히 확신할 수는 없지만(다른 팀의 활동은 확률적임) 그들의 행동을 추정하고 선수들에게 그에 따라 행동하도록 말할 수 있습니다. 정책은 상태에서 잠재적 행동으로의 매핑입니다. 매핑을 수행하는 방법은 많은 RL 알고리즘 간의 주요 차이점입니다. 하지만 처음부터 매핑을 구축해야 하는 이유는 무엇입니까? 다양한 정책을 어떻게 평가할 수 있습니까?

2.3.1 감가된 보상

제고 및 웹 사이트 버튼 예제를 포함한 많은 문제에서 각 단계의 보상은 추론하기 쉽습니다. 각 시간 단계에서 에이전트는 보상을 받을 수도 있고 받지 못할 수도 있습니다. 여러 단계를 통해 (제고 예에서) 에이전트는 여러 보상을 받을 수 있습니다. 일반적으로 도전은 당신이 받을 것으로 기대하는 총 보상을 최대화하는 것입니다.

리턴 G는 이 현재 단계에서 최종 시간 단계(또는 무한대)까지의 총 보상입니다. 첫 번째 등호는 "G를 정의합니다"로 읽을 수 있습니다. 에이전트는 다음 단계로 전환한 후 보상을 받습니다. 대부분의 실제 구현은 상태와 보상을 동시에 반환하므로 초기 보상을 0으로 설정합니다.

방정식 2-6은 최종 시간 단계 T까지의 모든 미래 보상을 합산합니다. 이 최종 상태를 최종 상태라고 하며 에피소드 행동에서만 발생합니다. 에피소드는 자연스러운 종료 지점에서 끝나는 모든 단계를 통해 하나의 전체 실행을 나타냅니다. 이것은 로봇이 절벽에서 떨어지거나 게임에서 캐릭터가 죽는 경우일 수 있습니다. 그러나 물론 재고 예시와 같이 영원히 계속되는 작업이 있을 수 있습니다. 소매 시장의 상태에 대해 낙관할 수 있다면 말입니다. 이 경우 최종 상태는 T = ∞이고 예상 수익도 무한할 수 있습니다.

방정식 2-6. 리턴 G

$$G \doteq r + r' + \cdots + r_T$$

무한의 폭발력을 완화하기 위해 방정식 2-7은 미래 보상을 기하급수적으로 줄이는 감가 요소를 추가합니다.

방정식 2-7. 감가가 적용된 리턴 G

$$G \doteq r + \gamma r' + \gamma^2 r'' + \cdots = \sum_{k=0}^{T} \gamma^k r_k$$

방정식 2-7에서 T는 최종 상태를 나타내며 무한대가 될 수 있습니다. γ는 감가율 요인이라고 합니다. 미래 보상이 무시되는 시기를 제어하며 0과 1 사이의 값이어야 합니다. 즉, $\gamma = 0$이면 현재 보상만 고려됩니다. $\gamma = 1$이면 방정식 2-6과 동일합니다. 일반적으로 보상이 먼 미래에 있는 문제를 해결할 수 있도록 미래 보상을 고려하려고 합니다. 그러나 정확한 값은 당면한 문제에 따라 다릅니다. 대부분의 중요한 예에서 할인율은 0.9에서 0.99 사이로 설정됩니다.

따라서 가장 큰 기대 수익을 생성할 수 있는 에이전트를 구축하려고 합니다. 한 가지 질문은 예상 수익을 계산하는 방법입니다. 예상 수익은 미래 보상에 따라 달라지기 때문입니다. 답은 어떤 상태와 행동이 최고의 보상에 매핑되는지를 반복하고 학습하는 것입니다. 즉, 최상의 정책을 찾기 위해 반복해야 합니다.

2.3.2 상태-가치 함수로 보상 예측

이전의 "재고 관리 시뮬레이션"의 예에서 임의로 세 가지 재고 전략을 선택했습니다. 하지만 자동으로 예상 수익을 극대화하기 위해 행동 선택을 최적화하고 싶습니다. 이것이 정책의 목적입니다. 상태를 행동에 매핑합니다. 공식적으로는 주어진 상태 $p(a \mid s)$ 에서 행동을 선택할 확률이며 π로 표시됩니다.

> 정책은 예상 수익과 관련하여 정책의 기울기를 조정하여 개선할 수 있습니다. 이에 대해서는 5장에서 다시 설명하겠습니다.

현재 상태 s에서 시작하여 현재 정책 π에서 예상되는 수익 G에서 예상 수익을 계산할 수 있습니다. 이를 정책에 대한 상태-가치 함수라고 하며 방정식 2-8과 같다.

방정식 2-8. 상태-가치 함수

$$V_{\pi}(s) \doteq \mathbb{E}_{\pi}[G|s] = \mathbb{E}_{\pi}\left[\sum_{k=0}^{T} \gamma^{k} r_{k} | s\right]$$

언뜻 보기에 이 방정식이 복잡해 보인다는 점에 감사드립니다. 따라서 설명을 드리겠습니다. 방정식에는 등호로 구분된 세 부분이 있습니다. 왼쪽에서 V는 가치 함수를 나타내는 데 사용되는 기호입니다.

> 수학에 소질이 없는 사람들에게는 수학 함수를 소프트웨어의 함수로 상상하는 것이 도움이 됩니다.

두 번째 부분인 함수의 정의는 가치 함수가 정책 π에 따라 현재 상태가 주어졌을 때 예상되는 수익 가치라고 말합니다. 기호 E는 기대 연산자입니다(자세한 내용은 잠시 후). 이것은 괄호 안에 있는 항의 예상 값을 계산하도록 지시합니다. 그리고 π 첨자는 에이전트가 해당 기대치를 계산하기 위해 정책을 따라야 함을 알려줍니다.

오른쪽 방정식의 세 번째 부분은 괄호 안의 용어를 확장한 것입니다. 방정식 2-7에서 G가 어떻게 정의되는지 알 수 있습니다. 그리고 현재 상태에서 시작해야 한다는 것을 알고 있습니다. 이 시점에서 괄호 안의 수학은 기본적으로 "이 시점부터 모든 보상을 합산합니다."라고 말합니다.

방정식 2-8에는 두 가지 중요한 점이 있습니다. 첫 번째는 기대 연산자입니다. 대부분의 RL 알고리즘은 보상이 정규 분포로 특징지어지고 기대치가 표본 평균으로 계산될 수 있다고 가정합니다. 즉, 기대 연산자의 결과는 해당 상태에서 감가된 평균 보상입니다. 일부 애플리케이션의 보상은 정상적으로 분배되지 않을 수 있습니다. 예를 들어, 하나의 큰 보상 또는 여러 개의 작은 보상 중에서 무엇을 선택하시겠습니까? 두 경우 모두 평균은 같지만 보상 분배는 그렇지 않습니다. 보상 뉘앙스는 기대 연산자에 의해 숨겨질 수 있습니다. 실제로 최근 많은 연구가 보상 분배를 평가하고 사용하는 데 중점을 두고 있습니다(이후 "Distributional RL" 참조).

두 번째 중요한 부분은 정책입니다. 이미 정책이 있는 경우에만 예상 수익을 계산할 수 있습니다. 그러나 이 방정식은 정책의 성능을 정량화하는 데 도움을 주기 위한 것입니다. 이것은 RL이 무작위로 시작하여 개선점을 찾기 위해 반복함으로써 해결하는 고전적인 닭과 달걀 문제입니다.

상태–가치 함수를 활용한 시뮬레이션

간단한 시뮬레이션을 통해 방정식에 대한 직관이 향상되는 것을 발견했습니다. 저는 5개의 사각형(상태)에서 위치를 시뮬레이션하는 프로그램을 개발했습니다. 에이전트는 왼쪽에서 시작합니다. 각 시간 단계에서 에이전트는 왼쪽 또는 오른쪽으로 이동할 수 있습니다. 시뮬레이션은 에이전트가 오른쪽에 있는 사각형 5의 목표 상태에 도달하거나 에이전트가 상상의 절벽에서 벗어나 사각형 0에서 왼쪽으로 이동하는 경우 종료됩니다. 가능한 한 단순하게 유지하기 위해 정책은 모든 단계에서 왼쪽 또는 오른쪽을 무작위로 선택하는 무작위 정책입니다.

> 다양한 환경을 지속적으로 고려해야 합니다. 과적합은 매우 특정한 데이터나 상황에서 작동하는 모델이나 알고리즘을 실수로 구축하는 과정입니다. 예를 들어, 알고리즘이 시뮬레이션에 과대적합되고 실생활에서 작동하지 않는 지점까지 알고리즘을 개선하는 것은 쉽습니다. 산업용 RL 알고리즘은 견고해야 하며 다양한 환경을 고려하는 것이 알고리즘을 일반화하는 데 도움이 되는 한 가지 방법입니다. 또한 다양한 환경을 활용하는 것도 경험을 쌓는 중요한 방법입니다. 따라서 저는 이 예제 전체에서 의도적으로 환경 전환을 유지합니다.

방정식 2–8의 목표는 각 상태에 대한 예상 보상을 계산하는 것입니다. 에이전트가 최종 상태에 도달할 때까지 환경의 연속 루프인 각 에포크를 통해 에이전트의 위치를 기록하여 이를 수행할 수 있습니다. 결국, 당신은 보상을 받게 될 것이고 당신은 돌아가서 도중에 방문한 모든 상태를 볼 수 있습니다. 그런 다음 누적 합계에 보상을 추가하고 카운터를 유지하여 해당 상태를 모두 방문한 후 관찰된 평균 수익을 계산합니다.

> 실험을 수행할 때마다 몇 가지 이론적 기대를 상상하는 것이 현명합니다. 가설을 정의하는 것은 과학적 방법의 핵심입니다.

당신이 왼편에 있는 정사각형 1에 있다고 상상해보세요. 각 최종 상태에 도달하는 방법을 상상해 보십시오. 왼쪽으로 한 칸 이동하여 절벽에서 떨어질 수 있습니다. 또는 오른쪽으로 4칸 이동하여 끝까지 도달할 수 있습니다. 첫 번째 정책은 무작위입니다. 무작위로 균일하게 새로운 방향을 선택합니다. 오른쪽으로 4칸 이동하는 것보다 왼쪽으로 1칸 더 자주 이동하도록 무작위로 선택합니다. 평균적으로 5번 시도 중 1번만 오른쪽에 도달합니다. 나머지는 절벽에서 떨어집니다. 보상을 5로 설정하고(사각형의 수를 일치시키기 위해) 보드에서 떨어지는 것에 대해 페널티를 주지 않으면 각 상태의 예상 보상은 사각형의 위치와 같아야 합니다.

이 예에서 사각형 1의 예상 수익은 1이어야 합니다. 종료 상태에서 예상되는 보상은 5여야 합니다. 이동할 필요가 없기 때문입니다. 중간 상태에서는 에이전트가 무작위로 이동하기 때문에 여전히 에이전트가 무작위로 절벽을 향해 다시 이동할 가능성이 있습니다. 따라서 보상에서 한 걸음 떨어진 네 번째 사각형에 있더라도 무작위 에이전트는 5번 중 1번은 평균적으로 절벽으로 떨어질 것입니다.

이것이 이해가 되지 않는다면, 오른쪽으로의 단일 이동이 목표 상태에 도달하는 두 개의 사각형을 상상해 보십시오. 이제 사각형의 수를 늘리십시오.

이 예에서는 감가 요소를 1로 설정하고 있습니다. 더 복잡한 환경에서는 일반적으로 에피소드의 초기 이동이 종료 상태에 가까운 이동보다 덜 중요하기 때문에 이 값을 1 미만으로 설정해야 합니다. 그러나 정확한 값은 보상과 문제가 지속되는지 여부에 따라 다릅니다.

이 시뮬레이션을 실행할 때 안정화하는 데 많은 반복이 필요합니다. 첫 번째 반복 후 에이전트는 즉시 왼쪽으로 이동하여 사망했습니다. 따라서 반복 0에서 예상되는 리턴값은 [0.00, NaN, NaN, NaN]입니다. 여기서 이 배열의 위치는 사각형 1에서 4까지를 나타냅니다. 사각형 5는 종료 상태에서 수행할 행동이 없기 때문에 기록되지 않습니다. 10회 반복 후 에이전트는 목표 상태에 몇 번 도달했습니다: [0.77, 3.00, 5.00, 5.00]. 1,000회 반복 후 예상 수익률은 이전 추정치 [1.04, 2.09, 2.93, 3.83]에 가까워지기 시작합니다. 10,000번의 임의 실험 후 결과는 [1.00, 1.97, 2.92, 3.92]와 매우 유사합니다. 더 많이 반복할수록 실제 예상 값에 가까워집니다. 이 시뮬레이션의 결과는 그림 2-7에서 볼 수 있습니다.

시도해 볼 수 있는 또 다른 흥미로운 실험은 시작 위치를 변경하는 것입니다. 10,000회 반복 후에도 결과는 동일합니다(임의 변동 범위 내). 어떤 일이 일어나는지 확인하기 위해 감가를 추가하거나 절벽에서 떨어지는 것에 대해 벌칙을 줄 수 있습니다. 직관력을 얻기 위해 자신만의 코드를 개발하는 것이 좋지만, 물론 함께 제공되는 웹 사이트의 실제 예제를 참조할 수도 있습니다("보충 자료" 참조).

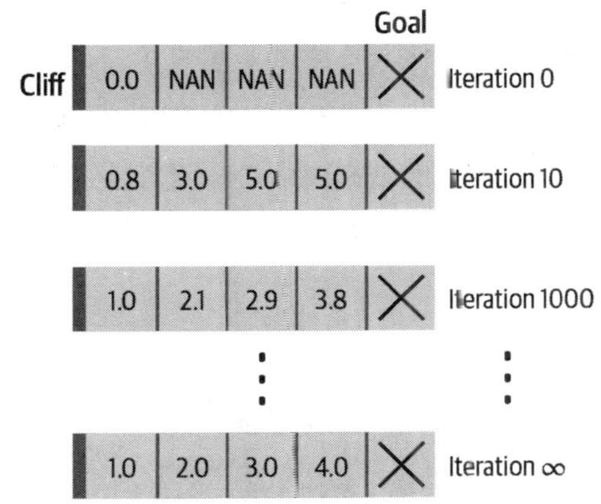

그림 2-7 간단한 환경에서 상태-가치 함수의 계산을 시뮬레이션한 결과입니다. 각 사각형은 상태를 나타냅니다. 각 사각형 내부의 값은 해당 상태에서 시작하여 무작위 정책에 따른 예상 수익을 나타냅니다. 반복된 반복 후에 각 상태에서 예상되는 수익은 이론적 기대치에 근접합니다.

2.3.3 행동-가치 함수로 보상 예측하기

앞의 예는 주어진 상태에서 예상되는 수익을 예측하는 방법을 보여줍니다. 이는 이전에 해당 상태를 방문한 후 관찰된 평균 보상입니다. 그러나 행동이 모두 평등하게만 만들어지는 것은 아닙니다. 한 가지 행동으로 보람 있는 상태에 더 가까워진다면 어떨까요? 많은 알고리즘이 이 정보를 사용하여 어떤 행동을 선택하는 것이 가장 좋은지 결정하는 데 도움을 줍니다. 이를 위해서는 모든 상태의 모든 작업에 대한 예상 수익이 필요하며 방정식 2-9에 나와 있습니다.

<u>**방정식 2-9. 행동-가치 함수**</u>

$$Q_\pi(s, a) \doteq \mathbb{E}_\pi[G|s, a] = \mathbb{E}_\pi\left[\sum_{k=0}^{T}\gamma^k r_k|s, a\right]$$

방정식 2-9는 정책 π에 대한 행동-가치 함수입니다. 함수에 두 개의 매개변수가 있다는 사실을 제외하고는 방정식 2-8과 사실상 동일하다는 것을 알 수 있습니다. 동일하게 상태 s와 행동 a가 존재합니다. 이것이 상태와 그 행동에 대한 보상을 저장하는 2차원 매트릭스로 구현되는 것을 상상할 수 있습니다. 이 함수는 간결함을 위해 종종 Q-함수(Q-function)라고 합니다.

그림 2-8은 "상태-가치 함수를 사용한 시뮬레이션"과 동일한 시뮬레이션 결과를 보여주지만 대신 행동-가치 함수를 사용합니다. 방정식 2-9는 상태와 행동 모두에 대한 예상 수익을 저장하는 것을 추가합니다. 한 가지 결과는 사각형 0에서 왼쪽으로 이동하면 항상 보상이 0으로 반환된다는 것입니다. 사각형 4에서 오른쪽으로 이동하면 항상 5.0의 보상이 발생합니다.

또 다른 흥미로운 결과는 모든 오른쪽 행동에 대한 기대값이 해당 왼쪽 행동보다 높다는 것입니다. 이는 에이전트가 오른쪽으로 더 이동할수록 실제로 목표 상태에 도달할 가능성이 높아지기 때문입니다. 끝으로 질문을 드리겠습니다. 이러한 상태, 행동 및 예상 수익을 고려할 때 이 환경에 최적인 정책 또는 전략을 생각할 수 있습니까? 각 사각형에서 결정을 내리는 에이전트가 된 자신을 상상할 수 있습니까? 어떤 방향의 행동을 택할 것인가?

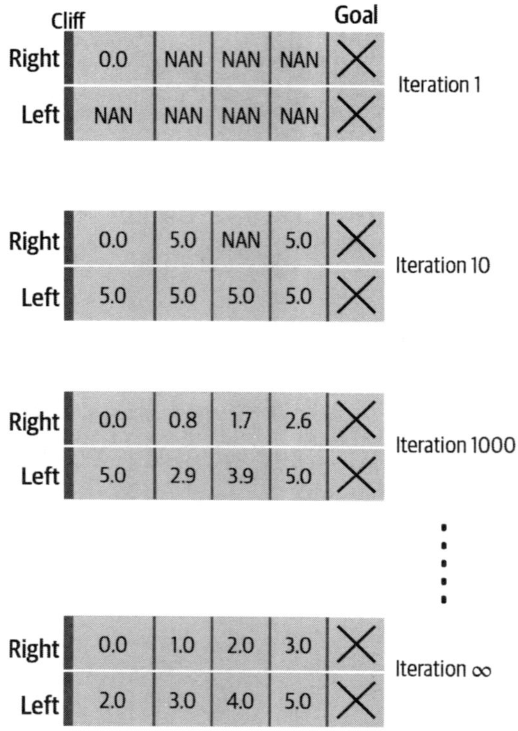

그림 2-8 간단한 환경에서 행동-가치 함수의 계산을 시뮬레이션한 결과입니다. 설정은 그림 2-7과 동일합니다. 여기서 차이점은 상태뿐 아니라 행동의 결과도 기록한다는 것입니다.

2.3.4 최적의 정책

최적의 정책은 해당 정책을 따를 때 가능한 가장 높은 기대 수익을 생성하는 정책입니다. 이는 가장 큰 수익을 제공하는 정책이 하나 이상 있음을 의미하며 이를 π^*로 표시합니다. 동등한 최적의 상태-가치 및 행동-가치 함수는 각각 $V^*(s)$ 및 $Q^*(s,a)$ 입니다.

상태-가치 함수와 행동-가치 함수는 관련이 있습니다. 둘 다 동일한 정보를 나타내지만 세부 수준이 다릅니다. 상태-가치 함수는 모든 행동에 대해 평균화된 예상 보상으로, 높은 가치를 지닌 상태에 대한 저해상도 보기를 제공합니다. 행동-가치 함수는 어떤 행동과 상태가 가장 좋은지에 대한 고해상도 그림을 제공합니다.

예를 들어 오랫동안 환경을 무작위로 이동했기 때문에 예상값에 대한 좋은 추정치를 가지고 있다고 상상해보십시오. 그런 다음 최적의 정책은 에이전트를 더 높은 예상 수익으로 이동시키는 행동을 제안합니다. 즉, 최적의 정책은 최대 수익을 내는 행동을 선택하는 정책입니다.

> 대부분의 RL 문제는 리턴을 최대화하도록 구성되지만 반드시 필요한 것은 아닙니다. 혼란을 피하기 위해 최대화를 고수하는 것이 좋습니다.

이제 최적의 정책이 있으므로 이 정책을 따를 때 상태-가치 및 행동-가치 함수를 다시 계산한다고 상상해 보십시오. 두 값은 완전히 동일합니다. 상태-가치 함수는 행동-가치 함수에서 최선의 행동을 선택하는 것과 같습니다. 방정식 2-10은 이 아이디어를 수학적 형식으로 나타내며 Bellman 최적 방정식이라고 합니다.

> 공식적인 Bellman 최적 방정식은 전환 확률과 정책이 작업을 선택할 확률을 합산하여 더 형식적입니다. 자세한 내용은 "추가 정보"를 참조하십시오.

방정식 2-10. 최적 가치 함수

$$
\begin{aligned}
V_*(s) &\doteq \underset{a_s \in \mathcal{A}(s)}{\operatorname{argmax}}\ Q_{\pi_*}(s, a_s) \\
&= \underset{a_s \in \mathcal{A}(s)}{\operatorname{argmax}}\ \mathbb{E}_{\pi_*}[G \mid s, a_s]
\end{aligned}
$$

방정식 2-10은 방정식 2-9의 행동-가치함수 Q의 정의를 리턴 G를 이용해 재사용한 것이다. 매 단계에서 행동-가치함수를 최대화하는 행동을 선택하는 것이 최적 가치-함수와 같다고 한다. 중요하기 때문에 다시 한 번 말하면, 기대 수익이 가장 높은 행동을 반복적으로 선택하면 가장 높은 총 보상을 얻습니다.

다른 곳에 더 큰 보상이 있을 수 있다고 상상할 수 있기 때문에 처음에는 이치에 맞지 않을 수 있습니다. 그러나 방정식은 모든 미래 보상에 대한 완전한 정보를 가지고 있음을 기억하십시오(방정식에서 리턴 G를 보십시오). 따라서 행동-가치 함수(또는 상태-가치 함수)는 에이전트가 추정치에서 해당 보상 상태를 방문할 것이라는 사실을 이미 설명했습니다.

따라서 "행동-가치 함수를 사용한 보상 예측"의 끝 부분에 있는 질문에 대답하려면 최적의 정책은 가장 높은 보상을 가진 행동을 반복적으로 선택하는 것입니다. 이 예에서 가장 높은 보상을 받는 행동은 항상 오른쪽에 있었으므로 최적의 정책은 매번 "오른쪽"을 선택하는 것입니다.

2.4 몬테카를로 정책 생성

"상태-가치 함수를 사용한 시뮬레이션"의 예에서는 무작위로 행동을 선택하고 보상을 기록했지만 반드시 그럴 필요는 없습니다. 대신 가능한 모든 이동을 철저하게 검색하고 궤적(히스토리)를 저장할 수 있습니다. 그러면 최적의 정책은 가장 높은 보상을 달성한 궤적입니다.

그러나 이 전략은 대부분의 경우 비현실적입니다. 그림 2-7의 간단한 예에서도 오른쪽과 왼쪽을 반복적으로 선택하고 종료하지 않는 전략을 상상할 수 있습니다. 전체 검색을 제한하여 에이전트를 도울 수 있지만 일반적으로 다른 것을 사용해야 합니다.

공식적으로 문제는 문제의 고차원적입니다. 고차원 샘플링 문제를 즐겁게 소화하는 go-to 알고리즘은 Monte Carlo(MC)입니다. 그림 2-9와 같이 가시성이 없는 블랙박스 환경을 상상해 보십시오. 환경에 제공되는 행동을 제어하므로 입력 분포를 알 수 있습니다. 그러나 환경을 제어할

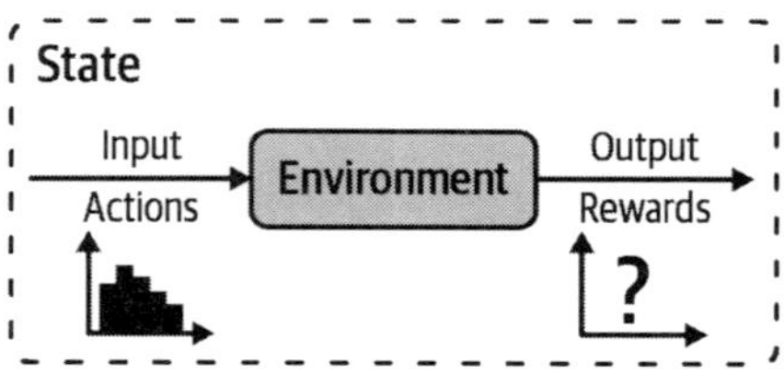

그림 2-9 그림 2-9. 몬테카를로 기법에 대한 블랙박스 설명. 입력은 알려져 있고 출력은 알려져 있지 않습니다. 입력을 임의로 자극하여 출력을 관찰하고 특성화할 수 있습니다.

수 없기 때문에 출력 분포에 대해 전혀 모릅니다. 출력 분포를 특성화하면 (평균적으로) 가장 높은 수익을 제공하는 행동을 선택하는 데 도움이 됩니다.

MC 기법은 입력을 무작위로 샘플링하여 출력에서 어떤 일이 일어나는지 관찰합니다. 행동을 적절하게 샘플링한 후 출력을 특성화하여 보상을 결정할 수 있습니다. 이 용어는 중요한 랜덤 구성 요소를 포함하는 모든 추정 방법을 포함하기 위해 광범위하게 사용됩니다. 그러나 RL에서는 전

체 궤적에 대해 반환된 보상을 평균화하는 기술을 나타냅니다. MC 기술에 대한 자세한 내용은 "추가 자료"에서 확인할 수 있습니다.

이제 이 아이디어를 알고리즘으로 전환할 수 있습니다. 먼저 전체 궤적을 생성한 다음 관찰된 보상에 따라 행동-가치 함수를 업데이트합니다. 시간이 주어지면 정책은 최적의 정책으로 향하는 경향이 있습니다. 알고리즘 2-3은 (a) 전체 궤적을 샘플링하고 (b) 정책의 가치를 추정하고 이를 사용하여 동시에 행동을 선택하기 때문에 On-policy MC 알고리즘이라고 합니다.

Algorithm 2-3. On-policy MC algorithm

1: **input**: a policy function, $\pi(a|s,Q_\pi(s,a))$
2: Initialize $Q(s,a) \leftarrow 0$, for all $s \in \mathcal{S}, a \in \mathcal{A}(s)$,
   $Returns(s,a) \leftarrow []$, for all $s \in \mathcal{S}, a \in \mathcal{A}(s)$
3: **loop**:
4:   Generate full episode trajectory following π
5:   Initialize $G \leftarrow 0$
6:   **loop** for each step of episode, $t \doteq T-1, T-2, \cdots, t_0$:
7:     $G \leftarrow \gamma G + r$
8:     **if** (s,a) not in $(s_0,a_0),(s_1,a_1),\cdots,(s_{t-1},a_{t-1})$:
9:       Append G to $Returns(s,a)$
10:       $Q(s,a) \leftarrow average(Returns(s,a))$

알고리즘 2-3은 On-policy MC를 나타내며 (1)에서 시작합니다. 이 알고리즘은 일반적으로 정책이 내장된 상태로 제공되지만 정책의 세부 사항을 무시하고 대신 종속성으로 주입하는 것이 더 간단합니다. 정책 $\pi(a \mid s, Q_\pi(s,a))$는 이 알고리즘에 행동-가치 함수를 사용하여 주어진 상태에 대한 행동을 반환합니다. 2단계는 행동-가치 함수를 초기화하고 환경과의 모든 상호작용을 위한 버퍼를 생성합니다.

단계 (4)는 현재 정책을 사용하여 전체 에피소드에 대한 궤적을 생성합니다. 알고리즘에서 ϵ-greedy 방법을 사용하여 방정식 2-10과 같이 기대 수익이 가장 높은 행동을 선택하는 정책을 만들었습니다.

단계 (6)은 역순으로 에피소드의 모든 단계를 반복합니다. 이것은 중요한 차이점입니다. 에이전트는 미래 보상에 따라 행동을 선택합니다. 따라서 단계 (6)은 끝에서 시작하여 뒤로 반복하면서 보상을 합산합니다. 결국 그것은 첫 번째 상태에서 끝나고 그 상태에서 예상되는 수익에 대한 하나의 예측을 갖게 됩니다.

단계 (7)은 방정식 2-7의 예상 수익에 보상 감가를 추가합니다. 현재 상태-행동 쌍이 궤적[단계 (8)]에서 이전에 방문되지 않은 경우 단계(9)에서 쌍을 버퍼에 추가합니다. 이 첫 번째 방문 구현은 $V_\pi(s)$에서 상태를 처음 방문했을 때의 평균 수익으로 추정합니다. 모든 방문 구현은 상태를 방문할 때마다 평균 수익으로 $V_\pi(s)$를 추정합니다. 두 가지 구현 모두 동일한 추정치로 이어지지만 연구자들은 첫 번째 방문 알고리즘을 더 깊이 연구했고 오류가 약간 적다는 것을 발견했습니다(모든 방문 행동-가치 추정치는 더 노이지 합니다. 자세한 내용은 "추가 정보"를 참조하십시오).

마지막으로 단계 (10)에서 현재 행동-가치 예측이 업데이트됩니다. 이것은 정책에 모든 상태-행동 쌍에 대한 예상 수익 추정치를 제공합니다. 이 추정치는 모든 궤도에서 관찰된 평균 감가된 수익률입니다. 평균을 사용하면 예상 수익이 정규 분포를 따른다고 가정합니다. 그렇지 않을 수도 있지만 이 가정은 실제로 잘 작동합니다.

알고리즘 2-3의 결과는 ϵ-greedy 매개변수를 탐색 전용으로 설정하고 감가 계수를 1로 설정하면 그림 2-8과 동일합니다.

2.5 동적 프로그래밍을 사용한 가치 반복

이전 섹션에서는 에피소드 끝에서 궤적을 통해 보상을 역전파했습니다. 그러나 다른 방법이 있습니다.

한 발 앞서 스캔하는 알고리즘을 상상해 보십시오. 상태가 주어지면 에이전트는 다음 예상 수익을 관찰하기 위해 한 걸음 앞서 엿볼 수 있습니다. 그림 2-10과 같이 종료 상태가 보상을 제공하는 환경에서 반복(1)에서 에이전트는 한 상태를 미리 보고 종료 상태를 확인하므로 어떤 행동을 취해야 하는지 알 수 있습니다. 반복(2)에서 에이전트는 최종 상태 이전의 상태를 보고 어떤 행동을 다시 수행해야 하는지 알고 있습니다. 정책이 안정될 때까지 계속됩니다.

다른 연구들에서는 종종 이 프로세스를 기반으로 정책 평가와 정책 개선이라는 두 가지 추상화를 생성합니다. 정책 평가는 예상 가치의 추정치를 제공합니다. 정책 개선은 탐색할 새로운 유망한 경로와 같이 가치 기능에서 오는 새로운 지식을 활용하기 위해 정책을 업데이트합니다.

평가와 개선을 결합하면 이를 일반화된 정책 반복(Generalized Policy Iteration, GPI)이라고 합니다. 구현은 개선 및 평가를 어떻게 하느냐에 따라 달라집니다. 예를 들어 "Monte Carlo 정책 생성"과 같이 MC 방법을 사용하여 개선을 수행하기 위해 에피소드가 끝날 때까지 기다릴 수 있습니다.

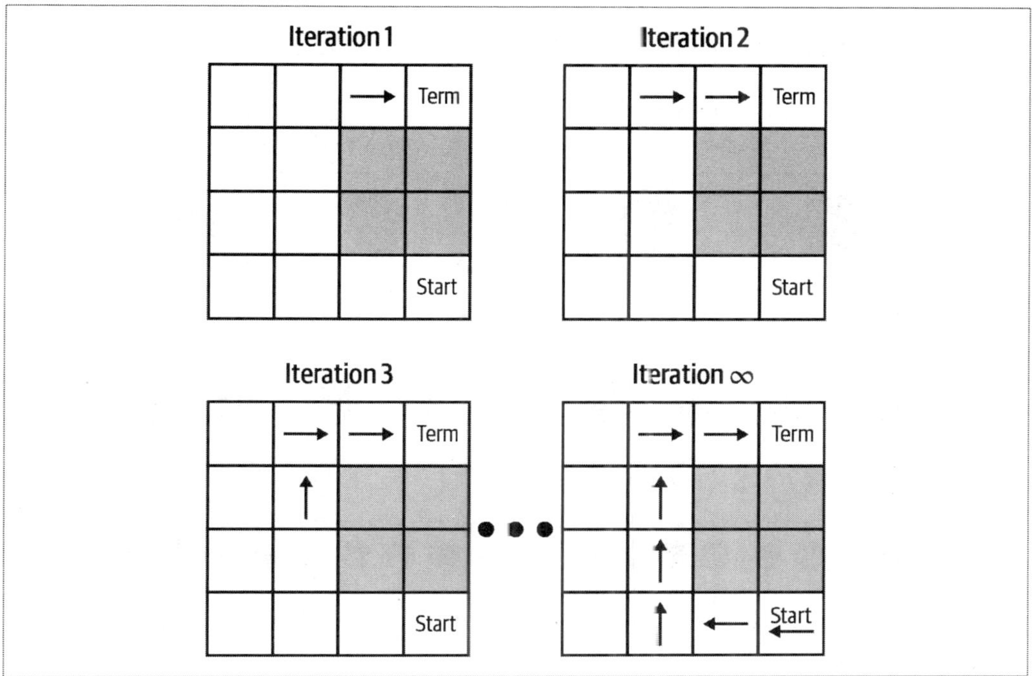

그림 2-10 알고리즘의 다른 반복에 대해 하나의 상태를 미리 볼 때 생성되는 정책입니다.

또는 각 단계 후에 추정 가치를 업데이트할 수 있습니다. 동적 프로그래밍(Dynamic Programming, DP) 방법은 한 단계 앞을 내다보고 모든 행동을 반복합니다. 이것은 단일 행동을 선택하지만 전체 에피소드를 시뮬레이션해야 하는 MC 기술과 대조됩니다.

그림 2-11은 상태-가치 함수에 대한 백업 다이어그램이라는 것을 통해 차이점을 보여줍니다. 열린 원은 상태를 나타내고 채워진 원은 작업을 나타냅니다. DP에서는 주어진 상태에서 가능한 모든 행동을 검색합니다. 이렇게 하면 단일 단계 후에 정책을 업데이트할 수 있습니다. MC는 먼저 정책에 따라 전체 에피소드를 생성한 다음 정책을 업데이트합니다.

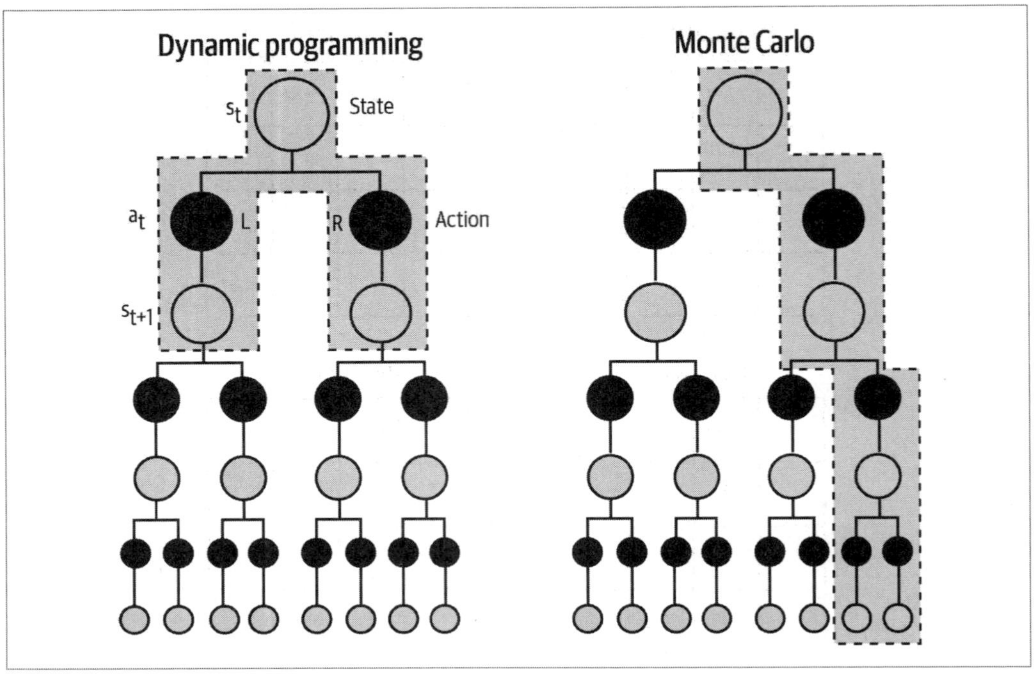

그림 2-11 동적 프로그래밍과 몬테카를로 정책 업데이트 기술(상태-가치 함수용) 간의 차이를 보여주는 백업 다이어그램

2.5.1 가치 반복 구현

가치 반복이라는 기술이 DP를 구현하지만 문제가 있습니다. 가치 반복은 전이 확률을 완전히 아는 것에 달려 있습니다. 환경 모델이 필요합니다. 이는 에이전트가 시도할 수 있는 행동을 알아야 하기 때문입니다. 예를 들어 2차원 그리드에서 해당 확률을 0으로 설정하여 에이전트가 경계 밖으로 이동할 수 없음을 에이전트에게 알려야 합니다.

환경 설계를 제어할 수 있고 문제가 충분히 간단한 경우 "재고 관리" 또는 "상태-가치 함수를 사용한 시뮬레이션"의 예에서와 같이 전이 확률을 미리 지정할 수 있습니다. 3장에서는 전체 환경 모델이 없을 때 사용할 일반 알고리즘을 개발합니다. 지금은 그렇게 한다고 가정하고 이를 알고리즘 2-4에 전달할 수 있습니다.

알고리즘 2-4의 단계 (1)에서 전이 확률과 종료 임계값을 지정해야 합니다. 예를 들어 장난감 그리드 환경에서 전이 확률은 0인 그리드에서 벗어나거나 벽으로 막힌 행동을 제외하고 모든 행동에 대해 동일합니다. 종료 임계값은 값 추정치를 계속 미세 조정하는 기간을 제어합니다.

Algorithm 2-4. Value iteration for generating an optimal policy

1: **input**: transition probabilities, $p(s', r \mid s, a)$, stopping threshold, $\theta > 0$
2: Initialize $V(s)$, for all $s \in \mathcal{S}$, $\nabla \leftarrow 0$
3: **do**:
4: **loop** for each $s \in \mathcal{S}$:
5: $v \leftarrow V(s)$
6: $V(s) \leftarrow \max_a \sum_{s', r} p(s', r \mid s, a)[r + \gamma V(s')]$
7: $\nabla \leftarrow \max(\nabla, \mid v - V(s) \mid)$
8: **while** $\nabla > \theta$
9: **output**: an optimal policy, $\pi(s) \doteq \underset{a_s \in \mathcal{A}(s)}{\operatorname{argmax}} \sum_{s', r} p(s', r \mid s, a_s)[r + \gamma V(s')]$

단계 (2)는 모든 상태에 대한 상태-가치 버퍼와 현재 오류 양을 유지하기 위한 변수를 초기화합니다. 단계 (3)은 do-while 루프로 들어가고 단계 (4)는 환경의 모든 상태를 반복합니다. 단계 (5)는 나중에 사용할 수 있도록 현재 상태에 대한 상태-가치 추정치의 로컬 복사본을 저장합니다.

단계 (6)은 행동이 발생하는 곳입니다. 왼쪽부터 시작하여 모든 행동을 시도한 후 가장 큰 예상 수익을 찾습니다. 합계는 모든 잠재적인 다음 상태와 행동에 대한 보상을 합산한 것입니다(왼쪽 행동을 선택하더라도 결국 계속 진행할 수 있기 때문입니다). 그런 다음 확률은 현재 상태와 행동이 주어진 보상으로 다음 상태에 도달할 가능성을 나타냅니다. 마지막으로 이 일련의 이벤트의 가치는 행동의 보상에 다음 상태의 가치를 더한 것입니다.

(6) 단계는 한 줄에 많은 것을 압축하기 때문에 방정식과 설명을 다시 읽는 것이 좋습니다. 이제 다시 읽었으니 그림 2-12에서 시각화한 예를 브여 드리겠습니다.

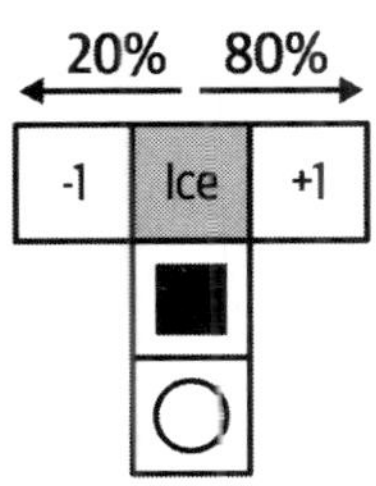

그림 2-12 가치 반복 업데이트를 보여주는 양식화된 예입니다. 사각형은 현재 위치를 나타냅니다. 가치는 보상을 나타냅니다. 현재 상태의 예상 값은 0.6입니다.

당신이 앞으로 또는 뒤로만 이동할 수 있고 모든 상태 가치 추정치가 0인 정사각형으로 표시되는 그리드에 서 있다고 상상해 보십시오. 뒤로 물러서면 움직임은 확실하지만 0의 보상을 받습니다. 앞으로 나아가면 얼음에 미끄러져 20%의 확률로 −1의 값과 80%의 확률로 1의 가치 오른쪽으로 떨어집니다.

알고리즘 2-4의 단계 (6)은 모든 행동에 대해 가장 높은 가치를 찾는 것을 목표로 합니다. 이 환경에는 위 및 아래의 두 가지 행동이 있습니다. 아래로 행동할 때 아래로 전이할 확률은 1입니다. 보상은 0이고 모든 가치 추정치가 0이므로 아래로 조치의 총 합계는 $1 \times 0 = 0$입니다. 위로 행동의 경우 두 결과에 두 가지 보상이 있습니다. 이 합계는 0이 됩니다. $2 \times -1 + 0.8 \times 1 = 0.6$. 따라서 현재 상태에 대한 모든 행동의 최대값은 0.6입니다.

이전 예제는 단일 상태에 대한 것이었지만 그 계산은 다른 상태에 따라 달라집니다. 이것이 바로 알고리즘 2-4가 간격을 메우기 위해 모든 상태를 반복해야 하는 이유입니다. 모든 상태의 첫 번째 전달 후에는 가치가 변경되었기 때문에 모든 상태를 다시 업데이트해야 할 수 있습니다. 단계 (7)은 최대 오류를 기록하여 단계 (8)이 계속 반복할지 여부를 결정할 수 있도록 합니다. 관심이 있는 경우 "추가 정보"에 있는 참고 자료에서 수렴 증명을 찾아볼 수 있습니다.

마지막으로 (9)단계에서 알고리즘은 기대 리턴이 가장 높은 행동을 선택하는 결정론적 정책을 출력합니다.

2.5.2 가치 반복 결과

알고리즘 2-4의 구현 결과는 그림 2-13과 같다. 0.9의 감가 계수를 사용하여 앞에서 만난 단순 절벽 문제에 대한 최적의 정책을 찾았습니다.

MC 버전과 마찬가지로 상태-가치 해석하기 쉽습니다. 에이전트가 목표에 가까울수록 기대 수익이 커집니다. 약간의 차이는 가치가 임의로 목표 상태에 도달하는 것에 의존하지 않는다는 것

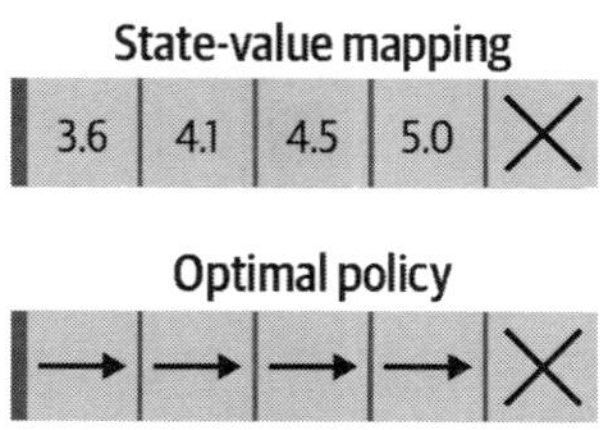

그림 2-13 감가 계수 0.9로 가치 반복을 사용하여 에이전트를 교육한 결과입니다. 이 이미지는 상태-가치 추정치와 최적 정책을 보여줍니다.

입니다. 정책을 따를 경우 감가된 보상 버전입니다. 그러나 정책의 결과는 동일합니다. 그리고 MC 알고리즘에서도 동일한 정책 평가 기법을 사용할 수 있었습니다.

에이전트의 상호 작용 루프(정책 평가)에 알고리즘 2-4(정책 개선 알고리즘)를 삽입하면 모든 단계에서 정책을 개선할 수 있습니다. 이것은 에피소드가 끝날 때까지 기다려야 하는 MC 기술과 대조됩니다. DP는 MC보다 훨씬 빠르게 정책을 개선할 수 있으며 이는 긴(또는 무한) 에피소드 문제를 처리할 때 매우 중요합니다.

그러나 네 가지 주의 사항으로 인해 가장 단순한 환경을 제외한 모든 환경에서 DP를 사용할 수 없습니다. 주의해야 할 첫 번째 사항은 감가를 사용해야 한다는 것입니다. 그렇지 않으면 모든 상태가 보상과 동일한 값을 갖습니다. 에이전트를 지시하고 긴 궤적을 억제하려면 감가를 사용해야 합니다. 이것은 모든 RL에서 공통된 주제이며, 일반적으로는 더 짧은 궤적을 선호합니다.

둘째, 에이전트가 모든 상태를 업데이트하면 알고리즘 2-4가 완료됩니다. 지금까지 본 장난감 예제에서는 모두 상태가 많지 않기 때문에 괜찮습니다. 그러나 상태 또는 행동의 수가 증가하면 DP를 사용하는 것이 계산적으로 어렵습니다.

이전 항목과 관련된 세 번째 항목은 알고리즘의 샘플링 효율성입니다. DP는 모든 상태와 행동을 방문해야 합니다. 이를 위해서는 적어도 행동을 곱한 상태만큼의 환경 샘플이 필요합니다. 이는 시뮬레이션할 수 없는 환경에서 문제가 될 수 있습니다. 다른 모델 기반 RL 알고리즘은 더 적은 수의 시뮬레이션으로 정책을 개선할 수 있기 때문에 더 효율적일 수 있습니다. MC 기법은 또한 최고의 리턴을 내는 상태를 찾기 위해 모든 단일 상태를 방문할 필요가 없기 때문에 더 표본 효율적입니다.

마지막으로 아마도 가장 큰 문제는 전이 확률이 필요하다는 것입니다. 환경의 역학 모델이 필요하거나 샘플링 방법을 통해 모델을 학습할 수 있습니다. 행동을 여러 번 수행하면 모든 상태에 도달할 확률을 추정할 수 있습니다. 다음 장에서 이를 기대할 수 있습니다.

2.6 요약

이 장은 이전에 사용했을 수도 있는 테스트가 RL의 한 형태임을 설명하는 것으로 시작했습니다. 그러나 대부분의 산업용 애플리케이션에는 더 많은 상태와 지연된 보상이 있기 때문에 제한적입니다.

마르코프 결정 프로세스(MDP)는 모든 문제가 구축되는 프레임워크입니다. MDP 패러다임에 맞게 많은 문제를 재구성할 수 있습니다. MDP의 핵심 요소는 상태 관찰, 성공 또는 실패를 나타내는 보상, 환경의 내부 상태를 변경하는 행동을 적용시키는 환경입니다.

알고리즘은 다음 상태의 예상 가치를 계산하여 총 보상을 최대화하는 행동을 선택할 수 있습니다. 재고 관리 시뮬레이션에서 이것을 보았습니다. 나는 문제를 더 간단하게 만들기 위해 제한했지만 문헌에서 더 복잡한 시나리오의 예를 찾을 수 있습니다.

최적의 정책은 에이전트가 높은 보상을 얻기 위해 따를 수 있는 것입니다. 최적의 정책을 찾는 것은 어려운 일이며 이 책에 제시된 알고리즘은 다양한 방식으로 이를 달성하려고 합니다.

마지막으로 리턴값을 추정하기 위해 환경의 상태를 검색하는 두 가지 방법인 몬테카를로(MC)와 동적 프로그래밍(DP)을 발견했습니다. MC 방법은 작은 상태 공간과 학습 성능이 중요하지 않은 경우에 적합합니다. 하지만 에피소드가 끝날 때까지 기다려야 하는 MC에 비해 DP는 향후 정책을 즉시 학습할 수 있다는 점에서 더 효율적입니다.

다음 장에서는 DP를 확장하고 오늘날 업계에서 사용되는 가장 일반적인 RL 알고리즘 중 하나를 제시합니다.

2.7 추가 자료

- Statistics:
  - Downey, Allen. 2014. *Think Stats: Exploratory Data Analysis*. O'Reilly Media.
- A/B testing and bandit algorithms:
  - White, John. 2012. *Bandit Algorithms for Website Optimization*. O'Reilly
- Media.
  - My Python implementation of the Bandit simulation library.
  - A thorough tutorial on sampling methods for bandits.[1]
- MDPs:
  - Puterman, Martin L. 2014. *Markov Decision Processes: Discrete Stochastic Dynamic Programming*. John Wiley & Sons.
- Bellman equations, DP and MC:
  - Sutton, Richard S., and Andrew G. Barto. 2018. *Reinforcement Learning: An Introduction*. MIT Press.

- MC techniques in other domains:
  - Hilpisch, Yves. 2018. *Python for Finance: Mastering Data-Driven Finance*. O'Reilly Media.

References

[1] Russo, Daniel, Benjamin Van Roy, Abbas Kazerouni, Ian Osband, and Zheng Wen. 2020. "A Tutorial on Thompson Sampling". ArXiv:1707.02038, July.

CHAPTER 3

시간차 학습, Q-learning 및 n-스텝 알고리즘

2장에서는 마르코프 의사 결정 과정(MDP)을 풀기 위한 두 가지 핵심 개념을 소개했습니다. 몬테카를로(MC) 기법은 가치 함수의 추정을 위해 샘플링을 시도합니다. 이 기법은 전이 확률에 대한 명시적인 지식 없이도 이 작업을 수행할 수 있으며 대규모 상태 공간을 효율적으로 샘플링할 수 있습니다. 하지만 에이전트가 정책을 업데이트하기 전에 전체 에피소드 동안 실행해야 합니다.

반대로 동적 프로그래밍(DP) 방식은 단일 시간 단계 후에 정책을 업데이트하여 부트스트랩 합니다. 하지만 DP 알고리즘은 전환 확률에 대한 완전한 지식이 있어야 하며, 최적의 정책을 찾기 전에 가능한 모든 상태와 동작을 방문해야 합니다.

> 다양한 분야에서 부트스트래핑이라는 용어를 사용하는데, 이는 기업이 “스스로 일어설 수 있다”는 의미입니다. 기업은 대출 없이 현금을 조달하여 부트스트래핑을 시작합니다. 전자 트랜지스터 회로는 부트스트래핑을 사용하여 입력 임피던스를 높이거나 작동 전압을 높입니다. 통계학 및 RL에서 부트스트래핑은 개별 관측치를 사용하여 모집단의 통계를 추정하는 샘플링 방법입니다.

시간차(Time-difference, TD) 학습은 이 두 가지 접근 방식을 결합한 것입니다. 샘플링을 통해 경험을 직접 학습할 뿐만 아니라 부트스트랩을 통해 학습하기도 합니다. 이는 에이전트가 환경에 상관없이 최적의 전략을 학습할 수 있는 획기적인 학습 방법입니다. 이전에는 학습 속도가 너무 느려서 문제를 해결하기 어렵거나 환경에 대한 전체 모델이 필요했습니다. 이 장에서 소개하는 시간차 학습을 사용하면 정교한 자동화된 시스템을 설계할 수 있습니다. 이 장에서는 시간차 학습과 이를 사용한 다양한 알고리즘과 구현 방법을 소개합니다.

3.1 시간차 학습의 정의

정책은 상태 가치(또는 행동 가치) 함수를 예측하는 데 의존한다는 점을 기억하세요. 에이전트가 예상 리턴을 예측한 후에는 보상을 극대화하는 행동을 선택해야 합니다.

'예상' 가치보다 더 중요한 것은 해당 가치에 대한 많은 관측가치의 평균이라는 점을 기억하세요. 지금까지 과거에 해당 상태를 방문했을 때 관찰된 모든 리턴(return)의 평균을 계산하는 방법을 소개했습니다. 그리고 평균의 온라인 버전은 기하급수적으로 감소하는 이동 평균입니다. 하지만 이 책의 후반부에서는 모델을 사용하여 예상 리턴을 예측할 것입니다.

수식 2-8에서는 상태 가치 함수를 주어진 상태에서 시작하여 예상되는 리턴으로 정의했으며 수식 2-2에서 온라인 알고리즘으로 변환하는 방법을 살펴보았습니다. 수식 3-1은 상태 가치 함수의 MC 추정치를 온라인으로 구현한 것입니다. 핵심 부분은 리턴의 지수 가중 이동 평균 추정치(the exponentially weighted moving average estimate)인 G입니다. 시간이 지남에 따라 실제 기대 리턴에 가까워지도록 상태 가치 추정치를 업데이트하고 α는 업데이트하는 속도를 제어합니다.

수식 3-1. 온라인 몬테카를로 상태 가치 함수

$$\begin{aligned} V_\pi(s) &\doteq \mathbb{E}_\pi[G|s] \\ &\leftarrow \mathbb{E}_\pi\left[V_\pi(s) + \alpha\left(G - V_\pi(s)\right)|s\right] \end{aligned}$$

G는 전체 트레젝토리의 리턴이라는 것을 기억하세요. 따라서 수식 3-1의 문제점은 한 번에 한 단계씩 업데이트된다는 점에서 온라인이지만, 에피소드가 끝날 때까지 기다려야만 G를 알 수 있다는 점입니다.

"2.5 동적 프로그래밍을 사용한 가치 반복"의 가치 추정치는 상태 가치 함수에 대한 다른 해석을 제시했습니다. 에피소드가 끝날 때까지 기다렸다가 리턴을 관찰하는 대신 다음 단계의 감가된 추정치를 사용하여 현재 상태 가치 추정치를 반복적으로 업데이트할 수 있습니다. 수식 3-2는 DP의 온라인 버전을 보여줍니다. 수식 3-2는 항상 한 스텝 앞의 보상을 고려하기 때문에 온라인 버전이라고 할 수 있다. 이 방정식은 MC 버전과 등일한 상태 가치 함수의 정의에서 시작한다는 점에 유의하십시오.

수식 3-2. 온라인 동적 프로그래밍 상태 가치 함수

$$
\begin{aligned}
V_\pi(s) &\doteq \mathbb{E}_\pi[G \mid s] \\
&\leftarrow \max_a \sum_{s',r} p(s', r \mid s, a)[r + \gamma V(s')]
\end{aligned}
$$

여기서 문제는 전이 확률을 모른다는 것임을 이미 알고 계실 것입니다. 하지만 수식 3-2의 마지막 줄에서 DP 버전이 G와 $r + \lambda V(s')$ 에 대한 상호 추정 정의를 사용하고 있음을 알 수 있습니다. 이것은 리턴이 현재 보상과 다음 상태에 대한 감가 된 예측 가치를 더한 값과 같다는 것을 의미합니다. 다시 말해서, 리턴은 현재 보상과 모든 미래 보상에 대한 예상치를 더한 값입니다. 몬테카를로 알고리즘에서 이 G의 정의를 사용하면 에피소드가 끝날 때까지 기다릴 필요가 없습니다. 수식 3-3을 보세요.

수식 3-3. 시간차 상태 가치 함수

$$
V_\pi(s) \doteq \mathbb{E}_\pi[V_\pi(s) + \alpha(r + \gamma V_\pi(s') - V_\pi(s)) \mid s]
$$

수식 3-3은 예상 리턴의 시간차 추정치입니다. 수식 3-3으로 만들어진 TD 추정치는 부트스트래핑의 이점과 MC 롤링(rolling) 평균의 샘플링 효율성을 모두 가지고 있습니다. 이 수식을 재구성하여 행동 가치 함수를 추정할 수도 있습니다.

마지막으로, 지수 가중 평균이 기대 연산자에 적합한 추정치라고 가정하고 이를 온라인 알고리즘으로 변환하면 수식 3-4의 온라인 시간차 상태 가치 추정치를 얻을 수 있습니다.

수식 3-4. 온라인 시간차 상태 가치 함수

$$
V_\pi(s) \leftarrow V_\pi(s) + \alpha(r + \gamma V_\pi(s') - V_\pi(s))
$$

잠시 시간을 내어 이 수식을 이해하고 여러분만의 방식으로 수식을 해석해 보세요. 수식 3-3에 따라 환경을 돌아다니며 상태 가치 함수를 반복적으로 업데이트하면 보상에 대한 임의의 정의에 따라 최적의 정책을 학습할 수 있다고 합니다. 상태 가치 함수와 그에 따른 정책의 업데이트는 즉각적으로 이루어지므로 다음 행동이 이전 행동보다 더 나은 것이어야 한다는 것을 의미합니다.

3.2 Q-러닝(Q-learning)

1989년, Q-러닝이라는 TD 학습의 구현으로 수학자들이 수렴을 쉽게 증명할 수 있게 되었습니다. 또한, Q-러닝은 RL에 대한 흥미를 불러일으킨 것으로 알려져 있습니다. 수식 3-3을 재구성하여 행동 가치 함수를 제공할 수 있습니다(수식 2-9). 드한, 수식 3-5는 수식 2-10과 같은 방식으로 주어진 상태에 대해 의도적으로 최상의 조치를 선택함으로써 간단한 정책을 구현합니다.

수식 3-5. 예상 리턴을 추정하기 위한 Q-러닝 온라인 업데이트 규칙

$$Q(s,a) \leftarrow Q(s,a) + \alpha \left(r + \gamma \underset{a_s \in \mathcal{A}(s)}{\operatorname{argmax}} Q(s', a_s) - Q(s,a) \right)$$

수식 2-9에서 각 행동의 예상 리턴을 알려주는 행동 가치 함수인 $Q(s,a)$를 기억하세요. 수식 3-5는 온라인 업데이트 규칙으로 구현되므로 이전 추정치를 새로운 추정치로 반복적으로 업데이트합니다. α의 오른쪽에 있는 모든 것을 delta라고 생각하면 되는데, 이는 추정치가 실제가치와 비교하여 얼마나 틀렸는지를 나타내는 척도입니다. 그리고 delta에 구현된 TD 미리 보기를 사용하면 알고리즘이 한 스텝을 예측할 수 있습니다. 이를 통해 에이전트는 "어떤 것이 최선의 행동입니까?"라고 질문할 수 있습니다.

이것이 가장 중요한 개선 사항입니다. 이전 시도에서는 해당 상태에 대한 지식만을 사용하여 각 상태에 대한 예상 리턴을 추정했습니다. 수식 3-5를 사용하면 에이전트가 어떤 미래 트레젝토리가 최적인지 미리 볼 수 있습니다. 이를 롤아웃(rollout)이라고 합니다. 에이전트는 트레젝토리에서 상태와 행동을 롤아웃합니다(MC 방법의 경우처럼 최대 에피소드 종료 시점까지). 에이전트는 현재뿐만 아니라 미래에도 최적일 수 있는 정책을 만들 수 있습니다. 이 말은 즉, 에이전트는 미래를 예측할 수 있는 정책을 만들 수 있다는 의미가 됩니다.

이 행동 가치 함수는 한 가지 간단한 추가 사항을 통해 높은 성능을 가지는 정책이 될 수 있습니다. 수식 3-5의 인수 최댓값(argmax)은 해당 상태에 대해 가능한 모든 액션을 스캔하고 예상 리턴이 가장 높은 행동을 의미합니다. 따라서 수식 3-5의 인수 최댓값을 선택하는 정책은 해당 상태에 대해 가장 높은 예상 리턴을 선택하는 정책이 됩니다.

이러한 정책을 Q-러닝이라고 하며, 알고리즘 3-1에서 자세히 소개됩니다.

Algorithm 3-1. Q-learning (off-policy TD)

1: **input**: a policy that uses the action-value function, $\pi(a \mid s, Q(s,a))$
2: Initialize $Q(s,a) \leftarrow 0$, for all $s \in \mathcal{S}, a \in \mathcal{A}(s)$
3: **loop**: for each episode
4:   Initialize environment to provide s
5:   **do**:
6:     Choose a from s using π, breaking ties randomly
7:     Take action, a, and observe r, s'
8:     $Q(s,a) \leftarrow Q(s,a) + \alpha\left[r + \gamma \underset{a_s \in \mathcal{A}(s)}{\text{argmax}}\ Q(s', a_s) - Q(s,a)\right]$
9:     $s \leftarrow s'$
10:   **while** s is not terminal

알고리즘 3-1은 Q-러닝의 의사 코드를 보여줍니다. 이 알고리즘은 알고리즘 2-3 및 알고리즘 2-4와 밀접한 관련이 있습니다. 이전과 마찬가지로, (1) 행은 행동을 선택할 확률을 결정하는 정책을 전달하는 것으로 시작합니다(예: 알고리즘 2-1의 ϵ-greedy 탐색을 사용할 수 있음). 단계 (2)는 모든 행동 가치 추정치를 저장하기 위해 상태와 행동 배열을 초기화합니다.

단계 (3)은 모든 에피소드에 대해 반복하고 단계 (5)는 에피소드의 각 스텝에 대해 반복합니다. 단계 (4)는 시작 상태를 초기화합니다. 환경은 일반적으로 에이전트를 기본 상태로 'reset'하는 기능을 제공합니다.

단계 (6)은 외부 정책 함수를 사용하여 어떤 행동을 선택할지 결정합니다. 선택된 행동은 가장 높은 확률을 가진 행동입니다. 일반적으로 문헌에 제시된 것보다 더 명확하게 설명한 이유는 최적의 행동은 하나도 없다는 점을 명확히 하고 싶었기 때문입니다. 대신, 어느 범위의 행동들은 최적일 확률이 있습니다. Q-러닝은 가장 높은 확률로 $Q(s,a)$가 가장 높아지는 행동을 선택합니다. 추가로 일정 시간 동안 Q에 영향을 받지 않는 ϵ-greedy 방식을 사용할 수 있습니다.

단계 (7)은 환경에서 선택한 행동을 사용하고 보상과 다음 상태를 관찰합니다. 단계 (8)은 환경에서 관찰된 새로운 상태 및 행동에 대한 현재 행동 값 추정치를 업데이트합니다. 예상 리턴은 현재 보상과 다음 상태의 예상 가치의 합으로 계산된다는 점을 기억하세요. 따라서 delta는 여기에서 현재 상태의 예상 가치를 뺀 가치입니다. 단계 (8)은 또한 α를 사용하여 delta를 기하급수적으로 감소시켜 노이즈가 많은 업데이트에 대한 평균을 구하는 데 도움이 됩니다.

단계 (9)는 다음 상태를 설정하고 마지막으로 단계 (10)은 환경이 종료 될 때까지 이 과정을 반복합니다. 충분한 에피소드[단계 (3)]가 있으면 행동 가치 추정치가 정확한 예상 리턴에 가까워집니다.

알고리즘 3-1의 단계 (8)을 다시 살펴봅니다. 오른쪽에 있는 TD 오류 항에 주목하세요. 다음 상태에 대해 가능한 모든 행동을 살펴보고 가장 높은 예상 리턴을 가져오는 행동을 선택하는 것처럼 $\underset{a_s \in \mathcal{A}(s)}{\text{argmax}}\ Q(s', a_s)$가 있습니다. 이는 단계 (6)에서 선택한 행동과는 아무런 관련이 없습니다. 대신 에이전트는 미래 행동을 사용하여 트레젝토리를 계획합니다.

이것은 이 책에서 소개하는 첫 번째 off-policy 에이전트입니다. 업데이트가 현재 정책에만 영향을 미치기 때문에 이 알고리즘은 off-policy 알고리즘입니다. 이 알고리즘은 업데이트를 사용하여 에이전트를 지시하지 않습니다. 에이전트는 여전히 현재 정책에서 작업을 도출해야 합니다. 이는 미묘하지만 중요한 개선 사항으로 최근에야 이용되기 시작했습니다. 이 책의 뒷부분에서 off-policy 알고리즘에 대한 더 많은 예를 찾을 수 있습니다.

주목해야 할 또 다른 사항은 단계 (2)에서 배열을 사용한다는 점입니다. 각 상태-행동 쌍에 대한 예상 가치 추정치를 테이블에 저장하므로 이를 표 형식의 방법이라고도 합니다. 이 구분이 중요한 이유는 무한 길이의 배열로 이어질 수 있는 연속적인 상태 또는 행동이 있는 경우 알고리즘 3-1을 사용할 수 없다는 것을 의미하기 때문입니다. 4장에서 연속적인 상태를 처리하는 방법은 4장에서, 그리고 연속적인 행동을 처리할 방법은 5장에서 볼 수 있습니다. 9장에서 연속형 값을 불연속형 값으로 매핑하는 방법을 배울 수 있습니다.

3.3 SARSA

SARSA는 TD 학습에 대한 보다 일반적인 솔루션을 제공하기 위해 Q-러닝 이후에 개발되었습니다. Q-러닝과 가장 큰 차이점은 delta에 최댓값이 없다는 점입니다. 대신 모든 행동에 대한 평균을 온라인 방식으로 계산하여 예상 리턴을 계산합니다.

수식 3-6에서 이 특정 TD 학습 구현의 이름은 행동-가치 함수를 계산하기 위한 상태(state), 행동(action) 및 보상(reward)에서 유래되었음을 알 수 있습니다. SARSA의 알고리즘은 알고리즘 3-2에 나와 있습니다.

수식 3-6. 행동 가치 함수의 SARSA 온라인 추정치

$$Q(s, a) \leftarrow Q(s, a) + \alpha(r + \gamma Q(s', a') - Q(s, a))$$

알고리즘 3-2와 알고리즘 3-1 모두 하이퍼파라미터가 있습니다. 첫 번째는 수식 2-7에 소개된 기대 리턴을 감가하는 γ입니다. 두 번째는 학습률인 α로, 0에서 1 사이여야 합니다. 값이 높을수록 학습 속도는 빠르지만 평균화 성능은 떨어집니다.

Algorithm 3-2. SARSA (on-policy TD)

1: **input**: a policy that uses the action-value function, $\pi(a \mid s, Q(s,a))$
2: Initialize $Q(s,a) \leftarrow 0$, for all $s \in \mathcal{S}, a \in \mathcal{A}(s)$
3: **loop**: for each episode
4: Initialize environment to provide s
5: **do**:
6: Choose a from s using π, breaking ties randomly
7: Take action, a, and observe r, s'
8: Choose a' from s' using π, breaking ties randomly
9: $Q(s,a) \leftarrow Q(s,a) + \alpha[r + \gamma Q(s',a') - Q(s,a)]$
10: $s \leftarrow s', a \leftarrow a'$
11: **while** s is not terminal

알고리즘 3-2는 알고리즘 3-1과 거의 동일 하므로 전체 설명을 반복하지 않겠습니다. 한 가지 차이점은 알고리즘이 단계 (9)에서 행동 가치 함수를 업데이트하기 전에 단계 (8)에서 다음 행동인 a'를 선택한다는 점입니다. a'는 정책을 업데이트하고 에이전트에게 알고리즘의 다음 단계를 지시하므로 on-policy 알고리즘이라고 할 수 있습니다.

4장에서 사용하는 함수 근사치를 적용할 때 on-policy 알고리즘과 off-policy 알고리즘의 차이는 더욱 커집니다. 하지만 이러한 미묘한 차이가 실제로 어떤 차이를 만들까요? 이 알고리즘을 테스트하여 어떤 일이 일어나는지 보여드리겠습니다.

3.4 Q-러닝과 SARSA 비교

RL에서 대표적인 환경 중 하나는 2차원 정사각형 그리드인 그리드월드(Gridworld)입니다. 정사각형 안에 다양한 장애물을 배치할 수 있습니다. 첫 번째 예제에서는 그리드의 한쪽 가장자리를 따라 깊은 구멍을 배치했습니다. 이것은 절벽을 시뮬레이션하는 것입니다. 목표는 에이전트가 시작 지점에서 목표 상태까지 최단 거리로 도달하도록 훈련하는 것입니다.

목표에 도달하는 최단 경로로 학습하도록 보상을 설계합니다. 각 스텝에는 다음과 같은 보상이 있습니다. 절벽에 떨어지면 보상은 -100, 목표에 도달하면 보상은 0이고 에피소드가 종료됩니다. 그 외에 모든 상황에서 보상은 -1입니다. 그림 3-1에서 이 환경을 확인할 수 있습니다.

차이점을 보여드리기 위해 첨부된 웹사이트에서 Q-러닝과 SARSA를 구현해 보았습니다. 최신 RL 프레임워크의 최신 목록도 확인할 수 있습니다. 그리고 9장에서 RL 구현의 실용성에 대해 자세히 설명합니다.

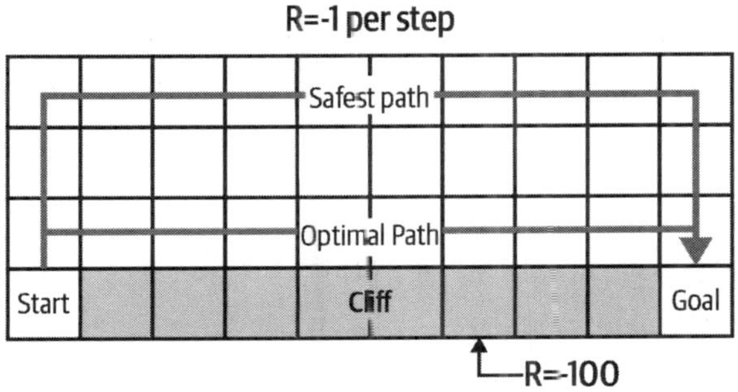

그림 3-1 한쪽에 절벽이 있는 그리드 환경[1]

그림 3-1에 설명된 환경에서 이러한 에이전트를 훈련 시키면 각 스텝에 대한 에피소드 보상을 기록할 수 있습니다. 에이전트가 무작위로 탐색하기 때문에 노이즈를 평균화하기 위해 실험을 여러 번 반복해야 합니다. 그림 3-2에서 결과를 확인할 수 있으며, 플롯은 100개의 병렬 실험에 대한 보상의 평균 합계를 보여줍니다.

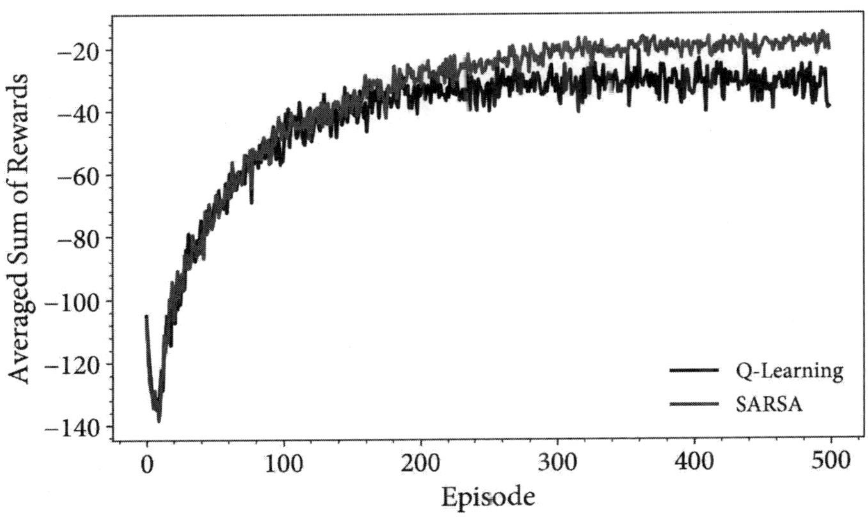

그림 3-2 간단한 그리드 문제에 대한 Q-러닝과 SARSA의 비교. 에이전트는 그림 3-1의 환경에서 훈련되었습니다. 사용된 하이퍼파라미터는 $\gamma \doteq 1.0$, $\epsilon \doteq 0.1$, $\alpha \doteq 0.5$ 이다. 각 에피소드에 대한 보상은 100번의 실험의 평균이다.

> 에피소드는 시작 상태에서 종료 상태(이 경우 절벽에서 떨어지거나 끝에 도달하는 노드)까지의 하나의 전체 실험이라는 점을 기억하세요. 그림 3-2의 x축은 에피소드 번호입니다. 500개의 에피소드는 500개의 종료 상태가 있었다는 것을 의미합니다.

그림 3-2에는 두 가지 흥미로운 영역이 있습니다. 첫 번째는 학습이 시작될 때의 보상 감소입니다. 첫 번째 에피소드의 성능이 다섯 번째 에피소드보다 더 좋았습니다. 즉, 무작위 에이전트가 5개의 에피소드를 학습한 에이전트보다 더 나은 성능을 보입니다. 그 이유는 보상 구조 때문입니다. 절벽에서 떨어지면 −100의 보상을 지정했습니다. 완전히 무작위 에이전트를 사용하고 시작 시점을 절벽에 가깝게 설정하면 에이전트가 거의 즉시 떨어질 것으로 예상할 수 있습니다. 이것이 훈련 시작 시 −100에 가까운 보상을 설명합니다. 그러나 몇 번의 시도 끝에 에이전트는 절벽에서 떨어지는 것이 낮은 보상을 받는다는 것을 학습하고, 멀리 떨어지려고 시도합니다. 멀어지면 스텝 당 보상이 −1이 되고, 절벽이 꽤 길고 에이전트가 아직 목표 상태에 도달한 경험이 많지 않기 때문에 스텝을 낭비하다가 결국 절벽에서 떨어지게 됩니다. 낭비된 걸음 수와 최종 절벽 다이빙으로 인한 마이너스 보상의 합계는 에이전트가 시작할 때보다 낮은 보상(약 −125)을 받게 됩니다.

이것은 흥미로운 결과입니다. 장기적으로 더 나은 보상을 찾기 위해 단기적으로 낮은 보상을 받아들여야 할 때도 있습니다. 이것은 이용-탐험 문제의 연장 선상에 있습니다.

두 번째로 흥미로운 결과는 SARSA 결과가 Q-러닝보다 보상이 더 크고 노이즈가 적은 경향이 있다는 것입니다. 그 이유는 결과 정책으로 가장 잘 설명할 수 있습니다.

그림 3-3은 Q-러닝 및 SARSA 정책의 예를 보여줍니다. 랜덤 탐색으로 인해 학습 간에 특정 정책이 변경될 수 있습니다. SARSA 에이전트는 절벽에서 멀리 떨어진 "안전한" 경로를 선호하는 경향이 있습니다. 때때로 욕심 많은 행동이 에이전트를 절벽 너머로 무작위로 걷어차기 때문입니다. SARSA가 평균 예상 리턴을 계산하고 있음을 생각하세요. 따라서 SARSA 에이전트는 절벽에서 멀리 떨어져서 목표 지점까지 갑니다.

그러나 Q-러닝 알고리즘은 평균 예상 리턴을 예측하지 않습니다. 이 알고리즘은 해당 상태에서 가능한 최상의 리턴을 예측합니다. 그리고 가장 좋은 것은 절벽 가장자리를 따라 직진하는 것입니다. 위험하지만 보상의 정의에 따르면 최적의 정책입니다.

이것은 또한 분산의 차이를 설명합니다. Q-러닝을 통한 정책은 은유적으로 좁은 통로를 걷는 것으로 비유될 수 있습니다. 이로 인해 옆으로 조금만 벗어나도 큰 손실이 발생합니다. SARSA 정책은 벼랑 끝에서 멀리 떨어져 있고 거의 떨어지지 않으므로 보상이 더 안정적이기 때문에, 최적의 경로로 가지 않고 안전한 경로로 가는 모습을 나타냅니다.

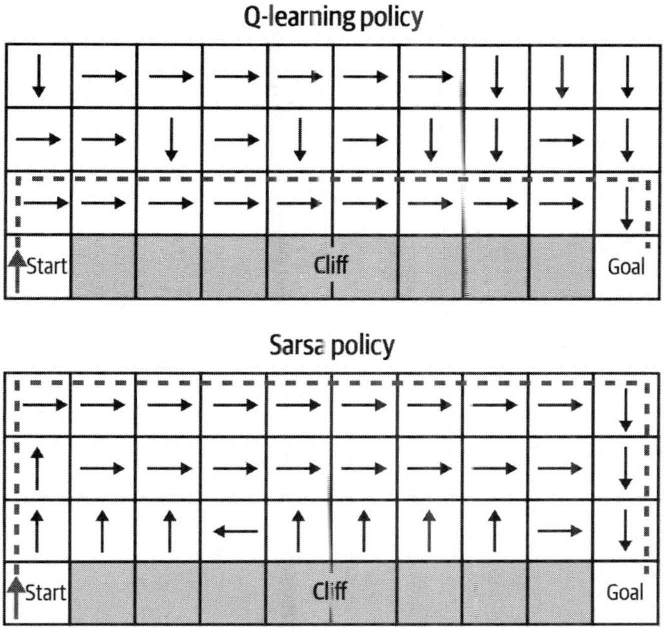

그림 3-3 그리드 환경에서 Q-러닝과 SARSA의 정책. Q-러닝은 최적의 경로를 선호하고, SARSA는 안전한 경로를 선호합니다.

3.5 연구 사례: 어플리케이션 컨테이너 자동 확장을 통한 비용 절감

소프트웨어 컨테이너는 클라우드에서 분산 애플리케이션의 배포와 오케스트레이션 방식을 변화시키고 있습니다. 이들의 주요 이점은 모든 런타임 종속성을 캡슐화하고 배포 가능한 단위의 원자성을 제공한다는 점입니다. 이는 애플리케이션을 동적으로 가로 스케일링(복제)과 세로 스케일링(할당된 자원 증가)을 통해 조절할 수 있게 합니다. 기존의 스케일링 전략은 CPU나 메모리 사용량과 같은 고정된 임계치 기반의 휴리스틱에 의존하며, 최적의 결과를 얻지 못할 가능성이 있습니다. RL을 사용하여 스케일링 정책을 제공하면 비용을 줄이고 성능을 향상시킬 수 있습니다.

Rossi, Nardelli 등은 세로 및 가로 스케일링에 대한 최적의 정책을 제공하기 위해 Q-러닝과 모델 기반 접근법을 사용한 실험을 제안했습니다.[2] 그들은 이러한 알고리즘을 실제 Docker Swarm 환경에서 구현했습니다.

Rossi 등은 임의의 작업을 수행하는 일반적인 블랙 박스 컨테이너를 사용하여 시작합니다. 에이전트는 마르코프 의사 결정 과정의 범위 내에서 애플리케이션과 상호 작용합니다.

상태는 컨테이너의 수, CPU 이용률 및 각 컨테이너에 할당된 CPU로 정의됩니다. 연속 변수는 고정된 개수의 구간으로 정량화됩니다.

행동은 응용 프로그램의 가로 또는 세로 스케일 변경으로 정의됩니다. 레플리카 추가 또는 제거, 할당된 CPU 추가 또는 제거, 또는 둘 다 할 수 있습니다. 두 가지 실험을 수행합니다. 첫 번째는 에이전트가 수직 또는 수평 스케일을 선택할 수 있는 단일 행동 공간만 허용하는 것으로 단순화되었습니다. 두 번째 실험에서는 둘 다 허용합니다.

보상은 배포 변경 수, 지연 시간 및 이용률을 균형 있게 조절하는 복잡한 함수입니다. 이러한 지표는 임의의 가중치를 가지며 사용자가 중요하게 생각하는 요소를 지정할 수 있도록 합니다.

Rossi 등은 처음에 시뮬레이터를 사용하여 접근 방식을 개발했지만, 다행히도 Docker Swarm을 사용하여 실제 환경에서 알고리즘을 테스트했습니다. 애플리케이션의 모니터링, 분석, 계획 및 변경 실행을 위한 컨트롤러를 구현했습니다. 그런 다음 변동하는 수요 패턴을 사용하여 사용자 요청을 시뮬레이션하고 보상을 최대화하기 위해 알고리즘을 학습시켰습니다.

이 실험에서 여러 흥미로운 결과가 나타났습니다. 첫째로, 에이전트가 수직 또는 수평으로 스케일을 조정해야 하는 실험에서 작은 행동 공간을 사용할 때 알고리즘의 학습 속도가 더 빨라진다는 것을 발견했습니다. 이는 일반적인 결과입니다. 상태와 행동 공간이 작을수록 에이전트는 탐색하기 쉽고 최적 정책을 더 빨리 찾을 수 있습니다. 단순한 실험에서는 Q-러닝 및 모델 기반 접근법이 유사한 성능을 발휘했습니다. 복잡한 행동 공간에서는 모델 기반 접근법이 더 빨리 학습되었으며 결과도 훨씬 우수했습니다.

두 번째로, 특정 문제에 특화된 모델은 학습과 최종 성능을 개선합니다. 그들의 모델 기반 접근법은 전이 확률을 가치 근사에 통합하여, "재고 관리"에서 한 것과 유사한 방식으로 액션의 효과에 대한 사전 지식을 제공합니다. 그러나 그들의 모델은 결과를 해당 모델 방향으로 편향시킵니다. 이는 모델 기반 접근법이 수직 스케일링보다 수평 스케일링을 선호하는 결과에서 확인할 수 있습니다. 대부분의 현대적인 오케스트레이터에서는 수평 스케일링이 훨씬 쉽기 때문에 이는 단점이 될 수 있습니다. 이로부터 얻을 수 있는 교훈은 모델 기반 접근법은 사전 지식을 도입하고 학습 속도를 크게 향상시키지만, 모델이 시스템의 실제 동적을 정확히 대변하고 특정 정책에 대한 암묵적인 편향이 없는지 확인해야 한다는 것입니다.

어느 쪽이든 정적인 임계치 기반 정책에 비해 상당한 개선이 있습니다. 두 알고리즘 모두 이용률을 한 수준 높여 주문 수준으로 개선했으며(이는 비용 절감으로 이어질 것입니다), 지연 시간은 유사한 수준을 유지했습니다.

이 작업을 여러 가지 방법으로 개선할 수 있습니다. 나는 이 예제를 Kubernetes에서 구현된 것을 보고, 자원의 실제 비용을 사용하여 보상을 계산하는 것을 원합니다. 또한, 상태와 행동 표현을 개선할 수 있습니다. 함수 근사를 사용하면 상태를 이산화할 필요가 없으며, 연속적인 행동으로 더 나은 수직 스케일링 매개변수를 선택할 수 있습니다. 문제를 분할하는 것도 할만한 방법입니다. 수직 및 수평 스케일링에는 매우 다른 비용이 발생하기 때문입니다. 적어도 Kubernetes에서는 수평 스케일링이 훨씬 쉽기 때문에요.

3.6 산업 적용 사례: 광고 실시간 입찰

RTB(실시간 입찰)은 스폰서 광고와는 달리 개별 광고 노출마다 입찰을 설정할 수 있습니다. 사용자가 광고를 지원하는 웹사이트를 방문하면 광고주들이 노출을 위해 입찰을 진행하는 경매가 발생합니다. 광고주는 일정 시간 내에 입찰을 제출해야 하며, 일반적으로 100ms가 한도입니다.

광고 플랫폼은 광고주에게 상황에 맞는 정보와 행동 정보를 제공하여 평가를 돕습니다. 광고주는 이러한 정보들을 기반으로 얼마나 입찰할지를 자동화된 알고리즘을 사용하여 결정합니다. 장기적으로 광고 플랫폼의 제품은 광고 유지를 위해 광고주들에게 만족스러운 경험을 제공해야 합니다. 그러나 광고주들은 최소 비용으로 핵심 성과 지표(KPI)인 광고 노출 수나 클릭률(CTR)을 극대화해야 하기 때문에, 광고주들을 만족하게 하기는 쉽지 않습니다.

RTB는 입찰(액션), 플랫폼에서 제공되는 정보(상태), 입찰 알고리즘(에이전트)으로 명확하게 구성됩니다. 플랫폼과 광고주 모두 자신들의 보상 정의를 최적화하기 위해 강화학습을 활용할 수 있습니다. 입찰 수준의 노출 데이터가 가치 있는 것으로 알 수 있습니다. 그리고 2013년에 중국의 마케팅 회사인 iPinYou가 입찰 알고리즘 기술 개선을 위해 데이터셋을 공개한 바 있습니다.[3]

3.6.1 MDP 정의

저는 Q-러닝과 SARSA와 같은 간단한 강화학습 알고리즘이 RTB(실시간 입찰) 문제에 대한 해결책을 제공하는 방법을 보여드리겠습니다. 이러한 알고리즘의 주요한 한계는 단순한 상태 공간이 필요하다는 것입니다. 크거나 연속적인 상태는 적절하지 않습니다. 그 이유는 에이전트가 합리적인 추정을 하기 위해선, 많은 샘플이 필요하기 때문입니다(큰 수의 법칙에 따라서). 연속적인 상태는 이산적인 샘플링 때문에 추가적인 문제를 야기합니다. 표(tabular) 알고리즘에서는 상태를 단순화하고 제한하여 계산 가능하도록 해야합니다.

이번 산업 적용 사례에서 제시하는 최종 문제는 주어진 예산 내에서 인상 수를 극대화하는 RTB

(실시간 입찰) 알고리즘을 만드는 것입니다. 데이터를 일괄 처리(batch)로 분할하고 각 일괄 처리에는 예산이 있습니다. 상태는 에이전트가 남은 경매 횟수에 따라 제공될 수 있는 평균 입찰가로 구성됩니다. 예를 들어, 예산이 100이고 일괄 처리 크기가 10이라면 첫 번째 경매에서의 상태는 100/10 = 10입니다. 이 기능의 목적은 입찰을 일괄 처리 내에서 분산시키기 위해 에이전트에게 알려주는 것입니다. 예산을 한 번에 모두 사용하지 않기를 원합니다. 에이전트는 경매에서 낙찰을 받으면 보상으로 1을 받고 그렇지 않으면 0을 받습니다. 또한 상태의 수를 줄이기 위해 실숫값을 반올림합니다. 나중에 상태에 다양한 전처리를 통해, 복잡한 데이터를 포착할 수 있는 에이전트의 예제를 볼 수 있습니다. 이는 중요한 교훈을 보여줍니다. MDP의 정식화는 임의적입니다. 상태에 포함할 다양한 정보를 상상할 수 있거나 다른 보상을 생성할 수 있습니다. 알고리즘의 제약 내에서 문제를 해결하기 위해 MDP를 설계해야 합니다. 산업용 데이터 과학자는 머신러닝 알고리즘의 구현 세부사항을 거의 변경하지 않습니다. 그들은 제품화된 솔루션을 사용합니다. 강화학습 연구자들은 주로 상태의 표현(일반적으로 피쳐 엔지니어링이라고 함)을 개선하고 보상의 정의를 정교화하는 데 시간을 투자합니다. 산업용 기계학습도 데이터를 개선하거나 문제를 재정의하는 데 대부분 시간을 할애하는 것과 유사합니다.

3.6.2 실시간 입찰 환경의 결과

저는 두 개의 새로운 환경을 만들었습니다. 첫 번째 환경은 테스트를 위해 구축한 정적 RTB 환경입니다. 각 에피소드는 100개의 경매로 이루어져 있으며, 예산은 10,000으로 고정됩니다. 에이전트가 100 이상의 값을 입찰하면 경매에서 낙찰을 받습니다. 따라서 이 환경에서의 최적 정책은 보상으로 100을 받기 위해 각 경매에서 100을 입찰하는 것입니다. 에이전트는 현재 입찰가를 50%, 10% 또는 0% 증가 또는 감소시킬 수 있습니다. 결과는 그림 3-4에서 확인할 수 있습니다.

이는 매우 현실적이지는 않지만, 알고리즘 구현이 예상대로 작동하는 것을 보여줍니다. 최적 정책을 학습하였음에도 이 그래프는 높은 탐험률(epsilon) 때문에 보상 100에 도달하지 못합니다. 즉, 이러한 보상을 얻으면서 에이전트는 여전히 무작위(일반적으로 잘못된) 동작을 수행합니다. SARSA와 Q-러닝 사이에는 미묘한 차이도 있습니다. SARSA는 약간 과다 입찰하는 더 안전한 경로를 선호하므로 Q-러닝보다 예산을 더 빨리 소진합니다. 이는 "Q-러닝과 SARSA 비교"에서 보았던 것과 동일합니다.

두 번째 환경은 실제 입찰 데이터를 사용합니다. make-ipinyou-data 저장소의 지침을 따르면 광고주를 나타내는 디렉토리를 얻을 수 있습니다. 이 파일들에는 예상 클릭률, 실제로 광고를 클릭한 여부, 낙찰 가격이 포함되어 있습니다. 일괄 처리 크기와 에이전트의 동작은 이전과 동일합니다. 주요 차이점은 경매에서의 낙찰 비용이 이제 가변적이라는 것입니다. 이전과 마찬가지로 주어진 예산으로 가장 많은 보상을 얻을 수 있는 에이전트를 훈련시키는 것이 목표입니다. 또한, 에이전트의 초기 입찰가를 너무 낮게 설정하여 상황을 더 어렵게 만들었습니다. 에이전트는 입찰가를 증가시키는 것을 배워야 합니다. 결과는 그림 3-5에서 확인할 수 있습니다.

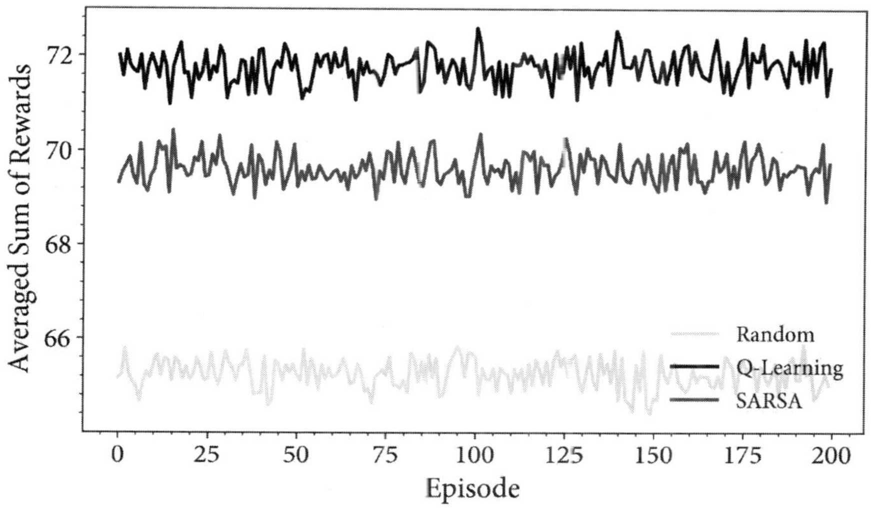

그림 3-4 단순하고 정적인 실시간 비딩 환경에서 SARSA, Q-러닝, 무작위 에이전트의 평균 보상

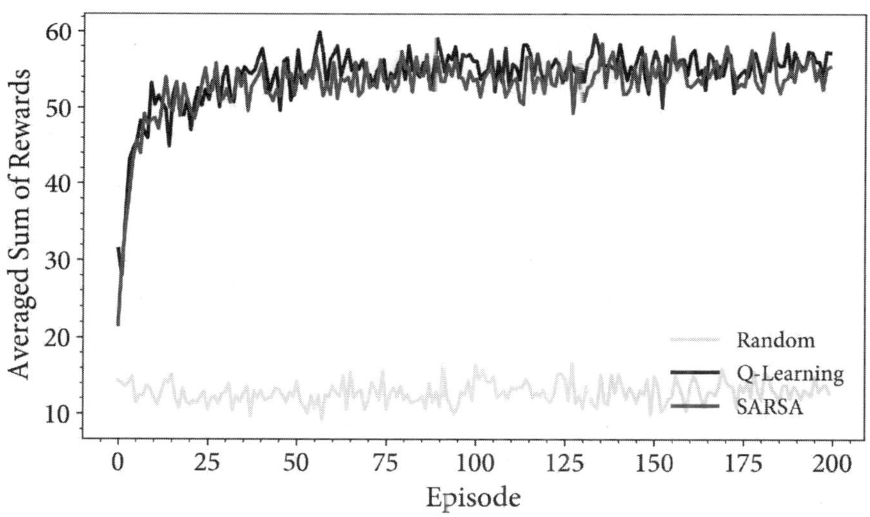

그림 3-5 실제 데이터를 기반으로 한 환경에서 SARSA, Q-러닝, 무작위 에이전트가 획득한 평균 보상. 에이전트는 에피소드가 지날수록 더 큰 보상을 얻습니다. 그 이유는 에이전트가 무작위 탐색을 통해 입찰가를 높이면 더 큰 보상을 받을 수 있다는 것을 학습했기 때문입니다. 에이전트가 계속 학습하도록 허용하면 보상이 더 늘어날 가능성이 큽니다.

3.6.3 추가 개선 사항

이전 예제에서는 상태 공간을 간소화해야 했기 때문에 RTB 문제가 제약되었습니다. Q-러닝과 SARSA와 같은 표 행동 방식은 상태 공간이 큰 경우 어려움을 겪습니다. 에이전트는 거대하고 무한한 상태 수를 샘플링해야 할 수도 있습니다. 이 책에서는 상태 공간의 룩업 테이블 대신 상태 공간 모델을 구축하는 방법을 볼 수 있습니다.

또 다른 고려 사항은 보상 선택입니다. 저는 인상 횟수를 보상으로 선택한 것은 각 시간 단계에서 학습을 진행하여 학습 속도를 높일 수 있기 때문입니다. 광고주는 일반적으로 사용자가 실제로 광고를 클릭하는 경우에만 관심이 있으므로 사용자 클릭을 보상 신호로 사용하는 것이 유익할 수도 있습니다.

학습에 사용되는 데이터 양을 제한하여 학습이 몇 초 안에 완료되도록 했습니다. 그렇지 않으면 몇 시간이 걸릴 수 있습니다. 산업 환경에서는 에이전트가 새로운 예제에 일반화할 수 있도록 가능한 한 많은 데이터를 사용해야 합니다.

초기 입찰 설정은 극단적인 상황에서 에이전트가 학습하도록 강제하기 때문에 적절하지 않습니다. 이는 새로운 잘 자긴 광고주가 입찰을 능가하여 시장을 점령하려고 할 때와 같은 새로운 상황에 대처할 방법을 에이전트가 배울 수 있다는 것을 보여주기 위해 이렇게 했습니다. 더 현실적인 시나리오는 초기 입찰을 재설정하지 않고 이전 에피소드에서 이어지도록 하는 것입니다.

에이전트의 견고성과 안정성을 향상하기 위해 항상 제한을 적용해야 합니다. 예를 들어, 오류 클리핑을 사용하여 이상치가 예상 반환 추정치를 한 번에 너무 멀리 이동하지 못하게 할 수 있습니다.

한 논문은 일련의 경매를 단일 종합 경매로 병합하여 함께 처리합니다. 에이전트는 시작할 때 입찰 수준을 설정하고 일괄 처리 동안 같이 유지합니다. 이로 인해 평균화를 통해 데이터의 기본적인 변동성을 줄일 수 있습니다.

데이터는 시간적 차이를 보입니다. 새벽 3시에는 경매가 적게 진행되며 광고주도 적을 수 있습니다. 이 두 시간대는 근본적으로 다른 에이전트를 필요로 합니다. 사용자의 시간을 에이전트 상태에 포함하면 시간에 따라 다른 정책을 학습할 수 있습니다.

이 환경에서 사용된 행동은 입찰의 이산적 변형이었습니다. 이렇게 함으로써 상태-행동 룩업 테이블의 크기를 줄였습니다. 에이전트가 변형의 값을 설정할 수 있도록 하는 것이 바람직합니다. 심지어 연속적인 가변 행동을 출력할 수 있는 알고리즘을 사용하여 에이전트가 입찰 값을 직접 설정할 수도 있습니다.

이것은 개선할 수 있는 사항들의 긴 목록이었고, 당신도 더 많은 사항을 생각할 수 있을 것입니다. 그러나 RL 알고리즘 선택은 종종 가장 쉬운 단계 중 하나입니다. 이 예제는 산업에서는 적절한 MDP를 구성하거나 상태에 나타난 기능을 개선하는 데 대부분의 시간을 할애한다는 것을 보여줍니다.

3.7 Q-러닝의 확장

연구자들은 TD 알고리즘을 다양한 방법으로 개선할 수 있습니다. 이 섹션에서는 특히 SARSA와 Q-러닝과 관련된 가장 중요한 개선 사항을 조사합니다. 일부 개선 사항은 나중 장에서 더욱 적합합니다.

3.7.1 더블 Q-러닝(Double Q-learning)

수식 3-5는 최고의 행동에 대한 개념을 사용하여 Q(s, a)를 업데이트합니다. 이 경우 최고의 예상 보상을 생성하는 행동입니다. 이에 대한 문제는 현재 최댓값이 통계적 이상치일 수 있다는 것입니다. 예를 들어, 에이전트가 학습을 시작한 막바지에서 처음으로 양의 보상을 받는다면, 그것은 행동-가치 추정치를 업데이트할 것입니다. 이후의 에피소드에서는 반복적으로 동일한 행동을 선택하게 됩니다. 이로 인해 초기에 잘못된 업데이트로 인해 에이전트가 최적이 아닌 결정을 계속 내릴 수 있는 루프가 생성될 수 있습니다.

이 문제를 해결하는 한 가지 방법은 두 개의 행동-가치 함수, 즉 두 개의 테이블을 사용하는 것입니다.[4] 그런 다음 에이전트는 하나를 업데이트하고 다른 하나를 사용하여 상호적으로 업데이트합니다. 이는 Q(s, a)에 대한 편향되지 않은 추정치를 생성하며, 자체로 피드백되지 않습니다. 일반적으로 어떤 조합을 업데이트할지 선택하는 것은, 예를 들어 Q2의 행동-가치 추정치로 Q1을 업데이트하는 것 등은 무작위로 결정됩니다.

3.7.2 지연 Q-러닝(Delayed Q-learning)

아마도 최고의 이름을 가진 계산 이론 중 하나인 Probably Approximately Correct (PAC) 학습은 주어진 가설에 대해 문제를 허용 가능한 오차 한도 내에서 해결하기 위해 특정한 샘플 수가 필요하다고 말합니다. 2006년 수학자들은 이 원칙에 기반을 둔 지연 Q-러닝이라는 알고리즘을 개발했습니다. 이 알고리즘은 에이전트가 해당 상태-행동 쌍을 방문할 때마다 행동-가치 함수를 업데이트하는 대신 보상을 버퍼에 저장합니다. 일정 횟수만큼 방문한 후, 한 번에 주요 행동-가치 함수를 업데이트합니다.[5]

다시 한번 큰 수의 법칙에 의하면, 예상 반환의 추정치는 노이즈를 가질 수 있습니다. 따라서 에이전트가 이를 사용하여 미래의 에이전트를 조작하는 주요 행동–가치 테이블을 잠재적으로 오류가 있는 값으로 업데이트해서는 안됩니다. 대표적인 샘플이 있을 때까지 기다렸다가 업데이트해야 합니다.

이 방법의 단점은 좋은 결과를 얻기까지 일정한 지연이 발생한다는 것입니다. 그러나 한 번 양호한 결과를 얻게 되면, 노이즈로 인해 에이전트가 괴로워하지 않기 때문에 학습이 매우 빠릅니다.

어느 정도로는, 이는 탐색 기간을 연장하는 방법에 불과합니다. ϵ–greedy 알고리즘에서 ϵ을 점점 감소시키거나 UCB를 사용하면 유사한 효과를 얻을 수 있습니다. ("ϵ–greedy 알고리즘 개선" 참조) 비슷한 구현인 지연 Q–러닝도 잘 샘플링되지 않은 행동–상태 쌍에 대한 탐색 보너스를 통합합니다.[6]

3.7.3 표준, 더블, 지연 Q–러닝 비교

그림 3–6는 그리드 환경에서 표준 Q–러닝, 더블 Q–러닝, 지연 Q–러닝의 성능을 비교합니다. 더블 Q–러닝 구현은 표준 Q–러닝보다 더 좋은 정책을 나타내며 평균 결과도 높게 나타납니다. (더 많은 시간을 주면 계속해서 개선될 것입니다. 그림 3–2와 비교해보세요). 지연 Q–러닝 구현에서는 견고성과 관련하여 불연속성이 보이는 것은 걱정스럽지만 최종 결과는 매우 인상적입니다. 이는 많은 업데이트의 집계가 행동–가치 함수에 대해 더 견고한 추정치를 제공하기 때문입니다. 상단의 평평한 영역은 지연 Q–러닝이 일정한 업데이트 횟수 이후에 학습을 의도적으로 중단하기 때문입니다.

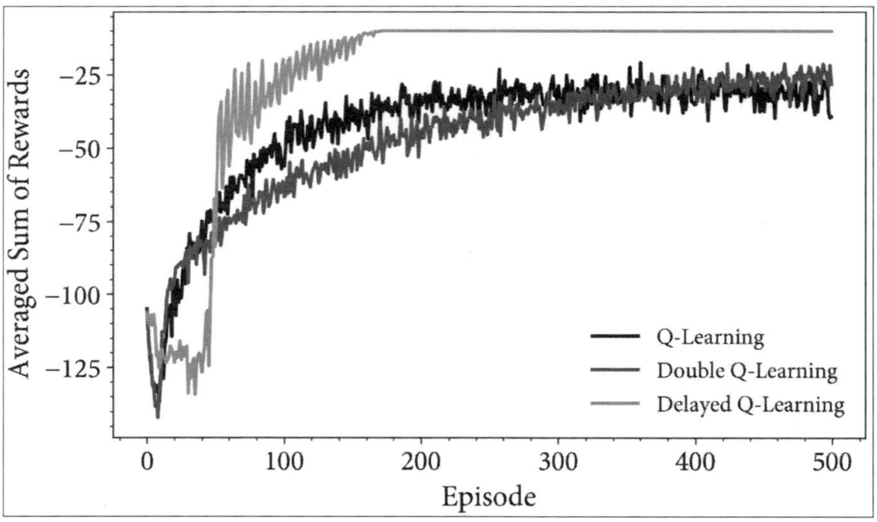

그림 3–6 그리드 환경에서 Q–러닝, 더블 Q–러닝, 지연 Q–러닝 비교

3.7.4 대립학습(Opposition Learning)

Tizhoosh은 학습 성능을 향상시키기 위해 의도적으로 정책이 선택하는 것과 반대되는 행동을 샘플링하는 방식인 "Opposition-Based RL"을 도입하려고 시도했습니다.[7] 이 Q-러닝에서 영감을 받은 구현은 현재 정책이 선택한 행동과 함께 반대의 행동을 의도적으로 샘플링하고 업데이트합니다.

이 아이디어의 핵심은 반대 행동이 혁명적이거나 반사실적인 움직임을 나타낼 수 있다는 것입니다. 이는 정책이 추천하지 않았을 행동을 의미합니다.

만약 자연스러운 반대 행동이 존재한다면, 최악의 경우를 방지하므로 초기 단계에서 학습 속도가 더욱 빨라질 수 있습니다. 그러나 반대 행동이 존재하지 않는다면, 무작위로 샘플링하는 것과 별 다를바 없으며 일반적인 업데이트와 무작위 업데이트를 의미합니다. 이 경우에는 모든 행동을 샘플링하여 결과를 확인하는 것도 가능합니다.

이 방법의 주요 문제는 많은 환경에서 여러 행동을 동시에 테스트할 수 없다는 점입니다. 예를 들어, 이 알고리즘을 로봇에 적용하려고 한다면 반대(또는 무작위) 행동을 취한 후 원래 정책의 행동을 취해야 합니다. 되돌아가는 과정에서 정확하지 않을 수 있고 오차를 도입할 수 있습니다. 또한, 이는 연속적인 영역에 적합하지 않습니다. 더 좋은 접근 방식은 여러 개의 에이전트를 사용하거나 별도의 중요 정책을 사용하여 반대 조치를 생성하는 것입니다.

3.8 n-스텝(n-Step) 알고리즘

이 장에서는 한 스텝 앞을 살펴보는 것으로 행동 가치 함수의 근사치를 찾았습니다. 하지만 왜 거기서 멈추어야 할까요? 두 스텝 앞을 살펴보는 것은 어떨까요? 아니면 그 이상일 수도 있을 텐데요. 이것이 n-스텝 알고리즘의 목적입니다. 이 알고리즘은 기대값 추정을 어떤 단계든 확장할 수 있는 방법을 제공합니다. 이는 동적 계획법과 몬테카를로 사이의 간극을 좁히는 데 도움이 됩니다.

일부 응용 프로그램에서는 선택을 내리기 전에 여러 스텝을 미리 살펴보는 것이 합리적일 수 있습니다. 예를 들어, 그리드 예제에서 현재 경로가 에이전트를 절벽으로 떨어뜨리는 것을 알 수 있다면, 에이전트는 너무 늦기 전에 대비할 수 있습니다. 이 말은 곧 에이전트가 미래를 좀 더 멀리까지 살펴보는 것입니다.

이 아이디어의 핵심은 DP(수식 3-3)에서 가져온 미래를 보는 기능을 확장하는 것입니다. 기억해보면, DP는 현재 보상과 다음 상태의 예측을 결합했습니다. 이것을 확장하여 다음 2-스텝의 보상과 그다음 상태의 예상 반환 값을 고려할 수 있습니다(수식 3-7 참조).

수식 3-7. 2-스텝 기대 리턴

$$G_{t:t+2} \doteq r + \gamma r' + \gamma^2 Q(s'', a'')$$

제가 추가된 표기법인 $t+2$를 사용하여 수식 3-7이 2 스텝 앞을 살펴보고 있다는 것을 나타내고 있습니다. 수식 3-3은 $G_{t:t+1}$과 동등합니다. 핵심은 수식 3-7이 현재 스텝의 보상뿐만 아니라 다음 스텝의 보상을 사용한다는 것입니다. 마찬가지로, 2 스텝 이후의 행동-가치 추정치를 사용한다. 이를 수식 3-8로 일반화할 수 있습니다.

수식 3-8. n-스텝 기대 리턴

$$G_{t:t+n} \doteq r + \gamma r' + \cdots + \gamma^{n-1} r_{n-1} + \gamma^n Q(s_n, a_n)$$

수식 3-6과 같은 다양한 TD 업데이트 규칙을 이 새로운 DP 업데이트를 사용하도록 보완할 수 있습니다. 수식 3-9는 행동-가치 업데이트 함수에 대한 식을 보여줍니다.

수식 3-9. 행동 가치 함수를 사용하여 예상 리턴을 추정하는 n-스텝 TD 업데이트 규칙

$$Q(s, a) \leftarrow Q(s, a) + \alpha\big(G_{t:t+n} - Q(s, a)\big)$$

수식 3-9는 행동-가치 함수에 대한 n-스텝 업데이트를 보여줍니다. 이를 상태-가치 함수로 다시 작성하거나 $\mathrm{argmax}_{a_s \in \mathcal{A}(s)}$를 $G_{t:t+n}$ 내부에 추가하여 Q-러닝으로 만들 수 있습니다. 일부 참고 자료에서는 새로운 행동-가치 추정값인 Q가 이전 추정값에 의존한다는 것을 나타내기 위해 추가적인 수학적 표기법을 볼 수 있습니다. 예를 들어, Q를 사용하기 전에 Q'를 업데이트해야 한다는 등의 내용입니다. 간단 화하기 위해 이러한 내용은 제외하였습니다.

그러나 이 아이디어는 문제를 일으킵니다. 보상은 에이전트가 상태로 전환한 후에 사용 가능합니다. 따라서 에이전트는 경로를 따라가고 보상을 버퍼링한 다음, 원래의 t 스텝 전 상태를 업데이트해야 합니다.

제 딸들이 잠들어 꿈을 꾸고 있을 때, 그들이 지난날을 되새기는 소리를 들을 수 있습니다. 그들은 경험을 회상하고 통찰력을 바탕으로 재처리하며 그로부터 배웁니다. 강화 학습 에이전트도 같은 작업을 수행할 수 있습니다. 일부 알고리즘은 경험 재생 버퍼를 사용하여 이전 행동을 되새기고 그로부터 학습할 수 있습니다. 이는 현재 에피소드의 경로를 저장하는 것입니다. 에이전트는 수식 3-8을 계산하기 위해 과거로 돌아갈 수 있습니다.

알고리즘 3-3의 n-스텝 알고리즘은 기능적으로는 알고리즘 3-2와 같지만, 충분한 샘플이 있는 경우에만 재생 버퍼를 역방향으로 반복해야 하므로 더 복잡해 보입니다. 예를 들어, 2 스텝 SARSA에서는 첫 번째를 업데이트하려면 세 번째 스텝을 기다려야 합니다. 왜냐하면, 두 번째 보상을 관찰해야 하기 때문입니다.

Algorithm 3-3. n-step SARSA

1: **input**: a policy that uses the action-value function, $\pi(a \mid s, Q(s,a))$,
  step size $0 < \alpha < 1$, a positive integer n
2: Initialize $Q(s,a) \leftarrow 0$, for all $s \in \mathcal{S}, a \in \mathcal{A}(s)$
3: **loop** for each episode:
4:   Initialize $T \leftarrow \infty$, $t \leftarrow 0$, replay buffers for S and A, and initial state s
5:   Choose a from s using π, breaking ties randomly
6:   **do**:
7:     **if** $t < T$:
8:       Take action, a, and observe r, s'
9:       **if** s' is terminal:
10:         $T \leftarrow t + 1$
11:       **else**:
12:         Choose a' from s' using π, breaking ties randomly
13:     $\tau \leftarrow t - n + 1$
14:     **if** $\tau \geq 0$:
15:       $G \leftarrow \sum_{i \leftarrow \tau + 1}^{\min(\tau + n, T)} \gamma^{i - \tau - 1} r_i$
16:       **if** $\tau + n < T$:
17:         $G \leftarrow G + \gamma^n Q(s_{\tau + n}, a_{\tau + n})$
18:       $Q(s_\tau, a_\tau) \leftarrow Q(s_\tau, a_\tau) + \alpha[G - Q(s_\tau, a_\tau)]$
19:     $t \leftarrow t + 1, s \leftarrow s', a \leftarrow a'$
20:   **while** $\tau \neq T - 1$

알고리즘 3-3은 어려워 보일 수 있지만, 추가된 유사 코드는 재생 버퍼를 반복하는 것을 위한 것이 다입니다. 아이디어는 SARSA와 정확히 같지만, 이미 했던 경험들을 앞으로 계속 이용하기 위해 재생 버퍼에 저장합니다. 아포스트로피 표기법도 약간 복잡해지며, 이전 행동, 상태 및 보상에 대해 인덱싱해야 합니다. 이 알고리즘은 이러한 알고리즘들이 얼마나 많은 구현 복잡성을 가지고 있는지를 강조하며, 실제로 이것은 간단한 알고리즘입니다.

단계 (1)은 일반적으로 시작되며, 정책과 n-스텝의 단계 수를 제어하는 설정을 전달해야 합니다. 단계 (2)는 행동-가치 테이블을 초기화합니다. 단계 (3)은 각 루프를 반복하고, 단계 (4)는 에피소드의 끝에 해당하는 단계 번호인 T, 현재 단계 번호인 t, 재생 버퍼 및 기본 에피소드 상태인 s를 초기화합니다. 단계 (5)는 기본 상태와 현재 정책에 기반하여 첫 번째 행동을 선택하고, 단계 (6)은 주요 루프의 시작입니다.

대부분은 이전과 동일합니다. 단계 (7)은 에피소드가 이미 종료되었는지 확인하는 차이가 있습니다. 종료된 경우 더 이상 행동을 수행하지 않아야 합니다. 그 전까지는 단계 (8)에서 환경에서 행동을 수행합니다. 단계 (9)와 (10)은 해당 행동이 에피소드의 종료로 이어지는지 확인합니다. 그렇다면, 에피소드가 끝난 단계를 나타내기 위해 변수 T를 설정합니다. 그렇지 않으면 단계 (12)에서 다음 행동을 선택합니다.

단계 (13)은 n 단계 전의 상태-행동 쌍을 가리키는 변수를 업데이트합니다. 초기에는 $t = 0$ 이전이므로, 단계 (14)에서 인덱스 범위를 벗어나는 오류를 방지하기 위해 확인합니다. $\tau >= 0$이면 알고리즘 3-3은 예상된 반환값으로 행동-가치 함수를 업데이트하기 시작합니다.

단계 (15)에서는 수식 3-7에 정의된 n 단계 예상 반환의 보상 부분을 계산합니다. 단계 (16)은 알고리즘이 에피소드 종료 이후 n 단계를 지나갔는지 확인합니다. 그렇지 않으면, 수식 3-7의 우변에 정의된대로 다음 상태의 예측을 예상 반환에 추가합니다.

단계 (18)은 이전과 동일하며, n 단계 예상 값 추정을 사용하여 행동-가치 함수를 업데이트합니다. 마지막으로, 단계 (19)에서 단계 카운터를 증가시킵니다. 알고리즘은 종료까지 모든 단계를 업데이트한 후 단계 (20)에서 주요 루프로 돌아갑니다.

3.9 그리드 환경에서 n-스텝 알고리즘

제가 그리드 환경에서 n-스텝 SARSA 에이전트를 구현하고 스텝 수를 2와 4로 설정했습니다. 다른 설정은 표준 SARSA 구현과 동일합니다. 그림 3-7에서 표준 SARSA와 n-스텝 SARSA 간의 차이를 확인할 수 있습니다.

그림 3-7에서 분명히 확인할 수 있는 것은 n-스텝 알고리즘은 1-스텝 알고리즘보다 빠르게 최적 정책을 학습할 수 있다는 것입니다. 이는 직관적으로 이해됩니다. "미래"를 관찰할 수 있다면 (따옴표로 감싸는 이유는 실제로는 업데이트를 지연하는 것입니다) 최적의 경로를 더 빨리 학습할 수 있기 때문입니다. n의 최적값은 문제에 따라 다르며, 조정이 필요한 하이퍼파라미터로 다루어져야 합니다. 이러한 방법의 주요 단점은 추가적인 계산 및 메모리 부담입니다.

이 섹션은 on-policy SARSA에 초점을 맞췄지만, 물론 off-policy 및 비-SARSA 구현도 n-스텝 TD 학습에서 구현할 수 있습니다. 더 자세한 내용은 "Further Reading" (85쪽)에 나열된

책들을 참고하실 수 있습니다.

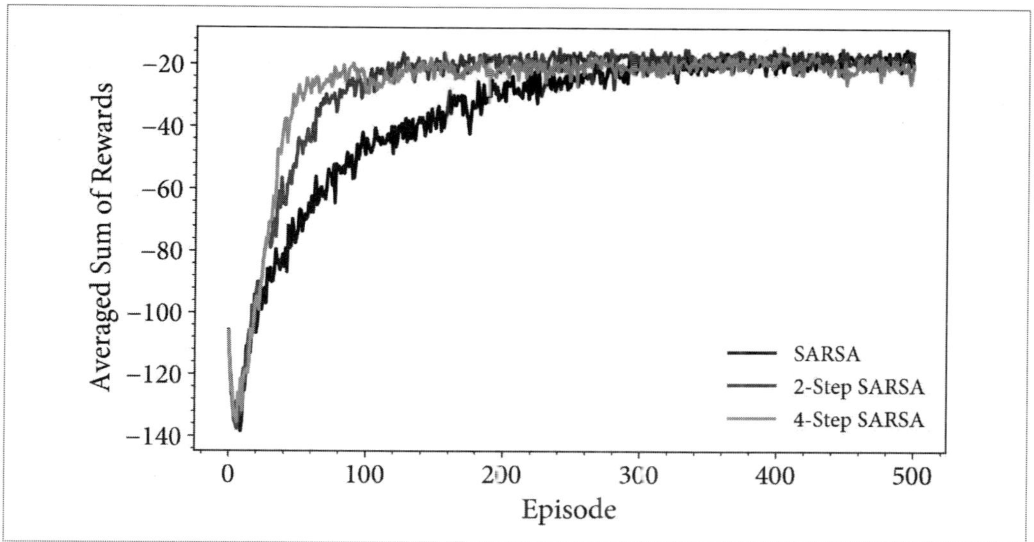

그림 3-7 그리드 환경에서 표준 SARSA와 n-스텝 SARSA 에이전트의 평균 보상 비교. 여러 스텝을 사용하는 에이전트들이 최적 경로를 더 빨리 학습하는 것에 주목해주세요.

"n-스텝 알고리즘"에서는 부스트랩핑과 전방 계획(forward planning)의 이점을 동시에 제공하는 방법을 개발했습니다. 이 아이디어의 확장으로는 n의 다른 값에 대해 평균을 적용할 수 있습니다. 예를 들어, 2 스텝과 4 스텝 SARSA의 평균을 구할 수 있습니다. 이 아이디어를 극단적으로 적용하여 모든 n 값에 대해 평균을 취할 수도 있습니다.

3.10 타당성 추적(eligibility traces)

물론, 다른 n-스텝 업데이트를 반복하는 것은 상당한 계산 복잡성을 추가합니다. 또한, n 값을 증가시키면 에이전트는 첫 번째 시간 단계를 업데이트하기 전에 점점 더 오래 기다려야 합니다. 어떤 경우에는 에피소드가 끝날 때까지 어떠한 업데이트도 수행하지 않아야 하는 MC 방법과 같은 경우가 있을 수 있습니다. 지금까지 본 알고리즘의 문제는 시간을 앞서보려고 하지만 그것은 불가능하므로, 대신 업데이트를 지연하고 앞서 보는 것처럼 가장합니다.

이 문제에 대한 한 가지 해결책은 앞으로 보는 대신 시간을 거꾸로 바라보는 것입니다. 가장 이른 시간 안에 산을 등반하려고 할 때, 여러 경로를 시도한 다음, 자신의 행동을 숙고하여 가장 좋은 궤적을 찾을 수 있습니다.

다시 말해, 에이전트는 상태-행동 쌍을 표시하여 해당 상태를 향후 업데이트할 수 있도록 새로운 메커니즘이 필요합니다. 추적기를 사용하여 흥미로운 대상의 위치를 표시할 수 있습니다. 방사성 추적기는 질병 진단 및 의학적 치료에 도움을 주는 데 사용됩니다. 지구물리학자들은 수력파쇄 과정 중에 암석에 주입하여 균열의 크기와 위치를 확인하는 증거를 제공합니다. 가상 추적기를 사용하여 에이전트에게 향후 업데이트가 필요한 상태-행동 추정치를 상기시킬 수 있습니다.

다음으로, 모든 n-스텝 리턴의 평균으로 상태-행동 함수를 업데이트해야 합니다. 1 스텝 업데이트는 TD 오류 업데이트 (수식 3-6)입니다. 지수 가중 이동 평균을 사용하여 평균을 근사화할 수 있으며, 이는 많은 n-스텝 리턴을 평균화하는 것과 동등하며, "추가 자료"에서 수렴함을 증명할 수 있습니다.

단계 업데이트를 이동 평균과 결합하여 추적기 개념과 함께 제공되는 온라인 SARSA는 직접적인 n-스텝 미래 예측은 없지만 전방 계획과 부트스트래핑의 모든 이점을 가진 지연이 없는 온라인 SARSA를 제공합니다. 이전에 수학을 보았으므로, 알고리즘 3-4의 알고리즘으로 진입하겠습니다.

Algorithm 3-4. SARSA(λ)

input: a policy that uses the action-value function, $\pi(a \mid s, Q(s,a))$,
    step size $0 < \alpha < 1$, a tracer decay rate $0 \le \lambda \le 1$
Initialize $Q(s,a) \leftarrow 0$, for all $s \in \mathcal{S}, a \in \mathcal{A}(s)$
loop for each episode:
    Initialize $z(s,a) \leftarrow 0$, for all $s \in \mathcal{S}, a \in \mathcal{A}(s)$, and default state s
    Choose a from s using π, breaking ties randomly
    do:
        Take action, a, and observe r, s'
        Choose a' from s' using π, breaking ties randomly
        $\delta \leftarrow r + \gamma Q(s', a') - Q(s,a)$
        $z(s,a) \leftarrow z(s,a) + 1$
        for each $s \in \mathcal{S}$:
            for each $a \in \mathcal{A}(s)$:
                $Q(s,a) \leftarrow Q(s,a) + \alpha\delta z(s,a)$
                $z(s,a) \leftarrow \gamma\lambda z(s,a)$
        $s \leftarrow s', a \leftarrow a'$
    while s is not terminal

알고리즘 3-4의 대부분의 코드는 알고리즘 3-2를 반복하는 것이므로 반복하지 않겠습니다. 차이점은 단계 (10)에서 시작됩니다. 여기서는 나중에 사용하기 위해 일시적으로 1 스텝 TD 오류를 계산합니다. 단계 (11)에서는 현재 상태-행동 쌍을 나타내는 테이블에서 셀을 증가시켜 추적기를 구현합니다. 이렇게 함으로써 알고리즘이 궤적 도중에 어떤 상태와 행동에 접촉했는지 "기억"하는 방식입니다.

단계 (12)와 (13)은 모든 상태와 행동에 대해 루프를 실행하여 단계 (14)에서 행동-값 함수를 업데이트합니다. 여기서 추가된 부분은 현재 추적기 값을 이용하여 TD 오류에 가중치를 부여하고, 단계 (15)에서 지수적으로 감소시킵니다. 다시 말해, 에이전트가 상태-행동 쌍에 오랜 시간 전에 접촉했다면 미미한 업데이트가 이루어집니다. 반면, 최근의 타임 스텝에서 접촉했다면 큰 업데이트가 이루어집니다.

이를 생각해보세요. 오랜 시간 전에 대학에 다녀왔다면 현재 직장에서 얼마나 그것이 기여할까요? 아마도 약간은 영향을 받았을 것입니다. 그러나 많은 영향을 받은 것은 아닐 것입니다. 람다(λ) 매개변수를 사용하여 영향을 조절할 수 있습니다.

그림 3-8은 이 구현과 표준 SARSA의 결과를 비교한 것입니다. 람다(λ) 매개변수가 n-스텝 SARSA에서 n을 변경하는 것과 유사한 효과를 가지는 것에 주목하세요. n이 높을수록 에피소드가 끝난 후 업데이트를 하는 MC 영역으로 향하며, 평균화되는 단계 수가 증가합니다. 낮은 값은 순수 TD로 향하며, 원래의 SARSA 구현과 동등합니다.

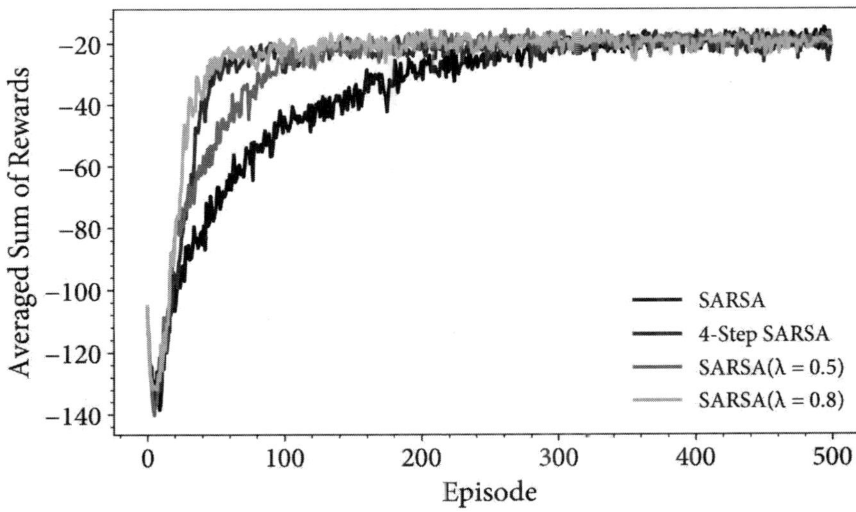

그림 3-8 그리드 환경에서 SARSA와 SARSA(λ)의 평균 보상 비교. 모든 세팅은 그림 3-7과 같다.

"타당성 추적(타당성 추적s)"라는 용어는 추적기(tracer)가 특정 상태-행동 쌍이 업데이트를 받을 자격이 있는지를 결정하는 개념에서 비롯됩니다. 만약 해당 쌍의 추적기 값이 0이 아닌 경우, 일부 보상을 받게 됩니다.

타당성 추적는 TD와 MC 사이의 학습 체제를 원활하게 변화시킬 수 있는 계산적으로 효율적이고 조절 가능한 하이퍼파라미터를 제공합니다. 그러나 이는 λ 매개변수를 어디에 두어야 하는지라는 문제를 제기합니다. 연구자들은 λ의 선택에 대한 이론적 근거를 찾지 못했지만, 경험에 의해 경험적인 법칙이 제공됩니다. 에피소드 당 많은 단계가 있는 작업의 경우, 현재 단계뿐만 아니라 그 이전 단계들도 업데이트하는 것이 합리적입니다. 볼링 경기에서 핀을 향해 공을 안내하는 범퍼와 같이, 이전 경로에 기반을 두어 행동 가치 추정치를 업데이트하는 것은 미래 에이전트의 움직임을 안내하는 데 도움이 됩니다. 일반적으로, 복잡한 작업에서는 $\lambda > 0$을 사용하는 것이 유리합니다.

그러나 높은 λ 값은 초기 상태-행동 쌍이 현재 결과에 이바지하지 않았을 가능성이 큼에도 불구하고 업데이트를 받는 것을 의미합니다. λ 값이 1인 그리드 예제를 생각해보면, 이는 MC 에이전트와 같이 작동합니다. 첫 번째 단계는 항상 업데이트를 받게 되는데, 그것은 움직일 수 있는 유일한 방향이기 때문입니다. 이는 에이전트가 어디로 이동하든지 상관없이 첫 번째 상태의 모든 행동이 거의 같은 가치로 수렴하게 됩니다. 왜냐하면, 모든 행동은 미래의 이동에 영향을 받기 때문입니다. 이는 유용한 정책을 학습하지 못하게 만듭니다. 비 자연스러운 문제에서는 λ 값을 1보다 작게 유지하는 것이 좋습니다.

유일한 단점은 추가적인 계산 복잡성입니다. 트레이스는 또 다른 버퍼를 필요로 합니다. 또한 각 단계마다 모든 상태와 행동을 반복하여 업데이트 가능한지 아닌지를 확인해야 합니다. 대부분 상태-행동 쌍의 값이 거의 0에 가까울 것이므로 훨씬 작은 추적기 목록을 사용하여 이 문제를 완화할 수 있습니다. 일반적으로, 이러한 이점이 작은 계산 부담보다 우세합니다.

3.11 타당성 추적의 확장

연구자들은 기본 알고리즘에 여러 가지 개선을 개발해 왔습니다. 이 중 일부는 다른 것보다 더 많은 주목을 받았습니다. 물론 어떤 개선이 중요한지를 결정하는 것은 해석에 따라 다릅니다. 이전의 어떤 개선이든 가져와서 여기에 적용할 수 있습니다. 예를 들어, Q-러닝과 동등한 알고리즘을 생성하고 "Q-러닝 확장"에서 모든 개선 사항을 적용할 수 있습니다. 하지만 저는 특히 효과적으로 알려진 일부 확장 기법을 선택해요 소개하겠습니다. 이 기법들은 명확한 가치 추적과 관련이 있습니다.

3.11.1 Watkins's $Q(\lambda)$

> 대부분의 문헌에서는 중요도 샘플링을 사용하겨 $Q(\lambda)$를 off-policy 알고리즘으로 구현합니다. 지금까지 이 책에서는 수정되지 않은 off-policy 버전만을 고려했습니다. 이에 대한 자세한 설명은 146쪽의 "중요도 샘플링"에서 나중에 다루게 됩니다.

표준 $Q(\lambda)$에 대한 하나의 간단한 경험적 개선 방법은 TD 업데이트에 argmax를 적용하는 것인데, 이때 에이전트가 첫 번째 비 탐욕적인 행동을 만날 때는 타당성 추적을 재설정하는 것입니다. 이는 이전 단계에서 잘못된 선택이 새로운 상태 탐색의 일부였을 때 이전 단계를 벌점으로 인식하고 싶지 않기 때문에 합리적인 접근입니다.

그러나 SARSA 설정에서는 이 개선 방법이 적용되지 않습니다. SARSA는 모든 상태를 탐색하고 그들을 평균화하는 정책을 학습하는 것이 목표입니다. SARSA에서는 비 탐욕적인 행동을 기반으로 타당성 추적를 업데이트하는 것은 업데이트의 기회를 제한하고 학습 과정을 방해할 수 있습니다. 따라서 SARSA(λ)에 이 개선 방법을 적용한다면 약간의 성능 저하가 발생할 수 있습니다.

3.11.2 Fuzzy wipes in Watkins's $Q(\lambda)$

새로운 시도를 하기 전에 모든 기억을 지운다면 어떤 일이 벌어질까요? 최적의 학습 결과를 얻을 수 있을까요? 아마도 그렇지 않을 것입니다. Watkins의 $Q(\lambda)$와 같이, 에이전트가 탐색적인 행동을 할 때마다 모든 트레이스의 기억을 지우는 것은 극단적입니다.

그 대신에, 퍼지 학습은 기억을 지울지 여부를 결정하려고 합니다.[8] 최근 연구에서는 결정 규칙을 사용하여 해당 상태-행동 쌍에 대한 타당성 추적를 지울지 여부를 판단하는 방법을 제안합니다. 이 방법은 다소 임의적으로 느껴질 수 있지만, 저는 연구자들이 곧 새로운, 더 간단한 대안을 발견할 것으로 예상합니다. 이러한 직접적인 방식에도 불구하고, 학습 속도를 높이는 데 도움이 되는 것으로 보입니다.

3.11.3 빠른 Q-러닝(Speedy Q-Learning)

빠른 Q-러닝은 타당성 추적와 유사하지만 약간 다른 방식으로 구현됩니다.[9] 이 방법은 이전 및 현재 TD 업데이트의 지수 감쇠된 합을 계산하여 행동-가치 함수를 업데이트합니다. 이로써 1스텝 TD 업데이트의 평균을 얻을 수 있습니다. 그러나 이 방법은 이전에 방문한 상태에 대한 미래의 보상으로 업데이트하지 않습니다. 즉, 표준 Q-러닝보다는 개선되지만, 이전 상태-행동 쌍을 적응적으로 부트스트랩할 수 있는 방법들보다 빠르게 학습하지는 않을 것입니다.

3.11.4 타당성 추적의 저장과 대체

연구에 따르면, 교체하는 대신 누적하는 방식으로 타당성 추적를 축적하는 것이 학습 성능에 일부 영향을 미칠 수 있다고 합니다.[10] 누적 추적기는 알고리즘 3-4에서 구현된 방식과 유사합니다. 상태-행동 쌍에 대한 추적기는 어떤 값으로 증가합니다. 만약 에이전트가 해당 상태를 반복해서 방문한다면(예: 최적 경로상에 있는 경우), 추적기의 값은 매우 커집니다. 이는 미래 학습을 해당 상태로 편향시키는 피드백 루프를 나타냅니다. 이는 한 면에서는 매우 빠르게 학습할 수 있지만, 다른 면에서는 탐사를 억제할 수 있다는 것을 의미합니다.

그러나 환경이 MDP가 아닌 경우, 예를 들어 상태가 완전히 관측되지 않는 부분 관찰 MDP(예: 에이전트가 코너 주변을 볼 수 없는 경우)나 전이가 확률적인 MDP(예: 전이가 확률적인 경우)인 경우를 생각해보십시오. 이러한 상황에서는 동일한 경로를 맹목적으로 따르는 것이 최적이 아닐 수 있습니다. 왜냐하면, 경로가 노이즈가 있는 경우일 수 있기 때문입니다. 대신, 탐사를 신뢰하고 추적기를 교체하는 것이 합리적입니다. 그렇지만 실험 결과에서는 성능 차이가 작고 대부분의 응용 분야에서는 무시해도 되는 정도일 것으로 나타납니다. 실제로는 하이퍼파라미터 조정이 더 큰 영향을 미칩니다.

3.12 요약

이 장은 1990년대와 2000년대 동안 발생한 가장 중요한 연구들을 요약했습니다. 특히, Q-러닝은 오늘날 산업에서 광범위하게 사용되는 알고리즘입니다. 이 알고리즘은 견고하고 구현하기 쉽고 빠르게 학습할 수 있는 것으로 입증되었습니다.

타당성 추적은 대부분 Q-러닝보다 뛰어난 성능을 발휘하며, 앞으로 광범위하게 사용될 것으로 예상됩니다. 최근 연구에서는 크레딧 할당 문제를 해결하기 위해 타당성 추적를 사용한다는 것을 보여주고 있습니다.[11]

이전의 tweaks나 이 장에서 소개된 tweaks을 임의로 결합하여 새로운 알고리즘을 만들 수 있습니다. 예를 들어, 이중 지연 Q-러닝은 이중 및 지연 Q-러닝의 결합이라고 할 수 있습니다.[12] 타당성 추적과 퍼지 삭제를 추가하여 성능이 향상된 알고리즘을 생성할 수도 있습니다.

이 장에서 소개된 알고리즘의 단점은 액션-가치 또는 상태-가치 추정치를 저장하기 위해 테이블을 사용한다는 것입니다. 이는 이산 상태 공간에서만 작동한다는 것을 의미합니다. 이 문제를 피처 엔지니어링을 통해 해결할 수 있지만("정책 엔지니어링" 참조), 다음 장에서는 함수 근사를 통해 연속 상태 공간을 다루는 방법을 조사합니다.

3.13 추가 자료

- n-Step TD-learning implementations and eligibility traces proof:
  - Sutton, Richard S., and Andrew G. Barto. 2018. ***Reinforcement Learning: An Introduction***. MIT Press.

References

[1] Example adapted from Sutton, Richard S., and Andrew G. Barto. 2018. ***Reinforcement Learning: An Introduction***. MIT Press.

[2] Rossi, Fabiana, Matteo Nardelli, and Valeria Cardellini. 2019. "Horizontal and Vertical Scaling of Container-Based Applications Using Reinforcement Learning". In ***2019 IEEE 12th International Conference on Cloud Computing (CLOUD)***, 329-38.

[3] Zhang, Weinan, et al. 2014. "Real-Time Bidding Benchmarking with IPinYou Dataset". ArXiv:1407.7073, July.

[4] Hasselt, Hado V. 2010. "Double Q-Learning".

[5] Strehl, et al. 2006. "PAC Model-Free Reinforcement Learning". ***ICML '06: Proceedings of the 23rd International Conference on Machine Learning***, 881-88.

[6] Oh, Min-hwan, and Garud Iyengar. 2018. "Directed Exploration in PAC ModelFree Reinforcement Learning". ArXiv:1808.10552, August.

[7] Tizhoosh, Hamid. 2006. "Opposition-Based Reinforcement Learning." JACIII 10(January): 578-85.

[8] Shokri, Matin, et al. 2019. "Adaptive Fuzzy Watkins: A New Adaptive Approach for eligibility traces in Reinforcement Learning". ***International Journal of Fuzzy Systems***.

[9] Ghavamzadeh, Mohammad, et al. 2011. "Speedy Q-Learning". ***In Advances in Neural Information Processing Systems*** 24.

[10] Leng, Jinsong, et al. 2008. "Experimental Analysis of eligibility traces Strategies in Temporal-Difference Learning". ***IJKESDP*** 1: 26-39.

[11] Lehmann, Marco, He Xu, Vasiliki Liakoni, Michael Herzog, Wulfram Gerstner, and Kerstin Preuschoff. 2017. "One-Shot Learning and Behavioral eligibility traces in Sequential Decision Making". ArXiv:1707.04192, July.

[12] Abed-alguni, Bilal H., and Mohammad Ashraf Ottom. 2018. "Double delayed Qlearning." ***International Journal of Artificial Intelligence*** 16(2): 41-59.

심층 Q-네트워크 (Deep Q-Networks, DQN)

테이블 강화학습(Reinforcement Learning, RL) 알고리즘인 Q-learning이나 SARSA와 같은 알고리즘은 상태 또는 상태-액션 쌍의 예상 가치 추정치를 조회 테이블(또는 Q-테이블 또는 Q-값이라고도 함)에 나타냅니다. 이 접근 방식은 작고 이산적인 상태에 대해서는 잘 작동하는 것을 보았습니다. 그러나 상태의 수가 증가하면 테이블의 크기가 기하급수적으로 커집니다. 연속 변수가 있는 경우 상태 공간은 무한히 커집니다. 행동도 비슷한 문제를 가집니다. Q-learning이나 SARSA의 행동-가치 버전에서 행동의 수가 증가하면 테이블의 크기가 증가합니다. 또한, 행동이 연속적이면 테이블은 무한해집니다. 그러나 많은 응용 분야에서는 연속적인 행동이 바람직합니다. 예를 들어, "산업 적용 사례: 광고 실시간 입찰"에서 보듯이, 에이전트가 사전에 정의된 이산적인 변경 사항 집합에 의존하는 대신 입찰 값을 직접 제안할 수 있는 것이 좋습니다.

이러한 문제에 대한 가장 일반적인 해결책은 테이블을 근사 함수로 대체하는 것입니다. 상태와 행동이 기대되는 보상을 어떻게 변경시키는지를 매핑하는 대신, 이를 근사화하는 함수를 구축할 수 있습니다. 각 시간 단계에서 에이전트는 현재의 상태-행동 쌍을 살펴보고 예상 가치를 예측합니다. 이것은 회귀 문제입니다. 이를 해결하기 위해 다양한 회귀 알고리즘 중에서 선택할 수 있습니다. 그러나 상태-행동 쌍은 일반적으로 매우 비선형이며 종종 이산적인 특징을 가지고 있습니다. 예를 들어, 절벽 환경의 상태 공간을 상상해보십시오. 예상되는 가치는 목표 지점에 가까운 상태에서 높아지고, 멀어질수록 할인율과 보상 체계에 비례하여 감소해야 합니다. 그러나 절벽 옆에는 큰 불연속성이 있을 것입니다. 상태-가치 함수를 근사하기 위해 선형 모델을 사용하는 경우, 절벽의 큰 음의 보상은 상태 공간의 나머지 부분과 비교할 때 이상치로 작용하여 모델에 편향을 줄 수 있습니다.

하지만, 간단한 모델은 이해하기 쉽고 견고하며 해석하기 쉬운 특징 때문에 산업에서 선호됩니다. 간단한 모델을 사용하려면 상태 공간이 대표적인지 확인하기 위해 몇 가지 단계를 거쳐야 합니다. 이를 위해 환경을 무작위로 샘플링하고 상태를 저장할 수 있습니다. 그런 다음 오프라인 회귀를 수행하여 모델이 데이터에 얼마나 잘 맞는지 평가할 수 있습니다.

가장 일반적으로 사용되는 모델은 심층 인공 신경망입니다. 이 네트워크는 환경의 상태를 입력으로 사용하고 각 행동에 대한 예상 값을 출력합니다. 이 근사화 기법은 방대하고 복잡한 상태 공간을 다룰 수 있습니다. 연속적인 행동에 대해서는 이 책의 후반부에서 다루도록 하겠습니다.

4.1 딥러닝 구조

인공 신경망(ANN 또는 NN로 줄여서 부르기도 함)을 만들기 위해서는 선형 근사기를 스택으로 쌓고 각각을 비선형 활성화 함수로 변형합니다. 그런 다음 회귀를 통해 최적의 가중치를 찾도록 네트워크를 학습시킵니다. 결과적으로 임의의 함수를 근사화할 수 있는 모델이 생성됩니다. 이것이 딥러닝(Deep Learning, DL)의 약속입니다.

딥러닝은 "깊은" 스택으로 구성된 ANN의 명칭입니다. 앨런 튜링은 이를 자신의 "범용 컴퓨팅 기계" 중 하나로 설명했을 것입니다. ANN의 구조와 하이퍼파라미터를 수정함으로써 에이전트는 임의의 상태 공간을 모델링할 수 있습니다. 본 문장은 심층 강화학습의 맥락을 설정하기 위해 딥러닝에 대해 간략히 설명하겠습니다. 그러나 이 책은 딥러닝이나 머신러닝에 대한 책이 아닙니다. 더 자세한 내용을 알고 싶다면 "추가 자료"의 참고문헌을 참조하십시오.

4.1.1 딥러닝의 기본적인 구조

신경망(Neural Networks, NN)은 분류 또는 회귀 문제를 해결하기 위해 협력하여 작동하는 많은 상호 연결된 함수인 뉴런으로 구성됩니다. 레이어는 입력과 출력을 가진 뉴런의 집합입니다. 레이어를 서로 쌓아올림으로써 ANN은 데이터의 추상화를 학습할 수 있습니다. 데이터에 연결된 레이어는 입력 레이어입니다. 출력을 생성하는 레이어는 출력 레이어입니다. 그 사이의 모든 레이어는 은닉 레이어입니다.

입력, 다른 뉴런 또는 출력 사이의 연결의 값은 가중치에 의해 곱해집니다. 뉴런은 입력과 가중치의 곱의 합을 계산합니다(내적). 그런 다음 가중치를 훈련하여 ANN의 출력과 실제 값 사이의 오차 함수를 최적화합니다. 이렇게 설명하면 ANNs는 완전히 선형적입니다. 분류를 수행하는 경우 간단한 ANN은 선형 분류기입니다. 회귀에도 동일하게 적용됩니다.

각 뉴런의 출력은 비선형 활성화 함수를 통과합니다. 함수의 선택은 하이퍼파라미터이지만, 모든 활성화 함수는 정의상 비선형적이거나 불연속적입니다. 이는 ANN이 비선형 함수를 근사하거나 비선형적으로 분류할 수 있도록 합니다.

ANN은 가중치의 값이 변경됨으로써 "학습"합니다. 각 업데이트에서 훈련 루틴은 오차 함수의 그래디언트에 비례하여 가중치를 조금씩 조정합니다. 중요한 아이디어는 반복적으로 블랙 박스를 자극하고 그 추정치를 보정함으로써 가중치를 반복적으로 업데이트한다는 것입니다. 충분한 데이터와 시간이 주어진다면, ANN은 정확한 값을 예측하거나 클래스를 분류할 수 있습니다.

4.1.2 많이 사용하는 신경망 구조

심층 인공 신경망(Deep ANN)은 모든 형태와 크기로 존재합니다. 이들은 모두 뉴런을 쌓는 아이디어에 기반을 두고 있습니다. "심층"이라는 용어는 추상적인 개념을 모델링하기 위해 필요한 많은 수의 은닉층을 가리킵니다. 그러나 구체적인 아키텍처는 도메인에 따라 다양합니다.

다층 퍼셉트론(Multilayer Perceptrons, MLP)은 딥러닝에 대한 가장 간단하고 전통적인 아키텍처입니다. 다층으로 구성된 인공 신경망들은 완전히 연결되어 있으며, 정보는 한 방향으로만 흐릅니다. 위층의 각 뉴런의 출력은 아래층의 모든 뉴런으로 전달됩니다. 입력층의 뉴런 수는 데이터의 크기와 같고, 출력층의 크기는 클래스의 수로 설정되며, 종종 소프트맥스 함수를 통해 클래스에 대한 확률 분포를 제공합니다.

심층 신뢰 신경망(Deep Belief Networks, DBN)은 MLP와 유사하지만, 최상위 두 개 이상의 층 사이의 연결은 양방향이며, 정보는 두 번째 층에서 첫 번째 층으로도 전달될 수 있습니다. 양방향 연결된 층은 제한된 볼츠만 머신(Restricted Boltzmann Machines, RBM)입니다. RBM을 사용하면 데이터를 모델링할 수 있으며, MLP 층은 해당 모델에 기반한 분류를 가능하게 합니다. 이는 모델이 직접적으로 관찰되지 않는 잠재적인 정보, 즉 숨겨진 정보를 추출할 수 있다는 장점이 있습니다. 그러나 RBM은 네트워크의 크기에 비례하여 훈련이 어려워집니다.

오토인코더(Autoencoders)는 중간을 향해 좁아지는 모래시계처럼 구조를 가지고 있습니다. 목표는 좁아지는 제약조건 하에서 입력 데이터를 최대한 재현하는 것입니다. 예를 들어, 중간에 두 개의 뉴런이 있고 해당 재현이 만족스러울 경우, 두 뉴런의 출력을 원시 데이터 대신 데이터를 표현하는 데 사용할 수 있습니다. 다시 말해, 이는 압축의 한 형태입니다. 많은 아키텍처들은 자동화된 특징 추출의 한 형태로서 오토인코더를 통합합니다.

합성곱 신경망(Convolutional Neural Networks, CNNs)은 개별 관측치가 지역적으로 상관관계를 가지는 도메인에서 잘 작동합니다. 예를 들어, 이미지에서 한 픽셀이 검정색이라면 주변 픽셀도 검정색일 가능성이 높습니다. 이는 CNN이 이미지, 자연어, 시계열에 적합하다는 것을 의미합니다. 기본 개념은 CNN이 일련의 필터(컨벌루션)를 통해 데이터를 전처리한다는 것입니다. 여러 개의 필터 층을 거쳐 결과는 MLP로 전달됩니다. 훈련 과정은 문제에 대해 필터와 MLP를 최적화합니다. 주요 이점은 필터들이 전체 아키텍처가 시간, 회전 및 비틀림에 의존할 수 있도록 해주어, 이러한 예제가 훈련 데이터에 존재한다면 작동할 수 있다는 것입니다.

재귀 신경망(Recurrent Neural Networks, RNNs)은 하나의 시간 단계의 결과를 다음 입력으로 피드백하는 아키텍처의 한 종류입니다. 텍스트나 시계열과 같이 시간적으로 상관관계가 있는 데이터가 주어진 경우, RNN은 과거를 "기억"하고 이 정보를 활용하여 결정을 내릴 수 있습니다. RNN은 피드백 루프 때문에 훈련하기 어렵다는 것으로 알려져 있습니다. LSTM(Long Short-Term Memory)과 GRU(Gated Recurrent Units)는 이러한 피드백 루프를 제거하고 이전의 "기록"을 삭제하는 게이트를 포함하여 RNN을 개선합니다. 이는 터보차지 엔진의 블로오프 밸브와 같은 역할을 합니다.

에코 상태 네트워크(Echo State Networks, ESN)는 입력을 고차원 공간으로 변환하기 위해 무작위로 초기화된 RNN(Recurrent Neural Network) 풀을 사용합니다. ESN의 주요 이점은 RNN을 훈련할 필요가 없다는 것입니다. 대신 고차원 공간에서 실제 문제로의 변환을 훈련하며, 이는 로지스틱 분류기와 같은 간단한 모델을 사용할 수도 있습니다. 이를 통해 RNN과 신경망의 훈련과 관련된 모든 문제가 제거됩니다.

4.1.3 딥러닝 프레임워크

내용을 이해하는 데 도움이 되기 위해 직접 간단한 신경망 라이브러리를 작성하는 것을 추천합니다. 그러나 산업 응용 프로그램의 경우 라이브러리를 사용해야 합니다. Intel, Mathworks, Wolfram 등 여러 회사는 자체 소유의 라이브러리를 가지고 있습니다. 하지만 저는 오픈 소스에 초점을 맞출 것입니다.

오픈 소스 딥러닝 라이브러리는 구현과 래퍼 두 가지 형태로 나뉩니다. 구현 라이브러리는 신경망을 정의하고 실행을 최적화하며 계산을 추상화하는 역할을 담당합니다. 래퍼 라이브러리는 고수준 개념으로 신경망을 정의할 수 있는 또 다른 추상화 계층을 도입합니다.

치열한 경쟁 끝에 가장 인기 있는 활발히 유지되는 딥러닝 구현 프레임워크로 TensorFlow, PyTorch, MXNet 등이 있습니다. TensorFlow는 모든 신경망 아키텍처와 사용 사례를 처리할 수 있는 유연성을 갖추고 있지만, 수준이 낮고 특정한 의견이 강하며 복잡합니다. 진입 장벽이 높지만 지원이 잘 되며 거의 모든 곳에서 작동합니다. PyTorch는 진입 장벽이 낮으며 훈련 중에 언제든지 계산 그래프를 변경할 수 있는 멋진 기능을 갖고 있습니다. API는 상당히 고수준으로, 사용하기 쉽게 구성되어 있습니다. MXNet은 이전 두 라이브러리와는 달리 회사가 후원하는 대신 Apache Foundation의 일부입니다. MXNet은 여러 언어로 바인딩을 제공하며 다른 라이브러리보다 더 잘 확장된다고 알려져 있습니다.

Keras는 아마도 가장 유명한 래퍼 라이브러리입니다. Keras에서는 고수준 API로 코드의 각 줄이 신경망의 한 계층을 나타내며, 이를 TensorFlow, Theano 또는 CNTK(최근 두 라이브러리는 폐지되었습니다)로 배포할 수 있습니다. 별도의 라이브러리를 사용하여 MXNet도 사용할 수 있습니다. PyTorch에는 Ignite와 Skorch와 같은 가장 인기있는 범용 고수준 API가 있습니다. Gluon은 MXNet을 위한 래퍼입니다. 마지막으로, ONNX는 신경망 모델의 표준화된 형식을 목표로 하는 다른 유형의 래퍼입니다. ONNX는 훈련된 모델을 다른 프레임워크로 변환하여 예측에 사용할 수 있습니다. 예를 들어, PyTorch에서 훈련한 모델을 MXNet에서 서비스할 수 있습니다.

> 만약 강제로 추천을 하라면, Keras나 Gluon과 같은 Wrapper 라이브러리로 시작하고, 그 다음에 PyTorch로 전환하는 것을 제안합니다. 왜냐하면 PyTorch도 높은 수준의 API를 가지고 있기 때문입니다. 하지만 TensorFlow는 강력한 산업적인 신뢰성을 갖고 있기 때문에 좋은 선택이 될 수 있습니다. 그리고 MXNet은 성능 측면에서 점점 인기를 얻고 있습니다. 그래서 어떤 라이브러리를 선택하더라도 괜찮습니다. ONNX는 이러한 이유로 모델의 표준이 될 수 있습니다.

4.1.4 심층 강화학습

딥러닝(Deep learning, DL)은 강화학습(Reinforcement Learning, RL)에 매우 중요한 역할을 합니다. 강화학습에서는 복잡한 상태 공간에 대응하기 위해 모델이 필요합니다. "복잡한"이란 말은 연속적이거나 고차원인 상태 공간을 의미합니다. 선형 모델과 같은 간단한 모델은 기댓값 매핑이 선형적으로 변하는 단순한 환경에서는 처리할 수 있습니다. 그러나 많은 환경은 훨씬 더 복잡합니다.

예를 들어, 전 장의 "산업 적용 사례: 광고 실시간 입찰"에서 언급된 광고 입찰 환경을 생각해보겠습니다. 상태가 시간에 따른 지출률인 경우, 선형 모델은 이를 잘 맞출 수 있을 것입니다. 그러나 특정 연령층에 매력적인 광고의 경우, 광고를 보는 사람의 연령과 같이 매우 비선형적인 특성이 추가된다면, 선형 모델은 부적합하게 됩니다.

딥러닝을 사용하면 에이전트가 모든 형태의 정보를 받아들이고 모델링을 신경망에게 위임할 수 있습니다. 이미지를 기반으로 한 환경일 경우 CNN을 사용한 모델을 사용하면 됩니다. 이와 마찬가지로, 시계열 데이터를 기반으로 한 환경일 경우 RNN을 사용하면 됩니다. 고차원 다중센서 데이터인 경우 MLP를 사용할 수 있습니다. 딥러닝은 실제 관측값을 행동으로 변환하는 도구가 됩니다. 강화학습은 기계 학습을 대체하는 것이 아니라 보완하는 역할을 합니다.

딥러닝을 강화학습에 사용하는 것은 지도 학습과 비교하여 더 어려울 수 있습니다. 지도 학습에서는 모델을 개선하기 위해 성능 측정을 기준으로 최적화합니다. 그러나 강화학습에서는 에이전트트가 피드백을 받기까지 오랜 시간을 기다려야 하는 경우가 많습니다. 딥러닝은 이미 많은 양의 데이터로 좋은 모델을 훈련시키는 데 많은 데이터가 필요하다는 점으로 악명이 높습니다. 이에 에이전트가 보상을 우연히 발견해야 한다는 사실을 결합하면 시간이 오래 걸릴 수 있습니다. 이와 같은 이유로 연구자들은 딥러닝이 합리적인 시간 내에 학습할 수 있도록 다양한 기법을 개발해왔습니다.

4.2 심층 Q-러닝(Deep Q-Learning)

2013년 이전에 연구자들은 크거나 복잡한 상태 공간을 가진 문제를 해결하기 위해 함수 근사화가 필요한 것을 깨달았습니다. 선형 근사화를 사용하면 테이블 기반 메소드와 동일한 수렴 보장이 유지된다는 것을 입증했지만, 비선형 함수 근사기를 사용하면 수렴 대신 발산할 수 있다는 경고도 하였습니다.[1] 따라서 많은 연구가 선형 근사화 방법의 개선에 초점을 맞추었습니다.

딥러닝의 많은 연구 끝에 연구자들은 Deep Q-Network (DQN)를 설계했습니다.[2] 그들은 주요 문제가 이동하는 목표였다는 것을 깨달았습니다. 파리를 잡으려고 시도해보라고 상상해보세요. 파리의 움직임은 매우 무작위하고 반응도 매우 빠르므로, 파리를 공중에서 잡는 것은 매우 어렵습니다. 파리가 정지할 때까지 기다린다면, 500ms 후에 파리가 어디로 갈 것인지 예측하는 데 훨씬 더 큰 가능성이 있으므로 잡을 기회가 더 커집니다. 에이전트도 같은 문제를 가지고 있습니다. 데이터가 정지하지 않는 한, 수렴하기 매우 어려울 수 있습니다. 일부 경우에는 사실상 파괴적인 피드백 루프와 같이 발산할 수도 있습니다. 다음 행동이 상황을 악화시킬 수 있기 때문입니다.

일반적으로, 확률적 경사 하강법과 같은 모델 최적화 알고리즘은 데이터가 독립 및 같이 분포된(Independent and Identically Distributed, IID) 무작위 변수라고 가정합니다. 시간에 가까운 샘플링을 하면 데이터는 상관관계가 있을 가능성이 큽니다. 예를 들어, MDP(Markov Decision Process)의 정의에 따르면 다음 관측값은 이전 상태와 수행한 행동에 의존합니다. 이는 IID 가정을 위반하며, 모델은 수렴하지 못할 수 있습니다.

4.2.1 경험 재생(Experience Replay)

이 문제에 대한 초기 솔루션은 경험 재생(Experience Replay)을 사용하는 것이었습니다. 이는 관측값, 행동, 보상 및 이후 관측값의 버퍼로 구성되어 딥러닝 모델을 훈련하는 데 사용할 수 있습니다. 이를 통해 오래된 데이터를 사용하여 모델을 훈련할 수 있으며, 훈련이 더 샘플 효율적이게 만듭니다. 이는 3 장의 "타당성 추적"과 유사합니다. 훈련 시 무작위 부분집합을 사용하여 연속적인 관측값 간의 상관관계를 깨뜨릴 수 있습니다.

경험 재생 버퍼의 크기는 중요합니다.[3] Zhang과 Sutton은 잘 조정되지 않은 버퍼 크기가 성능에 큰 영향을 미칠 수 있는 것을 관찰했습니다. 가장 나쁜 경우, 관측값이 FIFO(First-In, First-Out) 버퍼의 끝에서 사라지면 에이전트는 경험을 "완전히 잊을 수" 있으며, 이는 정책의 큰 변화로 이어질 수 있습니다. 이상적으로, 훈련 데이터의 분포는 에이전트가 관찰한 분포와 일치해야 합니다.[4]

4.2.2 Q-네트워크 복제

원래 DQN 알고리즘의 업데이트로, 동일한 연구진은 Q-네트워크를 복제하는 것을 제안했습니다. 이로써 두 개의 신경망이 생성되는데, 하나는 행동을 생성하는 온라인 네트워크이고, 다른 하나는 계속해서 학습하는 타겟 네트워크입니다. 일정한 반복 횟수 이후에는 예측 네트워크가 타겟 네트워크의 현재 가중치를 복사합니다. 연구진은 이렇게 함으로써 알고리즘을 더 안정화하고, 진동하거나 발산하는 경우를 줄일 수 있다고 발견했습니다. 이유는 이전과 같습니다. 에이전트가 얻은 데이터는 그 후로는 일시적으로 정지합니다. 핵심은 이 기간을 짧게 설정하여 모델을 빠르게 개선할 수 있지만, 데이터를 정지시키기에 충분히 길게 유지하는 것입니다.[5] 이는 3장의 "더블 Q-러닝"에서 제시된 아이디어와 동일합니다. 두 개의 추정치는 하나보다 안정적입니다.

4.2.3 뉴럴 네트워크 구조

랜덤 샘플링된 경험 재생과 타겟 Q-네트워크를 사용하여 DQN은 복잡한 작업에서 안정적으로 잘 수행될 수 있습니다. 주된 역할은 관측을 행동으로 모델링하고 매핑하는 신경망의 선택에 달려 있습니다. 원래 DQN 논문에서는 비디오 프레임으로부터 Atari 게임을 플레이했기 때문에 CNN을 사용하는 것이 자명한 선택이었습니다. 하지만 이는 다른 신경망 아키텍처를 사용하는 것을 방해하지 않습니다. 도메인에서 잘 수행되는 아키텍처를 선택하는 것이 좋습니다.

DQN의 또 다른 흥미로운 특징은 상태-가치 함수를 예측하는 선택입니다. 표준적인 Q-학습(또는 SARSA)에서는 행동-가치 함수를 사용하는데, Q-값은 상태와 행동을 모두 매개변수로 포함하여 상태와 단일 행동에 대한 예상 값 추정을 제공합니다. 대신 DQN은 여러 개의 헤드를 가진 신경망을 사용하여 모든 가능한 행동의 값을 동시에 예측합니다. 훈련 중에는 원하는 행동을 1로 설정하고, 원하지 않는 행동을 0으로 설정하여 행동을 one-hot 인코딩으로 처리할 수 있습니다.

4.2.4 DQN 구현

DQN의 업데이트 규칙은 62쪽의 "Q–러닝"과 유사합니다. 주요한 차이점은 Q 가치가 함수로 근사되고, 해당 함수에는 일련의 매개변수가 있다는 것입니다. 예를 들어, 최적의 동작을 선택하기 위해, 기댓값이 가장 높은 동작을 선택합니다. 이는 수식 4–1과 유사합니다.

수식 4-1. DQN 행동 선택

$$a \leftarrow \underset{a_s \in \mathscr{A}(s)}{\operatorname{argmax}} Q(s, a_s; \theta)$$

수식 4–1에서 Q는 신경망으로부터 행동 가치를 예측하는 함수를 나타내고, θ는 함수의 매개변수를 나타냅니다. 다른 기호들은 수식 3–5와 같습니다. 신경망을 훈련시키기 위해서는 손실 함수를 제공해야 합니다. 목표는 행동 가치 함수를 예측하는 것이므로, 실제 행동 가치 함수와 예측값 간의 제곱 차이를 손실 함수로 선택하는 것이 자연스러운 선택입니다. 이는 일반적으로 평균 제곱 오차(Mean Squared Error, MSE)로 구현되지만, 다른 손실 함수도 가능합니다.

수식 4-2. DQN 손실 함수

$$L(\theta) \doteq \mathbb{E}_{\pi}\left[(y - Q(s, a; \theta))^2\right]$$

신경망 옵티마이저는 신경망의 매개변수 추정치를 업데이트하기 위해 경사 하강법을 사용합니다. 손실 함수의 경사에 대한 지식을 활용하여 매개변수를 손실 함수를 최소화하는 방향으로 이동시킵니다. 딥러닝 프레임워크는 경사의 계산을 처리해줍니다. 하지만 여러분은 수식 4–2를 θ에 대해 미분하여 경사를 직접 계산할 수도 있습니다.

DQN의 구현은 알고리즘 3–1의 Q–러닝과 많이 유사합니다. 다른 점은 행동이 신경망에서 추출되고, 경험을 버퍼에 저장해야 하며, 일정 간격마다 타켓 네트워크의 매개변수를 전송하거나 예측 네트워크를 훈련해야 한다는 것입니다. 세부 사항에서 차이가 발생합니다. 경험 재생을 어떻게 구현하는지, 어떤 신경망 아키텍처와 하이퍼파라미터를 선택하는지, 그리고 언제 훈련을 수행하는지는 초인적인 성능과 알고리즘적인 결함 사이의 차이를 만들어낼 수 있습니다.

이 장의 나머지 부분에서는 인텔의 네르바나 시스템에서 개발한 Coach라는 라이브러리를 사용하기로 결정했습니다. 이유는 세 가지입니다: 1) 추상화가 직관적이고, 2) 다양한 알고리즘을 구현하고, 3) 많은 환경을 지원합니다.

4.2.5 예제: CartPole 환경에서 DQN

DQN을 경험해보기 위해서는 OpenAI Gym의 CartPole 환경과 같은 간단한 환경을 사용하는 것을 추천합니다.

이 환경은 카트 위에 막대기를 균형 잡는 것을 시뮬레이션합니다. 에이전트의 행동은 카트를 왼쪽이나 오른쪽으로 이동시키는 것입니다. 환경은 x축의 위치, 카트의 속도, 막대기 끝점의 속도, 그리고 막대기의 각도 (0°가 수직 상태)로 상태를 나타냅니다. 에이전트는 한 번의 단계마다 보상 1을 받습니다. 에피소드는 막대기의 각도가 ±12°를 초과하거나, 카트 위치가 ±2.4 (화면의 가장자리)를 초과하거나, 에피소드 길이가 200 스텝을 초과할 때 종료됩니다. 이 환경을 해결하기 위해서는 연속된 100번의 시도에서 평균 보상이 195 이상이어야 합니다.

Coach에는 작동하는 알고리즘을 위한 설정인 프리셋(preset)이라는 개념이 있습니다. CartPole_DQN 프리셋은 DQN으로 CartPole 환경을 해결하기 위한 솔루션을 가지고 있습니다. 이 프리셋을 가져와 몇 가지 매개변수를 수정한 결과는 다음과 같습니다.

- 환경의 100 스텝마다 타겟 네트워크의 가중치를 예측 네트워크의 가중치로 복사합니다
- 감가율(discount factor)은 0.99로 설정됩니다.
- 버퍼 크기는 40,000개의 트렌지션입니다.
- 일정한 ϵ-greedy 스케줄(0.05)을 사용합니다(그래프를 일관되게 만들기 위해).
- 신경망은 기본 Huber 손실 대신 MSE 기반 손실을 사용합니다.
- 환경 “워밍업”을 통해 메모리를 미리 채우지 않습니다(처음부터 결과를 얻기 위해).

이러한 설정 중에서도 MSE 손실 (수식 4-2)의 사용이 가장 큰 차이를 만듭니다. Huber 손실은 임계값 이상의 선형 오차를 클리핑하고 그 외에는 0으로 설정합니다. 더 복잡한 환경에서는 Huber 손실과 같은 절대 손실이 이상치에 대한 보정에 도움이 됩니다. MSE를 사용하면 이상치가 제곱되어 매우 큰 오차가 다른 모든 데이터를 압도합니다. 그러나 이 경우 환경이 단순하고 노이즈가 없으므로, 제곱 때문에 MSE는 오차가 실제로 처음에 크기 때문에 신경망이 더 빨리 학습하는 데 도움이 되기 때문에 일반적으로 강화학습에서 Huber 손실 함수를 사용합니다.

> 일반적으로 노이즈가 있는 환경에서는 절대 손실을 사용하고, 덜 복잡하고 노이즈가 없는 환경에서는 제곱 손실을 사용하는 것이 좋습니다.

DQN 알고리즘에 대한 기준선을 제공하기 위해 Coach에서 두 개의 새로운 에이전트를 구현했습니다. 무작위 에이전트는 매 스텝마다 무작위 행동을 선택합니다. Q-러닝 에이전트는 "Q-러닝"에서 설명한 대로 Q-러닝을 구현합니다. 테이블 기반 Q-러닝은 연속적인 상태를 처리할 수 없습니다는 것을 유의해야 합니다. 나는 모든 상태를 10으로 곱하고 가장 가까운 정수로 반올림하여 정수로 변환하여 CartPole 환경을 Q-러닝으로 해결할 수 있었습니다. 또한 막대의 각도와 각속도 (관찰 배열의 세 번째와 네 번째 요소)만 사용합니다. 이로 인해 Q-가치 조회 테이블에 약 150개의 상태가 생깁니다. 그림 4-1은 세 가지 에이전트의 에피소드 보상을 보여줍니다. DQN과 Q-러닝은 모두 최적 정책을 찾을 수 있습니다. 무작위 정책은 평균 보상에 약 25 스텝 정도에 도달할 수 있습니다. 이는 환경의 물리학적 특성 때문입니다. 막대가 떨어지기까지 시간이 걸리기 때문입니다. Q-러닝 에이전트는 처음에 DQN보다 더 나은 성능을 보입니다. 이는 DQN이 합리적인 Q-가치 모델을 훈련하기 위해 일정량의 데이터가 필요하기 때문입니다. 필요한 데이터 양은 심층 신경망의 복잡성과 상태 공간의 크기에 따라 다릅니다. Q-러닝 에이전트는 때때로 ϵ-greedy 무작위 행동 때문에 성능이 좋지 않을 수 있습니다. 반면, DQN은 이전에 본 적이 없는 상태에도 일반화할 수 있으므로 성능이 더 안정적입니다.

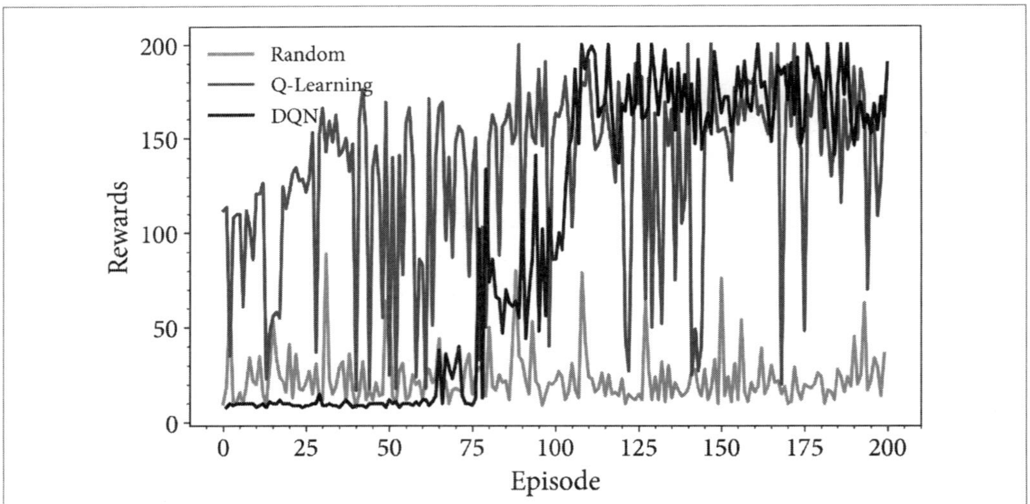

그림 4-1 DQN, Q-러닝, 무작위 에이전트의 에피소드 보상 그래프. 결과는 평균값이 아니기 때문에 노이즈가 있다.

그림 4-1 DQN, Q-러닝, 무작위 에이전트의 에피소드 보상 그래프. 결과는 평균값이 아니기 때문에 노이즈가 있다.

그림 4-2에서 4-4까지 각각 랜덤, Q-러닝, DQN 에이전트의 에피소드를 보여줍니다. Q-러닝과 DQN 모두 에피소드의 최대 200 스텝 동안 진행됩니다.

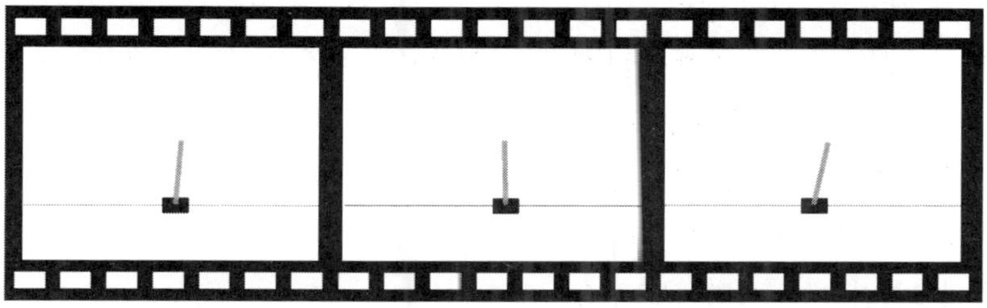

그림 4-2 CartPole 환경에서 무작위 에이전트의 예

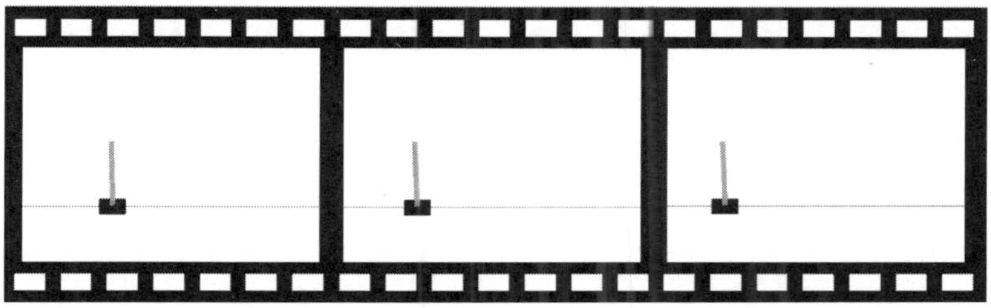

그림 4-3 CartPole 환경에서 Q-러닝 에이전트의 예

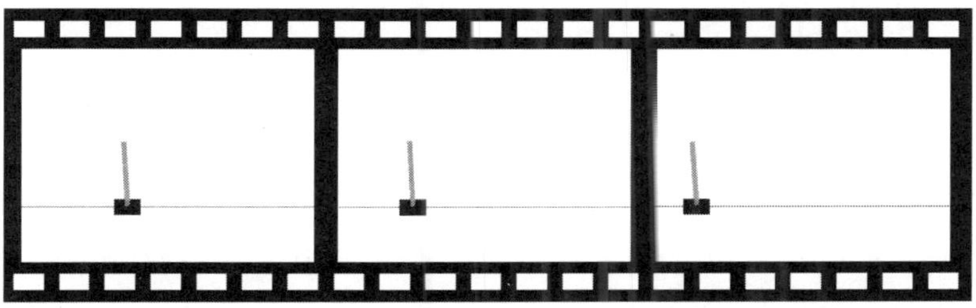

그림 4-4 CartPole 환경에서 DQN 에이전트의 예

왜 온라인으로 훈련을 해야할까?

이 시점에서 온라인으로 훈련해야 하는 이유에 대해 궁금해할 수 있습니다. 환경으로부터 200 에피소드 분량의 데이터를 생성하고 저장한 다음 오프라인에서 지도 학습 방식으로 모델을 훈련할 수 있습니다. 간단한 환경에서는 이렇게 작업할 수 있지만 효율적이지는 않습니다. 데이터를 생성하기 위해 에이전트는 여전히 정책을 따라야 합니다. 무작위 정책을 선택할 수 있지만, 이는 긴 에피소드를 생성하기는 어렵습니다. CartPole 환경에서 무작위 정책이 200 스텝까지 가기 위해서는 상당히 많은 시도가 필요할 것입니다. 이러한 이유 때문에, 대부분의 응용 프로그램에서는 에이전트가 나중의 상태를 관찰할 수 있도록 온라인으로 학습해야 합니다.

두 번째 이유는 에이전트가 최상의 정책을 시행하고 있는지 확인하기 위해 반대로 작용하는 행동(좋지 않을 수 있는 행동)을 수행해야 한다는 것입니다. 이것이 탐험의 핵심입니다. 행동은 새로운, 보지 못한 트레젝토리를 생성합니다. 학습 초반에는 많은 경험이 없기 때문에, 앞서 언급한 새로운 트레젝토리가 최적일 확률이 높습니다. 순차적인 환경이 없거나 최적 정책을 찾기 위해 탐사할 필요가 없다면 표준 머신 러닝을 사용하십시오. 이에 대해 더 자세히는 "오프라인 데이터로부터 학습하기"에서 설명하고 있습니다(109쪽).

DQN과 Q-러닝 중에 뭐가 더 좋을까?

CartPole 한경에서의 학습 결과는 Q-러닝이 DQN과 동등한 성능을 보여줍니다. 또한, "Q-러닝의 확장"에서 본 Q-러닝의 개선 사항을 적용하지 않았기 때문에 성능 향상의 여지가 남아있습니다. 그렇다면 왜 DQN을 사용해야 할까요?

Q-러닝을 작동시키기 위해서는 정보의 양을 상당히 많이 줄여야 했습니다. 저는 절반의 상태 특징을 제거하고 나머지를 정량화하여 약 150개의 이산값을 남겨두었습니다. 이러한 데이터 전처리를 수행하기 위해서는 피처 엔지니어링을 수행해야 했는데, 이는 다양한 피처 조합과 정량화 수준을 실험해보는 등의 노력이 필요했습니다. 이런 노력은 실제 운영 환경에서 모델을 실행하려는 경우에는 가치가 있을 수 있습니다. 왜냐하면 간결성 때문에 결정이 설명하기 쉬워지며, 모델은 더 견고하고 효율적이며 안정적이기 때문입니다.

DQN을 사용하면 아무것도 변경하지 않아도 됩니다. 신경망은 전처리가 없는 원래의 정보를 활용하여 어떤 피처가 중요한지 파악하고 최적의 행동을 알려줄 수 있었습니다. 이 모델은 연속적인 값들을 통합할 수 있어서, 테이블 기반의 방법에 비해 결과가 더 세분화될 수 있습니다. 도메인이 더 복잡하고 피처 엔지니어링이 어려울 경우, 신경망은 효율적인 해결책이 될 수 있습니다. 그러나 주의할 점은 일반적인 신경망 주의사항이 모두 적용된다는 것입니다. 많은 데이터가 필요하며, 과적합에 취약하며, 초기 조건과 하이퍼파라미터에 민감하며, 견고성과 안정성이 부족하며, 공격에 취약할 수 있다는 점입니다 ("Secure RL" 참조).

4.2.6 연구 사례: 빌딩의 에너지 사용 감소

유럽 연합의 에너지 중 약 40%가 건물의 전력과 난방에 사용되며, 이는 온실가스 배출의 약 25%를 차지합니다. 이러한 건물의 에너지 요구량을 줄일 수 있는 다양한 기술이 있지만, 그 중 많은 것들이 침입적이고 비용이 많이 듭니다.[6] 그러나 건물 난방, 환기 및 공조 (HVAC)의 제어를 세밀하게 조정하는 것은 어떤 연식의 건물에도 적용할 수 있습니다. Marantos 등은 스마트한 온도 조절기 내에서 강화 학습을 사용하여 건물 난방 시스템의 편안함과 효율성을 향상시키는 것을 제안합니다.[7]

연구자들이 정의한 상태, 행동, 보상은 다음과 같습니다. 상태는 옥외 날씨 센서 (온도 및 일사량), 실내 센서 (습도 및 온도), 에너지 사용량을 측정하는 에너지 센서, 그리고 열 편안성을 나타내는 것과 같은 여러 센서들의 연결로 표현됩니다.

에이전트는 온도를 유지하는 것, 온도를 1도 증가시키는 것 또는 온도를 1도 감소시키는 것 중 행동을 선택할 수 있습니다.

보상은 열 편안함과 에너지 사용량의 조합을 사용하여 계산되며, 임의의 스케일링 매개변수를 사용하지 않기 위해 이동 평균과 표준 편차를 사용하여 스케일을 조정합니다. 이것은 주로 연속적인 문제이므로 Marantos 등은 에이전트가 정해진 운영 창을 벗어나지 못하도록 종료 상태를 도입합니다. 만약 에이전트가 운영 창을 벗어나려고 하면 벌점을 받게 됩니다.

Marantos 등은 DQN의 선구자인 신경망으로 Q-iteration (NFQ) 알고리즘을 사용하기로 선택했습니다. DQN은 NFQ와 동일한 아이디어를 가지고 있지만, 경험 재생과 타겟 네트워크도 포함되어 있습니다. 상태 표현 함수로는 피드포워드 다층 퍼셉트론을 사용하여 이진 행동을 예측합니다.

그들은 유사한 작업에서 사용되는 시뮬레이션을 사용하여 구현을 평가합니다. 이 시뮬레이션은 그리스 크리트에 위치한 실제 건물에 해당하며 공개 날씨 정보를 사용합니다. 기준 기반의 일반적인 온도 조절기와 비교하여, 선택한 편안함 수준에 따라 에이전트는 평균 에너지 사용량을 최대 59%까지 줄일 수 있습니다.

흥미로운 점 중 하나는 Marantos 등이 이 알고리즘을 Raspberry Pi Zero에서 구현하고, 신경망을 사용하더라도 Raspberry Pi Zero가 모델을 학습하기에 충분한 계산 자원을 가지고 있다는 것을 입증했다는 것입니다. 이 프로젝트를 개선하는 데 도움을 주기 위해 고려해볼 첫 번째 사항은 알고리즘 성능을 향상하기 위해 DQN 또는 DQN의 확장 알고리즘 중 하나로 전환하는 것입니다. NFQ는 경험 재생과 타겟 네트워크를 갖춘 DQN에 비해 약한 성능을 보입니다. 이 변경은 샘플 효율성을 향상하고 산업 표준 기술을 활용하는 이점을 가져올 것입니다. 임베디드 장치를 사용하여 계산을 수행하는 방식에 대해 매우 좋아하며, 건물 전체에 여러 개의 에이전트를 고려하여 확장할 것입니다. 이 다중 에이전트 환경에서 에이전트들은 침실에서는 더 시원하게, 거실에서는 밤에 전원을 완전히 차단하는 등 서로 협력하여 온도 편안함을 최적화할 수 있습니다.

마지막으로, 위의 연구 사례는 난방에만 적용되는 것이 아닙니다. 에이전트는 조명 효율성, 온수 사용, 전기 효율성 등을 손쉽게 개선할 수 있으며, 이러한 분야에는 이미 많은 연구 사례들이 문서화되어 있습니다. 추가 정보는 동반 웹사이트에서 확인할 수 있습니다.

4.3 Rainbow DQN

Q-러닝의 확장인 DQN은 "Q-러닝의 확장"에서 본 개선 사항을 사용하여 개선할 수 있습니다. 2017년에 연구자들은 Q-러닝과 DQN에 대한 기본적인 우려 사항을 해결하는 여섯 가지 추가적인 방법을 사용하여 Rainbow DQN을 만들었습니다. 연구자들은 또한 어떤 개선 사항이 가장 성능을 향상시키는지 확인하기 위해 실험을 진행했습니다.[8]

우리는 6가지의 추가적인 방법 중 이미 첫 번째, 두 가지 방법을 보았습니다. 최댓값 편향을 완화하기 위한 더블 Q-러닝("더블 Q-러닝" 참조)과 다중 미래 스텝에 대한 보상을 누적하기 위한 n-스텝 알고리즘("n-스텝 알고리즘" 참조)입니다. 앞으로 남은 4가지 방법에 대해 알아보도록 하겠습니다.

4.3.1 분산 강화학습(Distributional RL)

분산 DQN과 가장 기본적인 DQN과의 차이점은 확률을 에이전트에 다시 도입하는 것입니다. 모든 Q-러닝 에이전트는 벨만 방정식(수식 2-10)에서 유도되는데, 이 방정식은 최적의 경로를 기대 보상을 최대화하는 행동으로 정의합니다. 여기에서 핵심 단어는 "기대"입니다. Q-러닝은 이를 지수적으로 감소하는 평균으로 구현합니다. 요약 통계를 사용할 때는 기본 분포에 대한 가정을 함축적으로 포함하게 됩니다. 일반적으로 평균을 요약 통계로 선택하면 데이터가 정규 분포를 따른다는 가정을 전제로 합니다. 이게 맞을까요?

예를 들어, Cliffworld 환경에서 절벽 위에 균형을 잡고 있다고 상상해보세요. 절벽에서 떨어지면 큰 음의 보상이 주어집니다. 그러나 절벽 가장자리를 따라 걷는 더 큰 (거의 0에 가까운) 보상도 있습니다. "Q-러닝과 SARSA 비교"에서는 SARSA가 절벽에서 멀리 떨어진 평균적으로 "안전한" 경로를 따랐습니다. Q-러닝은 목표까지의 걸음 수가 더 적기 때문에 조금 더 큰 기대 반환값을 얻기 위해 위험한 경로를 따랐습니다. Cliffworld 환경의 모든 상태는 두 가지 결과로 이어집니다. 두 결과는 대체 결과로 에이전트를 이끌 수 있는 작은 탐색 기회를 나타내는 분포를 가지고 있습니다. 기대 반환값은 일반적으로 정규 분포가 아닙니다. 일반적으로 보상은 다중 모드(multimodal)입니다.

이제 성공과 실패 사이의 차이가 그렇게 크지 않은 Cliffworld와 비슷한 환경을 상상해보세요. 성공 시 보상이 +1이고 실패 시 보상이 −1이라고 가정해보세요. 그러면 적어도 일부 상태에서는 기대 반환값이 거의 0에 가까울 것입니다. 이러한 상태에서는 평균 기대값이 차이를 만들지 않는 행동을 내놓습니다. 이는 에이전트가 의미 없는 상태를 무작위로 돌아다닐 수 있게 할 수 있습니다 (이는 손실 함수가 너무 평평해지면 경사 하강 알고리즘이 플래토 상태에 도달하는 것과 비교됩니다). 이는 그림 4-5에 나와 있습니다. 일반적으로 보상 분포는 훨씬 복잡합니다.

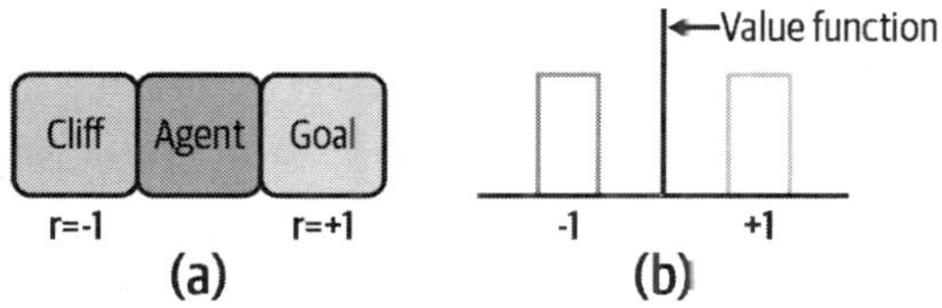

그림 4-5 특정 상태에서 다중 모드 보상. (a)는 패널티를 받는 절벽이 한쪽에 있고 보상을 주는 목표가 다른 한쪽에 있는 간단한 그리드 환경을 보여줍니다. (b)에 나와있는 보상 분포는 두 가지 반대되는 보상과 평균값을 가지고 있으며, 평균값은 해당 상태의 가치 함수와 동일한 값인 0입니다.

실제로 이는 수렴 문제로 이어집니다. 최악의 경우에는 에이전트가 수렴하지 않을 수 있습니다. 수렴할 때에도, 완벽히 수렴이 된 모습이 아닌 연구자들은 종종 에이전트를 "잡음(chattering)"이라고 부르는 모습으로 수렴이 될 수 있습니다. 잡음은 에이전트가 수렴하지만 안정화되지 않는 경우입니다. 잡음은 그림 4-6과 같이 진동할 수도 있고 더 복잡할 수도 있습니다. 하지만 이 경우가 잡음의 유일한 원인은 아님에 주의하십시오.

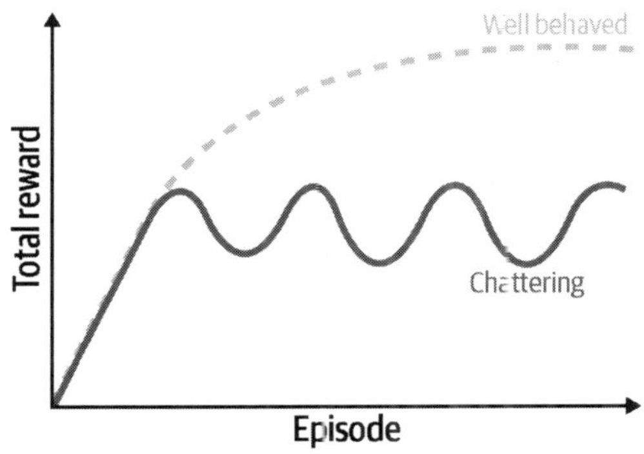

그림 4-6 학습 중 리워드에 잡음이 있을 경우와 잘 학습된 경우 그래프

따라서 보상의 평균을 학습하는 것보다 보상의 분포를 학습하는 것은 더 안정적인 학습을 이끌 수 있습니다.[9] Bellemare 등은 확률적인 보상을 고려하여 벨만 방정식을 재정의했습니다. 수식 4-3에서 γ는 감가율(discount factor)이고 R은 상태와 행동에 의존하는 확률적인 보상입니다.

수식 4-3. 분산 벨만 수식

$$Z(s,a) \sim R(s,a) + \gamma Z(S', A')$$

여기서는 이 책에서 지금까지 써왔던 표현과 달리 확률 변수를 나타내기 위해 대문자를 사용합니다. Z는 보상의 분포를 나타냅니다. Z의 기대값은 Q-가치입니다. Q-가치와 마찬가지로 Z는 받은 보상에 따라 재귀적으로 업데이트되어야 합니다. 주요 차이점은 기대 반환값인 Z가 모든 미래 상태 S와 미래 행동 A에 대해 분포된 확률 변수임을 강조한다는 것입니다. 다시 말해, 정책 Z^{π}는 상태-행동 쌍을 예상 반환값의 분포로 매핑하는 것입니다. 이 표현은 다중 모드성(multimodality)을 보존하며, Bellemare 등은 이것이 더 안정적인 학습으로 이어진다고 제안합니다. Space Invaders 게임에서 학습 중인 보상 분포의 예시를 보기 위해 이 동영상을 시청하는 것을 추천합니다.

이 아이디어의 첫 번째 구현은 C51이라는 알고리즘입니다. C51은 두 가지 핵심 질문을 제기합니다. 1) 분포를 어떻게 표현할 것인가? 2) 수식 4-3에 대한 업데이트 규칙은 어떻게 생성할 것인가? 반환값을 모델링하기 위해 사용되는 분포나 함수의 선택은 중요합니다. C51은 이산적인 파라메트릭 분포, 즉 반환값의 히스토그램을 사용합니다. C51의 "51"은 연구자들의 구현에서 선택한 히스토그램 구간의 수를 나타내며, 성능이 구간의 수와 비례한다는 것을 암시하며, 그러나 점차적인 성능 향상을 보입니다.

Bellemare 등은 분포의 추정값을 생성하기 위해 51개의 출력 "구간"을 갖는 신경망을 구축했습니다. 환경에서 보상이 생성되면 해당 구간 중 하나에 속하는지 확인한 후, 에이전트는 신경망을 해당 구간을 예측하도록 훈련시킬 수 있습니다. 이는 이제 지도 분류 문제가 되며, 에이전트는 교차 엔트로피 손실을 사용하여 훈련될 수 있습니다. C51에서의 "C"는 에이전트가 클래스 또는 범주를 예측한다는 사실을 나타냅니다.

4.3.2 우선 순위 기반 경험 재생(Prioritized Experience Replay, PER)

다음 개선 사항은 신경망과 관련이 있습니다. DQN에서는 경험들이 경험 재생 버퍼에서 균일하게 샘플링됩니다. 학습을 위한 배치(batch)에는 에이전트가 여러 번 본 경험들이 포함될 가능성이 높습니다. 하지만 신경망의 학습 측면에서 학습할 것이 없는 경험 보다, 학습할 것이 많은 경험들을 포함하는 것이 더 좋습니다. 우선순위 기반 경험 재생은 시간 차분 업데이트의 절대 오차에 비례하는 확률로 재생 버퍼에서 샘플링합니다(수식 3-6 참조).[10] Schaul 등은 이 아이디어를 변경하여 단일 스텝이 아닌 n 스텝의 절대 오차를 포함하도록 하였습니다.

4.3.3 노이지 네트(Noisy Nets)

복잡한 환경에서는 ϵ-greedy 알고리즘으로 성공적인 결과를 우연히 찾기 어려울 수 있습니다. "노이지 네트"라는 아이디어는 신경망에 노이즈를 추가하여 ϵ-greedy 탐험을 보완하는 것입니다.[11] 신경망은 주어진 상태에 대한 예상 행동의 모델인 정책입니다. 신경망에 직접 노이즈를 적용하면 현재 정책의 맥락에서 무작위 탐험이 가능해집니다. 모델은 충분한 상태 전이를 경험하면 노이즈(랜덤성)를 무시하는 방법을 학습합니다. 하지만 새로운 상태는 여전히 노이즈가 있어서 맥락에 맞는 탐험과 자동적인 탐험 수치 조정을 가능하게 합니다("ϵ-greedy 알고리즘 개선" 참조).

4.3.4 듀얼링 네트워크(Dueling Networks)

Q-러닝 알고리즘에서는 예상 값 추정(즉, Q-가치)이 종종 매우 유사합니다. 실제로 예상 값을 계산하는 것은 종종 불필요합니다. 왜냐하면, 두 가지 선택 모두 동일한 결과로 이어질 수 있기 때문입니다. 예를 들어, CartPole 환경에서는 막대를 넘어지기 전에 막대를 지키는 방법을 학습했다면 첫 번째 행동이 큰 차이를 만들지 않을 것입니다. 따라서, 행동-가치 함수 대신에 상태-가치 함수를 학습하는 것이 합리적입니다. 앞에서 "행동-가치 함수를 사용하여 보상 예측하기"부터 사용한 것과는 다른 접근입니다. 그러면 각 관측값마다 전체 상태를 업데이트할 수 있으며, 이는 학습 속도를 높이는 데 도움이 될 것입니다.

그러나 에이전트는 여전히 행동을 선택해야 합니다. 상태-가치 함수를 정확하게 예측할 수 있다고 가정할 때, 상태-가치 함수는 해당 상태의 모든 행동에 대한 기대값(평균)입니다. 그러므로 개별 행동을 해당 평균과의 상대적인 차이로 표현할 수 있습니다. 이를 연구자들은 "이득 함수(Advantage function)"라고 부르며, 이는 수식 4-4에서 정의됩니다. Q-러닝에 필요한 행동-가치 함수를 예측하기 위해서 이익 함수와 상태-가치 함수를 모두 추정해야 합니다.

수식 4-4. 이익 함수

$$A^{\pi}(s,a) \doteq Q^{\pi}(s,a) - V^{\pi}(s)$$

듀얼링 네트워크는 두 개의 출력을 가지는 단일 신경망을 생성하여 이를 실현합니다. 이 두 개의 출력은 예측 출력입니다. 하나의 출력은 상태-가치 함수를 추정하고, 다른 하나는 이득 함수를 담당합니다. 이 두 개의 출력을 재결합하여 필요한 행동-가치 함수를 생성합니다.[12] 이때 특별한 집계기가 두 개의 출력에 대한 결과에 적용되어 전체 신경망이 하나로 훈련될 수 있게 합니다. 그 이점은 상태-가치 함수를 더 빠르고 쉽게 학습할 수 있어 수렴이 더 빨리 이루어질 수 있다는 것입니다. 또한, 이익 추정값에서 베이스라인을 빼는 효과는 안정성을 향상시킵니다. 이는 Q-러닝의 최대화 편향이 개별 행동-가치 추정값에 큰 변화를 초래할 수 있기 때문입니다.

4.4 예제: Rainbow DQN의 Atrai Games 적용

DQN 논문은 Atari 게임의 보상을 에이전트 성능의 측정 지표로 사용하는 것을 강화학습의 성능 지표 중 하나로 만들었습니다. 따라서 이 섹션에서는 Pong과 Ms. Pac-Man이라는 두 개의 Atari 게임을 학습하여 그 학습 결과를 보여줍니다.

저는 다시 Coach 프레임워크와 그에 따른 Atari 사전 설정을 사용했습니다. Atari 환경은 OpenAI Gym의 일부로, 원시 Atari 2600 프레임을 노출시킵니다. 각 프레임은 210 × 160 픽셀의 이미지이며 RGB 128비트 색상 팔레트를 가지고 있습니다. 입력의 개수가 많아져서 도입되는 계산 복잡성을 줄이기 위해 전처리 방법을 사용하여 210 × 160 × 3 배열을 축소하고 잘라내어 회색조로 변환합니다. 이로써 입력 차원의 수를 84 × 84로 줄일 수 있습니다. 에이전트는 Atari 게임의 반환 값을 통일하기 위해 보상을 +1 또는 −1로 클리핑합니다.

Atari 게임에는 총알이나 유령과 같은 많은 움직이는 객체들이 있습니다. 에이전트는 이러한 객체들의 궤적을 인식하여 적절하게 대응해야 합니다. 총알을 피하거나 유령으로부터 도망치기 위해 말이죠. 보다 고급화된 에이전트들은 시간에 따라 변하는 메모리를 사용하는 경우가 많으며, 이를 위해 순환 신경망을 사용합니다. 하지만 DQN 및 그 파생 모델들은 그렇지 않기 때문에, 일반적으로 DQN 에이전트는 4 step의 프레임을 병합하여 하나의 상태로 만듭니다. 이를 통해 에이전트는 객체들의 궤적을 인식할 수 있습니다.

4.4.1 결과

에이전트를 훈련하는 데 걸리는 시간이 많아서 두 가지 실험을 진행하기로 결정했습니다. 저는 Coach 라이브러리 프리셋의 기본 하이퍼파라미터 설정을 사용했습니다. 하이퍼파라미터에는 250,000 프레임에 대한 ϵ-greedy 탐험의 감소와 낮은 학습률이 포함되어 있습니다. 저는 네덜란드에 있는 단일 Nvidia Tesla P4 GPU에 연결된 n1-standard-4 가상 머신을 사용하여 Google Cloud Platform에서 에이전트를 훈련했습니다.

훈련 시간과 대략적인 비용은 표 4-1에서 설명되어 있습니다. DQN 에이전트는 평균적으로 100만 프레임에 대해 4.8 시간이 걸리며 비용은 5.80 달러입니다. Rainbow 에이전트는 유사한 결과를 얻기 위해 7.6 시간이 걸리며 비용은 8.50 달러입니다. 이러한 값들은 지표입니다. 이는 두 에이전트에 대해 서로 다른 하이퍼파라미터에 많은 영향을 받습니다. 연구 결과, 모든 Atari 게임의 성능을 고려할 때 Rainbow가 DQN의 성능을 훨씬 능가한다는 것을 보여줍니다.

표 4-1 DQN 에이전트와 Rainbow 에이전트를 사용하여 Pong과 Ms Pac-Man Atari 게임을 유사한 수준까지 훈련하는 데 소요되는 시간과 비용

Agent	Game	Millions of Frames	Time (hours)	Cost (approximate USD)
DQN	Pong	2	10	12
DQN	Ms. Pac-Man	3	14	17
Rainbow	Pong	2.5	19	22
Rainbow	Ms. Pac-Man	3	23	26

이러한 결과는 복잡성이 지수적으로 증가하여 훈련 시간이 길어지는 것을 강조합니다. Rainbow가 더 나은 정책을 더 적은 시간에 얻는 것이 증명되었음에도 불구하고, 맥락과 상황이 중요합니다. 솔루션을 특정 요구사항에 맞게 설계해야 합니다. 예를 들어, Rainbow의 성능 향상이 계산 비용 거의 두 배 증가를 정당화하지 못할 수도 있습니다. 그러나 기본적인 ANN의 훈련이 전체 비용의 주요 부분을 차지합니다. ANN 아키텍처를 단순화하거나 최적화하거나 가속화할 수 있다면, 가격이 크게 하락할 것입니다.

그림 4-7은 Pong을 플레이하기 위한 훈련 시 얻은 보상을 보여줍니다. Rainbow DQN 에이전트는 DQN과 유사한 결과를 얻기 위해 추가로 50만 프레임을 사용합니다. 이는 하이퍼파라미터 설정의 차이로 인한 것일 수 있습니다. DQN은 학습률 α를 1e-4로 설정하고, Rainbow DQN은 그 값의 2/3인 6.25e-5입니다. DQN은 ϵ-greedy 탐험을 사용하지만 Rainbow DQN은 매개변수 노이즈 탐색을 사용합니다. 비슷한 하이퍼파라미터를 사용한다면 Rainbow DQN이 이 예시에서 적어도 DQN만큼 잘 수행될 것이라고 확신합니다.

그림 4-8는 Ms. Pac-Man 게임의 보상을 보여줍니다. 보상 그래프를 부드럽게 하기 위해 100 프레임의 이동 평균을 사용했습니다. 이는 보상이 유령의 무작위 시작 위치로 인해 훨씬 더 노이지하게 되기 때문입니다. 예를 들어, 특정 게임에서는 유령이 위험한 위치에서 시작하여 낮은 보상을 얻을 수 있습니다. 다른 게임에서는 유령이 안전한 위치에서 시작하여 높은 보상을 얻을 수 있습니다. 확률적 환경에서 작업할 때 보상의 분포를 고려하는 것이 좋습니다.

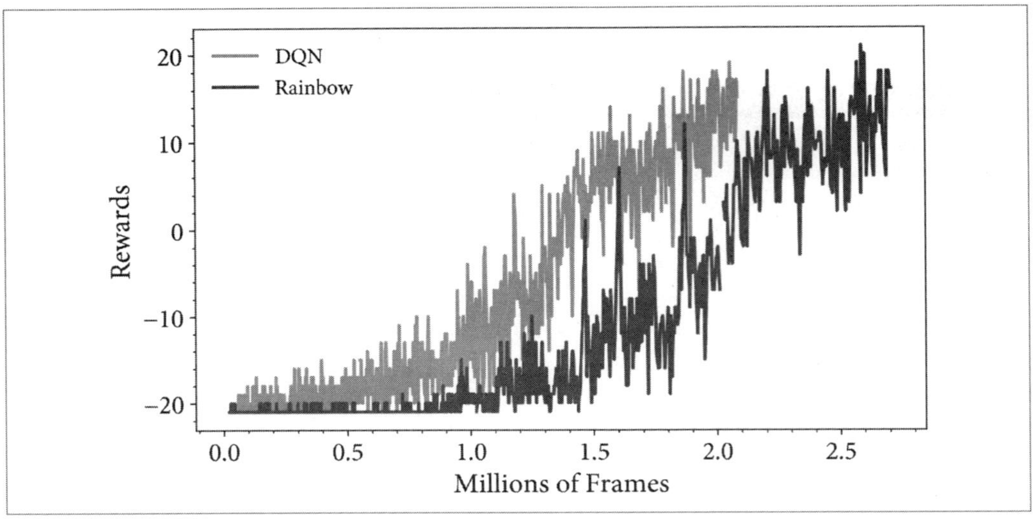

그림 4-7 Atrari Pong 환경에서 DQN 에이전트와 Rainbow DQN 에이전트의 결과 그래프

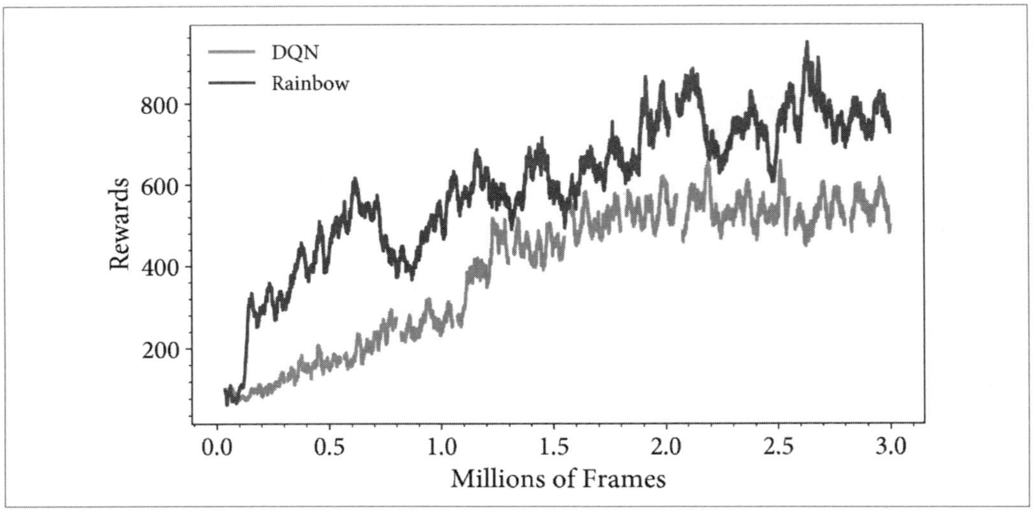

그림 4-8 Atrari Ms. Pac-Man 환경에서 DQN 에이전트와 Rainbow DQN 에이전트의 결과 그래프. 그래프의 리워드는 100 프레임의 이동 평균으로 부드럽게 표현된다.

4.4.2 추가로 논의할 부분

그림 4-9와 4-10은 각각 DQN과 Rainbow DQN에이전트의 Pong에서의 플레이 예를 보여줍니다. 이는 단일 에피소드이며, 각각의 에이전트를 훈련하기 위해 사용된 하이퍼파라미터가 다르기 때문에 어떤 에이전트가 더 성능이 좋은지 결론을 내릴 수 없습니다. 하지만 인간의 관점에서 정책에 대해 의견을 제시할 수는 있습니다.

그림 4-9 훈련된 DQN 에이전트의 Atari Pong 플레이 예

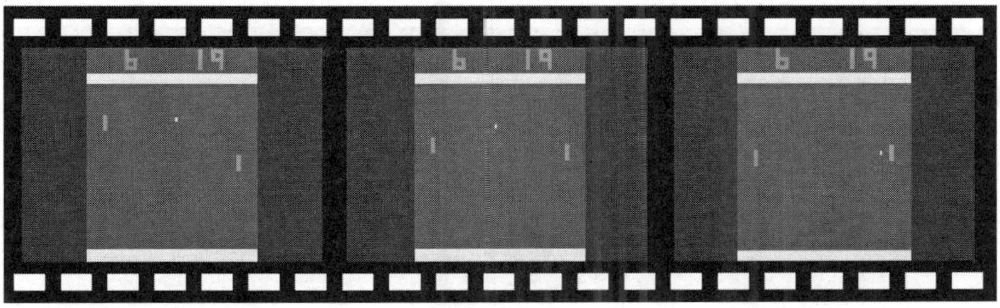

그림 4-10 훈련된 Rainbow DQN 에이전트의 Atari Pong 플레이 예

처음 이 비디오를 제 아내에게 보여줄 때, 그녀는 공이 가깝지 않을 때 패들의 움직임이 "약간 흥분된(이리저리 무작위로 움직이는)" 것을 알아냈습니다. 이는 행동이 결과에 영향을 미치지 않기 때문입니다. Q-가치이 거의 동일하며 무작의 움직임을 초래합니다. 에이전트는 공이 패들에 가까울 때 빠르게 반응합니다. 왜냐하면 에이전트는 공이 멀리 떨어져 있을 때 패배한다는 것을 학습했기 때문입니다.

두 에이전트 간에는 미묘한 차이가 있습니다. DQN은 공을 패들의 모퉁이에 튕기는 경향이 있고, Rainbow는 공을 휘둘러치는 경향이 있습니다. 이러한 행동들은 훈련의 초기 중지의 부산물일 것으로 추측합니다. 2000만 프레임 동안 이러한 실험을 실행한다면 기술들이 수렴하는 경향이 있을 것으로 예상하지만, 그 비용이 많이 들기 때문에 이는 독자들의 과제로 남겨둡니다.

그림 4-11과 그림 4-12는 각각 DQN과 Rainbow DQN에이전트의 Ms. Pac-Man 게임의 플레이 예시를 보여줍니다. 두 에이전트 모두 유령을 피하고 펠릿을 수집하며, Ms. Pac-Man을 화면의 다른 쪽으로 순간이동시키는 텔레포트를 사용하는 뛰어난 성과를 보여줍니다. 그러나 일반적으로 Rainbow가 DQN보다 성능이 더 우수해 보입니다. 또한 Rainbow는 유령을 먹을 수 있는 파워 펠릿을 찾기 위해 학습했습니다. Rainbow는 거의 첫 번째 레벨을 완료하고, 더 많은

훈련 시간이 주어진다면 확실히 완료할 수 있을 것입니다. 어느 에이전트도 열매를 먹어 추가 점수를 얻거나 파워 펠릿을 먹은 후에 유령을 적극적으로 추적하는 방법을 아직 학습하지 않았습니다. 이것이 최적의 정책인지는 확실하지 않습니다.

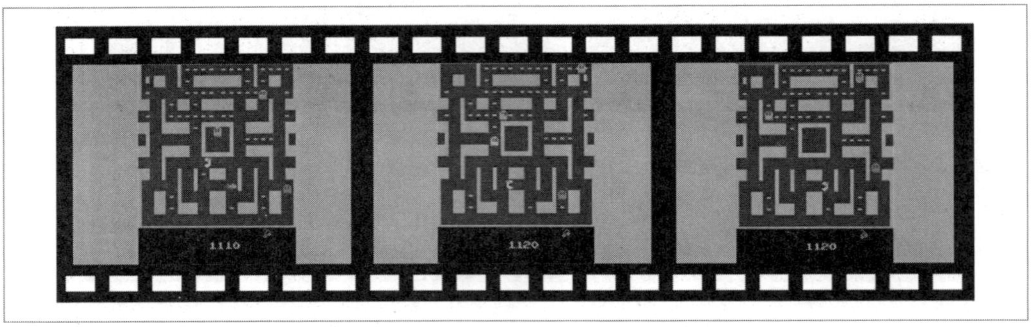

그림 4-11 훈련된 DQN 에이전트의 Atari Ms. Pac-Man 플레이 예

그림 4-12 훈련된 Rainbow DQN 에이전트의 Atari Ms. Pac-Man 플레이 예

4.5 다른 DQN 구현

“Rainbow DQN”은 99쪽에서 DQN에 대해 6가지 개선을 소개합니다. 각 알고리즘은 단일 장애물을 다루며 연구의 세 가지 주제를 일반화합니다. (1) 신경망은 더 빠르게 학습하고 더 유용한 결과를 생성해야 합니다. (2) Q-러닝은 불안정하거나 편향되어서는 안 됩니다. (3) 강화 학습은 최적의 정책을 효율적으로 찾아야 합니다. 이 세 가지는 서로에게 독자적으로 작용하고 있습니다. 예를 들어, Rainbow DQN에서 우선순위 경험 재생은 신경망의 학습을 개선하기 위해, 듀얼 더블 Q-러닝은 Q-러닝의 최대화 편향을 방지하기 위해, 분포적 강화 학습은 보다 현실적인 보상을 학습하기 위해 도움을 줍니다. 이 섹션에서는 DQN에 초점을 맞춘 최근 개선 사항을 소개하겠습니다.

4.5.1 탐험 개선

ϵ-greedy 탐험 전략은 널리 사용되며 작은, 유한한 상태 공간을 무작위로 샘플링하는 것을 목적으로 합니다. 그러나 복잡한 환경에서는 에이전트를 무작위로 교란하는 디더링(dithering) 방법은 실용적이지 않습니다. 왜냐하면 이 방법은 지수적으로 증가하는 데이터 양을 필요로 하는데, 이미 복잡한 환경에서 추가적인 데이터 양은 학습에 치명적이기 때문입니다. 이 문제를 설명하기 위해 Q-가치로 표현된 표면(surface)을 상상해 볼 수 있습니다. 만약 Q-러닝 에이전트가 반복적으로 최적이 아닌 상태-액션 쌍을 선택한다면, 후속 에피소드에서도 이 쌍이 선택될 것이며, 마치 에이전트가 국소 최댓값에 갇혀 있는 것처럼 됩니다. 이에 대한 대안으로 다른 샘플링 방법을 고려할 수 있습니다.

"ϵ-greedy 알고리즘 개선"에서는 상태-액션 쌍이 적게 샘플링된 상태에 행동을 편향시키는 상한 신뢰구간(UCB) 샘플링을 소개했습니다. 이를 통해 초기 최적 경로의 과도한 샘플링을 방지할 수 있습니다. Thompson 샘플링은 주로 A/B 테스트에서 사용되며, 기대값을 나타내는 분포를 유지합니다("Multi-Arm Bandit Testing"). Q-러닝에서는 이는 각 Q-가치 기대값이 아닌 분포를 나타내는 것을 의미합니다. 이는 분산 강화학습("분산 강화학습")의 아이디어와 동일합니다. 부트스트랩 DQN (BDQN)은 이 아이디어를 사용하며, Q-가치 분포인 액션-가치 추정의 앙상블을 모사하기 위해 여러 헤드를 가진 신경망을 훈련합니다.[13] 이는 분포 강화학습에 의해 대체되었으며, 실제 분포를 정확하게 예측합니다. 그러나 Osband 등은 랜덤으로 선택된 정책을 미래의 탐색에도 재사용하는 지능적인 방법인 "깊은 탐험(deep exploration)"라는 아이디어를 제안했습니다. 복잡한 환경에서 ϵ-grddy 알고리즘은 파리처럼 움직여서 이전에 관찰한 상태로 자주 돌아갑니다. 하지만 매번 관찰한 상태보다, 내가 겪지 않은 새로운 경험을 하기 위해 깊은 탐험을 하는 것이 더 의미가 있습니다. 여기에도 노이지 네트워크와 유사한 점이 보입니다.

베이지안 관점에서 보면, Q-값을 분포로 모델링하는 것이 옳은 방법으로 주장할 수 있지만, 종종 계산적으로 복잡합니다. 신경망의 각 헤드를 독립된 정책의 독립된 추정치로 취급하면 이들을 앙상블로 결합하여 유사한 성능을 얻을 수 있습니다. 간단히 말하면, 앙상블은 여러 가설을 생성하는 알고리즘의 조합입니다. 이 조합은 일반적으로 더 견고하고 오버피팅에 취약하지 않습니다. UCB 샘플링과 같은 효율적인 방법으로 독립적인 정책을 따르는 것은 "깊은 탐사"를 달성하는 또 다른 방법입니다.[14, 15] 또 다른 주요 이점은 한 헤드가 제시하는 정책을 따라 깊고 탐험되지 않은 상태 공간을 탐색한 후 이러한 학습을 다른 헤드와 공유할 수 있다는 것입니다.[16] 최근 연구에서는 학습 속도가 증가하는 것은 확인되었지만, 더 다양한 헤드가 있는 경우 최종 성능이 향상된다는 것이 밝혀졌습니다.[17]

4.5.2 보상 개선

이전 섹션에서는 별개의 정책 추정을 사용하여 보상 분포를 추정하였습니다. C51("분산 강화학습" 참조)은 분포의 히스토그램을 예측합니다. 이러한 방법들은 C51에서 히스토그램 경계와 구간 수를 선택하는 것과 같이 직접적으로 분포를 근사화하는 것보다 효율적이지 않습니다.

더 우아한 해결책은 목표 분포의 분위수를 추정하는 것입니다. 분위수의 개수를 선택한 후, 이는 추정의 해상도와 신경망의 헤드 개수를 정의하며, 손실 함수는 예측된 분위수와 실제 분위수 간의 오차를 최소화합니다. Bootstrap-DQN, C51, 앙상블 DQN과 이 방법의 주요 차이점은 손실 함수입니다. "Distributional RL with Quantile Regression"에서 Dabney 등은 강화 학습에서 사용되는 표준 손실 함수(Huber 손실)를 분위수 등가물로 대체합니다. 이는 모든 표준 Atari 게임에서 더 높은 성능을 제공하지만, 중요한 점은 보상 분포에 대한 고해상도 추정을 제공합니다.[18]

최근 연구들은 학습의 보상 분포를 배우는 것이 유익하다는 점에 대해 동의하고 있지만, 예상한 이유와는 다른 이유로 그렇다고 합니다. 분포를 학습하는 것은 더 많은 정보를 제공하므로 더 좋은 정책을 도출할 수 있다고 예상되지만, 연구자들은 이것이 신경망에 규제 효과를 가져온다는 사실을 발견했습니다. 다시 말해, 분포 기법은 데이터 효율성이 높아지기 때문이 아니라, 엉뚱한 신경망을 제약시켜 학습을 안정화하는 데 도움이 될 수 있다는 것입니다.[19]

4.5.3 오프라인 데이터로 학습하기

강화학습의 많은 산업 응용은 이미 수집된 데이터로부터 학습해야 합니다. 배치 강화학습은 환경과의 추가적인 상호작용 없이 고정된 데이터셋으로부터 정책을 학습하는 작업입니다. 이는 상호작용이 비용이 많이 들거나 위험하거나 시간이 많이 소요되는 상황에서 흔히 사용됩니다. 데이터 라이브러리를 사용하면 개발 속도도 높일 수 있습니다. 이 문제는 예시를 통해 학습하는 학습과도 밀접한 관련이 있으며, "모방 강화학습"에서 논의되고 있는 것으로 알려져 있습니다.

대부분의 강화 학습 알고리즘은 환경과의 상호작용을 통해 관측(observation)을 생성합니다. 그런 다음 관측은 나중에 재사용하기 위해 버퍼에 저장됩니다. 이러한 알고리즘들은 상호작용 없이도 완전히 오프라인에서 학습할 수 있을까요? 한 실험에서, 연구자들은 상호작용 학습과 동일한 데이터셋과 알고리즘을 사용하는 상태로 버퍼로부터만 학습한 두 개의 에이전트를 훈련시켰습니다. 놀랍게도, 버퍼로부터 학습한 에이전트는 동일한 데이터셋과 알고리즘으로 훈련될 때 크게 성능이 떨어졌습니다.

이는 통계적 학습 이론에서 나오는 것인데, 훈련 데이터와 테스트 데이터가 일치하지 않기 때문입니다. 에이전트가 생성하는 데이터는 해당 시점의 정책에 의존합니다. 수집된 데이터는 전체 상태-행동 공간을 대표하는 것은 아닙니다. 첫 번째 에이전트는 상호작용을 통해 자가 보정할 수 있는 능력을 갖고 있기 때문에 좋은 성능을 발휘할 수 있습니다. 그러나 버퍼로부터 학습한 에이전트는 이를 수행할 수 없으며 실제 대표적인 데이터가 필요합니다.

우선 순위 기반 경험 재생, 더블 Q-러닝, 듀얼링 Q-네트워크는 두 데이터를 더 대표적으로 만들어 이 문제를 완화하는 데 도움이 되지만, 핵심 문제에는 대응하지 않습니다. 배치 제약형 심층 Q-러닝(BCQ)은 더 직접적인 해결책을 제공합니다. 구현은 상당히 복잡하지만, 주요한 추가 요소는 경험을 제공하는 다른 방법입니다. 버퍼로부터 학습된 에이전트에게 원시 관측을 제공하는 대신, 연구자들은 조건부 가변 자동인코더를 사용하여 예측적인 행동을 생성하는 또 다른 신경망을 훈련시킵니다. 이는 특정 클래스로부터 관측을 생성할 수 있는 자동인코더의 한 유형입니다. 이러한 방법은 정책을 제약시키는 효과를 갖는데, 버퍼 내 상태로 이어지는 행동만 생성함으로써 동작합니다. 또한, 필요한 경우 행동에 노이즈를 추가하여 모델이 무작위 행동을 생성하도록 조정할 수 있습니다. 이는 샘플링 이후에 남은 빈 공간을 채워서 결과 정책을 보다 견고하게 만드는 데 도움이 됩니다.

마지막으로, double Q-learning과 같이 두 개의 신경망을 훈련시켜 독립된 추정치를 얻습니다. 그런 다음 이러한 추정치를 클리핑하여 저분산성 Q-가치 업데이트를 생성하며, 하이퍼파라미터로 가중치를 조절합니다.[20]

그림 4-13은 Coach를 사용한 CartPole 환경에서 두 개의 실험 결과를 비교합니다. 먼저, 일반적인 DQN 에이전트를 사용하여 전이 버퍼를 생성합니다. 이 버퍼는 탐색을 수행하지 않는 두 번째 에이전트에게 전달됩니다. 이는 알고리즘이 운영 중인 상황에서 로그된 데이터를 활용하고자 하는 시뮬레이션입니다. 두 번째 에이전트를 훈련 시킬 때는 행동을 수행할 수 없기 때문에 탐색을 수행할 수 없습니다.

첫 번째 실험에서는 버퍼 데이터로 DQN 에이전트를 훈련했습니다(회색 선). (a) 그래프에서 보상이 좋지 않은 것을 확인할 수 있습니다. 이는 (b) 그래프에서 발산하는 Q-가치로 에이전트가 불안정하다는 것을 나타냅니다. 에이전트는 버퍼에 없는 상태로의 정책을 따르려고 할 것입니다. Q-러닝의 최대화 단계는 Q-가치의 지나치게 낙관적인 추정치로 이어집니다. 환경과 상호작용할 수 없으므로 에이전트는 이를 반증할 증거를 얻을 수 없습니다. 에이전트는 나쁜 Q-가치를 계속 따라가며 값이 계속 증가할 것입니다. 온라인 환경에서는 에이전트가 기대되는 보상을 검증하기 위해 해당 상태를 샘플링할 수 있습니다. 이는 Q-가치를 제한합니다.

두 번째 실험에서는 버퍼 데이터로 BCQ 에이전트를 훈련했습니다(검은 선). (a) 그래프에서 보상이 수렴하고, (b) 그래프에서 안정적인 Q-가치를 확인할 수 있습니다. 이는 주로 환경의 시뮬레이션을 통해 현실적인 반환 추정치를 제공하는 생성 모델의 결과입니다(시뮬레이션의 시뮬레이션). 또한, 독립된 Q-가치 추정의 저분산 샘플링 덕분에 어느 정도의 효과를 얻을 수 있습니다.

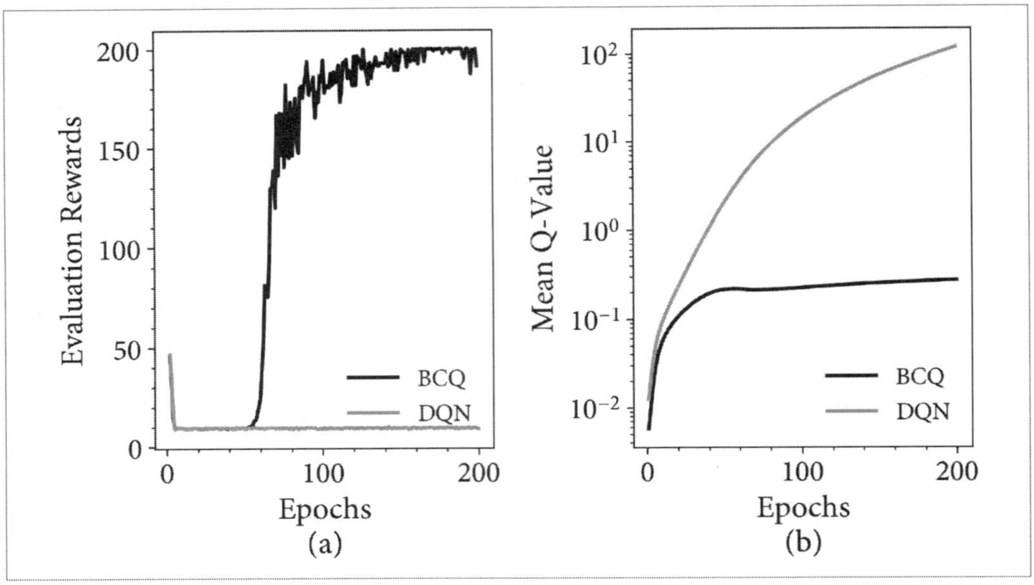

그림 4-13 환경과의 상호작용 없이 BCQ와 DQN 에이전트를 훈련한 실험 결과 그래프. (a)는 평가할 때 보상을 나타냅니다. 그리고 (b)는 Q-가치 평균을 나타낸다.[21]

4.6 요약

이번 장을 통해 심층 신경망을 함수 근사기로 사용하는 것이 1991년에 발표된 Q-러닝 알고리즘을 혁신하고 활기를 불어넣었음을 알 수 있습니다. 주요한 신경망 아키텍처에 대한 매우 간략한 개요를 포함하는 것이 유용하다고 생각했지만, "추가 자료"에서 해당 주제의 책을 참조하시기 바랍니다.

DQN은 중요한 논문이었지만, 신경망은 오랫동안 강화 학습에서 사용되어왔습니다.[22] 신경망의 유연성으로 인해 많은 DQN 개선사항을 찾을 수 있습니다. 핵심 통찰력은 비선형 함수 근사기는 다루기 힘들고 수렴하지 않을 수 있지만, 어떤 함수든 놀라운 능력으로 근사할 수 있다는 것입니다. 이는 이전에 너무 복잡하다고 여겨졌던 응용 분야에 대한 가능성을 열어줍니다.

이 능력은 Atari 게임을 플레이함으로써 입증되었지만, 매일 산업용 사례의 더 많은 예를 볼 수 있습니다. 다음 장에서는 최적 정책을 찾는 문제를 다시 정립합니다.

4.7 추가 자료

- Machine learning:
  - Provost, Foster, and Tom Fawcett. 2013. Data Science for Business: What You Need to Know about Data Mining and Data-Analytic Thinking. O'Reilly Media.
  - Raschka, Sebastian. 2015. Python Machine Learning. Packt Publishing Ltd.
- Deep learning:
  - Goodfellow, Ian, Yoshua Bengio, and Aaron Courville. 2016. Deep Learning. MIT Press.
  - Chollet, François. 2017. Deep Learning with Python. Manning Publications Company.
- Generative models (autoencoders and such):
  - Foster, David. 2019. Generative Deep Learning: Teaching Machines to Paint, Write, Compose, and Play. O'Reilly Media.

References

[1] Tsitsiklis, J. N., and B. Van Roy. 1997. "An Analysis of Temporal-Difference Learning with Function Approximation". *IEEE Transactions on Automatic Control* 42 (5): 674-90.

[2] Mnih, Volodymyr, Koray Kavukcuoglu, David Silver, Alex Graves, Ioannis Antonoglou, Daan Wierstra, and Martin Riedmiller. 2013. "Playing Atari with Deep Rein-forcement Learning". ArXiv:1312.5602, December.

[3] Zhang, Shangtong, and Richard S. Sutton. 2018. "A Deeper Look at Experience Replay". ArXiv:1712.01275, April.

[4] Isele, David, and Akansel Cosgun. 2018. "Selective Experience Replay for Lifelong Learning". ArXiv:1802.10269, February.

[5] Mnih, Volodymyr, et. al 2018. "Human-Level Control through Deep Reinforcement Learning". *Nature* 518, 529-533.

[6] "Shedding Light on Energy on the EU: How Are Emissions of Greenhouse Gases by the EU Evolving?". n.d. Shedding Light on Energy on the EU. Accessed 12 September 2020.

[7] Marantos, Charalampos, Christos P. Lamprakos, Vasileios Tsoutsouras, Kostas Siozios, and Dimitrios Soudris. 2018. "Towards Plug&Play Smart Thermostats Inspired by Reinforcement Learning". *In Proceedings of the Workshop on INTelligent Embedded Systems Architectures and Applications*, 39-44. INTESA 2018. New York, NY, USA: Association for Computing Machinery.

[8] Hessel, Matteo, Joseph Modayil, Hado van Hasselt, Tom Schaul, Georg Ostrovski, Will Dabney, Dan Horgan, Bilal Piot, Mohammad Azar, and David Silver. 2017. "Rainbow: Combining Improvements in Deep Reinforcement Learning". ArXiv: 1710.02298, October.

[9] Bellemare, Marc G., Will Dabney, and Rémi Munos. 2017. "A Distributional Perspective on Reinforcement Learning". ArXiv:1707.06887, July.

[10] Schaul, Tom, John Quan, Ioannis Antonoglou, and David Silver. 2015. "Prioritized Experience Replay". ArXiv:1511.05952, November.

[11] Fortunato, Meire, Mohammad Gheshlaghi Azar, Bilal Piot, Jacob Menick, Ian Osband, Alex Graves, Vlad Mnih, et al. 2017. "Noisy Networks for Exploration". ArXiv:1706.10295, June.

[12] Wang, Ziyu, Tom Schaul, Matteo Hessel, Hado van Hasselt, Marc Lanctot, and Nando de Freitas. 2015. "Dueling Network Architectures for Deep Reinforcement Learning". ArXiv:1511.06581, November.

[13] Osband, Ian, Charles Blundell, Alexander Pritzel, and Benjamin Van Roy. 2016. "Deep Exploration via Bootstrapped DQN". ArXiv:1602.04621, July.

[14] Lu, Xiuyuan, and Benjamin Van Roy. 2017. 'Ensemble Sampling". ArXiv: 1705.07347, November.

[15] Chen, Richard Y., Szymon Sidor, Pieter Abbeel, and John Schulman. 2017. "UCB Exploration via Q-Ensembles". ArXiv:1706.01502, November.

[16] Menon, Rakesh R., and Balaraman Ravindran. 2017. "Shared Learning: Enhancing Reinforcement in Q-Ensembles". ArXiv:1709.04909, September.

[17] Jain, Siddhartha, Ge Liu, Jonas Mueller, and David Gifford. 2019. "Maximizing Overall Diversity for Improved Uncertainty Estimates in Deep Ensembles". ArXiv: 1906.07380, June.

[18] Dabney, Will, Mark Rowland, Marc G. Bellemare, and Rémi Munos. 2017. "Distributional Reinforcement Learning with Quantile Regression". ArXiv:1710.10044, October.

[19] Lyle, Clare, Pablo Samuel Castro, and Marc G. Bellemare. 2019. "A Comparative Analysis of Expected and Distributional Reinforcement Learning". ArXiv:1901.11084, February.

[20] Fujimoto, Scott, David Meger, and Doina Precup. 2019. "Off-Policy Deep Reinforcement Learning without Exploration". ArXiv:1812.02900, August.

[21] Shah, Devavrat, and Qiaomin Xie. 2018. "Q-Learning with Nearest Neighbors". ArXiv:1802.03900, October.

[22] Gaskett, Chris, David Wettergreen, and Alexander Zelinsky. 1999. "Q-Learning in Continuous State and Action Spaces". In *Advanced Topics in Arti cial Intelligence*, edited by Norman Foo, 417-28. Lecture Notes in Computer Science. Berlin, Heidelberg: Springer.

정책 기울기 메소드

2장에서는 가치 기반 메소드를 소개했는데, 이를 통해 에이전트는 각 상태-행동 쌍을 방문함으로써 예상 리턴을 학습할 수 있습니다. 그런 다음 에이전트는 보상을 극대화하기 위해 각 시간 단계에서 가치가 가장 높은 행동을 선택할 수 있습니다. 몬테 카를로, 동적 프로그래밍, 시간차 학습 방법과 같이 예상 반환을 추정하는 세 가지 다른 방법을 살펴보았지만, 모든 방법은 각 상태의 가치를 측정하려는 시도입니다.

문제를 다시 생각해보세요. 왜 예상 값들을 학습하고자 하는 걸까요? 그것은 최적 정책으로의 반복적인 진행을 가능하게 합니다. Q-러닝은 다음 예상 값의 최대화를 반복적으로 수행함으로써 최적 정책을 찾아냅니다. 그러나 이는 정책에 대한 간접적인 경로입니다. 정책 기반 메소드는 에이전트가 가치 함수를 참조하지 않고도 행동을 선택하고 최적 정책을 직접 학습할 수 있게 해줍니다.

5.1 정책 직접 학습의 장점

"최적의 정책"에서 정책을 상태에 대한 행동의 확률로 정의했습니다. Q-러닝은 행동을 이용하여 최적 정책을 만들어내는 방식으로 그 정책을 제공했습니다. 이 단순화는 결정론적인 문제에 적합합니다. 예를 들어 카드 게임 블랙잭을 생각해보겠습니다. 여러분은 카드의 숫자 합계를 늘리기 위해 추가 카드를 뽑을지, 아니면 현재 가지고 있는 카드로 그만둘지를 결정하여 게임을 진행합니다. 숫자 합계가 22 이상이면 게임에서 패배합니다. 다른 플레이어도 같은 방식으로 게임을 진행하며, 가장 높은 점수를 얻는 사람이 승리합니다.

21에 도달하면 멈추는 것은 결정론적인 정책(deterministic policy) 중 하나이며, 그렇지 않으면 매번 게임에서 지게 될 것입니다. 이 문제에는 가치 기반 메소드가 적합합니다. 그러나 보상이 17이고 다른 플레이어가 초조해 보일 때는 어떨까요? 실제 게임에서는 환경 관측에 기반하여 예측을 수행할 것입니다. 실생활 문제에서 환경 관측은 종종 확률적입니다. 결정론적 정책은 사람이 블러핑을 할 수 있는 가능성에 상관없이 매번 동일한 행동을 선택할 것입니다. 그러나 확률적 정책은 두 가지 옵션 사이에서 무작위로 선택할 수 있으며, 확률적 관측을 하나 또는 다른 쪽으로의 증거로 사용할 수 있습니다.

확률적 정책을 사용하면 탐험 딜레마를 깔끔하게 해결할 수 있는 또 다른 이점이 있습니다. 에이전트는 임의의 확률에 따라 행동을 선택할 수 있으므로, ϵ-greedy 탐험 전략이 필요하지 않습니다. 또한, Q-가치을 예측하는 함수 근사화가 포함된 문제의 경우, 가장 적절한 근사 정책은 확률적일 수 있습니다.

더 나아가, 확률적 정책은 시간에 따라 행동 선호도가 부드럽게 변화합니다. 행동-가치 기반 메소드는 거의 같은 확률로 두 가지 행동 사이를 왔다 갔다 하면서 불안정한 전이를 만들어낼 수 있습니다. 이는 행동-가치 추정치가 상대적으로 안정적일 대에도 발생하는데, Q-가치의 작은 변화만으로도 정책이 급격하게 변할 수 있습니다.

이에 비해, 확률적 정책은 확률적인 행동을 수행할 수 있는 능력을 제공하므로 더 견고한 정책을 만들 수 있습니다. 그러나 핵심적인 차이점은 정책이 근사화하기 쉬울 수 있다는 점입니다. 산업 문제는 다양한 범위를 포괄하는 경향이 있습니다. 때로는 행동-가치 함수를 근사화하는 것이 더 쉬울 수 있고, 때로는 정책을 직접 획득하는 것이 더 쉬울 수 있습니다. 정책이 근사화하기 쉬운 경우에는 정책 기반 메소드가 더 빠르게 학습할 수 있습니다.

5.2 정책의 기울기를 계산하는 방법

이 섹션의 목표는 최적 정책을 학습하는 방법을 확립하는 것입니다. 일반적으로 해석적인 방법을 사용할 수 없습니다. 정책은 잠재적으로 비선형이며 환경과의 상호작용으로 인해 문제가 비정상적입니다(데이터의 분포가 변경됨을 의미합니다). 4장에서는 행동-가치 추정치를 근사화하기 위해 함수를 사용하는 개념을 소개했습니다. 에이전트는 환경과의 이전 상호작용을 나중에 사용하기 위해 저장할 수 있었기 때문에 이것이 가능했습니다. 비슷한 절차를 활용하여 최적 정책을 찾을 수 있지만, 먼저 해결하려는 문제를 정의해야 합니다.

강화 학습의 목표는 기대 리턴 G를 최대화하는 최적 정책 π^*을 생성하는 것입니다. 모든 가능한 트레젝토리들에 대해서 완벽하게 관측할 수 있으면 최적 정책을 직접 도출할 수 있을 것입니다. 그러나 일반적으로 가능한 트레젝토리들을 모두 관측하는 것은 불가능합니다(연속적인 상태 또는 행동의 경우 무한합니다). 대신, 정책의 매개변수화된 모델을 만들고 매개변수를 조정하여 좋은 정책을 찾을 수 있습니다.

예를 들어, 합리적인 장기 매수 전략은 시장이 상승할 때는 보유하고 시장이 하락할 때 매수하는 것일 수 있습니다. 이렇게 하면 시장이 상승할 때 이익을 얻을 수 있고 시장이 하락할 때 싸게 자산을 매수할 수 있습니다. 장기적으로 지수가 계속 상승할 것이라고 가정한다면, 이는 안전하고 저변동성의 전략입니다. 이러한 정책을 위한 모델은 지수의 현재 추세를 설명하는 선형 계수일 수 있습니다. 선형 매개변수에 대해 다양한 값들을 테스트하여 최적 정책을 찾을 수 있습니다. 그러나 성능을 어떻게 정량화해야 할까요?

최적화 분야에서 성능은 모델의 매개변수인 θ로 매개화된 함수인 $J(\theta)$입니다. 이 경우 수식 5-1은 정책 π를 따를 때 전체 보상의 기댓값인 목적 함수입니다.

수식 5-1. 정책 목적 함수

$$J(\theta) \doteq \mathbb{E}_{\pi}[G \mid s, a]$$

목적 함수를 계산할 수 있다고 가정하면, 남은 것은 정책의 매개변수를 조정하여 리턴을 극대화하는 행동을 선택하는 것입니다. 이를 달성하기 위한 인기 있는 방법 중 하나는 매개변수에 대한 목적 함수의 기울기, $\nabla_{\theta}J(\theta)$를 사용하여 학습하는 것입니다. 이를 바닐라 기울기 상승법이라고 하며, 수식 5-2에 나와 있습니다 (참고로, 기울기 하강법은 상승하는 대신 하강하려면 부호를 변경한 것입니다).

수식 5-2. 바닐라 기울기 상승법

$$\theta \leftarrow \theta + \alpha \nabla_{\theta} J(\theta)$$

5.3 정책 기울기(Policy Gradient) 이론

이전 섹션을 다시 말하자면, 정책 매개변수에 대한 총 보상의 기울기를 계산하려고 합니다. 이를 통해 보상을 증가시키기 위해 매개변수를 어떻게 조정해야 하는지 알 수 있습니다.

그러나 이를 계산하려면 목적 함수(수식 5-1)의 기울기를 계산해야 합니다. 이는 간단해 보이지만, 기울기를 계산하는 미분은 약간의 수학을 알고 있어야 합니다. 그러나 주된 문제는 기울기 상승법은 데이터의 분포가 정상적이라고 가정하는 것입니다. 정책 기반 에이전트는 정책을 업데이트하는 동시에 트레젝토리를 생성하게 됩니다. 이는 양털을 뽑으려고 하는 동안 그 위에 서 있는 것과 같습니다. 나중에 비정상적인 문제를 해결하겠지만, 지금은 기울기 유도를 계속 진행하겠습니다.

기울기가 어떻게 유도되는지 보는 것이 중요하다고 생각하여 유도과정을 최대한 간소화하기 위해 노력했습니다. 이 유도 과정을 이해하기 위해선 설명 아래에 있는 각 줄을 참조하면서 하나씩

읽는 것이 가장 좋습니다. “참고 자료”에서 관련 자료를 찾아 정식 유도를 참고하실 수 있습니다. 여기서 θ에 대한 참조를 제거했습니다. 모든 경우에서 정책 π_θ는 매개변수 θ로 정의됩니다. 또한, 이 유도는 감가가 되지 않은 경우입니다. 유도의 결과는 수식 5-3에 나와 있습니다.

수식 5-3. 정책의 기울기

$$
\begin{aligned}
\nabla J(\theta) &\doteq \nabla \mathbb{E}_{\pi}\left[G \mid s, a\right] && (1) \\
&= \nabla \sum_{a \in \mathscr{A}} \left[Q(s, a)\pi(a \mid s)\right] && (2) \\
&\propto \sum_{a \in \mathscr{A}} \left[Q(s, a)\nabla\pi(a \mid s)\right] && (3) \\
&\propto \sum_{a \in \mathscr{A}} \left[Q(s, a)\pi(a \mid s)\frac{\nabla\pi(a \mid s)}{\pi(a \mid s)}\right] && (4) \\
&\propto \sum_{a \in \mathscr{A}} \left[Q(s, a)\pi(a \mid s)\nabla \ln \pi(a \mid s)\right] && (5) \\
&\propto \mathbb{E}_{\pi}\left[G\nabla \ln \pi(a \mid s)\right] && (6)
\end{aligned}
$$

목표는 목적 함수 (수식 5-1)의 기울기를 찾는 것입니다. 이를 단계 (1)에서 설명했습니다. 단계 (2)에서는 기대 리턴을 구현으로 대체했습니다. 어떤 구현을 선택해도 상관없지만, 행동-가치 함수를 선택하면 수학적으로 조금 더 간단해집니다. 기대 리턴은 각 행동의 Q-가치에 그 행동을 방문할 확률(정책 π에 의해 정의됨)을 곱한 것과 같습니다.

> 수식 5-1은 단계 (2)와 (3) 사이에 많은 수학적인 내용이 포함되어 있습니다. 이로 인해 기울기가 상태의 분포에 의존한다는 형식적인 결과가 나타납니다. 다시 말해, 기울기는 특정 상태에 있을 확률에 비례합니다. 특정 상태에 도달할 수 없다면 기울기에 영향을 미치지 않습니다. 따라서 기울기는 정책의 변화에만 비례합니다. 이러한 단계와 상태 분포는 최종적으로 기대값의 반환으로 인해 상쇄되기 때문에 저는 이러한 단계와 상태 분포를 숨기기로 결정했습니다. 만약 수학적인 증명에 관심이 있다면, “참고 자료”에서 참고 자료를 확인하십시오.

기울기는 정책 매개변수에 대해 구해지므로, 단계 (3)에서 행동-가치 함수 Q를 기울기 계산 밖으로 이동할 수 있습니다.

단계 (4)에서는 이미 증명이 완료된 수학적 트릭을 사용했습니다. 수식 전체에 $\pi(a|s)/\pi(a|s)$를 곱했는데, 이는 1과 같으므로 수식을 변경시키지 않습니다.

단계 (5)에서는 일반적인 수학적 항등식인 $\nabla \ln x = \nabla x/x$를 사용하여 분수를 자연로그로 대체합니다. 이는 작은 확률을 곱하여 기울기가 0으로 수렴하는 것을 방지하는 일반적인 계산 트릭입니다 (이를 기울기 소실 문제(vanishing gradient problem)라고 합니다).

마지막으로, 단계 (6)에서는 행동 값에 행동 확률을 곱한 합이 바로 단계 (2)에서 시작한 것과 동일하다는 것을 상기해야 합니다. 따라서 모든 행동에 대해 합을 구하는 대신 에이전트에게 해당 특정 행동을 따르도록 지시하고 시간에 따른 해당 행동의 기대값을 반환할 수 있습니다.

이로써 정책 기울기 알고리즘의 유도가 완료되었습니다. 결과를 요약하면, 정책에 대한 반환의 기울기는 반환의 기대값에 정책의 기울기를 곱한 것과 동일합니다. 다시 말해, 기대 반환은 정책의 기울기를 크게 강조합니다. 이는 기대값이 높을수록 정책의 매개변수를 더 크게 조정하길 원하기 때문에 합리적입니다.

> 중요한 점은 리턴 G를 다양한 방식으로 추정할 수 있다는 점입니다. 이것은 많은 유명한 정책 기울기 알고리즘들 사이의 유일한 차이점입니다. 이에 대해서는 "기본 정책 기울기 알고리즘의 비교"에서 다시 다루겠습니다.

수식 5-3의 단계 (6)은 각 시간 단계마다 샘플링할 수 있는 양으로, 기댓값은 기울기와 동일합니다. 이를 기울기 상승 알고리즘 (수식 5-2)에 적용하여 에이전트의 업데이트 규칙을 생성할 수 있습니다. 이는 수식 5-4와 같습니다.

수식 5-4. 정책 기울기 업데이트 규칙

$$\theta \leftarrow \theta + \alpha G \nabla \ln \pi(a \mid s, \theta)$$

5.4 정책 함수(Policy Functions)

수식 5-4로 돌아가 보면 정책 기울기 알고리즘에서 두 가지 중요한 세부 사항이 빠져 있습니다. 첫 번째는 G의 정의인데, 이에 대해서는 "기본 구현"에서 논의하겠습니다.

두 번째는 정책의 기울기입니다. $\nabla \ln \pi(a|s,\theta)$를 계산해야 하는데, 이를 위해서는 정책 함수를 새롭게 정의해야 합니다.

또 다른 모델(정책 함수)을 설계해야 한다는 사실이 실망스럽지만, 선택은 중요합니다. 정책은 환경 내의 가능한 모든 트레젝토리를 통해 에이전트가 계획을 얼마나 잘 수행할 수 있는지를 정의합니다. 다양한 트레젝토리를 처리할 수 있을만큼 복잡하지만, 학습의 측면에서 정책의 구조는 간단해야 합니다. 이 과정을 자동화하려는 시도도 있었습니다.[1]

정책 기울기 방법이 인기 있는 이유는 θ에 대해 확률 분포를 출력하고 미분 가능한 함수이기만 하면 어떤 함수든 선택할 수 있다는 것입니다. 모델이 진주라면 세상은 여러분의 조개입니다.

5.4.1 선형적인 정책(Linear Policies)

만약 TensorFlow나 PyTorch와 같은 자동 미분을 수행하는 라이브러리를 사용하고 있다면, 역전파를 통해 미분에 대해 고민할 필요가 없습니다. 하지만 이해를 돕기 위해 간단한 경우를 직접 생각해보는 것이 도움이 된다고 생각합니다.

로지스틱 정책(Logistic Policy)

상태가 주어졌을 때 행동을 예측하는 함수가 필요합니다: $\pi_\theta(a|s)$. 정책은 두 가지 요구사항을 갖고 있습니다: 1) 확률을 출력해야 하며, 2) 미분 가능해야 합니다. CartPole 환경과 같이 왼쪽이나 오른쪽으로 카트를 이동할지 결정해야 하는 두 가지 이산 행동이 있는 문제를 다루고 있다고 상상해보십시오 (환경에 대한 설명은 "CartPole 환경에서 DQN 예제"를 참조하십시오). 이 문제는 입력이 주어졌을 때 두 개의 클래스 중 하나를 예측하는 작업이 되며, 확률을 출력해야 합니다. 이러한 유형의 문제에 자연스러운 선택은 로지스틱 함수입니다. 로지스틱 함수는 분류 작업에서 일반적으로 사용되며, 간단하고 선형적이며 미분하기 쉽고, 확률 추정값을 자연스럽게 출력합니다 (정규 분포와 비교했을 때 꼬리가 큰(larger tails) 로지스틱 분포를 따릅니다). 로지스틱 함수는 수식 5-5에 표시되어 있으며 (시그모이드 함수로도 알려져 있음), 중심이 0이고 최대값이 1인 함수입니다.

수식 5-5. 로지스틱 함수

$$f(x) \doteq \frac{1}{1+e^{-x}}$$

CartPole 환경은 4개의 상태를 가지므로, θ는 4개의 가중치로 이루어진 벡터입니다. 이 정책 함수를 사용하기 위해 상태와 현재 가중치의 추정치를 입력하면, 해당 행동을 선택할 확률이 출력됩니다. 처음에는 가중치가 무작위로 분포되고, 학습 중에는 더 좋은 행동을 선택하기 위해 조금씩 조정됩니다. 이 단계들은 지도 학습을 수행하는 데 익숙하신 분들에게 익숙할 것입니다.

일반적으로 다중 클래스 문제에서는 여러 개의 로지스틱 함수를 사용하여 확률을 모델링할 수 있습니다 (이는 "소프트맥스 정책"에서 사용하는 소프트맥스 함수와 동등합니다). 하지만 이 환경은 두 가지 행동만을 가지고 있고, 수식 5-5의 출력은 0부터 1까지 범위에 걸쳐 있으므로, 한 클래스의 확률을 $f(\theta, s)$로 정의하고, 다른 클래스의 확률을 $1 - f(\theta, s)$로 정의할 수 있습니다. 이는 데이터 클리닝에서 사용되는 더미 인코딩입니다. 로지스틱 함수를 기반으로 상태 s에 대한 행동 a를 예측하는 정책은 수식 5-6에 나타나 있습니다.

수식 5-6. 로지스틱 정책

$$\pi_\theta(a \mid s) \doteq \begin{pmatrix} \pi_\theta(a=0 \mid s) \\ \pi_\theta(a=1 \mid s) \end{pmatrix} = \begin{pmatrix} \dfrac{1}{1+e^{-\theta_0^\top s}} \\ 1-\dfrac{1}{1+e^{-\theta_1^\top s}} \end{pmatrix}$$

수식 5-4는 가중치를 개선하는 데 필요한 방정식을 제공하지만, 이를 위해서는 수식 5-6의 기울기가 필요합니다. 이에 대한 결과는 수식 5-7에 나와 있지만, 전체 계산은 부록 A에서 확인할 수 있습니다.

수식 5-7. 로지스틱 정책 기울기

$$\nabla \ln \pi(a \mid s, \theta) = \begin{pmatrix} s - s\pi(\theta_0^\top s) \\ -s\pi(\theta_1^\top s) \end{pmatrix}$$

기울기에는 직관적인 설명이 있습니다. 수식 5-7은 정책이 예상하는 상태와 실제 관측된 상태 사이의 차이입니다.

소프트맥스 정책(Softmax policy)

소프트맥스 함수는 로지스틱 함수의 다중 클래스 버전으로 생각할 수 있습니다. 이는 여러 개의 행동 중 하나를 선택하는 확률을 나타내는 데 사용할 수 있다는 것을 의미합니다. 소프트맥스 정책은 수식 5-8에서 정의됩니다.

수식 5-8. 소프트맥스 정책

$$\pi_\theta(a \mid s) \doteq \frac{e^{\theta^\top s}}{\Sigma_a e^{\theta_a^\top s}}$$

다시 말해, 수식 5-8은 모든 가능한 행동에 대해 정규화된 로지스틱 함수로, 모든 행동의 합이 1이 되도록 보장합니다. 해당하는 기울기는 수식 5-9에 나와 있으며, 전체 유도 과정은 Appendix B에서 확인할 수 있습니다.

수식 5-9. 소프트맥스 정책 기울기

$$\nabla \ln \pi(a \mid s, \theta) = s - \sum_a s\pi(\theta^\top s)$$

5-9 수식의 기울기는 관측된 특징 벡터와 예상된 특징 벡터 간의 차이로 계산됩니다. 이는 "로지스틱 정책"에서와 마찬가지로 작동합니다.

5.4.2 임의의 정책(Arbitrary Policies)

직접 정책의 도함수를 계산하는 것은 정책을 반복적으로 개선하는 방법을 정확하게 보여주는 장점이 있지만, 일반적으로 이 과정은 귀찮고 복잡합니다. 대신, 다음 세 가지 방법으로 비교적 간단하게 도함수를 계산할 수 있습니다: 유한차분법(finite), 자동 미분(automatic), 심볼릭 미분(symbolic)입니다. 유한차분법은 매개변수 공간에서 작은 단계로 정책의 차이를 계산하는 방법으로, $\nabla f(x) = (f(x+h) - f(x))/2h$ 입니다. 이 방법은 간단하지만 미분 구간 h 때문에 수치 오차에 취약합니다.

JAX나 TensorFlow/PyTorch/MXNet 등의 자동 미분 도구는 매개변수의 사용을 추적하여 유향 비순환 그래프(DAG)를 구성하는 방식으로 도함수를 계산합니다. DAG 라이브러리는 각 단계를 적절한 도함수로 매핑하고 연쇄 법칙을 통해 도함수를 결합합니다.

SymPy와 같은 심볼릭 미분은 자동 미분과 거의 동일하지만 일반적으로 한 방향(정방향)에서 작동합니다. 심볼릭 미분 도구는 리팩터링에 더 많은 강조를 두어 이해하기 쉬운 도함수를 생성할 수 있습니다. 자동 방식은 연쇄된 연쇄된 연쇄와 같은 형태로 도함수가 생성될 수 있기 때문입니다.

다시 말해, 가능하다면 라이브러리를 활용하고, 수동으로 미분을 직접하지 않는 것을 추천합니다. 현재 하고있는 작업에 적합한 라이브러리를 사용하십시오.

5.5 기본 구현(Basic Implementations)

"정책 함수"에서는 수식 5-4에서 필요한 기울기 함수를 제공하는 방법을 안내했습니다. 남은 세부 사항은 G의 사용입니다. G는 에피소드의 끝까지 또는 영원히 계속되는 경우(에피소드가 아닌 경우)까지의 총 보상을 나타냅니다(자세한 내용은 "감가된 보상" 참조). 2장부터 4장까지 몬테카를로, 전체 트라젝토리 메서드부터 근사화, 다단계 프로젝션 방법을 통해 기대 리턴을 계산하는 세 가지 다른 방법을 보여주었습니다. 이러한 구현 세부 사항이 REINFORCE와 액터-크리틱(actor-critic) 알고리즘을 포함한 여러 기본 정책 기울기 구현 사이의 유일한 차이점입니다.

5.5.1 몬테 카를로(REINFORCE)

첫 번째 알고리즘은 몬테카를로 방법을 사용합니다. 먼저 현재 정책에 기반하여 전체 에피소드에 걸친 트라젝토리를 수집합니다. 그런 다음 수식 5-4를 통해 정책을 업데이트합니다.

알고리즘 5-1은 REINFORCE 알고리즘을 보여줍니다. 단계 (6)에서 G는 시간 t부터 에피소드의 끝까지의 감가된 보상을 의미합니다. 단계 (7)에서는 G의 값을 사용하여 정책의 미분을 가중합니다. 이 미분은 행동 선택 확률(θ로 정의되는)을 어느 방향으로 움직여야 하는지 계산합니다. $\alpha\gamma^t G$의 집합적인 가중치(collective weighting)는 얼마나 많이 학습하는지를 정의합니다. 단계 (7)에서 감가를 다시 하는데, 이는 미분에 의존하지 않으므로 미분에서 분리됩니다.

이곳의 문제는 REINFORCE가 계산된 리턴에 비례하여 계속해서 특정 행동을 장려한다는 점입니다. 심지어 에이전트가 올바른 선택을 한 경우에도, REINFORCE는 해당 행동을 선택할 확률을 더욱 높이려고 할 것입니다. 장기적으로는 다른 행동에 비해 특정 행동의 상대적인 중요성을 과대 평가하며, 이는 학습 성능에 영향을 미칩니다. 예를 들어, 모든 행동이 동일한 기대 리턴을 가질 수 있지만, REINFORCE는 항상 마지막 행동의 확률을 증가시킬 것입니다.

Algorithm 5-1. REINFORCE algorithm

1: **input**: a differentiable parameterized policy $\pi(a \mid s, \theta)$, step size $\alpha > 0$

2: Initialize θ arbitrarily

3: **loop** for each episode:

4:   Generate trajectory following $\pi(\cdot \mid \cdot, \theta)$

5:   **for** each step in episode $t \leftarrow 0, 1, \cdots, T$:

6:     $G \leftarrow \sum_{k=t+1}^{T} \gamma^{k-t-1} r_k$

7:     $\theta \leftarrow \theta + \alpha\gamma^t G \nabla\pi(a \mid s, \theta)$

8:   **endfor**

예제: CartPole 환경에서 REINFORCE

정책 기울기를 사용하는 아름다움은 정책의 차원이 매우 낮다는 것을 보여줍니다. CartPole 환경은 4개의 상태 특징을 가지고 있습니다. 선형 정책은 각 특징의 중요성을 가중하는 4개의 매개변수를 가지고 있습니다. 그 결과로 최적의 행동에 대한 확률적인 표현이 생성됩니다. 만약 폴의 각도가 넘어지기 직전인 경우, 그 상황을 교정하기 위한 행동을 선택할 확률은 매우 높아집니다. 훈련 과정에서 얻은 보상은 그림 5-1에 나타나 있습니다. 정책은 좋은 보상을 얻기 위해 미래를 멀리 내다봐야 하므로, γ를 0.99로 설정했습니다. 학습이 불안정해지는 문제가 발생하지 않도록 α를 0.01로 선택했습니다.

이 결과를 “CartPole 환경에서 DQN”에서의 테이블 구현과 비교해 보세요. 거기에서는 상태 공간을 근사화하기 위해 신경망을 사용해야 했습니다. 하지만 여기에서는 단지 네 개의 매개변수만을 사용하는 선형 매핑을 사용하고 있습니다. 이렇게 간단하면서도 유용한 방법의 아름다움은 놀랍습니다.

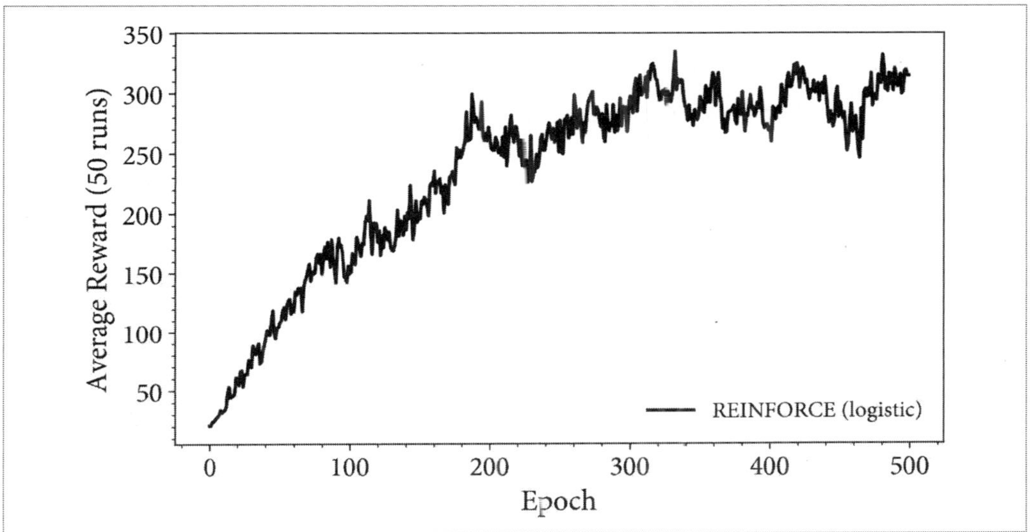

그림 5-1 CartPole 환경에서 REINFORCE 기반 정책 기울기 알고리즘의 평균 보상

5.5.2 베이스라인을 가진 REINFORCE

더 일반적인 구현 방법은 예상 리턴의 베이스라인으로써의 기대값 함수를 포함하는 것입니다. 이는 페이지 102의 “듀얼링 네트워크”에서 볼 수 있는 이득 함수와 같은 개념입니다 (식 4-4 참조). 이를 통해 평균 보상의 큰 변동으로 인한 기울기의 불안정성을 개선할 수 있습니다.

CartPole과 같이 각 스텝에서 보상이 주어지는 환경을 상상해보세요. 이로 인해 트라젝토리의 초기 타임 스텝에서는 높은 예상 리턴이 생성됩니다. 값의 큰 변동은 기울기에 큰 업데이트를 일으킵니다 (식 5-4). 그러나 에이전트는 평균 리턴의 작업에 신경 쓸 필요가 없습니다. 목표는 최적의 행동을 찾는 것입니다. 에이전트는 대신 각 행동이 평균에 비해 예상 리턴을 어떻게 향상시키는지를 학습해야 합니다.

어드밴티지 알고리즘은 주어진 상태에 대한 현재 평균 리턴의 예측을 유지함으로써 이를 구현할니다. 이는 상태 가치 함수와 동일합니다 (식 2-8 참조). 그리고 이전과 마찬가지로, 상태 가치 함수를 다양한 방법으로 근사화할 수 있습니다. 예를 들어, 테이블 기반 방법이나 함수 근사화 방법 등이 있습니다. 이는 매개변수화된 몬테카를로 알고리즘이므로, 전체 에피소드 트라젝토리를 통해 예측된 값과 실제 값 사이의 오차를 계산하고, 업데이트 규칙에 따라 매개변수를 조정하여 매개변수화된 상태 가치 추정치를 업데이트하는 것이 자연스럽습니다.

결과적으로 학습 안정성이 향상됩니다. 베이스라인의 뺄셈은 각 기울기의 업데이트를 덜 극단적으로 만들어 기울기의 분산을 줄이게 됩니다. 장기적으로 학습 도중 얻는 보상이 더 안정적인 것을 관찰해야 할 것입니다. 그러나 이는 상태 공간의 복잡성, 상태 가치 함수의 예측 가능성 및 행동의 복잡성에 크게 의존합니다. CartPole 예제에서는 두 가지 모두 매우 간단하기 때문에 표준 REINFORCE 알고리즘과 큰 차이를 기대하지 않아야 합니다.

알고리즘 5-2는 베이스라인을 사용한 REINFORCE 알고리즘을 설명합니다. 주요한 차이점은 단계 (7)과 (8)의 추가입니다. 여기서는 상태 가치 함수를 근사화하기 위해 두 번째 선형 함수를 훈련시킵니다. 단계 (7)에서는 이 트라젝토리에서 관찰된 보상에서 이 근사값을 뺍니다. 단계 (9)에서 이를 정책 가중치에 적용하면 행동 선택 확률이 차이에 따라 변경됩니다. 차이가 0보다 크면 (보상이 베이스라인보다 높으면) 확률이 증가하고, 차이가 0보다 작으면 확률이 감소합니다.

Algorithm 5-2. REINFORCE with baseline algorithm

1: **input**: a differentiable parameterized policy $\pi(a \mid s, \theta)$,
a differentiable parameterized state-value function $V(s, w)$,
step sizes $0 < \alpha_w < 0$ and $0 < \alpha_\theta < 1$
2: Initialize θ and w arbitrarily
3: **loop** for each episode:
4:   Generate trajectory following $\pi(\cdot \mid \cdot, \theta)$:
5:   **for** each step in episode $t \leftarrow 0, 1, \cdots, T$:
6:     $G \leftarrow \sum_{k=t+1}^{T} \gamma^{k-t-1} r_k$
7:     $\delta \leftarrow G - V(s, w)$
8:     $w \leftarrow w + \alpha_w \delta \nabla V(s, \alpha_w)$
9:     $\theta \leftarrow \theta + \alpha_\theta \gamma^t \delta \nabla \pi(a \mid s, \theta)$
10:   **endfor**

예제: CartPole 환경에서 베이스라인을 가진 REINFORCE

알고리즘 5-2의 구현을 제외하고는 "예: CartPole 환경에서 REINFORCE"에서의 실험에는 큰 변화가 없었습니다. 주요 아키텍처적인 결정은 상태 가치 추정값인 $V(s, w)$의 구현입니다. 실험 중에 데이터를 잘 맞추는 간단한 함수를 찾기 어려웠습니다. 이는 상태가 예상보다 복잡하기 때문입니다.

실험을 가능한 간단하게 유지하기 위해, 이전에 관찰된 보상의 이동 평균을 사용하기로 했습니다. 다시 말해, 평균 보상의 온라인 구현을 사용했습니다. 그런 다음 에이전트를 재학습하고 상태와 할인된 보상을 저장했습니다. 그런 다음 상태에 대해 주성분 분석을 수행하여 차원의 수를 네 개에서 하나로 줄여 기능 공간을 단순화하고 시각화를 가능하게 했습니다.

> 차원 축소와 주성분 분석에 대해서는 머신 러닝 관련 서적에서 더 많은 내용을 찾아 볼 수 있습니다. "참고 자료"에는 몇 가지 추천 도서가 소개되어 있습니다.

그림 5-2는 상태의 주성분을 할인된 보상에 대해 시각화한 그래프를 보여줍니다. 보상들은 상태 값이 0 주변에 형성되는 삼각형 모양을 이루고 있습니다. 상태 값이 0 주변에 유지될 경우 예측된 값은 더 높아집니다. 다시 말해, 상태 값이 0이 아닌 경우에는 일반적으로 막대가 쓰러지는 것을 의미하기 때문에 총 보상이 낮아집니다. 또한, 그래프가 달러 지폐 뒷면의 "신의 눈(Eye of Providence)"과 많이 닮아있는 것도 재미있게 생각합니다.

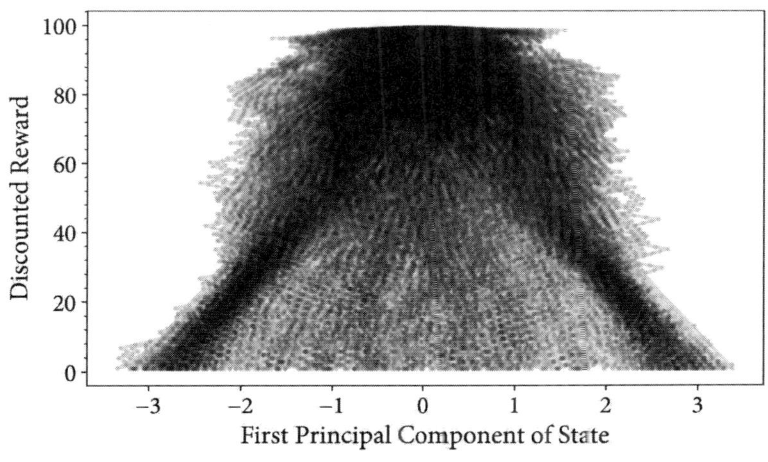

그림 5-2 CartPole 상태의 첫 번째 요소에 대한 할인 보상 그래프

우연한 상징성과는 무관하게, 단순한 평균 또는 선형 근사는 값 예측에 잘 맞지 않음을 알 수 있습니다. 또한, 플롯 목적으로 첫 번째 주성분만 표시했습니다. 데이터는 아마도 두 번째, 세 번째, 네 번째 차원에도 복잡성을 포함하고 있을 것입니다.

현재로서는 평균 사용에 대한 선택을 유지하고 "예제: CartPole 환경에서 n-스텝 액터-크리틱"에서 더 복잡한 근사 함수를 고려할 것입니다. 그러나 일반적으로 이러한 트레이드오프를 고려하는 것이 중요합니다. 가능한 상태-가치 함수를 정확하게 예측하고 싶지만, 함수 근사가 강건하도록(미지의 상태가 엉뚱한 결과를 내지 않는다는 의미에서) 유지하기를 원합니다.

실험 결과는 그림 5-3에서 확인할 수 있습니다. 동일한 설정으로 통계적으로 유의한 결과를 얻으려면 실험을 50회 이상 실행해야 했습니다. 보시다시피 보상은 처음에는 표준 REINFORCE 알고리즘을 따라가다가 나중에 발산합니다. 이는 베이스라인 알고리즘이 약간 더 안정적이라는 것을 나타냅니다. REINFORCE 알고리즘에서 큰 기울기 업데이트가 에이전트를 더 나쁘게 학습시킨 것을 확인 할 수 있습니다. 반면, 베이스라인 알고리즘은 지속적으로 성능을 개선할 수 있습니다.

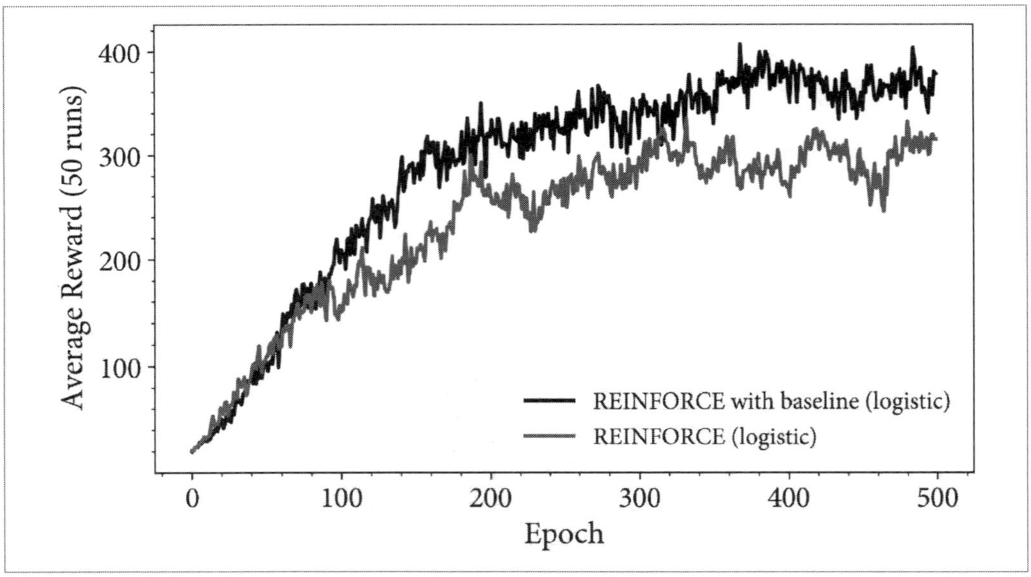

그림 5-3 CartPole 환경에서 베이스라인을 가진 REINFORCE 정책 기울기 알고리즘의 평균 보상

5.5.3 기울기 분산 감소

"베이스라인을 가진 REINFORCE"에서 베이스라인 방법은 기울기의 분산을 감소시킨다고 언급했습니다. REINFORCE나 다른 기본적인 몬테카를로 방법과 같은 알고리즘에서는 목표가 보

상을 최대화하기 위해 정책을 변경하는 것입니다. 정책 기울기 방법은 특정 방향과 양으로 정책을 이동시키기 위해 정책의 도함수를 사용하여 방향을 계산합니다. 그러나 REINFORCE에서는 크기는 현재의 예상 리턴입니다.

이에 대한 문제는 이후의 샘플에서 예상 리턴의 큰 차이가 발생할 수 있다는 점입니다. 예를 들어, CartPole 환경에서 정책이 상당히 효율적일 수 있습니다. 기둥이 우연히 초기에 쓰러진다면 예상 값의 큰 차이와 큰 기울기 업데이트가 발생합니다. 정책이 좋았음에도 불구하고 에이전트는 큰 업데이트를 강제로 수행합니다.

다른 예로는 "예제: Atari 게임에서 Rainbow DQN"의 Pong 환경이 있습니다. 초기 에피소드에서는 −21에 가까운 보상이 발생합니다. 모든 행동은 부정적인 보상을 가져옵니다. 모든 옵션이 나쁠 때, 기울기 업데이트는 모든 행동을 억제합니다. 더 나은 해결책은 보상의 변화를 살펴보는 것입니다. 에이전트는 행동의 상대적인 차이를 평균값과 비교하여 사용해야 합니다.

REINFORCE와 베이스라인 알고리즘의 단일 실행에서 기울기 업데이트를 기록했습니다. 그림 5-4에서 기울기의 표준 편차를 확인할 수 있습니다. 학습 기간 이후, 베이스라인 알고리즘의 표준 편차가 급격히 감소하는 반면, REINFORCE 알고리즘은 어느 정도의 보상을 얻은 후에도 정책을 변경하는 큰 기울기를 계속 생성합니다. 문헌에서 "분산 감소"라고 언급할 때 이를 의미하는 것은 학습 성능에 영향을 주지 않고 기울기의 안정성을 개선하는 방법을 말합니다.

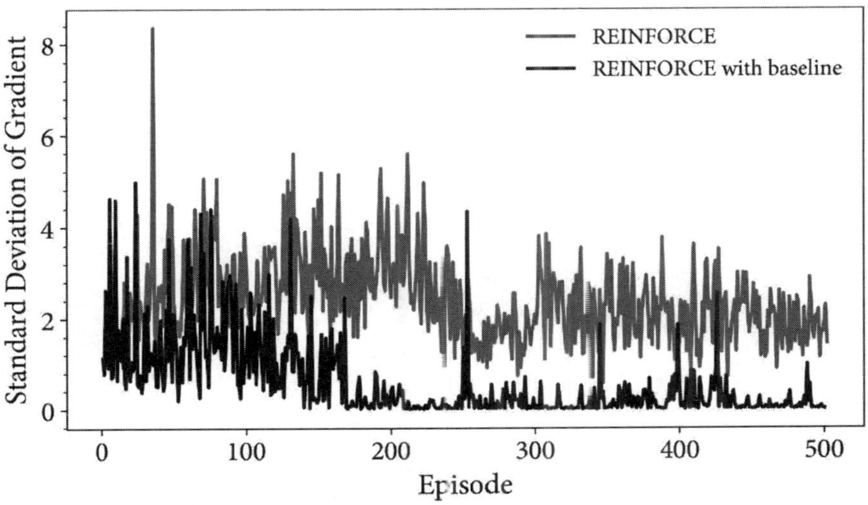

그림 5-4 CartPole 환경에서 베이스라인을 가진 REINFORCE 알고리즘을 활용한 기울기 표준 편차

5.5.4 n–스텝 액터–크리틱과 이득 액터–크리틱(Advantage Actor–Critic, A2C)

다음 개선 사항은 테이블 기반 메소드를 따라가는 방식을 따릅니다. 몬테카를로 에이전트는 부트스트래핑을 하지 않기 때문에 에피소드가 끝날 때까지 학습을 진행할 수 없습니다. 3장에서와 같이, 이를 해결하기 위해 시간차 메소드에서 n–스텝 메소드까지 다룹니다. 그러나 정책 기울기 기반의 n–스텝 알고리즘은 이전에 본 적이 없는 흥미로운 해석이 있습니다.

이에 도달하기 전에 n–스텝 구현을 설명하겠습니다. 이 부분은 알고리즘 5–2에서 가장 크게 변한 부분입니다. 알고리즘 5–3의 5단계에서 알고리즘은 모든 스텝에서 업데이트를 수행합니다. 이는 더 이상 몬테카를로 알고리즘이 아닙니다. 부트스트래핑("n–스텝 알고리즘" 참조)은 학습 속도를 향상시키고, 8단계에서는 부트스트래핑을 구현하여 하나의 단계 업데이트인 $G_{t:t+1} \doteq r + \gamma V(s', w)$와 같이 제공합니다.

Algorithm 5-3. n-step actor-critic

1: **input**: a differentiable parameterized policy $\pi(a \mid s, \theta)$,
a differentiable parameterized state-value function $V(s, w)$,
step sizes α_w and $\alpha_\theta > 0$
2: Initialize θ and w
3: **loop** for each episode:
4: Initialize $I \leftarrow 1, t \leftarrow 0,$ and s
5: **while** s is not terminal:
6: Choose a from s using π, breaking ties randomly
7: Take action a, observe s', r
8: $\delta \leftarrow G_{t:t+n} - V(s, \theta)$
9: $w \leftarrow w + \alpha_w \delta \nabla V(s, w)$
10: $\theta \leftarrow \theta + \alpha_\theta I \delta \nabla \ln \pi(a \mid s, \theta)$
11: $I \leftarrow \gamma I$
12: $s \leftarrow s'$

알고리즘 5–3은 알고리즘 5–2에 시간차 리턴(Temporal–difference return)을 포함한 점진적인 개선을 제공합니다. 그러나 이 알고리즘은 그 이상의 의미를 지니고 있습니다. 이제 각 단계에서 정책과 상태 가치 함수를 학습할 수 있는 알고리즘을 유도했습니다. 이는 전체 경로를 기반으로 한 몬테카를로 기반의 베이스라인을 가진 알고리즘(베이스라인을 가진 REINFORCE)과는 달리 각 단계에서의 학습을 가능하게 합니다.

이 차이는 중요합니다. 정책은 최적의 행동을 학습하고 설명합니다. 강화학습 용어로는 액터(actor)라고 합니다. n-스텝 베이스라인 예측은 행동의 결과를 비판하고 정책을 업데이트하는데 사용됩니다. 이것이 크리틱(critic)입니다. 이 두 가지 요소가 함께 액터-크리틱 알고리즘의 기초를 형성합니다. 몬테카를로 알고리즘은 각 단계에서 업데이트되지 않기 때문에 액터-크리틱으로 간주되지 않습니다.

이는 보통 이득 액터-크리틱(Advantage actor-critic, A2C) 알고리즘으로 더 많이 알려져 있습니다. 제가 이러한 방식으로 알고리즘을 제시한 이유는 이러한 방식은 3장의 방식과 유사하기 때문입니다. 그러나 문제를 구성하는 다른 방법은 크리틱을 기준에 상대적인 행동의 이점을 측정하는 것으로 생각하는 것입니다. 이는 수식 4-4의 이득 함수의 정확한 정의입니다.

정책 기울기 알고리즘의 맥락에서 유일한 차이점은 에이전트가 현재 최적의 정책을 따른다는 것이므로 각 행동의 값을 계산할 필요가 없다는 것입니다. 정책이 방문할 상태의 값만 필요합니다. 이에 대한 근사값(참조에서 증명되었습니다)은 식 5-10에 제시되어 있습니다.[2]

수식 5-10. 정책 기울기 알고리즘을 위한 이득 함수 근사

$$\begin{aligned} A^{\pi}(s,a) &\doteq Q(s,a) - V(s) \\ &= r + Q(s',a') - V(s) && \text{(temporal-difference error)} \\ &\approx r + V_{\pi}(s') - V(s) && \text{(when the agent is following the optimal policy } \pi\text{)} \end{aligned}$$

이득 함수나 행동-가치 함수를 직접 추정하는 것도 가능하지만, 대부분의 구현은 모델을 훈련해야 하는 개수를 줄이기 위해 상태-가치 버전을 사용합니다.

또 다른 일반적인 질문은 알고리즘 5-3의 11단계에서 I가 필요한 이유입니다. 정책 기울기 정리(식 5-3)에 감가율을 포함할 때, γ는 기울기 계산의 외부에 있는 상수입니다. 그러나 할인율은 단계 번호에 따라 다르기 때문에 이와 같은 방식으로 구현하는 것이 합리적입니다. 이 온라인 알고리즘에서는 γ^t로 간단히 대체할 수도 있습니다.

예: CartPole 환경에서 n-스텝 액터-크리틱

이 예제의 목표는 부스트래핑을 통해 생성된 몬테카를로 (Monte Carlo) 및 시간차(Temporal-Difference) 정책 그라디언트 구현 사이의 차이를 보여주는 것입니다.

부스트래핑은 주어진 상태에 대한 예상 리턴을 추정하는 함수를 필요로 합니다. 이전의 예제인 "예: CartPole 환경에서 베이스라인을 가진 REINFORCE"에서 사용한 보상의 이동 평균과 같은 값을 사용하면 $V(s,w)$와 $V(s',w)$의 추정치는 동일해집니다. 따라서 $\delta = r + (1-\gamma)V \approx r$

입니다. 이전의 베이스라인을 사용하면 카트폴 환경에서 업데이트의 크기가 1입니다. 다시 말해, 크리틱은 의견을 가지고 있지 않습니다. 대신, 주어진 상태에 대한 값을 더 정확하게 예측할 수 있는 함수를 설계해야 합니다. 액터-크리틱 알고리즘의 학습 성능은 정확한 값 추정치의 존재에 의존합니다.

그림 5-2에서 보았듯이 보상은 상태의 복잡한 함수입니다. 상태의 선형 조합과 일부 가중치만으로 이러한 복잡성을 모델링할 수 없습니다. 일반적으로 여기서는 딥 러닝 접근법으로 바로 넘어가려는 경향이 있지만, 여전히 선형 접근법을 먼저 시도하는 것을 권장합니다. 이러한 접근법은 더 견고하며, 빠르게 학습되며, 과적합을 방지합니다. CartPole 환경에서는 상태를 특징으로 변환하여 선형 가중치의 선형 근사를 학습할 수 있도록 피쳐 엔지니어링을 활용할 수 있습니다.

마지막 두 상태 (막대 각도와 각속도)를 10개의 셀로 구성된 그리드로 변환하되 각 상태에 5개의 겹침을 두었습니다. ("이산 상태로 변환하기"의 "일반적인 피쳐 엔지니어링 기법"에서 자세히 알아볼 수 있습니다). 이로써 605개의 특징이 생성되었습니다. 이러한 특징의 선형 근사를 학습하기 위해 605개의 가중치를 사용했습니다. 설정은 이전과 동일하며, 가중치의 감쇠 매개변수인 α_w는 0.1로 설정했습니다. 일반적으로 가치 추정치의 학습 속도는 정책의 학습 속도와 동일하거나 더 크게 설정하는 것이 권장됩니다. 즉, 가치 추정치는 정책보다 느리게 학습되면 안되며, 적어도 같은 속도로 학습되어야 합니다.

그림 5-5는 정책 학습률인 α_θ를 이전 알고리즘의 최종 학습 성능에 맞추어 설정한 결과를 보여줍니다.

그림 5-6은 정책 감쇠율을 (액터-크리틱 및 베이스라인 알고리즘 모두에 대해) $\alpha_\theta \doteq 0.1$로 증가시킨 후의 결과를 보여줍니다. 다른 설정은 동일합니다. 감쇠율의 증가는 정책에 대한 업데이트를 더 크게 만듭니다. 정책이 더 빠르게 변경됩니다. 훈련 바퀴를 제거한 후, n-step 액터-크리틱 알고리즘은 학습에 잘 따라갈 수 있음을 확인할 수 있습니다. 처음 50 에피소드에서 보상이 빠르게 증가하고 400의 보상으로 안정화됩니다 (이는 정책과 상태 가치 함수의 모델링 정확도에 따라 달라집니다. 학습률과는 무관합니다). 그러나 베이스라인 알고리즘은 더 빠르게 학습할 수 없습니다. 몬테카를로 업데이트는 학습 성능을 크게 저하시킵니다. 그들은 마치 브레이크와 같이 작동하며, 정책 학습률에는 영향을 미치지 않습니다 (그리고 장기적인 안정성에 영향을 줄 수 있습니다).

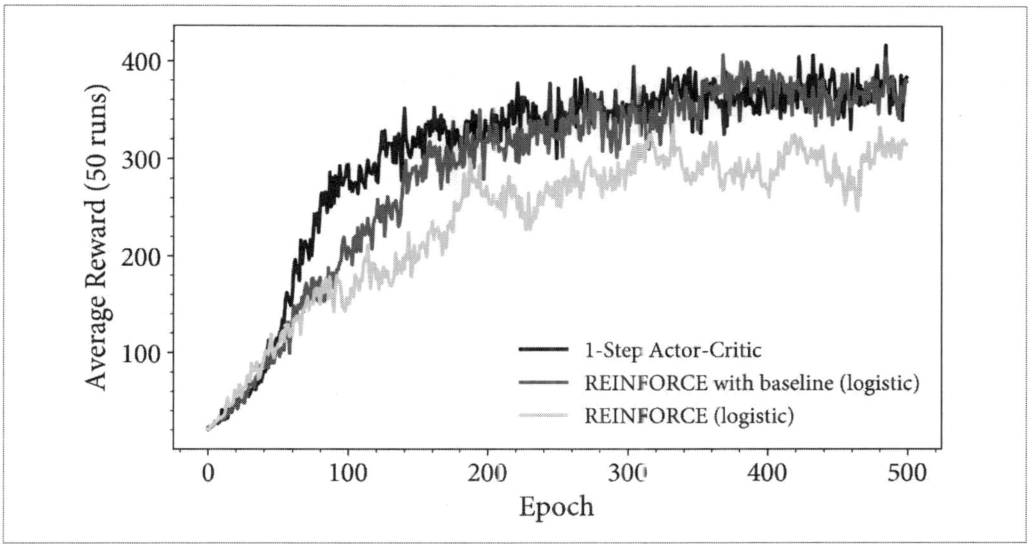

그림 5-5 CartPole 환경에서 1-step 액터-크리티 정책 기울기 알고리즘의 평균 보상

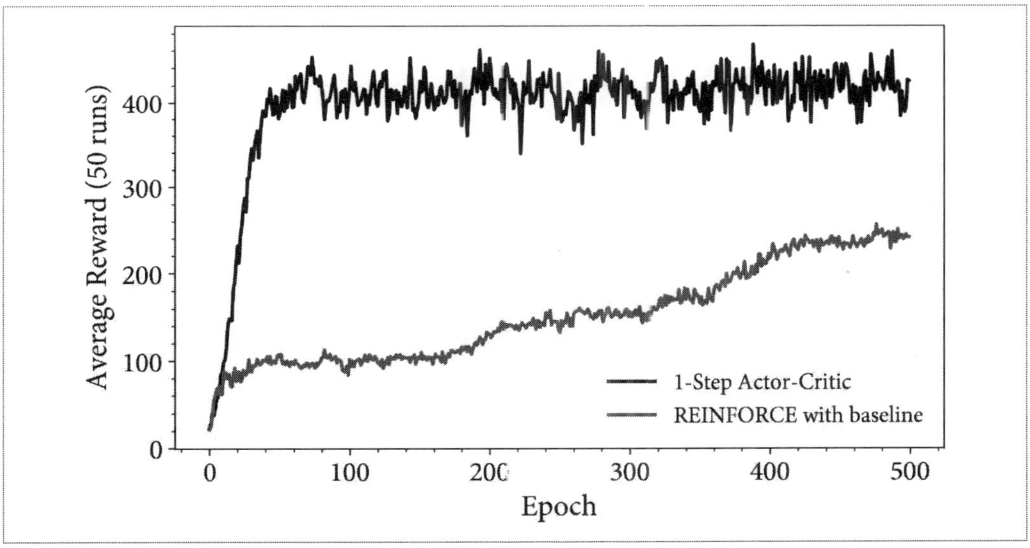

그림 5-6 CartPole 환경에서 감쇠율(α_θ)이 0.01에서 0.1로 증가함에 따른 평균 보상

상태 가치 학습 감쇠율과 정책 감쇠율 비교

α로 표시된 감쇠율 매개변수는 업데이트에서의 점프 크기를 조절합니다. 이는 기울기 하강 알고리즘이므로 빠르게 학습하기 위해서는 감쇠율을 크게 설정해야하지만, 반대로 최상의 정책에 수렴하기 위해서는 작게 설정해야합니다. n-스텝 정책 기울기 알고리즘은 두 개의 감쇠율을 사용합니다: 하나는 상태 가치 함수를 추정하는 모델에 대한 것이고 다른 하나는 정책에 대한 것입

니다.

정책은 상태 가치 추정치를 업데이트에 사용하므로 종속성이 도입됩니다. 상태 가치 추정치의 감쇠율을 느리게 업데이트하면 정책이 제한될 수 있습니다. 이는 연속된 단계에서의 시간차 오차가 거의 0이 되어 정책에 작은 변화를 초래하기 때문입니다. 상태 가치 추정치의 감쇠율을 빠르게 업데이트하면 시간차 오차의 과도한 변화와 정책의 큰 변화를 초래할 수 있습니다. 정책이 변경된 후에는 실제 상태 가치도 변경되고 상태 가치 추정치는 다른 큰 업데이트를 필요로 합니다. 그 결과 불안정성이 발생하며, 에이전트는 수렴하기 어려워집니다.

그림 5-7의 결과는 CartPole 환경에서의 실험에서, 정책 감쇠율인 α_θ를 0.1로 고정하고 상태 가치 추정치 감쇠율인 α_w를 0.01, 0.1, 0.5로 변경한 것입니다. 결과에서 최적의 감쇠율은 약 0.1인 것으로 나타납니다. 그러나 0.01의 값은 장기적으로 성능을 더 끌어낼 수 있습니다. 왜냐하면 더 작은 스텝 크기는 전역 최적값에 가까워지기 때문입니다. 0.5의 값은 너무 크기 때문에 불안정한 업데이트를 초래하고 수렴을 방해합니다.

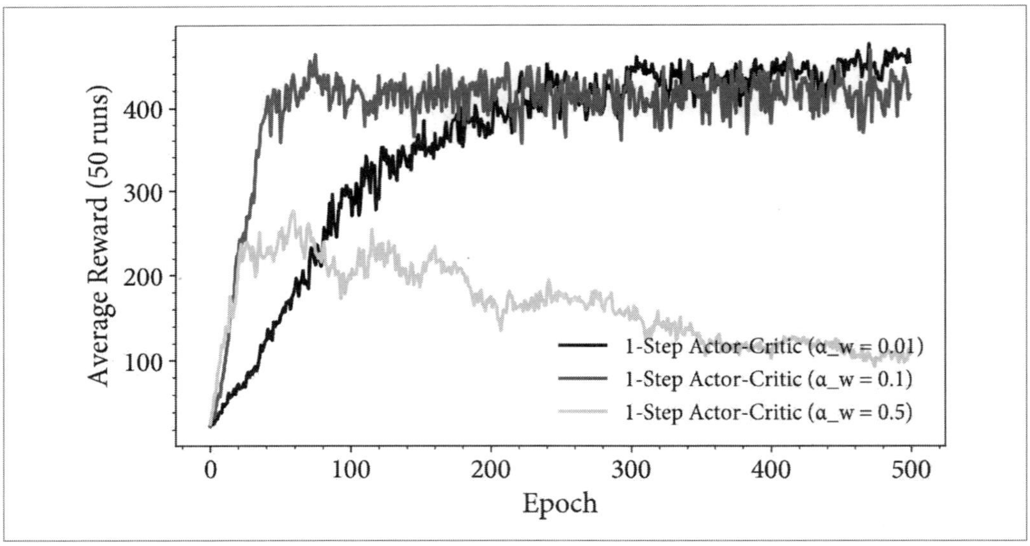

그림 5-7 CartPole 환경에서 정책 감쇠율 고정, 상태 가치 감쇠율이 바뀔 때 평균 보상

"무료 점심은 없다"라는 유명한 수학적 정리가 있습니다. 이를 간략하게 요약하면 모든 응용에 대해 최적인 단일 알고리즘, 구현 또는 하이퍼파라미터는 없다는 것을 증명하는 것입니다. 마찬가지로, 최적의 감쇠율은 문제와 알고리즘에 완전히 의존합니다. 새로운 상황에 대해 에이전트를 설계하고 조정해야 합니다.[3]

5.5.5 액터-크리틱의 타당성 추적(Eligibility Traces)

"타당성 추적"에서의 개발을 따라서, 알고리즘 5-4는 타당성 추적을 기반으로한 액터-크리틱 알고리즘을 제시합니다. 이전과 마찬가지로 부트스트래핑 수준을 조절하기 위해 하이퍼파라미터를 노출시킵니다. 타당성 추적의 감쇠 하이퍼파라미터의 최적값은 문제에 따라 다릅니다. 큰 값은 과거에 경험한 가중치를 업데이트합니다. 작은 값은 최근의 가중치만 업데이트합니다.

알고리즘 5-4와 알고리즘 5-3의 주요 차이점은 추적기가 9단계와 10단계에서 어떤 상태를 업데이트할지 추적한다는 점입니다. 이를 통해 가치 추정 가중치 w와 정책 가중치 θ를 과거에 정책이 방문한 방향으로 미세조정합니다.

Algorithm 5-4. Actor-critic with eligibility traces

1: **input**: a differentiable parameterized policy $\pi(a \mid s, \theta)$,
  a differentiable parameterized state-value function $V(s, w)$,
  step sizes $0 < \alpha_w, \alpha_\theta < 1$, and trace-decay rates $0 \leq \lambda_\theta, \lambda_w \leq 1$
2: Initialize θ and w arbitrarily
3: **loop** for each episode:
4:   Initialize $t \leftarrow 0, I \leftarrow 1$ and s,
    $z_w \leftarrow 0$ (same dimensionality as w), and
    $z_\theta \leftarrow 0$ (same dimensionality as θ)
5:   **while** s is not terminal:
6:     Choose a from s using π, breaking ties randomly
7:     Take action a, observe s', r
8:     $\delta \leftarrow r + \gamma V(s', w) - V(s, \theta)$
9:     $z_w \leftarrow \gamma \lambda_w z_w + \nabla V(s, w)$
10:     $z_\theta \leftarrow \gamma \lambda_\theta z_\theta + I \nabla \ln \pi(a \mid s, \theta)$
11:     $w \leftarrow w + \alpha_w \delta z_w$
12:     $\theta \leftarrow \theta + \alpha_\theta I \delta z_\theta$
13:     $I \leftarrow \gamma I$
14:     $s \leftarrow s'$

예: 카트폴 환경에서의 타당성 추적 액터-크리틱

"예: CartPole 환경에서 n-스텝 액터-크리틱"의 예시를 수정하여 감쇠하는 타당성 추적을 포함시켰습니다. 이 실험에서는 $\alpha_\theta = \alpha_w = \lambda_\theta = \lambda_w \doteq 0.1$로 설정하였으며, 결과는 그림 5-8에서 확인할 수 있습니다.

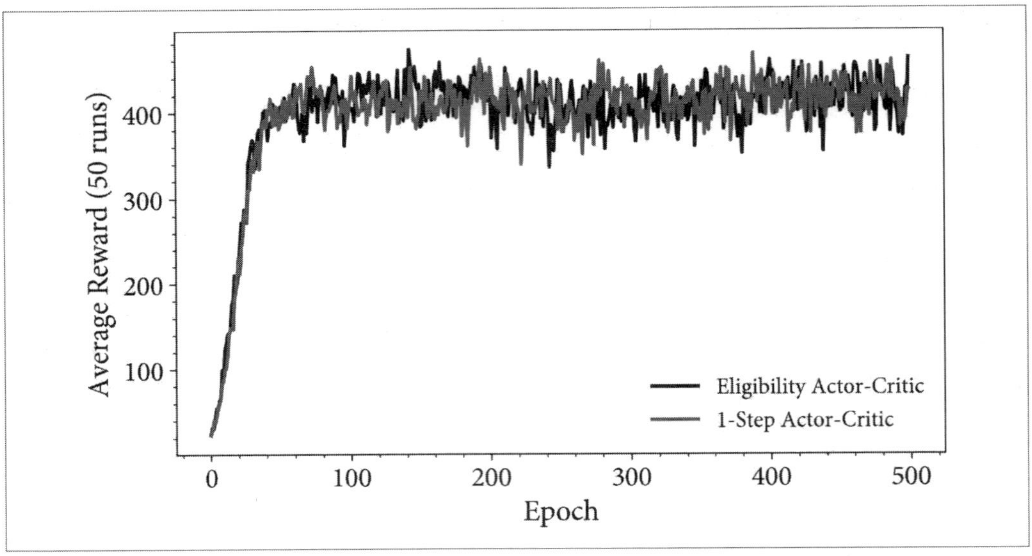

그림 5-8 CartPole 환경에서 1-스텝 액터-크리틱과 타당성 추적 알고리즘 평균 보상

성능은 크게 변하지 않았습니다. 이는 CartPole 환경에서 성공적인 에이전트가 선견지명을 요구하지 않음을 보여줍니다. 다음 단계에서의 잠재적인 실패를 관찰하는 것만으로 충분합니다.

λ의 값을 변경해도 효과는 거의 없으며, 0의 경우에는 시간차 업데이트가 없고, 1의 경우에는 그라디언트가 폭발하는 것을 볼 수 있습니다. 제 실험에서는 그 사이의 모든 값들이 유사한 결과를 보였습니다.

보상이 드물거나 상당한 계획이 필요한 환경에서는 다중 스텝 시간차 추정치가 탁월한 결과를 낼 수 있습니다.

5.5.6 기본 정책 기울기 알고리즘 비교

이 장에서는 정책 기울기 알고리즘의 네 가지 다른 구현을 소개했습니다. 이들은 모두 기울기 하강법을 사용하여 정책을 반복적으로 개선하지만, 각각 다른 가치 추정 방식을 사용합니다. 더 나은 가치 추정은 불필요하게 큰 업데이트를 줄이고, 기울기의 분산을 감소시킵니다.

다양한 형태의 정책 기울기 알고리즘를 수식 5-11에서 확인할 수 있습니다. 정책의 기울기는 매개변수의 기울기의 기댓값에 리턴을 곱한 것과 같습니다. 이 알고리즘들 사이에서 유일하게 다른 점은 리턴을 어떻게 정량화하는지 입니다. 이러한 정책 기울기 알고리즘의 고수준 해석은 서로 다른 구현 사이의 미묘한 차이를 명확하게 해줍니다.

수식 5-11. 다양한 정책 기울기 알고리즘의 구현

$$\begin{aligned}
\nabla_\theta J(\theta) &\doteq \mathbb{E}_{\pi_\theta}[\nabla_\theta \ln \pi_\theta(a \mid s) G] && \text{(REINFORCE)} \\
&\doteq \mathbb{E}_{\pi_\theta}[\nabla_\theta \ln \pi_\theta(a \mid s)(G - V_w(s)] && \text{(REINFORCE with Baseline)} \\
&\doteq \mathbb{E}_{\pi_\theta}[\nabla_\theta \ln \pi_\theta(a \mid s) Q_w(s,a)] && \text{(Actor-Critic)} \\
&\doteq \mathbb{E}_{\pi_\theta}[\nabla_\theta \ln \pi_\theta(a \mid s) A_w(s,a)] && \text{(Advantage Actor-Critic)} \\
&\doteq \mathbb{E}_{\pi_\theta}[\nabla_\theta \ln \pi_\theta(a \mid s) \delta] && \text{(Temporal-Difference Actor-Critic)} \\
&\doteq \mathbb{E}_{\pi_\theta}[\nabla_\theta \ln \pi_\theta(a \mid s) \delta(\lambda)] && \text{(Eligibility Actor-Critic)}
\end{aligned}$$

5.6 산업 적용 사례: 소비자를 위한 자동 물품 구매

최근의 비즈니스 모델 트렌드 중 하나는 제품을 자동으로 고객에게 배송하고 관심이 없는 제품은 반품할 수 있도록 하는 것입니다. Stitch Fix는 구독 상자 모델 비즈니스 중 가장 유명한 예입니다. Stitch Fix 고객은 체형과 개인적인 선호도에 대한 다양한 정보를 제출한 후 새로운 의류가 담긴 패키지를 받게 됩니다. 그런 다음 고객은 좋아하지 않는 의류를 반송할 수 있으며 보관하는 제품에 대한 비용(및 서비스 수수료)이 청구됩니다.

이 아이디어는 새롭게 들리지만, "no-commitment(약정 없음)" 구독 모델을 통해 회사들은 오랫동안 이와 같은 일을 해왔습니다. 예를 들어, Hewlett Packard는 프린터 잉크를 정해진 비율로 즉시 배송해줍니다. Amazon에서는 특정 제품에 가입할 수 있습니다. Hello Fresh는 음식을 배달해줍니다. 약정 없는 모델과 구독 상자 모델의 차이점은 고객이 잘못된 요금제에 가입한 경우(예: 너무 많은 잉크를 받는 경우) 고객이 해지할 가능성이 높다는 것입니다. HP는 고객의 평생 가치를 극대화하기 위해 적절한 비율로 잉크를 배송하는 것이 중요합니다.

이 도전이 얼마나 인상적인지 강조하고 싶습니다. 여기에서는 인간의 개입 없이도 에이전트가 자동으로 제품을 보내고 당신의 선호도를 점진적으로 학습할 수 있습니다. 당신이 필요할 때 제품을 받을 수 있으며 주문하지 않아도 됩니다. 게다가, 에이전트는 당신이 스스로 사려고 생각하지 않았던 제품들을 당신이 좋아할 것으로 알고 있습니다. 시장의 관점에서 보면, 이것이 왜 강화학습이 수익성이 높을 수 있는 이유를 보여줍니다. 판매자들은 당신에게 더 많은 물건을 판매할 수 있고, 당신은 진정으로 그들이 그렇게 해준 것에 만족할 것입니다!

5.6.1 환경: Gym-Shopping-Cart

이 예시는 Instacart의 데이터를 사용하여 구독 상자 모델을 구현한 것입니다.

Instacart는 쇼핑 플랫폼에서 발생한 300만 개의 주문 데이터를 공개했습니다. 저는 이 데이터를 깨끗하게 정리하여 상태를 구성했습니다. 이 상태는 요일과 시간을 원-핫 인코딩한 값과 마지막 주문 이후 경과한 일수를 1로 정규화한 값으로 구성되어 있습니다. 행동은 5만 개의 상품을 원-핫 이진 인코딩한 리스트입니다. 상품을 주문하려면 해당 상품의 열을 1로 설정합니다. 보상은 간단하게 설정했습니다. 실제로 주문한 상품과 일치하는 경우 +1의 보상을 받으며, 잘못 주문한 상품이 있는 경우 −1의 보상을 받습니다. 목표는 고객이 원하는 상품만 주문하는 것입니다. 각 주문은 한 단계이며, 한 고객의 모든 주문은 하나의 에포크입니다.

이는 실제 세계에서 발생하는 일련의 과정을 단순화한 것입니다. 실제 보상은 +1 또는 −1과 같이 간단하지 않을 것입니다. 고객에게 새로운 상품을 제공하면 그들이 미래에 더 많이 구매할 수 있지만, 실수가 발생하는 경우 상품이 망가질 수 있고 다시 판매할 수 없을 수도 있습니다. 데이터셋에서 제공하는 특성에 제한이 있습니다. 다른 특성들이 더 유용할 것입니다. 예를 들어, Stitch Fix는 고객의 선호도에 대한 라이브러리를 가지고 있습니다. 어떤 음식을 좋아하는지에 대한 사용자 선호도를 수집하는 과정을 구축해야 할 것입니다.

그러나 가장 큰 문제는 이 시뮬레이션이 정적인 데이터를 사용한다는 것입니다. 이상적으로는 에이전트가 고객이 원하는 상품을 탐색해야 합니다. 고객은 아직 그것을 알지 못할 수도 있습니다. 하지만 고정된 데이터로는 정적인 해결책을 최적화하게 됩니다. 다시 말해, 일반적인 머신러닝 기법을 사용할 수 있습니다. 실전적인 탐사는 강화학습의 핵심이며 이 예시에서는 그런 것이 없습니다. 강화학습은 단순히 예측 이상의 것입니다.

이를 해결하기 위한 한 가지 해결책은 고객의 구매를 모델링하는 것입니다. 예를 들어, 생성적 적대 신경망을 구축하여 시뮬레이션된 동적 환경에서 고객의 구매 패턴을 모델링할 수 있습니다. 그런 다음 학습된 정책을 실제 환경으로 전이할 수 있습니다. (자세한 내용은 "참고 자료"의 페이지 143을 참조하십시오.) 간단함을 위해 정적인 데이터를 사용했습니다.

5.6.2 기대치

이 환경에서 상태와 행동은 이진(binary)이므로 Q-러닝과 같은 테이블 기반 기법을 사용할 수 있습니다. 그러나 이 장의 내용을 이어가기 위해 "액터-크리틱의 타당성 추적"에서 설명한 타당성 추적 액터-크리틱 정책 기울기 알고리즘을 사용하겠습니다. 에이전트는 제품 수와 같은 이진 액션을 생성해야 합니다. 저는 각 행동에 대해 로지스틱 함수를 사용하는 선형 정책을 사용했습니다. 소프트맥스는 적합하지 않습니다. 소프트맥스는 모든 행동의 선택 확률 의 합이 1이 되도록 정규화하기 때문입니다. 또한 가치 함수를 선형 함수로 모델링했습니다. 이 두 가지는 모델의 간단함을 위한 것입니다. 물론, 지금 예시의 모델보다 복잡한 모델을 사용할 수도 있습니다.

기대치를 설정해 봅시다. 제품을 구매하는 경향은 고객의 프로필에 의해 결정됩니다. 예를 들어, 고객이 아기를 가지고 있다면 아기 제품을 더 자주 구매할 수도 있습니다. 비건이라면 고기를 주문할 가능성은 적을 것입니다. 젊다면 나이든 사람과는 다른 제품을 구매할 가능성이 높습니다. 이 모든 것들은 잠재적인 특징입니다. 이러한 특징은 고객이 취하는 액션에서 직접 관찰할 수 있는 것이 아닙니다. 이러한 이유로 선형 모델이 실제 테스트에서는 잘 동작하지 않을 것으로 예상됩니다. 선형 모델은 고객이 제품을 왜 구매하는지를 무시하고 구매 빈도만을 학습할 것입니다.

문제를 단순화하기 위해 잠재적인 특징의 수를 줄이고 명시적인 특징을 만들어 보세요.

실제 응용 프로그램에서는 고객이 아닌 제품만을 나타내는 것보다 고객을 나타내는 더 정교한 모델을 구축하는 것이 유리할 것입니다. 충분한 데이터가 제공된다면 고수준의 특징을 표현하기 위해 딥러닝을 적용해볼 수도 있습니다.

또 다른 문제는 선형 모델에는 기억력이 없다는 것입니다. 세탁 세제를 대량으로 구매할 때, 다음 쇼핑에서는 거의 추가로 구매하지 않습니다. 예외는 아이들이 집 밖에서 시트 더미를 만들기로 결정한 경우입니다. 하지만 선형 가중치는 많은 양의 세제를 샀기 때문에 더 많은 세제를 제안할 것입니다. 사람들이 제품을 다른 속도로 구매한다는 사실을 배우려면 이러한 제품 구매이력을 기억하도록하는 무언가를 도입해야 합니다. 이를 위한 가장 간단한 방법 중 하나는 이전 주문을 상태에 포함하는 것입니다. 이것은 DQN이 Atari 환경에서 매우 잘 작동하는 이유입니다. 더 발전된 해결 방법으로는 순환 및 장기 기억 뉴런과 같은 상태 유지형 신경망을 사용하는 것이 있습니다.

5.6.3 Shopping Cart 환경의 결과

다시 한 번, 단순성을 위해 선형 구현을 하겠습니다. 환경의 행동 차원을 낮추기 위해(50,000개의 행동) 에이전트가 인기 있는 제품만 구매할 수 있도록 허용합니다.

첫 번째 결과를 그림 5-9에서 확인할 수 있습니다. 이 초기 실험에서는 데이터셋을 단일 고객으로 제한했습니다. 이 고객을 위해 가장 인기 있는 15개 제품을 유지하고 에이전트를 50회 에포크 동안 훈련했습니다. 참고로 무작위로 제품을 주문하는 에이전트도 확인할 수 있습니다. 이 예에서 고객은 71개의 주문에서 358개의 인기 제품을 구매했습니다. 따라서 가능한 최고의 보상은 358입니다.

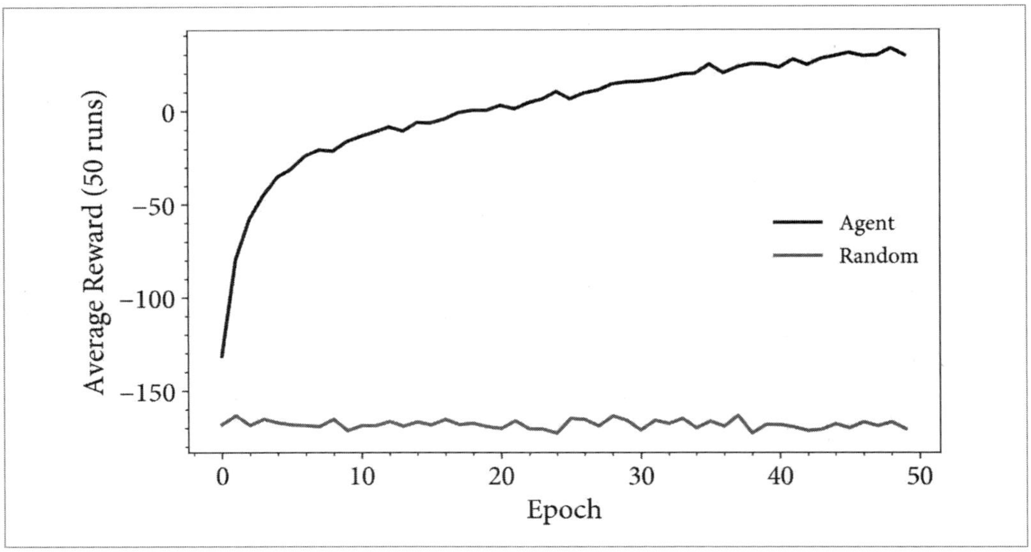

그림 5-9 가장 인기있는 품목 15개와 다일 고객을 위한 shopping cart 환경에서 평균 보상

에이전트의 최고 보상은 57으로, 이는 고객이 실제로 원하는 제품을 구매한 것을 나타냅니다. 그러나 이는 가능한 최고 보상인 358개 제품에 비해 훨씬 낮습니다. 무작위 에이전트는 계속해서 고객이 원하지 않는 제품을 주문하므로 일관되게 낮은 성능을 발휘합니다.

그림 5-10에서는 동일한 실험을 50명의 무작위 고객을 대상으로 반복하였습니다. 이들은 주문 수가 다릅니다. 즉, 에이전트는 단일 고객에 과적합을 하면 안 되고, 모든 고객에게 일반화를 시도해야 합니다. 이번에는 에이전트가 최대 보상 −1을 달성했습니다. 이는 이전 실험과 비교하면 약간 기대에 못 미치는 결과입니다. 이는 에이전트가 임의의 고객에 대해 거의 손실 없이 유지할 수 있는 능력을 갖추고 있다는 것을 의미합니다. 그러나 에이전트의 단순성을 기억해야 합니다. 에이전트는 몇 개의 선형 매개변수만 가지고 있으며 쇼핑 프로세스의 복잡성을 일부 포착할 수 있습니다. 이는 놀라운 결과라고 생각합니다.

그림 5-11에서는 동일한 에이전트의 성능을 무작위 고객에 대해 평가하되, 선택할 수 있는 제품 수를 변경했습니다. 즉, 행동의 수를 변경했습니다. 제품 수가 증가함에 따라 에이전트는 더

적은 보상을 받게 됩니다. 그러나 성능은 점진적으로 수렴하는 것으로 보입니다. 더 많은 훈련 시간으로 성능이 수렴할 수 있습니다.

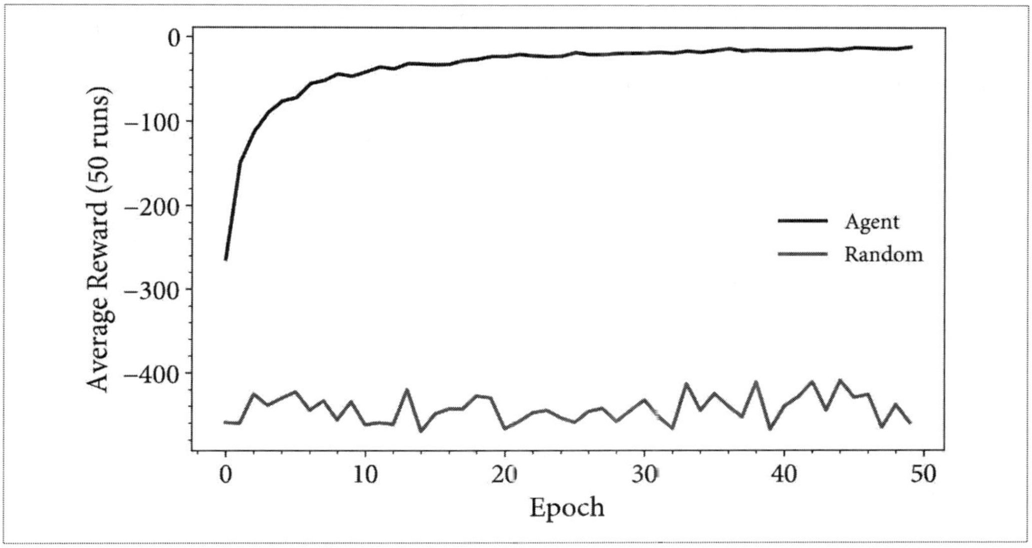

그림 5-10 가장 인기 있는 15개 제품에 대해 50명의 무작위 고객(50 에포크)을 대상으로 한 쇼핑 카트 환경의 평균 보상. 평균 보상은 −1이었습니다.

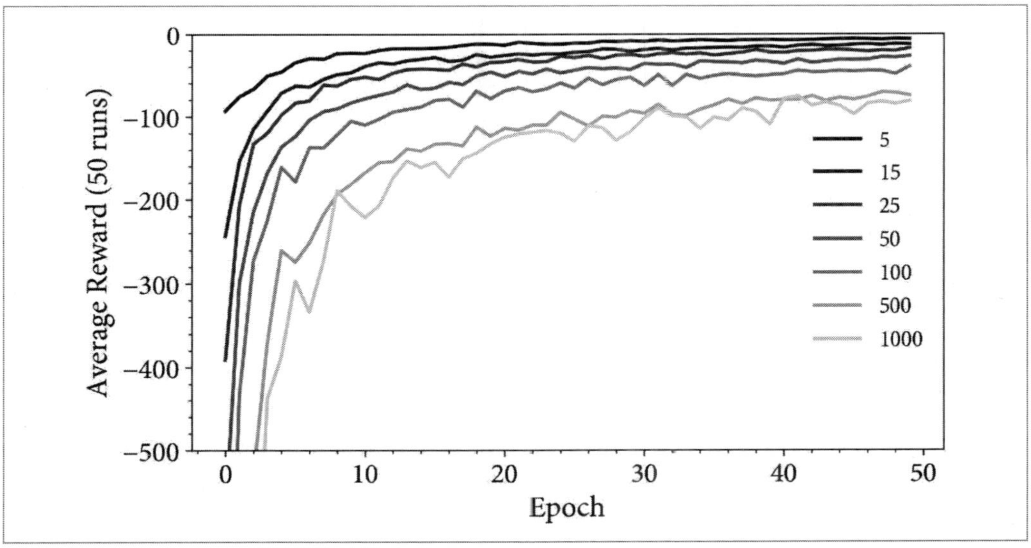

그림 5-11 구매할 수 있는 제품의 수를 조정하면서 50명의 무작위 고객(50 에포크)을 대상으로 한 쇼핑 카트 환경의 평균 보상

마지막으로 전이 학습(transfer learning)이라는 것을 보여주고 싶습니다. 전이 학습은 하나의 문제를 해결하기 위해 모델을 훈련한 다음, 동일한 모델을 다른 관련 문제에 적용하는 것을 목표로 합니다. 이 패러다임은 강화학습에서 특히 잘 작동하는데, 오프라인 데이터나 모델에서 학습한 뒤 온라인 데이터를 사용하여 세부 조정할 수 있기 때문입니다.

예를 들어, 무작위 고객(그림 5-10)에 대해 훈련된 쇼핑 카트 모델을 사용하여 새로운 고객에게 적용할 수 있습니다. 그림 5-12는 이러한 실험의 결과를 보여줍니다.

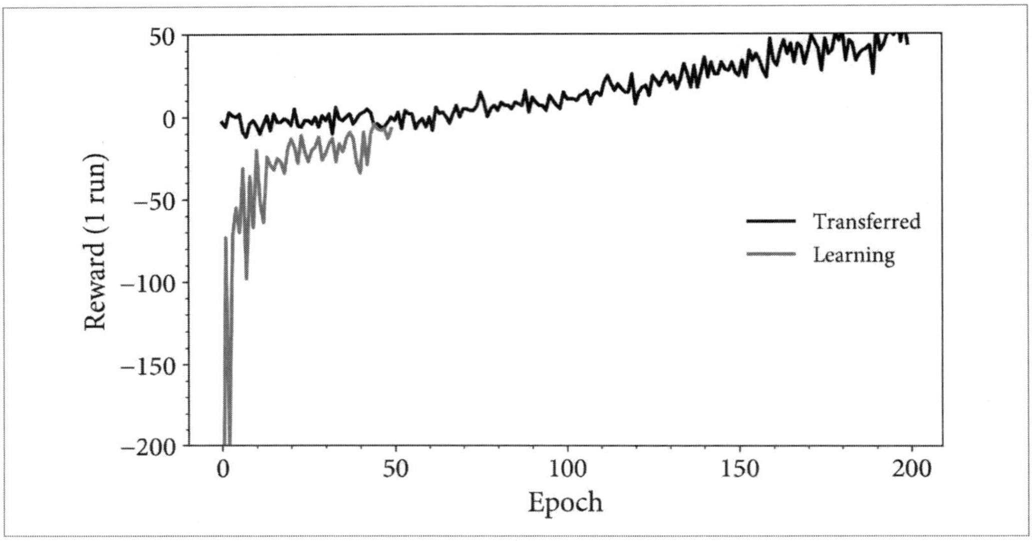

그림 5-12 무작위 고객 데이터로 초기에 훈련한 후 모델을 전이한 후의 쇼핑 카트 환경에서의 한 고객에 대한 평균 보상(15개 제품, 1번 실행)

모델을 전이하기 위해, 무작위 고객 데이터로 훈련한 정책과 가치 평가 가중치를 복사하여 단일 고객을 가진 다른 에이전트에 붙여넣었습니다. 또한, 이 결과는 단일 실행에 대한 것입니다. 이를 50번 반복한다면 더 부드러운 결과가 나올 것입니다. 그림 5-9와 비교하면, 성능의 초기 상승이 없다는 것을 알 수 있습니다. 이는 미리 훈련된 가중치가 이미 매우 좋기 때문입니다.

또 다른 관찰은, 단일 고객 에이전트가 그림 5-9의 결과와 유사한 성능을 얻는 데에는 오랜 시간 (약 200 에포크)이 걸립니다. 이는 에이전트가 모든 고객을 평균적으로 가장 잘 처리하는 정책을 학습했기 때문입니다. 단일 고객 데이터로 정책을 전이할 때, 해당 고객에게 가장 중요한 상태를 탐색하는 확률을 낮추는 것으로 보입니다.

다시 말해, 그림 5-9에서는 해당 고객에 대해 과적합된 것으로 보입니다. 일반적으로 과적합은 모델이 다른 고객에게 일반화되지 않으므로 좋지 않은 현상입니다. 그러나 이 예시에서는 그것이 바로 목표입니다. 에이전트가 특정 고객의 선호도에 맞추지도록 원합니다.

여기에서는 트레이드오프가 있습니다. 고객이 빠르게 좋은 추천을 받을 수 있도록 합리적인 정책으로 시작하고 싶지만, 긍정적인 보상 지역에 도달하기 위해 200개의 주문을 기다릴 필요는 없습니다. 이 문제에 대한 하나의 해결책은 사전 훈련 에포크 수를 하이퍼파라미터로 취급하고, 만족스러운 결과를 얻기 위해 조정하는 것입니다.

5.7 요약

이 장 이전에는 상태의 가치를 측정하는 가치 기반 방법에 집중했습니다. 정책은 각 상태에서 예상 가치를 극대화하는 것으로 유도됩니다. 그러나 또 다른 방법은 정책을 직접 매개변수화하고, 예상 반환을 극대화하는 정책을 생성하기 위해 매개변수화의 가중치를 변경하는 것입니다.

정책 기울기 방법을 사용하여 정책을 최적화하는 데 필요한 업데이트를 찾을 수 있습니다. 정책 기울기 방법은 여러 이점을 갖습니다. 확률을 출력하여 ϵ-greedy 같은 명시적인 탐색 알고리즘이 필요하지 않습니다. 연속적인 행동을 출력할 수 있습니다. 때로는 상태-행동 가치를 모델링하는 것보다 정책을 모델링하는 것이 더 쉬울 수 있습니다.

그러나 정책 기울기 방법은 모델 선택에 대해 민감할 수 있습니다. 가치 기반 방법에서는 예상 가치 함수를 예측하기 위해 모델의 복잡성을 상대적으로 쉽게 변경할 수 있지만, 정책 모델은 신중히 선택해야 합니다.

이 장에서는 몬테카를로에서 출발하여 타당성 추적까지 이전과 동일한 유도 과정을 따랐습니다. 정책 기반 방법은 약간 다른 해결책을 최적화하고 있지만, 예상 가치 추정치는 여전히 매우 중요합니다. 이를 액터-크리틱 알고리즘에서 확인했습니다. 제시된 산업 예제에서는 사용자를 위해 제품을 자동으로 주문하는 것이 목표였습니다. 이를 개선하고 이 아이디어의 일반화는 추천 시스템에 대한 강화학습 연구의 활발한 분야입니다. 추천 시스템을 위해 강화학습을 사용하는 여러 기업들이 있는 것으로 알고 있습니다.

5.8 참고 자료

- Gradient descent:
  - Ruder, Sebastian. 2017. "An Overview of Gradient Descent Optimization Algorithms." ArXiv:1609.04747, June.

- Policy gradient derivation:
  - A succinct mathematical introduction to on-policy gradients: Kämmerer, Mattis Manfred. 2019. "On Policy Gradients." ArXiv:1911.04817, November.
  - Sutton, Richard S., and Andrew G. Barto. 2018. Reinforcement Learning: An Introduction. MIT Press.
- Building generative models:
  - Foster, David. 2019. Generative Deep Learning: Teaching Machines to Paint, Write, Compose, and Play. O'Reilly.

References

[1] Houthooft, Rein, Richard Y. Chen, Phillip Isola, Bradly C. Stadie, Filip Wolski, Jonathan Ho, and Pieter Abbeel. 2018. "Evolved Policy Gradients". ArXiv:1802.04821, April.

[2] Bhatnagar, Shalabh, Mohammad Ghavamzadeh, Mark Lee, and Richard S Sutton. 2008. "Incremental Natural Actor–Critic Algorithms". *In Advances in Neural Information Processing Systems* 20, edited by J. C. Platt, D. Koller, Y. Singer, and S. T. Roweis, 105–112. Curran Associates, Inc.

[3] Wolpert, D. H., and W. G. Macready. 1997. "No Free Lunch Theorems for Optimization". *IEEE Transactions on Evolutionary Computation* 1(1): 67–82.

CHAPTER 6

정책 기울기를 넘어

정책 기울기 (Policy Gradient, PG) 알고리즘은 연속적인 행동 공간을 가지는 강화학습 (Reinforcement Learning, RL) 문제에서 널리 사용됩니다. 5장에서는 기본 아이디어를 소개했습니다. 정책을 매개변수화된 확률 분포인 $\pi_\theta \doteq P[a|s;\theta]$ 로 표현한 다음 누적 보상이 더 큰 방향으로 정책 매개변수 θ를 조정하는 것입니다. PG 알고리즘은 액션이 연속적인 경우에 전역 최댓값을 무한한 수의 액션에 대해 구해야 하기 때문에 Q-러닝에서 수행되는 행동-가치 함수의 탐욕적 최대화와 같은 대안은 문제가 될 수 있습니다. 예상 수익이 더 높은 방향으로 정책 매개변수를 조정하는 것은 더 간단하고 계산적으로 효율적일 수 있습니다.

최근까지 수렴 보장을 가진 실용적인 온라인 PG 알고리즘은 실행하는 정책, 즉 행동 정책에서 학습하는 On-Policy 설정에 제한되어 있었습니다. Off-Policy 설정에서는 에이전트가 행동 정책과 다른 정책을 학습합니다. 이 아이디어는 새로운 연구 기회와 응용 분야를 제시합니다. 예를 들어, 오프라인 로그로부터 학습, 탐색적인 정책을 실행하면서 최적의 정책을 학습, 데모로부터 학습, 하나의 환경에서 여러 작업을 병렬로 학습하는 등입니다.

이 장에서는 최첨단 오프-정책 PG 알고리즘을 조사하며, Off-Policy 학습을 시도할 때 발생하는 몇 가지 문제를 깊이 있게 살펴봅니다.

6.1 Off-Policy 알고리즘

5장에서 소개된 정책 기울기 알고리즘은 On-Policy 알고리즘입니다. 새로운 관측치를 현재 정책을 따라 생성합니다. 즉, 개선하려는 정책과 동일한 정책을 따르면서 새로운 관측치를 생성합니다. 이미 본 것처럼 이 접근 방식, 이 피드백 루프는 과도한 낙관적인 기대 수익을 초래할 수 있습니다 ("더블 Q-러닝" 참조). Off-Policy 알고리즘은 두 가지 정책을 사용하여 탐색과 이용을 분리합니다. 타겟 정책 (Target Policy)과 행동 정책 (Behavior Policy)입니다.

지금까지 소개된 모든 강화학습 알고리즘은 값 근사치의 추정값과 관측 결과를 비교하는 최소자

승 형태의 최적화를 수행합니다. 만약 놀라운 결과를 관측한다면, 해당 추정값을 업데이트합니다. Off-Policy에서 타겟 정책은 추정값을 테스트할 기회가 없으므로 어떻게 최적화를 수행할 수 있을까요?

6.1.1 중요도 샘플링(Importance Sampling)

계속 진행하기 전에, 중요한 개념인 중요도 샘플링(importance sampling)을 이해하셨으면 좋겠습니다. 이는 어떤 수량을 직접 샘플링하지 않고도 추정할 수 있도록 하는 수학적 트릭의 결과입니다.

지금까지 몇 차례 언급했듯이, 확률 변수 X의 기대값은 개별 값 x를 그 값이 발생할 확률 $f(x)$와 곱한 것을 모든 가능한 값 x에 대해 적분한 값입니다. 연속 확률 분포의 경우, 이는 $E_{f[x]} \doteq \int_x xf(x)$와 같이 표현됩니다. 이산 확률 분포의 경우 $E_{f[x]} \doteq \sum_x xf(x)$와 같이 표현됩니다. 이를 모집단 평균이라고 합니다.

그러나 만약 확률을 알지 못한다면 어떨까요? 여전히 환경에서 샘플링할 수 있다면 평균을 추정할 수 있습니다. 예를 들어, 주사위를 생각해보세요. 특정 값이 나올 확률을 모르지만, 6개의 값이 있다는 것은 알고 있습니다. 주사위를 굴려 샘플 평균을 계산함으로써 기대값을 추정할 수 있습니다. 즉, $E_{f[x]} \approx \frac{1}{n}\sum_{i=1}^{n} x_i$로써 기대값을 추정할 수 있습니다.

이제 같은 값을 가진 두 번째 확률 변수가 있다고 상상해보세요. 예를 들어 두 번째 주사위인데, 해당 값의 확률을 알고 있지만 샘플링할 수는 없습니다. 조금 비현실적인 예이긴 하지만, 이것이 문제의 핵심입니다. 두 번째 주사위의 가중치를 알고 있지만 던질 수 없다고 가정해보겠습니다. 아마도 여러 번 6이 나온다는 친구의 주사위일 수도 있습니다. 이 경우, 기대값을 동일한 방식으로 정의할 수 있습니다: $E_{g[x]} \doteq \sum_x xg(x)$입니다. 이러한 개념은 수식 6-1의 (1)과 (2) 단계에서 보여지고 있습니다.

다음으로 (3) 단계를 살펴봅시다. 여기서의 핵심은 (2) 단계를 $f(x)/f(x) = 1$로 곱한다는 것입니다. 이제 합은 $g(x)$가 아니라 $f(x)$에 대한 것이므로, x를 이제 $xg(x)/f(x)$로 가정한다면 (1) 단계를 대입할 수 있습니다. 이 결과로 (4) 단계가 됩니다. (5) 단계에서는 샘플 평균을 사용하여 이 기대값을 계산할 수 있습니다. 논리를 따라갈 수 있을 것입니다. 하지만 이를 고차원에서 어떤 의미를 가지는지 이해하십시오. 이것은 첫 번째 경험을 사용하여 두 번째 확률 함수의 기대값을 계산할 수 있다는 것을 의미합니다. 이것이 Off-Policy 학습의 중요한 요소입니다.

수식 6-1. 중요도 샘플링

$$
\begin{aligned}
\mathbb{E}_f[x] &\doteq \sum_x x f(x) && (1)\\
\mathbb{E}_g[x] &\doteq \sum_x x g(x) && (2)\\
&= \sum_x \frac{x g(x)}{f(x)} f(x) && (3)\\
&= \mathbb{E}_f\left[\frac{x g(x)}{f(x)}\right] && (4)\\
&\approx \frac{1}{n}\sum_{i=1}^{n} \frac{x_i g(x_i)}{f(x_i)} && (5)
\end{aligned}
$$

수식 6-1을 설명하기 위해 두 개의 주사위를 시뮬레이션하여 보여줄 것입니다: 하나는 공정한 주사위이고 다른 하나는 편향된 주사위입니다. 주사위의 확률 분포를 알고 있지만, 공정한 주사위만 굴릴 수 있습니다. 공정한 주사위에 의해 생성된 숫자를 기록하고 히스토그램을 그릴 수 있습니다. 또한 각 굴림 이후의 샘플 평균을 측정할 수 있습니다. 결과를 그림 6-1(a)에서 확인할 수 있습니다. 충분한 굴림 수로 인해 히스토그램은 균등성에 가까워지고 샘플 평균은 3.5의 모집단 평균에 가까워집니다.

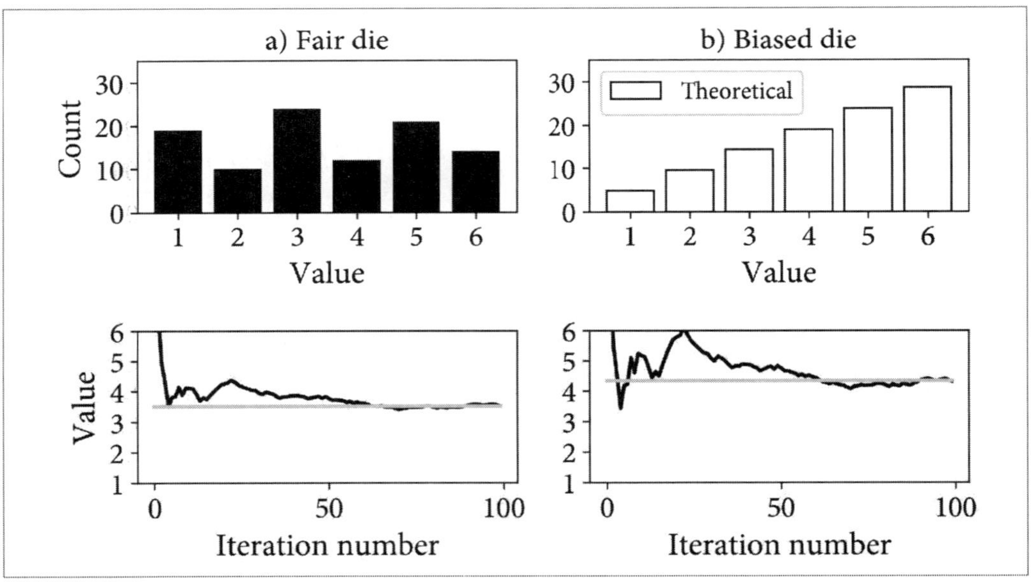

그림 6-1 중요도 샘플링을 활용한 모르는 주사위에 대한 기댓값 계산

그림 6-1(b)에서는 알려진 편향 주사위의 이론적인 히스토그램을 확인할 수 있습니다. 이것은 이론적인 이유로 주사위를 굴릴 수 없기 때문에 이론적입니다. 하지만, 여기가 중요도 샘플링의

놀라운 점입니다. 수식 6-1을 사용하여 샘플 평균을 추정할 수 있고, 그 결과가 편향 주사위의 올바른 샘플 평균인 4.3에 수렴하는 것을 확인할 수 있습니다. 이를 명확하게 이해하기 위해 다시 한 번 강조하겠습니다. 두 번째 변수의 모집단 평균을 직접 계산할 수 없으므로 중요도 샘플링을 사용하여 샘플링할 필요없이 두 번째 변스의 기대값을 추정할 수 있습니다.

6.1.2 행동과 타켓 정책

만약 샘플링할 수 있는 정책과 샘플링할 수 없는 정책 두 가지 가 있다면, 두 정책 모두에 대한 기대값을 중요도 샘플링을 통해 얻을 수 있습니다. 이는 누군가가 운전을 관찰하여 운전을 배우는 것과 유사합니다. 이 계산은 진정한 Off-Policy 알고리즘을 가능하게 하며, 이 알고리즘에서는 하나의 정책이 탐색을 통해 에이전트를 주행시키고, 다른 정책들은 더 정교한 정책을 개발하는 등의 역할을 할 수 있습니다.

강화학습에서 "Off-Policy 학습"이라는 용어는 행동 정책에 의해 생성된 데이터를 사용하여 최적 정책인 목표 정책을 학습하는 것을 의미합니다. 행동 정책이 최적 정책을 찾는 부담에서 벗어나면 더 유연한 탐색이 가능해집니다. 이 아이디어를 이 챕터 전반에 걸쳐 확장합니다.

목표 정책은 제가 닭에게 먹이를 주는 것과 같이 정보를 제공받습니다. 닭들은 먹이가 어디서 오는지 신경쓰지 않습니다. 데이터는 이전 정책이나 사람들과 같은 다른 에이전트로부터 올 수 있습니다. 또는 로봇과 같이 새로운 데이터를 얻는 것이 어렵지만 이전 데이터를 저장하기 쉬운 환경에서는 오프라인 저장소에서 가져올 수 있습니다.

또한 나중에 다시 다루게 될 흥미로운 연구 분야 중 하나는 하나의 행동 정책이 생성한 단일 데이터 스트림으로부터 여러 목표 정책을 학습할 수 있다는 것입니다. 이를 통해 서브 골의 최적 정책을 학습할 수 있습니다("계층적 강화학습").

6.1.3 Off-Policy Q-러닝

off-policy 학습의 핵심 중 하나는 행동-가치 함수와 정책의 근사화를 사용하는 것입니다. 그러나 전통적인 Q-러닝과 같은 off-policy 방법은 양의 스텝 크기에 대해 선형 근사화가 불안정하여 근사치가 무한대로 발산한다는 문제가 있습니다. 그러나 1999년에 Richard Sutton과 그의 팀은 올바른 목적 함수와 경사 하강법을 사용하면 안정성을 보장할 수 있다는 것을 최초로 입증했습니다. 이러한 방법들은 후에 소개될 고급 off-policy 알고리즘의 기반이 되었습니다.[1]

6.1.4 기울기 시간차(Gradient Temporal-Difference, GTD) 학습

많은 문제에서 상태의 수가 너무 많아 근사화하기 어렵습니다. 특히 연속된 상태일 경우입니다. 선형 함수 근사화는 상태를 특징 벡터로 매핑하는 함수인 $\phi(s)$를 사용합니다. 다시 말해, 이 함수는 상태를 입력으로 받아 차원이 다른 추상적인 값의 집합을 출력합니다.

그런 다음 선형 매개변수 θ를 사용한 $V_{\pi}(s) \approx \theta^{T}\phi(s)$ 식을 통해 상태-가치 함수를 근사화할 수 있습니다. 이 정의를 기반으로 하여, 수식 6-2와 같이 시간차 오차에 대한 새로운 방정식을 유도할 수 있습니다.

수식 6-2. 선형적 시간차 오차의 매개변수화

$$\delta \doteq r + \gamma\theta^{\mathsf{T}}\phi(s') - \theta^{\mathsf{T}}\phi(s)$$

이는 수식 3-3과 동일한 방정식이며 선형 예측이 명시적으로 표시되어 있습니다. 문헌에서는 종종 $\phi(s)$를 ϕ로 약식화하는 것에 유의하십시오. 이 방정식을 θ에 대해 푸는 데 필요한 단계는 복잡하지만, 해결책은 상쾌하게도 간단합니다. 시간차 오차를 현재 매개변수의 잘못을 대리로 나타내는 것으로 사용하고, 기울기를 찾아 매개변수를 낮은 오류 방향으로 조금씩 이동시키며 반복하여 수렴할 때까지 진행합니다.

유도과정에 관심이 있다면 논문을 참조하시기 바랍니다. 이로 인해 생성되는 알고리즘은 알고리즘 6-1과 같습니다.[2]

Algorithm 6-1. GTD(0) algorithm

input: a policy that uses the parameterized action-value function, $\pi(a \mid Q(s,a;\theta))$, learning rate parameters, $0 > \alpha > 1$ and $0 > \beta > 1$
Initialize θ and u arbitrarily
loop: for each episode
  Initialize s
  while s is not terminal:
    Choose a from s using π, breaking ties randomly
    Take action, a, and observe r, s'
    $\delta \leftarrow r + \gamma\theta^{\mathsf{T}}\phi(s') - \theta^{\mathsf{T}}\phi(s)$
    $u \leftarrow u + \beta(\delta\phi(s) - u)$
    $\theta \leftarrow \theta + \alpha(\phi(s) - \gamma\phi(s'))\phi(s)^{\mathsf{T}}u$
    $s \leftarrow s'$

일반적인 구조는 Q-러닝과 유사합니다. 단계 (9)와 (10)은 시간차 오차의 기울기를 계산하고 그에 따른 업데이트 규칙의 결과입니다. 만약 여러분이 스스로 수학을 통해 작업을 해보셨다면 이 결과를 얻을 수 있습니다. u는 매개변수 θ를 업데이트하기 위한 중간 계산입니다.

흥미로운 점은 이 알고리즘은 이론적으로 분산이 낮은 업데이트를 제공하는 중요성 샘플링을 사용하지 않는다는 것입니다. 같은 논문과 그 후의 업데이트(GTD2)에서 Sutton 등은 기울기 업데이트의 편향을 보정하기 위한 추가적인 가중치를 도입하였습니다.[3]

6.1.5 탐욕적-GQ

탐욕적-GQ는 GTD와 달리 목표 정책을 위한 두 번째 선형 모델을 도입하는 유사한 알고리즘입니다. 목표 정책에 대한 두 번째 모델을 맞추는 이점은 더 큰 자유도를 제공한다는 것입니다. 목표 정책은 잠재적으로 적합하지 않은 동작 모델에 제약받지 않습니다. 이론적으로 이는 더 빠른 학습 잠재력을 제공합니다. 구현은 알고리즘 6-1과 동일하며, 알고리즘 6-2의 새로운 업데이트로 후반 단계만 업데이트합니다. w는 목표 정책의 가중치입니다.[4]

Algorithm 6-2. Greedy-GQ algorithm

…

9: $w \leftarrow w + \beta[\phi(s') - \phi(s)^{\mathsf{T}} w]\phi(s)$

10: $\theta \leftarrow \theta + \alpha[\delta\phi(s) - \gamma(w^{\mathsf{T}}\phi(s))\phi(s')]$

11: $s \leftarrow s'$

또한 이와 같은 시간차 기반 알고리즘들을 강화하기 위해 타당성 추적(eligibility traces)을 추가로 확장할 수 있습니다.[5]

6.1.6 Off-Policy 액터-크리틱

기울기 시간차(Gradient temporal difference, GTD) 알고리즘은 선형 복잡도를 가지며 함수 근사화를 사용할 때에도 수렴성을 가지지만, 세 가지 주요한 제한 사항이 있습니다. 첫째, 타겟 정책은 결정론적이며, 가치 함수가 다중 모드 또는 확률론적일 때 문제가 됩니다. 둘째, 큰 또는 연속적인 액션 공간에서 탐욕적인 전략 사용은 문제가 됩니다. 셋째, 액션-값 추정치의 작은 변화가 정책에 큰 변화를 일으킬 수 있습니다. 이러한 문제를 해결하기 위해 이전에 논의한 기법들을 조합하여 사용할 수 있지만, Degris 등은 GTD와 정책 그라디언트를 한 번에 해결하기 위해 이를 결합시켰습니다.[6]

REINFORCE 및 챕터 5의 기본적인 액터-크리틱 알고리즘들은 on-policy입니다. off-policy 액터-크리틱(Off-policy actor-critic, Off-PAC)은 파라미터화된 크리틱을 사용할 수 있는 최초의 알고리즘 중 하나였습니다. 기억해 보면, 정책 기울기 알고리즘을 사용하려면 정책의 기울기를 계산해야 합니다. 파라미터화된(또는 테이블 기반) 크리틱을 추가하면 도함수의 복잡도가 증가합니다. Degris 등은 정책 기울기를 기울기 기반 최적화기로 근사화하고 크리틱의 기울기를 무시한다면, 결국 정책은 최적 정책에 수렴함을 증명했습니다.

그 결과, 알고리즘은 사실상 알고리즘 5-3과 거의 동일합니다. 수식 6-3에서 업데이트 식을 확인할 수 있으며, 주요 추가 요소는 중요도 샘플링인 $\pi_\theta(a|s)/\beta_\theta(a|s)$입니다. 여기서 β는 행동 정책을 나타내고, π는 타겟 정책을 나타냅니다. 중요도 샘플링을 변환 요인으로 생각할 수 있습니다. 에이전트는 행동 정책에서 샘플링하므로 그 경험을 타겟 정책에서 사용하기 위해 변환해야 합니다. 또한, 표기법에 특정한 표기를 포함하여, 상태는 행동 정책에 의해 생성된 경로에 따라 분포된다는 것을 보여줍니다($s \approx \rho_\beta$, 여기서 ρ는 상태 분포를 의미) 그리고 행동은 행동 정책에 의해 선택된 선택에 따라 분포됩니다($\alpha \approx \beta$).

수식 6-3. Off-policy 정책 기울기 추정

$$\nabla_\theta J_\beta(\pi_\theta) = \mathbb{E}_{s \sim \rho_\beta, a \sim \beta}\left[\frac{\pi_\theta(a \mid s)}{\beta_\theta(a \mid s)} \nabla_\theta \ln \pi_\theta(a \mid s) Q_\pi(s, a)\right]$$

요약하자면, 수식 6-3은 행동-가치 추정치에 가중치를 곱하고 행동 정책에 의해 분포된 타겟 정책의 기울기를 계산합니다. 이 기울기는 타겟 정책을 얼마나 크게 어느 방향으로 업데이트해야 하는지를 나타냅니다. 논문은 더 복잡해 보일 수 있지만, 그들은 타겟 정책과 행동 정책 모두에 대해 파라미터화된 선형 함수의 기울기를 포함하여 타당성 추적을 사용합니다.

Degris 등은 각 정책의 업데이트 비율에 대한 작고 중요한 이론적인 참고 사항을 제공합니다. 그들은 액터의 업데이트 비율이 크리틱보다 작고 더 빠르게 0으로 줄어들도록 조정되어야 한다고 제안합니다. 다시 말해, 행동 정책이 타겟 정책보다 더 안정적이어야 하며, 이는 경로를 생성하기 때문에 중요합니다. 기계적인 황소를 타는 것은 무작위로 움직이기 때문에 어렵지만, 말을 타는 것은 경로가 일정하기 때문에 쉽습니다. 엔지니어로서, 타겟이 행동-가치 함수를 근사화하기 쉽도록 만들어야 합니다.

6.2 결정론적 정책 기울기

이 섹션에서는 정책이 확률적이지 않아도 된다는 생각을 중심으로 한 다른 연구들에 대해 다룹니다. 모든 정책 기울기 알고리즘에서 주요 문제 중 하나는 에이전트가 상태 공간과 행동 공간 모두에서 샘플링해야 한다는 것입니다. 그렇지 않으면 최적 정책을 찾았다고 확신할 수 없습니다. 대신, 각 상태에 대해 단일하고 구체적인 행동을 결정할 수 있는 결정론적 정책을 유도할 수 있을까요? 그렇다면, 그런 정책을 추정하기 위해 필요한 샘플 수가 크게 줄어들 것입니다. 에이전트가 행하는 단 한 번의 행동이 최적 정책을 찾을 수 있다면, 이론적으로 학습 속도가 더 빨라질 것입니다.

6.2.1 결정론적 정책 기울기

정책 기울기 알고리즘은 연속적인 행동 공간을 가지는 문제에서 널리 사용되며, 정책을 상태에서 확률 분포로 나타내어 확률적으로 행동을 선택합니다. 이 분포는 파라미터화되어 있어 에이전트가 확률적 경사 하강법을 통해 정책의 결과를 개선할 수 있습니다.

Off-PAC와 같은 off-policy 정책 기울기 알고리즘은 탐험에 집중하기 위해 액터를 자유롭게 하고 크리틱을 오프라인으로 훈련시킬 수 있어 유망합니다. 그러나 액터는 여전히 최적 경로를 선택하기 위해 모든 행동에 대해 최대화해야 하므로 계산적으로 문제가 될 수 있습니다. 또한, 에이전트는 행동 분포를 충분히 샘플링하여 그에 대한 정확한 추정치를 생성해야 합니다.

이에 대해 Silver 등은 행동 정책을 최대화하는 대신 가장 큰 행동 가치 추정치의 방향으로 이동시키는 것을 제안합니다. 본질적으로, 이들은 정책 기울기 알고리즘이 목표 정책을 더 높은 기대 반환으로 이동시키는 데 사용한 동일한 트릭을 행등 정책에 적용한 것입니다. 따라서 현재의 행동 정책을 사용하여 최적 행동이 간단한 계산이 되는 것입니다. 이 알고리즘을 결정론적 정책 기울기(DPG)라고 부릅니다.[7]

연구진은 DPG가 표준 확률적 정책 기울기의 한정된 버전임을 증명하였으므로, 함수 근사, 자연 기울기, 액터-크리틱 아키텍처와 같은 평소의 도구와 기법이 동일한 방식으로 작동한다는 것을 보여주었습니다.

하지만 DPG는 행동 확률을 생성하지 않으므로 자연스러운 탐험 메커니즘이 없습니다. DPG 기반의 에이전트가 성공했다고 상상해보십시오. 후속 실행은 행동 정책이 반복해서 동일한 행동을 생성하기 때문에 동일한 경로를 생성할 것입니다.

결과적으로 익숙한 일련의 알고리즘이 됩니다만, 기울기 계산은 약간 변경됩니다. REINFORCE

나 액터-크리틱과 같은 평범한 정책 기울기 알고리즘에서 목표는 목적 함수의 기울기를 찾는 것입니다. DPG의 경우, 목적 함수에는 확률적 정책이 아닌 결정론적 함수가 포함됩니다.

수식 6-4는 평범한 off-policy 액터-크리틱 알고리즘과 결정론적 off-policy 액터-크리틱 알고리즘의 목적 함수의 기울기를 보여줍니다. DPG 논문과 동일한 용어를 사용했으므로 여기에서 μ는 결정론적 정책을 나타냅니다. 주요한 차이점은 행동 정책이 도입하는 편향을 보정하기 위해 중요도 샘플링을 사용할 필요가 없다는 것입니다. 이는 행동 분포가 없기 때문입니다. 또한 결정론성으로 인해 모든 행동을 대상으로 전역적으로 행동 가치 추정을 계산할 필요가 없다는 것이 다른 차이점입니다.

수식 6-4. 바닐라 off-policy 액터-크리틱과 결정론적 액터-크리틱 목적 함수 기울기 비교

$$\nabla_\theta J_\beta(\pi_\theta) = \mathbb{E}_{s \sim \rho_\beta, a \sim \beta}\left[\frac{\pi_\theta(a \mid s)}{\beta_\theta(a \mid s)} \nabla_\theta \ln \pi_\theta(a \mid s) Q_\pi(s, a)\right] \qquad \text{(Off-Policy AC)}$$

$$\begin{aligned} \nabla_\theta J_\beta(\mu_\theta) &= \mathbb{E}_{s \sim \rho_\beta}\left[\nabla_\theta Q_\mu(s, \mu_\theta(s))\right] \\ &= \mathbb{E}_{s \sim \rho_\beta}\left[\nabla_\theta \mu_\theta(s) \nabla_a Q_\mu(s, a)\right] \qquad \text{(Off-Policy Deterministic AC)} \end{aligned}$$

나머지에서 매개변수화된 함수를 사용한 Q-러닝 발산과 행동 가치 함수의 그래디언트가 완벽하지 않은 문제에 대해 일반적인 이슈를 다룹니다. 그들은 크리틱에 GTD 알고리즘을 사용하고 액터에 PG 알고리즘을 사용하여 Off-PAC와 매우 유사한 구조를 갖게 됩니다. 이때 중요도 샘플링과 타당성 추적은 사용하지 않습니다.

이러한 도함수는 여전히 액터와 크리틱의 매개변수화에 의존합니다. 필요한 경우, 5장에서 본 것과 유사한 절차를 따라 수동으로 계산할 수 있습니다. 그러나 제가 보는 대부분의 응용 프로그램에서는 비선형성을 모델링하기에 충분히 복잡하며, 무엇보다도 이러한 프레임워크는 역전파를 통해 자동 미분을 수행할 수 있기 때문에 신경망을 직접 사용하는 것이 일반적입니다.

요약하면, 좋은 정책을 얻기 위해 모든 행동을 샘플링할 필요는 없습니다. 3장에서 Q-러닝이 그렇게 한 것처럼 말입니다. 이는 학습 속도를 높일 수 있습니다. 또한, 정책 기울기를 사용하여 큰 행동 공간을 다룰 수 있는 장점을 살릴 수 있습니다. 그러나 물론 몇 가지 문제는 매우 복잡한 행동 가치 함수를 갖고 있어 확률적 정책이 유리할 수 있습니다. 일반적으로, 확률적 정책은 학습이 느리지만 성능이 더 좋을 수 있습니다. 이 모든 것은 환경에 따라 다릅니다.

6.2.2 심층 결정론적 정책 기울기(Deep Deterministic Policy Gradients, DDPG)

다음으로 넘어가면서 off-policy DPG 알고리즘에 딥 러닝(DL)을 도입하는 것이 논리적입니다. 예상대로, 심층 결정론적 정책 기울기(Deep Deterministic Policy Gradients, DDPG)는 DQN이 제시한 동일한 방향을 따릅니다.

그러나 이 알고리즘의 중요성을 과소평가해서는 안 됩니다. DDPG는 강화학습에서 가장 중요한 알고리즘 중 하나입니다. 그 인기는 복잡한 고차원 상태 공간과 고차원 연속 행동 공간을 모두 처리할 수 있다는 점에서 기인합니다.

게다가 DDPG의 액터와 크리틱을 나타내는 신경망은 매우 중요합니다. 이전 알고리즘들은 기울기 계산을 알고리즘에 혼합시켜 수학적으로 복잡하게 만들었습니다. DDPG는 액터/크리틱의 최적화를 딥러닝 프레임워크에 맡겨서 아키텍처, 알고리즘, 구현을 크게 단순화합니다. 이것은 딥러닝 모델을 MDP에 더 잘 맞게 조정할 수 있는 유연성을 제공합니다. 종종 강화학습 구성 요소를 건드릴 필요 없이 다양한 문제를 해결할 수 있습니다.

그러나 물론, 딥러닝을 사용하는 것은 새로운 문제를 야기합니다. 강화학습 전문가뿐만 아니라 딥러닝 전문가여야 합니다. 일반적인 딥러닝의 함정들이 여기에도 적용됩니다. 복잡한 딥러닝 모델은 상당한 계산 부담을 가지며, 많은 응용 프로그램에서는 강화학습 알고리즘이나 MDP 정의보다 딥러닝 모델에 더 많은 시간과 비용을 소비합니다. 이러한 문제에도 불구하고, 아키텍처와 운용상의 이점을 고려하여 DDPG를 추천합니다.

DDPG 유도

2015년에 Lillicrap 등이 DDPG를 DPG와 동일한 유도 방식으로 제시했습니다. 그들은 액션-값 함수를 최대화할 필요 없이 직접 액션을 예측하는 모델을 훈련시킵니다. 또한 처음부터 off-policy 버전의 DPG를 사용합니다.[8]

그들의 주요 기술은 액터와 크리틱에 대한 딥 러닝의 사용 방식과 비선형 근사기로 인해 발생하는 문제를 다루는 방법입니다. 첫째로, 수렴 문제를 해결하기 위해 상태 관찰을 상관 없게 하는 재생 버퍼를 도입했습니다(DQN에서와 유사). 또한 액터와 크리틱 네트워크의 가중치 복사본을 사용하여 안정성을 향상시키기 위해 천천히 업데이트합니다("더블 Q-러닝" 참조).

둘째로, 배치 정규화를 도입했습니다. 이는 평균과 분산의 이동 평균을 사용하여 각 특징을 정규화합니다. 또는 입력 특징이 적절하게 스케일링되었는지 확인할 수도 있습니다.

세 번째로, 탐험을 자극하기 위해 행동 예측에 노이즈를 사용하는 것을 권장했습니다. 그들은 노이즈의 확률 분포는 문제에 따라 다르다고 언급했지만, 실제로는 간단한 가우시안 노이즈가 잘 작동하는 경향이 있습니다. 또한 신경망의 매개변수에 노이즈를 추가하는 것이 액션에 노이즈를 추가하는 것보다 더 잘 작동한다고 언급되었습니다("노이지 넷" 참조).[9]

DDPG 구현

모든 RL 프레임워크는 DDPG의 구현을 가지고 있습니다. 그리고 아마도 예상하셨겠지만, 그 구현은 모두 다릅니다. 다른 구현으로 동일한 결과를 얻을 것을 기대하지 마십시오. 이러한 차이점은 신경망 초기화부터 기본 하이퍼파라미터에 이르기까지 다양합니다.

그림 6-2는 DDPG 구조의 개요도를 보여줍니다. 일반적으로 환경은 상태에 대한 관측값을 에이전트에게 전달합니다. 액터는 결정론적인 정책에 따라 다음 행동을 결정합니다. 상태, 행동, 보상 및 다음 상태의 튜플은 재생 버퍼에 저장됩니다. DDPG는 off-policy 알고리즘이기 때문에 재생 버퍼에서 튜플을 샘플링하여 오차를 측정하고 크리틱의 가중치를 업데이트합니다. 마지막으로, 액터는 크리틱의 추정치를 사용하여 오차를 측정하고 가중치를 업데이트합니다. 알고리즘 6-3은 전체 알고리즘을 보여줍니다. 이 버전은 저의 표기법을 사용하고 일반적인 구현과 더 잘 일치합니다.

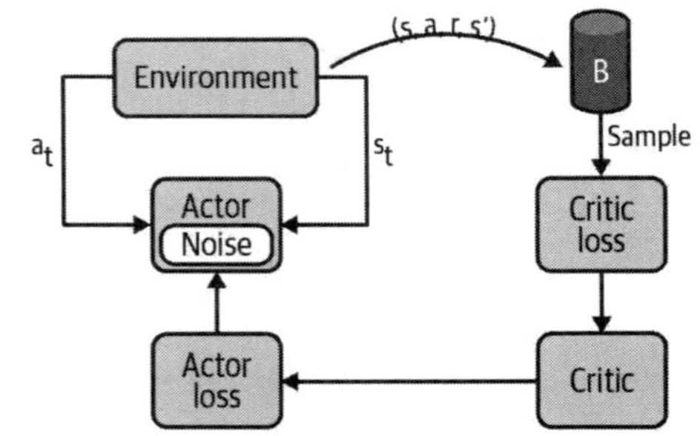

그림 6-2 DDPG 알고리즘 개요도

Algorithm 6-3. DDPG algorithm

1: **input**: an actor neural network, $\mu_{\theta_\mu}(s)$, with weights θ_μ,

a critic neural network, $Q_{\theta_Q}(s, a)$, with weights θ_Q,

a replay buffer, B,

the size of a training minibatch, N,

the network update rate, τ,

the discount-rate parameter, γ,

and a noise function for exploration, $\mathcal{N}$

2: Initialize $\theta_{\mu}, \theta_{Q}, R$,
and the target weights, $\theta'_{\mu} \leftarrow \theta_{\mu}, \theta'_{Q} \leftarrow \theta_{Q}$
3: **loop**: for each episode
4: Initialize s
5: **while** s is not terminal:
6: $a \leftarrow \mu_{\theta_{\mu}}(s) + \mathcal{N}$
7: Take action, a, and observe r, s'
8: Store (s, a, r, s') in B
9: Sample a random minibatch of N transitions, (s_i, a_i, r_i, s'_i), from B
10: $y_i \leftarrow r_i + \gamma Q_{\theta'_{Q}}\left(s'_i, \mu_{\theta'_{\mu}}(s'_i)\right)$ (Note the target weights and buffer data)
11: Update the critic by minimizing: $\frac{1}{N}\sum_i \left(y_i - Q_{\vartheta_{Q}}(s_i, a_i)\right)^2$
12: Update the actor by minimizing: $\frac{1}{N}\sum_i \left(\nabla_{\theta_{\mu}} Q_{\epsilon_{Q}}\left(s_i, \mu_{\theta_{\mu}}(s_i)\right)\right)^2$
13: $\theta'_{Q} \leftarrow \tau\theta_{Q} + (1-\tau)\theta'_{Q}$
14: $\theta'_{\mu} \leftarrow \tau\theta_{\mu} + (1-\tau)\theta'_{\mu}$
15: $s \leftarrow s'$

알고리즘 6-3을 애플리케이션에서 사용하려면 먼저 문제에 맞는 신경망 아키텍처를 정의해야 합니다. 액터(정책)와 크리티(행동-가치 함수 근사화)에 각각 하나의 네트워크가 필요합니다. 예를 들어, 픽셀 데이터를 사용하는 경우 크리틱에는 합성곱 신경망을 사용할 수 있습니다. 고객 정보를 사용하는 경우 다층 피드포워드 네트워크를 사용할 수 있습니다. 정책에서는 DDPG가 결정론적이라는 점을 기억해야 합니다. 따라서 주어진 상태에 대해 단일 행동을 예측하려고 합니다. 따라서 출력의 개수는 행동 공간에 따라 다릅니다. 네트워크의 하이퍼파라미터도 매우 중요합니다. 도메인의 복잡성을 근사화하기에 충분한 용량이 있어야 하지만, 과적합되지 않도록 해야 합니다. 학습 속도는 학습 과정의 안정성에 직접적인 영향을 미칩니다. 너무 빨리 학습을 시도하면 수렴하지 않을 수 있습니다. 알고리즘 6-3의 단계 (1)의 나머지 입력은 학습을 제어하는 하이퍼파라미터와 탐색을 가능하게 하는 노이즈 함수입니다.

단계 (2)와 (3)에서는 네트워크 가중치와 재생 버퍼를 초기화합니다. 재생 버퍼는 새로운 튜플을 저장하고 버퍼가 가득 차면 과거의 튜플을 삭제할 수 있어야 합니다. 또한 이 버퍼에서 무작위로 샘플링하여 네트워크를 훈련할 수 있어야 합니다. 네트워크 가중치를 초기화하는 방법에는 여러 가지가 있으며, 이는 안정성과 학습 속도에 영향을 미칩니다.[10] 3단계에서는 크리틱과 액터 네트워크의 복사본 또는 타겟 네트워크를 초기화하여 안정성을 향상시킵니다. 알고리즘의 나머지 부분에서는 복사본을 ′로 표시합니다. 이는 공간을 절약하기 위한 것이지만, 눈에 띄기 어려울 수 있습니다. 직접 DDPG를 구현하는 경우 올바른 네트워크를 사용하는지 확인하십시오. 구현에서는 보통 원래 네트워크를 로컬(local)이라고 부릅니다.

단계 (6)에서는 결정론적인 정책을 사용하여 액션을 예측합니다. 이는 원래 알고리즘이 그 결정에 노이즈를 추가하는 단계입니다. 그러나 노이즈를 다른 방식으로 추가하는 것도 고려할 수 있습니다("노이지 넷" 참조).

단계 (8)에서는 현재 튜플을 재생 버퍼에 저장하고 단계 (9)에서는 훈련을 위해 일괄적인 튜플을 샘플링합니다. 많은 구현에서는 네트워크의 첫 번째 훈련을 지연시켜보다 대표적인 샘플을 얻을 수 있도록 합니다.

단계 (10)에서는 타겟 네트워크와 현재 보상을 사용하여 다음 상태의 행동 가치를 예측합니다. 그런 다음 단계 (11)에서는 로컬 가중치를 사용하여 크리티컬을 해당 값을 예측하도록 훈련합니다. 단계 (10)와 (11)를 결합은 시간차 오차를 의미합니다.

단계 (12)에서는 액터 네트워크를 로컬 가중치를 사용하여 액션-가치 함수의 기울기를 최소화하는 방식으로 훈련합니다. 이는 수식 6-4의 방정식으로서, 연쇄 법칙을 적용하여 정책 기울기를 행동-가치 함수에서 빼는 것입니다. 이 버전을 사용하는 이유는 DL 프레임워크에서 행동-가치 추정의 기울기를 호출하여 얻을 수 있기 때문입니다. 그렇지 않으면 행동-가치 함수와 정책의 기울기를 계산해야 합니다.

마지막으로, 단계 (13)와 단계 (14)에서는 타겟 가중치를 로컬 가중치로 복사합니다. 이는 업데이트를 지수적으로 가중하기 때문에 가중치를 너무 빨리 업데이트하지 않도록 합니다.

6.2.3 이중 지연된 심층 결정론적 정책 기울기(Twin Delayed DDPG, TD3)

"지연된 이중 심층 결정론적 정책 기울기(Twin Delayed Deep Deterministic Gradients, TD3)"는 이름에서 알 수 있듯이 DDPG의 강화 버전입니다. Rainbow DQN 알고리즘과 마찬가지로 Fujimoto 등은 세 가지 새로운 구현 세부 사항이 DDPG의 성능과 견고성을 크게 향상시킨다는 것을 입증했습니다.[11]

지연 정책 업데이트(Delayed policy updates, DPU)

첫 번째 흥미로운 제안은 액터-크리틱 아키텍처가 내재된 피드백 루프에 영향을 받는다는 것입니다. 예를 들어, 정책이 최적이 아닌 경우 가치 추정은 부족할 것입니다. 그러나 가치 추정이 정확하지 않으면 정책은 개선될 수 없습니다. 이 전형적인 "닭이 먼저냐 달걀이 먼저냐?" 시나리오에서 Fujimoto 등은 안정된 근사치를 얻을 때까지 네트워크를 다시 훈련시키는 것을 제안합니다. 통계 이론은 양호한 양을 견고하게 추정하기 위해서는 대표적인 샘플이 필요하다고 말합니다. 이와 마찬가지로, 업데이트를 지연함으로써 성능을 향상시킬 수 있습니다 ("지연 Q-러닝" 도 참조).

네트워크를 덜 자주 재훈련하는 것이 장기적으로 더 좋습니다. 처음에는 이것이 직관에 어긋난다고 들릴 수 있지만, 저는 이에 대한 비유를 가지고 있습니다. 복잡한 프로젝트를 수행할 때는 자금 조달과 같은 중요한 영향을 미치는 요소가 있을 때가 있습니다. 이러한 상황에서는 충동적인 반응이 최적일 가능성이 적습니다. 그들은 감정적으로 추진되며 불확실하고 소음이 있는 정보에 기반합니다. 대신, 저는 그냥 듣고 정보를 수집합니다. 결정을 미루고 나중에 결정합니다. 먼지가 약간 정착할 때까지 기다리면 상황에 대한 훨씬 더 명확한 그림이 그려집니다. 지연된 정보는 분산이 낮기 때문에 행동 예측이 더 확실해집니다.

이것은 액터-크리틱 아키텍처에서도 발생합니다. 내재된 피드백 루프는 업데이트의 분산을 증가시킵니다. 네트워크가 변경되면 결과적으로 행동과 경로의 변경이 불확실합니다. 효과를 보려면 얼마나 기다려야 하는지 잠시 기다려야 합니다. 하나의 간단한 해결책은 업데이트를 지연하는 것입니다.

더블 Q-러닝 제약(Clipped double Q-learning, CDQ)

두 번째 개선 사항은 더블 Q-러닝("더블 Q-러닝" 참조)을 구현한 것입니다. 만약 행동 가치 추정치를 실제 값에 대해 그래프로 그려보면, 탐욕적인 방법은 행동 가치를 과대평가 합니다. 더블 Q-러닝은 두 개의 행동 가치 추정치를 사용하여 이 문제를 해결했습니다. 추정치를 다시 훈련할 때는 다른 추정치의 가중치를 사용합니다. 그러나 심층 아키텍처에서는 이 방법이 잘 작동하지 않는데, 그 이유는 추정치가 독립적이지 않기 때문입니다. 그들은 동일한 재생 버퍼를 사용하고 생성 정책과 연결되어 있습니다. 하나의 간단한 해결책은 가장 낮은 행동 가치 추정치를 선택하는 것입니다. 이는 더 높게 평가하는 것을 방지하기 위해 능동적으로 과소평가를 합니다. 조금 과감한 방식이지만, 연구자들은 이것이 실제로 잘 작동하는 것을 발견했습니다.

더블 Q-러닝 제약은 Ant 환경에서 성능을 크게 향상시키는데, 이는 행동 가치 추정치가 현저히 과대평가될 가능성이 있다는 것을 시사합니다. 그 이유는 보상이 일반적으로 개미의 속도인데, 이 보상이 단일 행동에 완전히 종속되지 않기 때문입니다. 개미는 네 개의 다리를 가지고 있으므로, 한 개의 다리가 나쁜 행동을 한다고 해도 나머지 세 개의 다리가 보상을 보완하여 좋은 보상을 얻을 수도 있습니다. 이는 나쁜 행동에 긍정적인 보상을 잘못 부여할 수 있습니다. 더블 Q-러닝 제약은 이 문제를 완화시키는데, 모든 상태-행동 쌍에 대해 가능한 가장 낮은 값을 보고합니다. 하지만 각 다리(또는 관절)를 독립적으로 분리된 보상으로 설계하는 것으로 성능을 향상시킬 수도 있습니다. 저는 개미 환경 또는 다른 연결된 행동을 가진 환경에서도 행동-보상 할당을 더 독립적으로 만든다면 성능을 더욱 향상시킬 수 있다고 생각합니다.

타겟 정책 완화(Target Policy Smoothing, TPS)

마지막이면서 가장 미미한 개선 사항은 행동 가치 추정을 예측할 때 행동에 노이즈를 추가하는 것입니다. 정책이 결정론적이기 때문에 동일한 상태와 행동을 반복해서 샘플링하는 것이 매우 쉽습니다. 이로 인해 행동 가치의 특이점이 생성됩니다. 연구자들은 값 예측 전에 행동에 노이즈를 추가하여 이러한 특이점을 완화하는 한 가지 방법을 제안했습니다. 다른 사람들은 직접 행동 가치 추정을 완화하고 네트워크 가중치에 직접 노이즈를 추가하는 것을 제안하기도 합니다.

연구 결과, 타겟 정책 완화 자체로는 결과를 크게 개선시키지 못한다는 것을 보여줍니다. 하지만 TD3 알고리즘에서 타겟 정책 완화를 제거하면 상당한 차이가 있습니다. 이는 탐험을 개선하기 때문일 것으로 추측됩니다. 행동 가치 추정에 특이점이 있다면 인근 상태-행동 쌍을 방문하여 이 특이점을 완화하는 데 많은 방문이 필요하며, 큰 행동 공간에서는 그런 방문이 어렵기 때문입니다. 완화는 정책이 결정을 변경하기 쉬워지도록 도와줍니다.

TD3 구현

TD3 알고리즘의 구현은 알고리즘 6-4에 나와 있습니다. 이는 DDPG의 구현과 유사하지만 더블 Q-러닝과 지연된 정책 업데이트를 처리하기 위한 추가 로직이 있습니다. 표기법은 책 전반의 표기법과 일관성이 있으므로 원래 논문과 비교했을 때 알고리즘이 약간 다르게 보일 수 있습니다. 다양한 데이터와 매개변수의 복사본 때문에 용어가 복잡해지기 시작한다는 점에 유의해야 합니다.

Algorithm 6-4. TD3 algorithm

1: **input**: an actor neural network, $\mu_{\theta_\mu}(s)$, with weights θ_μ,
two critic neural networks, $Q_{\theta_1}(s, a), Q_{\theta_2}(s, a)$, with weights θ_1, θ_2,
a replay buffer, B,
the size of a training minibatch, N,
the network update rate, τ,
the discount-rate parameter, γ,
a noise clipping threshold, c,
and a noise function for exploration, $\mathcal{N}$

2: Initialize $\theta_\mu, \theta_1, \theta_2$,
and the target weights, $\theta'_\mu \leftarrow \theta_\mu$, $\theta'_1 \leftarrow \theta_1, \theta'_2 \leftarrow \theta_2$

3: **loop**: for each episode

4: Initialize s

5: **while** s is not terminal:

6: $a \leftarrow \mu_{\theta_\mu}(s) + \mathcal{N}$

7: Take action, a, and observe r, s'

8: Store (s, a, r, s') in B

9: Sample a random minibatch of N transitions, (s_i, a_i, r_i, s'_i), from B

10: $\tilde{a}_i \leftarrow \mu_{\theta'_\mu}(s'_i) + \text{clip}(\mathcal{N}, -c, c)$ (Target policy smoothing)

11: $y_i \leftarrow r_i + \gamma \min_{j=1,2} Q_{\theta'_j}(s'_i, \tilde{a}_i)$ (Clipped double Q-learning)

12: Update both critics, $\theta_{j \leftarrow 1,2}$, by minimizing: $\frac{1}{N}\sum_i \left(y_i - Q_{\theta_j}(s_i, a_i)\right)^2$

13: *if* t mod d *then*: (Delayed policy update)

14: Update the actor by minimizing: $\frac{1}{N}\sum_i \left(\nabla_{\theta_\mu} Q_{\theta_1}\left(s_i, \mu_{\theta_\mu}(s_i)\right)\right)^2$

15: Update both critics, $\theta_{j \leftarrow 1,2}$: $\theta'_j \leftarrow \tau\theta_j + (1-\tau)\theta'_j$

16: $\theta'_\mu \leftarrow \tau\theta_\mu + (1-\tau)\theta'_\mu$

17: *end if*

18: $s \leftarrow s'$

단계 (1)에서는 두 개의 크리틱 네트워크를 θ_1과 θ_2로 전달해야 합니다. 대부분의 구현에서는 두 개의 독립적인 딥러닝 네트워크를 전달하도록 요구되며, 일반적으로 이들은 정확히 동일한 아키텍처를 가지고 있습니다. 하지만 이로 인해 다른 아키텍처를 시도하거나 여러 개의 헤드 아키텍처를 사용하는 것을 방해하지 마세요.

원래 알고리즘에서는 행동 노이즈를 제한하여 결과를 원래 행동에 가깝게 유지합니다. 이는 에이전트가 잘못된 행동을 선택하는 것을 방지하기 위한 것입니다. 대부분의 구현에서는 이 값을 환경의 행동 공간과 일치시키도록 설정합니다. 하지만 노이즈 함수의 설계를 제어할 수 있으므로 제한이 필요하지 않습니다. 행동 공간과 완화 목표에 맞는 노이즈 함수를 선택하고, DDPG의 표준적 결정적인 행동 함수를 재사용하십시오 [단계 (6)].

단계 (11)에서는 예측된 값이 타겟 네트워크에서 얻은 두 크리틱의 최소값임을 유의하세요. 다시 말해, 가장 낮은 행동–가치 추정치를 선택하십시오. 이는 과대평가 편향으로 인해 더 정확할 가능성이 더 높기 때문입니다. 단계 (12)에서는 이 예측된 할인 보상을 사용하여 두 크리틱을 모두 업데이트합니다. 이는 과대평가를 수행하는 네트워크를 제한하는 데 도움이 됩니다.

단계 (13) 이후의 내부 루프는 d번 반복됩니다. 이는 정책 업데이트를 지연시킵니다. 단계 (14)는 흥미롭습니다. 여기서는 정책을 업데이트하기 위해 첫 번째 크리틱을 사용합니다. 최소 값을 갖는 크리틱을 선택하는 것이 아닙니다. 여기서 추측되는 이유는 단계 (12)로 인해 제한된 과대평가 네트워크가 어떤 네트워크를 선택하든 큰 차이가 없다는 것입니다. 어느 네트워크가 과대평가를 하는 것과 같은 가능성이 있습니다. 하지만 더 똑똑하게 어떤 네트워크를 사용할지 선택함으로써 약간의 성능 향상을 얻을 수도 있습니다.

나머지 줄은 DDPG와 동일합니다.

> 논문을 참고하고 구현을 검증하기 위해 충분한 모니터링 코드를 추가하는 것이 좋습니다. 루프를 풀어 풀이하고 손으로 계산하는 것이 코드가 예상대로 작동하는지 확인하는 가장 좋은 방법이라고 생각합니다.

6.2.4 연구 사례: 리뷰를 활용한 추천

정보 과잉의 시대에 사용자들은 관련 콘텐츠나 제품을 제안해주는 추천 알고리즘에 점점 의존하고 있습니다. 최근에는 YouTube나 TikTok과 같은 서비스에서는 상호 작용형 추천 시스템을 활용하기 시작했습니다. 이러한 시스템은 사용자의 피드백을 기반으로 개별 사용자에게 지속적으로 콘텐츠를 추천합니다. 최신 비강화학습 기반의 방법들은 사용자를 항목에 매핑하는 모델을 구축하려고 하거나, 컨벌루션 필터를 사용하여 지역적으로 상관된 패턴을 활용하거나, 어텐션 기반 순차 예측 모델을 사용합니다. 이 중 순차 모델은 반복적인 피드백에 적응하여 가장 우수한 성능을 발휘합니다. 그러나 이러한 방법들은 오프라인에서 훈련되어야 하며, 최신 추천을 제공하기 위해 자주 재훈련되어야 합니다. 또한 딥러닝 모델의 복잡성과 결합되어 큰 훈련 비용이 발생합니다.

강화학습은 이러한 유형의 문제에 자연스럽게 적합한 방법입니다. 피드백을 직접적으로 보상 정의를 통해 수용할 수 있기 때문입니다. Wang 등은 이를 더욱 흥미롭게 만들기 위해 일반적인 긍정 또는 부정 투표 대신 텍스트를 피드백 메커니즘으로 사용하는 것을 제안합니다. 실제로는 희소한 투표가 성능을 심각하게 저하시킬 수 있다고 주장하며, 대신 리뷰나 항목 설명과 같은 텍스트 정보가 더 많은 정보를 담고 있으며 희소성에 덜 민감하다고 제안합니다.[12]

Wang 등은 상호작용하는 사용자와 추천 시스템 간의 상태를 나타내는 마르코프 결정 과정으로 문제를 정의하였습니다. 여기서 상태는 사용자와 추천 시스팀 간의 상호작용, 액션은 추천된 항목의 개수, 리워드는 사용자 피드백에 의해 결정됩니다. 다른 추천 논문들에서 언급한 것처럼 주요한 문제는 사용자와 항목의 수가 많아져서 발생하는 고차원성입니다. Wang 등은 항목 텍스트와 사용자 리뷰를 특징 벡터로 매핑하기 위해 워드 임베딩을 사용하고, 클러스터링 방법을 사용하여 특징 벡터를 관리 가능한 수의 그룹으로 축소하는 방식을 선택했습니다. 그 후 Wang 등은 DDPG를 선택하여 고차원이고 연속적인 액션 공간에서 정책을 학습할 수 있었습니다. 사용자-임베딩 공간과 연속적인 액션을 예측하는 능력이 필요했기 때문입니다. 그들은 항목 집합과 액션을 결합하여 사용자에게 제시할 항목의 순서화된 목록을 생성합니다. 시간이 지남에 따라 정책은 사용자와 후보 항목을 고려한 상태에서 선호되는 액션(즉, 사용자-항목 임베딩)을 학습합니다. 새로운 사용자 피드백이나 항목이 추가될 때, 정책은 새로운 사용자의 요구에 맞게 변경되거나 새로운 추천 항목을 제안할 수 있습니다.

유감스럽게도, Wang 등은 이를 시뮬레이션에서만 테스트했습니다. 그들은 리뷰가 있는 아마존 제품 데이터셋을 사용하였으며, 리뷰 점수를 긍정적인 리뷰 또는 부정적인 리뷰로 표시하고, 리워드는 사용자가 잘 리뷰된 항목이 상위 결과에 포함되었는지에 따라 결정했습니다. 그들의 방법은 다른 최첨단 기계 학습 구현을 능가하는 결과를 도출했습니다.

문제의 희소성을 줄이기 위해 텍스트 정보를 통합하는 아이디어는 좋지만, 그들이 실제 환경에서 이를 테스트하지 않았다는 점이 아쉽습니다. 물론, 모든 사람들이 YouTube나 아마존에 접근하여 이를 테스트할 수 있는 것은 아닙니다. 실제로 이 성능을 얼마나 잘 발휘하는지 알아보려면 이를 테스트할 수 있는 기회가 필요합니다. 제 추측은 최적으로 조정된 기계 학습 추천 시스템과 비교하여 최소한 그와 동등한 성능을 발휘할 것이며, 재훈련이 필요하지 않는 장점도 가지고 있을 것이라고 생각합니다. 그리고 이는 특별한 조정이나 고급 신경망 없이도 가능했습니다. 정책은 일반적인 다층 퍼셉트론으로 구성되었습니다. 또한, 문제의 고차원성을 직접 다루는 방법을 탐구한 다른 연구자들도 있으며, 클러스터링을 수행하지 않고 추천을 생성하는 방법도 있습니다.[13]

여러분은 또한 RecSim이라는 추천 시스템을 위한 설정 가능한 시뮬레이션 플랫폼에 관심을 가질 수도 있습니다.[14]

6.2.5 DPG의 개선

이전 장에서 본 다양한 탐사 전략이나 기대 보상을 표현하는 다른 방법과 같은 기본 개선 사항을 적용할 수 있습니다. 이러한 개선 사항은 성능을 개선하는 데 영향을 미칠 수 있습니다. 예를 들어, Barth-Maron 등의 분산 분포 결정론적 정책 기울기는 병렬 처리를 도입할 뿐만 아니라 분포 강화학습과 n-스텝 업데이트를 추가했습니다.[15] 또한, Cai 등의 결정론적 가치-정책 기울기는 시간에 제한이 없는 환경에서 결정론적 알고리즘을 사용하고 n-스텝 업데이트를 추가하여 종합적으로 성능을 개선했습니다.[16]

그러나 이 문맥에서 아직 해결되지 않은 기본적인 문제가 하나 있습니다. 모든 이점에도 불구하고, off-policy 알고리즘은 유사하게 유지되지 않습니다. 유로파이터 타이푼(Eurofighter Typhoon)과 같은 델타익 기체입니다. 인공 제어 없이는 발산하고 추락합니다. 유로파이터는 복잡한 비행 제어 시스템으로 이를 달성합니다. off-policy 알고리즘은 신경망의 매개변수 업데이트 속도를 늦춰서 업데이트를 무시하도록 만들어 이를 달성합니다. 이는 학습 속도를 늦추는 것입니다. 더 나은 방법은 없을까요?

6.3 신뢰 영역 방법(Trust Region Methods)

정책 기울기 알고리즘은 예상되는 보상의 어떤 측정치에 의해 가중된 상태에서 정책의 기울기를 따라 예측값이 더 높은 선택을 하도록 학습합니다. 다음 방법들은 모두 이득 함수, $A(s,a)$를 사용하지만, 기본적인 정책 기울기 해석 방법("기본 정책 기울기 알고리즘 비교" 참조) 중에서 어떤 것을 선택할 수도 있습니다.

> **라이브러리에 그래디언트 계산 위임하기**
>
> Q-러닝과 일반적인 정책 기울기 알고리즘은 많은 문제들을 해결할 수 있습니다. 하지만 더 고급화된 강화학습 알고리즘을 개발하는 주된 이유는 로봇과 같은 복잡한 작업을 수행하는 정책 생성과 같은 복잡한 작업을 에이전트가 수행할 수 있게하기 위함입니다.
> 복잡한 RL 알고리즘을 필요로 하는 문제는 보다 복잡한 모델을 필요로 합니다. 이는 인코딩, 관리, 그리고 기울기 계산(정책 기울기 알고리즘의 경우)이 더 어려워집니다. 그리고 어느 정도로 어려워지는지는 매우 모호합니다. 이럴 때, 이 모든 것을 딥러닝 프레임워크에 맡기는 것이 점점 유혹스러워집니다. 네트워크는 문제가 있을 수 있지만, 이러한 프레임워크는 매우 복잡한 근사자를 만들고 관리하고 업데이트하는 것이 매우 쉽게 만들어줍니다.
> 따라서 복잡한 정책 기울기 알고리즘에서 RL 실무자들은 기울기 연산자(▽)를 무시하고 손실 함수(▽ 내부의 수학적 계산)를 제시합니다. 기울기 계산은 TensorFlow, PyTorch 등에서 제공되는 자동미분 알고리즘이 자동으로 처리하게 됩니다.

수식 6-5는 A2C 업데이트를 손실 함수의 형태로 제시하고 있습니다. 여기서 $A_\pi(s,a)$는

$Q_{\pi}(s,a) - V_{\pi}(s)$로 표현된 이득 함수입니다. 이득 함수는 직관적인 해석을 가지고 있습니다. 가치 추정이 양수인 행동은 평균보다 좋습니다. 평균적으로 좋은 성능을 낼 것입니다. 반면 음수인 행동은 평균적으로 좋지 않은 성능을 낼 것입니다.

<u>**수식 6-5. 액터-크리틱 정책 기울기의 이득**</u>

$$L^{PG}(\theta) \doteq \mathbb{E}_{\pi_\theta}[\ \ln \pi_\theta(a \mid s) A_w(s, a)]$$

이득 함수를 정책 기울기와 함께 사용하면 정책을 더 성능 좋은 행동으로 이끄며, 성능이 좋지 않은 행동으로부터 멀어지게 합니다. 여기에 대비하여 행동-가치 함수를 사용하는 경우를 생각해보겠습니다. 많은 문제에서 모든 행동은 + 가치를 가지는 것이 가능합니다. 무작위로 움직인다면 언젠가 보상을 찾게 될 것입니다. 따라서 여기서 사용된다면, 예를 들어 기본적인 액터-크리틱과 같은 방법으로 사용된다면 정책은 모든 가능성으로부터의 움직임을 추구하게 될 것이지만, 다른 속도로 이루어집니다. 이로 인해 가치 추정치가 무한히 증가할 수 있으며, 근사적으로 최적인 근처에서는 불안정할 수 있습니다. 이 것이 감가를 사용하는 이유입니다. 이득 함수는 자연스럽게 감쇠 효과를 제공합니다. 정책이 너무 멀리 이동하는 경우(즉, 큰 실수를 저지른 경우), 이득 함수는 정책을 올바른 경로로 되돌려줍니다. 정책의 잘못된 움직임은 좋지 않은 결과로 나타나며, 이는 - 이득을 생성하고, 따라서 음의 기울기를 생성하여 정책을 성능이 더 좋은 방향으로 밀어냅니다.

하지만 정책을 너무 빠르게 업데이트해서는 안 됩니다. 이득 함수는 근사치(지도 모델)이므로 결과를 신중히 취급해야 합니다. 이는 노이지하며, 나쁜 단일 스텝으로 정책을 망칠 수 있기 때문입니다. 그렇다면 질문이 하나 생깁니다: 한 스텝의 크기를 어떻게 정량화할까요?

기본적인 이득 액터-크리틱은 + 이득을 생성하는 경로를 학습합니다. 미래의 보상을 극대화하려고 합니다. 이를 위해 정책의 기울기를 따라 올라가는 최적화 함수를 사용하며, 이 기울기 자체는 이득에 의존합니다. 이 기울기는 복잡한 비선형 함수의 국소적 선형 근사치입니다. 원하는 목적지로 직접 점프하는 것은 불가능합니다. 그렇게 되면 어디에 있을지 모를 수 있습니다.

예를 들어, 등산을 가서 시작할 때 한 번 나침반을 보고 방향을 설정한다면, 목적지에서 멀리 떨어진 곳에 도착하게 될 것입니다. 충분한 정확도로 방향을 선택할 수 없기 때문입니다. 이 문제를 해결하기 위해 몇 킬로미터마다 새로운 방향을 측정합니다. 단계 크기를 도입하고, 반복적으로 측정을 진행합니다. 이 비유에서 단계 크기는 유클리드 거리입니다. 삼각형의 빗변으로 측정되는 미터 단위입니다. 확률적 기울기 상승/하강은 같은 유클리드 거리를 사용하지만, 해석하기 훨씬 더 복잡한 단위로 표현됩니다. 비용 함수는 정책 매개변수의 단위로 표현되며, 이 정책 매개변수들은 상태와의 복잡한 상호작용을 통해 행동 확률을 생성합니다.

관련 문제는 모델을 훈련시키는 데 사용하는 데이터가 비정상적이라는 것입니다. 예를 들어, 보상이 희박한 상황을 생각해보면 (정책이 오랜 시간 동안 보상을 관찰하지 못하는 경우), 탐험 중에는 정책을 크게 변경하고 싶지 않을 것입니다. 따라서 단계 크기는 작아야 합니다. 그러나 보상을 찾게 되면 새로운 지식을 활용하기 위해 정책을 크게 업데이트하고 싶습니다. 그러나 얼마나 크게 업데이트해야 할까요? 실수하여 너무 많이 업데이트하면 정책이 너무 나빠져서 좋은 보상을 다시 찾을 수 없게 될 수 있습니다.

이러한 문제로 인해 모든 상황에서 작동하는 단일한 단계 크기를 선택하기가 어렵습니다. 실무자들은 이를 하이퍼파라미터로 취급하고 일정 범위의 값들에 대해 탐색합니다. 다시 말해, 무차별 대입법을 사용합니다. 신뢰 영역 방법은 이러한 문제를 해결하기 위해 기울기 단계를 신뢰할 수 있는 매개변수 공간의 영역을 지정하려고 시도합니다. 이 정보를 사용하여 기울기가 신뢰되는 경우 매개변수가 빠르게 변경되고, 그렇지 않은 경우에는 천천히 변경되도록 단계 크기를 동적으로 조정할 수 있습니다. 그런 다음, 두 정책 간의 차이를 측정하는 쿨백-라이블러 발산(Kullback-Leibler divergence, KL divergence)을 사용하여 신뢰도를 양적으로 평가하는 방법을 찾을 수 있습니다.

6.3.1 쿨백-라이블러(Kullback Leibler, KL) 발산

쿨백-라이블러(Kullback-Leibler, KL) 발산은 두 분포를 비교할 때 "놀람"의 척도로 설명되는 경우가 많습니다. 분포가 동일하면 KL 발산은 0입니다. 분포가 극명하게 다르면 KL 발산은 큽니다.

또한 KL 발산은 한 분포를 다른 분포와 비교하여 새로운 분포를 설명하기 위해 필요한 추가 비트의 수를 계산하는 데에도 사용될 수 있습니다. 분포가 동일하면 새로운 분포를 구별하기 위해 추가 비트가 필요하지 않습니다.

분포가 다르면 많은 새로운 비트가 필요합니다. 예를 들어, 모든 경우에 앞면만 나오는 특수 동전이 있다면, 동전의 상태를 나타내기 위해 추가 비트가 필요하지 않습니다. 한 가지 상태만 존재하므로 0 비트만 필요하며, 해당 상태를 인코딩하기 위해 0 값을 사용합니다. 이것을 공정한 동전과 비교한다면, 이제 두 가지 상태가 있으므로 이를 나타내기 위해 1 비트가 필요합니다. 이 가상의 예에서 이 두 분포 간의 KL 발산은 1입니다. (이는 가상의 예시로, 한 상태가 0에 가까워질수록 KL 발산 알고리즘의 나눗셈이 NaN을 생성하게 됩니다.)

수식 6-6은 KL 발산 계산을 나타냅니다. || 은 KL 발산 연산자로, 이것과 그것 사이의 발산을 계산하라는 것을 나타냅니다. 로그의 밑(base)은 어떤 값을 사용해도 되지만, 대부분의 사람들은 2를 밑으로 하는 로그(log2)를 사용합니다. 이는 비트의 수를 나타냅니다.

수식 6-6. KL 발산

$$D_{KL}(P \parallel Q) \doteq \sum_{x \in \mathscr{X}} P(x) \log \left(\frac{P(x)}{Q(x)} \right)$$

KL 발산 실험

다음은 동전 던지기와 주사위 굴리기 두 가지 실험입니다. KL 발산은 분포의 차이를 측정하는 척도이므로, 공정한 주사위 두 개를 던지는 경우 KL 발산은 0이 될 것입니다. 그런 다음, 앞면이 나올 확률이 더 높도록 편향된 동전을 시뮬레이션합니다. 두 번째 실험에서는 세 개의 육면체 주사위를 시뮬레이션합니다. 첫 번째 주사위는 표준적인 공정한 주사위입니다. 두 번째 주사위는 공정한 주사위이지만 표준 육면체 주사위의 값보다 두 배 큰 값을 나타냅니다. 즉, 확률은 유사하지만 분포는 일치하지 않습니다. 세 번째 주사위는 표준 값들을 나타내지만, 예상보다 더 많은 여섯 면이 나오도록 편향되어 있습니다.

그림 6-3은 이러한 실험의 히스토그램을 보여주며, KL 발산은 괄호 안에 표시되어 있습니다. 예상대로, 두 개의 공정한 동전 간의 KL 발산은 거의 0에 가깝습니다. 그러나 편향된 동전과 비교할 때 발산은 0이 아닙니다.

공정한 주사위와 편향된 주사위를 비교하면 비슷한 결과가 나옵니다. 그러나 공정한 주사위와 공정하지 않은 주사위(값이 공정하지 않은 주사위의 범위를 벗어남) 사이의 비교 결과에 주목하

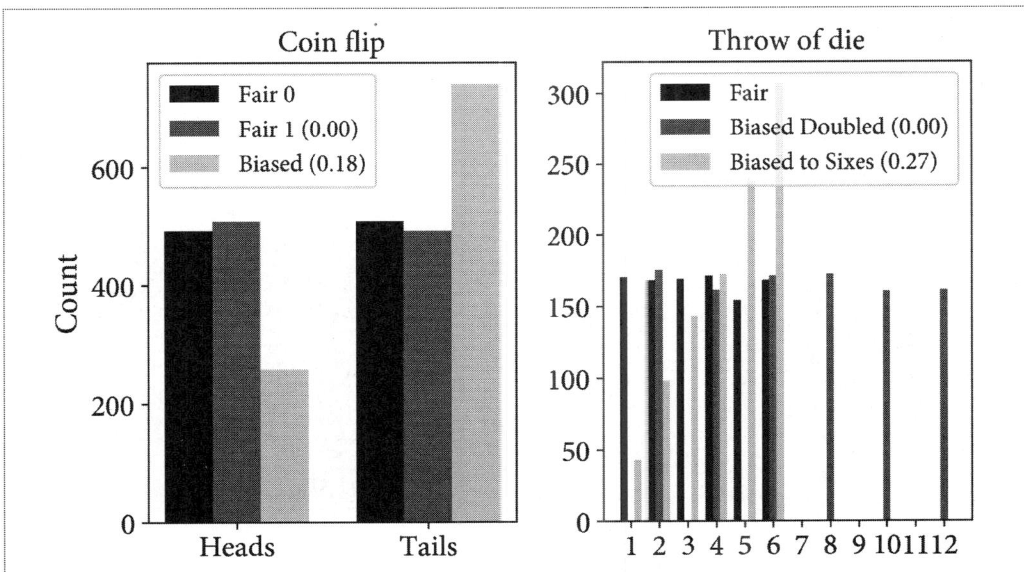

그림 6-3 동전과 주사위 시뮬레이션에서 KL 발산 계산

세요. KL 발산은 거의 0에 가깝습니다. 이는 오버랩되는 부분에서 동일한 균등 분포를 가지기 때문입니다. KL 발산은 분포 간의 차이를 측정하지 않기 때문에 분포의 퍼짐을 측정하려면 총 분산 발산을 사용하십시오.

6.3.2 자연 정책 기울기(Natural Policy Gradients)와 신뢰 영역 정책 최적화 (Trust Region Policy Optimization)

자연 정책 기울기(Natural Policy Gradients, NPG)는 정책 갱신의 크기를 정책 매개변수 공간이 아니라 정책 갱신 후의 정책과 현재 정책 사이의 거리를 기반으로 측정할 수 있다는 개념을 소개했습니다.[17]

그림 6-4는 표준 정책 기울기와 자연 정책 기울기의 차이를 보여줍니다. 등고선은 특정 상태의 가치를 나타내고, 화살표는 기울기의 방향을 나타냅니다. 정책 기울기를 계산할 때 다른 특징에 대한 미분을 계산하면 기울기의 방향이 변경됨을 보여줍니다.

두 개의 정책 사이의 거리를 추정하기 위해 생성된 경로의 분포를 비교하여 두 분포를 비교하는 많은 통계적 측정법 중 하나를 사용할 수 있습니다. 그러나 신뢰 영역 정책 최적화(Trust Region Policy Optimization, TRPO) 알고리즘은 KL 발산(KL divergence)을 사용합니다.[18] 최적화 알고리즘은 매개변수 공간에서 유클리드 거리로서의 단계 크기를 측정하는데 반해, TRPO는 정책의 변경을 제한하여 단계 크기를 제한할 수 있습니다. 확률 분포가 크게 변경되지 않도록 최적화 알고리즘에게 알려줄 수 있습니다. 기억하세요, 이것은 정책이 행동 확률 분포라는 점에서 가능한 것입니다.

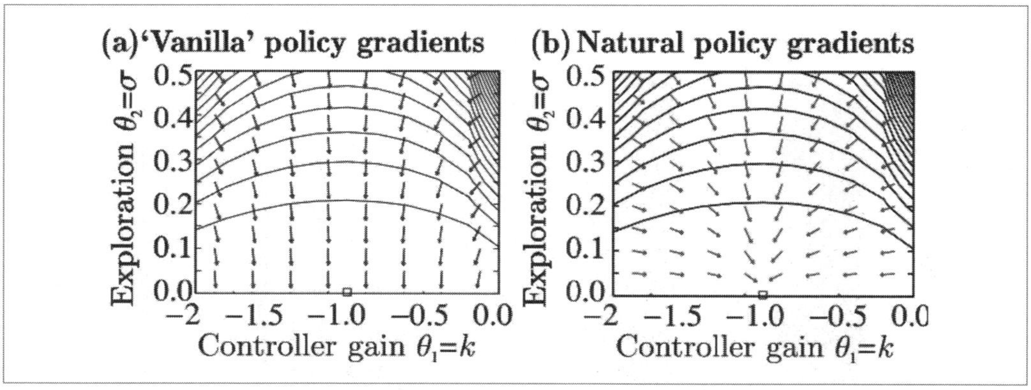

그림 6-4 간단한 2차원 문제에서 생성된 표준 (왼쪽) 및 자연 (오른쪽) 정책 그라디언트의 예. Peters 등의 이미지를 사용하였습니다.[19]

그림 6-4 간단한 2차원 문제에서 생성된 표준 (왼쪽) 및 자연 (오른쪽) 정책 그라디언트의 예. Peters 등의 이미지를 사용하였습니다.[19]

수식 6-7은 A2C 정책 기울기의 약간의 재정리를 제시합니다. 수식 5-3에서 정책 기울기 정리를 유도할 때, 수학을 단순화하기 위해 로그를 도입했습니다. 기술적으로, 이 기울기는 이전 정책에서 샘플링된 경로를 사용하여 계산됩니다. 따라서 마지막 단계 (체인룰)를 되돌리면 동일한 식이 되지만, 이전 정책 매개변수의 사용이 더 명시적으로 나타납니다.

수식 6-7. 이득 액터-크리틱 손실 함수의 재구성

$$
\begin{aligned}
\nabla J(\theta) &= \mathbb{E}_{\pi_\theta}\left[\nabla \ln \pi_\theta(a \mid s) A_w(s, a)\right] \\
&= \mathbb{E}_{\pi_\theta}\left[\frac{\nabla \pi_\theta(a \mid s)}{\pi_{\theta_{\text{old}}}(a \mid s)} A_w(s, a)\right]
\end{aligned}
$$

다음으로, 기울기 계산을 위임할 수 있기 때문에, 정책 매개변수 θ를 변경하여 예상되는 이득을 최대화하는 것이 목적인 식으로 수 6-7을 다시 작성할 수 있습니다. 이 결과는 수식 6-8에서 확인할 수 있습니다.

수식 6-8. A2C에서 목적 최대화 표현

$$
\underset{\theta}{\text{maximize}} \quad L^{PG}(\theta) = \mathbb{E}_{\pi_\theta}\left[\frac{\pi_\theta(a \mid s)}{\pi_{\theta_{\text{old}}}(a \mid s)} A_w(s, a)\right]
$$

수식 6-8의 대안적 해석은 이것이 이득의 중요도 샘플링이라는 것입니다. 예상 이득은 기존 정책에 의해 샘플링된 경로의 이득에 중요도 샘플링을 조정하여 새로운 정책을 사용한 결과를 얻게됩니다. 수식 6-9는 NPG 알고리즘의 손실 함수를 보여줍니다. 이는 수식 6-8과 동일하지만 제약 조건(수식의 값을 제한하는 수학적 도구)이 추가되었습니다. NPG는 새로운 정책과 이전 정책의 KL 발산에 기반한 제약 조건을 사용합니다. 이 제약 조건은 발산 δ보다 크지 않도록 방지합니다.

수식 6-9. 자연 정책 기울기 최적화 손실 함수

$$
\begin{aligned}
&\underset{\theta}{\text{maximize}} \quad L^{TRPO}(\theta) = \mathbb{E}_{\pi_\theta}\left[\frac{\pi_\theta(a \mid s)}{\pi_{\theta_{\text{old}}}(a \mid s)} A_w(s, a)\right] \\
&\qquad \text{subject to} \quad \mathbb{E}_{\pi_\theta}\left[\mathrm{KL}\left[\pi_{\theta_{\text{old}}}(\cdot \mid s) \,\|\, \pi_\theta(\cdot \mid s)\right]\right] \le \delta
\end{aligned}
$$

이 모든 내용은 좋은데, 주요 문제는 제약 조건이 있는 비선형 손실 함수를 최적화하기 위해 확률적 경사 하강법을 사용할 수 없다는 것입니다. 대신, 제약 조건을 포함한 공액 경사 하강법을 사용해야 합니다.

TRPO는 단순한 경사 하강법과 유사하지만 제약 조건을 포함할 수 있는 추가적인 선형 투영을 추가합니다.

그러나 주요 문제는 구현이 복잡한 공액 기울기를 찾기 위한 복잡한 계산을 수행해야 한다는 점으로, 이로 인해 알고리즘이 이해하기 어렵고 계산적으로 복잡해집니다. KL 발산은 상태-가치 예측을 어떻게 업데이트해야 하는지에 대해 알려주지 않으므로, 행동 확률과 상태-가치 예측과 같은 다중 헤드 구조를 갖는 신경망을 사용할 수 없는 등 다른 문제점들도 있습니다.

실제로, 이러한 문제로 인해 TRPO는 Atari 게임과 같이 복잡한 상태-가치 공간의 좋은 추정치가 중요한 문제에는 잘 작동하지 않습니다. 이러한 문제들로 인해 TRPO는 인기가 없습니다. "참고 문서"에서 제안된 자료에서 NPG와 TRPO의 유도에 대해 더 자세히 알아볼 수 있습니다. 그리고 다행히도, 훨씬 간단한 대안이 있습니다.

6.3.3 근접 정책 최적화(Proximal Policy Optimization, PPO)

NPG와 TRPO의 주요 문제 중 하나는 켤레 기울기 하강법의 사용입니다. 기억해 주세요. 목표는 정책의 큰 변화를 방지하거나 다른 말로 하면 행동 확률 분포의 큰 변화를 방지하는 것입니다. NPG와 TRPO는 최적화에 제약 조건을 사용하여 이를 달성하지만 다른 방법은 너무 크게 변화할 시 벌칙을 부과하는 것입니다.

수식 6-8은 최대화를 나타내는데, 가장 큰 이점 추정치를 촉진하려고 하기 때문에 정책이 너무 많이 변경될 때 임의로 이점 값을 감소시키는 음의 항을 손실 함수 내부에 추가할 수 있습니다. 수식 6-10은 이를 보여주는데, 제약 조건을 부정과 추가적인 항인 β로 이동시키고, β는 이점에 적용되는 벌칙의 비율을 제어합니다.

주요 이점은 다시 표준적인 경사 상승 최적화 알고리즘을 사용할 수 있다는 것이며, 이로 인해 구현이 크게 단순화됩니다. 그러나 β의 값을 일관되게 잘 선택하기는 어렵습니다. 어느 정도의 벌칙을 적용해야 할까요? 그리고 에이전트의 동작에 따라 이 값이 변경되어야 할까요? 이것은 이 섹션의 시작에서 제시된 문제와 동일하며, 이로 인해 이 구현은 A2C에 대한 단계 크기 선택보다 나은 것은 아닙니다.

수식 6-10. 정책에서 너무 큰 업데이트 방지

$$\underset{\theta}{\text{maximize}} \;\; \mathbb{E}_{\pi_\theta}\left[\frac{\pi_\theta(a \mid s)}{\pi_{\theta_{\text{old}}}(a \mid s)}A_w(s,a) - \beta \text{KL}\left[\pi_{\theta_{\text{old}}}(\cdot \mid s) \,\|\, \pi_\theta(\cdot \mid s)\right]\right]$$

하지만 절망하지 마십시오. 수식 6-10은 중요한 아이디어를 강조합니다. 이것은 최적화 알고리즘에서 단계의 크기와 방향을 조절하기 위해 임의의 함수를 추가할 수 있다는 것을 보여줍니다. 이는 다양한 가능성의 상자를 열어줍니다. 예를 들어, 큰 스텝 크기를 방지하는 (더 간단한) 함수, 탐색을 더 원할 때 단계 크기를 증가시키는 함수, 심지어 정책 공간에서 다른 영역을 탐색하기 위해 방향을 변경하는 함수 등을 추가할 수 있다고 상상할 수 있습니다. 근접 정책 최적화(Proximal policy optimization, PPO)는 이러한 구현 중 하나로, 더 간단한 벌칙, 다중 헤드 네트워크를 허용하는 통합 함수, 그리고 탐색을 향상시키기 위한 엔트로피 기반의 추가 기능을 추가합니다.[20]

PPO의 목적 제한

Schulman 등은 TRPO가 기술적으로는 더 정확하긴 하지만, 너무 복잡할 필요는 없다고 제안했습니다. 정책 변경의 크기를 추정하기 위해 중요도 샘플링 비율을 사용할 수 있습니다. 1에 가까운 값이 아닌 경우, 에이전트는 정책을 크게 변경하려고 하는 것을 나타냅니다. 간단한 해결책은 이 값을 클리핑하여 정책의 변경을 작은 범위로 제한하는 것입니다. 이는 수식 6-11에 나타난 새로운 제한된 손실 함수로 이어집니다.

수식 6-11. 중요도 샘플링 비율에 따른 정책의 큰 변화 제한

$$L^{CLIP}(\theta) \doteq \mathbb{E}\left[\min\left(r(\theta)A(s,a),\ \text{clip}\left(r(\theta), 1-\epsilon, 1+\epsilon\right)\hat{a}(s,a)\right)\right]$$

$r(\theta) \doteq \pi_\theta(a|s)/\pi_{\theta_{old}}(a|s)$는 중요도 샘플링 비율입니다. 기대값 연산자 내부에는 min 함수가 있습니다. min 함수의 우변에는 중요도 샘플링 비율이 1로부터 ϵ보다 멀어질 때 클리핑됩니다. min 함수의 좌변에는 정상적인 클리핑되지 않은 목적 함수가 있습니다. min 함수를 사용하는 이유는 이 목적 함수가 이러한 매개변수에 대해 가능한 최악의 손실을 제공하도록하기 위함입니다. 이를 하한 또는 비관적 하한이라고 합니다.

처음에는 이것이 직관에 어긋나는 것처럼 들릴 수 있습니다. 이런 상황에서 함수를 다양한 입력으로 테스트해보는 것이 유용할 때가 있습니다. 이점 기억해 주세요. 이점 함수는 양수와 음수 값 모두 가질 수 있는 장점 함수입니다. 그림 6-5는 이점이 양수인 경우 (왼쪽)와 음수인 경우 (오른쪽)의 제한된 손실을 보여줍니다.

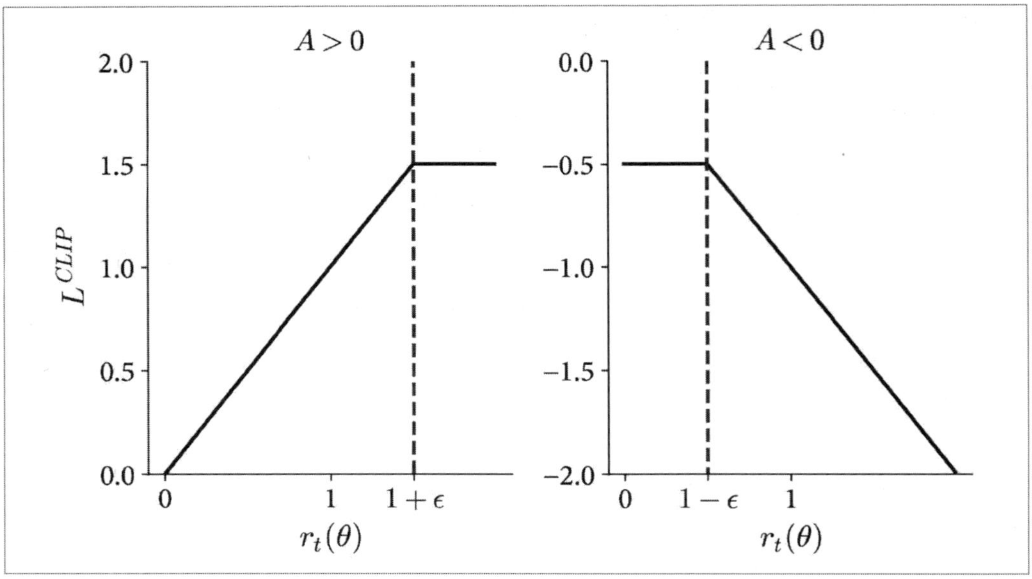

그림 6-5 제한된 PPO의 손실. 왼쪽은 이득이 양수, 오른쪽은 이득이 음수일 경우를 각각 표현

양수의 이점(왼쪽)은 정책이 결과에 예상보다 좋은 영향을 미친다는 것을 나타냅니다. 양수 손실 값은 정책 매개변수를 이러한 행동으로 이동시킬 것입니다. 중요도 샘플링 비율 $[r_\theta]$이 증가함에 따라 min 함수의 우변은 $1 + \epsilon$ 지점에서 클리핑되어 가장 낮은 손실을 생성합니다. 이는 최대 손실 값과 따라서 매개변수의 최대 변경을 제한하는 효과가 있습니다. 개선하는 동안 매개변수를 너무 빨리 변경하고 싶지 않기 때문에, 너무 큰 점프는 성능이 저하되도록 되돌릴 수 있습니다. 대부분의 경우 비율은 1에 가깝게 유지됩니다. ∩는 약간의 개선 공간을 제공합니다.

음의 이점은 정책이 결과에 예상보다 나쁜 영향을 미친다는 것을 나타냅니다. 음수 손실 값은 정책 매개변수를 이러한 행동에서 멀어지게 합니다. 높은 비율에서는 min 함수의 좌변이 우세해집니다. 큰 음수 이점은 에이전트를 더 유망한 행동으로 다시 이동시킵니다. 낮은 비율에서는 다시 min 함수의 우변이 우세해지고 $1 - \epsilon$에서 제한됩니다. 즉, 분포가 낮은 비율을 가지면 (이는 이전 정책과 새 정책 사이에 상당한 차이가 있음을 의미), 정책 매개변수는 여전히 동일한 속도로 변경됩니다.

그렇다면 왜 이렇게 하는 걸까요? 왜 단순한 이득을 사용하지 않을까요? Schulman 등은 성능의 하한선인 최악의 경우를 수립하고 개선하기 위해 노력했습니다. 개선이 보장되는 손실 함수를 설계할 수 있다면 (그들은 그렇게 했습니다), 단계 크기에 대해 너무 많이 신경쓰지 않아도 됩니다.

그림 6-6은 TRPO의 표기법을 사용하여 이 문제를 묘사한 것입니다. θ는 현재 정책의 매개변

수입니다. 이상적으로는 매개변수 θ를 사용하여 실제 성능인 $\eta(\theta)$ 곡선을 관찰하고 싶습니다. 그러나 모든 단계에서 이 복잡한 비선형 곡선을 추정하는 데에는 시간이 너무 오래 걸립니다. 더 빠른 방법은 이 지점에서 기울기를 계산하는 것인데, 이는 $L(\theta)$로 표시된 선입니다. 이것은 A2C 손실의 기울기입니다. 이 기울기로 큰 단계를 밟으면 최대치를 넘거나 미달할 수 있습니다. $L(\theta) - \beta KL$로 표시된 곡선은 TRPO 하한선입니다. 이것은 A2C 기울기에서 KL 발산을 빼준 것입니다. 단계 크기를 어떻게 선택하든 $\eta(\theta)$ 내의 어느 위치에 도달하게 됩니다. 심지어 에이전트가 정말로 나쁜 단계를 밟더라도 이 하한선 내 어느 위치에 제한되어 도달하게 되는데, 이는 나쁘지 않습니다.

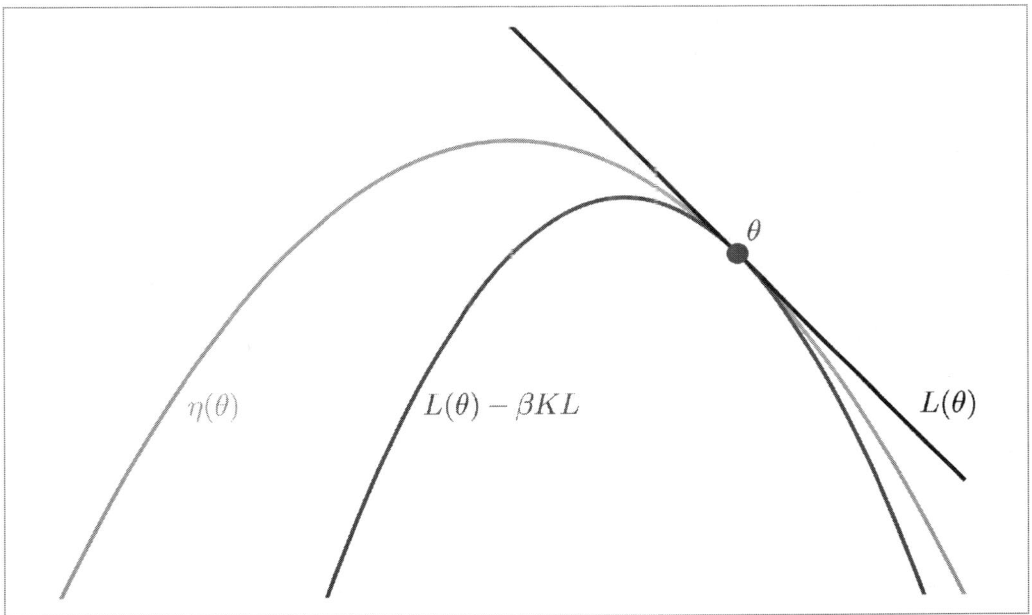

그림 6-6 TRPO의 기울기 하한

PPO는 정책이 개선될 때 (큰 단계를 취할 때) 중요도 샘플링을 무시하고, 정책이 악화될 때 (하한선을 제공하기 위해) 중요도 샘플링을 포함하여 손실을 강조함으로써 비슷한 하한선을 달성합니다. 이것을 업데이트에 대한 부담을 모델에게 주는 것이라 생각해도 좋습니다.

PPO의 가치 함수와 탐험의 목적

대부분의 상대적 이득 계산 기법은 상태 가치 함수를 추정하기 위해 근사치를 사용합니다. 이 시점에서 신경망을 사용하기로 결정했으므로 동일한 네트워크를 사용하여 정책 행동과 상태 가치 함수를 예측하는 데 사용하는 것이 합리적입니다. 이러한 시나리오에서 PPO는 최종 목적함수에 제곱 손실 항을 포함하여 DL 프레임워크가 정책을 학습하는 동시에 상태 가치 함수를 학습할

수 있도록 합니다: $L^{VF}(\theta) \doteq (V_\theta(s) - V^{target})^2$.

PPO는 또한 최종 목적함수에 정책의 엔트로피를 계산하는 항 $H[\pi_\theta](s)$을 포함합니다.[21] 이는 조기에 최적이 아닌 결정론적 정책에 조기 수렴하는 것을 방지하여 탐색을 개선합니다. 다시 말해, PPO는 결정론적 정책을 적극적으로 방지하고 에이전트가 탐색하도록 강제합니다. 이 아이디어에 대해 Chapter 7에서 더 자세히 알아볼 것입니다.

수식 6-12에서 PPO의 최종 목적함수를 볼 수 있습니다. C_1 및 C_2는 상태 가치 손실과 엔트로피 손실에 할당되는 손실 함수의 비율을 조절하는 하이퍼파라미터입니다.

수식 6-12. PPO의 최종 목적 함수

$$L^{CLIP+VF+S}(\theta) \doteq \mathbb{E}\left[L^{CLIP}(\theta) + C_1 L^{VF}(\theta) + C_2 \mathscr{H}[\pi_\theta](s)\right]$$

알고리즘 6-5는 Schulman 등의 원 논문에서 제시된 의외로 간단한 의사 코드를 보여줍니다.[22] 이 코드는 정책과 상태 가치 함수 근사를 고려하지 않으며, 자동 미분을 제공하기 위해 딥러닝 기반의 구현을 가정합니다. 알고리즘은 가중치를 다시 학습하기 전에 T개의 시간 단계 동안 반복하는 지연 업데이트를 내재하고 있습니다. 그러나 다른 확장 기능(예: 결정론성, 재생 버퍼, 별도의 훈련 네트워크, 행동/보상 분포 등)에는 관여하지 않습니다. 이러한 확장 기능 중 몇 개는 특정 문제에 대한 성능을 향상시킬 수 있습니다.

흥미로운 점은 단계 (2)에서 여러 개의 에이전트를 사용하는 것입니다. 비동기 방식에 대해 자세히 이야기하지는 않았지만, 이는 학습 속도를 개선하는 간단한 방법입니다. 여러 개의 에이전트가 서로 다른 상황을 관찰하고 중앙 모델로 피드백할 수 있습니다. 이 아이디어에 대해서는 "비동기 방법에 대한 참고 사항"에서 더 자세히 논의하겠습니다(185쪽).

schulman 등은 다른 실험에 따라 발산 제한 하이퍼파라미터 ϵ의 값을 0.1에서 0.3 사이로 설정했습니다. 하이퍼파라미터 C_1은 정책과 상태 가치 함수를 예측하는 데 동일한 신경망을 사용하는지 여부에 따라 달라집니다. Schulman 등은 일부 실험에서 엔트로피 보너스를 사용하지 않았고 C_2를 0으로 설정했습니다. 정확한 답은 없으므로 문제에 대해 최적의 값을 찾기 위해 하이퍼파라미터 탐색을 사용하세요.

Algorithm 6-5. Asynchronous PPO algorithm

for iteration $\doteq 0, 1, \cdots$:
    for agent $\doteq 0, 1, \cdots, N-1$:
        Run policy $\pi_{\theta_{old}}$ in environment for T time steps
        Compute advantage estimates $A_0, \cdots, A_{T-1}$
    Optimize L with respect to θ, for K epochs and minibatch size $M \le NT$
    $\theta_{old} \leftarrow \theta$

6.4 예제: 실제 환경에서 원하는 곳에 도달하기 위한 서보 모터 활용하기

아마도 강화학습 예시의 대부분이 시뮬레이션을 사용한다는 것을 알아차렸을 것입니다. 이는 주로 실용적인 목적으로 이루어지며, 시뮬레이션 환경에서 훈련하는 것이 훨씬 쉽고 저렴하며 빠릅니다. 하지만 강화학습을 실제 생활과 직접적으로 연결된 문제에 쉽게 적용할 수 있습니다. 산업에서 강화학습이 가장 흔한 예는 로봇 제어입니다. 복잡한 작업에 대한 효율적인 정책을 유도하는 데 강화학습이 특히 적합합니다.

학계는 재현성을 향상시키기 위해 로봇 플랫폼을 표준화하려고 노력했습니다. ROBEL 플랫폼은 복잡한 동작 범위를 보여주는 세 가지 간단하고 표준화된 로봇의 뛰어난 예입니다.[23] 하지만 D'Claw의 3,500달러 비용은 합리화하기에 큰 가격입니다.

실제 강화학습 예시의 부족과 비용이라는 두 가지 도전에 대한 대응책으로 다음 실험을 기획하게 되었습니다. 전형적인 강화학습 실험을 실제 환경에서 재현하고자 했으며, 이로 인해 고전적인 CartPole과 Reacher 문제로 돌아왔습니다. 두 번째로, D'Claw의 높은 비용은 주로 비싼 서보 모터에 기인합니다. 이 실험에서는 단일 서보 모터와 드라이버만 필요하며, 이를 모두 20달러 미만에 구매할 수 있습니다. 하드웨어 설정의 자세한 내용은 부속 웹사이트에서 확인할 수 있습니다("부록 자료" 참조).

6.4.1 환경 설정

이 실험은 미리 설정된 목표를 향해 구동하는 가상의 서보 모터와 실제 서보 모터로 구성되어 있습니다. 서보 모터는 표준 DC 모터와 비슷하지만 정확한 제어를 제공하기 위해 추가 기어링과 제어장치가 있는 특징이 있습니다. 사용한 서보 모터는 위치 피드백 기능도 갖추고 있으며, 저렴한 서보 모터에는 이 기능이 없는 경우도 있습니다. 그림 6-7은 서보 모터가 훈련 중인 동영상을 보여줍니다.

그림 6-7 서보 모터를 훈련시키는 PPO 에이전트 비디오

상태는 서보의 현재 위치와 에피소드마다 변경되는 고정된 목표로 표현됩니다. 행동은 서보의 위치입니다. 상태와 행동은 −1에서 1 사이의 범위로 정규화됩니다. 보상은 목표까지의 음의 유클리드 거리로, 많은 로봇학 예제에서 사용되는 고전적인 목표까지의 거리 측정입니다. 에피소드는 서보가 목표 위치의 5% 이내로 이동할 때 종료됩니다. 따라서 목표는 가장 적은 수의 이동으로 정확한 목표 위치로 이동하는 정책을 학습하는 것입니다.

이 문제 설명은 CartPole이나 Reacher와 정확히 동일하지는 않습니다. 그러나 로봇이 원하는 목표를 달성하기 위해 움직이도록 로봇을 훈련시키는 아이디어는 흔한 요구사항입니다. 단일 서보로 인해 문제를 해결하기가 훨씬 쉬워지고, 정책을 직접 작성할 수도 있습니다. 이러한 단순성은 문제를 이해하기 쉽게 만들고, 보다 복잡한 변형은 동일한 아이디어의 확장일 뿐입니다.

6.4.2 강화학습 알고리즘 구현

다음으로 가장 간단한 문제를 해결해보는 것이 항상 좋습니다. 강화학습은 많은 피드백 루프, 하이퍼파라미터 및 환경적 복잡성이 있어서 디버깅이 특히 어렵습니다. 이런 문제들은 훈련 효율성을 근본적으로 변경합니다. 가장 좋은 해결책은 작은 단계로 나아가기 전에 간단한 문제가 작동하는지 확인하는 것입니다.

이 문제에 대한 첫 번째 시도는 모든 에피소드에 대해 완전히 고정된 목표로 이동하는 방법을 배우려고 했습니다. 이 예제에서 PPO를 사용하고자 했습니다. 무작위 초기화 때문에 정책이 매 단계마다 0으로 이동하는 것이 종종 발생하여 −1의 값을 선택했습니다. 이는 에이전트가 매번 −1의 동작을 예측하는 극히 단순한 정책을 학습해야 한다는 것을 의미합니다. 쉽게 생각하면 될

거 같죠?

그러나 놀랍게도 수렴하지 않았습니다. 일반적으로 대부분의 문제는 뇌와 키보드 사이의 오류로 발생하는 것 같습니다. 그래서 나는 예측된 가치 함수와 정책, 특정 관측에 대해 예측되는 실제 동작을 그래프로 그려서 디버깅을 시작했고, 어느 정도 시간이 지나면 가치 함수는 올바른 값을 예측하지만 정책은 그대로 멈춰 있는 것을 발견했습니다. 전혀 움직이지 않았습니다. 문제는 기본 학습 속도 (stable-baselines, PPO2, 2.5e-4)가 이렇게 간단한 문제에는 너무 작았기 때문입니다. 에이전트가 학습에 실패한 것이 아니라 학습 속도가 너무 느렸던 것입니다.

학습 속도를 크게 높여 (0.05) 문제의 단순성에 맞추었더니 몇 번의 업데이트로 문제를 해결했습니다. 다음 문제는 업데이트 당 단계 수와 미니배치 크기를 조정하기 시작했을 때 발생했습니다. 업데이트 당 단계 수는 정책과 가치 함수 근사기를 다시 학습하기 전에 샘플링되는 관측치의 수를 나타냅니다. 미니배치 크기는 훈련에 전달되는 무작위 샘플의 수입니다.

논문 구현에 따르면 PPO는 재생 버퍼를 사용하지 않습니다. 업데이트 당 단계 수는 훈련에 사용되는 미니배치의 크기를 나타냅니다. 이 값을 너무 낮게 설정하면 샘플들이 상관관계를 가지게 되어 정책이 결코 수렴하지 않을 것입니다.

단계 수 파라미터를 미니배치 크기보다 크게 설정하고 이상적으로 여러 에피소드를 포착하여 다시 상관관계를 제거할 수 있습니다. 이를 다른 방식으로 생각해보면, 업데이트 중에 포착된 각 에피소드는 독립적인 작업자들이라고 볼 수 있습니다. 더 많은 독립적인 작업자들은 에이전트가 독립적인 관측치를 평균화하고 상관관계를 제거할 수 있도록 해줍니다.

미니배치 크기는 정책과 가치 근사기의 기울기의 정확도에 영향을 미칩니다. 따라서 큰 값은 해당 샘플에 대한 더 정확한 기울기를 제공합니다. 기계 학습에서는 이것이 좋은 것으로 간주되지만, 강화학습에서는 안정성 문제를 일으킬 수 있습니다. 정책과 가치 근사는 탐색 단계에만 유효합니다. 예를 들어, 큰 상태 공간을 가진 복잡한 문제에서는 첫 번째 샘플이 전체 환경을 대표한다고 볼 수 없습니다. 큰 미니배치 크기를 사용하면 현재 정책 동작을 강화할 뿐이며, 정책을 개선하기 위한 압력이 생기지 않습니다. 대신, 정책이 경로에 과적합되지 않도록 더 낮은 미니배치 크기를 사용하는 것이 좋습니다. 그러나 최적의 미니배치 크기는 문제와 알고리즘에 따라 다릅니다.[24]

해당 문제에서는 미니배치 크기를 매우 낮게 설정했습니다. 대부분의 실험에서 2 또는 4로 설정하여 빠르게 재학습하고 문제를 해결할 수 있었습니다. 또한, 스텝 수는 32 또는 64로 설정했습니다. 에이전트는 이 정도의 단계로 환경을 쉽게 해결할 수 있으므로 단일 업데이트 내에서 여러 에피소드가 존재할 가능성이 매우 높았습니다.

마지막으로, 결과 정책이 매우 쉽게 학습될 수 있었기 때문에 정책과 가치 함수 네트워크의 크기를 크게 축소했습니다. 이로써 두 네트워크를 제한하고 오버피팅을 방지했습니다. stable-baselines의 피드포워드 다중 레이어 퍼셉트론의 기본 구현에는 드롭아웃이 없기 때문에 오토인코더와 유사한 팬인 방식을 사용하여 데이터의 잠재 표현을 학습하도록 강제했습니다.

그림 6-8은 고정된 목표 (−1)에 대한 모든 위치 관측에 대한 예측된 동작을 요청하여 생성한 최종 정책을 보여줍니다. 모터를 20단계만에 PPO가 모든 관측에 대해 −1의 동작을 생성하는 정책을 학습했습니다.

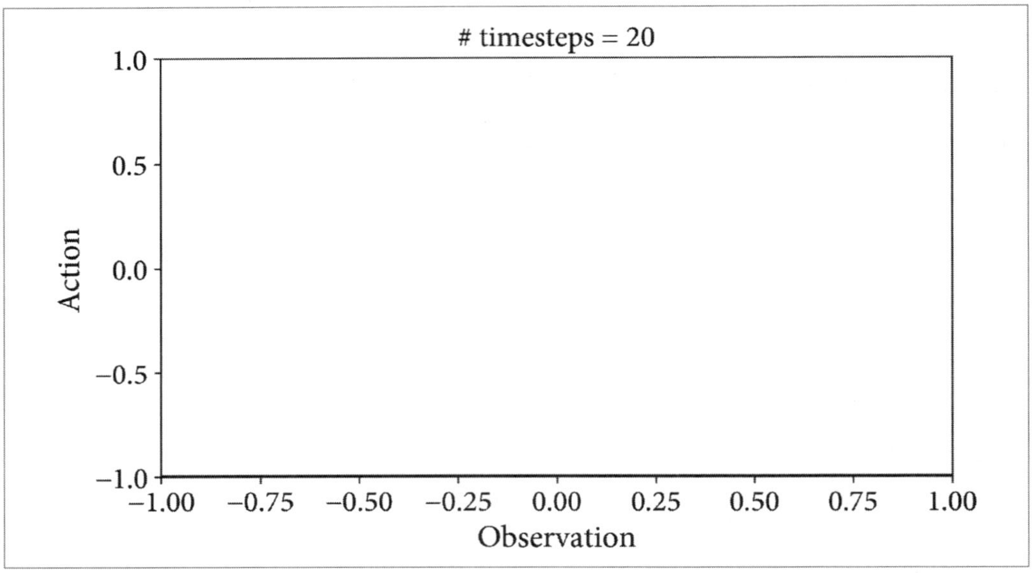

그림 6-8 고정된 목표 실험의 최종 정책. x축은 현재 위치 관측값을 나타내고, y축은 정책에서 얻은 동작을 나타냅니다. −1 동작에 해당하는 직선이 있으며, 이는 목표 값인 −1과 정확히 일치합니다.

6.4.3 알고리즘의 복잡성 증가시키기

이제 하드웨어가 작동하고 에이전트가 유용한 정책을 학습할 수 있다는 것을 확인했으므로, 다음 단계로 나아가서 조금 더 어려운 문제에 도전해보려 합니다.

이제 매 에피소드마다 무작위 목표를 생성하여 문제를 확장합니다. 이는 더 도전적인 과제입니다. 왜냐하면 에이전트는 다른 목표를 만날 때까지는 다른 목표가 있는지 알 수 없을 것이기 때문입니다. 에이전트는 다른 목표를 만나기 전까지는 그것이 다른 목표가 있다는 사실을 알 수 없습니다.

에이전트는 또한 일반화를 해야합니다. 목표는 −1에서 1 사이의 균일하게 선택됩니다. 이는 연속 변수입니다. 에이전트는 모든 가능한 목표를 관측하지 않을 것입니다.

그렇지만 목표는 여전히 단순합니다. 에이전트는 목표가 제시한 위치로 이동하는 것을 학습해야 합니다. 일대일 매핑입니다. 그러나 이것은 강화학습 에이전트에게 작은 도전을 제공합니다. 에이전트는 그 사실을 알지 못합니다. 에이전트는 매우 복잡한 함수를 매핑할 수 있는 능력을 갖추고 있습니다. 따라서 이전과 마찬가지로 탐색을 주어진 문제로 제한해야합니다.

기술적인 측면에서 이는 환경 역학과 에이전트의 하이퍼파라미터 간의 상호작용을 강조하는 흥미로운 실험입니다. 이 함수를 학습하는 것은 쉬운 작업이지간, 에이전트의 탐색과 상호작용은 프로세스에 상당한 양의 노이즈를 추가합니다. 이 노이즈를 평균화하는 것이 중요합니다. 특히 학습률이 너무 높으면 에이전트는 지속적으로 가치와 정책 네트워크를 업데이트하려고 할 것이며, 결과적으로 정책이 뒤죽박죽인 정책이 만들어집니다. 스텝 수도 중요합니다. 이전에는 항상 하나의 목표가 있으므로 에피소드를 완료하는 것이 쉬웠습니다. 하지만 이제 목표는 어디에나 있을 수 있으므로 초기 학습 단계에서는 에피소드가 훨씬 더 길어질 수 있습니다. 이와 함께 높은 학습률은 변화가 빠르게 발생하는 샘플을 야기할 수 있습니다. 이 문제를 해결하기 위해 에이전트를 더 간단한 모델로 제한하거나(예: 선형 모델), 하이퍼파라미터를 최적화할 수 있습니다. 저는 후자의 옵션을 선택하여 표준 다층 퍼셉트론 접근 방식을 계속 사용할 수 있도록 했습니다.

작은 수의 미니배치와 빠른 업데이트 속도가 가장 빠르게 학습되지만, 장기적인 훈련 안정성이 희생되는 경향이 있습니다. 더 중요한 작업을 수행하는 경우, 학습률을 낮추어 훈련을 더 안정적이고 일관되게 만들어야합니다.

6.4.4 시뮬레이션에서 하이퍼파라미터 조정

하지만 이렇게 서보 모테에 대한 모든 조정 작업을 직접적으로 수행하지는 않았습니다. 문제가 점점 어려워짐에 따라 하이퍼파라미터 검색은 점점 어려워집니다. 이는 실제 환경에서 한 단계를 실행하는 데 걸리는 시간이 많은 영향을 미치기 때문이지만, 안전과 소모에 대한 우려도 있습니다. 이 실험에서는 개발 기간이 단 5일 만에 하나의 서보 모터를 손상시켰습니다. 위치 피드백이 실패했습니다. 그림 6-9는 고장난 서보 모터의 이미지로, 현실에서 과도한 움직임은 마모를 야기한다는 것을 상기시켜주는 사진입니다.

그림 6-9 고장난 서보 모터

따라서 초기 조정 작업을 위해 시뮬레이터를 구축하는 것이 합리적입니다. 실제 환경보다 시뮬레이션을 사용하여 초기 튜닝을 수행하는 것이 훨씬 빠르고 저렴할 것입니다. 따라서 저는 서보의 간단한 시뮬레이션을 추가하고 하이퍼파라미터 튜닝을 수행했습니다.

조정 작업 시 유용한 팁 목록을 제시하겠습니다:

- 학습 속도는 필요한 학습 시간에 반비례합니다. 더 작고 느린 학습 속도는 더 오랜 시간이 걸립니다.
- 더 작은 미니배치 크기는 더 일반화된 결과를 얻을 수 있습니다.
- 각 업데이트에 여러 에피소드가 포함되도록 하여 샘플 상관관계를 깨는 것이 좋습니다.
- 가치 추정 및 정책 네트워크를 독립적으로 조정해보세요.
- 너무 빨리 업데이트하지 마세요. 그렇지 않으면 학습이 진동할 수 있습니다.
- 학습 속도와 학습의 안정성 사이에는 트레이드오프 관계가 있습니다. 보다 안정적인 학습을 원한다면 더 느리게 학습하세요.

하지만 솔직히 말해서, 이를 해결하는 데 사용하는 하이퍼파라미터는 중요하지 않습니다. 아무 값이나 사용하여 문제를 해결할 수 있습니다. 우리가 여기서 하는 일은 학습의 안정성을 조절하고 속도를 향상시키는 것입니다. 그래도 합리적으로 안정적인 정책을 얻기 위해서는 약 1,000 단계 정도가 걸립니다. 가장 중요한 요소는 학습 속도입니다. 학습 속도를 낮추면 더 빠른 학습을 할 수 있지만, 정책은 진동하기 쉬워집니다.

6.4.5 정책들의 결과

그림 6-10은 시뮬레이션 환경에서 훈련된 정책의 네 가지 다른 스텝을 보여줍니다: 250, 500, 750 및 1,000 개의 환경 스텝, 이는 서보 모터의 시뮬레이션 이동에 해당합니다. 이와 같은 플롯을 생성하려면 정책에게 주어진 목표 (x축)와 위치 (y축) 관측치에 대한 동작 (음영으로 표시된 값)을 예측하도록 요청하면 됩니다. 완벽한 정책은 매끄러운 수직 줄무늬처럼 보여야 합니다. 매끄럽게 보이는 이유는 이는 연속적인 동작이며, 수직으로 보여지는 이유는 요청된 목표와 직접 매핑되는 동작이기 때문입니다. 위치 관측치는 중요하지 않습니다.

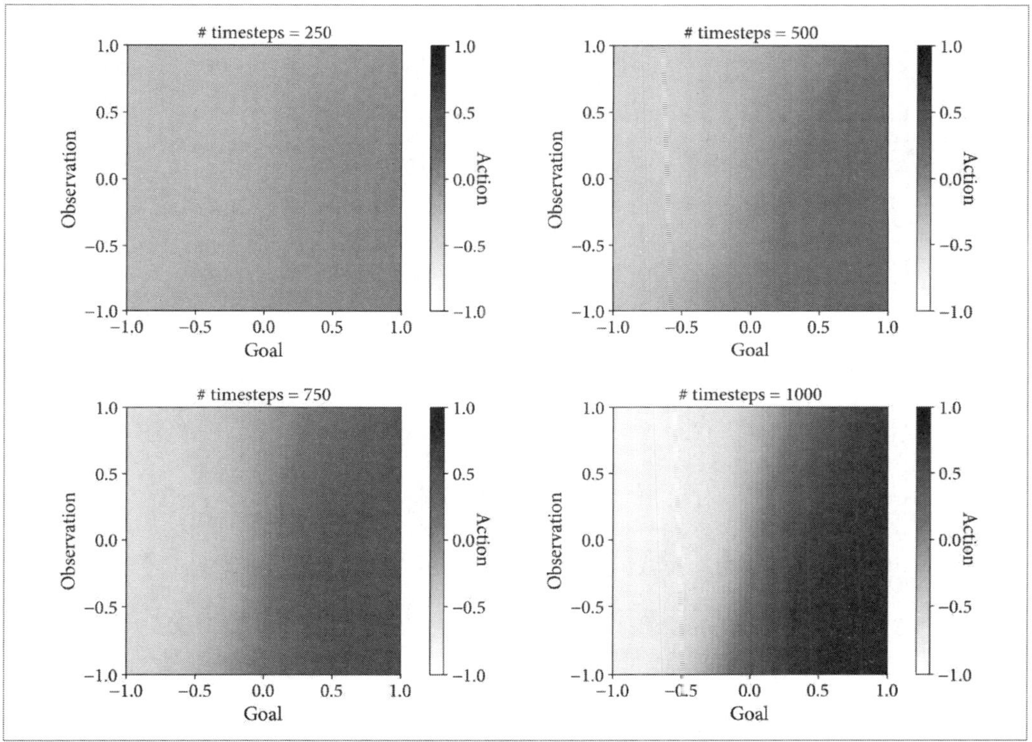

그림 6-10 다양한 환경 단계에서 시뮬레이션 환경에서 훈련된 정책의 결과. 이 이미지는 주어진 목표 (x축)와 관찰된 위치 (y축)에 대해 동작을 예측하는 정책을 보여줍니다. 동작은 음영으로 표시되어 있습니다.

훈련 초기에는 모든 예측이 0입니다. 시간이 지남에 따라 에이전트는 목표가 높을 때 더 높게 움직이고 목표가 낮을 때는 더 낮게 움직이는 것을 학습하고 있습니다. 완벽한 정책 대신 이러한 정책이 나타난 이유는 모델이 그 선택을 할 수 있을 만큼 충분한 자유도를 가지고 있으며, 다양한 무작위 샘플들이 이 정책을 만들어낼 수 있도록 일조했기 때문입니다. 더 많은 훈련 시간과 평균화를 통해 이는 결국 완벽한 정책으로 수렴할 것입니다.

그림 6-11은 실제 서보 모터를 이용하여 에이전트에게 훈련을 시킬 때 매우 유사한 결과를 보여 줍니다. 대각선이 더 돋보이지만, 이는 특정한 무작위 샘플들 때문일 수 있습니다. 하지만 행동들은 그렇게 확연하지 않습니다. 검은색은 그렇게 진하지 않고, 흰색은 그렇게 희지 않습니다. 마치 실제 세계에서 올바른 행동에 대해 더 많은 불확실성이 있는 것처럼 보입니다. 이는 요청된 움직임이 완벽하지 않기 때문이라고 생각됩니다. 예를 들어, 0.5의 위치를 요청하면 실제로는 0.52로 움직이게 됩니다. 나는 이 위치적 오차가 약간의 불확실한 정책으로 나타나고 있다고 생각합니다.

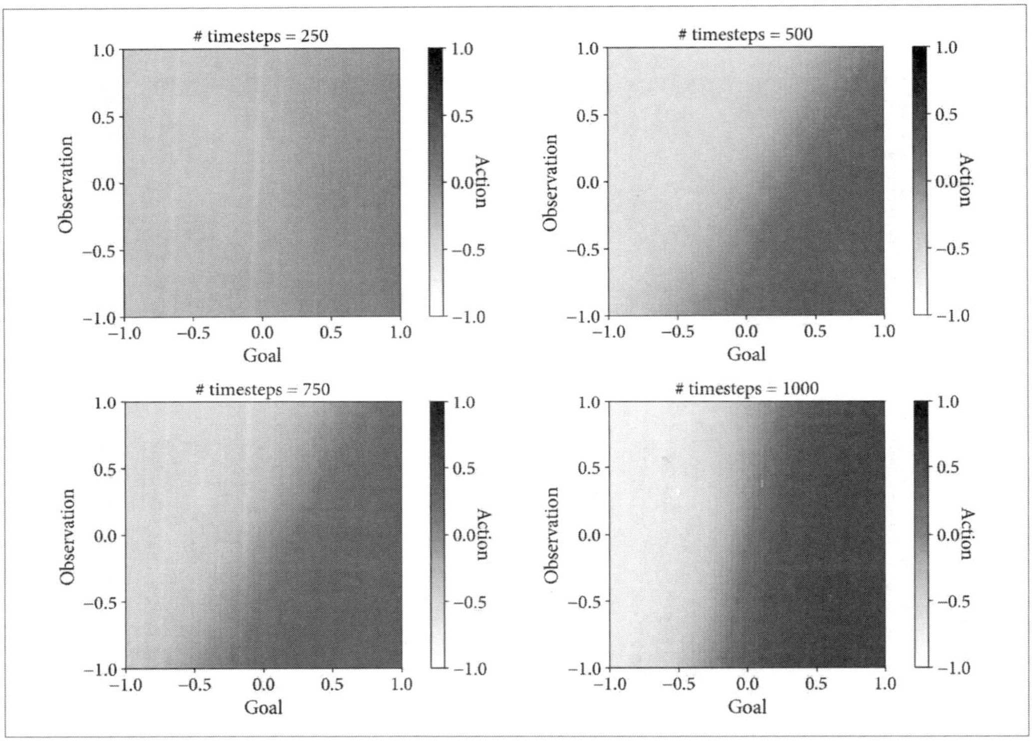

그림 6-11 실제 환경에서 서보 모터로 학습한 정책의 결과. 축은 그림 6-10과 동일하다.

물론, 이전과 마찬가지로 더 많은 훈련 시간과 평균화를 통해 완벽하게 효과적이고 유용한 정책을 얻을 수 있을 것입니다.

6.5 그 밖의 다른 정책 기울기 알고리즘들

정책 기울기, 특히 off-policy 정책 기울기 알고리즘은 경험으로부터 직접 정책을 학습하는 매력적인 연구 분야입니다. 그러나 일부 환경에서는 특히 복잡한 상태 공간을 갖는 환경에서 성능이 가치 기반 방법에 비해 뒤쳐질 수 있습니다. 이 섹션에서는 off-policy 업데이트를 안정화하기 위한 다른 방법과 TRPO 및 PPO 형태로 이미 살펴본 방법, 그리고 강조 메서드라고 불리는 강조적 방법을 소개합니다. 이 강조적 방법은 이득 대신 벨만 오차의 기울기를 사용하려고 합니다.

6.5.1 리트레이스(λ)

리트레이스(λ)은 초기 off-policy PG 알고리즘으로, 가중치를 주고 잘라낸 중요도 샘플링을 사용하여 off-policy을 업데이트에 포함시키는 양을 조절하는 데 도움이 됩니다.[25]

Munos 등은 중요도 샘플링 비율을 최대값인 1로 잘라낸다는 점에서 TRPO/PPO의 비관적 경계와 유사하며, 정책의 개선을 제한합니다. 최선의 경우 차이가 미미하기 때문에 업데이트는 표준 A2C입니다. 최악의 경우에는 두 정책이 너무 다르기 때문에 업데이트가 무시할 만큼 작아집니다. 제한을 하는 이유는 분산 폭발을 방지하기 위함입니다(반복적인 높은 값은 정책에 급격한 변화를 일으킵니다). 단점은 이것이 편향성을 추가한다는 것입니다.

결과적으로 더 안정적이지만 탐험은 줄어듭니다. 반환값은 또한 "타당성 추적"에서 설명한 것과 같이 λ로 가중치가 부여되며, 이는 이전 방문을 기반으로 정책을 업데이트합니다. 이는 편향-분산 트레이드오프를 조절하는 하이퍼파라미터를 제공합니다.

6.5.2 경험 재생 액터-크리틱(Actor-Critic with Experience Replay, ACER)

경험 재생 액터-크리틱(Actor-Critic with Experience Replay, ACER)는 리트레이스(λ)를 개선하기 위해 경험 재생(Experience Replay), 신뢰 영역 정책 최적화(Trust Region Policy Optimization), 및 듀얼링 네트워크 아키텍처(Dueling Network Architecture)를 포함하여 확장한 알고리즘입니다.[26]

먼저, Wang 등은 리트레이스(λ)에서 중요도 샘플링을 잘라낸 것으로 인해 발생하는 편향을 보상하기 위해 리트레스(λ)를 재정립합니다. 다시 말해, 리트레이스(λ)는 정책의 큰 변화를 방지하여 더 안정적이지만(편향이 더 큰) 탐색 능력은 줄어듭니다. 보상 요소는 이 탐색 손실을 리트레이스(λ)에서 잘라낸 정도에 비례하여 보상합니다.

또한, 보다 효율적인 TRPO 구현을 포함하였으며, 이는 신경망이 예측하는 평균 정책을 유지합니다. 만약 KL 분산를 제약이 아닌 페널티로 코드화한다면, DL 프레임워크의 자동미분을 사용할 수 있습니다. 마지막으로, 경험 재생을 통해 샘플 효율성을 향상시킵니다(자세한 내용은 "경험 재생"을 참조하십시오). 연속적인 액션 공간에서는 분산을 줄이기 위해 두 개의 네트워크 아키텍처를 사용합니다(자세한 내용은 "듀얼링 네트워크"을 참조).

결과적으로, ACER는 이전에 "우선순위 기반 경험 재생"을 사용하는 DQN의 성능에 근접하면서도 연속적인 액션 공간에서 작동할 수 있는 알고리즘입니다. 하지만, 모든 보정 요소들은 복잡한 알고리즘과 그에 따른 복잡한 신경망 아키텍처를 만들어냅니다.

6.5.3 Kronecker-Factored 신뢰 영역을 활용한 액터 크리틱(Actor-Critic Using Kronecker-Factored Trust Regions, ACKTR)

"Natural Policy Gradients and Trust Region Policy Optimization"에서 확인한 바로는 자연 정책 기울기와 KL 발산를 제한하는 것이 유익하다는 것을 알았습니다. 하지만 기울기를 계산하기 위해서는 Fisher 정보 행렬을 계산하는데 많은 계산 비용이 필요합니다. 또한 TRPO의 선형 투영은 다른 비효율성의 원천입니다.

2017년에 Wu 등은 계산 속도를 높이기 위해 근사화를 사용하는 방법을 제안했습니다.[27] 그들은 Fisher 정보 행렬의 근사화인 Kronecker-factored approximation (K-FAC)를 사용하여 계산 성능을 향상시키고, 선형 투영 대신 이 근사화의 이동 평균을 사용하여 에이전트가 환경과 상호작용해야 하는 횟수를 줄였습니다.

또한, K-FAC를 합성곱 신경망 (예: PPO)과 함께 사용할 수 있기 때문에, ACKTR은 아타리 벤치마크와 같은 이산적인 시각적 상태 공간을 처리할 수 있습니다.

2017년 이후, 독립적인 리뷰들은 ACKTR과 TRPO의 성능이 환경에 매우 의존한다는 것을 보여주었습니다. 예를 들어, 매우 불안정한 Swimmer-v1 MuJoCo 환경에서는 TRPO가 대부분의 알고리즘을 능가합니다. 그러나 HalfCheetah-v1 환경에서는 TRPO의 성능이 상당히 떨어집니다.[28] 원래 논문에서 Henderson 등은 Swimmer-v1에서 A2C, TRPO, ACKTR이 유사한 성능을 보인다는 결과를 제시했습니다. 경험적으로, 실무자들은 TRPO보다는 ACKTR을 선호하는데, 아이디어와 결과적인 성능은 유사하지만 계산 효율성이 크게 향상되기 때문입니다.

6.5.4 강조적 방법

기울기 기반 시간차(Temporal-Difference) 학습 방법(149쪽 "Gradient Temporal-Difference Learning" 참조)은 상태 가치 함수를 근사화하는 함수를 사용하고, 근사화가 발산하는 것을 피하기 위해 투영된 벨만 오차의 기울기를 직접 계산하는 아이디어를 도입했습니다. 하지만, 이 방법은 두 개의 매개변수 세트와 두 개의 학습률이 필요하여 실제 사용에 어려움이 있었습니다. 이를 해결하기 위해 Sutton 등은 강조적인 시간차 학습 방법을 제안했습니다.[29, 30]

가장 일반적인 형태의 강조적인 시간차 학습은 현재 정책에 따라 특정 상태에 대한 관심을 측정하는 함수를 사용합니다. 이는 오프-폴리시 에이전트에 대한 보상을 위한 중요도 샘플링과 함께 제시됩니다. 그러나 어떤 함수를 선택해야 하는지를 결정하는 것은 어렵고, 투영과 관련된 성능 문제가 있어서 큰 성공을 거두지 못했습니다.[31]

특히 "Generalized Off-Policy Actor-Critic"(Geoff-PAC)라고 불리는 흥미로운 강조적인 제안은 반사적 목표의 그래디언트를 사용하는 것을 제안합니다.[32]

대조적 추론(Counterfactual reasoning)은 관찰되지 않은 데이터를 질문하는 과정으로, 예를 들어 과거에 수집된 데이터를 기반으로 새로운 정책의 보상이 어떻게 될지를 묻는 것입니다. 이 책의 범위를 벗어나는 세부 내용이지만, 아이디어는 물론 신경망을 사용하여 강조 함수의 근사값을 학습할 수 있다는 것입니다. 이때 밀도 비(ratio)를 예측하여 사용하는데, 이는 중요도 샘플링의 연속 버전과 비슷한 개념입니다. 이러한 결과는 유망하지만 아직까지 널리 사용되고 있는 것은 아닙니다.

6.6 정책 기울기 알고리즘들의 확장

이 책을 통해 여러 알고리즘에 대한 다양한 개선사항을 보았습니다. 이러한 개선사항들은 원칙적으로 어떤 알고리즘에든 적용할 수 있습니다. 몇 년마다 연구자들은 이러한 개선사항을 결합하여 벤치마크 환경에서 최첨단 결과를 도출하고 언론의 관심을 받게 됩니다. 그러나 실전에서는 수행자의 관점에서 보면, 동반된 유사 실험 연구가 더 흥미로울 때가 많습니다. 왜냐하면, 이러한 실험은 어떤 조정이 문제에 가장 적합한지를 보여주기 때문입니다. 이 접근 방식을 보여주기 위해, 확률론적 강화학습을 정책 기울기 알고리즘에 추가하는 예를 살펴보겠습니다.

6.6.1 정책 기울기 알고리즘들의 분위수 회귀(Quantile Regression in Policy Gradient Algorithms)

Richter 등은 분산 강화학습을 정책 기울기 알고리즘에 통합하는 방법을 보여줌으로써 가치 기반 방법에서 수행한 "보상 개선"과 유사한 접근을 취한다.[33] 이들은 각 행동에 대한 분위수를 예측하기 위해 신경망을 사용한다. 이전과 마찬가지로, 이는 행동에서 보상으로의 매핑이 종종 확률적이며 많은 환경에서 분포가 다중 모드를 가지기 때문에 유용하다. 이 논문에서의 주요 차이점은 정책 기울기 알고리즘에 대한 적응이다. 이들은 A2C 손실 함수 (수식 6-8)로 시작하고, 이득 함수를 학습하는 대신에 이를 분위수 추정치로 대체한다. 그 다음, 분위수 추정치를 추출하기 위해 여러 근사 기법을 사용하여 손실 함수를 수정하고, 이는 온도 하이퍼파라미터에 따라 반복적으로 분위수 추정치를 업데이트하는 버전으로 이어진다. 이들은 이 알고리즘의 온폴리시 버전을 구현했으며, 이 알고리즘은 TRPO보다 일부 벤치마크에서 더 좋은 성능을 보였으며 (PPO와의 비교는 하지 않았음), 이를 off-policy에도 유사한 방식으로 사용할 수 있다고 제안한다.

6.7 요약

이 장에서는 다양한 최첨단 정책 기울기 알고리즘을 살펴보았으며, 특히 off-policy 액터-크리틱 방법에 초점을 맞췄습니다. 제 5장에서는 정책 평가와 정책 개선을 액터-크리틱 아키텍처로 추상화하는 개념을 소개했습니다. 이 장의 목표는 오프폴리시 학습의 힘을 설명하고 시연하는 것이었습니다. off-policy 학습의 장점은 막대한데, 에이전트가 행동 정책과 다른 다양한 정책을 학습한다는 점입니다. off-policy 학습은 탐색-활용 트레이드오프의 압제로부터 에이전트를 해방시켜주어 행동 정책이 자유롭게 탐색할 수 있게 합니다. 최적 정책이 분리되어 있으므로 오프라인 로그 데이터를 사용하거나 인간의 데모로부터 학습할 수 있습니다. 하지만 주요한 장점은 환경 비용이 없기 때문에 근사 함수를 원하는 만큼 재학습할 수 있다는 것입니다. 이로 인해 훨씬 샘플 효율성이 좋은 알고리즘을 얻게 되지만, 특히 신경망을 포함하는 경우 계산 복잡성이 증가합니다.

6.7.1 어떤 알고리즘을 사용해야 할까?

연구자들에게도 어떤 알고리즘을 사용해야 하는지에 대해선 여러 의견이 있습니다. 여러 연구가 이 질문에 대답을 제시하려고 했지만, 연구자들은 일반적이지 않고 특정 환경에 대해 알고리즘의 우위를 제시하기도 합니다34. 구체적인 예를 들면, 원래의 ACKTR 논문은 다른 사람들이 재현하기 어려워하는 여러 환경에 대한 결과를 제시합니다. 물론, 이는 구현 세부 사항이나 행운에 따른 하이퍼파라미터의 특정 설정 때문일 가능성이 높습니다. 그러나 이는 문제점을 강조하는 것입니다. 그러나 몇 가지 일반적인 권장 사항을 제시할 수 있습니다:

- DDPG 대신 TD3을 선호하세요.
- 불안정한 동적 특정을 갖는 환경에서는 신뢰 영역 방법을 선호하세요. 약간의 정책 이동이 파괴적인 결과를 초래할 수 있는 상황입니다.
- 안정적인 동적을 갖는 환경에서는 결정론적 방법을 선호하세요.
- 성능이나 견고성이 우려되는 경우에는 PPO 또는 TD3와 같은 간단한 알고리즘과 작은 신경망을 고려하세요.

6.7.2 비동기적 방법

off-policy 알고리즘의 또 다른 중요한 특징은 하나의 크리틱를 사용하지 않아도 된다는 것입니다. 아직 언급하지 않았지만, 평가자들이 재생 버퍼에서 학습하기 때문에 복수의 중복 크리틱들이 별도의 정책을 학습하는 것이 가능합니다. 이러한 비동기 방법에서는 언젠가 그 지식을 다시 행동 정책(behavior policy)에 결합해야 합니다. 저는 이를 아직 논의하지 않았습니다. 왜냐하면, 이는 구현 세부 사항에 따라 달라지며, 추가 비용을 정당화할만한 학습 속도가 필요한 문제가 있어야만 합니다. 산업 문제의 경우, 복잡성과 비용이 상당히 증가하므로 이러한 방법을 요구하지 않도록 문제나 도메인을 단순화하는 것을 고려해보는 것이 좋습니다.

6.8 참고 문헌

- Natural policy gradients and TRPO (papers in references):
  - Brief, but nice lectures from John Schulman
  - Slides from CMU 10703
  - Lecture from Sergey Levine
  - Explanation video from Xander Steenbrugge
- Numerical optimization:
  - Nocedal, Jorge, and S. Wright. 2006. Numerical Optimization. 2nd ed. Springer Series in Operations Research and Financial Engineering. New York: Springer-Verlag.

References

[1] Sutton, Richard S., Hamid R. Maei, and Csaba Szepesvári. 2009. "A Convergent O(n) Temporal-Difference Algorithm for Off-Policy Learning with Linear Function Approximation". In *Advances in Neural Information Processing Systems* 21, edited by D. Koller, D. Schuurmans, Y. Bengio, and L. Bottou, 1609–1616. Curran Associates, Inc.

[2] Sutton, Richard S., Hamid Reza Maei, Doina Precup, Shalabh Bhatnagar, David Silver, Csaba Szepesvári, and Eric Wiewiora. 2009. "Fast Gradient-Descent Methods for Temporal-Difference Learning with Linear Function Approximation". In *Proceed-ings of the 26th Annual International Conference on Machine Learning*, 993–1000. ICML 09. Montreal, Quebec, Canada: Association for Computing Machinery.

[3] Sutton, Richard S., Hamid Reza Maei, Doina Precup, Shalabh Bhatnagar, David Silver, Csaba Szepesvári, and Eric Wiewiora. 2009. "Fast Gradient-Descent Methods for Temporal-Difference Learning with Linear Function Approximation". In *Proceed-ings of the 26th Annual International Conference on Machine Learning*, 993–1000. ICML 09. Montreal, Quebec, Canada: Association for Computing Machinery.

[4] Maei, Hamid Reza, Csaba Szepesvári, Shalabh Bhatnagar, and Richard S. Sutton. 2010. "Toward Off-Policy Learning Control with Function Approximation." In *Pro-ceedings of the 27th International Conference on International Conference on Machine Learning*, 719–726. ICML'10. Haifa, Israel: Omnipress.

[5] White, Adam, and Richard S. Sutton. 2017. GQ(λ) "Quick Reference and Implementation Guide". ArXiv:1705.03967, May.

[6] Degris, Thomas, Martha White, and Richard S. Sutton. 2013. "Off-Policy ActorCritic". ArXiv:1205.4839, June.

[7] Silver, David, Guy Lever, Nicolas Heess, Thomas Degris, Daan Wierstra, and Martin Riedmiller. 2014. "Deterministic Policy Gradient Algorithms". In *International Conference on Machine Learning*, 387–95.

[8] Lillicrap, Timothy P., Jonathan J. Hunt, Alexander Pritzel, Nicolas Heess, Tom Erez, Yuval Tassa, David Silver, and Daan Wierstra. 2019. "Continuous Control with Deep Reinforcement Learning". ArXiv:1509.02971, July.

[9] Plappert, Matthias, Rein Houthooft, Prafulla Dhariwal, Szymon Sidor, Richard Y. Chen, Xi Chen, Tamim Asfour, Pieter Abbeel, and Marcin Andrychowicz. 2018. "Parameter Space Noise for Exploration". ArXiv:1706.01905, January.

[10] Salimans, Tim, and Durk P. Kingma. 2016. "Weight Normalization: A Simple Reparameterization to Accelerate Training of Deep Neural Networks". In *Advances in Neural Information Processing Systems* 29, edited by D. D. Lee, M. Sugiyama, U. V. Luxburg, I. Guyon, and R. Garnett, 901–909. Curran Associates, Inc.

[11] Fujimoto, Scott, Herke van Hoof, and David Meger. 2018. "Addressing Function Approximation Error in Actor–Critic Methods". ArXiv:1802.09477, October.

[12] Wang, Chaoyang, Zhiqiang Guo, Jianjun Li, Peng Pan, and Guohui Li. 2020. "A Text–Based Deep Reinforcement Learning Framework for Interactive Recommendation". ArXiv:2004.06651, July.

[13] Ie, Eugene, Vihan Jain, Jing Wang, Sanmit Narvekar, Ritesh Agarwal, Rui Wu, Heng–Tze Cheng, et al. 2019. "Reinforcement Learning for Slate–Based Recommender Systems: A Tractable Decomposition and Practical Methodology". ArXiv:1905.12767, May.

[14] Ie, Eugene, Chih–wei Hsu, Martin Mladenov, Vihan Jain, Sanmit Narvekar, Jing Wang, Rui Wu, and Craig Boutilier. 2019. "RecSim: A Configurable Simulation Plat-form for Recommender Systems". ArXiv:1909.04847, September.

[15] Barth–Maron, Gabriel, Matthew W. Hoffman, David Budden, Will Dabney, Dan Horgan, Dhruva TB, Alistair Muldal, Nicolas Heess, and Timothy Lillicrap. 2018. "Distributed Distributional Deterministic Policy Gradients". ArXiv:1804.08617, April.

[16] Cai, Qingpeng, Ling Pan, and Pingzhong Tang. 2019. "Deterministic ValuePolicy Gradients". ArXiv:1909.03939, November.

[17] Kakade, Sham M. 2002. "A Natural Policy Gradient". In *Advances in Neural Information Processing Systems* 14, edited by T. G. Dietterich, S. Becker, and Z. Ghahramani, 1531–1538. MIT Press.

[18] Schulman, John, Sergey Levine, Philipp Moritz, Michael I. Jordan, and Pieter Abbeel. 2017. "Trust Region Policy Optimization". ArXiv:1502.05477, April.

[19] Peters, Jan, Sethu Vijayakumar, and Stefan Schaal. 2005. "Natural Actor–Critic". In *Machine Learning: ECML 2005*, edited by João Gama, Rui Camacho, Pavel B. Braz-dil, Alípio Mário Jorge, and Luís Torgo, 280–91. Lecture Notes in Computer Science. Berlin, Heidelberg: Springer.

[20] Schulman, John, Filip Wolski, Prafulla Dhariwal, Alec Radford, and Oleg Klimov. 2017. "Proximal Policy Optimization Algorithms". ArXiv:1707.06347, August.

[21] Mnih, Volodymyr, Adrià Puigdomènech Badia, Mehdi Mirza, Alex Graves, Timothy P. Lillicrap, Tim Harley, David Silver, and Koray Kavukcuoglu. 2016. "Asyn-chronous Methods for Deep Reinforcement Learning". ArXiv:1602.01783, June.

[22] Schulman, John, Filip Wolski, Prafulla Dhariwal, Alec Radford, and Oleg Kli-mov. 2017. "Proximal Policy Optimization Algorithms". ArXiv:1707.06347, August.

[23] Ahn, Michael, Henry Zhu, Kristian Hartikainen, Hugo Ponte, Abhishek Gupta, Sergey Levine, and Vikash Kumar. 2019. "ROBEL: Robotics Benchmarks for Learning with Low-Cost Robots". ArXiv:1909.11639, December.

[24] Song, Xingyou, Yilun Du, and Jacob Jackson. 2019. "An Empirical Study on Hyperparameters and Their Interdependence for RL Generalization". ArXiv: 1906.00431, June.

[25] Munos, Rémi, Tom Stepleton, Anna Harutyunyan, and Marc G. Bellemare. 2016. "Safe and Efficient Off-Policy Reinforcement Learning". ArXiv:1606.02647, November.

[26] Wang, Ziyu, Victor Bapst, Nicolas Heess, Volodymyr Mnih, Remi Munos, Koray Kavukcuoglu, and Nando de Freitas. 2017. "Sample Efficient Actor-Critic with Expe-rience Replay". ArXiv:1611.01224, July.

[27] Wu, Yuhuai, Elman Mansimov, Shun Liao, Roger Grosse, and Jimmy Ba. 2017. "Scalable Trust-Region Method for Deep Reinforcement Learning Using KroneckerFactored Approximation". ArXiv:1708.05144, August.

[28] Henderson, Peter, Riashat Islam, Philip Bachman, Joelle Pineau, Doina Precup, and David Meger. 2019. "Deep Reinforcement Learning That Matters". ArXiv: 1709.06560, January.

[29] Sutton, Richard S., A. Rupam Mahmood, and Martha White. 2015. "An Emphatic Approach to the Problem of Off-Policy Temporal-Difference Learning". ArXiv:1503.04269, April.

[30] Zhang, Shangtong, Wendelin Boehmer, and Shimon Whiteson. 2019. "Generalized Off-Policy Actor-Critic". ArXiv:1903.11329, October.

[31] Gelada, Carles, and Marc G. Bellemare. 2019. "Off-Policy Deep Reinforcement Learning by Bootstrapping the Covariate Shift". ArXiv:1901.09455, January

[32] Zhang, Shangtong, Wendelin Boehmer, and Shimon Whiteson. 2019. "Generalized Off-Policy Actor-Critic". ArXiv:1903.11329, October.

[33] Richter, Oliver, and Roger Wattenhofer. 2019. "Learning Policies through Quantile Regression". ArXiv:1906.11941, September.

[34] Henderson, Peter, Riashat Islam, Philip Bachman, Joelle Pineau, Doina Precup, and David Meger. 2019. "Deep Reinforcement Learning That Matters". ArXiv: 1709.06560, January.

엔트로피 방법과 연관된 정책 모두 배우기

심층 강화학습(Deep RL)은 복잡한 관찰을 처리하고 근사화하는 능력으로 인해 표준 도구입니다. 이는 복잡한 행동을 생성합니다. 그러나 많은 심층 강화학습 방법은 결정론적 정책을 최적화합니다. 만약 완전한 관측이 가능하다면 최적의 정책은 하나뿐이기 때문입니다. 하지만 견고성을 향상시키고 확률적인 환경에 대처하기 위해 확률적 정책이나 확률적 행동을 학습하는 것이 바람직한 경우가 있습니다.

7.1 엔트로피(Entropy)란 무엇일까?

섀넌 엔트로피(이후에는 엔트로피로 약칭함)는 확률 변수에 포함된 정보의 양을 측정하는 척도로, 정보는 모든 가능한 상태를 인코딩하는 데 필요한 비트 수로 계산됩니다. 수식 7-1은 이를 나타내는 식으로, X가 확률 변수이고 $x_0, x_1, \ldots, x_{n-1}$은 가능한 상태입니다 ($X \doteq \{x_0, x_1, \ldots, x_{n-1}\}$). H는 엔트로피, I는 정보 내용, b는 사용되는 로그의 밑(base)을 나타내며 (일반적으로 b=2일 때 비트, b=10일 때 덴스, b=e일 때 네트(nat)로 사용됩니다). 비트는 가장 일반적인 밑(base)입니다.

수식 7-1. 임의의 변수에 대한 정보량

$$\mathscr{H}(X) \doteq \mathbb{E}[I(X)] = -\sum_{x \in X} p(x) \log_b p(x)$$

예를 들어, 동전은 두 가지 상태를 가지고 있으며 (모서리에 떨어지지 않는다고 가정할 경우), 이 두 가지 상태는 0과 1로 인코딩될 수 있습니다. 따라서 동전이 가지고 있는 정보의 양은 비트로 측정되는 엔트로피로써, 한 개입니다. 주사위는 여섯 가지 가능한 상태를 가지므로, 이 모든 상태를 설명하기 위해 세 개의 비트가 필요합니다 (실제 값은 2.5849... 입니다).

확률론적 최적 제어의 한 가지 해결책은 확률적 정책(stochastic policy)입니다. 행동-확률 분포의 정확한 표현을 위해서는 충분한 상태와 행동을 샘플링해야 합니다. 상태와 행동을 방문한 횟수를 측정할 수도 있지만("ϵ-greedy 알고리즘 개선하기"), 이는 정책과 직접적으로 연결되어 있지 않습니다. UCB는 탐색 전략으로서 정책의 일부가 아닙니다. 대신, 엔트로피와 같은 정책의 분포가 얼마나 잘 형성되었는지를 나타내는 대리 측정치를 사용하여 이를 목적 함수에 벌칙 항으로 포함시킬 수 있습니다.

7.2 최대 엔트로피 강화학습

정책의 엔트로피를 최대화하는 것은 에이전트가 모든 상태와 행동을 방문하도록 유도합니다. 보상을 최대화하는 결정론적 행동을 찾는 대신, 정책은 모든 행동을 학습할 수 있습니다. 다시 말해, 과제를 수행하는 가장 좋은 방법을 학습하는 대신, 엔트로피 항은 에이전트가 문제를 해결하는 다양한 방법을 학습하도록 유도합니다. 이로 인해 정책은 직관적으로 탐험할 수 있으며, 적대적 공격(예: 벽돌을 던져 로봇을 공격하는 행위)에 대해 더 견고한 행동을 제공할 수 있습니다. 재미있는 비디오는 PPO 블로그 포스트(링크:https://oreil.ly/ckDQo)에서 확인할 수 있습니다. 이에 대해 더 자세히 다루는 내용은 10장에서 설명하고 있습니다.

수식 7-2는 최대 엔트로피 강화학습의 목적 함수를 보여줍니다. 여기서 α는 하이퍼파라미터이며 (온도라고도 불림으로 엔트로피의 열역학적 정의와 관련이 있습니다), 엔트로피 항과 보상 간의 상대적 중요성을 결정하며 최적 정책의 확률성을 조절합니다.

수식 7-2. 최대 엔트로피 목적 함수

$$\pi^* \doteq \underset{\pi}{\operatorname{argmax}} \sum_{s \in \mathcal{S}, a \in \mathcal{A}} \mathbb{E}\left[r + \alpha \mathcal{H}(\pi(a \mid s))\right]$$

수식 7-2는 최적 정책을 반환에 엔트로피 정규화를 적용하여 최대화하는 정책으로 정의한다고 설명합니다. 이는 최적 정책의 표준적인 정의와 유사하지만 확정적 정책 기울기의 정반대인 비결정적 정책을 촉진하기 위한 보너스가 추가되었습니다.

이 방법의 성능은 문제에 따라 다릅니다. 하나의 최적 궤적만 있는 이산화된 문제에서는 에이전트가 최적 정책에서 벗어나지 않을 것이라 기대하지 않는 경우에는 확정적 정책이 좋은 선택일 수 있습니다. 그러나 최적 정책에서 벗어날 가능성이 있는 연속 문제에서는 이 방법이 더 나은 선택일 수 있습니다.

α 하이퍼파라미터를 사용하여 보너스의 크기를 조절할 수 있습니다. 0에 가까운 값은 결정적이며, 큰 값은 결정되지 않은 행동과 따라서 더 많은 탐험을 촉진합니다.

7.3 소프트 액터-크리틱(Soft Actor-Critic, SAC)

소프트 액터-크리틱(Soft Actor-Critic, SAC) 알고리즘은 최대 엔트로피 목적 함수의 오프-플리시 정책 기울기 근사법입니다.[1] "소프트"라는 용어는 알고리즘 내의 비결정적 요소를 강조하기 위해 사용됩니다. 엔트로피 항이 없는 표준 벨만 방정식은 "하드"로 간주될 수 있으므로 Q-러닝과 DDPG는 "하드" 알고리즘에 해당합니다.

Haarnoja 등은 앞선 논문에서 제시한 액션-가치 함수의 소프트 근사치로 크리틱을 정의합니다.[2] 상태의 가치는 행동 가치에 해당 상태의 엔트로피에 대한 보너스를 더한 값이라는 것을 수식 7-2를 따라 수식 7-3에서 보여줍니다. 이 책의 나머지 부분과 표기법을 일치시키기 위해 표기법을 간소화하였으며, 수식 7-3은 정책을 따른다고 가정하지만 이를 숨기고 수학을 더 쉽게 이해할 수 있도록 했습니다. V와 Q는 각각 상태 가치 함수와 행동 가치 함수를 나타냅니다.

수식 7-3. 최대 엔트로피 상태-가치 함수

$$\begin{aligned} V(s) &= \mathbb{E}\left[Q(s,a) + \alpha\mathscr{H}(\pi(a \mid s))\right] \\ &= \mathbb{E}\left[Q(s,a) - \alpha \log \pi(a \mid s)\right] \end{aligned}$$

수식 7-3과 수식 7-4을 사용하여 동적 프로그래밍에서 해당하는 액션 가치 함수를 나타냅니다.

수식 7-4. 최대 엔트로피 행동-가치 함수

$$Q(s,a) \doteq \mathbb{E}[r + \gamma\mathbb{E}[V(s')]]$$

복잡한 상태 공간을 처리하기 위해, 수식 7-4를 근사화하기 위한 함수를 학습할 수 있습니다. 이를 위해 목적 함수(수식 7-5)가 필요합니다.

수식 7-5. 최대 엔트로피 행동-가치 목적함수

$$\begin{aligned} J_Q(\theta) &= \mathbb{E}\left[\frac{1}{2}\left(Q_\theta(s,a) - Q(s,a)\right)^2\right] \\ &= \mathbb{E}\left[\frac{1}{2}\left(Q_\theta(s,a) - \left(r + \gamma\mathbb{E}\left[V_\theta(s')\right]\right)\right)^2\right] \end{aligned}$$

수식 7-4의 기울기를 유도할 수 있지만, SAC 구현은 일반적으로 딥러닝 라이브러리에 포함된 자동 미분 프레임워크를 활용합니다. 그 다음으로는 액터의 정책과 유사한 목적 함수가 필요합니다. 소프트 정책 기울기를 해석적으로 유도하는 것도 가능합니다.[3]

하지만 Haarnoja 등은 Kullback-Leibler (KL) 발산을 최소화하기로 선택했습니다. 이는 Liu와 Wang가 개발한 변분 기울기 하강법이 KL 발산의 기울기에 대한 해석적인 솔루션을 제공하기 때문입니다.[4] 이는 이 책의 범위를 벗어나는 유도 방법입니다. Haarnoja 등은 이 기법을 소프트 정책에 적용하여 수식 7-6에 나타난 정책 목적 함수를 얻을 수 있었으며, 이는 자동 미분을 사용하여 해결할 수 있습니다.

수식 7-6. SAC 정책 목적 함수

$$J_\pi(\phi) = \mathbb{E}\left[\alpha \log\left(\pi_\phi(a \mid s)\right) - Q_\theta(s, a)\right]$$

7.3.1 SAC 구현 세부사항과 이산 행동 공간

구현에는 유의해야 할 세부사항이 있습니다. 첫째로, 성능은 온도 매개변수의 선택에 매우 민감합니다. 각 문제에 가장 적합한 온도를 찾기 위해 하이퍼파라미터 스캔을 수행해야 합니다. 둘째로, 온도 하이퍼파라미터에 대한 민감성으로 인해 보상의 스케일에도 민감합니다. 예를 들어, 큰 보상은 작은 온도 값에 압도적인 영향을 미칠 수 있습니다. 보상의 스케일을 조정하여 이를 완화할 수 있습니다. 이 두 가지 문제는 다음 알고리즘에서 해결됩니다.

마지막으로, Haarnoja 등은 가우시안 행동을 가정하며, 이는 문제를 해결하기 쉽게 만들어 줍니다(리파라미터화 트릭(reparameterizatin trick)이라고도 함) 및 연속적인 행동 공간에서 작동할 수 있도록 합니다.[5] SAC은 기본적으로 이산 행동 공간에서 작동하지 않습니다.

Christodoulou가 제안한 SAC 알고리즘에서는 이산 행동을 사용하여 최대 엔트로피 문제를 다시 정의합니다.[6] 여기서의 차이점은 미미합니다. 왜 DQN과 같은 방법 대신에 정책 기울기 알고리즘을 사용하는지 궁금할 수 있습니다. 이산 행동 공간에서 SAC의 주요 장점은 학습 성능 측면에서 가치 기반 방법과 경쟁할 수 있으면서도 하이퍼파라미터 조정이 필요하지 않는다는 것입니다. SAC은 자동으로 온도를 조정하는 후속 알고리즘을 통해 이를 구현합니다.

7.3.2 자동 온도 매개변수 조정

Haarnoja 등의 후속 논문에서는 SAC 온도 매개변수를 자동으로 조정하는 방법을 제시했습니다. 이를 위해 문제를 벌칙이 아닌 제약 조건으로 변환합니다. 현재 정책을 솔루션의 최소 엔트로피보다 높은 엔트로피를 갖도록 제약합니다. 그런 다음 현재 정책의 엔트로피와 예상 엔트로피 사이의 차이를 최소화하기 위해 온도 매개변수 모델을 반복적으로 업데이트할 수 있다는 것을 발견했습니다. 이는 수식 7-7에 나와 있습니다. 여기서 α는 온도 매개변수이고 $\mathcal{H}$는 예상 엔트로피로, 이는 행동의 개수의 음수와 같습니다($\mathcal{H} \doteq -\dim(A)$).[7]

수식 7-7. SAC 온도 매개변수 목적 함수

$$J_\alpha = \mathbb{E}[-\alpha \log(\pi(a \mid s)) - \alpha\overline{\mathscr{H}}]$$

Haarnoja 등은 이 기능을 추가하여 원래의 SAC 알고리즘을 하이퍼파라미터 없는 off-policy 정책 기울기 알고리즘으로 전환했습니다. 이는 개발자의 편향을 완화하고 개발 속도를 높이면서도 최신 기술 성능을 제공하는 매력적인 특징입니다. 물론 여전히 조정해야 할 부분이 있습니다: 신경망 구조, 상태 엔지니어링, 행동 클래스 등이 그 예입니다. 하지만 이는 옳은 방향으로 나아가는 한 걸음입니다.

7.3.3 연구 사례: 자동화된 교통 관리를 통한 대기 줄 감소

교통 체증에 접근하는 차량들이 다가올 때 승객들 사이에서 동시에 나오는 싱크로나이즈된 탄식보다 더 보편적인 것은 없습니다. 공사 구역과 사고로 인한 병목은 혼잡과 사고의 가장 중요한 원인 중 하나입니다. "스마트" 고속도로는 사용자들이 언제 열린 차선으로 합류해야 하는지 알려줌으로써 밀집된 차량 흐름의 평균 속도를 향상시키기 위해 노력합니다. 적응형 크루즈 컨트롤과 같은 자동 주행 기술의 최근 발전은 앞차와의 속도를 조절하여 차량이 작은 간격을 유지하면서 높은 속도로 주행할 수 있게 합니다. 하지만 이는 다른 차선이나 뒤에 위치한 차량들에 대한 정보를 활용하지 않습니다. 미래에는 차량들이 더 많은 지역 정보에 접근할 수 있게 되어 차량들이 협업할 수 있을 것입니다. 차량들이 협업할 수 있다면, 강화학습을 사용하여 전역적으로 최적의 정책을 유도하여 속도와 밀도를 높여 혼잡과 사고의 수를 줄일 수 있습니다.

Ren, Xie, 그리고 Jiang은 이 문제를 해결하기 위해 강화학습 접근 방식을 개발했습니다. 그들은 먼저 도로를 구역으로 분할하고, 그 중 하나는 차량들이 열린 차선으로 합류해야 하는 병합 구역입니다. 이전 구역에서는 차량이 속도를 높이거나 낮출 수 있어 열린 차선의 교통과 조율할 수 있습니다.[8]

MDP의 상태는 해당 구역 내의 속도와 가속도 행렬, 그리고 통제되는 차량에 대한 지역 정보로 구성됩니다. 이 정보는 컨볼루션, 완전 연결 및 순환 요소를 포함한 복잡한 신경망에 입력됩니다. 행동은 안전한 간격 내에서 차량의 속도를 조절하는 것입니다. 제어 구역 내에 현재 있는 모든 차량에 대해 반복적으로 수행됩니다. 보상은 복잡하지만, 성공적인 합류(사고 없이 안전한 거리로)와 속도 증가를 촉진하도록 목표로 합니다. 저자들은 연속적인 행동, 오프-폴리시 샘플 효율성 및 탐사 과정에서의 안정성을 고려하여 알고리즘으로 SAC를 선택했습니다.

이러한 수식을 VISSIM이라는 교통 시뮬레이션 도구에서 시뮬레이션하여 일반적인 도로 표지판 기반의 합류 전략과 비교했습니다. 이 전략은 차량에게 일찍 또는 늦게 합류하도록 지시합니다.

강화학습 솔루션은 기본 알고리즘에 비해 이동성을 크게 개선하며, 지연 시간을 한 차수 줄입니다. 또한, 기본 알고리즘이 위험한 역행 충격파를 유발하는 반면 강화학습 솔루션은 안정적이고 밀도가 낮은 상태로 큐를 유지하므로 훨씬 안전합니다.

인상적인 결과에도 불구하고, 여기에는 개선할 여지가 많습니다. 첫째, 이것은 시뮬레이션입니다. 실제 결과가 있으면 좋았을텐데, 하지만 이와 같이 잠재적으로 위험한 환경에서 개발하는 것은 매우 어려운 일임을 경험적으로 알고 있습니다. 또한, 더 현실적인 관측이 필요합니다. 예를 들어, 차량 위치와 지역 정보는 비디오 카메라에서 유추할 수 있습니다. 차량이나 오라클이 주변 차량에 대해 완벽한 지식을 가지고 있다고 가정할 필요가 없습니다. 마지막으로, 상대적으로 간단한 상태 공간에 대해 정책 모델의 복잡성이 우려됩니다. 이렇게 복잡함이 필요하지 않으며, 상태 표현은 위임되어야 한다고 생각합니다. 실제로 적절한 간격에 맞는 속도를 선택하기 위한 정책 자체는 꽤 간단히 학습될 수 있다고 확신합니다.

7.4 최대 엔트로피 방법들의 확장

SAC는 즉시 사용 가능한 간단하고 성능 좋은 off-policy 알고리즘을 제공하지만, 다른 알고리즘과 마찬가지로 연구자들은 최대 성능을 찾기 의해 계속해서 개선을 제안하고 있습니다. 하지만 이러한 개선사항이 특정 문제에 대해 반드시 더 나은 성능을 보장하는 것은 아닙니다. 따라서 이러한 개선사항을 테스트해 보아야 합니다.

7.4.1 다른 엔트로피 측정 방법들(그리고 앙상블)

섀넌 엔트로피는 엔트로피를 측정하는 한 가지 방법에 불과합니다. SAC에서 정책에 제약을 가하고 유망하지 않은 행동을 선호하거나 무시하는 방식을 변경하는 다른 형태의 엔트로피도 존재합니다. Chen과 Peng은 Tsallis 및 Rényi 엔트로피를 시도하고 이러한 방식이 기준선 알고리즘의 성능을 개선하는 것을 발견했습니다.[9] 또한, 다중 정책 앙상블을 사용하여 여러 정책을 동시에 훈련시키는 방법을 보여주었습니다. 각 새로운 에피소드마다, 에이전트는 이 앙상블에서 무작위 정책을 사용하여 행동을 선택합니다. 이 접근 방식은 탐사를 개선하기 위해 부트스트랩 DQN에서 유래되었습니다 (“탐험 개선하기” 참조).

7.4.2 더블 Q-러닝의 상한값을 사용한 낙관적 탐험(Optimistic Exploration)

더블 Q-러닝이 행동 가치 추정치의 하한을 공식화하는 것과 유사하게, Ciosek 등은 낙관적인 상한 값을 타겟 정책으로 제안합니다. 이 때, 행동 가치 추정치는 보상을 과대평가하는 상한 값을 사용하며, 탐험을 유도하기 위해 엔트로피 항이 포함된 기존 SAC와 유사한 형태를 가지게 됩니다. Ciosek 등은 이 접근 방식이 하한에 의한 비관적인 탐색 부족을 방지하는 데 도움이 된다고 제안하였습니다.[10] 실험적으로, 표준 MuJoCo 환경에서의 결과는 개선되었으나 극적으로 큰 차이는 나타나지 않았습니다. 따라서, 에이전트가 충분히 탐험하기 어려운 환경에서 이 접근 방식을 고려해볼 수 있습니다.

7.4.3 경험 재생(Experience Replay)의 조정

우선순위 기반 경험 재생(Prioritized Experience Replay)은 학습에 영향을 미치는 학습 경험의 선택 방식입니다. Wang과 Ross는 최근 경험을 과잉 샘플링함으로써 SAC의 성능을 일관되게 향상시킬 수 있다는 것을 입증했습니다.[11] 이것은 간단한 추가이며 시도해볼 가치가 있지만, Catastrophic Forgetting(중대한 망각)에 주의해야 합니다("경험 재생" 참조). 이는 에이전트가 이전의 경험을 잊어버리는 현상입니다. 큰 재생 버퍼는 이러한 현상을 완화시킵니다.

7.4.4 부드러운 정책 기울기

엔트로피를 측정하여 처벌하는 대신에 왜 엔트로피에 영감을 받은 부드러운 정책 기울기를 유도하지 않을까요? Shi, Song, Wu는 부드러운 정책 기울기 방법을 소개했는데, 이 방법은 보고된 바에 의하면 SAC보다 원리적이고 안정적입니다.[12]

Shi 등은 강화학습의 최대 엔트로피 정의를 취하고, 정책을 미분하여 간단하게 기울기를 계산하는 방법을 제시했습니다(수식 7-8 참조). 이는 자동 미분 프레임워크를 사용하는 것보다 효과적이며, 기울기를 직접 관찰하고 조작할 수 있기 때문에 기울기를 직접 클리핑하는 것과 같은 과격한 업데이트 방식을 방지하기 위해 신뢰 영역 최적화를 적용하는 것보다 더 나은 안정성을 제공합니다. 이로 인해 더 간단한 구현과 더 나은 안정성이 가능합니다. 앞으로 이 방법이 "기본" 최대 엔트로피 해석이 될 가능성이 있다면 놀라지 않을 것입니다.

수식 7-8. 심층 부드러운 정책 기울기

$$\nabla J_\pi(\phi) = \mathbb{E}\left[\left(Q_\theta(s,a) - \log \pi(a \mid s) - 1\right)\nabla_\phi \log \pi(a \mid s)\right]$$

7.4.5 부드러운 Q-러닝(Soft Q-Learning)과 그 유도

최대 엔트로피 강화학습은 Q-러닝에도 적용할 수 있습니다. Haarnoja 등은 엔트로피 기반 가치 및 행동 추정치를 유도할 수 있다는 것을 처음으로 보였습니다.[13] 다른 연구자들은 동일한 아이디어를 적용하여 얻은 이득 함수를 계산하는 데에도 효과적으로 작동하는 것을 발견했습니다.[14] 저는 이러한 추정치를 PPO와 같은 다른 알고리즘에 통합한다면 긍정적인 결과를 가져올 수 있을 것이라고 상상할 수 있습니다.

7.4.6 경로 일관성 학습(Path Consistency Learning)

경로 일관성 학습(Path Consistency Learning, PCL)은 Nachum 등이 제안한 알고리즘으로, SAC와 관련이 있습니다. PCL은 엔트로피가 탐색을 장려한다는 사실을 인식하고, 부드러운 상태 및 행동 가치 함수를 부드러운 Q-러닝과 유사하게 도출합니다. 그러나 PCL은 롤아웃을 사용하는 n-스텝 알고리즘과 관련하여 연구를 진행하며, 보정(예를 들어, 중요도 샘플링) 없이도 작동하는 n-스텝 off-poliocy 알고리즘을 도출합니다.[15] 이후의 논문에서는 KL 발산 기반의 신뢰 영역 방법인 Trust-PCL을 구현하였고, 이 방법이 TRPO보다 우수한 성능을 보였습니다.[16] 이는 심층 학습과 off-policy 샘플링 기술을 사용하더라도 기본적인 시간차 알고리즘에 개선을 적용할 수 있다는 점을 강조합니다. 그러나 여전히 SAC가 PCL 방법보다 훨씬 우수한 성능을 보이는 경향이 있습니다.

7.5 성능 비교: SAC vs PPO

연속 제어 작업에 대해 PPO 또는 SAC 중 어느 알고리즘이 더 좋은지에 대한 질문은 강화학습에서 주로 논의되는 주제 중 하나입니다. 일반적으로는 SAC 및 SAC의 확장 버전 알고리즘들이 PPO보다 성능이 더 좋다고 인정받고 있습니다. 그러나 이 문제는 그렇게 명확하지 않습니다. 앞서 말한 것처럼, 연구자들은 성능을 다양한 방식으로 측정하며, 구현 세부 사항이 성능에 큰 영향을 미칩니다.[17] 이 섹션에서 주된 문제는 연구자들이 대부분 학습 곡선의 원시 값들을 게시하지 않는다는 점입니다. 그리고 종종 그들은 표가 아닌 그림으로만 결과를 보고합니다. 이로 인해 논문 간의 결과를 비교하기가 매우 어려워집니다.

표 7-1은 논문과 구현의 결과 샘플을 보여줍니다. 모든 결과는 100만 스텝에서 측정되었으며, (†)는 150만 스텝에서 측정되었습니다. (*)는 결과 이미지만 게시했으므로 이미지를 기반으로 성능을 추정했습니다.

표 7-1 연속적인 행동 공간 환경에서 SAC와 PPO 성능 비교

Environment	SAC[a]	SAC[b]	SAC†[c]	SAC-auto*[d]	PPO[e]	PPO†[f]	SAC-auto[g]	PPO[h]
MuJoCo Walker	3475	3941	3868	4800	3425	3292		
MuJoCo Hopper	2101	3020	2922	3200	2316	2513		
MuJoCo Half-cheetah	8896	6095	10994	11000	1669			
MuJoCo Humanoid	4831		5723	5000	4900	806		
MuJoCo Ant	3250	2989	3856	4100				
MuJoCo Swimmer			42		111			
AntBulletEnv-v0							3485	2170
BipedalWalker-v2							307	266
BipedalWalkerHardcore-v2							101	166
HalfCheetahBulletEnv-v0							3331	3195
HopperBulletEnv-v0							2438	1945
HumanoidBulletEnv-v0							2048	1286
InvertedDoublePendulumBulletEnv-v0							9357	7703
InvertedPendulumSwingupBulletEnv-v0							892	867
LunarLanderContinuous-v2							270	128
MountainCarContinuous-v0							90	92
Pendulum-v0							-160	-168
ReacherBulletEnv-v0							18	18
Walker2DBulletEnv-v0							2053	2080

[a] Haarnoja, Tuomas, Aurick Zhou, Pieter Abbeel, and Sergey Levine. 2018. "Soft Actor-Critic: Off-Policy Maximum Entropy Deep Reinforcement Learning with a Stochastic Actor". ArXiv:1801.01290, August.

[b] Wang, Tingwu, Xuchan Bao, Ignasi Clavera, Jerrick Hoang, Yeming Wen, Eric Langlois, Shunshi Zhang, Guodong Zhang, Pieter Abbeel, and Jimmy Ba. 2019. "Benchmarking Model-Based Reinforcement Learning". ArXiv:1907.02057, July.

[c] Wang, Che, and Keith Ross. 2019. "Boosting Soft Actor-Critic: Emphasizing Recent Experience without Forgetting the Past". ArXiv:1906.04009, June.

[d] Haarnoja, Tuomas, Aurick Zhou, Kristian Hartikainen, George Tucker, Sehoon Ha, Jie Tan, Vikash Kumar, et al. 2019. "Soft Actor-Critic Algorithms and Applications". ArXiv:1812.05905, January.

[e] Dhariwal, Prafulla, Christopher Hesse, Oleg Klimov, Alex Nichol, Matthias Plappert, Alec Radford, John Schulman, Szymon Sidor, Yuhuai Wu, and Peter Zhokhov. 2017. OpenAI Baselines. GitHub Repository.

[f] Logan Engstrom et al. 2020. "Implementation Matters in Deep Policy Gradients: A Case Study on PPO and TRPO". ArXiv: 2005.12729, May.

[g] Raffin, Antonin. (2018) 2020. Araffin/Rl-Baselines-Zoo. Python. https://oreil.ly/H3Nc2

[h] Raffin, Antonin. (2018) 2020. Araffin/Rl-Baselines-Zoo. Python. https://oreil.ly/H3Nc2

먼저 주목할 점은 결과의 분산입니다. 일부 SAC 구현 및 실험은 다른 것보다 훨씬 성능이 낮습니다. 이 경우 더 나쁜 하이퍼파라미터 튜닝이 성능을 악화시킨 것으로 추측됩니다. 이것이 자동 온도 변형 SAC이 매우 중요한 이유입니다. 이를 통해 튜닝 없이도 좋은 결과를 얻을 수 있습니다. 모든 숫자를 살펴보면, 대부분의 경우 SAC이 MuJoCo 환경에서 PPO보다 우수한 성능을

보입니다. 오픈 소스인 PyBullet의 결과를 살펴보면, 전반적으로 자동 온도 SAC이 더 나은 결과를 보이지만 성능이 유사한 많은 환경도 있습니다. 그러나 이러한 숫자들만으로는 전체적인 이야기를 전달해주지는 않습니다.

이것들은 알고리즘이 계속 훈련을 진행할 경우 성능이 계속 향상될지 여부를 알려주지 않습니다. 또한 이는 평균 성능을 나타내는 것이며, 훈련 실행의 안정성에 대한 정보를 제공하지 않습니다. 앞서 몇 차례 권장한 대로, 특정 문제에 대해 항상 알고리즘과 구현을 직접 다시 테스트하여야 합니다. 여러분의 결과가 게시된 기준과 일치하지 않을 수 있습니다.

7.6 어떻게 엔트로피가 탐험을 장려시킬까?

최대 엔트로피 강화 학습은 어떻게 응용될까요? 수식 7-2는 상태 내의 행동 엔트로피에 비례하는 추가적인 보너스를 추가함으로써, 에이전트가 실제 보상보다 높은 인공적인 보상을 관찰하게 됩니다. 이 추가 보상의 양은 온도 값과 행동 엔트로피에 의해 정의됩니다.

사탕 가게에서 어린이를 상상해보세요. 엔트로피를 사용하여 사탕의 기대감을 측정할 수 있습니다. 더 많은 선택지는 더 큰 즐거움을 의미합니다. 가게의 중앙에선 아이는 수백 가지 다른 방향으로 이동하여 새로운 사탕을 얻을 수 있습니다. 그러나 문이 있는 가장자리에서는 선택할 수 있는 사탕이 몇 개 없습니다. 엔트로피는 아이가 상점 중앙쪽으로 이동하면 더 많은 선택지가 생기리라고 제안합니다.

보상과 엔트로피 보너스를 결합하여 엄격히 최적인 행동을 촉진하는 것은 모든 상태가 적절하게 샘플링되도록 도와줍니다.

이를 설명하기 위해, 목표가 오른쪽 위 구석에 있는 간단한 그리드 환경을 만들었습니다. 에이전트는 어디든 움직일 수 있으며 (대각선 포함), 목표에 도달하면 드물게 보상 1이 주어집니다. 에피소드는 에이전트가 100번의 단계 내에 목표에 도달하지 못한 경우 0의 보상으로 끝납니다.

기준으로 ϵ-greedy Q-러닝 에이전트를 사용했습니다. 그림 7-1은 행동 가치를 픽셀로 표시한 결과를 보여줍니다. 흰색은 높은 행동 가치를, 검은색은 낮은 행동 가치를 나타냅니다. 화살표는 정책에 대한 최적 경로 (탐험 없음)를 나타냅니다. 최적의 경로를 찾았지만 단계 수 면에서는 최적이 아니며 (기억하세요, 저는 단계에 대한 벌칙을 주지 않고 탐험은 난수 시드에 의존합니다), 에이전트는 다른 상태 영역을 탐험하지 않았습니다. 에이전트의 시작 위치를 변경하면 목표로의 길을 찾을 수 없습니다. 이는 강건한 정책이 아닙니다.

SAC의 성능에 큰 영향을 주는 간단한 개선 방안 중 하나는 무작위 샘플링 대신 행동 가치를 분포로 사용하는 것입니다. 행동 가치를 확률로 변환하기 위해 소프트맥스 함수를 사용하여 이러한 기초적인 확률적 접근 방식을 Q-러닝 알고리즘에 적용하면, 탐색이 크게 개선되는 것을 그림 7-2에서 확인할 수 있습니다. 각 상태에 대해 가장 가능성 있는 행동을 화살표로 표시하며, 방향과 크기는 행동 가치의 가중 조합에 따라 결정됩니다. 방향 화살표들이 모두 최적 경로를 가리키는 것을 주목하세요. 따라서 에이전트가 어디에서 시작하든지 항상 목표에 도달할 수 있는 강건한 정책이 됩니다. 이 정책은 이전 에이전트보다 훨씬 강건하며 이전 에이전트보다 더 많은 상태 공간을 탐색했습니다.

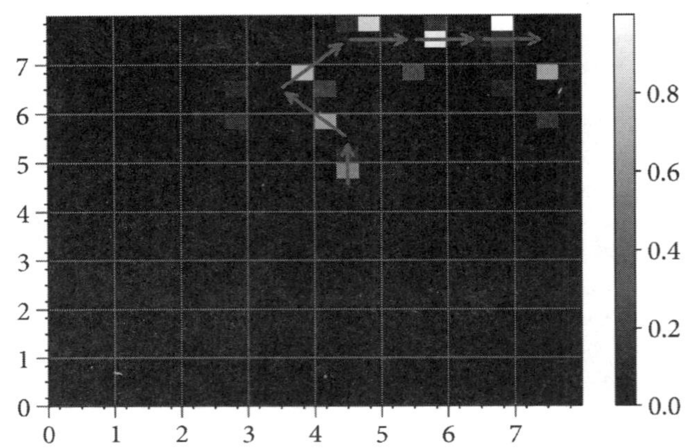

그림 7-1 그리드 환경에서 ϵ-greedy Q-러닝 에이전트의 결과. 픽셀은 행동 가치를 나타내고, 그리드는 상태를 나타낸다. 화살표는 현재 정책에 따른 최적의 경로를 나타낸다.

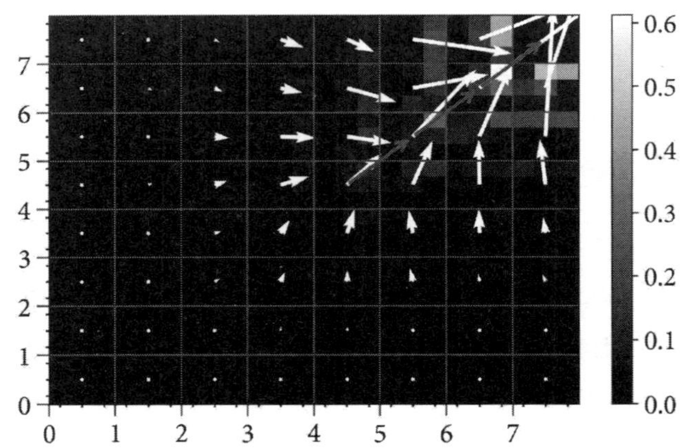

그림 7-2 그리드 환경에서 단순한 확률론적인 softmax 기반의 Q-러닝 에이전트의 결과. 픽셀과 그리드는 그림 7-1과 같으며, 상태 화살표는 가장 확률이 높은 행동을 나타내며, 방향과 크기는 행동 가치에 가중치를 적용한 것입니다.

> 강인한 정책의 성능은 어려움에 직면했을 때 유연하게 저하되어야 합니다. 최적 경로 주변에 미탐험 영역이 있는 정책은 작은 편차라도 정책이 정의되지 않는 상태로 이어질 수 있기 때문에 강인하지 않습니다.

그다음으로 부드러운 Q-러닝(7장의 "부드러운 Q-러닝과 그 유도" 참조)을 구현하고 온도 매개변수를 0.05로 설정했습니다. 결과는 그림 7-3에서 확인할 수 있습니다. 최적 정책은 그다지 놀라운 것은 아니지만, 일반적으로 올바른 방향을 가리킵니다. 그러나 자세히 살펴보면, Q-러닝 측의 행동 가치와 방향 화살표는 작거나 없습니다. 부드러운 Q-러닝은 최적 경로 이외의 상태를 방문했습니다. 또한, 부드러운 Q-러닝의 경우 행동 가치가 더 큰 부분이 이미지의 중심으로 이동한 흰색 색상을 볼 수 있습니다. 이는 캔디 가게 예시로 설명할 수 있습니다. 엔트로피는 가장 많은 선택지를 가진 상태를 촉진하기 때문입니다.

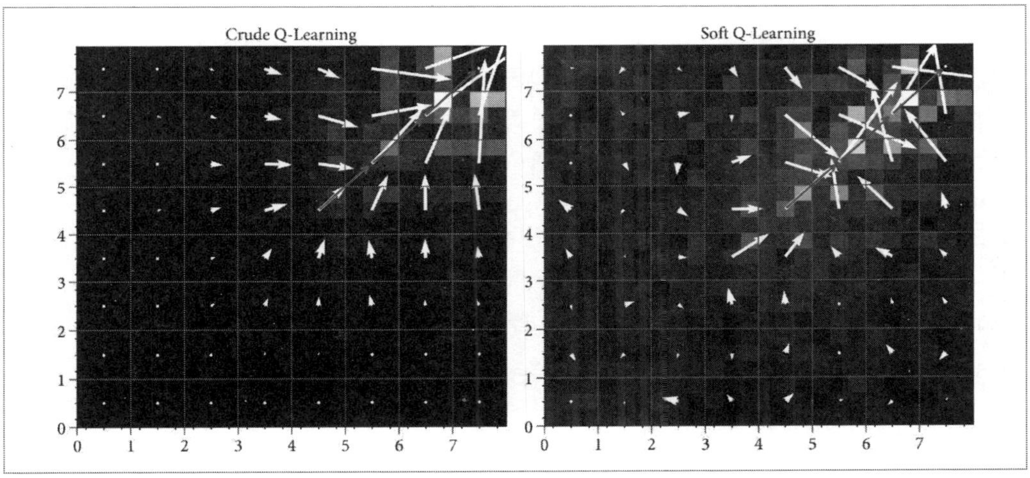

그림 7-3 그림 7-2와 같은 설정으로 대략적인 확률론적 Q-러닝(Crude Q-Learning)과 부드러운 Q-러닝(Soft Q-Learning)을 비교

그림 7-4에서와 같이 각 에이전트가 각 동작을 방문한 횟수를 추적하면 Q-러닝 에이전트의 탐험 부족이 더욱 두드러지게 나타납니다. 부드러운 Q-러닝 에이전트는 상태를 더 균일하게 샘플링한 것을 볼 수 있습니다. 이것이 왜 엔트로피가 보다 복잡한 상태 공간에서의 탐색을 돕는지를 설명해줍니다.

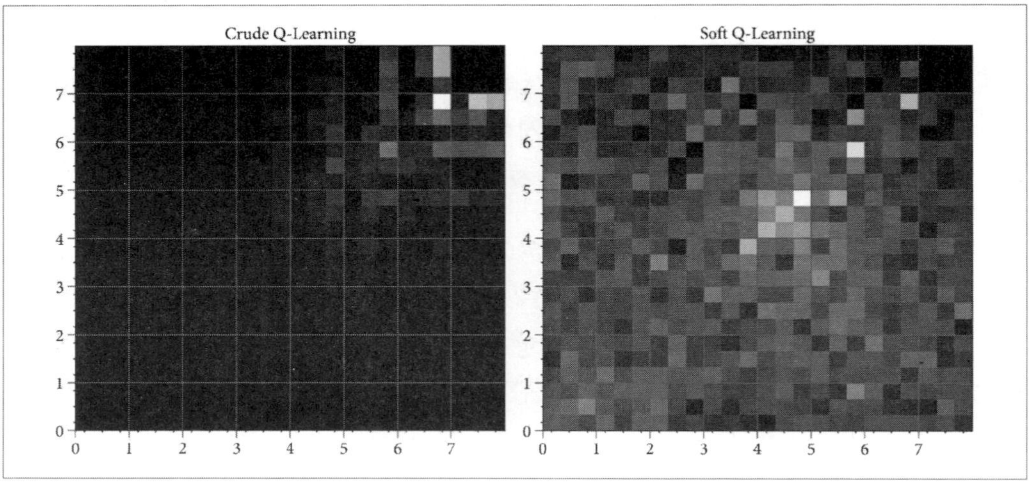

그림 7-4 두 에이전트에 대한 행동-가치 상호 작용 수. 색상은 에이전트가 각 작업을 방문한 횟수를 나타냅니다.

7.6.1 온도 매개변수는 탐험을 어떻게 변화시킬까?

부드러운 Q-러닝(Soft Q-Learning, SQL) 또는 SAC 알고리즘은 온도 매개변수에 매우 의존적입니다. 이는 탐험의 양을 제어하며, 엔트로피를 지나치게 가중하면 에이전트는 목표 달성보다는 탐색에 대해 더 높은 보상을 받게 됩니다!

이 문제에는 두 가지 해결책이 있습니다. 가장 간단한 방법은 단조화(annealing)입니다. 시간이 지남에 따라 온도 매개변수를 감소시킴으로써 에이전트를 초기에는 탐험하도록 유도하고, 나중에는 현재까지 학습한 바를 따라서 행동 가치가 제일 높은 행동을 선택하도록 만듭니다. 두 번째 접근 방식은 온도 매개변수를 자동으로 학습하는 것인데, 이것이 대부분의 SAC 구현에서 사용됩니다.

그림 7-5의 실험에서는 더 많은 탐험을 유도하기 위해 온도 값을 증가시켰습니다. 행동 가치의 크기로부터 보면, 엔트로피 항이 너무 커져서 보상(값이 1)을 압도합니다. 따라서 최적의 정책은 엔트로피가 가장 높은 상태인 가운데 있는 상태로 이동하는 것입니다(마치 사탕 가게에서와 같습니다).

이 문제를 해결하기 위해 온도를 시간이 지남에 따라 감소시켜 목표지향적으로 움직일 수 있습니다. 그림 7-6의 실험에서는 온도 매개변수를 0.5에서 0.005로 줄여나갑니다. 원래의 SAC 논문에서도 단조화가 사용되었음을 유의하십시오.

이 실험은 단조화가 초기 에피소드에서 에이전트의 탐색을 도움으로써 복잡한 환경에서 유용하다는 것을 보여줍니다. 온도의 변화로 인해 에이전트는 Q-러닝과 유사한 특성을 보이며 최적의 정책을 찾아갑니다.

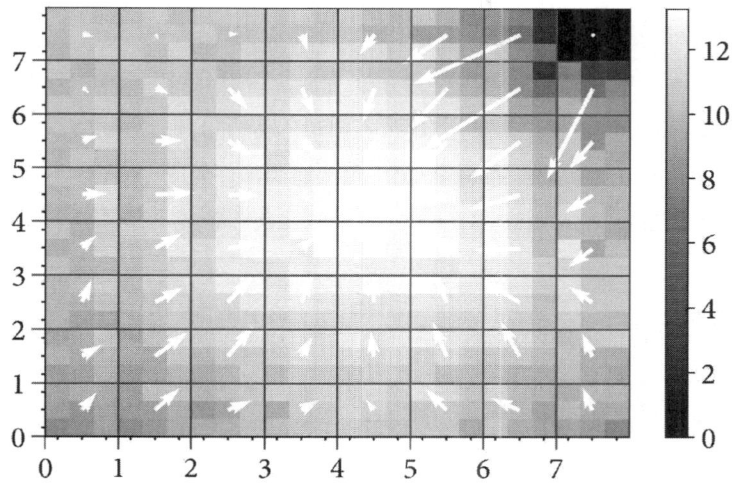

그림 7-5 소프트 Q-러닝 에이전트에서 온도 매개변수를 1로 설정. 효과를 강조하기 위해 에피소드 수를 500개로 늘렸습니다. 다른 모든 설정은 그림 7-3과 같습니다.

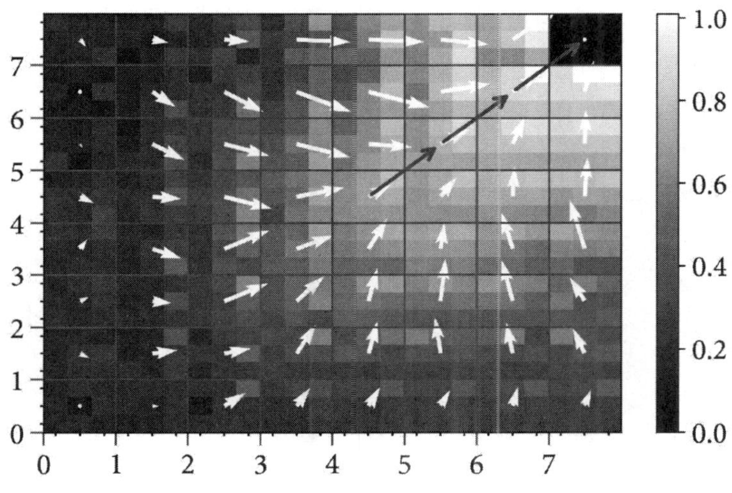

그림 7-6 부드러운 Q-러닝의 온도 매개변수를 0.5에서 0.005로 단조화. 나머지 설정은 그림 7-5와 같다.

하지만 시작, 중지, 그리고 단조화 속도 매개변수는 중요합니다. 이러한 매개변수를 환경에 맞게 신중하게 선택해야하며, 강건성과 최적성 사이의 트레이드오프를 고려해야합니다.

7.7 산업 적용 사례: 원격 차 운전 배우기

Donkey Car는 Raspberry Pi 기반의 오픈 소스 라디오 컨트롤 자동차로 시작되었으며, 단일 센서인 광각 비디오 카메라를 포함하도록 대담한 결정을 내렸습니다. 모든 제어는 하나의 이미지에서 파생되며, 이는 강화 학습에 큰 도전과 기회를 제공합니다. Donkey라는 이름은 기대치를 낮추기 위해 선택되었습니다. 그러나 이름에 속지 마세요. 이 간단한 하드웨어는 고급 머신러닝을 통해 생명을 얻습니다. Donkey Car 웹사이트에서 놀라운 결과를 살펴보고 자세히 알아보세요.

Donkey Car 애호가인 Tawn Kramer은 Unity 프레임워크를 기반으로 한 시뮬레이션 환경을 개발했습니다.[18] 이를 사용하여 새로운 자율주행 알고리즘을 빠른 개발 플랫폼으로 활용할 수 있습니다. 그리고 Stable Baselines 라이브러리의 핵심 기여자인 Antonin Raffin의 영감을 받아 직접 도전해 보기로 결심했습니다.[19] 이 예시에서는 SAC 기반의 강화 학습 접근 방식이 실용적인 정책을 생성한다는 것을 보여줍니다.

7.7.1 문제 정의

상태는 비디오 카메라를 통한 관측값으로 나타납니다. 비디오는 160×120 해상도를 가지며 8비트 RGB 컬러 채널을 갖습니다. 행동 공간은 속도 조절과 조향각을 입력으로 허용하는 것처럼 보이지만, 실제로는 간단합니다. 환경은 매 시간 단계마다 속도와 차선/트랙의 중앙에 머무름에 따라 에이전트에게 보상을 제공합니다. 자동차가 차선을 벗어나면 음의 보상을 받습니다. 목표는 가능한 빠른 시간에 코스의 끝에 도달하는 것입니다.

여러 개의 트랙이 있습니다. 가장 간단한 트랙은 명확하게 정의되고 일관된 차선을 갖는 사막 도로입니다. 가장 어려운 트랙은 경계가 명확하지 않은 장애물과 트랙을 통과해야 하는 도시 레이스 시뮬레이션입니다.

Unity 시뮬레이션은 바이너리로 제공됩니다. Gym 환경은 웹소켓을 통해 시뮬레이션에 연결되며, RL 기반의 경쟁 레이스를 지원하기 위해 다중 연결을 지원합니다.

7.7.2 훈련 시간 최소화

픽셀 기반 데이터를 다룰 때는 대부분의 학습 시간이 상태의 특징 추출에 소요됩니다. 이러한 프로젝트의 신속한 개발의 핵심은 문제를 분할하는 것입니다. 문제를 더 작은 단위로 분해할수록 개별 구성 요소를 개선하는 것이 더 빠르고 쉬워집니다. 픽셀에서 직접적으로 유용한 정책을 학습하는 것은 가능하지만, 개발 반복이 느려지고 비용이 많이 듭니다.

시작할 수 있는 가장 명백한 곳은 시각 부분을 분리하는 것입니다. 강화 학습 에이전트는 상태가 평탄화된 이미지인지 아니면 고수준 특성 집합인지 신경쓰지 않습니다. 그러나 성능은 특성이 얼마나 정보를 제공하는지에 영향을 받습니다. 정보를 더 많이 포함하는 특성은 더 빠른 학습과 더 견고한 정책을 만듭니다.

컴퓨터 비전 접근 방식으로는 이미지를 세분화하거나 트랙의 경계를 감지하는 것이 있을 수 있습니다. 투영 변환을 사용하면 도로의 전방 시야를 보정할 수 있습니다. 세분화 알고리즘이나 훈련된 세분화 모델을 사용하여 도로를 선택할 수 있습니다. 이미지에서 선을 찾기 위해 Hough 또는 Radon 변환을 사용하고, 물리적 가정을 사용하여 가장 가까운 차선을 찾을 수 있습니다. 더 많은 방법을 상상할 수 있을 것입니다. 목표는 관측 데이터를 더 많은 정보를 포함하도록 만드는 것입니다.

또 다른 (또는 상호 작용) 접근 방식은 오토인코더를 훈련시켜 특성의 수를 가장 정보성이 높은 특성으로 제한하는 것입니다. 이는 훈련 데이터셋의 이미지를 분해하고 재구성하기 위해 양상을 갖춘 합성곱 신경망을 사용하여 중간 단계의 작은 수의 뉴런이 이미지에 대한 필요한 모든 정보를 안정적으로 인코딩하도록 하는 것입니다. 이는 강화학습과 독립된 오프라인 과정입니다. 사전에 훈련된 저차원 표현은 강화학습의 관측값으로 사용됩니다.

그림 7-7과 7-8은 1,000개의 훈련 단계 후 변분 오토인코더를 사용하여 각각 원래 관측값과 재구성된 이미지를 보여줍니다. 이 단계에서 흐릿한 유사성이 나타남을 주목하세요.

그림 7-7 DonkeyCar 환경에서 1000번 째 훈련 스텝의 관찰 데이터

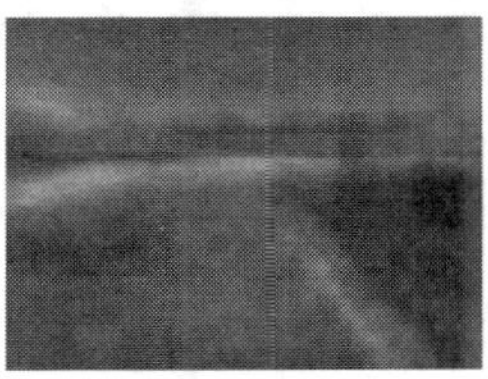

그림 7-8 DonkeyCar 환경에서 1000번 째 훈련 스텝의 관찰 데이터를 변분 오토인코더로 재구성 한 것

그림 7-9와 7-10은 10,000개의 훈련 단계 후 또 다른 관측값과 재구성을 보여줍니다. 재구성에서 얼마나 많은 세부 정보가 포함되어 있는지에 주목하세요. 이는 숨겨진 신경망 임베딩이 좋은 잠재적 특성을 학습했음을 나타냅니다.

그림 7-9 DonkeyCar 환경에서 10000번 째 훈련 스텝의 관찰 데이터

그림 7-10 DonkeyCar 환경에서 10000번 째 훈련 스텝의 관찰 데이터를 VAE로 재구성 한 것

그림 7-11은 DonkeyCar 환경의 RGB 카메라에서 관측한 비디오와 SAC 알고리즘의 입력인 저차원 관측값의 재구성을 비교합니다.

그림 7-11 왼쪽에는 시뮬레이션에서 얻은 원본 비디오 피드가 나오고, 오른쪽에는 저차원 상태에서 재구성된 비디오가 나옵니다. 이 재구성된 비디오는 이 문제에는 불필요한 하늘 영역을 제거하기 위해 부분적으로 잘렸습니다.

상태 공간을 줄이면 강화 학습 훈련 시간을 몇 분으로 줄일 수 있으며, 일 수로 소요되는 시간을 단축할 수 있습니다. 이에 대해 더 자세히 알아보려면 "Transformation(dimensionality reduction, autoencoders, and world models)"을 267쪽에서 참조하세요.

7.7.3 극적인 행동들

일부 환경에서는 행동이 환경을 극적으로 변경할 수 있습니다. DonkeyCar의 경우, 조향 행동에 큰 값을 적용하면 차량이 회전하거나 굽어들며 최적 경로에서 벗어나게 됩니다. 하지만 물론 차량은 조향이 필요하며 때로는 날카로운 코너를 돌아야 할 대도 있습니다.

그러나 이러한 행동과 그에 따른 부정적인 보상은 훈련이 막히는 원인이 될 수 있습니다. 왜냐하면 차량이 지속적으로 스키드하고 충분한 좋은 관찰을 얻지 못하기 때문입니다. DonkeyCar 환경에서는 행동 간의 큰 변화가 허용될 때 이러한 효과가 더욱 심해집니다. 예를 들어, 자전거를 탈 때는 조향을 빠르게 돌릴 수 있다는 기술적으로 가능성이 있지만, 실제로 시도해본 적이 없을 것입니다. 아마도 훨씬 더 강렬한 행동을 시도하고 좋지 않은 경험을 한 바 있으므로 90도로 조향하는 것과 같은 행동은 결코 시도하지 않을 것입니다. 그림7-12는 원래의 행동 공간을 가진 일부 예제 훈련 영상을 보여줍니다.

강화학습 모델에 이전 정보를 포함시켜 에이전트의 훈련을 조절할 수 있습니다. 보상 신호를 변경하여 특정 상태를 촉진하거나 제한할 수 있습니다. 또는 이 경우와 같이 에이전트의 행동을 안전한 방식으로 필터링할 수도 있습니다.

전체 조향 각도 범위를 사용하여 에이전트를 훈련시켜 보면 (해보세요!), 오랜 시간이 지난 후에야 에이전트가 가장자리에서 회피하는 방법을 학습하지만, 그 과정에서 자동차를 극도로 회전시켜 세 바퀴를 돌리게 됩니다. 이렇게 멋있어 보이지만, 코스를 완주하는 데 도움이 되지 않습니다. 조향을 부드럽게 만들어야 합니다.

그림 7-12 원래의 행동 공간이 변경되지 않은 경우 DonkeyCar의 훈련 비디오

에이전트의 동작을 제한하는 가장 간단한 방법 중 하나는 행동 공간을 변경하는 것입니다. 기계학습과 마찬가지로 문제를 제한하면 해결하기 쉬워집니다. 그림 7-13에서 보여지는 훈련에서는 스로틀을 최대 0.15로 제한하고 (원래는 5.0) 조향각을 최대 0.5로 제한했습니다 (원래는 1.0).

느린 속도는 자동차가 슬리프에 빠지는 것을 방지하며, 작은 조향각은 갑작스러운 핸들 조작에 대한 문제를 완화하는 데 도움이 됩니다. 이러한 매개변수는 훈련 성능에 큰 영향을 미칩니다. 직접 조정해 보세요.

그림 7-13 행동 공간의 축소가 있는 경우 DonkeyCar의 훈련 비디오

7.7.4 하이퍼파라미터 탐색

최대 스로틀과 조향 설정은 문제의 하이퍼파라미터이며, 직접 조정되는 값은 아닙니다. 문제 정의의 변경은 성능에 가장 큰 영향을 미치지만, SAC 알고리즘의 다른 하이퍼파라미터인 정책 모델의 구조 등 다양한 하이퍼파라미터가 있습니다. 목표는 최적의 보상을 얻는 하이퍼파라미터 조합을 찾는 것입니다. 이를 위해 하이퍼파라미터 검색을 수행하기 위해 코드를 작성하여 모든 순열을 반복하고 훈련을 다시 실행합니다. 하이퍼파라미터 튜닝에 대해서는 "하이퍼파라미터 튜닝"을 참조하십시오(page 324).

저는 optuna 라이브러리를 사용하여 SAC 알고리즘의 하이퍼파라미터를 최적화하는 그리드 서치를 실행하고 TensorBoard에서 결과를 확인했습니다. 학습 속도를 약간 높이기 위해 학습률을 한 단계 높일 수 있었습니다. 엔트로피 계수를 조정하는 것도 도움이 되었습니다. 기본적으로 stable-baselines 구현은 1.0의 값을 가지고 시작하고 최적의 값을 학습합니다. 그러나 이 예시에서는 에이전트가 일부 단계만 훈련되기 때문에 최적의 계수를 학습할 시간이 충분하지 않았습니다. 0.1에서 시작하여 최적의 계수를 학습하는 것이 더 좋은 결과를 가져왔습니다. 하지만 전반적으로 하이퍼파라미터가 성능에 미치는 영향에는 크게 실망했습니다(이는 좋은 일입니다!). 변분 오토인코더의 하이퍼파라미터와 행동 공간의 변경은 성능에 훨씬 큰 영향을 미쳤습니다.

7.7.5 최종 정책

모든 엔지니어링 작업, 코드 작성 및 하이퍼파라미터 검색을 마치면, 이제 환경 단계에 따라 5,000 스텝과 50,000 스텝 사이에서 훈련된 신뢰할 수 있는 정책을 가지고 있습니다. 이는 환경과 정책의 완벽함에 따라 달라집니다. 이 작업은 제 구형 2014 맥북 프로에서 약 1030분 정도 걸렸습니다. 그림 7-14와 7-15는 각각 donkey-generated-track-v0와 donkey-generated-road-v0 환경에 대한 예시 정책을 보여줍니다.

그림 7-14 donkey-generated-track-v0 환경에 대한 최종 DonkeyCar 정책의 비디오

그림 7-15 donkey-generated-road-v0 환경에 대한 최종 DonkeyCar 정책의 비디오

그러나 알고리즘의 경우에는 거의 언급하지 않았습니다. 모든 어려운 작업은 피처 엔지니어링, 하이퍼파라미터 검색 및 문제 제약에 집중되었습니다. 이들은 산업용 기계 학습 프로젝트에서 모두 시간이 많이 소요되는 작업입니다. 또한 기계 학습과 마찬가지로 강화학습 알고리즘은 시간이 지남에 따라 표준화될 것이며, 그 결과 강화학습 알고리즘을 전혀 건드릴 필요가 없게 될 것입니다.

7.7.6 추가적 개선 사항

이 정책을 개선할 수 있는 방법은 많습니다. 이 글을 읽을 때쯤 다른 엔지니어들은 내 노력을 능가할 것입니다. 오토인코딩을 개선하거나 "학습 시간 최소화"에서 제안된 다른 아이디어를 시도할 수도 있습니다. 행동 공간을 더욱 변경해 볼 수도 있습니다. 예를 들어 최대 행동 값을 증가시켜 보는 등의 실험을 할 수 있습니다. 행동 공간 제한을 점진적으로 증가시키는 단조화 행동 공간 제한을 시도해 볼 수도 있습니다. 또한 보상을 변경해 보는 것도 시도해 볼 수 있습니다.

아마도 속도를 너무 높게 보상하는 것은 바람직하지 않을 수도 있습니다. 또한 움직임이 조잡하면 벌점을 주는 것도 의미가 있을 것입니다. 이 외에도 많은 아이디어가 떠오를 수 있지만, 산업 문제에 작업 중이라면 조심해야 합니다. 천천히 진행하고, 올바른 평가를 수행하고, 안전성을 확인하며, 문제를 분할하고, 문제를 제한하고, 더 많이 테스트해야 합니다. 이에 대해서는 9장에서 더 자세히 읽을 수 있습니다.

7.8 요약

강화학습은 샘플링된 상태, 행동, 보상에서 기대되는 보상을 최대화하는 정책을 찾는 것을 목표로 합니다. 이 정의는 결과에 관계없이 기대되는 보상을 최대화하는 것을 의미합니다. 연구 결과, 정책 업데이트를 제한하거나 제한함으로써 학습을 더 안정화하고 균형 잡힌 정책을 얻을 수 있습니다.

6장에서는 정책 업데이트를 극단적으로 변경하지 않도록 제한하는 방법을 소개했습니다. 하지만 이는 여전히 취약하고 너무 희소한 정책을 유발할 수 있으며, 대부분의 행동이 최적 경로를 제외하고는 가치가 없는 상태가 될 수 있습니다. 이 장에서는 엔트로피 기반 알고리즘을 소개하여 원래의 MDP 보상 정의를 수정하여 반환값을 재조정하거나 정규화하는 방법을 제시했습니다. 이로 인해 다른 엔트로피 정의가 더 나은 성능을 발휘할 수 있다는 제안이 나왔습니다. 왜냐하면 샤논 엔트로피는 너무 희소하지 않기 때문입니다. 템퍼러처 파라미터를 조정하여 자신의 문제에 맞는 정책을 만들 수 있는 가능성이 있지만, 다른 엔트로피 측정 방법이 특정 문제에서 더 나은 성능을 발휘할 가능성이 있습니다.

이러한 주장의 논리적인 결론은 임의의 함수를 사용하는 것입니다. 이는 Li, Yang, and Zhang의 "regularized MDPs"에서 제안된 것으로, 함수는 양수이고, 미분 가능하며, 오목하며, 0에서 1의 범위를 벗어나면 0으로 수렴해야 한다는 몇 가지 이론적인 규칙을 따라야 합니다. 그들은 지수 기반 함수와 삼각 함수 같은 다른 함수들도 흥미로운 제안이라고 언급했습니다.[20]

구현에 관계없이 탐사 보너스를 가치 함수에 추가하는 것은 제품 개발에 좋은 접근 방식입니다. 에이전트가 변화에 견고하도록 하기 위해서입니다. 그러나 환경에 과적합되지 않도록 주의해야 합니다.

7.8.1 정책 기울기와 부드러운 Q-러닝 간의 등가성

이 장을 마무리하기 전에 가치 기반 방법과 정책 기반 방법을 비교해보고자 합니다. 단순히 말하면, Q-러닝과 정책 기울기 방법은 모두 보상이 더 좋은 행동을 강화하려는 목적을 가지고 있습니다. Q-러닝은 행동의 가치를 증가시키는 반면, 정책 기울기 방법은 특정 행동을 선택할 확률을 증가시킵니다.

정책 그라디언트 방법에 엔트로피 기반 정책 기울기(또는 동등한 방법)를 추가하면, 행동 가치의 일부 함수에 비례하여 행동의 확률을 증가시킵니다(수식 7-2를 참조하세요). 간단히 말하면, 정책은 Q-값의 함수에 비례합니다. 따라서, 정책 기울기 방볍은 Q-러닝과 동일한 문제를 해결합니다.[21]

실증적으로도, Q-러닝과 정책 기울기 접근 방식의 비교에서는 성능이 유사하다는 결론을 내립니다(ACER 논문의 그림 4를 참조하십시오. 정책 기울기와 Q-러닝 방식은 거의 동일합니다).[22] 이러한 차이점 중 많은 부분은 샘플 효율성이나 병렬성과 같은 외부적인 개선 사항을 고려할 때 설명될 수 있습니다. Schulman과 Abbeel은 Q-러닝과 정책 그라디언트 기반 알고리즘을 동등하게 정규화하고 동일한 결과를 산출한다는 것을 입증하기까지도 했습니다.[23]

7.8.2 이것이 미래에 의미하는 바는?

이로부터 얻을 수 있는 결론은 시간이 흐름에 따라 가치 기반 방법과 정책 기울기 방법 간의 차이가 거의 없어질 것이라는 것입니다. 두 가지 접근 방식은 정책 개선과 가치 추정이 밀접하게 연결되어 있기 때문에 (이미 액터-크리틱 패러다임에서 일부로 합쳐졌음을 감안할 때) 결국 두 학문은 융합될 것입니다. 이러한 융합은 강화 학습에 대한 깊은 이해와 보다 효과적인 알고리즘과 기술의 개발에 기여할 것입니다.

7.8.3 이것이 현재에 의미하는 바는?

하지만 현재로서는 모든 문제에 대해 하나의 구현이 좋은 것은 분명하지 않습니다. 이는 '무료 점심은 없다'는 고전적인 정리의 해석입니다. 최적의 성능을 확보하기 위해 여러 구현을 고려해야 합니다. 하지만 제일 중요한 것은 문제를 해결하는 가장 간단한 솔루션을 선택하는 것입니다. 특히, 실무에서 이를 운영할 때에는요. 이러한 알고리즘에 대한 산업적인 지식과 경험 역시 도움이 됩니다. 예를 들어, 당연히 사람들, 플랫폼 및 회사들은 SAC에 대해 더 많은 경험을 갖고 있으므로 특이한 알고리즘을 기본으로 선택하지 않을 것입니다.

References

[1] Haarnoja, Tuomas, Aurick Zhou, Pieter Abbeel, and Sergey Levine. 2018. "Soft Actor-Critic: Off-Policy Maximum Entropy Deep Reinforcement Learning with a Stochastic Actor". ArXiv:1801.01290, August.

[2] Haarnoja, Tuomas, Haoran Tang, Pieter Abbeel, and Sergey Levine. 2017. "Reinforcement Learning with Deep Energy-Based Policies". ArXiv:1702.08165, July.

[3] Shi, Wenjie, Shiji Song, and Cheng Wu. 2019. "Soft Policy Gradient Method for Maximum Entropy Deep Reinforcement Learning". ArXiv:1909.03198, September.

[4] Liu, Qiang, and Dilin Wang. 2019. "Stein Variational Gradient Descent: A General Purpose Bayesian Inference Algorithm". ArXiv:1608.04471, September.

[5] Haarnoja, Tuomas, Aurick Zhou, Pieter Abbeel, and Sergey Levine. 2018. "Soft Actor-Critic: Off-Policy Maximum Entropy Deep Reinforcement Learning with a Stochastic Actor". ArXiv:1801.01290, August.

[6] Christodoulou, Petros. 2019. "Soft Actor-Critic for Discrete Action Settings". ArXiv:1910.07207, October.

[7] Haarnoja, Tuomas, Aurick Zhou, Kristian Hartikainen, George Tucker, Sehoon Ha, Jie Tan, Vikash Kumar, et al. 2019. "Soft Actor-Critic Algorithms and Applica-tions". ArXiv:1812.05905, January.

[8] Ren, Tianzhu, Yuanchang Xie, and Liming Jiang. 2020. "Cooperative Highway Work Zone Merge Control Based on Reinforcement Learning in A Connected and Automated Environment". ArXiv:2001.08581, January.

[9] Chen, Gang, and Yiming Peng. 2019. "Off-Policy Actor-Critic in an Ensemble: Achieving Maximum General Entropy and Effective Environment Exploration in Deep Reinforcement Learning". ArXiv:1902.05551, February.

[10] Ciosek, Kamil, Quan Vuong, Robert Loftin, and Katja Hofmann. 2019. "Better Exploration with Optimistic Actor-Critic". ArXiv:1910.12807, October.

[11] Wang, Che, and Keith Ross. 2019. "Boosting Soft Actor-Critic: Emphasizing Recent Experience without Forgetting the Past". ArXiv:1906.04009, June.

[12] Shi, Wenjie, Shiji Song, and Cheng Wu. 2019. "Soft Policy Gradient Method for Maximum Entropy Deep Reinforcement Learning". ArXiv:1909.03198, September.

[13] Haarnoja, Tuomas, Haoran Tang, Pieter Abbeel, and Sergey Levine. 2017. "Reinforcement Learning with Deep Energy-Based Policies". ArXiv:1702.08165, July.

[14] "End to End Learning in Autonomous Driving Systems". EECS at UC Berkeley. n.d. Accessed 5 May 2020.

[15] Nachum, Ofir, Mohammad Norouzi, Kelvin Xu, and Dale Schuurmans. 2017. "Bridging the Gap Between Value and Policy Based Reinforcement Learning". ArXiv: 1702.08892, November.

[16] Nachum, Ofir, Mohammad Norouzi, Kelvin Xu, and Dale Schuurmans. 2018. "Trust-PCL: An Off-Policy Trust Region Method for Continuous Control". ArXiv: 1707.01891, February.

[17] Engstrom, Logan, Andrew Ilyas, Shibani Santurkar, Dimitris Tsipras, Firdaus Janoos, Larry Rudolph, and Aleksander Madry. 2020. "Implementation Matters in Deep Policy Gradients: A Case Study on PPO and TRPO". ArXiv:2005.12729 Cs, Stat, May.

[18] Kramer, Tawn. 2018. Tawnkramer/Gym-Donkeycar. Python.

[19] Raffin, Antonin and Sokolkov, Roma. 2019. Learning to Drive Smoothly in Minutes. GitHub.

[20] Li, Xiang, Wenhao Yang, and Zhihua Zhang. 2019. "A Regularized Approach to Sparse Optimal Policy in Reinforcement Learning". ArXiv:1903.00725, October.

[21] Schulman, John, Xi Chen, and Pieter Abbeel. 2018. "Equivalence Between Policy Gradients and Soft Q-Learning". ArXiv:1704.06440, October.

[22] Mnih, Volodymyr, Adrià Puigdomènech Badia, Mehdi Mirza, Alex Graves, Timothy P. Lillicrap, Tim Harley, David Silver, and Koray Kavukcuoglu. 2016. "Asynchronous Methods for Deep Reinforcement Learning". ArXiv:1602.01783, June.

[23] Schulman, John, Xi Chen, and Pieter Abbeel. 2018. "Equivalence Between Policy Gradients and Soft Q-Learning". ArXiv:1704.06440, October.

에이전트 학습 방법 개선

복잡한 산업 문제는 종종 방향성 비순환 그래프(Directed Acyclic Graphs, DAG)로 분해될 수 있습니다. 이렇게 하면 하나의 긴 프로젝트를 해결하기 쉬운 여러 개의 작은 프로젝트로 분할하여 개발 및 생산에 도움이 됩니다. 더 작은 구성 요소는 종종 훈련하기 쉽고 빠르며 더 견고할 수 있기 때문에 강화 학습(RL)에 도움이 됩니다. "계층적 강화 학습(Hierarchical Reinforcement Learning, HRL)"은 정책의 계층 구조를 도출하는 일반적인 형식주의를 보여줍니다. 여기서 하위 수준 정책은 세분화된 "기술"을 담당하고 상위 수준 정책은 장기 계획을 수행합니다.

지금까지 이 책에서는 단일 에이전트 문제만 고려했습니다. 일부 문제에는 에이전트 팀이 필요하거나 적어도 동일한 환경 내에서 작동하는 여러 에이전트가 있을 수 있습니다. "Multi-Agent Reinforcement Learning"은 글로벌 또는 로컬 보상으로 다중 에이전트 문제를 해결하기 위해 에이전트가 협력하거나 경쟁하는 방법을 보여줍니다.

빠르게 진화하는 RL의 또 다른 영역은 보상에 대해 생각하는 방식을 재정의하는 것입니다. 전통적으로 보상 신호를 사용하여 정책을 학습하는 것은 전적으로 에이전트의 책임입니다. 그러나 전문가 지침의 형태로 잠재적인 추가 외부 정보를 제공하여 이 프로세스를 강화할 수 있습니다. "전문가 지침"에서는 탐색을 개선하여 궁극적으로 학습 속도를 높이는 데 도움이 되는 정책에 전문 지식을 통합하는 방법에 대해 설명합니다. 보상 공학의 필요성을 부정하는 것을 목표로 하는 최적의 보상을 학습하는 것도 가능합니다.

그러나 먼저 RL은 Bellman 방정식에 의해 Markov 결정 프로세스(MDP)와 불가분의 관계가 있으며 모든 RL 알고리즘은 순차적 결정을 내릴 때 이론적으로 최적성을 보장합니다("마르코프 결정 프로세스"를 검토할 수 있음). 그러나 다양한 실제 시나리오는 MDP의 기본 가정을 깨뜨립니다. 이는 종종 Bellman 방정식에 의해 만들어진 가정의 실패로 이어지고 아무리 하이퍼파라미터를 수정해도 수렴되지 않는 정책으로 나타납니다. 다음 섹션에서는 이러한 시나리오를 수용하기 위해 기본 MDP의 변형을 조사합니다.

> 이 장에서는 최신 기술을 요약합니다. 가장 중요한 4가지 테마는 MDP 정의 방법, 계층적 RL, 다중 에이전트 RL 및 전문가 지침 제공이라고 생각합니다. 그러나 이들 모두는 "고급"으로 간주될 수 있으며 전체에 대해 논의하려면 다른 책이 필요할 것입니다. 그러나 나는 당신이 원할 경우 그것이 거기에 있다는 것을 알고 더 깊이 파고들 수 있도록 개요를 제시하는 것이 유용하다고 생각합니다. 늘 그렇듯이 "추가 자료"에 있는 인용 및 권장 사항은 풍부한 추가 정보를 제공할 수 있습니다.

8.1 MDP에 대한 재고

MDP 프레임워크를 활용하는 RL 알고리즘과 Bellman 방정식의 결과 보장은 기본 환경이 Markovian이라고 가정합니다. 에이전트 행동의 영향에 대해 많은 불확실성이 있을 수 있지만 환경 상태에 대한 인식은 완벽해야 합니다. 그런 다음 에이전트는 이 전능한 지식을 사용하여 현재 정책 또는 $\pi(a \mid s)$에 따라 다음 행동을 선택합니다.

그러나 상태 표현이 완벽하지 않으면 어떻게 될까요? '서보'에게 특정 위치로 이동하라고 지시하면 서보가 현재 위치에 대해 무작위로 분포된 위치로 이동한다면 어떻게 될까요? 또는 사람이 권장 사항을 클릭할 가능성을 나타내는 잠재된 숨겨진 기능이 있는 경우 어떻게 됩니까? 이러한 상황에서는 상태를 완전히 관찰할 수 없으며 Markovian 가정이 깨집니다.

8.1.1 부분적으로 관찰 가능한 마르코프 결정 프로세스(Partially Observable Markov Decision Process, POMDP)

부분적인 관찰 가능성에 대한 한 가지 해결책은 상태 표현을 분할하는 것입니다. POMDP(partially observable Markov Decision Process)에는 에이전트가 경험할 수 있는 한정된 관찰 집합인 ohm과 상태 및 행동을 행동에 대한 확률 분포에 매핑하는 관찰 함수 O를 포함하는 MDP에 대한 추가 매개변수가 포함됩니다. 그런 다음 관찰 함수의 역함수를 근사하고 이를 사용하여 관찰을 다시 상태로 변환하여 문제를 다시 MDP로 변환할 수 있습니다.

그림 8-1은 POMDP가 에이전트가 환경의 현재 상태를 직접 관찰할 수 없는 MDP의 확장임을 보여줍니다. 대신 이전 행동 및 상태에 대한 관찰 및 정보를 사용하여 현재 상태 $\hat{s}$의 예측을 생성합니다. 상태에 대한 예측은 종종 믿을 수 있는 상태 b라고 불리며 "이것은 환경이 있다고 믿는 상태입니다."라고 설명할 수 있습니다.

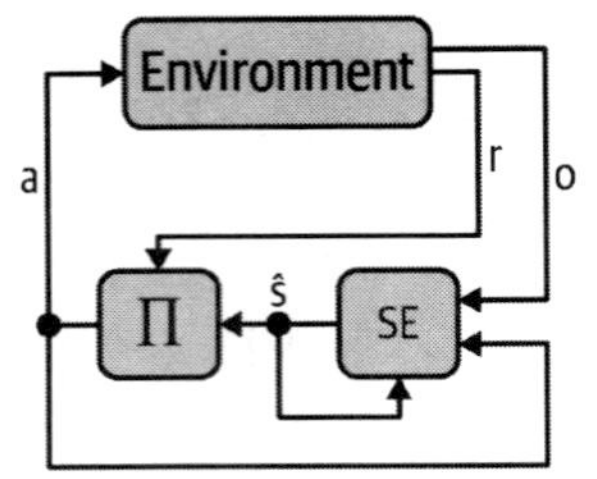

그림 8-1 POMDP를 MDP(상태, 행동, 보상 및 정책 포함)와 관찰(o)에서 상태를 예측하는 상태 추정기(SE)로 분해할 수 있습니다.

믿을 수 있는 상태 예측

그렇다면 믿을 수 있는 상태는 무엇이며 어떻게 예측할 수 있습니까? 간단한 미로를 통해 로봇을 안내하려는 예를 고려해봅시다. 에이전트는 미로의 레이아웃을 알지 못하지만 전방에 "T-분기점"이 있다는 것을 감지할 수 있을 만큼 충분히 지능적일 수 있으며 어느 방향으로 가야 할지 선택해야 합니다. 순진한 정책은 교육 환경에 과도하게 적합하고 매번 단일 결정을 제안하는 지점으로 수렴됩니다.

이 문제에 대한 간단한 해결책은 그림 8-1의 반복에서 알 수 있듯이 최선의 행동은 과거 경험을 기반으로 할 수 있다는 것입니다. 리플레이 버퍼가 아니라 현재 에피소드와 환경에 대한 과거 경험을 의미합니다. 예를 들어, 로봇이 이미 왼쪽 행동을 시도했고 막다른 골목에 이르렀다는 것을 알고 있다면 미로의 숨겨진 상태(최선의 경로)는 아마도 오른쪽 옵션일 것입니다.

많은 예제들은 상태 표현에 과거 행동 및 관찰을 포함하여 이 간단한 아이디어를 활용합니다. 예를 들어, Atari 벤치마크는 환경의 일부 "기록"을 유지하기 위해 항상 4개의 픽셀 관찰 프레임을 쌓습니다. 이를 통해 에이전트는 Pong에서 공의 궤적이나 적의 움직임을 예측할 수 있습니다. 그리고 많은 로봇 예제에는 위치 지정의 부정확성을 설명하고 이동을 원활하게 하는 데 도움이 되는 이전 행동 및 상태가 포함됩니다.

이 아이디어는 많은 경우에 도움이 되지만 일반적으로는 충분하지 않습니다. 최적으로 행동하기 위해 에이전트는 현재 상황이 얼마나 불확실한지 적극 고려해야 합니다. 보다 정교한 솔루션은 시간 종속 기능을 학습할 수 있는 근사기를 사용하여 상태 추정기를 모델링하는 것입니다.

이 문제를 해결하기 위한 여러 옵션이 있습니다. 믿을 수 있는 상태를 추적하려고 시도할 수 있습니다. 간단한 버전은 Kalman 필터를 활용할 수 있지만 보다 최근의 접근 방식은 최적의 Bayes 필터를 도출하기 위해 신경망을 구축하려고 시도합니다.[1] 메모리 사용 예측자 또는 믿을 수 있는 추적자를 사용하여 믿을 수 있는 모델의 근사치를 정책 모델에 직접 통합할 수 있습

니다.[2, 3]

그러나 가장 간단하고 가장 일반적인 접근 방식은 상태 표현 함수의 끝에서 순환 신경망(RNN)을 사용하는 것입니다. 문제에 따라 RNN은 복잡할 필요가 없으며 에이전트가 과거 관찰을 기반으로 합리적인 결정을 내릴 수 있습니다. 이를 통해 표준 기술과 도구를 사용하여 RNN을 훈련할 수 있습니다.

개념적 예로, "산업 사례: 원격 제어 자동차로 운전하는 법 배우기"의 실험을 고려해봅시다. 상태 표현의 출력에 RNN을 추가하고 향후 관찰을 예측하여 훈련할 수 있습니다. 결국 특정 행동이 주어질 때 일어날 일에 대한 예측을 제공할 수 있고 따라서 부분적 관찰 가능성 문제를 해결할 수 있습니다. 이 정책은 가능한 모든 향후 관찰을 완전히 관찰할 수 있으므로 표준 RL 방법을 사용하여 MDP를 최적화할 수 있습니다.

8.1.2 연구 사례: 자율주행차에서 POMDP 사용

앞의 예가 실생활에 적용하기에는 너무 인위적이라고 생각할 수 있습니다. 그러나 놀라운 수의 실제 시나리오가 이전 모델에 완벽하게 들어맞습니다. 그러한 예 중 하나가 자율주행차입니다.

일반적인 자율 행동은 차량이 이동하기에 안전한 시기를 결정하는 것입니다. 예를 들어, 정지 표지판이 있는 교차로나 로터리를 통과하는 것은 일반적인 운전 상황입니다. 도착하면 에이전트는 다른 차량과 충돌하지 않도록 완벽하게 행동해야 합니다. 그러나 차량이 너무 오래 기다리면 귀중한 시간을 잃고 교차로의 효율성이 떨어집니다.

차량의 도로 시야가 제한되면 카메라 또는 LIDAR 모듈과 같은 온보드 센서는 사이트 라인이며 장애물 주변을 볼 수 없습니다. 이렇게 하면 에이전트가 교차로를 향해 돌진하는 과속 차량과 같이 이 공간 외부의 중요한 특징을 감지할 수 없기 때문에 문제를 부분적으로만 관찰할 수 있습니다.

기존의 알고리즘은 충돌 시간을 정량화하려고 시도하지만 시간을 정확하게 추정하고 예기치 않은 상황을 처리하는 것은 어렵고 자율 작동을 위해 충분히 신뢰할 수 없습니다.

문제를 POMDP로 모델링하면 RL을 사용하여 최적의 정책을 찾을 수 있습니다. Qiaoet al. (시뮬레이션에서) LSTM이 활성화된 정책을 가진 에이전트가 네 방향 교차로에서 출발하여 좌회전, 우회전 또는 직진 이동을 할 때 학습할 수 있음을 보여줍니다.[4] LSTM 정책은 부분적으로 학습할 수 있습니다. 관찰된 상황은 적절하게 설계된 보상을 통해 충돌로 이어지고 이를 피합니다. 이 실험의 결과는 YouTube에서 볼 수 있습니다.

Qiaoet al. 계속해서 이전 모델에 계층적 RL을 추가하여 이동, 정지, 앞차 따라가기 등과 같은 높은 수준의 행동(또는 생각에 따라 낮은 수준의 하위 행동)을 더 잘 모델링했습니다.[5] "계층적 강화 학습"에서 계층적 RL에 대해 자세히 알아보십시오.

8.1.3 상황별 마르코프 의사 결정 프로세스

기본 MDP는 같지만 상황이 다른 문제가 많이 있습니다. 예를 들어 당뇨병 환자의 당 수치에 따라 약물을 투여하도록 에이전트를 교육한다고 상상해 보십시오. 기본 MDP는 모든 환자에게 동일하며, 당 수치는 관찰이며 약물 투여는 행동입니다. 그러나 관찰은 환자의 성별이나 나이와 같은 외부 변수의 영향을 받습니다.[6]

이것은 POMDP와 비슷한 상황처럼 들리지만 결정적인 차이가 있습니다. 이러한 컨텍스트 변수는 측정할 때마다 변경되지 않습니다. 컨텍스트를 일련의 고정 매개변수로 모델링하면 에이전트가 검색해야 하는 공간을 제한하여 보다 강력한 모델과 빠른 학습으로 이어질 수 있습니다.[7]

이 확장은 에피소드(짧은 마르코프 체인)의 단계 수가 적지만 독립적인 에피소드 수가 많은 문제가 제시될 때 중요합니다. 이것이 바로 추천 알고리즘이 처한 상황이며, 이것이 바로 대부분의 CMDP(Contextual MDP) 연구가 추천 또는 순위 지정 애플리케이션에 의해 주도되는 이유입니다.[8]

8.1.4 변경 행동이 있는 MDP

일부 응용 프로그램에는 변경 행동 세트가 있으며 연구는 유사한 결과로 이어지는 두 가지 경로를 따랐습니다. 첫 번째 연구 세트는 행동이 항상 가능하지 않은 상황에 집중합니다. 예를 들어, 차량 또는 패킷 라우팅과 같은 경로 계획 애플리케이션에서 손상 또는 유지 보수로 인해 경로가 폐쇄될 수 있거나 광고에서 광고 선택이 시간에 따라 변경될 수 있습니다.[9]

전제는 랜덤 변수로 모델링된 특정 시간에 사용 가능한 일련의 행동을 포함하는 확률적 행동 집합(Stochastic Action Set, SAS)입니다. 이 문제에 대한 일반적인 해결책은 해당 특정 상태에서 관찰된 행동에서만 파생된 정책을 학습하는 것입니다. Boutilieret al. 그런 다음 표준 Q-러닝 변형을 활용할 수 있음을 보여주었습니다.[10] Chandak et al. 아이디어를 확장하여 정책 기울기 방법을 통합했습니다.[11]

두 번째이지만 보다 일반적인 연구 분야는 평생 학습 또는 지속적인 학습에 더 중점을 둡니다. 여기에서 행동 세트는 문제와 우선 순위가 변경되기 때문입니다. 예를 들어, 모델을 재교육하여 유용한 경험을 잃지 않고 로봇 팔에 새로운 기능을 추가하거나 새로운 광고 세트를 도입할 수 있습니다. 여기서 가장 큰 문제는 차원의 저주입니다. 계속해서 증가하는 잠재적 행동 세트와 이러한 행동을 샘플링할 데이터가 부족합니다. 이론상 더 많은 행동을 추가하는 것은 MDP에 행동을 추가하는 것만큼 간단합니다. 그러나 변화를 처리할 수 있는 아키텍처를 만드는 것은 어려운 일입니다.

Chandaket al. 정책을 둘로 나누면 이것이 가능하다는 것을 보여주었습니다. 첫 번째는 상태를 기반으로 결정을 내리는 책임이 있지만 이것의 출력은 행동 공간이 아닌 메타 공간에 있습니다. 그런 다음 두 번째 구성 요소는 이 메타 공간을 행동 공간에 매핑합니다. 이로써 함께 완전한 정책을 형성합니다.[12]

이점은 상태 표현 부분을 건드리지 않고 새 행동을 설명하도록 메타 행동 모델 매개 변수를 변경할 수 있다는 것입니다. 그런 다음 리플레이 버퍼에서 표준 감독 학습을 사용하여 새 메타 행동 모델을 교육할 수 있습니다. 이렇게 하면 라이브 환경에서 필요한 재훈련의 양이 새 행동에 영향을 미치는 모델의 일부로만 제한됩니다.

8.1.5 정규화된 MDP

Regularizer를 포함하는 알고리즘 클래스도 MDP의 재구성이라는 점을 다시 언급할 가치가 있습니다. 기억해 보면 SAC 및 기타 유사한 알고리즘은 MDP를 기반으로 하는 모든 알고리즘과 같이 감가된 수익을 최대화하는 최적의 정책을 찾으려고 시도하지만 정규화 기간도 포함합니다. 여기서 아이디어는 정규화가 선형 회귀에 영향을 미치는 방식과 유사하게 이 용어를 사용하여 견고성을 강화할 수 있다는 것입니다. 그러나 이러한 추가는 근본적으로 Bellman 방정식을 변경하며, 이는 기본 MDP에 영향이 있음을 의미합니다. 고맙게도 Li et al. 어떤 정규화를 적용하든 관계없이 정규화 함수를 정의하는 몇 가지 규칙을 따르는 한 알고리즘은 여전히 수렴된다는 것을 증명했습니다.[13]

8.2 계층적 강화 학습(Hierarchical Reinforcement Learning)

다양한 문제는 세부적이고 반복적인 단순한 행동을 활용합니다. 그들은 물건을 집거나 단일 제품을 추천하는 것과 같은 "단순한" 기술을 습득하는 것을 포함합니다. 단계적으로 추론을 포함하거나 여러 기술을 함께 결합하는 문제는 훨씬 더 복잡합니다.

엔지니어링에서 문제를 더 작은 구성 요소로 분할하면 복잡한 문제를 단순화하는 데 도움이 될 수 있습니다. 계층적 강화 학습(Hierarchical Reinforcement Learning, HRL)은 문제를 하위 작업으로 분해하는 아이디어를 사용합니다. 여기서 각 하위 문제를 해결하는 것이 전체를 해결하는 것보다 더 쉽거나 낫습니다. 이를 통해 계산 개선, 견고성, 유연성, 때로는 성능 향상으로 이어질 수 있습니다. 검색 공간을 줄여서 “차원의 저주”를 완화하는 한 가지 방법이기도 합니다. 예를 들어, 걷는 법을 배울 때 체조 선수가 아닌 이상 손으로 걷는 것을 포함하는 행동 공간을 검색할 필요가 거의 없습니다.

낮은 수준의 정책만 환경과 상호 작용하는 정책 계층 구조를 사용하면 높은 수준의 정책을 교육하여 장기간에 걸쳐 전략적 결정을 계획하거나 내릴 수 있습니다. 또 다른 매력적인 아이디어는 하나의 작업을 잘 수행하기 위해 정책을 캡슐화하여 다른 문제에서 재사용할 수 있다는 것입니다.

그러나 고려해야 할 문제가 있습니다. 잘 캡슐화된 낮은 수준의 정책을 어떻게 정의하고 생성합니까? 상위 수준 정책을 교육하는 방법과 계층 구조를 설계하는 방법은 무엇입니까? 합리적인 시간 내에 이 모든 것을 어떻게 훈련합니까?

8.2.1 Naive 계층적 강화 학습

많은 문제에서 관심사가 명확하게 구분되기 때문에 수동으로 계층 구조를 설계하는 것을 고려해야 합니다. 예를 들어, 복잡한 로봇에게 이동을 가르치는 것은 커피를 만드는 방법을 가르치는 것과 분명히 구별되며, 보람 있는 대화에 사용된 단어와 발화에 달려 있으며 훈련 과정의 성공적인 완료는 그 안에 포함된 내용에 달려 있습니다.[14, 15] 낮은 수준의 맞춤형 기술을 통해 이러한 높은 수준의 목표를 최적화하면 유연하고 강력하며 성능이 뛰어난 정책이 만들어집니다.

더 단순한 상황에서는 추상화와 계층 구조를 수동으로 설계하는 것이 더 나을 수 있습니다. 그런 다음 직접 설계한 문제별 모델을 활용하는 맞춤형 RL 구현을 설계할 수 있습니다. 그림 8-2는 개념적인 커피 만들기 작업을 동작의 계층 구조로 분해하는 예를 보여줍니다.

이 접근 방식의 주요 이점은 보다 정교하고 일반적인 접근 방식보다 더 강력하고 단순하다는 것입니다. 사진에서 자동차 가격을 예측하기 위해 신경망에 요청하는 것과 비슷합니다. 제조업체와 모델을 분류하고, 자동차 번호판 인식을 위한 번호판을 찾고, 가격을 예측하는 상위 수준 모델에 공급할 수 있는 하위 네트워크를 훨씬 더 성공적으로 구축할 수 있습니다. 실용적인 관점에서 볼 때 하나의 큰 유니콘이 아닌 뿔 크기의 문제에 집중하는 데 도움이 됩니다.

그러나 이러한 접근 방식은 여기까지만 가능합니다. 많은 문제에서 계층 구조의 경계를 구분하는 것은 그 자체로 어려운 일이며 임의의 나누는 기준은 최적이 아닐 수 있습니다. 예를 들어 자전거를 탈 때 “페달”이 기본 기술입니까, 아니면 “오른발로 밀기”여야 합니까? 이러한 기술을 자동으로 찾는 방법이 필요합니다.

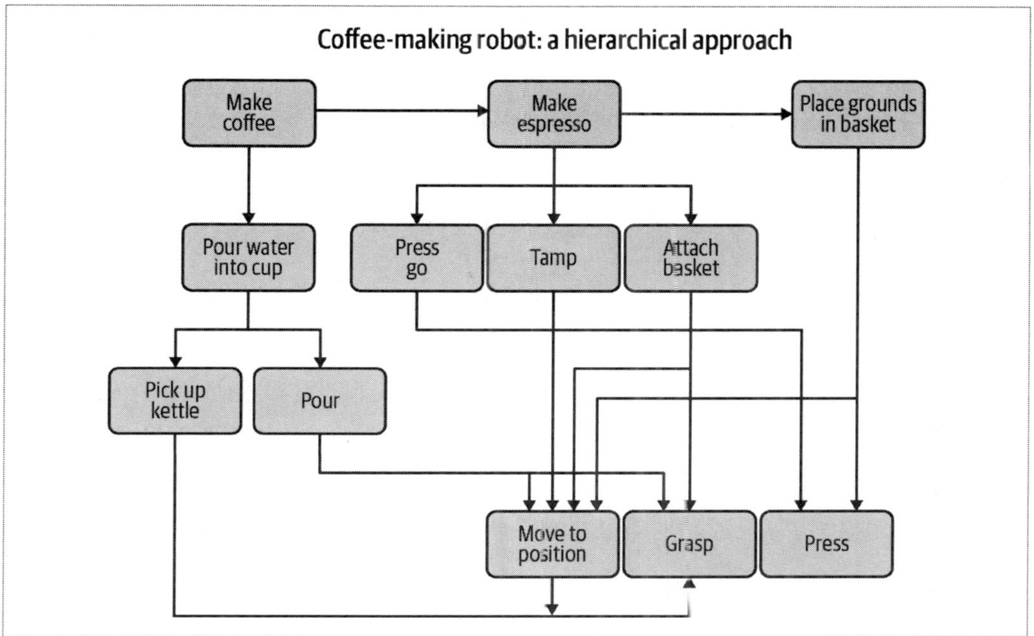

그림 8-2 복잡한 작업을 세분화된 동작의 계층 구조로 수동 분해하고 각 문제를 개별적으로 처리할 수 있습니다. 이것은 개념적인 커피 만들기 작업을 종속 하위 기술로 분해하는 예입니다. 화살표를 따라 "기본" 기술을 찾으십시오.

8.2.2 내재적 보상이 있는 고-저 수준 계층 구조(HIRO)

자동화된 HRL 솔루션을 향한 첫 번째 단계는 정책을 분할하는 것입니다. 낮은(하위) 수준의 정책은 평소와 같이 상태 및 행동을 통해 환경과 상호 작용할 책임이 있지만 보상을 받지는 않습니다. 높은(상위) 수준의 정책은 높은 수준의 작업을 제안하고 요청된 목표에 내재된 보상으로 낮은 수준의 정책에 보상합니다. 환경이 보상을 생성하면 높은 수준의 정책에 제공됩니다. 그림 8-3은 이 아이디어를 제시하며 Nachum et al.[16]에 의해 자세히 설명됩니다.

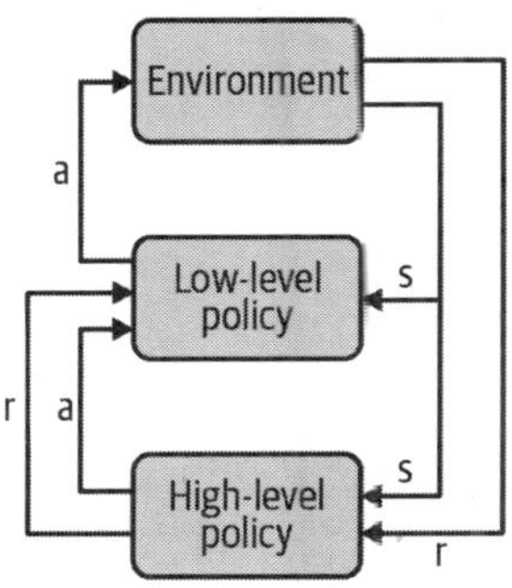

그림 8-3 내재적 보상을 통한 HRL

예를 들어, 높은 수준의 정책은 낮은 수준의 정책에 특정 상태로 이동을 시도하도록 지시하고 얼마나 근접했는지에 따라 낮은 수준의 정책에 보상을 제공합니다. 높은 수준의 정책은 낮은 수준의 정책보다 느린 속도로 샘플링하여 시간적 추상화를 제공합니다.

원하는 방식으로 낮은 수준의 보상 함수를 매개변수화할 수 있습니다. 그러나 연구자들은 상태까지의 거리 보상이 학습 속도를 높이는 데 도움이 된다고 제안합니다.

다음 과제는 PPO와 같은 On-policy 알고리즘을 즉시 사용할 수 있지만 샘플 효율성을 개선하기 위해 리플레이 버퍼를 사용하고 싶을 가능성이 높다는 것입니다. 문제는 하위 수준 정책이 임의적일 때 처음부터 상위 수준 리플레이 버퍼에 이전 하위 수준 정책의 관찰 내용이 포함된다는 것입니다. 이는 리플레이 버퍼가 대표성이 없으며 수렴 문제로 이어질 수 있음을 의미합니다. 간단한 해결책은 우선 순위가 지정된 경험 리플레이(Prioritized Experience Replay, PER)의 한 형태인 보다 최근 관찰을 선호하도록 무작위 샘플에 가중치를 두는 것입니다.

그러나 Nachum et al. 발생한 작업과 일치하도록 상위 수준의 행동/목표에 동적으로 레이블을 다시 지정하도록 선택했습니다. 예를 들어 다시 커피 예를 상상해 보세요. 에이전트는 "커피를 움켜쥐다" 스킬로 가득 찬 리플레이 버퍼를 가지고 있지만 훈련 중인 현재 목표는 "푸쉬 버튼"입니다. 구현 시 이 리플레이 버퍼에서 샘플링하는 상위 수준 에이전트는 요청된 기술에 맞게 목표를 동적으로 변경합니다. 이 예에서는 버퍼에 있는 것과 일치하도록 목표를 "커피를 움켜쥐다"로 변경합니다.

이것은 현재의 상위 수준의 정책을 더 좋게 보이게 하기 위해 사후에 결과를 날조하는 것처럼 느껴질 수 있습니다. 그러나 환경으로부터의 보상은 레이블 재지정에 의해 추가된 편향의 일부를 상쇄하는 경향이 있습니다. 최악의 경우 이미 리플레이 버퍼에 있는 관찰을 복제하는 것과 같습니다. 이상적으로는 상관관계가 없고 무작위로 분산된 경험들을 많이 선택해야 합니다. 그러나 그렇지 않은 경우 무작위 샘플링을 통해 더 무작위로 보이게 할 수 있습니다.

결과는 복잡하고 많은 다리가 있는 시뮬레이션 로봇이 걷는 법을 배우고 블록 밀기, 숨겨진 목표 찾기 및 자원 수집과 같은 높은 수준의 작업을 학습할 수 있음을 보여줍니다.

8.2.3 학습 기술 및 비지도 RL

HRL에 대한 이전 해석의 주요 문제는 이것이 당면한 특정 문제에 대해 최적화하는 폐쇄 루프 시스템이라는 것입니다. 또한, 일반화를 위한 과정이 없습니다. 다른 상황에서는 이것을 사용할 수 없습니다. 따라서, 환경에 과적합되고 있습니다.

하지만 예를 들어 로봇 팔은 모든 작업에서 비슷한 방식으로 움직입니다. "x 위치로 이동" 명령은 환경이 아니라 로봇과 로봇이 구축된 방식에 따라 다릅니다. 지금까지 나는 에이전트가 문제에 내포된 것처럼 설명했지만 실제로는 독립적인 엔터티입니다. 그렇다면 환경이 아닌 에이전트와 관련된 정책 또는 기술을 어떻게 가르칠 수 있습니까?

연구자들은 에이전트가 긍정적인 보상을 생성하지 않는 기술을 포함하여 다양한 기술을 수행하도록 훈련되어야 한다고 제안합니다. 그런 다음 다른 상위 수준 정책에서 문제 해결에 사용할 기술을 선택할 수 있습니다. 무인항공기(UAV)가 공중제비를 하도록 훈련시키는 것은 안정적인 통신 네트워크에는 좋지 않을 수 있지만 메탈리카 콘서트에서는 유용할 수 있습니다.

다양성이 필요한 모든 것(Diversity is all you need, DIAYN)은 하위 수준의 정책에 대한 비지도 학습을 촉진하는 참신한 아이디어입니다. Eysenbachet al. 기술은 구별 가능해야 하므로 서로 다른 상태를 방문하는 정책을 생성하는 것을 목표로 해야 하며, 그 결과 기술은 가능한 한 다양해야 합니다. 임의성을 장려하기 위해 상태, 행동 또는 둘 다에 따라 엔트로피 측정을 최대화할 수 있습니다. 그림 8-4는 이 프로세스를 간략하게 보여줍니다.[17]

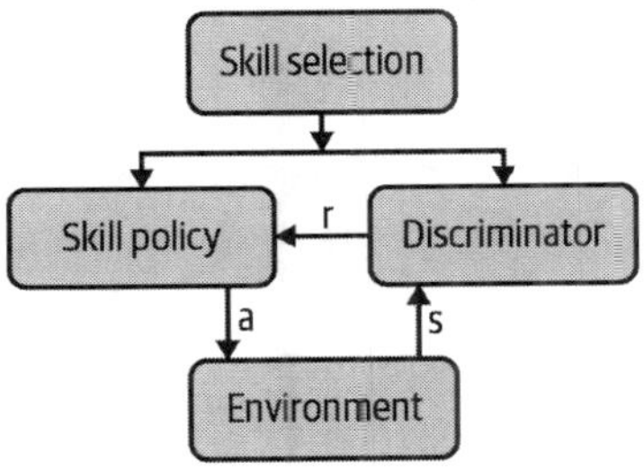

그림 8-4 비지도 기술 학습 프레임워크(DIAYN)의 개략도. 기술은 무작위로 선택되며 정책은 환경에 따라 작동합니다. Discriminator는 보상으로 사용되는 정책, 상태 및 행동의 엔트로피를 계산합니다. 시간이 지남에 따라 정책은 고유한 기술을 습득합니다.

결과는 문제에 유용하거나 유용하지 않을 수 있는 다양한 정책 모음입니다. 그러나 다양성은 더 복잡한 문제를 해결하는 데 도움이 되는 디딤돌 역할을 합니다. 나는 달리기, 기어가기, 앉기 등을 보여주는 HalfCheetah 환경의 결과를 특히 좋아합니다.

8.2.4 HRL에서 기술 사용하기

기술 라이브러리가 주어지면 특정 문제를 해결하기 위해 HRL 알고리즘을 어떻게 훈련시킬 수 있습니까? 사전 훈련된 기술이 탐색 방법을 탐색하는 대신 환경 탐색에 집중할 수 있도록 함으로써 거의 모든 RL 알고리즘에 도움이 될 수 있다고 상상할 수 있습니다. 이는 에이전트 자체에 상당한 복잡성이 있는 환경에서 특히 그렇습니다.

HRL with Advantage-Based Rewards(HAAR)는 사전 훈련된 기술을 활용하여 초기 탐색을 극적으로 개선하여 학습 속도를 높이는 하나의 알고리즘입니다. Li et al. 또한 HIRO에서와 같이 상태까지의 유클리드 거리가 아닌 이점(Advantage)를 보상 신호로 사용하는 아이디어를 소개합니다. 그 이유는 상태 공간이 목표까지의 실제 거리에 반드시 매핑되지는 않기 때문입니다. 예를 들어 비디오 카메라를 사용하는 경우 픽셀 거리는 물리적 거리와 다릅니다. 그래서 대신 그들은 하위 수준의 기술을 재교육하고 보상하기 위해 상위 수준의 정책에서 이점 추정치를 사용할 것을 제안합니다. 이런 식으로 상위 수준의 작업에서 잘 수행되는 긍정적인 이점을 제공하는 기술이 그렇지 않은 기술보다 좋습니다.[18]

또 다른 흥미로운 아이디어는 장거리 탐색을 더욱 장려하기 위해 각 기술이 반복되는 시간을 어닐링(Annealing)하는 것입니다.

8.2.5 HRL 결론

정책의 계층 구조를 구축하는 것은 문제가 충분히 복잡하여 분할의 이점을 얻을 수 있을 때 유용합니다. 엔지니어링 관점에서 정책 분할이 문제를 단순화하거나 보다 강력한 추상화를 구축하는데 도움이 된다고 상상할 수 있다면 HRL이 적합할 수 있습니다. 계층적 정책의 가능성은 발견하기 어렵습니다.[19] 에이전트가 복잡한 도메인을 조작해야 하는 상황과 같은 로보틱스가 분명한 예이지만 텍스트를 처리하는 에이전트와 같이 다른 영역도 마찬가지로 복잡합니다.

극단적으로 HRL은 작은 하위 정책 간의 연결이 큰 그래프를 형성하는 그래프 문제와 유사합니다. 최근 연구에서는 상태를 그래프로 취급하고 그리드 기반 문제를 해결하는 데 도움이 되는 그래프 컨벌루션 신경망과 함께 토폴로지 기능을 사용하려고 시도합니다.[20]

> 복잡한 에이전트로 작업하지 않더라도 비지도 학습이 RL에서 중요한 역할을 한다는 것을 HRL이 보여준다고 생각합니다. 그러나 그것은 단지 연구자들의 관심을 받고 있을 뿐입니다.[21] 귀하의 문제가 초기 기술 라이브러리 또는 사전 교육으로부터 이익을 얻을 수 있는지 생각해 보십시오. 학습 속도를 크게 향상시킬 수 있습니다.

또 다른 흥미로운 질문은 정책에 대해 얼마나 많은 영향력이 필요합니까? HRL에 의해 생성된 기술은 전문가에 의해 결정되지 않으므로 익숙하지 않거나 예상치 못하거나 원치 않는 행동 시퀀스를 생성할 수 있습니다. 물론 비지도나 지도 학습 보상의 정의에 따라 달라지므로 기술에 영향을 미칠 수 있습니다. 그러나 아마도 특정 문제인 인간이 "상상한" 정책을 생성하도록 간섭해야 하는지 또는 에이전트가 자신의 정책을 발견하도록 허용해야 하는지 여부입니다. 나는 대부분의 실생활 문제에서 그것이 둘의 조합이라고 생각합니다. 지나치게 규범적이기를 원하지는 않습니다. 그것이 RL의 핵심이기 때문입니다. 복잡한 문제에서는 최적의 정책을 손으로 코딩할 수 없습니다. 그러나 문제를 제한하고 에이전트가 과적합되어 취약해지지 않도록 억제해야 합니다.

8.3 다중 에이전트 강화 학습(Multi-Agent Reinforcement Learning)

이 글 전체에서 나는 싱글 에이전트만을 고려했습니다. 그러나 많은 문제가 둘 이상의 플레이어/에이전트와 관련이 있으며 여러 에이전트를 염두에 두고 체계적으로 문제를 모델링하면 성능을 향상시킬 수 있습니다.

다중 에이전트 강화 학습(Multi-Agent Reinforcement Learning, MARL)은 공통 환경에서 작동하는 여러 자율 에이전트의 순차적 의사 결정 문제를 해결합니다. 각 에이전트는 환경 및 다른 에이전트와 상호 작용하여 장기 수익을 최적화하려고 시도합니다.

MARL 애플리케이션은 협력, 경쟁 또는 둘의 혼합의 세 가지 주요 그룹으로 나뉩니다. 협력 환경에서 에이전트는 공동의 장기 목표를 최적화하기 위해 협력을 시도합니다. 예를 들어 협동 MARL은 과세 정책을 시뮬레이션하고 최적화할 수 있습니다.[22] 경쟁 환경에서 에이전트는 다른 에이전트의 비용으로만 정책을 개선할 수 있기 때문에 글로벌 보상의 합계는 종종 0입니다. 이러한 상황은 거래 및 광고와 같은 가격 입찰을 포함하는 도메인에서 일반적입니다. 마지막으로 환경에는 앞의 두 가지 상황이 모두 포함될 수 있습니다. 예를 들어, 광고 시장은 글로벌 수익과 장기적인 사용자 참여를 모두 극대화하기를 원합니다. 즉, 협력 모델이 최적일 수 있지만 광고주는 가장 큰 영향을 미치기 위해 최소한의 비용을 지불하기를 원하는 환경입니다.

문헌은 일반적으로 체스나 포커와 같은 전통적인 게임과 같은 컴퓨터 게임의 맥락에서 MARL을 논의합니다. 표준 RL에서와 마찬가지로 게임을 사용하는 이유는 시뮬레이션과 검증이 쉽기 때문입니다. 실생활 또는 산업 사례는 덜 일반적이지만 새롭게 등장하고 있습니다. 예를 들어 애플리케이션에는 MARL을 사용하여 공식적으로 정부 정책을 정의하고, 하위 수준의 TCP 패킷 혼잡 완화, 다중 로봇 인간 지원 협업이 포함됩니다.[23, 24, 25]

8.3.1 MARL 프레임워크

문헌은 그림 8-5에서 볼 수 있는 두 가지 방법 중 하나로 MARL 문제를 모델링하는 경향이 있습니다.

그림 8-5(a)를 보면 먼저 MDP가 새로운 상태와 보상을 생성하는 환경에 작용하는 에이전트로 모델링된다는 것을 상기하십시오. 환경이 일시적인 경우 환경도 종료 신호를 생성합니다.

그림 8-5(b)는 첫 번째 MARL 프레임워크가 여러 에이전트가 병렬로 작동하는 마르코프 게임(MG)이라는 MDP의 확장임을 보여줍니다. 에이전트는 고유한 행동을 추출하고 고유한 보상을 받지만 환경 상태는 글로벌입니다. 이것은 RL의 맥락에서 MDP에 대한 가장 확실한 확장입니다.

그림 8-5(c)는 기회, 상태 및 행동이 MDP의 롤아웃과 매우 유사한 트리로 표현되는 확장형 게임(Extensive-Form Game, EFG)인 두 번째이자 더 일반적인 모델을 나타냅니다. EFG는 명시적으로 표시되지 않더라도 여전히 행동을 통해 환경의 상태를 변경합니다. 예를 들어, 포커 게임에서 "콜"을 선택하면 상대는 강제로 매치하거나 폴드해야 합니다. 당신의 행동이 게임의 상태에 영향을 미치고 있습니다. 그러나 에이전트 간의 순차적 행동이 훨씬 더 명확하다는 것을 알 수 있습니다. 그림 8-5(c)에서 에이전트 2는 에이전트 1이 자신의 차례를 완료할 때까지 차례를 가질 수 없다는 것이 분명합니다. 이 시나리오는 MG로는 불가능합니다. EFG는 항상 에이전트 중 하나의 관점에서 고려됩니다.

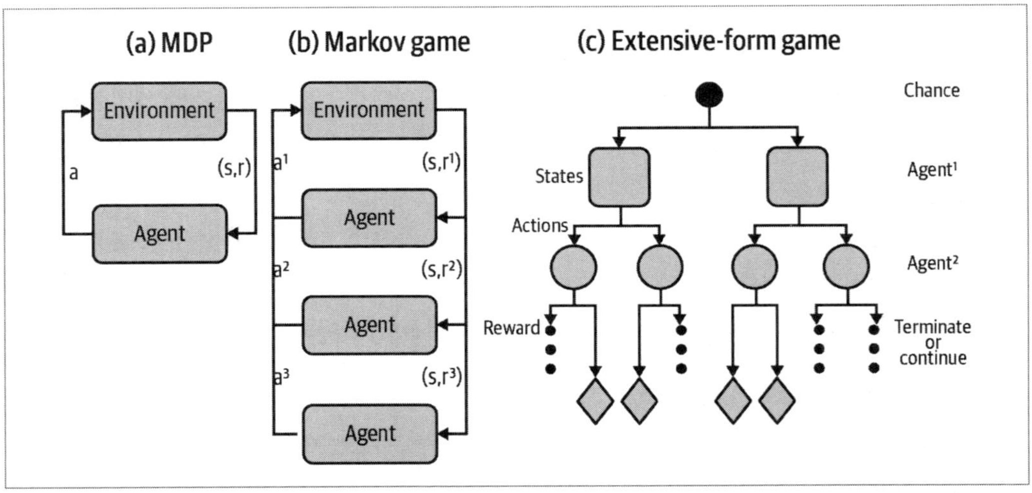

그림 8-5 다양한 MARL 프레임워크의 개략도. (a) 에이전트가 상태 및 보상을 생성하는 환경에서 작동하는 MDP를 나타냅니다. (b)는 여러 에이전트가 독립적인 행동과 보상을 갖는 마르코프 게임입니다. (c) 점은 기회를 나타내고 사각형과 원은 두 에이전트를 나타내고 다이아몬드는 최종 상태를 나타내는 광범위한 형태의 게임입니다.

동시 작업(MG와 같은) 또는 불완전한 정보(POMDP와 같은)는 어떤 노드에 도달했는지 알지 못하는 단일 에이전트에 속하는 노드 그룹인 정보 세트로 나타낼 수 있습니다. 이들은 일반적으로 점선 또는 둘러싸는 원으로 표시됩니다. 그림 8-6에서 예를 볼 수 있습니다.

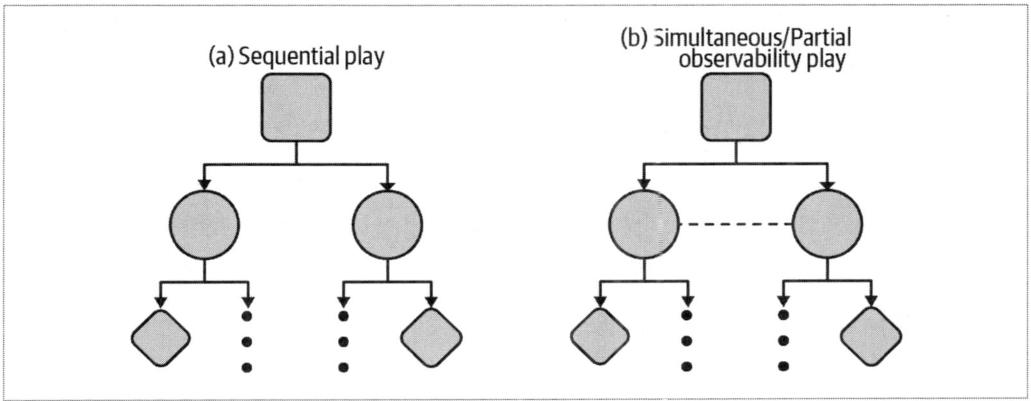

그림 8-6 (a) 순차적 및 (b) 동시 또는 불완전/부분적으로 관찰 가능한 게임에 대한 광범위한 형태의 게임 도식. 유일한 차이점은 다른 에이전트가 착륙할 상태를 알고 있는지 여부입니다.

예를 들어 가위바위보 게임을 생각해 보십시오. 이것은 두 사람이 보상을 받기 위해 동시에 세 가지 행동 중 하나를 공개하는 고전적인 동시 게임입니다. 이것을 EFG에 매핑하기 위해 사람들에게 종이에 행동을 적고 동시에 선택 사항을 공개하도록 요청할 수 있습니다. 에이전트는 서로 다른 시간에 행동했고 두 번째 에이전트는 첫 번째 플레이어의 행동을 관찰할 수 없었습니다. 즉, 에이전트 2의 관점에서 게임은 세 가지 잠재적인 상태 중 하나에 있지만 어느 상태인지 알 수 없습니다.

EFG는 보다 일반적이며 이론가들이 선호합니다. 그러나 직관적으로 나는 여전히 MG를 모델로 사용하는 것을 좋아합니다. 왜냐하면 대부분의 산업 상황은 동시 작업을 사용하도록 설계될 수 있고 롤아웃 트리보다 재귀 다이어그램의 단순성이 덜 부담스럽다는 것을 알기 때문입니다. 많은 연구자들이 동의하고 응용 프로그램에서 MG를 사용합니다.

8.3.2 중앙집중식 혹은 비중앙집중식

협력적/경쟁적 구분 외에 가장 중요한 결정은 문제가 중앙집중식 또는 분산식 학습에서 이점을 얻을 수 있는지 여부입니다. 그림 8-7은 에이전트 독립성의 정도가 다른 네 가지 시나리오를 보여줍니다.

중앙집중식 학습 또는 보다 일반적으로는 중앙집중식 학습 및 분산 실행(CTDE)에서 경험은 단일 에이전트에게 피드백되고 로컬 실행을 위해 정책이 반환됩니다. 이 방법의 주요 이점은 여러 에이전트의 경험에서 정책을 만들 수 있다는 것입니다. 예를 들어, 어린이가 다른 사람의 경험을 통해 중앙에서 학습할 수 있다면 많은 경험과 그 다양성으로부터 이익을 얻을 것입니다. 마찬가지로 서로 다른 에이전트 집합의 경험을 사용하면 상태-행동 공간을 훨씬 더 빠르게 검색할 수 있습니다. 본질적으로 독립적인 경험은 탐색을 돕고 중앙집중식 학습은 모든 에이전트가 유사하고 다양한 상황에서 실행 가능한 정책을 갖도록 보장합니다.

분산형 모델(종종 DEC-MDP라고 함)에서는 실행과 학습이 모두 로컬에서 발생합니다. 소개하는 에이전트 수는 중요하지 않기 때문에 중앙집중식에 비해 확장성이 더 좋습니다. 예를 들어 모든 사람이 자율주행차를 "운전"한다고 상상해 보십시오. 중앙집중식 학습 프로세스는 모든 운전 조건에 최적일 수 없습니다. 로컬 학습을 통해 에이전트는 환경에 대한 로컬 인식에 적응할 수 있습니다. 예를 들어, 도로의 왼쪽에서 운전하기 위한 정책은 오른쪽에서 운전하기 위한 정책과 미묘하게 다를 수 있습니다.

또 다른 문제는 에이전트가 다른 기능을 가질 수 있다는 것입니다. 예를 들어 자전거 타는 사람의 경험은 자동차의 경험만큼 유효하지만 이러한 경험을 중앙집중식으로 결합하는 것은 어렵습

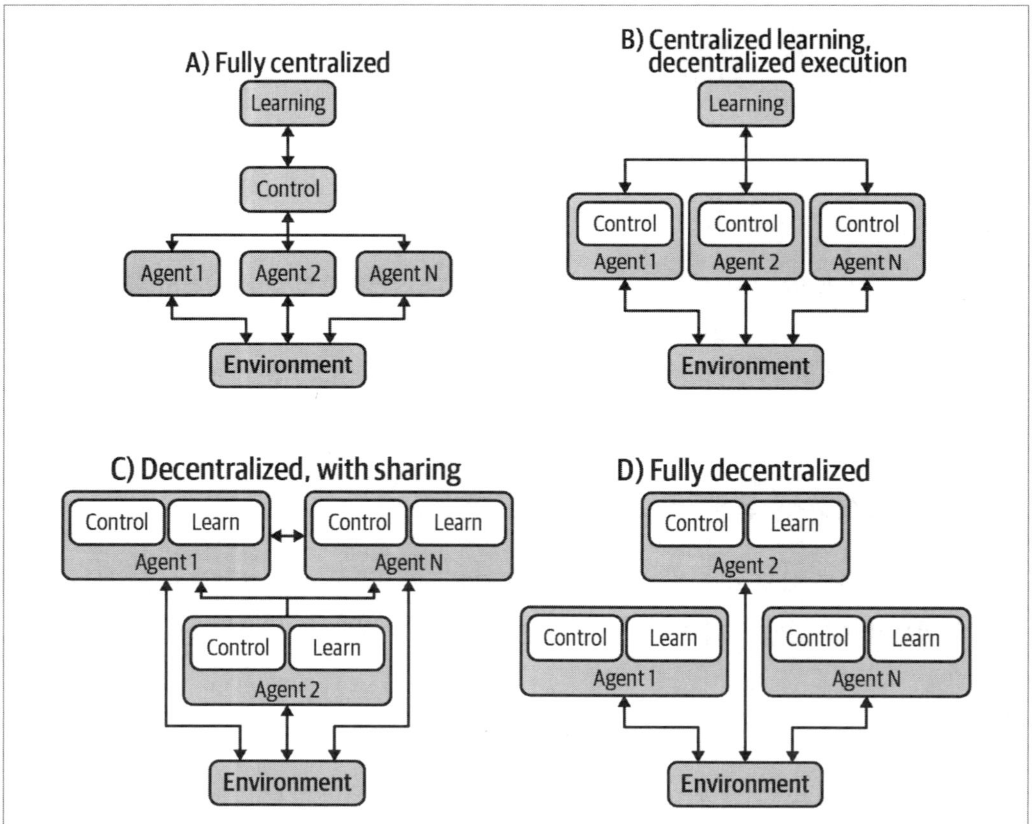

그림 8-7 MARL의 다양한 형태의 제어 및 학습. (a) 완전히 중앙 집중화된 설정에서 단일 에이전트는 실행 또는 학습을 제어할 수 없습니다. (b) 중앙집중식 학습에서 에이전트는 완전한 실행 제어권을 갖지만 정책은 중앙 소스에서 배포됩니다. (c) 분산된 환경에서 통신이 가능하면 에이전트는 경험과 정책을 공유할 수 있습니다. (d) 완전히 분산된 모델에서 에이전트는 독립적입니다.

니다. 따라서, 로봇을 활용한 학습 방법은 다른 구성을 가질 수 있습니다. 분산 학습을 통해 에이전트는 원하는 대로 행동을 사용하는 방법을 배울 수 있습니다.

또 다른 이점은 각 에이전트를 독립적으로 처리할 수 있기 때문에 분산 모델을 통해 잠재적으로 표준 단일 에이전트 RL 알고리즘을 사용할 수 있다는 것입니다.

8.3.3 단일 에이전트 알고리즘

MARL 문제를 해결하는 첫 번째이자 가장 확실한 방법은 각 에이전트가 독립적이라고 가정하고 이 책에서 논의된 단일 에이전트 기반 RL을 적용하는 것입니다. 안타깝게도 Q-러닝 또는 정책 그래디언트와 같은 기존 RL 알고리즘은 다중 에이전트 환경에 적합하지 않습니다. 주요 관심사는 훈련/학습 중에 다른 에이전트가 상호 작용하고 환경 상태를 변경한다는 것입니다. 이는 단일 에이전트의 관점에서 환경을 고정되지 않게 만듭니다. 환경이 지속적으로 변화하는 경우 에이전트가 안정적인 정책을 생성하는 데 방해가 됩니다. 이것은 또한 기본 경험 리플레이와 같은 일반적인 RL 추가 기능이 도움이 되지 않는다는 것을 의미합니다. 그러나 이것이 완전히 실패한다는 의미는 아닙니다. 에이전트는 단순한 환경에서 안정적인 정책을 학습할 수 있지만 차선책이며 환경이 복잡해질 때 수렴하지 않는 경향이 있습니다.

모델 기반 정책 기울기 알고리즘을 사용하는 것은 기술적으로 가능합니다. 그러나 모델은 환경의 역학에 대한 완벽한 이해가 되지 않기 때문에 싱글 에이전트 기반 모델을 사용하기 힘듭니다.

8.3.4 연구 사례: UAV에서 싱글 에이전트 분산 학습 사용

종종 드론이라고 하는 UAV를 활용해 지형 공간 범위가 중요하지만 목표를 달성하기 어려운 애플리케이션에서 점점 보편화되고 있습니다. UAV는 알 수 없는 환경으로 날아가서 산불을 모니터링하고, 수색 및 구조를 수행하고, 통신 네트워크를 구축할 수 있습니다.[26, 27, 28] UAV의 인기는 낮은 운영 비용, 센서 배열 및 적용 유연성 때문입니다.

그러나 UAV에 적합한 모델이 없기 때문에 어떤 작업을 수행하기 위해 컨트롤러를 규칙을 생성하는 것은 비실용적입니다. 하지만, RL은 어려운 환경을 탐색할 수 있는 자연스러운 Model-free 솔루션을 제공합니다. RL을 사용하여 비행, 이동 및 장애물 회피와 같은 저수준 UAV 원시적인 방법을 학습하는 다양한 예가 있습니다. 특히 UAV는 문제를 해결하기 위해 여러 드론들이 서로 협력할 때 빛을 발합니다.

Cui, Liu 및 Nallanathan은 시뮬레이션된 UAV 함대를 사용하여 적용 범위가 제한된 지역에 무선 인프라를 제공합니다. UAV는 일반적으로 시야 확보가 쉽기 때문에 이러한 상황에서 특히 유용합니다. 연구원들은 네트워크 성능을 최대화하기 위해 여러 UAV를 활용하는 문제의 최적화를 해결하기 위해 MARL을 사용합니다.

에이전트의 행동은 독립성을 가정하고 간단한 싱글(단일) 에이전트 솔루션을 활용했습니다. 이를 위해 Q-러닝(Q-Learning)을 사용하여 통신할 사용자를 최적으로 선택, 하위 채널 및 전력을 학습했습니다. 또한, 품질 메트릭을 기반으로 보상 함수를 설계하고 3개의 UAV 시뮬레이션에서 해결합니다. 환경의 비정상성에 대한 보정은 없으며 에이전트들은 보상을 위해 경쟁해야 합니다.

따라서 개선의 여지가 많습니다. 더 나은 분산 기술은 환경의 불안정성을 설명할 수 있습니다. 또는 네트워크가 있기 때문에 중앙 집중식 기술을 사용하면 개발이 더 쉬워집니다. 그리고 보다 정교한 에이전트는 솔루션 확장에 도움이 되는 공간 위치 지정과 같은 훨씬 더 복잡한 상태 공간을 처리할 수 있습니다. 이러한 수정을 통해 실생활에서 이것을 실행하는 것이 가능해야 합니다. 오늘날 이러한 연구의 문제는 실패가 아니라 성공을 촉진할 뿐이라는 것입니다. Cui, Liu 및 Nallanathan이 이러한 아이디어 중 일부를 시도했지만 시간이 부족했을 가능성이 있습니다.

그럼에도 불구하고 나는 낙관적이며 더 복잡한 행동(예: 최적의 다중 에이전트 포지셔닝)을 학습할 수 있는 더 안정적인 알고리즘 세트를 상상할 수 있습니다.

8.3.5 중앙 집중식 훈련, 비 중앙 집중식(분산) 실행

RL의 개선 사항과 중앙 집중식 학습의 샘플 효율성을 결합하여 최근 성공을 거두었습니다. 이러한 알고리즘 중 하나는 DDPG (Deep Deterministic Policy Gradients)와 다중 에이전트 DDPG(Multi-Agent DDPG)라는 중앙 집중식 학습, 분산 실행 접근 방식을 결합합니다.[29]

DDPG(또는 TD3/PPO/기타 알고리즘)는 에이전트가 환경 모델 없이 정책을 학습할 수 있는 방안을 제공합니다. 정책 그래디언트 알고리즘은 전역 행동-가치 함수가 지역적(로컬) 상황을 대표하지 않는 가치 방법과 달리 여러 에이전트의 그래디언트들을 결합하기 위한 이론적 기반을 제공합니다. 학습 시간 동안 중앙 집중식 학습 접근 방식을 사용하면 샘플 효율성이 향상되고 학습 속도가 빨라집니다. 또한, 평가하는 동안 에이전트는 독립적인 정책과 로컬 관찰을 사용합니다.

이러한 접근 방식의 주요 동기는 모든 에이전트의 행동을 알고 있으면 환경의 변화를 예측하거나 추적할 수 있다는 것입니다. 양자역학에서와 같이 우주의 모든 원자의 상태와 작용을 알면 생명은 정지해 있고 미래(또는 과거)를 예측할 수 있습니다.

개별 에이전트에 대한 정책 값을 계산하려면 에이전트 정책의 결과와 환경에서 예측된 값을 알아야 합니다. 그러나 실제로 환경은 다른 모든 에이전트의 영향을 받기 때문에 다른 모든 에이전트의 행동에 대한 정보를 제공해야 합니다. 다양한 정책 그라디언트 구현(방정식 5-11)을 살펴보면 Actor-Critic 패러다임이 자연스럽게 에이전트의 행동을 고려한다는 것이 분명하므로 모든 에이전트의 행동을 고려하도록 확장하기만 하면 됩니다. 환경에 N개의 다른 에이전트가 있는 방정식 8-1의 단일 에이전트 관점에서 표시됩니다.

방정식 8-1. Multi-Agent Actor-Critic

$$
\begin{aligned}
\nabla_\theta J(\theta) &= \mathbb{E}_{\pi_\theta}\left[\nabla_\theta \ln \pi_\theta(a \mid s) Q_w(s,a)\right] && \text{(Actor-Critic)} \\
&= \mathbb{E}_{\pi_\theta}\left[\nabla_\theta \ln \pi_\theta(a \mid s) Q_w(s, a_1, a_2, \cdots, a_N)\right] && \text{(Multi-Agent Actor-Critic)}
\end{aligned}
$$

이것은 우리가 지역적이고 독립적인 Actor를 가질 수 있지만 중앙 집중식 Critic를 가질 수 있다는 생각으로 이어집니다. 흥미롭게도 모든 에이전트에 대해 학습된 Actor와 Critic이 있기 때문에 에이전트는 서로 다른 정책과 보상을 가질 수 있으며 이는 협력 및 경쟁 환경 모두에서 작동한다는 것을 의미합니다. 다음으로, 이것을 숙제 연습으로 남겨두고 바닐라 정책 그래디언트 알고리즘(vanilla policy gradient algorithms)에 다양한 개선 사항을 적용하여 표준 Actor-Critic RL 알고리즘의 다중 에이전트 버전으로 끝낼 수 있습니다.

대부분의 Actor-Critic 알고리즘은 행동-가치 함수의 훈련을 위해 다음 행동을 생성하는 정책이 필요합니다. (이해를 위해 Actor-Critic 알고리즘을 참조) 한 가지 간단한 해결책은 모든 에이전트에게 정책 또는 모든 다음 행동(알고리즘에 따라 다름)을 중앙 집중식 Critic에게 다시 전달하도록 요청하는 것입니다. 이로 인해 동기화 및 대기 시간 문제가 발생하여 효율성이 저하되지만 매우 간단합니다.

MADDPG가 취한 접근 방식은 다른 에이전트의 정책을 배우는 동시에 에이전트들 스스로 학습하는 것이었습니다. 이러한 방식은 비정상성의 명백한 원인입니다. 비정상성의 영향을 제한하기 위해 MADDPG는 임의 정책의 제한된 하위 집합을 업데이트하여 학습 속도를 늦춥니다. 이상적이지는 않지만 작동합니다. 자세한 내용은 논문을 참조하십시오.

8.3.6 비중앙 집중식(분산/탈중앙식) 학습

중앙 집중식 모델을 사용할 수 없다면 분산 학습을 활용할 방법이 필요합니다. 시간차 오차(Temporal-Difference)의 크기에 따라 다른 학습률을 사용하는 기법입니다.[30] 시간차 오차가 일반적으로 0으로 설정되는 임계값 미만이면 에이전트가 예상보다 적은 보상을 얻었음을 의미합니다. 이러한 경우, 더 느린(더 작은) 업데이트 속도가 적용됩니다. 만약 어리석은 일을 하면 자녀가 따라하기를 원하지 않을 것입니다. 오류가 양수이면 에이전트는 정상적인 학습 속도를 사용합니다. 그러므로 알고리즘은 보다 낙관적으로 편향하고 있으며, 그 자체로 문제가 발생할 수 있지만 종종 학습률(Learning rate) 하이퍼파라미터에 의해 제어될 수 있습니다. 그러나 핵심은 환경의 비정상성에 도움이 된다는 것입니다. 에이전트는 환경 변화로 인한 몇 가지 형편없는 업데이트 때문에 잠재적으로 좋은 정책을 되돌리지는 않습니다.

분산 학습의 두 번째 과제는 부분 관찰 가능성입니다. 문제 해결을 위한 고전적이고 간단한 솔루션은 과거의 히스토리를 인지하기 위해 Recurrent 레이어를 포함하는 것이지만 다른 접근 방식도 사용할 수 있습니다. 좀 더 공식적인 접근 방식의 개발은 머지않았을 것으로 예상합니다.

마지막 문제는 리플레이 버퍼를 사용할 수 없다는 것입니다. 문제는 여러 에이전트가 동시에 학습함에도 불구하고 독립적으로 샘플링할 때 경험이 지역적이고 비정적이라는 것입니다. 해당 시점의 로컬 관찰은 미래 시점의 환경을 나타내지 않을 수 있습니다. 관련 문제는 리플레이 버퍼의 다른 부분에서 무작위로 샘플링하면 완전히 다른 환경 상태가 있을 수 있으며, 최악의 경우 완전히 동일한 로컬 조건을 가진 두 에이전트가 완전히 다른 정책을 초래할 수 있다는 것입니다. 이를 개선할 수 있는 많은 잠재적인 방법이 있지만 Omidshafiei et al. 모든 에이전트에서 동기화된 리플레이 버퍼를 구현했습니다. 동시 경험 재생은 로컬 상관관계로 이어지는 경향이 있는데, 이는 일반적으로 나쁜 일이며 무작위 샘플링으로 해결되지만 이 상황에서는 모든 에이전트가 모두 동일한 환경 조건을 가져야 하는 현재 재생에 집중하도록 하기 때문에 도움이 됩니다. 예를 들어 두 에이전트의 로컬 조건이 유사한 경우 동일한 지점의 버퍼에서 샘플링하면 유사한 경험이 생성되므로 유사한 정책이 생성됩니다. 이 특정 사례에서 경험은 반복되는 신경망을 훈련하기 위한 트래젝토리입니다. DQN 및 동기화된 리플레이 버퍼의 이러한 조합을 Dec-HDRQN이라고 합니다.[31]

이는 업데이트 중 비정상성 문제, 경험 리플레이 중 다른 로컬 최적화 및 부분 관찰 가능성 문제를 해결할 수 있는 많은 잠재적 방법 중 하나일 뿐입니다. 고유한 특성이 있지만 이전 구성 요소를 다른 구현으로 교체할 수 있습니다.

8.3.7 다른 조합 방법

중앙 집중식 및 분산식 패러다임은 응용 프로그램에 맞게 매우 다양한 방식으로 함께 혼합될 수 있습니다. 예를 들어 원격 실행을 위해 에이전트와 공유되는 중앙 집중식 정책과 함께 중앙 집중식 Critic을 사용할 수 있습니다. 또는 가까운 이웃과 공유되는 분산된 Critic 및 정책이 있는 에이전트를 사용할 수 있습니다. 많은 순열을 활용한 방안이 연구되었으며 사용 사례에 적합한 알고리즘이 있을 가능성이 높습니다. 이러한 다양한 분야에 대한 자세한 조사는 이 책의 범위를 벗어나지만 "추가 자료"에 훌륭한 자료가 있습니다.

나를 위해 MARL은 문제 설계의 중요성을 강조합니다. RL 알고리즘에 활용되는 신경망의 순수한 순열 수는 대규모 하이퍼파라미터 스캔을 자동화하거나 수행하기가 계산적으로 어렵다는 것을 의미합니다. 합리적인 시간 내에 무엇이든 생성할 수 있을 만큼 피드백 주기를 작게 만들려면 알고리즘과 아키텍처의 작은 하위 집합을 선택해야 합니다. 정확하고 강력한 문제 정의를 갖는 것이 매우 중요하다는 것을 의미합니다. 그렇지 않으면 문제를 약간만 변경해도 구현에 큰 영향을 미칠 수 있습니다. 최악의 경우 모든 작업과 연구를 버리고 다시 시작해야 할 수도 있습니다.

실생활에서 RL을 적용시키는 것의 어려움

중앙 집중식 학습이 가능하다고 결정한 문제가 있다고 상상해보십시오. 몇 주 동안 연구하고 시뮬레이터를 구축하고 많은 알고리즘을 테스트했습니다. 초기 테스트가 잘 수행되었고 이해 관계자에게 다음 단계로 이동할 준비가 되었다고 말했습니다. 그런 다음 실제 세계에서 훨씬 더 많은 수의 에이전트에 대한 테스트를 시작합니다. 당신은 행복한 하루를 보내고 잘 자요.

아침에 당신은 노트북을 켜고 어떤 새로운 정책이 발견되었는지 기대합니다. 그러나 (a) 모든 정책이 무작위보다 나을 것이 없고 (b) 네 가지 훈련 단계만 있다는 것을 알고 있습니다. 당신은 다음의 거부, 분노, "빠른 수정" 및 우울증을 겪은 이후에 대부분의 경우 에이전트가 서버와 통신할 수 없었고 코드는 훈련 단계를 실행하기 전에 모든 에이전트가 체크인할 때까지 기다립니다. 실생활에서 에이전트는 신뢰할 수 있는 통신을 가지고 있지 않으며 설사 있다고 하더라도 결국 에이전트가 너무 많아 전체 시스템이 느려질 것이라는 사실을 금세 깨닫게 됩니다. 따라서 비중앙화 모델이 필요합니다.

해결을 위한 유일한 방법은 실패를 보고하고 처음으로 돌아가는 것입니다. 이 경험을 통해 양도 가능한 많은 지식과 기술을 배울 수 있었기 때문에 완전한 시간 낭비라고 부르지는 않겠지만 제 경험상 일반적으로 제품 로드맵에서 처음으로 이동하는 것을 좋아하지 않습니다.

잘못된 문제 정의인 이러한 실패 패턴은 데이터 과학에서도 일반적입니다. 그러나 RL에서는 에이전트-환경 상호 작용으로 인해 실험에 훨씬 더 높은 장벽이 있는 경향이 있으므로 낭비되는 시간이 훨씬 더 클 수 있습니다.

이 책 전체에서 논의되는 완화 방법 중 하나는 문제 및 후속 모델링을 정의할 때 시간을 할애하는 것입니다. 모델은 해결하고 추론할 수 있을 만큼 단순해야 하지만 실제 문제를 대표해야 합니다. 소프트웨어와 같습니다. 최고의 코드는 단순하고 분명한것이지만 대부분의 상황을 처리하는 것 같습니다. 그러나 단순함이 쉽다는 것을 의미한다고 생각하지 마십시오. 단순성은 노력, 시행 착오 및 많은 오류에서 발생합니다.

8.3.8 MARL의 과제

상당한 진전과 어마어마한 양의 연구에도 불구하고 MARL은 어렵습니다. 이것은 불가능하다는 의미가 아니며 이 길을 따라가는 것을 설득하고 싶지 않습니다. 연구는 솔루션이 전적으로 실행 가능하다는 것을 보여줍니다. 그러나 다음과 같은 주의해야 할 문제를 알려드리고 싶습니다.

문제의 다양성

환경을 정확하게 모델링하고 협동 또는 경쟁에 대한 결정을 내리고 정책 공유 여부, 순차적 또는 동시, 가치 또는 정책 또는 완전히 관찰 가능하거나 부분적인 것과 같은 모든 일반적인 MDP 질문을 고려해야 합니다. 견고한 모델이 있으면 모델의 가정 내에서 작동하는 적절한 알고리즘을 찾기 위해 파헤쳐야 합니다. MARL은 훨씬 더 복잡한 문제이므로 훨씬 더 많은 잠재적 솔루션이 있습니다.

다차원 및 다차원 모드 목표

한 에이전트의 목표는 환경의 로컬 조건으로 인해 다른 에이전트와 크게 다를 수 있습니다. 이로 인해 정책 공유가 어려울 수 있습니다.

확장성

많은 작업에서 정보를 동기화하는 것이 중요합니다. 그것이 에이전트의 현재 상태와 같은 외부 정보이든, 현재 정책과 같은 내부 정보이든 관계없이 더 큰 배포에서 통신 효율성 문제로 이어집니다.

불안정성

에이전트가 환경을 능동적으로 변경하고 있기 때문에 다른 에이전트의 관점에서 환경은 비정적입니다. 이는 MDP가 제공하는 기본 가정 중 일부를 깨뜨리거나 무효화하고 안정성을 떨어뜨립니다.

최적성

가장 단순한 예를 제외하고는 모든 문제에 대해 최적성을 정확하게 정의하기 어렵습니다. 즉, 간단하지 않은 환경에 대한 수렴 보장이 없다는 의미입니다.

이러한 문제는 MARL에 고유하지만 부분 관찰 가능성 및 샘플 효율성과 같은 RL의 모든 표준 문제 위에 있습니다. 연구자들이 RL을 다루는 다양한 방법을 찾고, 충분한 시간이 주어지면 이러한 문제의 심각성이 줄어들 것입니다.

8.3.9 MARL의 결론

MARL은 흥미롭고 빠르게 발전하는 RL의 확장입니다. 상당한 개선이 임박했다고 예상합니다. 예를 들어 2020년 6월에는 arXiv에 대한 50개 이상의 새로운 MARL 연구 논문이 있었습니다. 그러나 지금도 MARL을 활용하여 상업적으로 실행 가능한 다양한 사용 사례를 적용해 해결할 수 있으며, 그 중 일부는 함께 제공되는 웹 사이트에서 볼 수 있습니다.

MARL에 대한 간략한 개요에서 나는 대부분의 게임 관련 문헌을 무시했습니다. 그것은 연구와 이론적 관점에서 여전히 매우 중요하지만 이 책의 범위를 벗어납니다.

8.4 전문가의 가이드

이 책 전반에 걸쳐 제시된 많은 예시나 상황에서 에이전트에게 처음부터 정책을 가르치는 것에 대해 이야기했습니다. 그러나 인간은 에이전트 학습 방법을 지시하고 격려하고 개선할 수 있는 도메인 지식을 보유하고 있습니다. 예를 들어, 아이들이 학교를 시작하는 나이는 국가마다 다릅니다. 미국과 영국에서는 아이들이 4~5세 정도에 시작하지만 세르비아, 싱가포르, 남아프리카, 스웨덴과 같은 많은 국가에서는 아이들이 7세가 될 때까지 시작하지 않습니다. 나중에 시작해야 한다는 주장은 아이들이 임의의 높은 수준의 추상화를 배우도록 강요받기 전에 낮은 수준의 감정 및 운동 기술을 미세 조정하기 위해 무작위로 탐색할 수 있는 더 많은 시간이 주어진다는 것입니다. 반론은 아이들이 무작위 탐색으로 시간을 낭비하고 커리큘럼을 사용하여 미묘하게 안내하는 것이 더 낫다는 것입니다. RL에서도 마찬가지입니다. 전문가의 안내는 귀중한 정보를 제공할 가능성이 높지만 에이전트도 스스로 탐색해야 합니다.

그러나 나는 문제가 어느 정도 전문가의 지도를 받으면 도움이 될 수 있다고 확신합니다. 이 섹션에서는 전문가의 지식을 정책에 통합하는 방법을 소개합니다.

8.4.1 행동 복제

전문가 정책을 통합하는 전통적인 접근 방식은 지도 학습을 사용하여 에이전트가 만난 상태에 대해 전문가와 동일한 행동을 선택할 가능성을 최대화하는 것입니다. 이것은 행동 복제라고 불리지만 전문가의 지식에만 과적합되기 때문에 인기가 없습니다. 에이전트가 직접 경험해보지 않은 상태에 있는 경우 에이전트는 무엇을 해야할지 모를 것입니다. 복잡한 문제의 고차원성으로 인해 이러한 상황이 발생할 가능성이 매우 높으므로 경험하지 않더라도 행동에서 계속 학습하는 알고리즘을 사용하는 것이 중요합니다.[32]

8.4.2 모방 RL

2017년 Hester et al. 많은 실제 상황에서 정확한 시뮬레이션을 사용할 수 없거나 실현 가능하지 않은 문제에 대한 해결책을 제안했습니다. 유일한 가능성은 현장에서 에이전트를 교육하는 것입니다. 그러나 이전 컨트롤러 또는 인간이 갖는 규범과 같이 이미 실행 가능한 정책을 사용하는 외부 소스가 있습니다. 이러한 전문가의 지식을 에이전트에게 전달하는 솔루션을 개발하면 정확한 시뮬레이터는 그렇지 않은 문제에 대한 다양한 해결책을 찾는 것이 가능합니다.[33]

첫째, 전문가(인간 또는 기계)가 환경에서 경험을 생성합니다. 그런 다음 손실이 전문가와 에이전트의 작업 간의 차이를 측정하는 Bellman 업데이트에 통합됩니다. 시간이 지남에 따라 에이전트는 전문가와 유사한 경험(트래젝토리)을 생성하는 방법을 배웁니다.

이 방법의 문제점은 전문가의 정책이 최적이 아닐 가능성이 높기 때문에 에이전트가 전문가를 모방하는 것을 원하지 않는다는 것입니다. DQfD(Deep Q-learning from Demos)는 일련의 정규화를 통해 전문가 경험에 대한 과적합을 방지하려고 시도함으로써 이를 설명합니다. GAIL(Generative Adversarial Imitation Learning)은 전문가에 대한 행동 분포를 적대적으로 방해하는 접근 방식을 제안합니다. 그러나 응답하지 않거나 사용할 전문가 조언의 양을 제어하는 조정을 위한 직관적인 방법이 없습니다.[34]

SQIL(Soft Q Imitation Learning)은 하나의 아이디어를 제공하는 동시에 표준 RL 알고리즘이 경험 리플레이를 사용하는 방식을 변형하여 DQfD 및 GAIL을 단순화합니다. Reddyet al. (a) 리플레이 버퍼에 있는 트래젝토리를 주의 깊게 제어하고, (b) 해당 트래젝토리에 대한 보상 신호를 재구성하고, (c) 탐색을 허용하지만 전문가의 트래젝토리에 가깝게 유지하는 손실 함수를 사용하면 에이전트가 학습할 수 있습니다. 외부 보상 신호가 없는 경우에도 경험합니다. 결과 알고리즘은 수행해보지 않은 상태로의 편차를 허용한다는 점을 제외하면 행동 복제와 광범위하게 유사합니다. 정규화를 통해 이러한 상태에 페널티를 부여하고 에이전트를 전문가 행동으로 되돌립니다. 정규화에 가중치를 부여하여 사용할 전문가 조언의 양을 제어할 수도 있습니다. 따라서 초기에 전문가 데모를 사용하고 경향이 있는 어닐링 버전을 상상할 수 있습니다. 그러나 주요 판매 포인트는 단순성이며 이는 불연속적이든 연속적이든 모든 Off-Policy 알고리즘에 적용할 수 있습니다.[35]

8.4.3 Inverse RL

모방 RL의 문제점은 전문가가 최적의 정책을 시연하고 있다는 보장이 없다는 것입니다. 예를 들어, “잘 운전”하도록 자동차를 훈련시키고 RL 알고리즘을 돕기 위해 전문가의 운전 행동을 기록하고, 이를 시연으로 제출했다고 상상해보십시오. 당신은 정말 전문 드라이버입니까? 그렇다고 하더라도 에이전트가 운전에 대한 편향된 관점에서 학습해야 합니까?

또 다른 접근 방식은 트래젝토리를 무시하고 목표에 집중하는 것입니다. 그러나 "잘 운전"에 대한 보상을 생성하는 것은 수량화하기 어렵습니다. 가능한 최단 시간 내에 목적지에 도착하고 총 경과 시간을 보상으로 사용하고 싶다고 제안할 수 있지만 이는 안전하게 도착하는 것을 무시합니다. 모든 주요 관심사를 반복적으로 설정할 수 있지만 어떻게 가중치를 부여합니까? 일반적으로 복잡한 도메인에 대한 보상을 설계하는 것은 어려우므로 보상을 학습하는 것이 어떻습니까?

Inverse RL(IRL)은 환경에서 데모를 통해 보상을 예측하려고 시도합니다.[36] 일반적인 목표는 전문가 행동을 설명하는 입증된 트래젝토리를 기반으로 임의의 보상 함수를 찾는 것입니다. 보상 함수를 설계하는 것은 RL의 주요 과제이며 IRL은 편향이 적고 지정하기 쉬운 데모로 대체할 것을 약속합니다. 또한 기본 환경에 대해 어떠한 가정도 하지 않기 때문에 시연을 통한 학습이 더 강력하다는 주장도 있습니다.

대부분의 IRL 방법은 다음 패턴에 적합합니다.

1. 전문가의 시연을 MDP에 대한 솔루션으로 가정
2. 파라미터화된 모델을 보상 함수로 사용
3. 현재 보상 함수로 MDP 해결
4. 전문가의 트래젝토리와 학습된 트래젝토리(또는 가능한 경우 정책) 간의 차이를 최소화하도록 보상 함수를 업데이트합니다.
5. 안정될 때까지 반복

그림 8-8은 단순한 3×3 불연속 그리드에 대한 과정을 보여줍니다. RL 에이전트는 매개변수화된 보상 함수로 MDP를 해결하도록 훈련됩니다. MDP가 최적의 정책을 학습할 때마다 전문가 트래젝토리와 비교됩니다. 학습된 정책이 전문가도 방문한 상태를 방문하면 해당 상태에 대한 보상이 증가합니다(또는 동등한 보상 매개변수가 변경됨). 시간이 지남에 따라 보상 함수는 전문가 트래젝토리를 향하는 경향이 있습니다.

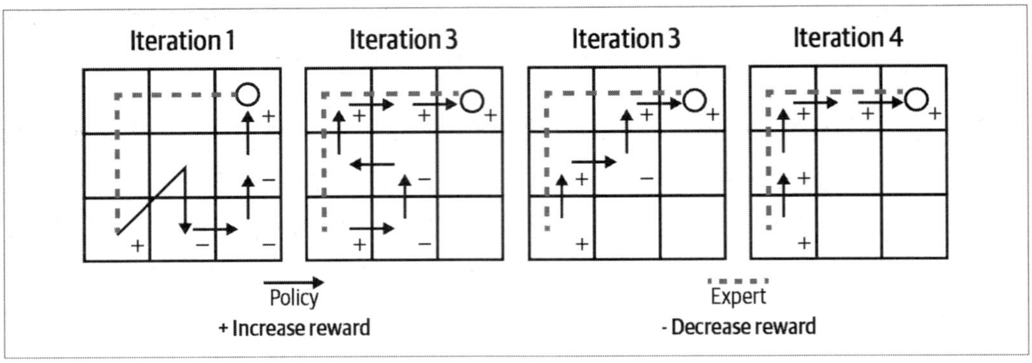

그림 8-8 개념적 IRL 문제의 반복 예. 환경은 3×3 그리드입니다. 단일 전문가 트래젝토리가 제공됩니다(파선). 정책(실선)은 MDP에서 매개변수화된 보상 함수를 사용합니다. 시간이 지남에 따라 보상 함수는 전문가의 트래젝토리를 생성할 가능성이 더 높아지도록 변경됩니다. 결국 전문가 행동을 모방하는 보상 함수로 끝납니다.

IRL의 대부분의 문제는 전문가 트래젝토리가 차선책일 수 있다는 사실에서 비롯됩니다. 연구자들은 기본 프로세스를 조정하여 전문가의 경험에 존재하는 노이즈에 대한 견고성을 개선하거나(엔트로피 기반 또는 확률적 IRL 알고리즘 참조) 더 문제가 되는 경향이 있는 전문가 트래젝토리를 일치시키는 대신 학습을 최적으로 느슨하게 지시하는 광범위한 알고리즘을 개발했습니다.

또 다른 주요 문제는 이러한 방법이 RL 알고리즘을 반복적으로 재훈련해야 한다는 점입니다. 이는 아시다시피 시간이 오래 걸릴 수 있습니다. 이것은 IRL이 가장 단순한 상태 공간 이외의 어떤 것으로도 확장되지 않는다는 것을 의미합니다. 그러나 모든 것이 손실되는 것은 아닙니다. 자동 인코딩 또는 해싱과 같은 차원 감소 기술을 사용하여 고차원 상태를 IRL의 에이전트가 처리할 수 있도록 줄일 수 있습니다.[37, 38]

마지막으로 말씀드리고 싶은 것은 연구자들이 논문에서 전문가 지도에 대해 이야기할 때 전문가가 자신이 하는 일에서 성공했다고 가정하는 경향이 있다는 것입니다. 실패는 성공보다 훨씬 더 일반적이며 IRL에 비참한 경험을 포함할 수 없는 이유가 없습니다. 대신 이러한 경험에 대한 보상을 줄이십시오. Shiarliset al. 실패한 데모를 생성하는 것이 좋은 데모를 생성하는 것보다 훨씬 쉽다고 제안합니다.[39]

8.4.4 커리큘럼 RL

과학, 항해 또는 스노보드를 배울 때 더 발전된 단계로 이동하기 전에 달성해야 하는 잘 정의된 일련의 단계 또는 테스트가 있습니다. 스노보드에서는 먼저 가장자리를 제어하는 방법에 대해 다리 근육을 훈련한 다음 체중을 회전으로 옮기도록 코어를 훈련하고 마지막으로 회전하기 위해 비트는 방법을 배웁니다. 과학에서는 핵융합 이전의 원자, 유체 역학 이전의 뉴턴의 운동 법칙, DNA 이전의 세포 구조에 대해 먼저 배웁니다. 이들은 고급 정책 학습에 대한 일반적인 전략을 보여주는 커리큘럼, 즉, 높은 수준의 메타 학습 가이드입니다.

RL에서 커리큘럼을 사용하여 에이전트가 수행해야 하는 탐색의 양을 줄일 수 있습니다. 기본 목표 학습으로 이어지는 일련의 간단한 하위 목표를 지정할 수 있습니다. 이것은 "모방 RL"과 매우 유사하게 들리며 커리큘럼 아래의 여러 기술은 모방 기술을 사용하여 커리큘럼 하위 작업을 도출합니다.

Markov 게임(또는 기타 MARL 프레임워크)은 커리큘럼 학습의 중요한 사용 사례입니다. 에이전트가 셀프 플레이에서 서로 대결하도록 문제 공식을 변경할 수 있습니다. 셀프 플레이의 가장 분명한 형태는 널리 알려진 보드 게임 예제에 있지만 연구자들은 동일한 아이디어를 미로나 로봇 이동과 같은 약간 더 현실적인 환경에 적용했습니다.[40, 41] 셀프 플레이하지만 일반적인 형태 중 하나는 에이전트의 인스턴스화를 교사로 사용하고 다른 인스턴스를 학생으로 사용하는 것입니다. 교사는 환경에서 행동을 수행하여(따라서 트래젝토리를 생성) "행동"을 제안하고 학생은 동일한 "행동"을 수행하려고 시도하여 해당 문제를 해결합니다. 내가 "문제"라고 말하는 이유는 실제로 그것들은 특정 상태로 이동하는 것일 뿐이며, 이는 인간이 문제로 간주하는 것으로 변환될 수도 있고 변환되지 않을 수도 있습니다. 보상은 교사의 경로 길이를 늘림으로써 학생이 시간이 지남에 따라 더 복잡한 행동을 수행하도록 격려하도록 형성됩니다. 또 다른 일반적인 형태는 모방과 유사한 기술을 통합하여 자동으로 기술을 분류하고 훈련 중인 에이전트에게 기술을 연습하도록 반복적으로 요청하는 것입니다.[42]

모방과 커리큘럼 학습 모두와 유사한 또 다른 흥미로운 아이디어는 정책의 조합입니다. Residual RL은 단일 문제를 해결하기 위해 두 정책을 결합하는 방법을 정의합니다. 계층적 RL로 표시되지는 않지만 그렇게 간주될 수도 있습니다. 예를 들어 로봇 공학에서 일반적인 작업의 일부에 대한 정확한 모델이 있는 경우 해당 정책을 다른 정책과 결합하여 잡기 또는 만지는 것과 같이 모델링하기 훨씬 어려운 작업을 달성할 수 있다는 것입니다. 이는 정책 추가를 통해 도입됩니다. 나는 이 아이디어가 너무 간단하기 때문에 마음에 듭니다. 보너스나 페널티를 임의로 추가하여 보상 함수나 손실 함수를 변경하는 예는 많이 보셨겠지만, 행동을 결합한 예는 이번이 처음입니다. 직관적으로, 나는 이것에 처음 눈에 보이는 것보다 더 많은 것이 있다고 생각합니다. RL의 다른 영역(예: safe-RL)에 적용할 수 있는 보다 일반적인 행동 변경 프레임워크를 상상할 수 있습니다.[43]

커리큘럼 학습은 RL과 ML이 정말 복잡한 문제로 확장하는 데 잠재적으로 도움이 될 수 있는 한 가지 방법이기 때문에 또 다른 인기 주제입니다. 다양한 중요한 기술 또는 솔루션을 학습할 수 있는 비지도 솔루션이 있도록 문제를 엔지니어링할 수 있습니다. 자세한 내용은 "추가 자료"의 최근 리뷰를 참조하십시오.

8.5 새로운 패러다임

연구자들은 용어를 만드는 것을 좋아합니다. 이것은 해석하기 어려울 수 있는 다른 패러다임의 범람으로 이어질 수 있습니다. 종종 그들 중 일부는 Q-learning과 같은 대중적인 용어로 탈피하는 반면, 다른 것들은 미래에 크게 될 수 있지만 Meta-learning과 같이 그렇지 않을 수 있습니다. 전이 학습과 함께 소개합니다. 다른 곳에서는 적합하지 않기 때문입니다. 그것들은 그 자체로 큰 주제이지만 상당히 진보된 주제라고 생각하므로 자세한 논의는 이 책의 범위를 벗어납니다.

8.5.1 메타 학습(Meta-Learning)

메타 학습/러닝(Meta-Learning, ML) 또는 learning-to-learn은 학습 성능을 최적화하는 일반적인 프레임워크를 개발하는 것을 목표로 합니다. 즉, 학습하는 가장 좋은 방법을 안다면 문제에 최적인 알고리즘을 도출할 수 있습니다.

메타 학습의 가장 중요한 응용 프로그램 중 하나는 관찰 또는 드문 이벤트가 거의 없을 때 학습 성능을 정량화하거나 개선하는 것입니다. 인간은 과거 경험이나 다른 영역에서 지식을 전달하여 적은 수의 관찰에서 패턴과 정책을 학습할 수 있습니다.

Meta-RL의 문제는 학습 성능 향상을 상상할 수 있는 방법이 너무 추상적이라는 것입니다. 예를 들어 일부 구현은 인위적인 호기심과 지루함을 구현합니다.[44] 다른 구현은 유전적, 진화적 또는 적대적 접근 방식을 사용합니다.[45] 일부는 심지어 모방과 Inverse RL을 혼합하여 결합합니다.[46]

이 모든 것으로 인해 meta-RL이 무엇인지 또는 어디로 향하고 있는지 정확하게 정의하기가 어렵습니다. 이전 연구가 선행되어야 한다면, meta-RL은 더 적은 데이터로 더 빠르게 문제를 해결한다는 목표로 계속해서 RL과 ML 기술의 매시업이 될 것입니다.

8.5.2 전이 학습(Transfer Learning)

한 에이전트의 경험을 다른 에이전트로 전이하는 것은 분명히 흥미로운 일입니다. 시뮬레이션에서 로봇을 교육한 다음 해당 지식을 실제 세계로 최적으로 전송할 수 있다면 RL 알고리즘의 샘플 효율성을 인위적으로 높일 수 있습니다. 역사적으로 전이 학습은 별도로 고려되었지만 오늘날에는 메타 학습으로 흡수되는 경향이 있습니다. 그러나 산업 응용 분야에서는 여전히 중요합니다.

연구 지향 RL 알고리즘을 산업 응용 프로그램으로 변환할 때 일반적인 문제는 거의 모든 연구 논문이 처음부터 훈련된다는 것입니다. 그러나 대부분의 경우 유사한 문제는 문헌이나 이전 문제에서 입증된 것처럼 이미 해결되었습니다. 그 모든 경험과 그에 따른 정책을 버리는 것은 말이 되지 않습니다.

그러나 meta-RL과 마찬가지로 과거 경험을 새 모델에 다시 통합할 수 있는 방법이 많이 있습니다. 리플레이 버퍼, 복사/붙여넣기 자동 인코더를 통해 원시 경험을 재사용하거나 이전 정책을 사용하여 커리큘럼 학습을 통해 새 정책을 안내하거나 일종의 협력 MARL 솔루션을 만들 수 있습니다. 가능성은 무한하며 올바른 방법은 없습니다.

기본적으로 세 가지 유형의 전이 방법이 있습니다. 첫 번째이자 가장 일반적인 방법은 동일한 도메인에서 동일한 문제에 사용되는 정책을 전송하려고 시도하는 것입니다. 시뮬레이션을 통한 사전 교육이 이에 대한 예입니다. 두 번째는 약간 다른 문제를 수행하기 위해 동일한 도메인에서 정책을 전이하는 것입니다. 이것은 커리큘럼 학습의 목표이며 로봇 공학과 같이 단일 에이전트가 여러 문제를 해결할 수 있는 애플리케이션에서 일반적입니다. 세 번째는 서로 다른 상태와 행동이 있을 수 있는 도메인 경계를 넘어 정책을 전송하는 것입니다. 이것은 부분적인 관찰 가능성으로 인해 종종 우연히 발생하지만 고전적인 예는 Atari 게임 Pong을 플레이하도록 RL 알고리즘을 훈련시킨 다음 Breakout을 플레이하기 위해 동일한 정책을 얻는 것입니다.

실제 응용 프로그램에서 효율적인 방식으로 솔루션을 구축하고 알고리즘을 훈련할 수 있기 때문에 이것이 산업용 응용 프로그램에서 여전히 중요한 주제라고 생각합니다. 그러나 그것은 이 책의 범위를 벗어나므로 관심이 있는 경우 "추가 읽기"에서 몇 가지 시작점을 제공합니다.

8.6 요약

RL의 목적은 최적의 전략을 배우는 것이므로 문제를 더 빠르고 더 잘 해결하는 데 도움이 되는 추가 정보를 최대한 많이 포함하는 것이 좋습니다. 이 여정의 첫 번째 단계는 기본 가정이 유효한지 확인하고 문제 정의를 개선할 수 있는지 확인하는 것입니다. 이것은 종종 MDP의 타당성에 의문을 제기하는 것으로 시작하여 잠재적 솔루션의 새로운 길로 이어집니다. 고전적인 예는 많은 실제 도메인이 부분적으로 관찰 가능하지만 그렇게 모델링되는 경우는 거의 없다는 것입니다. 부분적인 관찰 가능성을 수용하면 불확실성을 만족스럽게 처리하는 솔루션으로 이어질 수 있습니다.

계층적 RL(HRL), 특히 기술 인식 RL은 산업 솔루션을 크게 확장할 수 있는 잠재력이 있습니다. 원래 장비 제조업체 또는 공급업체가 "기술"을 파생하고 재사용할 수 있다면 동일한 프로세스,

하드웨어 및 소프트웨어를 사용하여 더 많은 솔루션을 제공하는 데 도움이 될 수 있습니다. 이것은 새로운 사용 사례를 열고 수익원을 다각화하는 데 도움이 될 것입니다. 이러한 이유로 저는 HRL이 업계에서 매우 중요한 역할을 한다고 믿습니다.

MARL(Multi-Agent RL)은 분산 문제를 해결하는 좋은 방법을 제시하기 때문에 매우 인기 있는 연구 주제입니다. 예를 들어, 산불의 양과 강도가 모두 증가하고 있으므로 이와 같은 지리 공간 문제에 대한 지능적인 솔루션을 갖추면 그 싸움에 도움이 될 수 있습니다.[47] 기술적인 차원에서도 여러 경험을 활용하여 탐사 문제를 해결하는 것이 좋습니다. 같은 환경에 있는 에이전트들이 서로 협력적으로, 그리고 경쟁 시나리오는 많은 영역, 특히 돈과 관련된 영역에서 발생합니다.

전략을 안내하기 위해 전문가의 조언을 활용하는 것은 설명이 필요 없는 또 다른 패턴입니다. 복잡한 산업 문제의 주요 문제 중 하나는 문제 정의와 탐색 공간을 제한하는 것입니다. 업계는 더 많은 성능과 향상된 효율성을 기대하고 요구하며 거기에 도달하는 가장 좋은 방법 중 하나는 n단계 방법이 3장으로 거슬러 올라가는 것처럼 부트스트랩하는 것입니다. 전략적 수준에서 부트스트래핑은 본질적으로 성공적인 전략을 복사하는 프로세스입니다. 그것이 전문가의 지도이든 다른 모델이든 상관 없습니다. 해당 전문 지식을 추출한 후에는 표준 RL 기술을 사용하여 미세 조정 작업을 할 수 있습니다.

마지막으로 RL은 빠르게 확장되는 주제이며 추상화가 점점 더 높아짐에 따라 이상하고 멋진 방향으로 방향을 바꾸는 경향이 있습니다. 예를 들어 RL에서 메타 학습을 사용하는 것은 엔지니어가 RL에 대해 더 많은 실제 경험을 얻음에 따라 더욱 중요해질 것이라고 생각합니다. 나는 우리가 지금 어떤 단계에 있으며, 곧 엔지니어들이 그 이유를 물을 것입니다. Meta-RL은 해당 질문에 답하기 위한 일련의 아이디어를 제시합니다. 그러나 이름에서 알 수 있듯이 주제는 매우 철학적이며 자격을 갖추기 어려울 수 있습니다. 그것이 올바른 방향이라면 시간이 지나면서 개선될 것이라고 확신합니다.

8.7 추가 자료

- Hierarchical reinforcement learning:
  - Great overview video of the technical difficulties by Doina Precup.
- Multi-agent reinforcement learning:
  - Schwartz, H. M. 2014. Multi-Agent Machine Learning: A Reinforcement Approach. John Wiley & Sons.
  - A great RL-focused recent review from Oroojlooy and Hajinezhad.[48]

- Another review that spans games and EFGs from Zhang et al.[49]

- Decentralized MARL:
  - A great introduction to decentralized MARL from Christopher Amato, and accompanying book by Oliehoek and Amato.[50]
- Expert guidance:
  - A recent survey of inverse RL.[51]
- Curriculum learning:
  - Two recent surveys.[52, 53]
  - Lillian Weng's blog is always a great resource and has a nice overview on curriculum learning.
- Meta-RL:
  - Huimin Peng has bravely created a good review on meta-RL.[54]
- Transfer learning:
  - There's a great chapter by Alessandro Lazaric that develops transfer learning at a high level.[55]
  - An interesting recent review of transfer learning in general (not RL-specific).[56]

References

[1] Karl, Maximilian, Maximilian Soelch, Justin Bayer, and Patrick van der Smagt. 2017. "Deep Variational Bayes Filters: Unsupervised Learning of State Space Models from Raw Data". ArXiv:1605.06432, March.

[2] Hefny, Ahmed, Zita Marinho, Wen Sun, Siddhartha Srinivasa, and Geoffrey Gordon. 2018. "Recurrent Predictive State Policy Networks". ArXiv:1803.01489, March.

[3] Wayne, Greg, Chia-Chun Hung, David Amos, Mehdi Mirza, Arun Ahuja, Agnieszka Grabska-Barwinska, Jack Rae, et al. 2018. "Unsupervised Predictive Memory in a Goal-Directed Agent". ArXiv:1803.10760, March.

[4] Qiao, Zhiqian, Katharina Muelling, John Dolan, Praveen Palanisamy, and Priyantha Mudalige. 2018. "POMDP and Hierarchical Options MDP with Continuous Actions for Autonomous Driving at Intersections". 2018 21st International Conference on Intelligent Transportation Systems (ITSC), 2377-82.

[5] Qiao, Zhiqian, Zachariah Tyree, Priyantha Mudalige, Jeff Schneider, and John M. Dolan. 2019. "Hierarchical Reinforcement Learning Method for Autonomous Vehicle Behavior Planning". ArXiv:1911.03799, November.

[6] Hochberg, Irit, Guy Feraru, Mark Kozdoba, Shie Mannor, Moshe Tennenholtz, and Elad Yom-Tov. 2017. "A Reinforcement Learning System to Encourage Physical Activity in Diabetes Patients". *Journal of Medical Internet Research* 19 (10): e338.

[7] Hallak, Assaf, Dotan Di Castro, and Shie Mannor. 2015. "Contextual Markov Decision Processes". ArXiv:1502.02259, February.

[8] Ie, Eugene, Chih-wei Hsu, Martin Mladenov, Vihan Jain, Sanmit Narvekar, Jing Wang, Rui Wu, and Craig Boutilier. 2019. "RecSim: A Configurable Simulation Platform for Recommender Systems". ArXiv:1909.04847, September.

[9] Chandak, Yash, Georgios Theocharous, Blossom Metevier, and Philip S. Thomas. 2020. "Reinforcement Learning When All Actions Are Not Always Available". ArXiv: 1906.01772, January.

[10] Boutilier, Craig, Alon Cohen, Amit Daniely, Avinatan Hassidim, Yishay Mansour, Ofer Meshi, Martin Mladenov, and Dale Schuurmans. 2018. "Planning and Learning with Stochastic Action Sets". ArXiv:1805.02363, May.

[11] Chandak, Yash, Georgios Theocharous, Blossom Metevier, and Philip S. Thomas. 2020. "Reinforcement Learning When All Actions Are Not Always Available". ArXiv: 1906.01772, January.

[12] Chandak, Yash, Georgios Theocharous, Chris Nota, and Philip S. Thomas. 2020. "Lifelong Learning with a Changing Action Set". ArXiv:1906.01770, May.

[13] Li, Xiang, Wenhao Yang, and Zhihua Zhang. 2019. "A Regularized Approach to Sparse Optimal Policy in Reinforcement Learning". ArXiv:1903.00725, October.

[14] Saleh, Abdelrhman, Natasha Jaques, Asma Ghandeharioun, Judy Hanwen Shen, and Rosalind Picard. 2019. "Hierarchical Reinforcement Learning for Open-Domain Dialog". ArXiv:1909.07547, December.

[15] Zhou, Guojing, Hamoon Azizsoltani, Markel Sanz Ausin, Tiffany Barnes, and Min Chi. 2019. "Hierarchical Reinforcement Learning for Pedagogical Policy Induction". Artificial Intelligence in Education, edited by Seiji Isotani, Eva Millán, Amy Ogan, Peter Hastings, Bruce McLaren, and Rose Luckin, 544–56. Lecture Notes in Computer Science. Cham: Springer International Publishing.

[16] Nachum, Ofir, Shixiang Gu, Honglak Lee, and Sergey Levine. 2018. "Data-Efficient Hierarchical Reinforcement Learning". ArXiv:1805.08296, October.

[17] Eysenbach, Benjamin, Abhishek Gupta, Julian Ibarz, and Sergey Levine. 2018. "Diversity Is All You Need: Learning Skills without a Reward Function". ArXiv: 1802.06070, October.

[18] Li, Siyuan, Rui Wang, Minxue Tang, and Chongjie Zhang. 2019. "Hierarchical Reinforcement Learning with Advantage-Based Auxiliary Rewards". ArXiv: 1910.04450, October.

[19] Saleh, Abdelrhman, Natasha Jaques, Asma Ghandeharioun, Judy Hanwen Shen, and Rosalind Picard. 2019. "Hierarchical Reinforcement Learning for Open-Domain Dialog". ArXiv:1909.07547, December.

[20] Waradpande, Vikram, Daniel Kudenko, and Megha Khosla. 2020. "Deep Reinforcement Learning with Graph-Based State Representations". ArXiv: 2004.13965, April.

[21] Sharma, Archit, Shixiang Gu, Sergey Levine, Vikash Kumar, and Karol Hausman. 2020. "Dynamics-Aware Unsupervised Discovery of Skills". ArXiv:1907.01657, February.

[22] Zheng, Stephan, Alexander Trott, Sunil Srinivasa, Nikhil Naik, Melvin Gruesbeck, David C. Parkes, and Richard Socher. 2020. "The AI Economist: Improving Equality and Productivity with AI–Driven Tax Policies". ArXiv: 2004.13332, April.

[23] Cox, Tony. 2019. "Muddling–Through and Deep Learning for Managing Large–Scale Uncertain Risks". *Journal of Benefit-Cost Analysis* 10(2): 226–50.

[24] Xiao, Kefan, Shiwen Mao, and Jitendra K. Tugnait. 2019. "TCP–Drinc: Smart Congestion Control Based on Deep Reinforcement Learning". *IEEE Access* 7:(11) 892–904.

[25] Xiao, Yuchen, Joshua Hoffman, Tian Xia, and Christopher Amato. 2020. "Learning Multi–Robot Decentralized Macro–Action–Based Policies via a Centralized QNet". ArXiv:1909.08776, March.

[26] Pham, Huy X., Hung M. La, David Feil–Seifer, and Matthew Deans. 2017. "A Distributed Control Framework for a Team of Unmanned Aerial Vehicles for Dynamic Wildfire Tracking". ArXiv:1704.02630, April.

[27] Tomic, Teodor, Korbinian Schmid, Philipp Lutz, Andreas Domel, Michael Kassecker, Elmar Mair, Iris Lynne Grixa, Felix Ruess, Michael Suppa, and Darius Burschka. 2012. "Toward a Fully Autonomous UAV: Research Platform for Indoor and Outdoor Urban Search and Rescue". IEEE Robotics Automation Magazine 19(3): 46–56.

[28] Cui, Jingjing, Yuanwei Liu, and Arumugam Nallanathan. 2018. "Multi–Agent Reinforcement Learning Based Resource Allocation for UAV Networks". ArXiv: 1810.10408, October.

[29] Lowe, Ryan, Yi Wu, Aviv Tamar, Jean Harb, Pieter Abbeel, and Igor Mordatch. 2020. "Multi–Agent Actor–Critic for Mixed Cooperative–Competitive Environments". ArXiv:1706.02275, March.

[30] Matignon, Laetitia, Guillaume J. Laurent, and Nadine Le Fort–Piat. 2007. "Hysteretic Q–Learning: An Algorithm for Decentralized Reinforcement Learning in Cooperative Multi–Agent Teams". 2007 *IEEE/RSJ International Conference on Intelligent Robots and Systems*, 64–69.

[31] Omidshafiei, Shayegan, Jason Pazis, Christopher Amato, Jonathan P. How, and John Vian. 2017. "Deep Decentralized Multi–Task Multi–Agent Reinforcement Learning under Partial Observability". ArXiv:1703.06182, July.

[32] Ross, Stephane, Geoffrey J. Gordon, and J. Andrew Bagnell. 2011. "A Reduction of Imitation Learning and Structured Prediction to No-Regret Online Learning". ArXiv:1011.0686, March.

[33] Hester, Todd, Matej Vecerik, Olivier Pietquin, Marc Lanctor, Tom Schaul, Bilal Piot, Dan Horgan, et al. 2017. "Deep Q-Learning from Demonstrations". ArXiv: 1704.03732, November.

[34] Ho, Jonathan, and Stefano Ermon. 2016. "Generative Adversarial Imitation Learning". ArXiv:1606.03476, June.

[35] Reddy, Siddharth, Anca D. Dragan, and Sergey Levine. 2019. "SQIL: Imitation Learning via Reinforcement Learning with Sparse Rewards". ArXiv:1905.11108, September.

[36] Ng, Andrew Y., and Stuart J. Russell. 2000. "Algorithms for Inverse Reinforcement Learning." *Proceedings of the Seventeenth International Conference on Machine Learning*, 663-670. ICML 2000. San Francisco, CA: Morgan Kaufmann Publishers Inc.

[37] Tucker, Aaron, Adam Gleave, and Stuart Russell. 2018. "Inverse Reinforcement Learning for Video Games". ArXiv:1810.10593, October.

[38] Cai, Xin-Qiang, Yao-Xiang Ding, Yuan Jiang, and Zhi-Hua Zhou. 2020. "Imitation Learning from Pixel-Level Demonstrations by HashReward". ArXiv: 1909.03773, June.

[39] Shiarlis, Kyriacos, Joao Messias, and Shimon Whiteson. 2016. "Inverse Reinforcement Learning from Failure." *Proceedings of the 2016 International Conference on Autonomous Agents & Multiagent Systems*, 1060-1068. AAMAS 2016. Singapore: International Foundation for Autonomous Agents and Multiagent Systems.

[40] Sukhbaatar, Sainbayar, Zeming Lin, Ilya Kostrikov, Gabriel Synnaeve, Arthur Szlam, and Rob Fergus. 2018. "Intrinsic Motivation and Automatic Curricula via Asymmetric Self-Play". ArXiv:1703.05407, April.

[41] Laux, Melvin, Oleg Arenz, Jan Peters, and Joni Pajarinen. 2020. "Deep Adversarial Reinforcement Learning for Object Disentangling". ArXiv:2003.03779, March.

[42] Jabri, Allan, Kyle Hsu, Ben Eysenbach, Abhishek Gupta, Sergey Levine, and Chelsea Finn. 2019. "Unsupervised Curricula for Visual Meta-Reinforcement Learning". ArXiv:1912.04226, December.

[43] Johannink, Tobias, Shikhar Bahl, Ashvin Nair, Jianlan Luo, Avinash Kumar, Matthias Loskyll, Juan Aparicio Ojea, Eugen Solowjow, and Sergey Levine. 2018. "Residual Reinforcement Learning for Robot Control". ArXiv:1812.03201, December.

[44] Alet, Ferran, Martin F. Schneider, Tomas Lozano-Perez, and Leslie Pack Kaelbling. 2020. "Meta-Learning Curiosity Algorithms". ArXiv:2003.05325, March.

[45] Wang, Rui, Joel Lehman, Jeff Clune, and Kenneth O. Stanley. 2019. "Paired Open-Ended Trailblazer (POET): Endlessly Generating Increasingly Complex and Diverse Learning Environments and Their Solutions". ArXiv:1901.01753, February.

[46] Paine, Tom Le, Sergio Gómez Colmenarejo, Ziyu Wang, Scott Reed, Yusuf Aytar, Tobias Pfaff, Matt W. Hoffman, et al. 2018. "One-Shot High-Fidelity Imitation: Training Large-Scale Deep Nets with RL". ArXiv:1810.05017, October.

[47] Pham, Huy X., Hung M. La, David Feil-Seifer, and Matthew Deans. 2017. "A Distributed Control Framework for a Team of Unmanned Aerial Vehicles for Dynamic Wildfire Tracking". ArXiv:1704.02630, April.

[48] OroojlooyJadid, Afshin, and Davood Hajinezhad. 2020. "A Review of Cooperative Multi-Agent Deep Reinforcement Learning". ArXiv:1908.03963, June.

[49] Zhang, Kaiqing, Zhuoran Yang, and Tamer Başar. 2019. "Multi-Agent Reinforcement Learning: A Selective Overview of Theories and Algorithms". ArXiv: 1911.10635, November.

[50] Oliehoek, Frans A., and Christopher Amato. 2016. *A Concise Introduction to Decentralized POMDPs*. 1st ed. Springer Publishing Company.

[51] Arora, Saurabh, and Prashant Doshi. 2019. "A Survey of Inverse Reinforcement Learning: Challenges, Methods and Progress". ArXiv:1806.06877, August.

[52] Narvekar, Sanmit, Bei Peng, Matteo Leonetti, Jivko Sinapov, Matthew E. Taylor, and Peter Stone. 2020. "Curriculum Learning for Reinforcement Learning Domains: A Framework and Survey". ArXiv:2003.04960, March.

[53] Portelas, Rémy, Cédric Colas, Lilian Weng, Katja Hofmann, and Pierre-Yves Oudeyer. 2020. "Automatic Curriculum Learning For Deep RL: A Short Survey". ArXiv:2003.04664, May.

[54] Peng, Huimin. 2020. "A Comprehensive Overview and Survey of Recent Advances in Meta-Learning". ArXiv:2004.11149, June.

[55] Lazaric, Alessandro. 2012. "Transfer in Reinforcement Learning: A Framework and a Survey". *Reinforcement Learning: State-of-the-Art*, edited by Marco Wiering and Martijn van Otterlo, 143–73. Adaptation, Learning, and Optimization. Berlin, Heidelberg: Springer.

[56] Zhuang, Fuzhen, Zhiyuan Qi, Keyu Duan, Dongbo Xi, Yongchun Zhu, Hengshu Zhu, Hui Xiong, and Qing He. 2020. "A Comprehensive Survey on Transfer Learning". ArXiv:1911.02685, June.

CHAPTER 9

실용적인 강화 학습

강화 학습(RL)은 오래된 주제입니다. 수십 년 된 것입니다. 최근에야 학계 밖에서 고개를 들만큼 충분한 명성을 얻었습니다. 아직 강화 학습이 산업에 보급된 지식이 충분하지 않기 때문이라고 생각합니다. 대부분의 문헌은 지금까지 알고리즘과 고안된 시뮬레이션에 대해 이야기합니다.

연구자와 산업가들은 RL의 잠재력을 깨닫기 시작했습니다. 이는 2015년에는 사용할 수 없었던 풍부한 경험을 제공합니다. 프레임워크와 라이브러리가 그 뒤를 이어 인식을 높이고 진입 장벽을 낮추고 있습니다.

이 장에서 나는 RL 알고리즘 세부 사항에 대해서는 덜 이야기하고 프로세스에 대해 더 많이 이야기하고 싶습니다. "실제 RL 프로젝트에는 무엇이 포함됩니까?"라는 질문에 답하고 싶습니다. 먼저 RL 프로젝트가 어떻게 생겼는지 살펴보고 산업용 RL 제품을 구축하기 위한 새로운 모델을 제안합니다. 그 과정에서 RL 문제를 발견하는 방법과 이를 학습 패러다임에 매핑하는 방법을 알려드리겠습니다. 마지막으로 간단한 시작부터 RL 프로젝트를 설계, 설계 및 개발하는 방법을 설명하고 주의해야 할 모든 영역을 다루겠습니다.

9.1 RL 프로젝트 라이프 사이클

RL 프로젝트는 일반적으로 처음부터 RL에 의해 해결되도록 설계되지만 때로는 설계자가 문제의 순차적 특성을 높이 평가하여 문제를 해결하고자 합니다. RL 프로젝트는 엔지니어가 문제를 모델링하거나 성능을 개선하는 더 나은 방법을 찾고 있는 기계 학습(ML) 프로젝트에서 나타날 수도 있습니다. 어느 쪽이든 RL 프로젝트의 수명 주기는 ML과 상당히 다르며 소프트웨어 공학과도 매우 다릅니다. 소프트웨어 공학은 RL에게 벽돌 쌓기 작업이 건물을 건설하는 것과 연결시키는 것입니다.

RL 개발은 아마도 여러분에게 친숙한 느낌을 갖게 합니다. 이러한 롤러코스터 감정은 공학을 만족스러운 경험으로 만드는 것입니다. 다음과 같습니다.

1. 낙관주의: “RL은 정말 대단합니다. 로봇을 제어할 수 있으므로 확실히 이 문제를 해결할 수 있을까요?”
2. 스트레스와 우울증: “이게 왜 효과가 없지? 로봇을 제어할 수 있는데 왜 이것을 할 수 없습니까? 나야?”
3. 깨달음: “아 맞다. 이 문제는 로봇 제어보다 훨씬 어렵습니다. 하지만 저는 딥러닝을 사용하고 있으니 결국은 통할(?) 것입니다. 속도를 높이기 위해 더 많은 GPU에 비용을 지불할 것입니다.”
4. 두려움: “왜 이것이 여전히 작동하지 않습니까? 이건 불가능 해!”
5. 단순화: “실제 데이터를 제거/대체/변경/증가하면 어떻게 됩니까?”
6. 놀라움: “와우. 내 노트북에서 단 5분 만에 수렴되었습니다. 다시는 GPU에 돈을 낭비하지 마세요…
7. 행복: “좋습니다. 이제 잘 되고 있습니다. 프로젝트 관리자에게 목표가 가까워지고 있지만 한 번 더 스프린트가 필요하다고 말할 것입니다...”
8. 1번부터 다시 시작

보다 일반적인 형태로 이것은 내가 작업한 모든 프로젝트에 해당됩니다. 스트레스 수준을 관리하고 프로젝트 속도를 향상시키는데 도움이 되는 간단한 방법을 찾았습니다. 그리고 이 책에서 한 가지 아이디어만 빼면 다음과 같이 만드십시오.

간단하게 시작

단순하게 시작하면 문제의 가장 중요한 측면인 MDP에 대해 생각하게 됩니다. 정말 큰 추상화를 만드는 데 도움이 됩니다. 나중에 세부 정보를 채울 수 있습니다. 추상화는 그렇지 않으면 세부 사항을 반추할 수 있는 정신적 자원을 확보하기 때문에 도움이 됩니다. 견고한 전문 지식 없이도 다른 사람에게 개념을 전달할 수 있습니다.

나는 신경 과학이나 심리학에 대해 아무것도 모르지만 정상적인 스트레스와 다르다고 생각합니다. 특히, 발달 중 스트레스는 문제에 소비되는 정신적 노력의 양에 비례하고 성공 확률에 반비례한다는 것을 알았습니다. 일이 제대로 안풀려서 긴 하루를 집중적으로 보낸다면, 즐거워하는 가족들을 보면 훨씬 더 스트레스를 받고 심술이 납니다. 더 많은 성공으로 이어지는 더 쉬운 문제를 갖는 것이 스트레스 수준을 줄이는 데 도움이 되는 것 같습니다.

프로젝트 속도는 개발이 진행되는 속도입니다. 프로세스 감독자가 만든 허구의 척도입니다. 일정 기간 동안(팀이나 사람이 아닌) 귀하 또는 귀하의 팀의 속도를 비교할 때 외부인이 일시적인 문제를 더 쉽게 발견할 수 있습니다. 개인적인 차원에서 진행 속도는 이전 단락의 이유로 중요합니다. 막히면 문제를 해결하기 위해 더 열심히 노력해야 하며 성공하지

> 못하면 절망의 소용돌이에 갇히게 됩니다.
>
> 일반적인 포인트-기반 속도 측정의 한 가지 문제는 작업 복잡성이나 위험을 고려하지 않는다는 것입니다. 한 주에 상용구 소프트웨어를 사용하고 많은 단일 지점 작업(예: 5 × 1점)을 통해 화상을 입을 수 있으며 다음 주에는 모델 작업을 하고 벽에 머리를 부딪힐 수 있습니다(1 × 5점)). 예상 점수가 정확히 같을 수 있지만 두 번째 주는 훨씬 더 스트레스가 많습니다.

이 문제를 완화하기 위한 두 번째 팁은 다음과 같습니다.

개발 주기를 가능한 한 작게 유지

> 저는 개발 주기를 첫 번째 키 입력과 의도한 대로 작동하는 시점 사이의 시간이라고 생각합니다. 커밋을 사용하여 작업 코드를 나타내는 경우 하나의 표현 메트릭은 git 커밋 사이의 시간입니다. 이러한 주기가 길어질수록 작동하지 않는 코드와 더 많은 스트레스가 발생할 가능성이 커집니다. 또한 긴 주기는 피드백을 위해 오랜 시간을 기다려야 함을 의미합니다. 이는 많은 데이터에서 큰 모델을 교육할 때 특히 골칫거리입니다. 코드가 작동하는지 확인하기 위해 이틀을 기다려야 한다면 잘못하고 있는 것입니다. 당신의 시간은 그 시간 동안 아무것도 하지 않고 앉아 있기에는 너무 소중합니다. 그리고 의심할 여지 없이 실수를 발견하고 어쨌든 취소해야 합니다. 실행 시간을 줄여 효율성을 개선하고 필요한 경우 긴 훈련 세션을 밤새 실행하십시오. 아침에 오븐에서 갓 나온 새 모델은 마치 크리스마스에 어린아이가 된 것과 같습니다.

이 아이디어들 중 어느 것도 새롭지 않지만 최소한 내 정신을 위해 RL을 수행할 때 매우 중요하다는 것을 알게 되었습니다. 한 번의 시도로 문제를 해결하는 데 너무 쉽게 빠져듭니다. 가능한 결과는 문제와 MDP 또는 모델과 데이터 간의 불일치로 인한 실패로, 모두 너무 복잡하고 이해가 부족하기 때문입니다. 앞의 두 가지 팁을 따르면 힘을 내볼 기회가 있습니다.

9.1.1 라이프 사이클 정의

MDP 패러다임의 수익 외에 기계 학습에 사용되는 많은 도구와 기술은 RL로 직접 전이할 수 있습니다. 심지어 그 과정도 비슷합니다.

데이터 과학 라이프 사이클

그림 9-1은 내가 Winder Research에서 동료들과 함께 작업할 때 보게 되는 데이터 과학 프로젝트의 4가지 주요 단계에 대한 다이어그램을 나타냅니다. 이는 90년대의 데이터 마이닝을 위한

고전적인 산업 간 표준 프로세스를 대체로 따르지만 단순화하고 반복적인 특성을 강조했습니다.

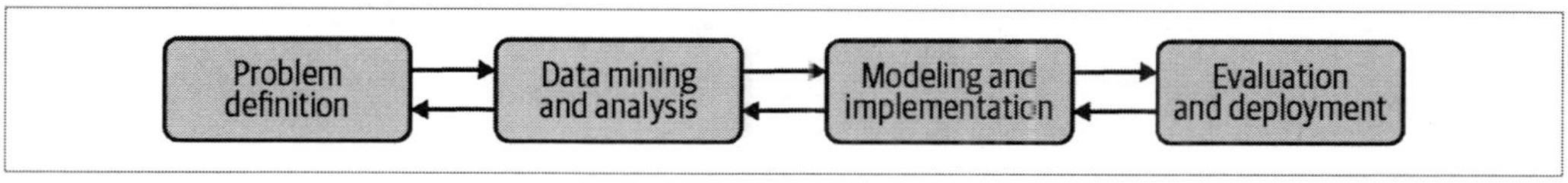

그림 9-1 CRISP-DM 모델의 단순화된 버전인 데이터 과학 프로젝트의 4가지 주요 단계 다이어그램

모든 프로젝트는 문제 정의로 시작하며 이러한 과정에서 잘못되기도 합니다. 정의가 변경되면 공학 작업에 막대한 영향을 미칠 수 있으므로 비즈니스 과제를 해결하고 기술적으로 실행 가능한지 확인해야 합니다. 이것은 기술적으로 프로젝트가 의도한 대로 작동할 수 있지만 실제 비즈니스 문제를 해결하지 못하기 때문에 인지되는 실패의 가장 일반적인 이유 중 하나입니다. 종종 정의를 구체화하기 위해 여러 번 반복해야 합니다.

다음은 데이터 마이닝 및 분석입니다. 데이터 과학자 시간의 약 3분의 2는 문제 해결에 도움이 될 수 있는 새로운 정보를 발견하고 다음 모델링 준비가 된 데이터를 분석하고 정리하는 이 단계에서 시간을 소비합니다.

모델링 및 구현 단계에서는 문제 해결을 시도하는 모델을 구축하고 학습합니다.

마지막으로 성능의 정량적 및 정성적 측정을 사용하여 문제를 얼마나 잘 해결하고 있는지 평가하고 솔루션을 상품화하여 배포합니다.

이러한 단계 중 어느 단계에서든 공학 단계로 돌아가야 할 필요가 있음을 알 수 있습니다. 예를 들어 실행 가능한 기술 솔루션이 있음을 입증하기 위해 Jupyter 노트북에서 개념 증명을 개발한 다음 다시 생산 준비가 된 소프트웨어 빌드로 돌아갈 수 있습니다. 또는 초기 평가 중에 문제를 만족스러운 기준으로 풀기에 적합한 데이터가 충분하지 않다는 것을 알게 될 수도 있습니다. 설상가상으로 솔루션이 있고 관계자에게 다시 보고하면 잘못된 문제를 찾고 이를 해결할 수 있게 됩니다.

강화 학습 라이프 사이클

그림 9-2는 RL 프로젝트의 일반적인 프로세스를 보여줍니다. 가장 먼저 눈에 띄는 것은 단계가 얼마나 유사한지입니다. 목표는 동일하므로(데이터를 사용하여 비즈니스 과제를 해결하는 것) 프로세스도 유사할 것으로 예상하는 것이 합리적입니다. 그러나 유사점은 표면에만 존재합니다. 각 단계를 파헤칠 때 각 작업들은 상당히 다릅니다.

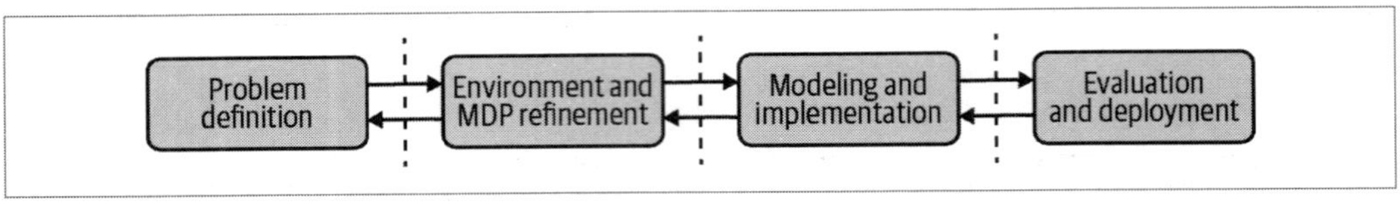

그림 9-2 RL 프로젝트의 네 가지 주요 단계 다이어그램

ML 프로젝트에서는 문제 정의를 변경할 수 있는 능력이 없을 것입니다. 예를 들어, 성능 사양을 만지작거릴 수도 있지만 근본적으로 해결하려는 문제는 비즈니스에서 정의합니다. 그런 다음 비즈니스 내에 이미 존재하는 모든 데이터를 검색 및 찾고, 사용 권한을 얻고, 액세스할 수 있는 기술을 배치합니다. 데이터가 없는 경우 새 데이터를 수집하거나 외부 소스를 사용할 수 있습니다. 마음대로 사용할 수 있는 데이터가 있으면 문제를 해결하는 데 도움이 되도록 분석, 이해, 정리 및 보강하는 데 시간을 할애할 것입니다. 이것은 데이터 과학 프로세스의 처음 두 상자를 나타냅니다.

RL에서는 상황이 상당히 다르며 때로는 달라지기까지 합니다. 먼저 비즈니스 과제가 주어집니다. 문제는 "일반적인" 데이터 과학 문제에 비해 더 높은 수준의 추상화에서 전략적이며 수익, 구독자 수 또는 클릭 수와 같은 성공의 실제 정의를 가지고 있습니다. 그렇다면 당신은 성공의 정의를 가지고 MDP에 맞도록 문제를 신중하게 설계하고 보상 기능을 설계합니다. 모든 상황에서 작동하는 Inverse RL("Inverse RL" 참조) 알고리즘이 있을 때까지 보상을 직접 설계해야 합니다. 이것은 당신의 어깨에 지우기에는 큰 짐입니다. 여러분은 성과를 정량화하는 방법을 실제로 결정할 수 있는 권한이 있습니다. 어떤 의미에서 이것은 생명을 구하는 것과 같이 사람이 읽을 수 있는 용어로 프로젝트가 비즈니스에 미치는 영향을 직접적으로 보여주기 때문에 좋습니다 (예: 정확도 또는 F1-score가 아님). 그러나 이것은 또한 엔지니어에게 더 많은 부담을 줍니다. 비즈니스의 방향을 선택하고 나쁜 결과를 초래하는 전략적 수준의 에이전트를 상상해보십시오. 역사적으로 이 위험은 회사의 경영진이 짊어지므로 급여의 둘레가 됩니다. 하지만 미래에는 엔지니어가 설계한 RL과 같은 알고리즘에 위임될 것입니다. 이것이 많은 회사에 존재하는 계층적 제어 구조에 어떤 영향을 미칠 것인지에 대한 어떠한 증거도 보지 못했지만 변화가 있을 것으로 예상합니다. 생산주는 생산성에 대해 비용을 지불하고 알고리즘을 설계하는 엔지니어가 생산성을 주도할 때 회사를 운영한다는 의미이기도 합니까?

프로세스의 다음 단계는 학습 방법을 결정하는 것입니다. 기계 학습에서는 보유한 데이터만 반복하면 됩니다. 그러나 RL에서는 상호 작용 및 순차적 결정에 의존하기 때문에 현실적인 롤아웃을 생성하는 데 필요한 모든 데이터를 얻을 수 없습니다. 대부분의 경우 실제 환경을 사용하는 것보다 시뮬레이션을 구축하여 개발 피드백 주기를 가속화하는 것이 좋습니다. 실행 가능한 솔루션이 있으면 실생활에 적용할 수 있습니다.

여기서 차이점을 확인하십시오. 인공 관찰을 생성하거나 알고리즘을 적극적으로 사용할 때까지 실제 데이터가 없습니다. 데이터를 수집하기 전에 멋진 딥 러닝 모델을 생산해 배포해야 한다고 누군가 나에게 말한다면 아마 속으로 조금 울 것입니다.

그러나 이것이 바로 RL의 상황이며 상태, 행동 및 보상 공학을 매우 중요하게 만드는 이유입니다. 자신의 상태와 행동, 보상에 미치는 영향을 완전히 이해하지 않으면 강력한 솔루션을 구축할 수 없습니다. 이해하지 못하는 문제에 딥러닝을 던지는 것은 1,000달러짜리 골프채를 사서 골프 프로가 되려고 하는 것과 같습니다.

이 장 전체에서 논의하는 더 많은 것이 있습니다. 그러나 유사점과 전이 가능한 기술이 있지만 RL은 완전히 다른 것이라는 점을 강조하고 싶습니다. 그림 9-2의 처음 두 상자인 문제 정의 및 환경/MDP 개선에 대해 이 장에서 설명합니다. 다음 장까지 마지막 두 상자를 남겨 두겠습니다.

9.2 문제 정의: RL 프로젝트란 무엇입니까?

지금쯤이면 RL의 정의에 대해 상당히 잘 알고 계시겠지만 이 섹션에서는 RL을 일상적인 문제에 적용하는 방법에 대해 이야기하겠습니다. 요약하면 Markov 결정 프로세스(MDP, "MDP 재검토" 참조)에 모델을 기반으로 해야 합니다. 문제는 불연속적이거나 연속적일 수 있는 고유한 상태를 가져야 합니다. 연속적일지라도 불연속적 상태를 생각하는 것이 종종 도움이 된다는 것을 알게 되었습니다. 각 상태에서 다른 상태(또는 자체)로 전환할 가능성이 있어야 합니다. 그리고 행동은 환경의 상태를 바꿔야 합니다.

이 정의는 거의 모든 것을 포함하지만 상태 및 전이 확률 측면에서 생각하기가 직관적으로 어렵다는 것을 알았습니다. 그래서 대신에 나는 다른 그림을 그리려고 노력할 것이다.

9.2.1 순차적인 RL 문제들

RL 문제는 순차적입니다. RL 에이전트는 여러 단계에 걸쳐 트래젝토리를 최적화합니다. 이것만으로도 RL과 ML이 구분됩니다. 단일 단계 의사 결정을 위한 선택의 패러다임입니다. ML은 장기적인 보상을 위해 결정을 최적화할 수 없습니다. 이것은 많은 비즈니스 과제에서 매우 중요합니다. 인간성을 어렴풋이 아는 CEO라면 지금 당장 잠재 고객을 쥐락펴락할 것이라고는 생각하지 않습니다. 대신 그들은 관계를 관리하고 고객의 장기적인 지원을 위해 최적화된 판매가 언제 어떻게 이루어졌는지 관리하는 것이 지속 가능한 비즈니스를 향한 최선의 길이라는 것을 알고 있습니다.

이 철학은 산업의 고객 중심 문제를 해결하는 방법과 직접적으로 연결됩니다. ML 모델을 사용하여 광고 배치를 최적화하거나 구매할 제품을 추천해서는 안 됩니다. 탐욕스러운 유아처럼 그들은 더 큰 그림을 볼 수 없습니다. ML 모델은 미래의 결과에 관계없이 당시에 가능한 최선의 결정을 내리도록 훈련되었습니다. 예를 들어 ML 모델은 제품 추천을 최적화할 수 있는 능력이 매우 뛰어나지만 클릭 미끼에 해당하는 제품, 즉 많은 클릭을 얻지만 궁극적으로 실망스러운 제품을 포함할 수 있습니다. 시간이 지남에 따라 근시안적인 보기는 사용자를 짜증나게 하고 궁극적으로 수익, 유지 또는 기타 중요한 비즈니스 메트릭을 손상시킬 수 있습니다.

RL 알고리즘은 여러 가지 결정을 내려야 한다는 것을 알 수 있거나 결정을 내린 후에도 환경이 재설정되지 않는 상황에 완벽하게 적합합니다. 이것은 "RL 응용 프로그램"에서 보았던 것과 같이 방대한 가능성을 열어줍니다. 이러한 가능성은 새로운 문제이거나 이미 ML을 통해 부분적으로 해결된 문제일 수 있습니다. 어떤 의미에서 이미 부분적으로 해결된 문제는 새 프로젝트보다 더 나은 문제입니다. 엔지니어가 이미 도메인과 데이터에 매우 익숙할 가능성이 높기 때문입니다. 그러나 초기 RL 결과는 알고리즘이 개선되는 동안 단기적으로 더 나쁜 결과를 생성할 수 있음을 인지하십시오. 함께 제공되는 웹 사이트를 방문하여 더 많은 애플리케이션 정보를 얻으세요.

9.2.2 전략적인 RL 문제들

소프트웨어 공학을 프로세스 자동화의 한 방법이라고 생각하며, 머신 러닝은 의사 결정을 자동화할 수 있습니다. 또한, RL은 전략을 자동화할 수 있습니다.

그림 9-3은 이 아이디어를 뒷받침합니다. 현대 기업은 세 가지 핵심 기능으로 구성됩니다. 기업에는 성과 평가부터 프린터 사용 방법까지 다양한 프로세스가 있습니다. 이러한 프로세스 중 하나를 실행하는 것은 거의 가치가 없지만 자주 발생합니다. 이러한 프로세스를 수행하는 데 시간이 걸리고 따라서 비용이 들기 때문에 소프트웨어로 프로세스를 자동화하는 것이 합리적입니다.

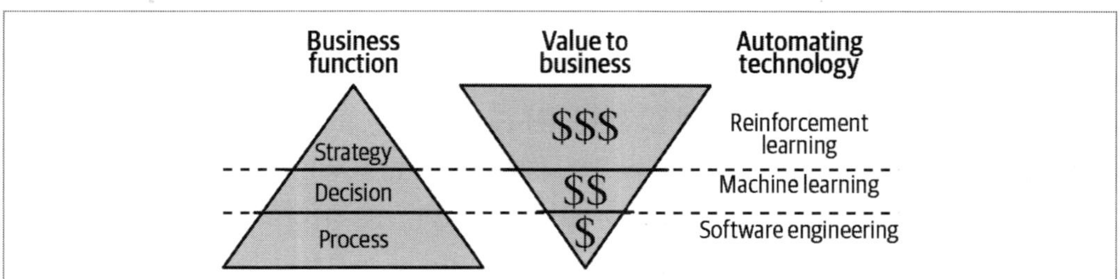

그림 9-3 현대 비즈니스의 다양한 기능, 해당 기능에서 각 작업의 가치 및 기능에 매핑되는 기술을 묘사합니다.

비즈니스 결정은 비즈니스 프로세스보다 드물지만 여전히 상당히 자주 발생합니다. 심폐소생술을 실시하거나 따뜻한 잠재 고객에게 전화를 걸거나 의심스러워 보이는 거래를 차단하기로 결정하면 생명을 구하거나 수익성을 얻거나 사기를 예방할 수 있습니다. 이러한 모든 문제는 기계 학습을 사용하여 해결할 수 있습니다. 이러한 행동은 정량적으로 가치가 있지만 이전에 말했듯이 수명이 제한되어 있습니다. 그들은 의도적으로 단일 이행 이벤트에 초점을 맞춥니다. 따라서, 의사 결정을 가능하게 하는 프로세스가 필요합니다.

비즈니스 전략은 회사의 중요한 핵심을 형성하는데 영향을 미칩니다. 주로 전략을 설계하고 구현하는 사람(또는 한 명)의 수가 제한되어 있기 때문에 제한적입니다. 그들은 비밀로 유지되며 미래의 수많은 사람을 위한 결정 및 프로세스를 지시합니다. 그들은 국가의 의료 또는 회사의 연간 이익과 같은 광범위한 결과를 가져옵니다. 새로운 최적의 전략이 매우 가치 있기 때문에, 이를 자동으로 결정하기 위한 RL이 중요한 이유입니다.

회사/의료/국가 운영을 RL에 맡길 수 있다고 상상해 보십시오. 어떻게 들리나요? 어떻게 생각하나요?

당신은 이것이 허황된 꿈이라고 생각할지 모르지만, 그렇지 않다고 장담합니다. 과세는 MARL로 처리되고 있습니다.[1] 의료 사용 사례는 명백히 존재하며, 수천 건의 참조 사례가 있습니다.[2] 그리고 기업은 경쟁력을 강화하기 위해 자동화해야 합니다. 따라서 미래에는 알고리즘을 강력하고 유용하며 무엇보다 안전하도록 구축, 조정 및 제한하는 방법을 아는 엔지니어의 손에 달려 있습니다.

9.2.3 저수준 RL 지표

RL 문제가 순차적이고 전략적이라는 앞의 두 가지 제안은 높은 수준입니다. 낮은 수준에서 문제의 개별 구성 요소를 찾아야 합니다.

개체(Entity)

환경과 상호 작용하는 구체적인 사물이나 사람인 개체를 찾습니다. 문제에 따라 엔터티는 환경 인터페이스의 양쪽에 있을 수 있습니다. 예를 들어 권장 사항을 보는 사람은 엔터티이지만 환경의 일부입니다. 다른 경우에는 과세 예에서와 같이 사람들이 시뮬레이션 에이전트입니다.

환경(Environment)

환경은 도메인 중심 디자인의 언어로 제한된 컨텍스트여야 합니다. 상황의 모든 복잡성을 캡슐화하는 인터페이스여야 합니다. 인터페이스 뒤에 시뮬레이션이 있든 실생활이 있든 신경쓰지 않아도 됩니다. 문제의 해결 가능성에 영향을 미치므로 환경을 너무 크거나 복잡하게 만들지 않도록 주의하십시오. 환경을 분할하거나 단순화하면 해결하기가 더 쉬워집니다.

상태(State)

상태를 파악하는 가장 쉬운 방법은 상태가 변경될 때 어떤 일이 발생하는지 관찰하거나 상상하는 것입니다. 변화라고 생각하지 않을 수도 있지만 잘 살펴보세요. 모든 투자자의 기본 상태가 변경되기 때문에 주식 가격이 변경됩니다. 로봇이 위치 A에서 위치 B로 이동했기 때문에 로봇의 상태가 변경됩니다. 권장 사항을 표시한 후 대상의 상태가 "권장 무시"에서 "권장 사항 클릭"으로 변경되었을 수 있습니다.

환경(개체가 포함될 수 있음)에 대해 무엇을 관찰할 수 있습니까? 가장 유익한 기능은 무엇입니까? ML에서와 마찬가지로 깨끗하고 유익하며 상관관계가 없는 기능만 포함하도록 주의해야 합니다. 원하는 대로 기능을 추가, 제거 또는 보강할 수 있지만 가능한 경우 Feature(특징) 수를 최소화하여 탐색 공간을 줄이고 계산 효율성을 개선하고 견고성을 향상시키는 경향이 있습니다. 시간이나 날씨와 같은 다른 소스의 상황 정보를 병합할 수 있다는 것을 잊지 마십시오.

상태의 도메인은 응용 프로그램에 따라 크게 다를 수 있습니다. 예를 들어 이미지, 지형 공간 그리드를 나타내는 행렬, 센서 판독값을 나타내는 스칼라, 텍스트의 스니펫, 장바구니의 항목, 브라우저 기록 등이 될 수 있습니다. 에이전트의 관점에서 상태는 불확실하거나 숨겨져 있을 수 있습니다. 에이전트는 당신이 볼 수 있는 것을 보고 있는 것이 아니라는 사실을 자주 상기하세요.

행동(Action)

행동을 적용하면 환경에 어떤 일이 발생합니까? 환경의 내부 상태는 행동을 적용할 때 변경 가능성이 있어야 합니다(행동이 그대로 유지되거나 잘못된 행동이었기 때문에 변경되지 않을 수 있음). 이상적으로는 해당 상태 변경을 관찰하고 싶고 그렇지 않은 경우 정보를 노출하는 관찰을 찾는 것을 고려하십시오. 다시 말하지만 탐색 공간을 줄이기 위해 행동 수를 제한하십시오.

성공 또는 실패 정량화

환경에서 성공 또는 실패를 어떻게 정의할까요? 성공 또는 실패를 정량화하는 방법을 생각할 수 있습니까? 성공 또는 실패의 값은 문제 정의에 매핑되어야 하며 사용자와 이해 관계자 모두가 이해할 수 있는 단위를 사용해야 합니다. 이익을 개선하기 위해 노력하고 있다면 금전적 가치로 정량화하십시오. 무언가의 클릭률을 개선하려는 경우 돌아가서 해당 클릭에 대한 수익 금액을 찾으십시오. 고객/상사/이해 관계자가 당신이 이 프로젝트에 관심을 갖는 진짜 이유를 생각해 보십시오. 그들이 이해하는 용어로 결과를 어떻게 정량화할 수 있습니까?

9.2.4 학습의 종류

에이전트의 목표는 최적의 정책을 학습하는 것입니다. 이 책의 이후 부분에서는 다양한 가치 기반 및 정책 기울기 기반 알고리즘을 통해 에이전트가 학습하는 방법을 알아봅니다.

온라인 학습

대다수의 예제, 문헌, 블로그 게시물 및 프레임워크는 모두 에이전트가 온라인에서 학습하고 있다고 가정합니다. 에이전트는 실제 또는 시뮬레이션 환경과 상호 작용하고 동시에 학습합니다. 이러한 접근 방식의 주요 문제 중 하나는 샘플 효율성, 즉 최적의 정책을 학습하는 데 필요한 환경과의 상호 작용에 따른 경험의 수입니다. 지난 수십 년 동안 연구원들은 탐색 및 학습 보장을 개선하여 샘플 효율성을 추구해 왔습니다. 그러나 근본적으로 탐색, 확률적 근사로 인한 샘플링 지연 및 모든 중요한 안정성 문제에 대한 오버헤드가 항상 있을 것입니다. 최근에야 연구자들은 로그를 통해 학습하는 것을 고려하기 시작했습니다.

오프라인 혹은 배치 학습

아주 최근까지 에이전트의 행동과 환경의 반응 사이의 고유한 결합 때문에 모든 학습이 온라인으로 수행되어야 한다고 생각했습니다.[3] 그러나 연구원들은 저장된 데이터 배치에서 학습이 가능하다는 것을 발견했습니다. 리플레이 버퍼의 데이터와 같습니다. 이 데이터는 환경과 더 이상 상호 작용하지 않기 때문에 오프라인 또는 배치 학습이라고드 합니다. 그림 9-4는 아이디어를 나타냅니다. 첫째, 데이터는 정책(아마도 무작위)을 사용하여 온라인에서 생성되고 버퍼에 저장됩니다. 오프라인에서는 버퍼의 데이터에 대해 새 정책이 학습됩니다. 그런 다음 새 정책이 사용을 위해 배포됩니다.

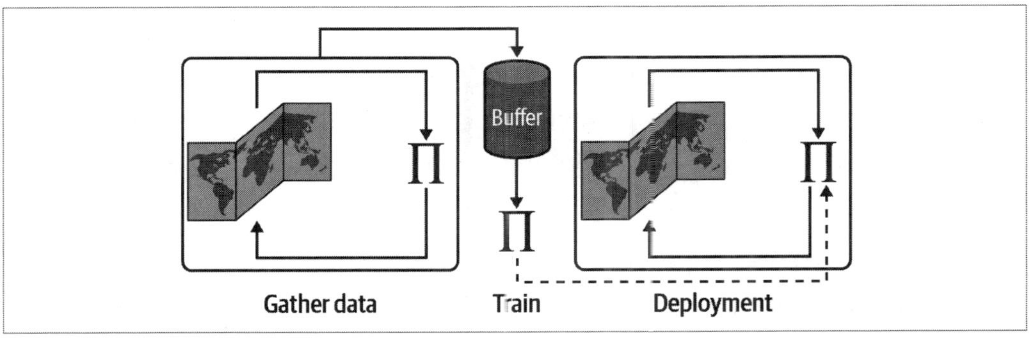

그림 9-4 배치 강화 학습

오프라인 학습의 주요 이점은 샘플 효율성의 증가입니다. 데이터 집합을 캡처하거나 기록하고 이를 사용하여 환경에 전혀 영향을 주지 않고 원하는 만큼 모델을 교육할 수 있습니다. 이것은 새로운 샘플을 수집하는 데 비용이 많이 들거나 안전하지 않은 많은 영역에서 매우 중요한 기능입니다.

그러나 데이터의 정적인 스냅샷을 수집하고 훈련한다면 이것이 순수한 지도 학습이 아닙니까? 대답은 '예'입니다. 레이블이 지정된 전환 및 보상이 있는 데이터 배치가 있다는 의미에서 지도 학습이 됩니다. 그러나 이것이 오래된 회귀 또는 분류 알고리즘을 사용할 수 있다는 의미는 아닙니다. 데이터는 MDP에 의해 생성(가정)되므로 MDP에 대한 최적의 정책을 찾기 위해 설계된 알고리즘은 여전히 유용합니다. 주요 차이점은 더 이상 탐색할 수 없다는 것입니다.

에이전트가 탐색할 수 없다면 지난 10년 동안 RL이 급속히 발전한 주된 이유인 "간격을 메움"으로써 정책을 개선하려고 시도할 수 없습니다. 유사한 주장은 에이전트가 행동에 대한 반사실적 질문을 하는 것을 방지한다는 것입니다. 다시 말하지만 이것은 "가정" 질문을 할 수 있도록 하여 보다 강력한 정책을 제공하는 이론적 방법입니다. 기본적으로 훈련 데이터의 분포(상태, 행동 및 보상)는 배포 시 관찰된 것과 다릅니다. 이것이 일반적인 지도 학습 알고리즘에 어떤 영향을 미치는지 상상해 보십시오.

원칙적으로 모든 Off-Polcy RL 알고리즘에서 탐색 부분을 제거하여 오프라인 RL 알고리즘으로 사용할 수 있습니다. 그러나 이것은 여러 가지 이유가 발생하게 되며, 실제로 문제가 됩니다. 가치 방법은 정확한 가치 추정에 의존하기 때문에 어려움을 겪습니다. 그러나 많은 상태 또는 행동이 버퍼에 존재하지 않으므로 추정값이 부정확할 것입니다. 정책 그래디언트 방법은 기껏해야 잘못된 방향을 가리키고 최악의 경우 폭발하는 그래디언트를 생성하는 분포 이동으로 인해 어려움을 겪습니다. 이러한 문제는 딥 러닝과 같이 지나치게 지정된 모델을 사용할 때 더욱 악화됩니다.[4]

이 글을 쓰는 시점에 연구자들은 이러한 문제를 해결하기 위해 열심히 노력하여 샘플 효율성에서 다음으로 큰 이득을 얻을 수 있도록 노력하고 있습니다. 연구의 한 가지 방법은 기본 RL 알고리즘의 안정성 보장을 더욱 세분화하여 불안정한 분포나 언더 샘플링된 상태 또는 행동을 만났을 때 오작동하지 않도록 하는 것입니다. 딥 러닝을 사용할 때 더 나은 이론적 보장은 상황을 극적으로 개선할 수 있는 확실한 방법입니다. 다른 접근 방식은 모방 학습과 같은 기술을 사용하여 긍정적인 보상을 생성하는 정책을 활용하려고 시도하고 있습니다.[5] 더 간단한 접근 방식은 에이전트가 탐색할 수 있는 시뮬레이션된 환경을 만들기 위해 버퍼에서 오토인코더를 훈련하는 것입니다.[6] 실제로 이러한 기술은 이미 사용되고 있습니다. 적용되어 특히 로봇 공학에서 인상적인 결과를 보여주고 있습니다.[7] 실제적인 관점에서 DeepMind RL Unplugged 벤치마크는 아이디어를 찾거나 프로토타입을 만드는 데 유용한 도구임을 알 수 있습니다.[8]

동시 학습

문헌에는 MARL(다중 에이전트 RL)과 다중 프로세스 프레임워크 사이에 있는 학습 기술이 혼합되어 있지만 여기에서 언급할 만큼 충분히 흥미롭습니다.

피드백 주기의 길이는 문제의 복잡성에 따라 결정됩니다. 도전이 어려울수록 해결하는 데 더 오래 걸립니다. 이는 부분적으로 모델 복잡성 증가로 인해 발생하지만 주로 탐색 문제입니다. 큰 상태 및 행동 공간은 "간격을 메우기" 위해 더 많은 탐색이 필요합니다.

많은 연구자들이 단일 에이전트 사례에서 탐색을 개선하는 데 집중했으며 이는 놀라운 결과를 가져왔습니다. 그러나 그것은 어느 정도까지만 확장됩니다. 궁극적으로 에이전트는 여전히 모든 상태–행동 공간을 방문해야 합니다. 한 가지 옵션은 여러 에이전트를 동시에 실행하는 것입니다("Scaling RL" 참조). 그러나 동일한 탐색 알고리즘을 사용하는 경우 동일한 행동 공간을 탐색하는 경향이 있으므로 상태–행동의 효율성을 다시 부정할 수 있습니다.

대신 에이전트 팀이 상태–행동 공간을 탐색하는 공동 작업을 수행하는 동시 탐색은 어떻습니까? 하지만 이 용어는 오버로드되어 있습니다. 연구자들은 협력적 MARL에서 RL에 대한 동시 프로그래밍에 이르기까지 모든 것을 의미하기 위해 동시라는 단어를 사용했습니다.[9, 10] 나는 이 용어를 동일한 환경에 대한 공동 탐색을 수행하는 목표를 나타내기 위해 사용했으며, 2013에 처음 제안되었습니다.[11]

이 아이디어의 구현은 도메인에 따라 다릅니다. 한 예로, 많은 기업이 수천 또는 수백만 명의 고객과 동시에 상호 작용하고 평생 가치 또는 충성도와 같은 해당 고객에 대한 보상을 극대화하려고 노력하고 있습니다. 그러나 이러한 고객은 동일한 환경의 범위 내에 있습니다. 회사는 제한된 재고 제품 세트만 가지고 있으며 각 고객에 대해 거의 동일한 인구 통계 정보를 가지고 있습니다. 한 고객의 학습은 다른 고객에게 전달되어야 하므로 이는 중앙 집중식 학습 또는 최소한 매개변수 공유를 의미합니다.

고유한 적응이 필요한 작은 문제가 많기 때문에 하나의 정답이 없다고 생각합니다. 이메일이나 광고로 고객을 재 타겟팅하는 기능을 도입하면 어떻게 될까요? 이렇게 하면 성능 메트릭이 향상되지만 보상이 지연될 수 있습니다. 따라서 행동을 "건너뛰고" 부분 관찰 가능성을 처리할 수 있는 능력을 구축해야 합니다.

Dimakopoulou와 Van Roy는 2018년에 이 아이디어를 공식화했고 조정된 탐색이 학습 속도를 높이고 많은 수의 에이전트로 확장할 수 있음을 증명했습니다.[12] 그들의 솔루션은 놀라울 정도로 간단합니다. 각 에이전트가 탐색을 최대화하는 무작위 시드를 갖도록 하는 것입니다. 이 접근 방식의 이점은 표준 RL 알고리즘을 사용할 수 있고 각 에이전트가 최적의 성능을 찾기 위해 독립적으로 전념한다는 것입니다. 또한 시작 조건이 반복적으로 무작위화되기 때문에 새로운 데이터에 잘 적응합니다. 그러나 문제는 최적의 시드 샘플링 기술이 모든 문제 혹은 도메인에 대해 다르다는 것입니다.

동시 학습에서 에이전트는 독립적이며 상호 작용하지 않습니다. 고객마다 제품에 대한 관점이 다른 것처럼 에이전트도 환경에 대해 관점이 다를 수 있습니다. 다른 이름에도 불구하고 동시 학습은 중앙 집중식 학습을 사용하는 MARL과 매우 유사합니다. 따라서 이 설명에 맞는 문제를 해결하고 있다면 동시 RL뿐만 아니라 MARL도 연구해야 합니다.

Reset 없는 학습

대부분의 예제와 알고리즘에는 환경을 "Reset(재설정)"할 수 있음을 암시하는 "에피소드"의 암시적 사용이 포함됩니다. 이는 시작 위치가 알려져 있거나 고정되어 있거나 쉽게 식별할 수 있는 일부 환경에 적합합니다. 그러나 실제 생활에서는 "복귀"를 허용하지 않습니다. 때로는 그렇게 하고 싶고 전능한 감독이 필요하지만 말입니다. 영화 Groundhog Day의 Orwellian 버전을 피하려면 많은 응용 프로그램에서 Reset을 지정하지 않는 방법이 필요합니다.

초기 솔루션에서는 에이전트가 Reset 방법을 배울 수 있다고 제안했습니다.[13] 에이전트는 자신의 행동을 제어하므로 이전 행동을 버퍼에 저장할 수 있습니다. 시작 지점으로 돌아가려면 이러한 행동을 "실행 취소"할 수 있습니다. 이것은 행동 공간이 자연스럽게 반대되기 때문에 많은 영역에서 작동합니다. 그러나 동작 불확실성과 부자연스러운 "실행 취소"로 인해 이 접근 방식을 일반적으로 적용할 수 없습니다.

또 다른 아이디어는 종료 또는 재설정 또는 안전하지 않은 행동이 발생할 시기를 예측하고 발생하기 전에 중지하는 것입니다.[14] 그러나 이 역시 감독이 필요하므로 또 다른 제안은 학습 자체의 일부로 Reset이 발생할 시기를 예측하는 기능을 학습하는 것입니다.[15] 따라서, 메타 학습의 힌트가 있습니다. 그러나 이러한 접근 방식 중 어느 것도 완전히 재설정되지 않습니다. 재설정을 완전히 제거하지 않는 이유는 무엇입니까?

기술적으로 무한대로 향하는 값 추정치를 방지하기 위해 1 미만의 디스카운트 계수를 재설정하고 사용할 수 없습니다. 그러나 재설정은 생각보다 중요합니다. 지루한 직장을 그만두고 공학 분야에서 흥미로운 경력을 시작할 때와 같이 상담원이 새로운 출발을 할 수 있습니다. 탐색 에이전트가 막히거나 유사한 상태에서 상당한 시간을 보내는 것은 매우 쉽습니다. 틀에 박힌 틀에서 벗어나는 유일한 방법은 누군가 또는 무언가가 그것을 차는 것입니다. 재설정은 에이전트에게 다른 경로를 시도할 수 있는 또 다른 기회를 제공하기 때문에 이 문제에 대한 완벽한 솔루션입니다.

관련된 문제는 에이전트가 목표 또는 전체 최적에 도달할 수 있을 때 최고의 다음 행동은 목표를 게걸스럽게 먹으며 제자리에 머무르는 것입니다. 다시 말하지만, 정책을 보다 강력하게 만들기 위해 최적이 아닌 상태를 더 많이 탐색하려면 Reset이 필요합니다.

따라서 Reset 하는 방법을 배우는 것보다 에이전트가 목표에서 벗어나 고착될 수 있는 영역에서 멀어지도록 격려하는 방법을 배우는 것이 더 나을 수 있습니다. 또는 Zhu et al.과 같이 환경을 섞는 간단한 컨트롤러를 제공하여 Reset 없이 강력한 로봇 정책을 생성합니다.[16]

결론적으로, 일부 간단한 애플리케이션에서는 Reset 없는 학습이 가능하지만 에이전트가 멈출 가능성이 높습니다. 어느 시점에서 에이전트를 다른 상태로 이동하기 위해 환경을 조작할 수 있는지 여부를 고려해야 합니다. 에이전트가 스스로 다른 상태로 이동하도록 할 수도 있습니다. 다시 말하지만, 다른 문제 영역에는 다른 솔루션이 있습니다.

9.3 RL 공학 및 개선

RL 문제는 공학 문제와 마찬가지로 High 레벨과 Low 레벨의 측면이 있습니다. High 레벨의 디자인을 변경하면 Low 레벨의 구현에 영향을 미칩니다. 더 나은 용어가 없기 때문에 High 레벨의 분석 및 설계를 아키텍처 문제로 나타냅니다. 여기에는 Markov 결정 프로세스의 모델 개선, 인터페이스 정의, 구성 요소 간의 상호 작용 정의 및 에이전트 학습 방법이 포함됩니다. 이러한 결정은 구현 또는 공학 세부 사항에 영향을 미칩니다.

나는 High 레벨의 아키텍처 측면에 대해 이미 많이 이야기했기 때문에 이 섹션에서는 구현 세부 사항에 대해 논의하고 싶습니다. 나는 가능한 한 많은 주요 관심사를 다루려고 노력하지만 많은 구현 세부 사항은 도메인 및 문제에 따라 다릅니다. 일반적으로 문헌을 검색하여 관련 예제를 찾은 다음 구현 세부 정보에서 흥미로운 내용을 찾아볼 것을 권장합니다. 연구원의 설명에서 종종 얼버무리는 이러한 세부 사항은 무엇이 효과가 있고 무엇이 효과가 없는지에 대한 중요한 통찰력을 제공합니다.

9.3.1 프로세스(과정)

자세한 내용을 살펴보기 전에 일반적인 용어로 이 공학 작업을 수행하는 방법을 설명할 가치가 있다고 생각합니다. 나는 추상화 수준에 관계없이 공학에서 대부분의 작업이 관찰, 지향, 결정, 행동(Observe Orient Decide Act, OODA) 루프의 일부 변형을 따르는 경향이 있음을 발견했습니다. 표면적으로는 과학적인 방법인 OODA 루프는 모든 문제를 해결하기 위한 간단한 4단계 접근 방식으로 미군에 의해 대중화되었습니다. 더 많은 정보를 사용할 수 있게 되면 결정이 변경될 수 있음을 인식하면서 컨텍스트를 활용하고 빠른 결정을 내리기 위해 해당 루프를 반복할 수 있다는 아이디어입니다. 그림 9-5는 공학 용어로 이 루프를 보여줍니다. 여기에서 저는 분석, 설계, 구현 및 평가라는 단어가 더 적절하다고 제안하지만 동일한 의미입니다.

가장 중요한 측면은 이것이 끝없는 과정이라는 것입니다. 루프의 각 반복에서 현재 위치를 평가하고 충분하지 않은 경우 개선할 수 있는 부분을 분석합니다. 그런 다음 차선책을 선택하고 구현합니다.

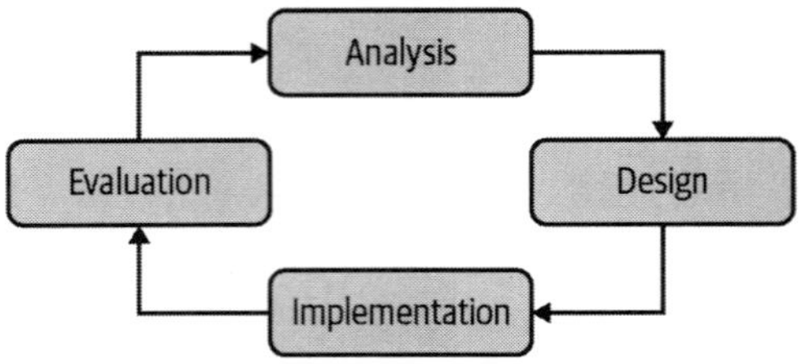

그림 9-5 RL 정제 과정

한 번의 개선만으로는 충분하지 않으며 항상 한 가지 더 개선할 수 있습니다. 이 루프에 빠지지 않도록 주의해야 하며 파레토 분포를 기억하면 됩니다. 솔루션의 80%중 시간이 20%를 차지하며, 그 반대의 경우도 마찬가지입니다. 그 시간에 제공할 수 있는 다른 모든 가치를 고려할 때 마지막 20%를 구현하는 것이 그만한 가치가 있는지 고려하십시오.

9.3.2 환경 공학

RL 프로젝트의 가장 생산적인 첫 번째 단계는 환경을 만드는 것입니다. 이 책 전체에서 나는 에이전트가 작동하는 세계의 추상화를 나타내기 위해 이 용어를 사용합니다. 실제로 발생하는 것과 에이전트가 원하는 것 사이의 인터페이스입니다(1장 "강화 학습" 참조).

하지만 지금은 이 인터페이스의 구현에 대해 구체적으로 이야기하고 있습니다. 실제 거래를 제출하는 실생활에서 작업하든 풍력 터빈의 시뮬레이션을 생성하든 환경 인터페이스의 구현이 필요합니다.

먼저 이것에 집중하면 데이터에 대해 더 잘 알게 된다는 이점이 있습니다. 이는 CRISP-DM 모델의 "데이터 이해" 단계에 매핑됩니다. 환경을 이해하는 것은 산업 과제를 효율적으로 해결하는 데 매우 중요합니다. 문제에 다양한 아이디어를 던지면 목표에 맞는 아이디어를 찾을 수 있지만 대부분은 놓칠 것입니다. 이러한 유형의 작업은 생산적이거나 효율적이거나 지능적이지 않습니다.

대신 환경을 완전히 이해하고 과학적 및 공학적으로 강력한 질문을 제기하고 이러한 질문에 답하는 기능을 구현하십시오. 시간이 지남에 따라 문제에 대한 통찰력을 얻게 될 것이며 개선 사항이 단지 중요하다고 말하는 것이 아니라 왜 개선이 중요한지 설명할 수 있을 것입니다.

구현

OpenAI의 Gym은 유기적으로 RL 커뮤니티에서 사실상의 환경 인터페이스가 되었습니다.[17] 사실, 그것은 역사상 가장 많이 인용된 RL 논문 중 하나입니다. 이전에 본 적이 있을 수도 있지만 혹시 모르니 Gym은 환경을 표현하기 위한 Python 프레임워크입니다. 행동 및 상태 공간 표현에 대한 정의와 같은 유용한 프리미티브를 노출하고 대부분의 응용 프로그램에 적합한 인터페이스를 통해 간단한 기능 집합을 적용합니다. 또한 강화 학습을 위한 연습 환경 중에서 Toy(장난감) 예제로 사용되는 큰 예제 환경 세트와 함께 제공됩니다.

산업적 관점에서 인터페이스는 문제를 모델링하고 MDP를 구체화하는 데 도움이 되는 좋은 방법입니다. 그리고 매우 인기가 있기 때문에 대다수가 Gym 인터페이스를 기대하기 때문에 다른 알고리즘을 빠르게 테스트할 수 있습니다.

> 자세한 구현 예는 이 책의 범위를 벗어나기 때문에 다루지 않겠지만 빠른 검색이나 Gym Git-Hub 웹 사이트를 방문하면 많은 훌륭한 예를 찾을 수 있습니다.

시뮬레이션

시뮬레이션은 실제 문제의 가장 중요한 측면을 포착해야 합니다. 많은 사람들, 연구원 및 기업이 시뮬레이션을 보다 사실적으로 만들기 위해 막대한 시간을 투자하지만 시뮬레이션은 완벽한 표현을 위한 것이 아닙니다. 시뮬레이션의 이점은 실생활에서보다 시뮬레이션의 범위 내에서 작동하는 것이 더 쉽고 저렴하며 빠르다는 것입니다. 이는 개발 피드백 주기의 길이를 줄이고 생산성을 높입니다. 그러나 정확한 이점에는 문제에 따라 다릅니다. 때로는 실생활에서 배우는 것이 시뮬레이션을 구축하는 것보다 쉽고 간단합니다.

누군가 이미 시뮬레이션 구축을 시도했는지 먼저 검색해야 합니다. 문제의 근본적인 측면인 물리학, 생물학 또는 화학을 이해하는 것은 종종 문제를 해결하는 것보다 더 어렵습니다. 하지만 시뮬레이션을 구축하면 주제에 대한 지식이 확실히 향상되므로 그 이유만으로도 가치가 있을 수 있습니다. MuJoCo 또는 Unity와 같은 많은 상용 시뮬레이터를 사용할 수 있지만 사용에 따른 비용 지불이 필요합니다. 따라서, 비용이 문제에 대한 가치가 있는지 여부를 결정해야 합니다.

일반적으로 시뮬레이션이 귀하의 비즈니스 또는 제품에 대한 경쟁 차별화 요소인지 평가하는 것이 좋습니다. 그렇다면 개발에 투자할 가치가 있습니다. 그렇지 않다면 많은 시간을 절약하고 기성품을 구입하십시오. 그리고 저는 이 판매자들이 매우 도움이 되고 전문적이라는 것을 알았습니다. 그래서 그들에게 도움을 요청하세요. 당신의 아이디어나 사업이 성공하는 것은 그들에게 이익이 됩니다. 왜냐하면 그것은 그들에게 미래의 수익을 의미하기 때문입니다.

시뮬레이터를 직접 구현하기로 결정했다면 문제를 시뮬레이션하기 위한 모델을 구축하고 노출할 측면을 결정해야 합니다. 여기에서 MDP 디자인이 중요한 역할을 합니다. 일반적으로 실생활에서 관찰할 수 있는 문제의 동일한 측면을 노출하도록 노력해야 합니다. 그렇지 않으면 배운 내용을 실생활로 옮기려고 할 때 에이전트가 예상대로 작동하지 않는다는 것을 알게 될 것입니다.

마찬가지로 많은 연구자들이 시뮬레이션에서 훈련된 모델을 가져와 실제 작업에 적용하려고 시도합니다. 이것은 확실히 가능하지만 시뮬레이션이 얼마나 대표적인지에 따라 전적으로 정의됩니다. 이것이 당신의 의도라면 시뮬레이션과 실생활의 구현을 암묵적으로 연결해야 합니다. 대부분의 알고리즘과 모델은 기본 상태 또는 행동 공간을 변경할 때 이를 좋아하지 않습니다.

시뮬레이션은 아이디어가 기술적으로 실행 가능한지 검증하기 위한 개념 증명 프로젝트에 적합합니다. 그러나 에이전트가 도출한 정책이 실생활에서 적용 가능하다는 보장이 없기 때문에 시뮬레이션에 너무 많은 희망을 두지 않도록 주의하십시오. 시뮬레이션이 완벽하게 작동하더라도 실제 프로젝트가 크게 실패할 가능성이 매우 높습니다. 종종 시뮬레이션에서 일부 중요한 측면이나 정보가 누락됩니다.

실제 생활과 상호 작용

시뮬레이션 경험이 고무적이거나 시뮬레이션을 건너뛰는 것이 더 쉽다고 결정한 경우 다음 단계는 실생활과 상호 작용할 또 다른 (Gym) 인터페이스를 구축하는 것입니다. 기본 메커니즘을 이해하고 구현할 필요가 없기 때문에 이러한 구현의 개발은 종종 훨씬 쉽습니다. 그러나 문제에 맞게 알고리즘을 조정하는 것은 전적으로 데이터를 이해하고 제어하는 데 달려 있습니다.

실제 구현의 주요 관심사는 확장, 모니터링, 가용성 등과 같은 운영 측면으로 구성됩니다. 그러나 건축과 디자인은 여전히 중요한 역할을 합니다. 예를 들어 실생활에서는 시뮬레이션에는 없는 명백한 안전 문제가 있습니다. 일부 영역에서는 안전하고 신뢰할 수 있는 행동을 보장하는 데 상당한 시간을 투자해야 합니다. 다른 일반적인 문제로는 전능한 시뮬레이션에는 존재하지 않는 부분 관찰 가능성과 과도한 확률이 있습니다. 모터가 사용자가 지정한 위치로 이동한다고 생각했을 수 있지만 종종 그렇지 않습니다.

이 작은 섹션이 실제 구현에 들어갈 수 있는 공학 시간의 양을 충분히 표현하지 못한다고 생각합니다. 물론 실제 구현은 도메인별로 다르지만 주요 문제는 이 작업이 거의 순수한 연구라는 것입니다. 작업 시간이 얼마나 걸릴지 정확히 예측하기는 어렵습니다. 귀하나 전 세계 어느 누구도 이전에 이 정확한 문제를 해결한 적이 없기 때문입니다. 당신은 디지털 탐험가입니다. 프로젝트 관리자에게 이 사실을 상기시켜야 합니다. 그리고 이 장의 시작부터 프로세스를 기억하십시오. 그리고 간단하게 시작하십시오. 인생은 당신이 더 힘들게 하지 않아도 충분히 힘듭니다.

시뮬레이션 방법 배우기

추가하고 싶은 한 가지 기술적 아이디어는 시뮬레이션 생성을 최적화 문제로 만드는 아이디어입니다. 주요 구성요소가 매개변수화되거나 더 나은 공식 수학적 정의를 갖도록 시뮬레이션을 공식화할 수 있다면 시뮬레이션을 최적화하여 실제 생활과 더 유사하게 작동하는 것이 가능합니다. 실제 환경, 과거 실험 또는 보다 정교한 시뮬레이션의 로그 데이터와 같은 실측 소스만 있으면 됩니다. 그런 다음 시뮬레이션의 매개변수를 자동으로 조정하여 이와 유사한 데이터를 생성할 수 있습니다. 적절한 "실제 생활과의 거리" 측정을 사용하거나 이 책의 정신에 따라 RL을 사용하여 최적의 매개변수를 학습하는 무차별 대입 하이퍼 매개변수 검색 문제로 취급할 수 있습니다.[18] 다시 말하지만 이것은 매우 메타이지만 저는 MDP 추상화 및 RL을 통해 가치 사슬을 통합한다는 아이디어와 같습니다.

9.3.3 상태 공학 또는 상태 표현 학습

데이터 과학에서 기능 공학(엔지니어링)은 원시 데이터를 개선하여 더 많은 정보를 제공하고 당면한 작업을 대표하도록 만드는 예술/행위입니다. 일반적으로 더 많은 정보를 제공하는 기능을 사용하면 문제를 더 쉽게 해결할 수 있습니다. 개념 증명 후 성능을 개선하고 솔루션을 더욱 강력하게 만들기 위해 기능을 정리, 제거 및 추가하는 데 상당한 시간이 소요됩니다.

나는 다른 곳에서 많이 사용되는 것을 본 적이 없지만 국가의 엔지니어링을 언급하기 위해 유사한 용어를 사용하는 것을 좋아합니다. 종종 상태 표현 학습이라고 하는 상태 공학은 관찰이 상태를 나타내는 방법을 개선하는 것을 목표로 하는 기술 모음입니다. 즉, 목표는 더 나은 상태 표현을 설계하는 것입니다. 그러나 이를 수행하는 올바른 방법이 없으므로 주로 성능 및 견고성과 같은 지표에 따라 안내됩니다.

유사점이 있지만 이것은 기능 엔지니어링이 아닙니다. 더 간단하고 유익한 기능을 제공하여 문제를 해결하는 것이 목표가 아닙니다. 목표는 가능한 한 환경 상태를 가장 잘 표현한 다음 정책이 문제를 해결하도록 하는 것입니다. 그 이유는 대부분의 산업 과제에서 최적의 다단계 정책과 경쟁할 수 있는 기능을 만들 수 있는 가능성이 거의 없기 때문입니다. 물론 가능하다면 표준 지도 학습 방법을 대신 사용하는 것을 고려해야 합니다.

기능 공학과 마찬가지로 도메인 전문성이 중요합니다. 간단해 보이는 기능을 추가하면 다른 알고리즘을 시도하는 것보다 훨씬 더 성능을 크게 향상시킬 수 있습니다. 예를 들어 Kalashnikov et al. 이미지를 상태 표현으로 사용하는 로봇 공학 실험에서 간단한 "그리퍼 높이" 측정을 추가하면 보이지 않는 물체를 집는 로봇의 능력이 무려 12%나 향상된다는 사실을 발견했습니다.[19] 이것은 연구원들이 항상 노력하고 있음에도 불구하고 픽셀에서 배우기 위해서는 간단하고 신뢰할 수 있는 실측 측정이 훨씬 더 나은 상태 표현입니다.

인터넷에 있는 많은 논문과 기사는 상태 공학과 정책/행동 공학을 모두 동일한 버킷에 묶습니다. 그러나 상태 공학의 목표는 정책이 행동을 생성하는 방법을 개선하는 것이 아니라 상태를 더 잘 표현하는 데 집중하는 것이기 때문에 나는 그것들을 별개의 작업으로 간주합니다.

순방향 학습 모델

예를 들어 고도로 계측된 실험에서 일시적으로 실측 정보에 액세스할 수 있지만 일반적으로는 그렇지 않을 수 있습니다. 감독 모델을 구축하여 관찰에서 상태를 예측하고 이를 현장 에이전트에게 전달할 수 있습니다. 이를 순방향 모델 학습이라고도 합니다.

제한사항들

상태 공간을 제한하면 에이전트에 필요한 탐색 양을 제한하는 데 도움이 됩니다. 일반적으로 반복적으로 방문하면 정책이 개선되므로 방문 수를 제한하면 학습 속도가 빨라집니다.

확률 분포에 의해 공식적으로 정의된 사실로 알려진 사전 정보를 사용하여 제약 조건을 적용합니다. 예를 들어 기능이 엄격하게 긍정적이어야 한다는 것을 알고 있는 경우 정책이 이를 알고 해당 상태에 도달하려고 시도하지 않도록 합니다.

변환(차원 축소, 오토인코더 및 세계 모델)

차원 감소는 정보를 제거하지 않고 기능 수를 줄이려는 데이터 과학의 작업입니다. 전통적인 기술은 RL에서도 유용합니다. 예를 들어 주성분 분석을 사용하면 상태 공간이 줄어들어 학습 시간이 단축됩니다.[20]

그러나 상태 공학의 중요한 점은 관찰을 재구성하기 위한 오토인코더의 중요성입니다. 아이디어는 간단합니다. 관찰 세트가 주어지면 신경망을 훈련시켜 내부 표현을 형성하고 입력을 재생성합니다. 그런 다음 해당 내부 표현을 활용하여 새 상태로 사용합니다.

일반적으로 구현은 상태 공간을 점진적으로 압축하는 신경 아키텍처를 사용하여 입력의 차원을 줄이려고 시도합니다. 이 제약 조건은 네트워크가 더 높은 수준의 추상화와 중요한 상태 표현을 배우도록 강제하는 경향이 있습니다. 그러나 차원을 높이면 성능이 향상될 수 있다는 제안이 있습니다.[21] 나는 이 주장이 과적합을 적극적으로 장려하기 때문에 다소 회의적입니다.

개별 관찰의 학습 표현은 한 가지이지만 MDP는 순차적이므로 중요한 시간적 특징이 잠겨 있습니다. MDP에서 영감을 받은 새로운 종류의 오토인코더는 예측 문제처럼 다루기 시작했습니다. 순서가 지정된 관찰 집합이 주어지면 이러한 오토인코더는 미래에 일어날 일을 예측하려고 시도합니다. 이렇게 하면 오토인코더가 임시 기능과 상태 저장 기능을 학습하게 됩니다. 특정 구현은 도메인마다 다르지만 아이디어는 동일하게 유지됩니다.[22, 23]

같은 이름의 논문 뒤에 나오는 세계 모델이라는 용어는 에이전트가 마치 온라인 상태인 것처럼 상호 작용할 수 있도록 오프라인 데이터에서 환경 모델을 구축하려는 목표를 나타냅니다. 이 아이디어는 라이브 데이터에서 배우기 어려운 실제 구현에 분명히 중요하므로 이 용어는 환경을 모델링하려는 모든 방법을 설명하는 데 널리 사용되었습니다.[24] Ha와 Schmidhuber는 뛰어난 대화형 버전으로 이 작업이 상황에 따라 유용할 수도 있고 그렇지 않을 수도 있는 상태 공학의 특정 구현이라고 생각하지만 RL 프로세스를 분할하는 데 도움이 되는 매우 유용한 도구입니다.

이러한 기술은 부분 관측 가능성과 같은 MDP 문제로 인해 복잡해질 수 있지만 일반적으로 오토인코더 연구는 RL 문제에 직접 적용될 수 있습니다. 이것이 귀하의 응용 프로그램에 중요하다면 이 문서를 자세히 살펴보는 것이 좋습니다. 프레임워크는 또한 유용할 수 있는 PyTorch를 대상으로 하는 표현 학습 방법 모음인 SRL-zoo와 같은 상태 표현의 가치를 보기 시작했습니다.

9.3.4 정책 공학

RL 정책은 상태 표현을 행동에 매핑하는 역할을 합니다. 간단하게 들리지만 실제로는 이 매핑을 구현하는 함수에 대해 신중한 결정을 내려야 합니다. 기계 학습에서와 마찬가지로 특징 선택은 성능의 한계와 정책의 견고성을 정의합니다. 또한 학습 성과에도 영향을 미칩니다. 비선형 정책을 사용하면 발산이 발생할 수 있으며 일반적으로 훈련하는 데 훨씬 더 오래 걸립니다.

저는 이 작업을 일련의 제약 조건이 주어진 문제를 가장 잘 해결하는 정책을 설계하는 것이 목표인 정책 공학의 기치 아래 일반화합니다. 대부분의 RL 문헌은 정책을 정의하거나 이론적 보장을 개선하는 개선된 방법을 찾는 데 전념합니다.

정책은 Bellman 업데이트에 의해 근본적으로 제한되므로 주요 이론적 변화가 없는 한 모든 정책의 목표는 비슷합니다. 연구원은 상태를 표현하고, 탐색을 개선하거나, 다른 제약 조건에 불이익을 주는 새로운 방법을 추가하여 참신함을 도입합니다. 기본적으로 모든 RL 알고리즘은 가치 기반 또는 정책 기반입니다.

모든 알고리즘 사이의 유사성을 감안할 때 그림 9-6과 같이 정책이 세 가지 고유한 작업을 갖는 것으로 시각화합니다. 먼저 상태 표현을 내부 모델에서 사용할 수 있는 형식으로 변환해야 합니다. 내부 모델은 상태를 가능한 행동으로 변환할 수 있도록 학습하는 데 필요한 모든 것을 학습하는 의사 결정 엔진입니다. 정책은 탐색해야 하며 해당 프로세스에 대한 많은 제어 권한이 있습니다. 마지막으로 정책은 숨겨진 표현을 환경에 적합한 행동으로 전환해야 합니다.

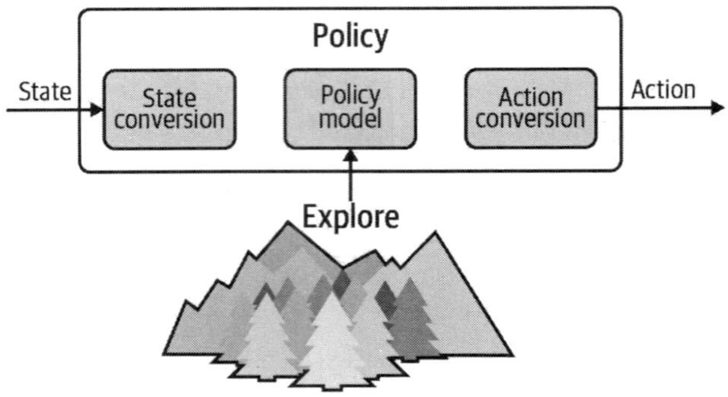

그림 9-6 정책의 세 단계에 대한 설명입니다.

엔지니어링 과제는 효율적이고 강력한 방식으로 이러한 세 단계를 수행하는 기능을 설계하는 것입니다. 정책 모델의 정의는 이 책의 대부분의 주제였습니다. 다음 하위 섹션에서는 이산 또는 연속 상태 및 행동을 사용하는 방법을 설명합니다.

이산/불연속 상태(Discrete states)

불연속 기능은 특정 값만 사용할 수 있지만 범위는 무한할 수 있습니다. 대부분의 데이터는 아날로그-디지털 변환기에 의해 양자화된 형식으로 수신되므로 대부분의 데이터를 개별 데이터로 간주할 수 있습니다. 그러나 실제로 사람들이 "이산 공간"이라고 하면 일반적으로 상태가 정수 값만 가질 수 있는 정수 기반 상태 공간을 의미합니다. 대부분의 시간에 양자화된 데이터는 float로 변환되고 연속적인 것으로 간주됩니다.

불연속 상태 입력은 단순성 때문에 유용합니다. 에이전트가 탐색해야 하는 상태가 적기 때문에 훈련 성능과 시간이 줄어들고 예측할 수도 있습니다. 상태 공간이 작은 문제는 큰 문제보다 빠르게 수렴됩니다.

불연속 상태 공간은 GridWorld와 같은 환경입니다. 지리 공간 문제가 좋은 예입니다. 위도 및 경도와 같은 연속 측정값으로 위치를 인코딩할 수 있지만 Chaudhari et al. 뉴욕시에서 차량 공

유 라우팅 정책을 최적화할 때 그랬습니다.[25]

불연속 상태 공간의 문제는 주로 디버그 및 시각화가 쉽기 때문에 해결하기 더 쉬운 것으로 간주됩니다. 불연속 영역은 종종 추론하기 쉬우므로 정확한 이론적 사전 및 기준선을 만들 수 있습니다. 정책을 이러한 가정과 직접 비교할 수 있으므로 교육 진행 상황을 쉽게 모니터링하고 발생하는 문제를 해결할 수 있습니다. 또 다른 이점은 가치 함수를 사전 또는 조회 테이블에 저장할 수 있으므로 데이터베이스와 같은 산업적으로 강력한 기술을 활용할 수 있다는 것입니다.

그러나 가장 중요한 이점은 개별 공간이 고정되어 있다는 것입니다. "중간" 상태의 가능성이 없으므로 어떤 종류의 근사값도 필요하지 않습니다. 이는 기본 Q-러닝을 사용할 수 있음을 의미합니다. Q-러닝과 같은 더 간단하고 이론적으로 강력한 알고리즘을 사용하면 더 간단하고 강력한 구현이 가능하며, 이는 상품에서 이러한 모델을 사용할 때 매우 중요한 요소입니다.

그러나 문제는 자연적으로 발생하는 불연속 상태가 흔하지 않다는 것입니다. 대부분의 구현에서 엔지니어는 앞서 언급한 이점을 얻기 위해 문제에 대해 개별 상태를 적용했습니다. 이 임의의 이산화는 기껏해야 차선책일 가능성이 높으며 정보 세부 사항이 손실됩니다. 불연속 상태 공간에 대한 주장이 매력적이긴 하지만 최상의 성능을 낼 가능성은 낮습니다. 예를 들어 이전 예에서 뉴욕 그리드의 각 셀 직경은 약 2마일이었습니다. 공유 차량의 위치를 최적화한 후에도 고객으로부터 2마일 떨어져 있을 수 있습니다.

연속 상태(Continuous states)

연속 기능은 실제 값의 무한한 집합입니다. 경계가 있을 수 있지만 인접한 값 사이에는 "단계"가 없습니다. 자율주행차의 속도나 대장간의 온도를 예로 들 수 있습니다. 연속 상태 공간은 예를 들어 간단한 룩업 테이블을 사용할 수 없게 만드는 무한한 수의 잠재적 상태로 이어지기 때문에 이산 공간보다 작업하기가 약간 더 어려운 것으로 간주됩니다.

연속 상태의 정책은 주어진 상태에 대한 최상의 다음 행동 또는 가치를 예측할 수 있어야 합니다. 즉, 정책은 알려진 상태를 기대하기보다는 대략적으로 접근해야 합니다. 표준 기계 학습 기술을 사용하여 근사치를 제공할 수 있지만 기능적 근사치가 가장 일반적입니다. 신경망은 통합된 접근 방식과 도구로 인해 점점 더 대중화되고 있습니다.

연속 상태 공간에 대한 주요 걱정은 선형 근사법을 사용할 때만 수렴할 수 있다는 것입니다. 2020년 현재 비선형 근사법에 대한 수렴 증명이 존재하지 않습니다. 즉, 경험적 증거에 따르면 좋은 모델이더라도 "깊은" 알고리즘이 수렴할 수 있다는 보장은 없습니다. 선형 근사는 도메인 변환을 통해 상당한 양의 복잡성을 모델링할 수 있습니다. 단순성, 안정성 및 구성 가능한 복잡성은 기계 학습과 마찬가지로 선형 방법이 매우 유용하다는 것을 의미합니다. 일반적으로 근사값을 제공하는 세 가지 방법이 있습니다.

선형 근사

입력 기능을 기반으로 선형 가중치 집합을 직접 학습하는 것은 아마도 연속 상태를 처리하는 가장 간단한 접근 방식 중 하나일 것입니다. 이는 사실상 선형 회귀와 동일합니다. 예를 들어 이상값의 영향을 줄이는 것과 같은 표준 선형 회귀 확장을 통해 회귀 품질을 향상시킬 수도 있습니다. 선형 정책은 수렴할 수 있습니다.

Nonparametric(비 파라미터화) 근사

의미가 있는 경우 분류와 유사한 모델을 사용하여 가치를 예측할 수 있습니다. 예를 들어 가장 가까운 이웃 및 트리 기반 알고리즘은 강력하고 확장 가능한 예측을 제공할 수 있습니다. 다시 말하지만, 그 단순함과 대중성은 광범위한 기성품의 견고한 산업 구현으로 이어졌으며, 이를 활용하여 구현을 보다 확장 가능하고 견고하게 만들 수 있습니다. 그러나 비 파라미터화 정책이 수렴된다는 보장은 없습니다.

비선형 근사

비선형 근사는 균일한 패키지인 신경망에서 유연한 복잡성을 제공합니다. 네트워크 아키텍처를 통해 복잡성의 양을 제어할 수 있습니다. 신경망은 많은 영역에서 최첨단 결과를 생성했으므로 문제에서 이를 평가하는 것이 현명할 것입니다. 비선형 정책이 수렴된다는 보장은 없습니다.

증명 가능한 수렴 보장은 선형 근사의 강력한 기능입니다. 그리고 선형 근사로 전달하기 전에 데이터를 변환하여 놀라운 양의 모델 복잡성을 얻을 수 있습니다. 다음은 선형 방법의 단순성과 보장성을 유지하면서 모델 복잡성을 증가시키는 널리 사용되는 기술의 선택입니다.

다항식 기초

다항식 확장은 지정된 거듭제곱까지 가능한 모든 기능 조합을 생성하는 것입니다. 다항식은 가치 공간에서 곡선을 나타내므로 선형 방법보다 약간 더 복잡합니다.

푸리에 기초

푸리에 확장은 가치 공간에서 진동을 생성합니다. 이러한 진동은 사운드가 음조 오버레이로 구성되는 방식과 유사하게 복잡한 모양을 생성하기 위해 임의의 방식으로 결합될 수 있습니다. 푸리에는 기저 함수의 차수에 의해 제어되는 주어진 복잡성 수준에 대해 모든 (잘 작동하는) 함수를 근사화할 수 있다는 점에서 완전합니다. 또한, 다양한 영역에서 잘 작동합니다.[26] 그러나 푸리에 기반은 Cliffworld 환경과 같이 불연속성이 있는 환경에서 어려움을 겪습니다.

방사형 기초

방사형 기저 함수는 종종 기저의 너비를 기준으로 상태와 기저 중심 사이의 거리를 측정하는 가우시안 모양의 변환(다른 방사형 기저가 있음)입니다. 즉, 가치 함수에 근접하도록 이동하고 크기를 조정할 수 있는 매개변수화된 가우시안 모양입니다. 방사형 기저 함수(및 기타 타일링 방식)의 주요 문제는 "평활화" 양을 효과적으로 고정하는 기저의 너비를 선택해야 한다는 것입니다. 최적의 궤적은 가치 함수에서 "스파이크"를 생성하는 경향이 있으므로 매우 좁은 폭을 사용해야 하므로 결국 문제가 있는 로컬 최적화로 이어질 수 있습니다. 그럼에도 불구하고 방사형 기본 함수는 너비 하이퍼 매개변수가 "복잡도의 양"을 제어하는 간단하고 효과적인 방법을 제공하기 때문에 유용합니다.

기타 변환

신호 처리는 예를 들어 Hilbert 또는 Wavelet 변환과 같은 다양한 기능 특성을 생성하는데 적용할 수 있는 광범위한 기타 변환을 제공합니다. 그러나 그들은 일반적으로 대부분의 RL 연구원이 수학적 또는 기계 학습 배경을 가지고 있기 때문에 그다지 인기가 없습니다. 예를 들어, 전자공학 배경이 있는 사람들은 이러한 "전통적인" 기술을 기꺼이 사용할 것입니다.

선형 변환에 대한 자세한 내용은 "추가 자료"에서 추가 리소스를 참조하십시오.

불연속 상태로 변환

도메인 분할을 고려할 수 있습니다. 연속 상태를 변환하는 것은 지도와 같이 도메인의 자연스러운 격자 모양 표현이 있는 경우 특히 일반적입니다. 이산화의 주요 이점은 상태 공간의 크기가 고정되어 있기 때문에 함수 근사기가 필요하지 않다는 것입니다. 이는 간단하고 빠르며 강력한 Q-러닝 기반 알고리즘을 사용할 수 있음을 의미합니다. 여전히 함수 근사기가 필요한 경우에도 이산화는 데이터의 겉보기 해상도를 감소시켜 에이전트가 훨씬 더 쉽게 탐색하고 모델을 더 쉽게 맞출 수 있도록 합니다. 이는 휴머노이드 환경과 같은 어려운 연속 문제에 대한 원시 성능을 향상시키는 것으로 입증되었습니다.[27] 다음 목록은 이산화 가능성에 대한 개요를 나타냅니다(자세한 내용은 "추가 자료"에서 찾을 수 있음).

비닝(Binning)

특징의 범위를 고정하고 히스토그램과 같은 빈으로 양자화합니다. 이것은 간단하고 이해하기 쉽지만 정확도가 떨어집니다. 예를 들어 일정한 폭, 일정한 주파수 또는 로그와 같은 다양한 비균일 방식으로 빈 경계를 배치할 수 있습니다.

타일 코딩

겹치는 타일을 연속 공간에 매핑하고 해당 타일 범위에 관찰이 있는 경우 타일을 1로 설정합니다. 비닝과 유사하지만 중첩 타일로 인해 정확도가 향상됩니다. 타일은 정사각형인 경우가 많지만 어떤 모양이든 균일하지 않은 위치에 있을 수 있습니다.

해싱

IP 또는 이메일 주소와 같이 기능이 제한되지 않은 경우 해싱에 의한 정보 손실 없이 기능을 제한된 빈 집합으로 강제로 제한할 수 있습니다(비닝으로 인해 여전히 정확도 손실이 있음).

지도 방법

일부 도메인에서는 RL 문제에 중요한 레이블이 지정된 데이터가 있을 수 있습니다. 분류 모델 구축을 고려하고 그 결과를 RL 알고리즘에 전달할 수 있습니다. 이 목적에 적합한 다양한 알고리즘이 있습니다.[28]

비지도 방법

레이블이 없는 경우 k-평균과 같은 비지도 머신 러닝 방법을 사용하여 빈을 더 나은 위치에 배치할 수 있습니다.[29]

혼합 상태 공간(Mixed state space)

혼합 상태 공간이 있는 경우 세 가지 옵션이 있습니다.

1. 변환을 통한 상태 공간 통합
2. 불연속적인 공간을 연속적인 공간으로 캐스팅하고 연속적인 기법을 계속 사용합니다.
3. 상태 공간을 별도의 문제로 분할

옵션 1과 2는 분명합니다. 대부분의 함수형 근사자는 이산화된 값이 최적이 아니거나 효율적이지 않더라도 만족스럽게 작업할 것입니다.

그러나 옵션 3은 흥미 롭습니다. 상태를 문제 도메인의 제한된 컨텍스트와 일치하는 다른 구성 요소로 분할할 수 있는 경우 하위 모델 또는 하위 정책을 사용하는 것이 더 효율적임을 나타낼 수 있습니다. 예를 들어, 조잡한 접근 방식은 연속 상태와 불연속 상태를 분리하고 두 개의 별도

RL 알고리즘에 공급한 다음 앙상블에 결합하는 것입니다.[30] 보시다시피 이것은 계층적 RL에 영향을 미치므로 다음의 아이디어를 활용해야 합니다.

9.3.5 행동 공간에 정책 매핑

정책이 행동을 지정하는 방법을 정의하기 전에 한 걸음 물러서서 문제에 가장 적합한 작업 유형을 고려하십시오. 스스로에게 다음 질문을 해보십시오.

- 어떤 가치 유형을 취할 수 있습니까? 바이너리입니까? 이산적입니까? 제한이 있습니까, 제한이 없습니까? 그것들은 연속적입니까? 그들은 혼합되어 있습니까?
- 동시 행동이 가능합니까? 동시에 여러 행동을 선택할 수 있습니까? 더 빠르게 반복하고 단일 행동을 인터리브하여 여러 행동 선택에 접근할 수 있습니까?
- 언제 행동를 취해야 합니까? 행동 선택에 시간적 요소가 있습니까?
- 메타 행동이 있습니까? 임시 요소를 학습하거나 처리하는 데 도움이 될 수 있는 높은 수준의 행동을 생각할 수 있습니까?
- 행동을 하위 문제로 나눌 수 있습니까? 당신의 행동에 분명한 제한된 맥락이 있습니까? 이것들을 별도의 문제로 나눌 수 있습니까? 이것은 계층적인 문제입니까?
- 자신의 행동을 다른 방식으로 볼 수 있습니까? 예를 들어, 연속 가치 위치로 이동하는 대신 "앞으로 이동" 행동을 고려할 수 있습니까? 혹은 그 반대로도?

이러한 모든 결정은 행동에 중대한 영향을 미치므로 결정을 내릴 때 주의해야 합니다. 예를 들어 행동을 연속에서 불연속으로 전환하면 알고리즘을 변경해야 할 수 있습니다. 또는 에이전트에 동시 행동이 필요하다는 사실을 알게 되면 문제를 해결하기가 훨씬 더 어려워질 수 있습니다.

바이너리 행동

바이너리 행동은 최적화, 시각화, 디버그 및 구현이 쉽기 때문에 가장 간단하게 작업할 수 있습니다. 정책은 선택하려는 행동에 대한 이진 값 매핑을 출력해야 합니다. 단일 행동만 허용되는 문제에서 최대 기대 수익(가치 방법의 경우) 또는 확률이 가장 높은 행동(정책 경사 방법의 경우)를 선택하는 것은 간단한 구현입니다.

"온도 매개변수가 탐색을 어떻게 변경합니까?"에서 볼 수 있듯이 정책 출력 확률 또는 확률로 해석할 수 있는 값을 만들어 광범위한 탐색을 장려할 수 있습니다. 그런 다음 에이전트는 할당된 확률에 따라 이 행동 공간에서 무작위로 샘플링할 수 있습니다. 가치 방법의 경우 가장 높은 확률을 가장 높은 예상 가치에 할당할 수 있습니다. 편견을 피하기 위해 가치를 직접 사용하기보다는 이점(Advantage)을 사용하는 것이 좋습니다. 가치를 확률로 변환하려면 softmax 함수를 사용하는 것이 좋습니다. 정책 기울기 방법에서는 확률을 직접 예측하도록 모델을 훈련할 수 있습니다.

연속 행동

서보의 위치를 결정하거나 광고에 입찰할 금액을 지정하는 것과 같은 지속적인 행동은 매우 일반적입니다. 이러한 경우 어떤 종류의 근사 함수를 사용하여 주어진 상태에 대한 연속 예측을 출력하는 것이 가장 자연스럽습니다(회귀와 마찬가지로). 결정론적 정책 기울기(Deterministic Policy Gradient)가 이를 수행합니다. 출력을 무작위 변수로 모델링하면 탐색에 도움이 될 수 있음을 발견했습니다. 따라서 출력 값을 직접 예측하는 대신 가우시안과 같은 분포의 평균을 예측합니다. 그런 다음 분포에서 값을 샘플링합니다. 가우시안의 표준 편차와 같은 분포의 다른 매개변수도 예측할 수 있습니다. 그런 다음 처음부터 초기 표준 편차를 높게 설정하여 탐색을 장려하고 알고리즘이 학습함에 따라 축소하도록 할 수 있습니다. 저는 이것을 확률적 모델링을 통합하려는 조잡한 시도라고 생각하고 싶습니다. 물론 이것은 당신의 행동이 정규 분포를 따른다고 가정하며, 이는 정확하지 않을 수 있으므로 행동에 대해 어떤 분포를 선택해야 하는지 신중하게 생각하십시오.

대안은 Q-러닝을 기반으로 수행하며, 대략적인 연속 기능에 맞게 조정된 새로운 방법을 활용하는 것입니다. 연속 행동 Q-러닝[31] 이것은 정책 기울기 방법을 사용하는 것만큼 일반적이지는 않지만 더 효율적이라고 주장합니다.

제가 언급하고 싶은 마지막 요령은 간단한 예에서 도움이 되는 차원 스케일링 요령입니다. 평균 및 표준 편차와 같은 여러 출력을 예측해야 하는 선형 근사치를 사용하는 경우 각 행동에 대해 고유한 매개변수를 가질 수 있으며 선택한 행동에 대한 매개변수를 개별적으로 업데이트할 수 있습니다. 이것은 사실상 매개변수의 사전입니다. 여기서 키는 행동이고 가치 값은 평균 및 표준 편차와 같은 연속 매핑의 매개변수입니다.

하이브리드 행동 공간

불연속적 행동과 연속적 행동이 모두 있는 공간은 구매 결정 및 지출 금액 결정과 같이 상대적으로 일반적이며 처리하기 까다로울 수 있습니다. 먼저 문제를 나눌 수 있는지 고려하십시오. 계층적인 문제라면 먼저 해당 방법으로 해결하십시오. 다음으로 연속 또는 불연속만으로 벗어날 수 있는지 고려하십시오. 아마도 약간의 세분성을 잃을 수 있지만 무언가를 시작하고 실행하는 것이 더 쉬워질 수 있습니다.

필요한 행동 공간에 따라 연속 알고리즘 또는 불연속 알고리즘을 선택하는 시기를 학습하는 새로운 알고리즘이 등장하고 있습니다. 매개변수화된 DQN이 그러한 예 중 하나이지만 아이디어는 모든 알고리즘에 적용될 수 있습니다.[32] 행동 분기라고 하는 또 다른 접근 방식은 단순히 신경망에서 다양한 활성화 및 훈련 목표를 가진 더 많은 헤드를 생성하는데, 이는 문제에 대한 훌륭한 엔지니어링 솔루션처럼 보입니다.[33] 이 멀티헤드 아키텍처는 또한 동시 행동을 가능하게 합니다. 어떤 의미에서 이것은 계층적 RL의 변형된 형태일 뿐입니다.

언제 행동들을 수행하는가?

여기 커브볼이 있습니다. 아무 행동도 출력하지 않으려면 어떻게 해야 할까요? Bellman 방정식에서 신경망 훈련에 이르기까지 모든 것이 모든 단계에서 행동을 기대하도록 설정되어 있기 때문에 실제로는 소리보다 훨씬 어렵습니다. Atari 게임은 건너뛸 프레임 수를 실제로는 고려하지 않고 게임이 수행되지만, 행동을 출력하는 과정에서는 프레임 건너뛰기를 구현합니다. 그러나 연구원들은 건너뛴 프레임 수의 크기를 최적화하여 성능을 향상시킬 수 있음을 발견했습니다.[34]

보다 일반화된 접근 방식은 종료 조건을 포함하는 옵션 프레임워크를 사용하는 것입니다. 이러한 방법은 최적으로 행동하는 방법뿐만 아니라 시기도 학습합니다.[35, 36] 잠재적으로 더 간단한 솔루션은 대신 에이전트가 이전 행동을 반복하도록 하는 행동을 추가하는 것입니다. 모터의 마모를 줄이기 위해 로봇 공학에서 이것을 사용하는 것을 보았습니다. 행동과 관련된 비용을 줄이기 위해 가능한 한 많은 행동을 건너뛰는 방법을 배우는 것도 가능합니다.[37]

늘 그렇듯이 최상의 솔루션은 문제에 따라 다릅니다. 일반적으로 저는 개발을 단순화하기 위해 가능한 한 "정상적인:" RL 영역에 머무르는 것이 좋습니다.

엄청난 행동 공간

상태 공간이 너무 커지면 상태 엔지니어링을 사용하여 적절한 크기로 되돌릴 수 있습니다. 하지만 고객에게 수백만 개의 제품 중 하나를 추천하는 경우와 같이 방대한 행동 공간이 있는 경우에는 어떻습니까? 예를 들어 YouTube는 말뭉치에 108개의 항목이 있습니다.[38]

Q-러닝과 같은 가치 기반 방법은 모든 단계에서 가능한 행동 세트를 최대화해야 하기 때문에 어려움을 겪습니다. 명백한 문제는 연속 행동이 있을 때 최대화할 행동의 수가 무한하다는 것입니다. 그러나 별개의 설정에서도 너무 많은 행동이 있을 수 있으므로 해당 최대화를 수행하는 데 엄청나게 오랜 시간이 걸릴 수 있습니다. 정책 기울기 방법은 분포에서 샘플링하기 때문에 이 문제를 극복합니다.

이 문제에 대한 해결책에는 임베딩을 사용하여 행동 공간에 대한 총 행동의 수를 줄이는 것이 포함됩니다.[39] 이는 자연어 처리와 같은 다른 ML 과제에서 임베딩의 성공으로 인해 본능적으로 호소력이 있습니다. 임베딩이 성공한 문제와 유사한 행동 공간이 있는 경우 이 방법이 좋은 방법일 수 있습니다. 또 다른 접근법은 최대화를 최적화 문제로 취급하고 최대 행동을 예측하는 방법을 배우는 것입니다.[40]

관련 문제는 행동 공간 내에서 고정된 수의 항목을 선택해야 하는 경우입니다. 이것은 조합 폭발을 나타내며 연구 시간을 끌기에 충분히 일반적인 문제입니다. 계층 모델 및 자동 인코더와 같은 광범위한 근사 솔루션이 있습니다.[41, 42] 보다 일반적인 솔루션은 가상의 더미 상태를 삽입하고 여러 단계에 걸쳐 예측된 행동 그룹을 사용하여 선택을 생성함으로써 행동 공간의 복잡성을 상태 공간으로 옮기는 것입니다. 더 간단하고 강력한 솔루션은 사용자가 단일 행동을 선택할 수 있다고 가정하는 것입니다. 그런 다음 어떤 행동 조합이 가장 좋은지 결정하려고 시도하는 대신 상위 k 행동의 순위를 지정하고 선택하기만 하면 됩니다. 이 솔루션은 YouTube에서 사용자 참여를 높이는 것으로 나타났습니다.[44]

> Google(YouTube 소유)이 세계에서 가장 발전된 데이터 과학자 풀 중 하나에 액세스할 수 있다는 맥락에서 이 결과를 고려하십시오. 이 알고리즘은 (아마도) 고도로 숙련된 데이터 과학자 팀이 완성하는 데 수년이 걸렸을 고도로 조정된 추천 모델과 경쟁력이 있습니다.

9.3.6 탐험

아이들은 제가 프리젠테이션이나 새로운 추상화 작업을 할 때 이것을 아이들에게 설명하려고 할 때와 같이 다양한 방식으로 개인적이고 직업적인 영감을 줍니다. 그들에게 적어도 일관되게 들리는 방식으로 설명할 수 없다면 그것은 내 메시지를 개선하기 위해 더 열심히 노력해야 한다는 신호입니다. 'The Illustrated Children's Guide to Kubernetes' 책은 이 아이디어에 대한 귀여운 증거입니다.

아이들은 또한 탐색 개선을 위한 방향을 제시합니다. 이것은 복잡한 상태, 큰 행동 공간, 수렴, 최적 등 대부분의 문제가 탐색 문제라는 것을 설명하는 데 이 책의 대부분을 할애했기 때문에 필요합니다. 이러한 모든 문제는 더 나은 탐색으로 개선될 수 있습니다. 최근 연구에 따르면 아이들은 아주 어릴 때부터 지식을 위해 환경을 적극적으로 탐색하는 타고난 능력이 있습니다. 간단한 실험을 수행하고 가설을 테스트할 수 있습니다. 그들은 세계에 대한 풍부한 정신적 모델을 제공하고 이 지식을 새로운 상황에 투영하기 위해 여러 정보 소스를 함께 엮을 수 있습니다.[45]

반면 RL 알고리즘은 주로 오류에 의해 구동되며 학습은 거의 무작위입니다. 목표가 없으면 에이전트는 날아온 열린 창문을 통해 다시 날아갈 수 없는 성가신 파리와 같은 환경을 비틀거리게 됩니다.

아이들은 깊이 우선 탐색에 접근하는 알고리즘을 사용하여 동작하는 경향이 있는 것 같습니다. 그들은 미로의 막다른 골목처럼 현재 경로를 막는 인식된 상태가 있을 때까지 행동을 계속하기를 좋아합니다. 놀랍게도 이것은 목표 없이 동작합니다. 즉, 이전 경험에서 상태에 대한 지식을 전달하고 있음을 의미합니다. 그런 다음 동일한 어린이에게 목표가 제시되면 탐색을 통해 생성된 정신 지도를 사용하여 목표에 대한 초기 검색을 극적으로 향상시킬 수 있습니다. 이것을 일반적으로 우연히 목표를 찾는 데 의존하는 현재 RL 알고리즘과 비교해보세요.

이를 위해 특히 보상이 희박한 문제에서 탐색을 개선하는 많은 방법이 있습니다. 그러나 먼저 개선된 알고리즘(예: ϵ-greedy 방법) 또는 중간 보상(예: 목표 거리 측정)의 형태로 전문가 지식을 제공할 수 있는지 또는 에이전트를 적극적으로 안내하기 위해 모방 RL과 같은 것을 사용할 수 있는지 고려할 수 있습니다. 또한 보상을 더 자주 받을 수 있도록 문제 정의를 변경하는 것도 고려하십시오. 이 모든 것은 다음 방법에 의존하지 않고도 학습 속도 및/또는 탐색 능력을 향상시킬 것입니다.

내재적 동기에 의한 탐색

연구자들은 무작위 이동에 대한 인간의 영감을 받은 대안을 개발하여 탐색 문제를 해결하려고 노력하고 있으며, 이는 놀라움, 호기심 또는 권한 부여와 같은 의인화된 이름을 가진 제안의 과잉으로 이어집니다. 귀여운 이름에도 불구하고 인간의 탐색 방법은 간단한 RL 알고리즘으로 인코딩하기에는 너무 복잡하므로 연구원은 최적화 기능에 대한 수학적 변경을 통해 유사한 행동을 생성하려고 시도합니다.

Soft Actor-Critic의 엔트로피 보너스와 같이 탐색을 장려하기 위한 몇 가지 수학적 솔루션을 상상할 수 있을 것이라고 확신하지만 사전 경험 없이는 진정한 인간과 같은 탐색에 결코 근접하지 못할 것입니다. 이것이 제가 이 분야가 아직 어리고 "호기심"이나 "내재적 동기"와 같은 단어가 나쁜 별명인 이유라고 생각하지 않습니다. 미래 보상에 대한 기대에 따라 새로운 상태를 탐색하기 위해 사전 지식을 사용합니다.

에이전트가 벽을 보고 있는 고전적인 RL 게임을 상상해 보십시오. 벽에 대해 알고 있는 경우에는 벽에 가까운 상태를 탐색해서는 안 됩니다. 그렇게 함으로써 얻을 수 있는 이점이 없기 때문입니다. 모든 RL 알고리즘은 벽을 통과할 수 없다는 단순한 물리적 규칙을 무시하므로 문자 그대로 벽에 머리를 부딪히며 시간을 낭비합니다. 그러나 이러한 가정이 Super Mario 시리즈의 보이지 않는 블록과 같이 예기치 않은 상태를 찾지 못하게 할 수 있다는 점에 주목하는 것도 흥미롭습니다.

따라서 최적의 탐색을 수행하려면 사전 경험이 필요합니다. 문제 사이에 지식을 전달하는 것이 이 문제의 핵심이며 비지도 학습의 RL에는 잠재적인 해결책이 있다고 생각합니다. 그리고 알고리즘이 사전 지식의 "라이브러리"를 사용하기 시작함에 따라 반사실적 추론이 더욱 중요해질 것입니다.

내재적 동기 부여와 다음에 논의되는 방법은 실제로 탐색에 관한 것이 아닙니다. 그들은 콜드 스타트 문제를 개선하려고 시도합니다. 희박한 보상으로 지식이 전혀 없을 때 어떻게 심층 탐색을 장려할 수 있습니까?

방문수(샘플링)

탐색 효율성을 향상시키는 가장 간단한 방법 중 하나는 에이전트가 상태를 너무 많이 방문하지 않도록 하는 것입니다. 또는 반대로 에이전트가 자주 방문하지 않는 상태를 더 자주 방문하도록 권장합니다. 신뢰 상한 방법은 에이전트가 상태를 너무 자주 방문하는 것을 방지하려고 시도합니다("ϵ-greedy 알고리즘 개선" 참조). 톰슨 샘플링은 이러한 종류의 문제에 대한 최적의 샘플링 기법이며 가치 함수 또는 정책 예측에 기반한 확률적 무작위 샘플링은 유용한 프록시 역할을 할 수 있습니다.

정보 이득(놀라움)

정보 이득(Information Gain)은 기계 학습 전체에서 엔트로피 감소의 척도로 사용됩니다. 예를 들어 트리 기반 알고리즘은 정보 이득을 사용하여 클래스 간의 엔트로피 양을 줄이는 기능 공간의 분할을 찾습니다. 좋은 분할은 순수한 또는 깨끗한 클래스를 만들어 정보 이득이 높습니다.[46]

많은 연구자들이 정보 이득을 사용하여 더 큰 "놀라움"이 있는 영역으로 에이전트를 안내하려고 시도했습니다. 원시 샘플링 기술에 비해 주요 이점은 에이전트 이동에 대한 외부 관찰에 의존하지 않고 정책의 내부 표현을 통합할 수 있다는 것입니다.

이에 대한 한 가지 예는 VIME(Variational Information Maximizing Exploration)인데, 이는 관찰된 궤적과 매개변수화된 모델에서 예상한 궤적 사이의 발산("Kullback-Leibler Divergence" 참조)을 보상 기능에 추가로 사용합니다.[47] 이 아이디어와 "TRPO"에서 논의된 사이의 유사성으로 인해 상태 공간을 "스윕"하는 것처럼 보이는 탐색이 발생합니다.

상태 예측(호기심 또는 자기 성찰)

호기심은 놀라운 정보를 찾고 찾는 것을 보상하는 인간의 특성입니다. 이전 접근 방식은 놀라운 트래젝토리를 장려하는 데 중점을 두었지만 흥미로운 경로는 전혀 놀랍지 않은 결과로 이어질 가능성이 높기 때문에 이것을 원하지 않을 수 있습니다. 이것이 문제에서 중요한지 고려하십시오. 예를 들어, 동일한 결과를 얻기 위한 새로운 방법을 찾고 있을 수 있으며, 이 경우 매우 유용할 것입니다. 그러나 많은 문제에서 중요한 것은 어떻게 거기에 도달했는지가 아니라 결과입니다.

따라서 기존에 학교에 가는 경로와 다른 경로를 권장하는 대신 다른 학교에 가는 것과 같은 새로운 상황을 권장하는 것이 또 다른 해결책입니다. 이에 대한 한 가지 예는 현재 상태와 행동을 기반으로 다음 상태를 예측하려고 시도한 다음 예측이 얼마나 잘못된지에 따라 보상하는 모델을 만드는 것입니다.[48] 이 방법의 문제점은 미래 상태를 예측하는 것이 환경의 확률적이고 역동적인 특성을 배우는 것입니다. 그러나 동적인 특성을 배웠다면 기계 학습을 사용하여 문제들을 쉽게 해결할 수 있습니다. 따라서 에이전트에 영향을 미치는 상태 부분만 모델링하려고 합니다. 그들은 정책의 내부 표현을 생성하는 두 개의 연속 상태에서 동작을 예측하는 신경망을 훈련하고 내부 표현이 무엇이어야 하는지를 예측하는 모델과 실제로 이후에 무엇을 하는지 예측하는 모델 간의 차이를 기반으로 보상함으로써 이를 수행합니다. 그 상태를 방문합니다. 더 간단하고 유사한 접근 방식은 숨겨진 표현을 관찰된 것과 비교하는 지연된 자동 인코더를 사용하는 것입니다.

호기심의 과제들

현실 세계에서는 항상 새로운 상태가 발생합니다. 이전 방법이 제안한 것처럼 우리는 새로운 것을 예측하기 위해 장기 모델을 구축합니다. 그것은 우리가 노이즈를 무시하는 방법도 배웠다는 것을 의미합니다. 자동차를 운전할 때를 생각해 보십시오. 주변의 관련 없는 정보의 99%를 자동으로 무시하고 위험에 집중하는 방법을 어떻게든 배웠습니다. 그러나 TV 화면이나 휴대폰을 시야에 넣으면 시선이 그 쪽으로 끌릴 것입니다. 의험 요소를 발견하는 대신 흥미로운 것을 보기 위해 휴대전화나 태블릿을 들고 운전하는 것이 매우 위험합니다.

연구자들은 유사한 문제가 RL에 존재한다는 것을 발견했습니다. 그림 9-7은 벽에 TV를 설치한 재미있는 시나리오를 보여줍니다.[49] 호기심에 이끌린 에이전트는 다음에 TV에서 무엇을 보여줄지 예측할 수 없기 때문에 영구적인 보상을 받습니다. 분명히 이 결과는 약간 인위적입니다. 이러한 모델의 요점은 그러한 노이즈를 걸러내는 것인데, 도메인을 이해한다면 상당히 쉽게 수행할 수 있습니다. 그러나 일반적으로 연구자들은 지역이 아닌 글로벌 탐사를 개선하는 데 더 집중해야 합니다.

그림 9-7 관찰을 놀라움의 원천으로 사용하면 에이전트가 노이즈가 있는 상태에 빠지게 할 수 있습니다.

임의 임베딩(random distillation networks)

에이전트가 확률적 상태에 고정되는 "noisy-TV" 문제를 극복하기 위한 한 가지 아이디어는 임의 임베딩을 사용하는 것입니다. 무작위 증류 네트워크(random distillation networks)는 한 쌍의 신경망으로, 그 중 하나는 무작위로 초기화되고 다시는 건드리지 않습니다. 랜덤 임베딩을 생성하는 데 랜덤 네트워크가 사용됩니다. 두 번째 네트워크는 무작위 임베딩을 예측하도록 훈련됩니다. Burda et al.의 작업에서 임의 임베딩과 예측 임베딩 사이의 오류는 "참신함" 측정으로 사용됩니다. 더 큰 오류는 이러한 유형의 관찰이 버퍼에 잘 표시되지 않으므로 나중에 다시 방문해야 함을 의미합니다. 이 오류 값은 새로운 주 방문을 촉진하기 위해 보상에 추가됩니다.[50]

이 접근 방식의 주요 이점은 다음 관찰을 예측하지 않는다는 것입니다. 다음 관찰을 현재 환경 모델과 비교하는 것입니다. 이는 TV의 단일 이미지와 같은 확률적 상태의 고정되어 에이전트가 "카우치 포테이토(오랫동안 가만히 앉아 텔레비전 만 보는 사람)"가 되는 것에 대해 보상을 받지 못한다는 것을 의미합니다.

임의로 초기화된 신경망을 임베딩으로 사용하는 아이디어는 이해하기 어렵습니다. 그러나 당신의 시야가 임의의 변형에 의해 영향을 받는다고 상상해 보십시오. 시간이 주어지면 당신의 두뇌는 이것을 보상하는 법을 배우고 새로운 추상화를 개발할 것입니다. 또 다른 이점은 훈련할 네트워크가 하나만 있다는 점에서 이 아키텍처가 더 간단하다는 것입니다. 그러나 탐사는 여전히 지역적이며, 깊이 있는 탐색을 촉진하지 않습니다. 또 다른 문제는 도메인에 효과적인 포함을 생성하는 아키텍처를 갖는 것이 중요하다는 것입니다. 컨볼루션 신경망은 분명히 이미지 기반 도메인에서 잘 작동하지만 다른 영역에서는 어떻습니까? 이러한 경우에는 도메인 및 모델링 전문 지식이 필요합니다.[51]

참신함까지의 거리(에피소드적 호기심)

글로벌 탐사를 촉진하기 위한 흥미로운 연구 방향 중 하나는 상태 간 거리를 참신함의 더 좋은 척도로 사용하는 것입니다. Savinov 등은 참신한 상태를 기록하기 위해 경험 버퍼를 사용하며, 이는 임베딩으로 인코딩됩니다. 버퍼는 매 에피소드의 시작 시점에서 지워집니다. 에이전트가 새로운 상태를 만나면, 버퍼 내의 상태와 현재 상태 사이의 거리를 추정합니다. 새로운 상태가 버퍼 내의 상태와 환경 단계 몇 개 이내에 위치한다면, 그것은 참신하지 않으며 벌점을 받습니다. 새로운 상태가 몇 단계 이상 떨어져 있다면, 에이전트는 참신한 상태를 찾았기 때문에 보상을 받습니다. 이는 에이전트가 에피소드 기반으로 새로운 상태를 탐색하도록 유도합니다.[52]

그림 9-8는 한 번의 에피소드 동안 따라가는 경로의 표현입니다. 보상의 부호와 임베딩된 관찰이 버퍼에 언제 배치되었는지를 보여줍니다. 알고리즘이 에이전트가 계속 움직이도록 강제하는 효과가 있음을 알 수 있습니다. 이는 깊이 우선 탐색을 촉진하고 에이전트가 "앉아만 있는 사람"이 되지 않도록 방지하는 역할을 합니다.

구현은 꽤 복잡합니다. 먼저, 이미지는 매칭 작업에 사용되는 신경망 아키텍처인 siamese 네트워크의 절반을 사용하여 합성곱 신경망을 통해 숨겨진 임베딩으로 변환됩니다.[53] 저는 이 이름을 좋아하지 않지만, 문헌에서는 이렇게 부릅니다. 그 다음, 현재 임베딩은 버퍼 내의 모든 임베딩과 비교되어 모든 다른 관찰에 대한 거리 척도를 생성합니다. 마지막으로, 최근접 상태까지의 거리를 찾기 위해 집계가 수행되며, 이는 관찰의 참신함을 나타내고 보상을 계산하는 데 사용됩니다.

그림 9-8 에피소드적 호기심이 있는 DMLab 환경에서의 트래젝토리입니다. 왼쪽 상자는 그 상태에 대해 에이전트가 보상을 받은 방식을 보여줍니다 (녹색은 양의 보상을 의미하고, 빨간색은 음의 보상을 의미합니다). 가운데 상자는 "기억"이 에피소드 버퍼에 추가된 시점을 나타냅니다. 오른쪽 상자는 에이전트의 일인칭 시점을 나타냅니다.

탐색의 결론

우리는 사람들이 이전 지식을 활용하여 깊게 탐색한다는 것을 알고 있습니다. 이러한 아이디어를 강화학습에 적용하는 것은 매우 어렵습니다. MDP의 가정을 깨지 않으면서 탐색을 진행하는 명확한 방법이 없기 때문입니다. 마치 문제 해결을 위해 공부를 하는 것처럼 완전히 지도 학습과 동기적인 탐험을 포함하는 빈 공간이 있다는 느낌이 듭니다.

이는 해결해야 할 중요한 문제입니다. 왜냐하면 목표 지향적인 엔지니어링의 특성으로 인해 RL에서 희소한 상태가 자주 발생하기 때문입니다. 희소 보상은 찾기 어렵기 때문에 작업하기 어렵습니다. 임의의 탐색 전략을 장려하는 가상 보상을 생성하는 것은 한 가지 해결책이지만, 많은 문제에서는 보상을 수동으로 설계하거나 문제 정의를 수정하여 해결하기 비교적 간단할 수 있습니다. ("보상 엔지니어링" 참고)

현재 탐사를 자동화하기 위한 시도는 지역적이고 에피소드적인 관점을 취하며, 전역적이거나 장기적인 탐사 목표를 고려하지 않습니다. 실제로 연구자들은 참신함을 촉진하는 것이 위험한 상태를 활발하게 장려한다는 사실을 관찰했습니다. 예를 들어, 절벽 가장자리를 걷는 것은 가까이 가기 어렵고 에이전트의 과거 경험에 거의 나타나지 않기 때문입니다.[54]

모든 노력은 행동 선택을 안내하는 대신 보상 함수를 보강함으로써 탐색을 장려합니다. 이와 관련하여 과정 학습(curriculum learning)과 역 강화 학습(inverse RL) 사이에 명확한 유사점이 있으며, 이를 통해 상황을 개선할 수 있습니다. 확실한 것은 탐사 연구의 미래는 MDP의 기본적인 정의를 변경하여 고수준의 조정을 허용하거나 (따라서 마르코프 가정을 깨는) 다른 분야의 RL 작업을 통합하여 장기적인 계획을 촉진하는 방향으로 이동될 것입니다.

9.3.7 보상 엔지니어링(Reward Engineering)

문제를 해결하기 위해 보상을 설계하는 것은 아마도 강화학습에서 가장 중요한 작업 중 하나라고 할 수 있습니다. 이것은 엔지니어로서 문제 정의를 에이전트를 해결책으로 이끄는 지표로 변환하는 역할이기 때문에 매우 중요합니다. 정의는 해결책을 결정하며, 실수로 에이전트가 잘못된 문제를 해결하도록 유도할 수 있습니다. 그림 9-9는 이러한 상황이 발생하는 훌륭한 시각적 예시입니다. Unity 프레임워크에서 목표에 도달하도록 에이전트를 장려하고, 상자를 사용하여 벽을 넘을 수 있습니다. 그러나 환경 주변에 약간의 가장자리가 있기 때문에 에이전트는 옆을 돌아다니는 방법을 학습했습니다. 합리적인 보상이 있음에도 불구하고, 에이전트는 상상할 수 없는 방식으로 환경을 악용하는 것을 배웠습니다.

그림 9-9 Unity에서의 이 예시에서의 목표는 에이전트가 상자를 사용하여 벽을 뛰어넘도록 훈련시키는 것이었습니다. 에이전트를 목표 지점에 가까이 다가가도록 장려하는 것이었습니다. 그러나 그 대신에, 에이전트는 속임수를 부리고 가장자리를 돌아다니는 방식을 배우게 되었습니다.

머신 러닝에서는 문제를 해결하기 위한 알고리즘을 직접 정의합니다. 따라서 문제에 대한 합리적인 이해가 있다면(이 자체로도 문제입니다), 프로젝트가 잘못되었는지 쉽게 관찰할 수 있습니다. 그러나 강화 학습에서는 훈련이 완료될 때까지 어떻게 에이전트가 문제를 해결하는지 확인하기 위해 기다려야 합니다. 이는 피드백 루프의 길이를 크게 증가시키며, 결과적인 정책을 이해하는 것이 왜 중요한지를 보여줍니다.

더욱 문제로 만드는 것은 보상이 알고리즘의 최종 성능과 그것이 얼마나 빨리 그 목표에 도달하는지를 정의한다는 사실입니다. 보상은 에이전트를 안내해야 하며, 제공하는 안내가 많을수록 학습 속도가 빨라져야 합니다. 그러나 많은 문제는 희소한 문제입니다. 즉, 작업이 완료될 때에만 보상이 주어집니다. 연구자들은 희소성을 완화하기 위해 다양한 방법을 제안해 왔지만, 간단히 말해서 원하는 작업의 대리 보상을 설계하는 것이 가장 간단한 방법입니다. 그러나 기억해야 할 점은 보상이 없으면 최적 정책이 없으며, 보상이 최적 정책을 변경한다는 것입니다.

보상 엔지니어링의 가이드라인

각 도메인은 고유한 문제를 가지고 있어 보상을 명시하는 방법에 대해 강력하고 확실한 규칙을 만드는 것이 어렵습니다. 하지만 이 섹션에서는 모든 상황에 적용되는 몇 가지 고수준 목표를 개요로 제시하고자 합니다. 보상은 다음과 같은 역할을 해야 합니다:

빠르게

보상 함수는 복잡한 환경에서 수백만 번 호출되기 때문에 계산이 빠르게 이루어져야 합니다.

"진짜" 보상과 관련성

대리 보상은 실제 보상과 상관관계가 있어야 하며, 그렇지 않으면 잘못된 문제를 해결할 위험이 있습니다. 이는 대리 보상이 문제 도메인에서 사용되는 용어와 동일하게 혹은 근사하게 표현되어야 함을 의미합니다. 예를 들어, 금전 가치, 고객 수, 구조된 생명과 같은 요소들입니다.

노이즈 제거

대리 보상은 때로는 노이즈가 발생할 수 있으며, 이는 실제 보상과 완벽하게 상관되지 않을 수 있음을 의미합니다. 보상의 분산을 줄이기 위해 서로 다른 대리 보상을 조합하는 것을 고려해 보세요.

비기능적 요구사항 인코딩

안전성, 효율성 또는 속도와 같은 비기능적 요구사항에 매핑되는 보상 대리 요소를 추가하는 것을 고려해 보세요.

시간을 고려

할인 요인은 에이전트가 좀 더 혹은 덜 근시안적이 되도록 강제하며, 짧은 기간 또는 장기적인 보상을 최적화하는 데 얼마나 중점을 두어야 하는지를 제어합니다. 보상을 구성할 때 이를 고려해 보세요.

플래토를 방지

보상은 상태 간에 강한 차별성을 제공해야 하며, 그 차이는 Q값의 잡음보다 커야 합니다. 만약 상태들이 매우 유사한 보상을 갖는다면, 에이전트는 주위를 돌아다니는 경향이 있습니다.

부드럽게

“부드러운” 행동을 만들기 위해서는 정확한 보상으로부터 정책이 학습해야 합니다. 보상 공간의 불연속성은 정책에서 “날카로운” 또는 “충격적인” 행동으로 나타날 수 있습니다.

단순하게 유지

강화학습에서 다른 모든 것과 마찬가지로, 복잡성은 이해하기 훨씬 어렵게 만듭니다. 단순한 보상이 있다면 정책을 이해하기 쉽습니다. 반면 복잡하면 예상치 못한 정책이 나타날 수 있습니다.

보상 형성(Reward Shaping)

이는 당연한 말일 수 있지만, 여전히 언급할 가치가 있습니다. 정책은 보상의 크기에 영향을 받습니다. 왜냐하면 에이전트는 총 보상을 최대화하기 위해 노력하기 때문입니다. 보상을 설계하는 당신은 목표 달성 시 보상의 크기도 명시해야 합니다. 하위 목표, 여러 목표 또는 피해야 할 상황이 있는 경우 각 유형의 보상을 균형있게 조절하는 것은 어려울 수 있습니다. 이러한 경우에는 문제를 분할하거나 계층적 강화학습을 고려해 볼 수도 있습니다.

일반적으로, 보상의 형태를 임의로 변경하여 특정한 행동을 장려하거나 학습 속도를 향상시킬 수 있습니다. 보상을 설계할 때는 다음을 고려해야 합니다:

정규화된 보상

보상의 스케일에 대해 매우 주의해야 합니다. 일반적으로, 모든 알고리즘은 정규화된 보상에서 이점을 얻습니다. 정규화된 보상은 정책 또는 가치 함수 최적화 과정에서 그래디언트의 분산을 줄여줍니다. 따라서 보상을 정규화하는 것이 중요합니다.

클리핑된 보상

보상을 잘라내는 것(Clipping)은 일반적인 정규화 방법 중 하나이지만, 잘라내기는 정보를 손실시킬 수 있습니다. 예를 들어, DQN은 보상을 +/-1로 잘라내도록 권장하지만, 게임 Pac-Man에서는 점과 과일을 동일한 보상으로 처리합니다. 하지만 이는 사실이 아닙니다. 과일은 훨씬 더 높은 점수를 생성합니다(이 프록시 보상은 실제 보상과 상관관계가 없습니다). Pac-Man에서 보상을 정규화한다면, DQN 에이전트는 사냥꾼-채집꾼이 되어 유령을 사냥하고 과일을 찾는 등 적극적인 행동을 학습하게 됩니다.

보상 수정

보상의 그래디언트를 수정하면 정책을 부드럽게 만들고, 에이전트가 목표에서 멀리 떨어져 있는 경우에 더 큰 격려를 제공할 수 있습니다. 예를 들어, 선형 보상은 에이전트가 현재 상태 공간의 어디에 있든지 똑같은 긴급성을 제공합니다. 보상을 특정 함수를 통과시켜 에이전트가 목표로부터 멀리 떨어져 있는 경우 보상이 급격하게 변화하는 방식으로 수정할 수 있습니다. 하지만 이는 미묘한 경사로, 보상의 변형은 정책에 예상치 못한 결과를 가져올 수 있습니다.

보상 모델링

많은 도메인에서는 일부 모델링이 가능한 경우가 있습니다. 최소한 지역적으로 가능하다면 도메인 지식을 효과적으로 인코딩하는 프록시 보상을 도출할 수도 있습니다. 예를 들어, 로봇 과제에서는 로봇이 달릴 수 있기 전에 일어서야 한다는 사실과 같은 선행 지식을 포함할 수 있습니다. 로봇이 땅으로부터 얼마나 떨어져 있는지 측정하는 센서를 포함할 수도 있습니다. 일반적으로 이러한 실제 정답(Ground Truth)을 포함하는 것은 성능을 향상시킬 수 있습니다.

일반적인 보상

당신과 유사한 문제들이 이미 출판된 것인지 확인해 보세요. 흔한 도메인들은 검증된 보상 정의에 따라 진행됩니다. 다음은 일반적인 보상 유형의 목록입니다:

희박성

많은 작업은 특정 상태에 도달할 때만 완료된 것으로 간주됩니다. 때로는 특정한 순서로 여러 상태를 도달해야만 합니다. 이러한 작업에서는 일반적으로 작업이 완료되면 큰 보상을 받는 것이 일반적이지만, 보상이 에이전트를 목표로 이끄는 데 도움이 되지 않아 해결하기 어려운 경우가 있습니다.

목표까지의 거리

거리 기반 지표는 매우 강력한 보상 프록시입니다. 왜냐하면 이러한 지표는 실제 보상과 강한 상관관계를 가지는 동시에, 에이전트를 목표로 안내하여 상태 공간에서 에이전트가 어디에 있든지 목표에 도달하도록 도와줍니다. 이는 탐사를 개선하고 학습 시간을 단축시킵니다.

처벌 단계

에이전트가 취하는 모든 행동에 대해 처벌하는 것은 가능한 적은 단계를 취하도록 에이전트를 유도합니다.

처벌의 데미지와 위험한 행동

파괴적인 행동에 대한 강한 부정적인 보상은 종종 사용되지만, 10미터만 멀어져도 충분한데 1마일 떨어져 가는 등 최적 보상 경로에 부정적인 영향을 미치지 않도록 주의해야 합니다.

이미지 기반 보상

일반적으로 보상은 저차원 상태를 기반으로 합니다. 하지만 최근에는 연구자들이 이미지와 같은 고차원 관측치를 목표 상태로 정의하는 데 사용하고 있습니다. 예를 들어, Zhu 등은 이미지 집합을 목표 상태의 정의로 사용하며, 무작위 신경망 추론과 오토인코더에 의해 생성된 잠재 모델을 함께 사용합니다. 이는 많은 실제 응용 분야에서 매우 강력한 방법입니다. 목표 상태를 나타내는 이미지 배치를 수집한 후에는 RL에 나머지 일을 맡기면 됩니다.

보상 결론

문제 정의를 해결하고 신속한 학습을 촉진하며 최적의 정책을 얻을 수 있는 보상을 지정하는 것은 매우 어려운 일입니다. 많은 응용 분야에서는 이러한 문제들이 우선 순위에 따라 정렬되어 있으며, 문제 정의가 올바르다면 최적성이나 빠른 학습에 대해 신경쓰지 않는 경향이 있습니다. 왜냐하면 이러한 문제들을 해결하기 위해 다른 기술을 사용할 수 있기 때문입니다. 그러나 균형을 찾을 수 있다면 더 간단하고 효율적인 알고리즘을 얻을 수 있습니다.

한 가지 더 알아차릴 수 있는 점은 몇 가지 제안이 다른 주제와 연관되어 있다는 것입니다. 실제로, 내재 동기, 비지도 학습 RL, 심지어 메타 학습에서 자동 브상 생성이 전체 목표입니다. 이러한 기술들을 전체적인 관점에서 고려하고 올바른 시기에 올바른 문제를 해결하기 위해 사용해야 합니다. 그렇지 않으면 문제를 복잡하게 만들어 시간 낭비나 완전한 실패로 이어질 수 있습니다.

이러한 아이디어들을 통합된 알고리즘으로 결합하려는 추가적인 연구가 더 있습니다. 예를 들어, 한 가지 흥미로운 아이디어는 보상 형성이 현재 최적점에서 벗어나기 어려운 지역 최적점에 이르게 될 수 있다는 것을 제안합니다. Trott 등은 두 개의 득립적인 대조적인 롤아웃을 사용하여 현재 최적점보다 큰 다른 최적점이 있는지 확인합니다.

9.4 요약

강화학습이 수십 년 전부터 존재하지만, 최근에야 산업적으로 실용적인 도구로 인식되기 시작했습니다. 이 지연의 이유는 기술적인 측면이 아닌 것 같습니다. 저는 주된 문제는 기술적인 사안을 이해 가능한 방식으로 추상화하는 것이 어렵다고 생각합니다. "전략"이란 무엇인지 정의하는 것만으로도 어려운데, 이것이 비즈니스에 어떻게 도움이 될 수 있는지 설명하는 것은 더 어렵습니다. "로봇들이 세상을 지배한다"라는 모든 얘기를 하지 않으면서 기술의 잠재력과 주의점을 이해관계자들에게 공감할 수 있는 방식으로 전달하는 것이 엔지니어로서의 역할입니다.

이 장에서는 상세한 내용보다는 프로세스에 초점을 맞추었습니다. 하지만 기억해야 할 것은 이것이 새로운 분야이며, 새로운 기회가 있다는 점입니다. 저는 합리적인 것으로 생각되는 것을 제시했지만, 여러분들은 더 나은 아이디어를 가질 수도 있습니다. 자신의 문제에 맞게 접근 방식을 맞춤화하는 것에 겁내지 마세요. 이는 또한 이러한 최선의 실천 방법이 시간이 흐르면서 계속 발전할 것이라는 것을 의미합니다. 산업 프로젝트에서 강화학습을 사용하실 때 여러분의 경험을 듣고 싶습니다!

이제 최소한 RL 프로젝트를 시작할만한 지식을 가지게 되었기를 바랍니다. 이제 여러분은 프로세스가 어떻게 진행되는지와 RL 프로젝트에서 무엇을 찾아야 하는지에 대해 알게 되었습니다. 프로젝트를 실행 가능하고 최적화하기 위해 투입되는 엔지니어링 노력의 양도 알고 있습니다. 또한 인터넷에는 여러분의 문제와 직접 관련된 많은 연구 자료가 자유롭게 제공되고 있으며, "추가 자료" 섹션에서는 저의 연구 중 유용하다고 생각하는 몇 가지 중요한 자료도 제공하고 있습니다.

9.5 추가 자료

- Offline reinforcement learning:
  - Slightly old, but still relevant chapter.[58]
  - Recent review of challenges.[59]
- Reset-free learning:
  - A nice review of lifelong learning focusing on robotics.[60]
- State engineering:
  - A good review on state representation.[61]
- Policy engineering:
  - There is a concise but robust section on linear approximation and transformation in the book by Sutton and Barto. Also good for details on continuous action parameterization.[62]
  - An old but relevant review of discretization techniques in ML.[63]
  - I found this video about Gaussian policies very helpful.
- Exploration:
  - Interesting comparison of psychological intrinsic motivation against computational approaches.[64]
  - Comprehensive tutorial on Thompson sampling.[65]

References

[1] Zheng, Stephan, Alexander Trott, Sunil Srinivasa, Nikhil Naik, Melvin Gruesbeck, David C. Parkes, and Richard Socher. 2020. "The AI Economist: Improving Equality and Productivity with AI-Driven Tax Policies". ArXiv:2004.13332, April.

[2] Hakansson, Samuel, Viktor Lindblom, Omer Gottesman, and Fredrik D. Johansson. 2020. "Learning to Search Efficiently for Causally Near-Optimal Treatments". ArXiv:2007.00973, July.

[3] Lange, Sascha, Thomas Gabel, and Martin Riedmiller. 2012. "Batch Reinforcement Learning". Reinforcement Learning: State-of-the-Art, edited by Marco Wiering and Martijn van Otterlo, 45-73. Adaptation, Learning, and Optimization. Berlin, Heidelberg: Springer.

[4] Levine, Sergey, Aviral Kumar, George Tucker, and Justin Fu. 2020. "Offline Reinforcement Learning: Tutorial, Review, and Perspectives on Open Problems". ArXiv: 2005.01643, May.

[5] Chen, Xinyue, Zijian Zhou, Zheng Wang, Che Wang, Yanqiu Wu, and Keith Ross. 2020. "BAIL: Best-Action Imitation Learning for Batch Deep Reinforcement Learning". ArXiv:1910.12179, February.

[6] Dargazany, Aras. 2020. "Model-Based Actor-Critic: GAN + DRL (Actor-Critic) ⇒ AGI". ArXiv:2004.04574, April.

[7] Mandlekar, Ajay, Fabio Ramos, Byron Boots, Silvio Savarese, Li Fei-Fei, Animesh Garg, and Dieter Fox. 2020. "IRIS: Implicit Reinforcement without Interaction at Scale for Learning Control from Offline Robot Manipulation Data". ArXiv: 1911.05321, February.

[8] Gulcehre, Caglar, Ziyu Wang, Alexander Novikov, Tom Le Paine, Sergio Gomez Colmenarejo, Konrad Zolna, Rishabh Agarwal, et al. 2020. "RL Unplugged: Benchmarks for Offline Reinforcement Learning". ArXiv:2006.13888, July.

[9] Banerjee, Bikramjit, Sandip Sen, and Jing Peng. 2004. "On-Policy Concurrent Reinforcement Learning". *Journal of Experimental & Theoretical Artificial Intelligence* 16(4): 245-60.

[10] Marthi, Bhaskara, Stuart Russell, David Latham, and Carlos Guestrin. 2005. "Concurrent Hierarchical Reinforcement Learning." *Proceedings of the 19th International Joint Conference on Artificial Intelligence*, 779-785. IJCAI '05. Edinburgh,

Scotland: Morgan Kaufmann Publishers Inc.

[11] Silver, David, Leonard Newnham, David Barker, Suzanne Weller, and Jason McFall. 2013. "Concurrent Reinforcement Learning from Customer Interactions". *International Conference on Machine Learning*, 924–32.

[12] Dimakopoulou, Maria, and Benjamin Van Roy. 2018. "Coordinated Exploration in Concurrent Reinforcement Learning". ArXiv:1802.01282, February.

[13] Han, Weiqiao, Sergey Levine, and Pieter Abbeel. 2015. "Learning Compound Multi–Step Controllers under Unknown Dynamics". *2015 IEEE/RSJ International Conference on Intelligent Robots and Systems (IROS)*, 6435–6442.

[14] Richter, Charles, and Nicholas Roy. 2017. "Safe Visual Navigation via Deep Learning and Novelty Detection". MIT Web Domain, July.

[15] Eysenbach, Benjamin, Shixiang Gu, Julian Ibarz, and Sergey Levine. 2017. "Leave No Trace: Learning to Reset for Safe and Autonomous Reinforcement Learning". ArXiv:1711.06782, November.

[16] Zhu, Henry, Justin Yu, Abhishek Gupta, Dhruv Shah, Kristian Hartikainen, Avi Singh, Vikash Kumar, and Sergey Levine. 2020. "The Ingredients of Real–World Robotic Reinforcement Learning". ArXiv:2004.12570, April.

[17] Brockman, Greg, Vicki Cheung, Ludwig Pettersson, Jonas Schneider, John Schulman, Jie Tang, and Wojciech Zaremba. 2016. "OpenAI Gym". ArXiv:1606.01540, June.

[18] Ruiz, Nataniel, Samuel Schulter, and Manmohan Chandraker. 2019. "Learning to Simulate". ArXiv:1810.02513, May.

[19] Kalashnikov, Dmitry, Alex Irpan, Peter Pastor, Julian Ibarz, Alexander Herzog, Eric Jang, Deirdre Quillen, et al. 2018. "QT–Opt: Scalable Deep Reinforcement Learning for Vision–Based Robotic Manipulation". ArXiv:1806.10293, November.

[20] Karakovskiy, Sergey, and Julian Togelius. 2012. "The Mario AI Benchmark and Competitions". *IEEE Transactions on Computational Intelligence and AI in Games* 4(1): 55–67.

[21] Ota, Kei, Tomoaki Oiki, Devesh K. Jha, Toshisada Mariyama, and Daniel Nikovski. 2020. "Can Increasing Input Dimensionality Improve Deep Reinforcement Learning?". ArXiv:2003.01629, June.

[22] Hafner, Danijar, Timothy Lillicrap, Jimmy Ba, and Mohammad Norouzi. 2020. "Dream to Control: Learning Behaviors by Latent Imagination". ArXiv: 1912.01603, March.

[23] Hafner, Danijar, Timothy Lillicrap, Ian Fischer, Ruben Villegas, David Ha, Honglak Lee, and James Davidson. 2019. "Learning Latent Dynamics for Planning from Pixels". ArXiv:1811.04551, June.

[24] Ha, David, and Jurgen Schmidhuber. 2018. "World Models". ArXiv:1803.10122, March.

[25] Chaudhari, Harshal A., John W. Byers, and Evimaria Terzi. 2020. "Learn to Earn: Enabling Coordination within a Ride Hailing Fleet". ArXiv:2006.10904, July.

[26] "Value Function Approximation in Reinforcement Learning Using the Fourier Basis". *Proceedings of the Twenty-Fifth AAAI Conference on Artificial Intelligence.* n.d. Accessed 18 July 2020.

[27] Tang, Yunhao, and Shipra Agrawal. 2020. "Discretizing Continuous Action Space for On-Policy Optimization". ArXiv:1901.10500, March.

[28] Gonzalez-Abril, L., F. J. Cuberos, F. Velasco, and J. A. Ortega. 2009. "Ameva: An Autonomous Discretization Algorithm". Expert Systems with Applications: An International Journal 36 (3): 5327-5332.

[29] Dougherty, James, Ron Kohavi, and Mehran Sahami. 1995. "Supervised and Unsupervised Discretization of Continuous Features." *Proceedings of the Twelfth International Conference on International Conference on Machine Learning*, 194-202. ICML'95. Tahoe City, California, USA: Morgan Kaufmann Publishers Inc.

[30] Seijen, Harm van, Bram Bakker, and L. J. H. M. Kester. 2017. "Switching between Different State Representations in Reinforcement Learning". November.

[31] Ryu, Moonkyung, Yinlam Chow, Ross Anderson, Christian Tjandraatmadja, and Craig Boutilier. 2020. "CAQL: Continuous Action Q-Learning". ArXiv:1909.12397, February.

[32] Xiong, Jiechao, Qing Wang, Zhuoran Yang, Peng Sun, Lei Han, Yang Zheng, Haobo Fu, Tong Zhang, Ji Liu, and Han Liu. 2018. "Parametrized Deep Q-Networks Learning: Reinforcement Learning with Discrete-Continuous Hybrid Action Space". ArXiv:1810.06394, October.

[33] Tavakoli, Arash, Fabio Pardo, and Petar Kormushev. 2019. "Action Branching Architectures for Deep Reinforcement Learning". ArXiv:1711.08946, January.

[34] Khan, Adil, Jiang Feng, Shaohui Liu, Muhammad Zubair Asghar, and Ling-Ling Li. 2019. "Optimal Skipping Rates: Training Agents with Fine-Grained Control Using Deep Reinforcement Learning". *Journal of Robotics 2019* (January).

[35] Sutton, Richard S., Doina Precup, and Satinder Singh. 1999. "Between MDPs and Semi-MDPs: A Framework for Temporal Abstraction in Reinforcement Learning". *Artificial Intelligence* 112(1): 181-211.

[36] Khetarpal, Khimya, Martin Klissarov, Maxime Chevalier-Boisvert, Pierre-Luc Bacon, and Doina Precup. 2020. "Options of Interest: Temporal Abstraction with Interest Functions". ArXiv:2001.00271, January.

[37] Biedenkapp, A., R. Rajan, F. Hutter, and M. Lindauer. 2020. "Towards TempoRL: Learning When to Act." In *Workshop on Inductive Biases, Invariances and Generalization in RL* (BIG@ICML '20).

[38] Ie, Eugene, Vihan Jain, Jing Wang, Sanmit Narvekar, Ritesh Agarwal, Rui Wu, Heng-Tze Cheng, et al. 2019. "Reinforcement Learning for Slate-Based Recommender Systems: A Tractable Decomposition and Practical Methodology". ArXiv:1905.12767, May.

[39] Dulac-Arnold, Gabriel, Richard Evans, Hado van Hasselt, Peter Sunehag, Timothy Lillicrap, Jonathan Hunt, Timothy Mann, Theophane Weber, Thomas Degris, and Ben Coppin. 2016. "Deep Reinforcement Learning in Large Discrete Action Spaces". ArXiv:1512.07679, April.

[40] Van de Wiele, Tom, David Warde-Farley, Andriy Mnih, and Volodymyr Mnih. 2020. "Q-Learning in Enormous Action Spaces via Amortized Approximate Maximization". ArXiv:2001.08116, January.

[41] Mehrotra, Rishabh, Mounia Lalmas, Doug Kenney, Thomas Lim-Meng, and Golli Hashemian. 2019. "Jointly Leveraging Intent and Interaction Signals to Predict User Satisfaction with Slate Recommendations". *The World Wide Web Conference*, 1256-1267. WWW 2019. San Francisco, CA, USA: Association for Computing Machinery.

[42] Jiang, Ray, Sven Gowal, Timothy A. Mann, and Danilo J. Rezende. 2019. "Beyond Greedy Ranking: Slate Optimization via List-CVAE". ArXiv:1803.01682, February.

[43] Metz, Luke, Julian Ibarz, Navdeep Jaitly, and James Davidson. 2019. "Discrete Sequential Prediction of Continuous Actions for Deep RL". ArXiv:1705.05035, June.

[44] Ie, Eugene, Vihan Jain, Jing Wang, Sanmit Narvekar, Ritesh Agarwal, Rui Wu, Heng-Tze Cheng, et al. 2019. "Reinforcement Learning for Slate-Based Recommender Systems: A Tractable Decomposition and Practical Methodology". ArXiv:1905.12767, May.

[45] Kosoy, Eliza, Jasmine Collins, David M. Chan, Sandy Huang, Deepak Pathak, Pulkit Agrawal, John Canny, Alison Gopnik, and Jessica B. Hamrick. 2020. "Exploring Exploration: Comparing Children with RL Agents in Unified Environments". ArXiv:2005.02880, July.

[46] Murphy, Kevin P. 2012. ***Machine Learning: A Probabilistic Perspective***. The MIT Press.

[47] Houthooft, Rein, Xi Chen, Yan Duan, John Schulman, Filip De Turck, and Pieter Abbeel. 2017. "VIME: Variational Information Maximizing Exploration". ArXiv: 1605.09674, January.

[48] Pathak, Deepak, Pulkit Agrawal, Alexei A. Efros, and Trevor Darrell. 2017. "Curiosity-Driven Exploration by Self-Supervised Prediction". ArXiv:1705.05363, May.

[49] Burday, Yuri, Harry Edwards, Deepak Pathak, Amos Storkey, Trevor Darrell, Alexei A. Efros. "Large-Scale Study of Curiosity-Driven Learning". n.d. Accessed 22 July 2020.

[50] Burda, Yuri, Harrison Edwards, Amos Storkey, and Oleg Klimov. 2018. "Exploration by Random Network Distillation". ArXiv:1810.12894, October.

[51] Saxe, Andrew M., Pang Wei Koh, Zhenghao Chen, Maneesh Bhand, Bipin Suresh, and Andrew Y. Ng. 2011. "On Random Weights and Unsupervised Feature Learning." ***Proceedings of the 28th International Conference on International Conference on Machine Learning***, 1089-1096. ICML '11. Bellevue, Washington, USA: Omnipress.

[52] Savinov, Nikolay, Anton Raichuk, Raphael Marinier, Damien Vincent, Marc Pollefeys, Timothy Lillicrap, and Sylvain Gelly. 2019. "Episodic Curiosity through Reachability". ArXiv:1810.02274, August.

[53] Zagoruyko, Sergey, and Nikos Komodakis. 2015. "Learning to Compare Image Patches via Convolutional Neural Networks". ArXiv:1504.03641, April.

[54] Burda, Yuri, Harrison Edwards, Amos Storkey, and Oleg Klimov. 2018. "Exploration by Random Network Distillation". ArXiv:1810.12894, October.

[55] Hasselt, Hado van, Arthur Guez, Matteo Hessel, Volodymyr Mnih, and David Silver. 2016. "Learning Values across Many Orders of Magnitude". ArXiv:1602.

07714, August.

[56] Zhu, Henry, Justin Yu, Abhishek Gupta, Dhruv Shah, Kristian Hartikainen, Avi Singh, Vikash Kumar, and Sergey Levine. 2020. "The Ingredients of Real-World Robotic Reinforcement Learning". ArXiv:2004.12570, April.

[57] Trott, Alexander, Stephan Zheng, Caiming Xiong, and Richard Socher. 2019. "Keeping Your Distance: Solving Sparse Reward Tasks Using Self-Balancing Shaped Rewards". ArXiv:1911.01417, November.

[58] Lange, Sascha, Thomas Gabel, and Martin Riedmiller. 2012. "Batch Reinforcement Learning". *Reinforcement Learning: State-of-the-Art*, edited by Marco Wiering and Martijn van Otterlo, 45-73. Adaptation, Learning, and Optimization. Berlin, Heidelberg: Springer.

[59] Levine, Sergey, Aviral Kumar, George Tucker, and Justin Fu. 2020. "Offline Reinforcement Learning: Tutorial, Review, and Perspectives on Open Problems". ArXiv: 2005.01643, May.

[60] Wong, Jay M. 2016. "Towards Lifelong Self-Supervision: A Deep Learning Direction for Robotics". ArXiv:1611.00201, November.

[61] Lesort, Timothee, Natalia Diaz-Rodriguez, Jean-Francois Goudou, and David Filliat. 2018. "State Representation Learning for Control: An Overview". *Neural Networks* 108 (December): 379-92.

[62] Sutton, Richard S., and Andrew G. Barto. 2018. *Reinforcement Learning: An Introduction*. MIT Press.

[63] Dougherty, James, Ron Kohavi, and Mehran Sahami. 1995. "Supervised and Unsupervised Discretization of Continuous Features." *Proceedings of the Twelfth International Conference on International Conference on Machine Learning*, 194-202. ICML'95. Tahoe City, California, USA: Morgan Kaufmann Publishers Inc.

[64] Oudeyer, Pierre-Yves, and Frederic Kaplan. 2007. "What Is Intrinsic Motivation? A Typology of Computational Approaches". *Frontiers in Neurorobotics*. 1 November.

[65] Russo, Daniel, Benjamin Van Roy, Abbas Kazerouni, Ian Osband, and Zheng Wen. 2020. "A Tutorial on Thompson Sampling". ArXiv:1707.02038, July.

CHAPTER 10

운영 강화 학습 (Operational Reinforcement Learning)

배포에 접근할수록 가장자리에 가까워집니다. 그것이 "cutting edge(날카로운 경계)"라 불리는 이유입니다. RL 프로젝트를 이 단계까지 진행하는 것만으로도 어려운 일이지만, 실제 운영 환경에서의 구현과 배포는 새로운 도전을 가져옵니다.

제 지식으로는 이 책이 운영용 RL 지식을 한 자리에 모으려고 시도한 첫 번째 책입니다. 이 정보는 여러분이 이 분야에서 업계에서 가장 뛰어난 연구자들의 놀라운 작업과 책들에서 흩어져 있을 수 있지만, 한 자리에서 찾아볼 수는 없었습니다.

이 장에서는 RL 프로젝트의 구현 및 배포 단계를 자세히 설명하여 컨셉 증명을 실제 운영 환경으로 전환하는 과정을 안내합니다. 이를 통해 여러분은 적어도 시작할 수 있고, 더 깊이 파고들어야 할 내용을 이해할 수 있을 것입니다.

이 장과 물론 전체 책을 통해 저의 목표는 RL을 산업에 가져오고, 운영용 산업용 RL이 가능하고 수익성이 있다는 것을 입증하는 것입니다.

첫 번째 절반에서는 RL 프로젝트의 구현 단계를 자세히 살펴보며, 사용 가능한 프레임워크, 추상화, 및 확장 방법에 대해 더 자세히 다룹니다. 에이전트의 평가 방법에 대해서도 중요하게 다루는데, 임의로나 통계적으로 잘못된 성능 척도에 의존하는 것은 허용되지 않기 때문입니다.

두 번째 절반은 운영용 RL 및 에이전트를 실제 운영 환경으로 배포하는 것에 관해 다룹니다. 견고한 아키텍처와 견고한 에이전트를 구축하기 위해 필요한 도구에 대해 이야기합니다. 마지막으로, 하지만 아마도 가장 중요한 것은 RL을 안전하고 보안적이며 윤리적으로 사용하는 방법에 대한 섹션이 있습니다. 이 부분을 꼭 읽어보세요.

10.1 구현

개인적으로, 기계 학습/인공 지능/빅 데이터/ (여기에 대세 단어를 넣으세요) 프로젝트의 구현 단계는 전체 수명 주기 중 가장 매혹적이고 흥미로운 부분 중 하나로 생각합니다. 이 단계에서는 작성한 코드에 주의를 기울여야 합니다. 왜냐하면 이 코드는 수십 년, 아마도 그 이상이 지속될 수 있기 때문입니다. GitHub은 최근에 모든 활성 프로젝트를 마이크로필름에 저장한 아카이브를 생성하였으며, 최소 1,000년 동안 보관될 것으로 예측됩니다.[1] 몇몇 사람들은 레거시에 대해 이야기할 만큼 특권이 있지만, 세계의 대부분 엔지니어들에게는 이게 최선입니다. 만약 당신이 상당히 인기 있는 GitHub 리포지토리에 커밋한 적이 있다면, 축하합니다. 3000년에는 사람들이 당신의 코드를 읽을 수도 있습니다.

이렇게 겸손하게 들릴 수 있지만, 코드의 주요 품질 요소는 유지 보수 부담을 줄이기 위한 것입니다. 각 코드 라인은 잠재적 오류의 추가 원천이 됩니다. 단순성, 테스트, 그리고 다른 사람들의 시선을 통해 오류 발생 확률을 줄일 수 있습니다. 또 다른 이유는 품질 좋은 코드가 사용하기 쉽게 만들어준다는 것입니다. 프로젝트의 범위는 매우 빠르게 확장될 수 있으므로, 기본 소프트웨어 품질 지침을 따르는 것은 이러한 전환을 용이하게 만들 수 있습니다.

이전 주제들은 RL에만 해당하는 것은 아닙니다. 우수한 소프트웨어 엔지니어링 도서들이 많이 있으며, 제안하는 몇 가지를 "추가 자료" 부분에 추천합니다. 이 섹션은 RL에 특화된 측면에 집중합니다.

10.1.1 프레임워크

품질 높은 RL 애플리케이션을 개발하는 가장 빠른 방법 중 하나는 프레임워크를 사용하는 것입니다. 엔지니어들은 여러분이 프로젝트를 개발하는 데 도움이 되도록 상당한 시간과 노력을 투자했습니다.

강화 학습 프레임워크

오픈 소스 RL 프레임워크는 많은 사람들이 사용함으로써 혜택을 얻습니다. 인기가 높을수록 더 많은 테스트와 프로젝트를 개선하기 위한 동기부여가 생깁니다. 공개된 소스 코드를 검토할 수 있는 능력은 특히 어려운 버그에 직면했을 때 엄청난 가치가 있습니다.

인기의 문제는 대부분 마케팅 예산과 인지도와 비례한다는 것입니다. 예를 들어, 구글과 어떤 관계가 있는지를 확인하는 것(일반적으로 "공식 구글 제품이 아님"을 찾아보세요. 이는 일반적으로 구글의 업무 시간에 개발되었지만 공식적으로 지원되지 않는다는 것을 의미합니다)는 실제 사용자가 적어도 인기가 높다는 것을 의미합니다. OpenAI에 대해서도 비슷한 것을 알 수 있습니다.

오픈 소스 프레임워크의 목표가 여러분의 목표와 일치하는지 고려해야 합니다. 예를 들어, 많은 프레임워크는 연구에 강하게 편향되어 있습니다. 왜냐하면 연구를 수행하는 개인이나 조직에 의해 개발되기 때문입니다. 이러한 프레임워크는 제품이나 운영 환경에서 사용하기 위해 설계된 것이 아닙니다. OpenAI의 baselines 프로젝트는 이러한 전형적인 예입니다. 이는 가장 인기 있는 RL 코드베이스 중 하나이지만, 마케팅적인 측면에서는 훨씬 덜 알려진 Stable Baselines 오픈 소스 프로젝트가 제 경험상 더 쉽고 견고합니다.[2, 3]

그렇다면 무엇을 찾아야 할까요? 이는 여러분이 하려는 일에 따라 다릅니다. 여러 알고리즘을 빠르게 테스트하려는 경우와 프레임워크를 운영 환경에서 실행해야 하는 경우에는 서로 다른 요구사항이 있을 것입니다. 여러분의 상황과 요구에 따라 우선순위와 가중치를 부여해야 하지만, 다음은 저의 기준으로 보았을 때 찾아야 할 몇 가지 사항입니다:

추상화

프레임워크가 얼마나 좋은 추상화(abstractions)를 제공하는지는 중요합니다. 추상화는 정책 모델(policy models), 탐색 기법(exploration techniques), 리플레이 버퍼 유형(replay buffer types) 등의 RL 구성 요소를 교체하기 쉽게 만들어줍니다. 또한, 프레임워크가 여러분의 문제에 적합한 새로운 추상화를 개발하기 쉬운지도 고려해야 합니다. 이는 평가하기 가장 어려운 부분 중 하나이며, 직접 사용해 보기 전까지는 정확히 알 수 없는 요소입니다.

간단성

프레임워크의 코드베이스가 충분히 간단하고 탐색하기 쉬운지 확인해야 합니다. 코드가 이해하기 쉽고 직관적인지 여부를 판단해야 합니다. 반대로 코드가 너무 방대하거나 많은 추상화로 인해 설치 방법을 알아내기 위해 몇 주가 걸릴 정도로 복잡한지 확인해야 합니다.

관찰 가능성

프레임워크에는 로깅(logging)과 모니터링(monitoring) 기능이 포함되어 있는지 확인해야 합니다. 포함되어 있지 않은 경우 필요할 때 쉽게 추가할 수 있는지 여부도 고려해야 합니다.

확장성

프레임워크의 확장성은 중요한 요소입니다.

최소 의존성

다른 소프트웨어에 얼마나 의존하는지 확인해야 합니다. 특정 딥러닝 라이브러리와 같은 특정 프레임워크에 종속되어 있는지 여부를 파악해야 합니다. 만약 그렇다면, 그 기반이 되는 라이브러리에 대해 어떤 의견을 가지고 있는지 확인해야 합니다.

문서화와 예시

프로젝트 문서화는 잘 되어 있는지 확인해야 합니다. API 문서뿐만 아니라 예제가 있는지도 확인해야 합니다. 그 예제들이 최신이며 테스트되었는지도 확인해야 합니다. 아키텍처 문서, 사용 사례 문서, 알고리즘 문서 등이 있는지도 알아보아야 합니다.

알고리즘 포함

프레임워크에는 알고리즘 구현이 포함되어 있는지 확인해야 합니다. 이 알고리즘들이 테스트와 예제로 잘 다루어져 있는지도 확인해야 합니다. 또한, 알고리즘을 교체하기가 얼마나 쉬운지도 알아보아야 합니다.

보조 알고리즘

프레임워크에는 역강화 학습(inverse RL), 계층 학습(hierarchical learning), 다양한 재생 버퍼 구현, 탐사 알고리즘 등 다른 상황을 다루기 위한 코드가 포함되어 있는지 확인해야 합니다.

지원

지원이 제공되는지, 커뮤니티가 있는지, 크라우드소싱된 자기 도움 웹사이트에서 잘 대표되는지 확인해야 합니다. 지원은 쾌적하게 제공되는지 여부도 중요한 요소입니다.

상업적 활용성

해당 프레임워크가 회사에 의해 지원되는지 확인해야 합니다. 이는 반드시 좋은 것은 아니지만, 적어도 누군가와 대화할 수 있는 기회가 있는지 알아보는 것이 중요합니다. 상업적인 지원을 받을 수 있는 기회가 있는지도 확인해볼 가치가 있습니다.

다양한 강화 학습 프레임워크가 있으며, 각각은 이 목록에서 다른 요소에 중점을 둡니다. 소프트웨어는 빠르게 진화하며 특정 프레임워크에 대한 어떤 의견도 빠르게 오래된 것이 됩니다. 대신,

추천하는 웹사이트를 방문하여 많은 강화 학습 프레임워크에 대한 최신 리뷰를 찾아보시기 바랍니다.

다른 프레임워크들

RL 프레임워크만으로는 충분하지 않습니다. 솔루션을 구축하기 위해 다양한 다른 프레임워크가 필요합니다. 정책 모델과 가치 근사에 사용되는 다양한 딥러닝 프레임워크와 같은 RL 알고리즘의 많은 부분이 추상화되었습니다. 가장 흔한 것은 PyTorch와 TensorFlow이며, 개인적으로 PyTorch를 선호하는 편입니다. PyTorch는 간단하고 직관적인 API를 가지고 있지만, Keras API는 이를 극복하는 데 도움이 될 수 있습니다. 대부분의 딥러닝 프레임워크는 성숙하고 유사한 기능 세트를 갖고 있지만, 그들의 API는 매우 다릅니다. 이는 중요한 요소로 작용하기 때문에 신중하게 선택해야 합니다.

또한, RL의 다른 공통 구성 요소를 추상화하는 라이브러리가 점점 더 많이 등장하고 있습니다. 예를 들어, 많은 알고리즘에 중요한 경험 재생은 Reverb와 같은 큐잉 라이브러리를 사용하여 처리할 수 있습니다.[4] 분산 원장인 Apache Bookkeeper는 로그로서 운영 아키텍처의 일부로 활용될 수 있는 생산성 높은 도구의 한 예입니다.

운영 아키텍처를 신중하게 고려하고 해당 문제를 해결하는 데 도움이 되는 도구를 평가하는 것이 중요합니다. 이 책과 함께 제공되는 웹사이트에서 보다 최신 정보를 얻을 수 있습니다.

10.1.2 스케일링 RL

복잡한 도메인은 해결하기 어렵기 때문에 더 복잡한 모델과 정교한 탐색이 필요합니다. 이것은 단일 머신에서 에이전트를 훈련하는 것이 불가능해지는 지점까지 계산 복잡성이 증가한다는 의미입니다.

개발 중에 피드백 주기 시간은 모니터링해야 할 가장 중요한 메트릭입니다. 결과를 기다리는 모든 시간은 에이전트를 개선하는 데 사용되지 않는 시간이기 때문입니다. 실험을 병렬로 실행할 수 있지만 현재로서는 영향이 제한적입니다(추후 "실험 추적" 참조). RL 연구의 초기 단계에서 가장 큰 개선은 신속하고 반복적인 개선 주기에서 나옵니다. 따라서 처음에는 문제를 지나치게 단순화하고 시뮬레이션을 사용하고 모델의 복잡성을 대폭 줄여서 작업 범위를 제한하는 것이 좋습니다. 작동하는 코드가 있으면 확장할 수 있습니다.

그러나 어떻게 확장합니까? 다른 기계 학습 기술과 달리 더 많은 기능을 제공한다고 해서 반드시 훈련 속도나 성능이 향상되는 것은 아닙니다. 다음은 RL을 확장하기 위해 전용 알고리즘이 필요한 이유 목록입니다.

순서

에이전트의 작업은 순서가 지정되어야 하므로 시스템 간에 개별 에이전트를 확장하기가 어렵습니다.

경험의 결합

여러 에이전트를 사용하는 경우 동기화가 필요합니다. 그렇지 않으면 경험을 공유할 수 없는 많은 독립적인 복사본이 생성됩니다. 동기화할 때 훈련 속도와 집계 성능에 큰 영향을 미칠 수 있습니다. 네트워크 대역폭과 대기 시간도 문제가 될 수 있습니다.

독립

에이전트 독립성은 일부 에이전트가 중단되더라도 다른 에이전트는 종료되지 않을 수 있음을 의미하며, 이는 동기화가 에이전트가 완료되기를 기다리는 경우 차단을 유발할 수 있습니다.

환경 복잡성

일부 환경은 3D 시뮬레이터와 같이 너무 복잡하여 자체적으로 가속이 필요하므로 지능적으로 조정되지 않으면 GPU 병합이 발생할 수 있습니다.

비용 효율성

확장은 비용이 많이 들 수 있으므로 하드웨어를 완전히 활용해야 합니다. GPU와 CPU 계산의 이점을 모두 활용하는 아키텍처와 알고리즘을 만드는 것이 필요합니다.

마지막 항목인 비용은 일반적으로 기계 학습에서 큰 문제입니다. 예를 들어, OpenAI의 최신 GPT-3 언어 모델은 현재 클라우드 공급업체의 정가로 처음부터 훈련하는 데 1,000만 달러의 비용이 듭니다. 그리고 그것은 단일 실행을 가정합니다. 이때, 버그를 발견했을 때의 공포를 상상해보세요!

이것은 분명히 극단적인 예입니다. Espeholt et al.의 최근 논문. DeepMind Lab 및 Google Research Foot ball 환경에서 10억 프레임을 실행하는 비용을 측정했습니다. 두 환경 모두 다양한 작업을 위한 3D 시뮬레이션을 제공합니다. 그들은 IMPALA 및 SEED(곧 논의됨)라는 두 가지 알고리즘을 테스트했으며 단일 실행(10억 프레임)에 대한 총 비용이 DeepMind Lab의 경우 각각 $236 및 $54, Google Research Football의 경우 $899 및 $369임을 발견했습니다. 이는 엔터프라이즈 IT 프로젝트의 맥락에서 천문학적인 수치는 아니지만 고려할 가치가 있습니다.[5]

분산 학습(Gorila)

RL 규모를 확장하기 위한 초기 시도는 멀티코어 기계나 멀티머신 클러스터를 보다 효율적으로 활용하기 위해 병렬 액터를 생성하는 데 집중되었습니다. 가장 초기의 예로는 일반 강화학습 아키텍처인 Gorila가 있으며, 이는 분산 시스템 기반의 DQN을 기반으로 합니다. 이 분산 시스템은 신경망을 훈련하기 위한 분산 시스템인 DistBelief로부터 파생되었습니다. DistBelief는 중앙 집중식 파라미터 서버와 모델 복제본 두 가지 주요 구성 요소로 구성됩니다. 중앙 집중식 파라미터 서버는 모델의 마스터 복사본을 유지하고 제공하며, 복제본으로부터 모델을 업데이트하는 역할을 담당합니다. 코어 또는 기계에 분산되어 있는 복제본은 주어진 데이터 배치에 대한 그래디언트 계산을 담당하고, 그래디언트를 파라미터 서버에 전송하고 주기적으로 새로운 모델을 가져오는 역할을 수행합니다.

이 아키텍처를 RL 환경에 적용하기 위해 Gorila는 다음과 같은 변경을 가합니다. 중앙 집중식 파라미터 서버는 모델 파라미터를 유지하고 제공하며(이는 선택한 RL 알고리즘에 따라 달라집니다), 액터 프로세스는 현재 모델을 가져와 환경에서 롤아웃을 생성합니다. 이들의 경험은 중앙 집중식 재생 버퍼에 저장됩니다(알고리즘에 따라 적합한 경우). 학습 프로세스는 샘플링된 경로를 사용하여 새로운 그래디언트를 학습하고, 이를 파라미터 서버에 반환합니다. 이 아키텍처의 장점은 학습 프로세스에서 병목 현상을 일으킬 수 있는 부분을 확장할 수 있는 유연성을 제공한다는 것입니다. 예를 들어, 계산 비용이 높은 환경이 있다면 액터 프로세스의 수를 확장할 수 있습니다. 또는 모델이 크고 훈련이 병목 현상인 경우 학습 프로세스의 수를 확장할 수 있습니다. 그림 10-1은 이 두 가지 아키텍쳐와 다이어그램에 대한 정보를 제공합니다.

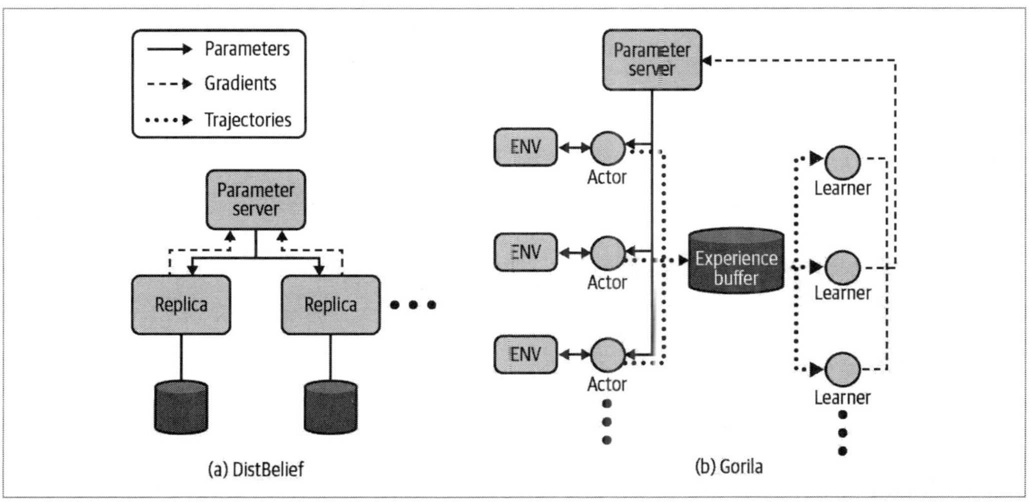

그림 10-1 (a) DistBelief 및 (b) Gorila의 아키텍처를 요약하는 구성 요소 다이어그램. Gorila는 행동과 학습 작업을 분리한 다음 복제함으로써 확장을 가능하게 합니다.

단일 머신 훈련(A3C, PAAC)

Atari 환경에서 Gorila를 사용하면 DQN보다 우수한 성능을 보여줍니다. 시간적으로는 20배 빠른 결과를 얻을 수 있었지만, 분산 아키텍처는 빠른 네트워크를 필요로 하는 문제가 발생했습니다. 경험 궤적(trajectories)의 전송과 매개변수 동기화가 병목 현상을 일으키기 시작했습니다. 이러한 통신 비용을 제한하고 아키텍처를 단순화하기 위해, 연구자들은 비동기 Asynchronous Advantage Actor–Critic (A3C)라는 알고리즘을 사용하여 단일 다중 코어 기계를 병렬화하는 것이 가능한 대안임을 입증했습니다. 이는 A2C의 병렬 버전입니다. 업데이트가 동일한 기계 내에서 수행되므로, 학습자들은 메모리를 공유할 수 있어 RAM의 빠른 읽기/쓰기로 인한 통신 오버헤드가 크게 감소합니다. 흥미로운 점은, 스레드 간에 공유 메모리를 쓸 때 일반적으로 매우 위험한 상황인데도 불구하고, Hogwild라는 기법을 사용하여 잠금(lock)을 사용하지 않습니다. 이들은 업데이트가 희소하고 확률적이기 때문에 덮어쓰기와 경합이 문제가 되지 않는다고 판단합니다. 그림 10–2는 단일 기계에서 실행되는 A2C와 A3C 알고리즘의 차이점을 보여줍니다.

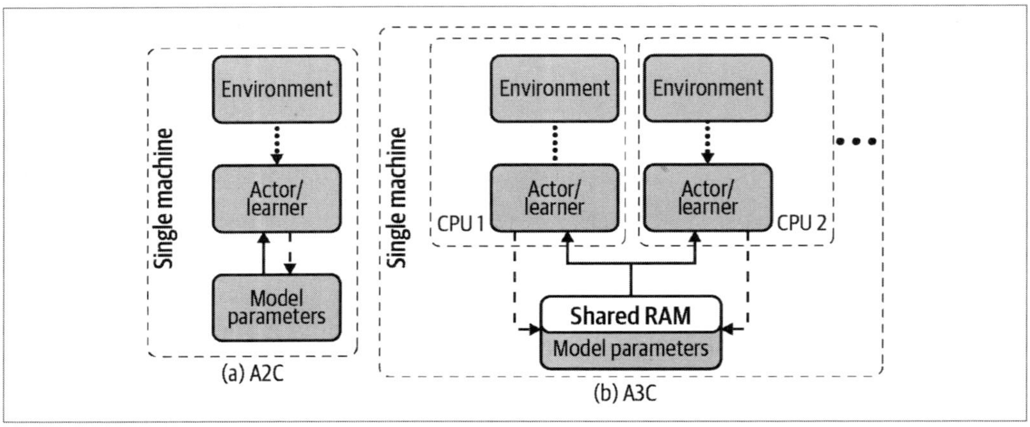

그림 10–2 (a) A2C 및 (b) A3C의 아키텍처를 요약한 구성 요소 다이어그램. 두 알고리즘 모두 단일 시스템에서 실행되지만 A3C는 공유 메모리에 쓰는 복제된 에이전트와 함께 여러 스레드를 사용합니다.

놀랍게도 GPU 없이 16개의 CPU 코어가 있는 단일 머신을 사용하여 A3C는 1/8의 시간(1일)에 Gorila와 비슷한 결과를 얻었고 약 절반의 시간(4일)에 더 나은 결과를 얻었습니다. 이는 동기화 및 통신 오버헤드가 큰 문제임을 분명히 보여줍니다.

GPU를 사용하지 않는 단순성은 A3C를 뒷받침합니다. 물론 GPU는 더 많은 비용을 들여 "깊은" 훈련 속도를 높일 가능성이 매우 높습니다. PAAC(Parallel Advantage Actor Critic) 구현은 이 아키텍처를 모든 RL 알고리즘과 함께 사용할 수 있기 때문에 그리 좋은 이름은 아니지만

GPU를 사용할 수 있는 기능을 다시 제공합니다. 단일 연결된 GPU를 사용할 수 있는 단일 학습자 스레드와 많은 환경에서 많은 액터를 사용합니다. 어떤 의미에서 이것은 Gorila와 A3C 모두의 의도적으로 확장성이 적은 버전이지만 신경망에 따라 약 12시간 만에 많은 Atari 게임에 대한 효율적인 정책을 만드는 시간의 8분의 1에 A3C와 비슷한 결과를 생성합니다. 이 구현은 독립적인 환경을 통해 탐색을 늘리는 것이 훈련 시간을 줄이는 매우 좋은 방법임을 보여줍니다. 훈련 시간은 탐색할 수 있는 상태-행동 공간의 양에 비례합니다. A3C와 유사하게 이 구현은 데이터 전송 및 동기화가 병목 현상임을 보여주며 문제가 허용하는 경우 구성 요소를 가능한 한 서로 가깝게 유지하는 것이 좋습니다. 바람직하게는 동일한 물리적 시스템 내부에 있습니다. 오케스트레이션이나 네트워킹 문제가 없다는 점에서 이것도 간단합니다. 그러나 분명히 이 아키텍처는 모든 문제에 적합하지 않을 수 있습니다. 그림 10-3은 이 아키텍처를 나타냅니다.[10]

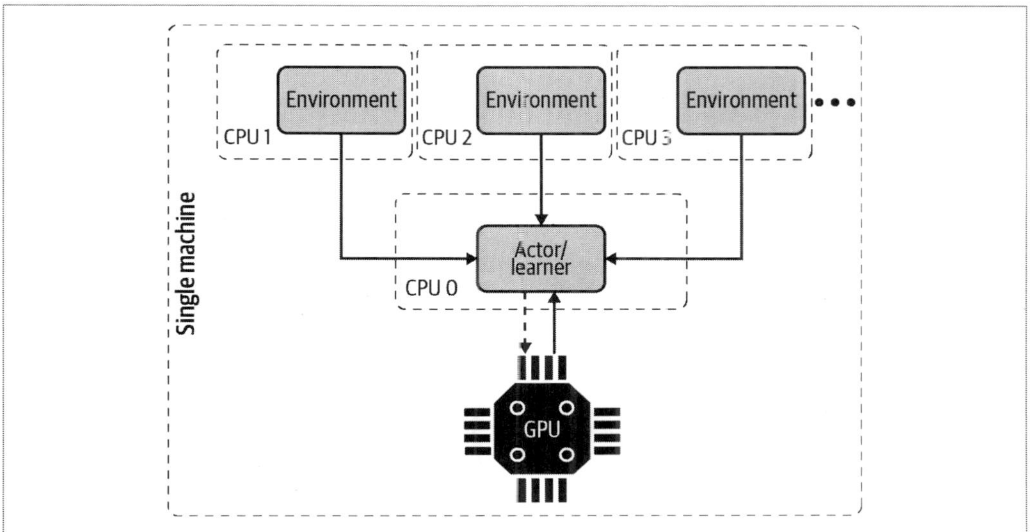

그림 10-3 PAAC의 아키텍처를 요약한 구성 요소 다이어그램. GPU와 많은 CPU가 있는 단일 머신은 환경 수를 확장하는 데 사용됩니다.

분산 리플레이(Ape-X)

분산 환경에서 다른 유형의 리플레이 버퍼를 사용하는 것은 Gorila(또는 다른 사람)의 아키텍처를 보강하는 것만큼 간단합니다. Ape-X는 더 다양한 경험이 수집되었기 때문에 환경이 있는 분산된 액터를 통한 더 큰 탐색이 더 나은 결과로 이어진 한 가지 예입니다. Atari 환경에서의 성능 측정은 AC3보다 약 3배, Gorila보다 4배 더 컸습니다. 그러나 이 점수는 CPU 수의 16배(256 대 A3C의 경우 16)에서 학습되었으며, 이로 인해 환경과의 상호 작용이 두 배 더 많아졌습니다. 동일한 수의 환경/CPU를 사용할 때 성능 차이가 있었는지 여부는 불분명합니다.[11]

동기 분산형(DD-PPO)

PAAC 또는 AC3에서와 같이 RL 알고리즘을 훈련하기 위해 CPU가 많은 단일 머신을 사용하려는 시도는 아키텍처의 단순성 때문에 매력적입니다. 그러나 문제가 성능상의 이유로 GPU가 필요한 3D 시뮬레이터를 사용하는 경우 GPU 부족은 제한 요소가 됩니다. 마찬가지로 Gorila 또는 PAAC/AC3와 같이 단일 GPU가 있는 단일 매개변수 서버는 예를 들어 ResNet50과 같은 대규모 딥 러닝 아키텍처를 훈련하려고 할 때 제한 요소가 됩니다. 이러한 요소는 여러 GPU를 활용할 수 있는 분산 아키텍처를 요구합니다.

분산형 근접 정책 최적화(DD-PPO)의 목표는 분산형 협력 다중 에이전트 RL과 마찬가지로 학습을 분산화하는 것입니다. 이 아키텍처는 경험 수집과 모델 최적화 사이를 번갈아 가며 수행한 다음 다른 액터와 동기식으로 통신하여 모델에 업데이트를 배포합니다(기울기). 액터는 PyTorch의 분산 병렬 그래디언트 업데이트를 사용하고 다른 모든 액터의 간단한 집계를 통해 그래디언트를 결합합니다. 결과는 DD-PPO가 액터의 수를 거의 선형으로 늘림으로써 GPU 성능을 확장할 수 있음을 보여주며 최대 256개의 액터/GPU로 테스트되었습니다. 이 구현의 주요 문제는 모든 에이전트가 배치를 수집할 때까지 업데이트가 발생할 수 없다는 것입니다. 이 차단을 완화하기 위해 Wijmans et al. 낙오자의 비율을 조기에 종료하도록 강제하는 선제 컷오프를 구현했습니다. 그림 10-4는 이 아키텍처와 Wijmans et al. RL 알고리즘을 구현하는 것이 가능하다고 제안합니다.[12] 다른 연구자들도 유사한 아키텍처를 제안했습니다.[13]

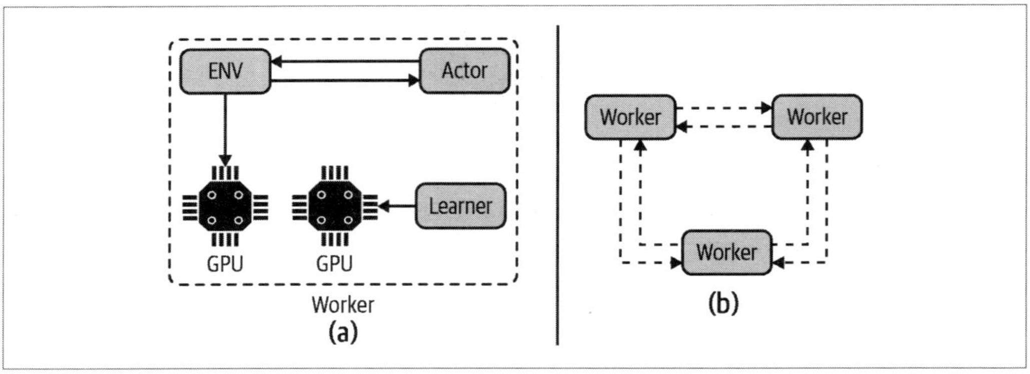

그림 10-4 DD-PPO의 아키텍처를 요약한 구성 요소 다이어그램. 액터(a)는 GPU를 활용할 수 있는 환경, 워커 및 Learner로 구성됩니다. (b) 에이전트가 데이터 배치를 수집한 후 각 액터는 분산 업데이트를 수행하여 가중치를 공유합니다.

개선 활용(IMPALA, SEED)

중요도 가중 액터-러너(Weighted Actor-Learner) 아키텍처(IMPALA)는 Gorila와 DD-PPO를

결합한 것과 같습니다. 주요 기여점은 업데이트 동기화를 제거하기 위해 큐를 사용한다는 점입니다. 액터는 반복적으로 경험을 수행하고 데이터를 큐에 전송합니다. 별도의 기계(또는 기계 클러스터)는 큐에서 데이터를 읽고 모델을 재학습합니다. 이는 업데이트가 off-policy임을 의미합니다. 즉, 학습자는 과거 데이터를 사용합니다. 그래서 IMPALA는 지연된 정책 업데이트를 보상하기 위해 수정된 버전의 재추적 알고리즘("Retrace(λ)" 참조)을 사용합니다. 이는 또한 리플레이 버퍼의 사용을 가능하게 하여 성능을 향상시킵니다.

Espeholt 등은 기본적인 오프-정책 액터-크리틱("Off-policy Actor-Critic" 참조)이 거의 동일한 성능을 발휘한다는 것을 보여주었으며, 이는 TD3와 같은 더 정교한 버전이 더 나은 결과를 낼 수 있다는 것을 시사합니다. 실제로, OpenAI는 Dota 2 비디오 게임 대회에서 PPO와 함께 IMPALA를 기반으로 한 프레임워크를 사용했습니다.[14]

여러 개의 액터를 가진 단일 학습자들은 일반적으로 단일 컴퓨터에서 실행됩니다. 학습자의 수를 증가시키기 위해 아키텍처를 복제하고 DD-PPO와 같은 분산 학습을 사용할 수 있습니다. 그림 10-5에 표시된 이 아키텍처는 A3C와 비교하여 학습 속도를 1개의 자릿수만큼 향상시키지만, 클러스터 내의 하드웨어 양에 비례합니다 (실험에서 8개의 GPU를 사용했습니다). Espeholt 등은 또한 이 아키텍처를 수천 대의 컴퓨터로 확장할 수 있다고 주장합니다.[15]

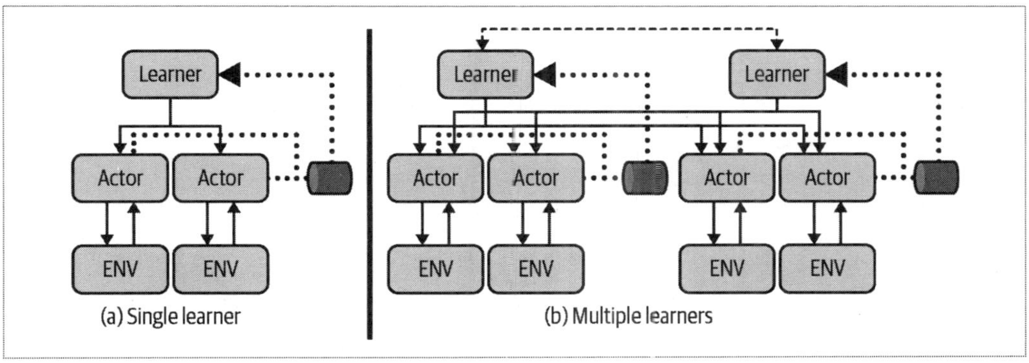

그림 10-5 IMPALA의 아키텍처를 요약한 컴포넌트 다이어그램입니다. 단일 학습자(a)는 여러 개의 액터(일반적으로 동일한 컴퓨터에서 실행)를 가지고 있습니다. 액터는 Queue를 채우고 학습은 액터와 독립적으로 수행됩니다. 여러 개의 학습자(b)를 사용하는 경우 그래디언트가 분산되고 동기적으로 학습됩니다(DD-PPO와 유사한 방식).

IMPALA는 효율적이고 최신 결과를 달성할 수 있지만, 아키텍처의 일부는 여전히 최적화할 수 있는 부분이 있습니다. 하나의 문제는 신경망 매개변수의 통신입니다. 대형 네트워크에서는 이들이 수십억 개의 부동소수점으로 표현되며, 이는 많은 양의 데이터 전송을 의미합니다. 반면에 관측값은 일반적으로 훨씬 작으므로 관측값과 행동을 통신하는 것이 더 효율적일 수 있습니다. 또한, 환경과 액터는 서로 다른 요구사항을 가지고 있으므로 동일한 CPU 또는 GPU에 함께 배치하는 것이 비효율적일 수 있습니다. 예를 들어, 액터는 빠른 예측을 위해 GPU가 필요할 수 있지만, 환경은 CPU만 필요로 할 수 있습니다(또는 그 반대). 이는 대부분의 시간 동안 GPU가 활용되지 않을 수 있다는 것을 의미합니다.

Scalable and efficient deep RL with accelerated central inference (SEED)는 환경을 분산시키고 중앙의 분산 모델로부터 행동을 요청하는 아키텍처를 지향합니다. 이는 모델 매개변수를 모델에 가깝게 유지하고, 환경 시뮬레이션 또는 모델 학습 및 예측에 직접 매핑되는 하드웨어를 선택할 수 있게 합니다. 이는 자원 활용도를 높이고 조건이 유사한 경우에 약간 빠른 학습 시간을 제공합니다(대략 같은 조건에서 약 절반의 시간). 그림 10-6은 아키텍처의 단순화된 버전을 보여줍니다.

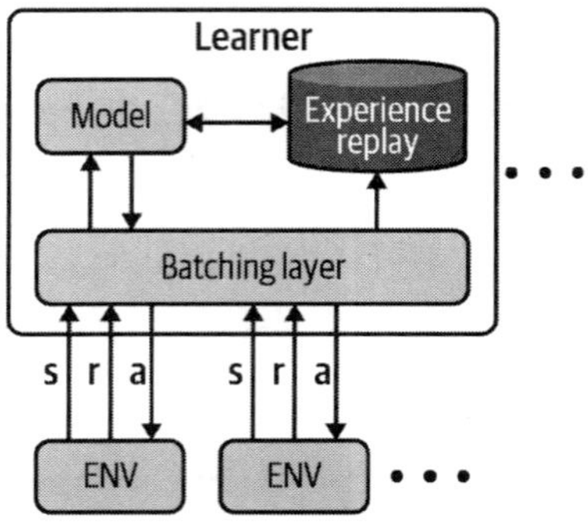

그림 10-6 SEED RL의 아키텍처를 요약한 컴포넌트 다이어그램은 다음과 같습니다. 하드웨어는 모델 또는 환경의 요구에 따라 할당됩니다.

SEED 논문의 흥미로운 점 중 하나는 아키텍처와 성능이 얼마나 연관되어 있는지를 강조한다는 점입니다. 연구자들은 결과를 생성하기 위해 CPU 당 환경의 수와 CPU의 수를 하이퍼 파라미터로 취급해야 했습니다. 일반적으로 더 많은 복제본은 더 높은 점수를 더 짧은 시간에 달성하지만, 정확한 구성은 환경에 따라 달라지기 때문에 정확히 파악하기 어렵습니다.

또 다른 포인트는 SEED가 소프트웨어 수준에서도 최적화하기 위해 크게 노력한다는 것입니다. 그들은 이진 통신 프로토콜 (gRPC)과 컴파일된 C++을 사용합니다. IMPALA와 SEED 모두 A3C와 PAAC와 같이 단일 컴퓨터에서 실행할 수 있으며, 일반적으로 높은 활용도로 인해 성능이 향상됩니다.

스케일링 결론

이전 알고리즘들은 짧은 시간 내에 최첨단 결과를 달성합니다. 그러나 이러한 비교는 대부분

Atari 환경과 같은 장난감 환경에서 이루어지며 때로는 Google Research Football과 같은 보다 연속적인 환경도 포함됩니다. 이러한 환경에서 얻은 결과를 현실적인 시나리오에 확장할 수 있지만, 실제로 확인하기 위해 직접 테스트를 수행해야 합니다.

연구자들은 이러한 환경에 대해 많은 경험을 가지고 있으므로 조정하는 데 너무 많은 시간을 낭비하지 않아도 되며 주의해야 할 위험 요소들도 이미 알고 있습니다. 그러나 그들은 또한 최첨단 성능이나 속도와 같은 헤드라인 결과를 목표로 합니다. 활용도와 대규모 확장에 대한 초점이 매우 강조되는데, 때로는 이는 비용을 야기할 수 있습니다. 예를 들어, DD-PPO와 같이 완전히 분산 배포를 가지는 것이 실제 운영에는 더 좋을 수 있습니다. 왜냐하면 이를 셀프-힐링(self-healing)하게 만드는 것이 쉬우며 (분산 구성 요소의 클러스터를 형성하기만 하면 됨), 이는 견고성과 고가용성을 높입니다. 이는 귀하의 응용 프로그램에 관심이 없을 수 있지만, 제가 말하려는 바는 가장 빠른 것이 항상 최선이라는 것은 아니라는 점입니다. 또한 다른 중요한 측면도 있습니다.

비슷하게, 성능 향상에 따른 점차적인 수익의 감소도 나타날 수 있습니다. 초기 개선으로 학습 속도가 10배 정도 향상되었습니다. IMPALA와 SEED 간의 차이는 대략 절반 정도였습니다. 연구자들은 더 많은 성능을 추출하기 위해 점차적으로 깊은 수준으로 진입해야 하는데, 이는 코드의 정적 컴파일 및 이진 프로토콜 사용과 같은 수준의 최적화를 포함합니다. 다시 말해, 이는 귀하의 문제에 적합하지 않을 수 있습니다. 예를 들어, Python 대신 C++로 코드를 작성해야 한다면, 시간 비용이나 기회 손실이 코드 수준의 최적화로 얻는 이득보다 크게 될 수 있습니다.

마지막으로, 이러한 아키텍처 중 일부는 프레임워크에서 도출된 추상화를 희석시키는 경향이 있습니다. 일반적으로 에이전트, 환경, 리플레이 버퍼 등에 대한 추상화가 있지만, 이러한 아키텍처는 이러한 추상화를 위한 위치를 강제화합니다. 디자인 관점에서 이상적이지 않을 수 있습니다. 예를 들어, SEED 아키텍처에서 모델, 학습, 리플레이 버퍼, 그리고 사용자 정의 배치 로직을 학습자(learner)에 번들로 포함시키면 난잡해질 수 있습니다. 분산된 큐와 원장과 같이 물리적으로 구분된 구성 요소로 구현되었다면 좋았을 것입니다. 물론 이와 유사한 구성 요소를 구현하는 것을 방해할 것은 없지만, 이러한 성능 중심의 연구에서는 일반적으로 이러한 우선순위는 아닙니다.

10.1.3 평가

제품, 서비스 또는 전략에 가치를 더하기 위해서는 여러분과 이해 관계자들이 달성하려는 목표를 신중히 고려해야 합니다. 이는 추상적이고 고수준으로 들리는 소리일 수 있지만, 작업을 열심히 진행했음에도 불구하고 최적화하려는 대상이 목표와 일치하지 않는 경우가 종종 있습니다.

그 이유는 엔지니어들이 자신들의 작업을 목표와 연결하는 것을 잊거나 무시할 수 있다는 점입니다.

심리학자와 신경학자들은 다양한 수준의 다중 작업을 깊이 연구했습니다. 그들은 인간이 작업에 사용할 수 있는 제한된 정신적 에너지를 가지고 있으며, 여러 작업 간의 전환은 성능에 심각한 영향을 미친다는 사실을 발견했습니다. 그러나 엔지니어링 문제에 작업할 때도 추상화 수준 간의 전환은 마찬가지로 어렵습니다. 여러분의 뇌는 현재의 사고 과정을 로드하지 않고 이를 단기 기억에 저장한 후, 다른 추상화 수준을 위한 새로운 정신적 모델을 불러오고 사고 과정을 시작해야 합니다. 이러한 전환과 함께 단기 기억을 유지하는 노력은 정신적으로 부담스럽습니다. 이것이 일상적인 난관에 집중하면서 고수준 목표를 무시하기 쉬운 이유 중 하나입니다.

DevOps의 도래 이후에도 다른 이유는 엔지니어링이 전진하는 것으로 성공으로 여겨진다는 점입니다. 새로운 제품, 새로운 기능, 더 나은 성능 등이 그 예입니다. 역행하는 것은 진척이 없다고 여겨집니다. 그러나 저는 이것이 사실이 아니라고 명확히 하고 싶습니다. "처음부터 다시 시작한다"는 것은 실패의 표시가 아니라, 중요한 교훈을 배웠고 이를 활용하여 더 나은 해결책을 설계하기 위해 진행 중인 것을 의미합니다.

비록 어려울 수 있지만, 개발 프로세스 내에서 이동하고 추상화 수준을 오르내리며 모든 요소들이 목표에 일치하도록 조정하기 위해 시간을 투자해보세요.

> 여기 제가 자주 사용하는 한 가지 방법이 있습니다. 추상화 수준이나 문맥을 변경하기 위해 자신에게 "왜?"라는 질문을 하여 상위 추상화 수준으로 이동하고, "어떻게?"라는 질문을 하여 하위 추상화 수준으로 이동하는 것입니다.

작업을 평가할 때 다시 작업에 돌아와서 성능을 측정하려는 이유를 먼저 묻는 것이 좋습니다. 이것은 이 결과를 이해 관계자에게 설명하기 위한 것인가요? 아니면 더 효율적으로 만들기 위한 것인가요? 이 질문에 대한 답변은 구현 방법을 결정하는 데 도움이 될 것입니다.

정책 성능 측정

강화학습 에이전트의 효능은 두 가지 추상적인 측정 항목으로 설명할 수 있습니다: 정책 성능과 학습 성능입니다. 정책 성능은 정책이 문제를 얼마나 잘 해결하는지를 측정하는 것입니다. 이상적으로는 문제 영역에 매핑되는 단위를 사용해야 합니다. 학습 성능은 최적 정책을 도출하기 위해 에이전트를 얼마나 빨리 훈련할 수 있는지를 측정합니다.

종료 상태가 있는 유한 시계열 문제에서는 정책 성능을 보통 보상의 합으로 나타냅니다. 이것은 최적 정책의 고전적인 설명입니다. 무한 시계열 문제에서는 보상이 무한대로 발산하는 것을 방지하기 위해 감가(discounting)를 포함할 수 있습니다. 할인은 유한 문제에서도 종종 사용되는데, 이는 약간 다른 정책을 만들 수 있으므로 최종 성능 측정 시 할인을 제거하는 것을 고려해야 합니다. 예를 들어, 이해 관계자들은 할인된 이윤에 관심이 있는 것이 아니라 이윤에 대해 이야기하고 싶어할 것입니다.

또 다른 옵션은 평균 보상의 최대화와 측정입니다. 평균 보상 모델에서는 보상의 분포에 대한 평균이 적합한 요약 통계량인지 확인해야 합니다. 예를 들어, 보상이 희소한 경우 평균 보상은 부적절한 요약 통계량입니다. 이 경우 중앙값이나 백분위수와 같이 더 안정적인 요약 통계량을 선택할 수 있습니다. 보상이 특정 분포를 따른다면 해당 분포의 대개변수를 사용할 수도 있습니다.

에이전트가 최적 정책을 얼마나 빨리 학습할 수 있는지를 측정하는 것도 중요한 지표입니다. 이는 피드백 주기 시간을 정의하며, 더 빠르게 학습할 수 있는 알고리즘을 사용하면 더 빠르게 반복하고 개선할 수 있습니다. 예를 들어, 개별 개인에 대해 정책을 세밀하게 조정하는 온라인 학습 문제의 경우 빠르게 학습하는 것은 비용을 낮추기 위해 기회를 놓치는 것을 완화하는 데 중요합니다.

학습 성능의 가장 간단한 측정 방법은 에이전트가 최적 상태에 도달하는 데 걸리는 시간입니다. 하지만 최적 상태는 일반적으로 수렴성 결과이므로 거의 최적 상태로 수렴하는 속도가 더 나은 설명입니다. "거의"의 기준은 문제에 따라 임의로 정의할 수 있으나, 보상 점수의 노이즈에 따라 설정해야 합니다. 노이즈를 줄이기 위해 평균화를 수행해야 할 수도 있습니다.

문제에 중요한 요소에 따라 시간을 몇 가지 다른 방식으로 정의할 수 있습니다. 시뮬레이션에서는 환경에서의 단계 수를 사용하는 것이 좋은 시간적 측정 방법입니다. 이는 혼란 요소와 독립적이며, 환경 상호작용이 비용이 많이 듭니다. 만약 피드백 주기 시간에 관심이 있다면 벽시계 시간을 사용할 수 있으며, 환경 상호작용의 수를 제한할 수 있어야 합니다. 모델 학습 단계 수는 모델 학습 성능을 분석하는 흥미로운 시간적 차원입니다. 또한 알고리즘의 효율성을 향상시키기 위해 계산 시간이 중요할 수 있습니다.

선택하는 시간적 차원은 달성하려는 목표에 따라 다릅니다. 예를 들어, 처음에는 환경 단계를 사용하여 샘플 효율성을 향상시킬 수 있습니다. 그런 다음 학습 속도를 높이려면 벽시계 시간을 살펴볼 수 있습니다. 마지막으로 프로세스 시간을 확인하여 나머지 성능을 극대화할 수 있습니다. 일반적으로 이러한 차원을 모두 사용하여 전반적인 성능을 파악합니다.

손실은 Online machine learningx에서 사용되는 개념으로, 에이전트가 후처리에서 최적으로 행동했을 때의 보상과 실제 보상 사이의 총 차이를 측정합니다. 이는 그림 10-7에 나와 있는 것처럼 최적 에피소드 보상과 실제 보상 사이의 면적을 나타내는 양수 값입니다. 예를 들어 태양광 발전소를 운영한다고 가정해보겠습니다. 하루로 이루어진 에피소드에서 발전할 수 있는 총 전력량은 태양의 양과 태양광 패널의 전환 효율에 따라 고정된 최대치가 있습니다. 그러나 여러분은 패널의 기울기를 조절하여 전력 출력을 극대화하기 위한 정책을 학습하고 있습니다. 이 경우, 손실은 이론적 최대 전력 출력과 정책의 결과 사이의 차이를 일정 기간 동안 합산한 값이 될 것입니다.

손실은 정책 알고리즘의 수학적 도구로 연구자들에 의해 사용되었으며, 정책이 손실을 제한하기 위해 정규화 항이나 보상의 통계적 효율적 탐색을 촉진하기 위한 조정을 하는 경우가 많습니다. 개념적으로도 손실은 중요합니다. 왜냐하면 인간은 경험을 재활용하여 인과 관계를 추론하고 장기적인 결정의 유효성을 의심하기 때문입니다.

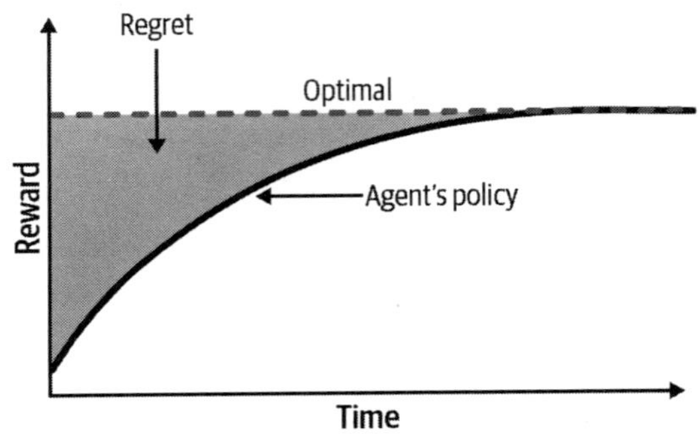

그림 10-7 시간이 지남에 따라 정책을 교육하는 동안 후회를 계산하는 방법을 설명합니다. 후회는 음영 영역입니다.

후회(regret)는 성능 측정 지표로 사용할 수 있지만, 최적 정책(optimal policy)을 어떻게 결정하는지는 훈련 상황에 따라 달라집니다. 이론적으로 최적 정책을 얻지 못할 수도 있거나, 정책이 안정적이지 않을 수도 있습니다. 정책이 비안정한 환경에서는 작은 간격 내에서 후회(regret)를 계산하려고 하는 방법이 있습니다. 간단한 문제에서는 사후에 최적 행동을 알아내고, 그것을 최적 보상으로 사용할 수 있을 것입니다. 더 복잡한 문제에서는 다른 알고리즘을 기준으로 삼고, 모든 비교를 해당 알고리즘과 수행할 수 있을 것입니다. 가능한 경우, 상대방의 위치를 기록하고 경기가 끝난 후 더 나은 행동이 있었는지 확인하기 위해 자가 대전(self-play)을 사용할 수도 있습니다. 아직 어떤 문제에 대해 후회(regret)를 계산하기 위한 단순한 통일된 방법은 없습니다.

통계적 정책 비교

언제나 비교를 할 때는 시각화를 먼저 권장합니다. 통계학은 예외와 가정으로 가득 차 있으며, 올바른 방법을 사용하고 있다고 생각할 수 있지만, 수학적으로 더 능숙한 사람이 해당 방법이 특정한 상황에서만 의미가 있다고 말할 수도 있습니다. 성능을 시각화하는 것은 훨씬 쉽습니다. 직관적으로 이해할 수 있는 시각적 근사치와 학습한 모델을 활용할 수 있습니다. 예를 들어, 선형 회귀 모델을 눈으로 맞추는 것은 사람에게는 수학적으로 제안되는 것보다 훨씬 쉽습니다. 노이즈와 이상치가 포함된 경우라도 마찬가지입니다. 마찬가지로, 두 알고리즘의 성능을 비교하는 것은 두 개의 지표를 그래프로 나타내고 어떤 것이 일관적으로 다른 것보다 우수한지 결정하는 것만으로 간단합니다.

그러나 알고리즘 간에 더 나은 것을 통계적으로 입증해야 하는 경우도 있습니다. 예를 들어, 더 나은 모델을 자동으로 탐색하려는 경우에는 수천 개의 그래프를 일일이 확인하고 싶지 않을 것입니다. 또는 예/아니오로 답변을 얻고 싶을 때 (주의 사항을 고려하면서!). 두 분포를 비교할 때 가능한 통계적 검정의 목록과 간단한 가정에 대한 간단한 설명이 여기에 있습니다:

Student's t-test

정규 분포와 등분산을 가정합니다.

Welch's t-test

Student's t-test와 동일하지만 등분산 가정을 완화합니다.

Wilcoxon Mann-Whitney 순위 합 검정

중위수를 비교하며, 비모수적이므로 분포의 형태에 대한 가정은 없습니다. 그러나 연속적이고 동일한 모양과 분포를 가정합니다.

순위 t-검정

중위수를 비교하며, 순위가 매겨지고 t-검정에 입력됩니다. 결과는 실질적으로 Wilcoxon Mann-Whitney 순위 합 검정과 동일합니다.

부트스트랩 신뢰 구간 검정

분포에서 무작위로 샘플을 추출하고, 백분위수의 차이를 측정하고, 이를 여러 번 반복합니다. 매우 큰 샘플 크기, 약 103 이상이 필요합니다. 다른 가정은 필요하지 않습니다.

순열 검정

분포에서 무작위로 샘플을 추출하고, 가설에 임의로 할당하고, 백분위수의 차이를 측정하고, 이를 여러 번 반복합니다. 부트스트랩 신뢰 구간 검정과 유사하지만, 일정한 신뢰 수준에서 같은지 여부를 검정합니다. 다시 말하지만 매우 큰 샘플 크기가 필요합니다.

여러 가지 다양한 가정이 있는 것을 알 수 있습니다. 이로 인해 잘못된 검정을 실수로 사용하는 것이 매우 쉬워집니다. 그리고 그렇게 할 경우, 검정은 조용히 실패합니다. 결과는 잘못된 작업을 한 것을 보여주지 않습니다. 따라서 검정을 수행할 때는 강한 기대를 가져야 합니다. 결과가 이상하다면 아마도 실수를 한 것입니다.

이러한 통계적 가정에는 어떤 문제가 있을까요?

- 강화학습은 종종 정규분포를 따르지 않는 결과를 얻을 수 있습니다. 예를 들어, 에이전트가 미로에서 100번 중 1번 갇힐 수 있고 이는 이상치를 생성할 수 있습니다.

- 보상이 잘려있을 수 있습니다. 예를 들어, 최대 보상이 있어 결과의 분포에 불연속성이 발생할 수 있습니다.

- 알고리즘 간의 표준 편차는 동일하지 않을 수 있으며, 심지어 안정적이지 않을 수도 있습니다. 예를 들어, 다른 알고리즘은 서로 다른 탐색 기법을 사용하여 결과의 변동이 다를 수 있습니다. 또한 하나의 알고리즘 평가 내에서도 조류가 로봇 팔에 부딪히는 등의 우연한 사건이 발생할 수 있습니다.

Colas 등은 RL 알고리즘 비교를 위한 통계적 검정에 관한 훌륭한 논문을 작성했습니다. 그들은 Half-Cheetah-v2 환경에서 TD3와 SAC의 성능을 비교하고, SAC가 TD3보다 우수함을 통계적으로 유의한 증거를 얻기 위해 최소한 15번 이상의 훈련을 다시 실행해야 한다고 발견했습니다(해당 환경에서). 그들은 이 환경에서 보상이 다소 정규분포에 가까워 Welch의 t-검정이 샘플 수가 작을 때 가장 견고하다는 것을 제안했습니다. 비모수적 검정은 가정이 가장 적지만 분포를 가정하는 것보다 큰 샘플 크기를 필요로 하며, 이는 검정의 성능을 높이기 위한 방법으로 사용됩니다. 또한, 이들은 실험에서 활용할 수 있는 유용한 저장소를 가지고 있습니다.

"다시 실행한다"는 것이 무엇을 의미하는지 궁금하실 수도 있습니다. RL 알고리즘에 대한 논문을 충분히 읽다 보면 공통적인 평가 주제를 발견할 수 있습니다. 연구자들은 실험을 5번 또는 10번 반복하고 학습 곡선을 그립니다. 한 번의 실험은 단일 환경에서 알고리즘의 전체 재훈련을 나타냅니다. 각 반복에서는 다양한 난수 생성기의 임의 시드를 변경합니다.

실제로는 이 과정이 꽤 까다로울 수 있습니다. 이론적으로는 동일한 알고리즘에 동일한 시드를 사용하면 동일한 결과를 얻어야 합니다. 하지만 종종 그렇지 않은 경우가 있습니다. 일반적으로 코드베이스 내 어딘가에 놓인 다른 랜덤 생성기가 있을 수 있습니다. 일반적인 RL 라이브러리를 사용하여 알고리즘을 훈련시키는 경우, Python, Numpy, Gym, 딥러닝 프레임워크(여러 곳에서), RL 프레임워크 및 리플레이 버퍼와 같은 다른 프레임워크에서 랜덤 숫자 생성기의 시드를 설정해야 합니다. 먼저 두 번의 실행에서 정확히 동일한 결과를 얻을 수 있는지 확인하세요. 그런 다음 랜덤 시드의 다른 값을 사용하여 훈련을 여러 번 반복하면 (희망하건대) 정규분포를 따르는 성능 곡선 범위를 얻을 수 있습니다.

문제는 연구자들이 훈련 비용이 많이 들기 때문에 작고 고정된 횟수의 반복을 사용하는 경향이 있다는 것입니다. 두 분포 간에 큰 차이가 있다면, 평균과 표준 편차에 대한 신뢰도를 확보하기에 충분한 작은 샘플이 적절합니다. 그러나 성능 차이가 훨씬 작을 때는 성능이 다르다고 확신하기 위해 훨씬 큰 샘플 크기가 필요합니다. Colas 등의 다른 논문은 알고리즘의 표준 편차를 추정하기 위해 시험적인 연구를 실행하고, 이를 사용하여 다른 알그리즘을 특정한 유의수준으로 능가하는 데 필요한 최종 실험 횟수를 추정해야 한다고 제안합니다.[19]

통계적 성능 지표는 정책의 견고성을 양적으로 측정하는 한 가지 방법입니다. 얻은 보상의 표준 편차는 실생활에서 자주 발생하는 관측치의 자연적인 변동에 정책이 견디는지 여부에 대한 좋은 지표입니다. 하지만 더 나아가서 상태(state), 모델(model), 그리고 행동(action)을 적극적으로 변형하여 정책의 실제 견고성을 확인하는 것을 추천합니다. 적대적 기법은 여기에서 유용한데, 모델을 깰 수 없다면 실제 생활에서도 모델이 깨지기 어려워지기 때문입니다. 언젠가는 모든 것이 망가지는데, 이를 통해 모델의 견고성을 검증할 수 있습니다.[20]

알고리즘 성능 측정

제안드리는 바는 대부분의 산업 문제에서는 하나 또는 소수의 문제를 대상으로 하고, 따라서 소수의 환경만을 다루게 될 것이라는 것입니다. 그러나 만약 순수한 연구에 참여하거나 구현을 다양한 문제에 일반화시키려고 한다면, RL 특정 도전 과제에서의 성능을 설명하는 보다 추상적인 성능 척도를 고려해야 합니다.

현재까지 가장 유용한 솔루션 중 하나는 Osband 등이 개발한 동작 스위트입니다. 그들은 크레딧 할당, 기본 (밴딧 문제와 같은 역량 테스트), 확장성, 잡음, 메모리, 일반화, 탐색과 같은 일곱 가지 기본적인 RL 도전 과제를 설명합니다. 에이전트는 도전 과제에 해당하는 선별된 환경 세트에 대해 테스트를 수행하고, 각 도전 과제에 대한 최종 집계 점수를 받게 됩니다. 이 점수는 그림 10-8과 같은 레이더 플롯으로 나타낼 수 있습니다.

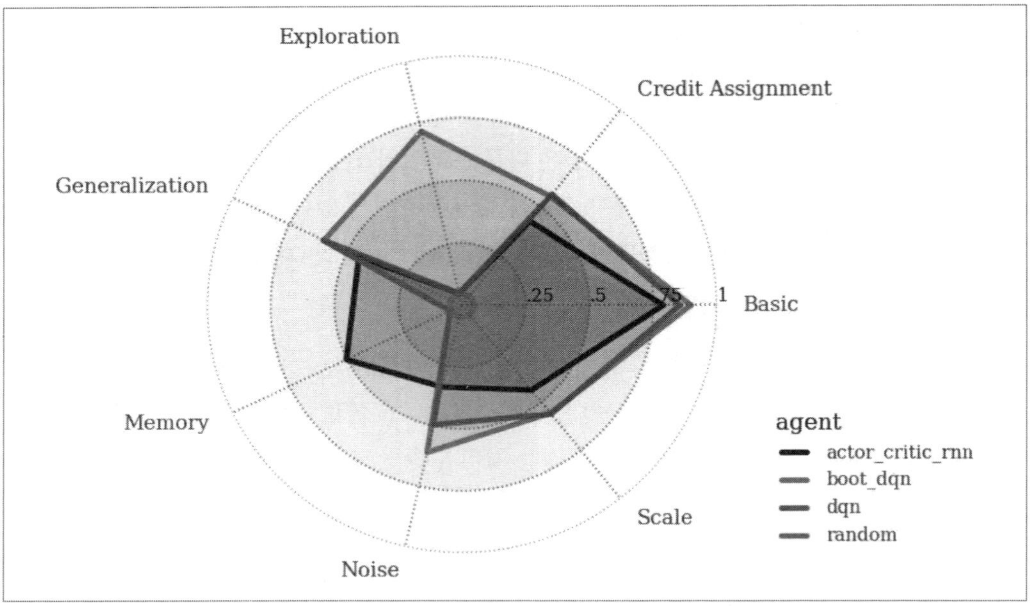

그림 10-8 동작 스위트를 사용하여 여러 알고리즘을 비교합니다. 각 축은 다른 RL 도전 과제를 나타냅니다. 랜덤 에이전트는 모든 도전 과제에서 성능이 나쁘고, 표준 DQN은 탐색과 메모리를 제외한 많은 도전 과제에서 잘 수행됨을 알 수 있습니다. 라이선스인 Apache 2.0에 따라 사용되었습니다.

문제별 성능 측정

도메인 특화 작업이나 특히 어려운 문제를 위한 다양한 벤치마크도 있습니다. 예를 들어, 오프라인 RL, 로보틱스, 안전을 위한 벤치마크가 있습니다. 많은 훌륭한 벤치마크가 더 존재합니다.[22, 23, 24]

이러한 벤치마크는 도메인 내에서 동일한 일반적인 문제를 가지고 있고, 벤치마크의 개선이 실제 성능 향상으로 이어질 것이라고 확신할 수 있는 경우 유용합니다.

설명 가능성

데이터 과학 프로세스에서 나타나고 있는 새로운 단계는 설명 가능성(explainability)입니다. 설명 가능한 인공지능(XAI)으로 약칭되며, 이를 통해 모델이 어떻게 그리고 왜 결정을 내렸는지 설명하기 위한 기술을 사용합니다. 트리 기반 모델과 같은 일부 알고리즘은 설명을 제공하는 내재적인 능력을 가지고 있지만, 표준 신경망과 같은 다른 알고리즘은 알려진 입력을 사용하여 출력에서 무엇이 일어나는지 관찰하는 블랙박스 접근법에 의존해야 합니다.

설명 가능성은 여러 가지 이유로 중요합니다. 하나는 신뢰성입니다. 신뢰할 수 없는 것은 운영 환경에 배포해서는 안 됩니다. 소프트웨어 공학에서 이 신뢰는 테스트를 통해 확립되지만, 모델과 강화학습의 복잡성으로 인해 "수용범위(coverage)"는 항상 낮을 수밖에 없습니다. 다른 이유로는 EU 일반 데이터 보호 규칙이나 페이스북의 게시물 추천 설명 기능과 같이 의사결정을 설명해야 하는 규정적이거나 상업적인 이유가 있을 수 있습니다. 행동이나 결정을 설명할 수 있다면 디버깅과 개발에도 도움이 될 수 있습니다.

강화학습에서의 설명 가능성은 머신 러닝보다 어렵습니다. 이는 에이전트가 시간이 지남에 따라 상호작용하고 복리로 작용하는 순차적인 행동을 선택하기 때문입니다. 일부 강화학습 알고리즘은 설명하는 내재적 능력을 가지고 있습니다. 예를 들어, 계층 강화학습은 정책을 하위 정책으로 분해하여 고수준의 동작을 설명하는 방식입니다. 그러나 대부분의 연구는 보다 일반적으로 적용 가능한 사후 훈련 설명 가능성에 초점을 맞추고 있습니다.

블랙박스 기법은 일반적으로 전역 또는 지역 수준에서 작동합니다. 전역 기법은 모든 상태에서의 동작을 유추하고 설명하는 것을 목표로 하며, 지역 기법은 특정 결정에 대해서만 설명할 수 있습니다.

전역 기법은 주로 트리나 선형 모델과 같이 설명 가능한 단순 모델을 훈련하는 것으로 구성됩니다. 예를 들어, 선형 모델 U-트리 모델은 트리 구조를 사용하여 가치 함수를 표현하며, 각 트리의 말단에 선형 근사기를 사용하여 일반화를 개선합니다. 이 모델에서는 모든 상태 공간에 대한 특성 중요도와 지표적인 행동을 추출할 수 있습니다.[25]

지역 방법은 주로 상태 공간의 작은 영역에서 평가되는 전역 방법을 의미하는 것으로 두 가지 주요 아이디어로 구성됩니다. 예를 들어, Yoon 등은 지역 근사치를 훈련하는 과정을 안내하기 위해 강화학습을 사용합니다.[26] 다른 아이디어는 전역 방법의 예측적인 성격을 확장하여 반대의 행동이나 발생할 수 있는 상황을 고려합니다. Madumal 등은 환경 전이 동적을 근사화하는 인과 그래프를 훈련시킴으로써 이를 달성합니다. 이는 이산 상태와 함께만 작동합니다.[27]

결정을 설명하는 것과 마찬가지로 어떤 상태 요소가 결정에 영향을 주는지를 나타내는 것도 유용할 수 있습니다. 시각적 관측이나 위치 또는 인접성의 개념이 있는 상태의 문제의 경우, 중요한 영역을 강조하기 위해 중요도 맵을 사용할 수 있습니다.[28]

평가 결론

평가는 삶의 본질적인 부분입니다. 음식, 영화, 책 평론과 같은 다양한 분야에서 우리는 평가를 합니다. 산업 응용 분야에서 작업을 평가하는 것은 완료되었을 때를 결정하는 데 도움이 됩니다. 소프트웨어 공학에서는 일반적으로 수용 테스트가 통과된 경우입니다. 기계 학습에서는 수용 가능한 성능이 종종 평가 지표로 정의됩니다. 그러나 강화학습에서는 내리는 전략적인 결정의 본질로 인해 충분한 것이 언제인지 명확히 말하기가 매우 어렵습니다. 항상 더 많은 이익을 창출할 수 있고, 항상 더 많은 생명을 구할 수 있습니다.

일반적으로 에이전트의 성능은 정책에 의해 얻은 보상과 그것에 도달하는 속도로 정의됩니다. 그러나 제품 생산 상황에서 안정적이고 견고한 정책을 훈련하고 활용하려면 고려해야 할 다양한 다른 측정 지표가 있습니다. 이는 높은 영향력을 가진 응용 분야에서 의사 결정을 설명하는 능력도 포함될 수 있습니다.

10.2 배치

"배포(deployment)"라고 말할 때, 애플리케이션을 제품화하거나 운영 단계로 진행하는 것을 의미합니다. 프로젝트는 모두가 그것이 실현 가능하고 가치가 있다는 것에 동의할 때까지 진행되지만, 실현 가능하고 가치 있는 상태를 유지하기 위해서는 신뢰성이 필요합니다. 이 섹션은 애매한 RL 컨셉 증명을 실제 사용자에게 제공할 수 있도록 큰 규모로 확장하는 방법에 대해 다룹니다.

어려운 부분은 RL 애플리케이션을 운영적으로 실행하는 데 대한 이전 작업이 거의 없다는 점입니다. 따라서 소프트웨어와 기계 학습 애플리케이션을 실행하면서 얻은 경험, Winder Research의 운영 경험, 그리고 여러 전문가들이 제시한 자신들의 경험을 통해 이를 추론해야 합니다.

10.2.1 목표

배포 단계의 세부 사항을 파헤치기 전에, 이 단계의 목표를 고려하는 것이 중요하다고 생각합니다. 이는 여러분의 상황에 집중할 수 있도록 도와주고, 어떤 것이 여러분에게 중요한지 결정하는 데 도움이 될 것입니다. 왜냐하면 어떤 아이디어나 아키텍처도 모든 상황에 적합하지는 않기 때문입니다.

다양한 개발 단계에서의 목표

먼저, 개발 단계에 따라 배포 우선 순위가 어떻게 변하는지 고려해야 합니다. 개발 중에는 새로운 아이디어를 신속하게 테스트할 수 있는 아키텍처가 중요합니다. 유연성과 속도가 다른 요구사항보다 우선합니다. 이는 프로젝트의 초기 단계에서 잠재적인 타당성과 가치를 입증하는 것이 중요하기 때문입니다. 무한한 확장성이나 정확한 반복성은 중요하지 않습니다. 큰 이득은 빠르고 다양한 실험에서 나오므로, 이 시점에서 가장 큰 비용은 피드백 루프의 길이입니다.

프로젝트가 타당성과 가치를 입증하면, 강화 단계를 거치게 됩니다. 이는 정책 유지에 관련된 프로세스의 견고성을 향상시키는 것을 의미합니다. 예를 들어, 오프라인 정책이나 보조 모델을 훈련해야 할 수 있으며, 이는 큰 계산 자원을 필요로 할 수 있습니다. 또한 코드베이스나 모델의 원천은 제품에서 실행될 내용을 알 수 있도록 중요합니다.

마지막으로, 정책과 모델은 실제 사용자나 프로세스에 배포되어 운영됩니다. RL은 행동의 순서를 최적화하기 때문에, 주기적으로 데이터를 배치하여 정책을 재훈련하는 것은 매우 어렵습니다. 이는 제품화된 머신러닝 시스템에서 주로 사용되는 기법이므로, 정책의 상태를 보존하기 위해 주의가 필요합니다. 이 단계에서는 정책의 발산(또는 수렴하지 않음)이 쉽기 때문에 정교한 모니터링 및 피드백 메커니즘의 개발과 도입을 장려합니다.

RL 솔루션을 제품이나 서비스에 배포할 때, 수행하는 작업의 가치가 변화합니다. 초기에는 빠른 실험과 연구를 통해 가치를 뽑아내는 것이 가장 빠른 방법이지만, 이후에는 신뢰성, 성능 및 견고성이 더 중요해집니다. 이로 인해 다른 시기에 중요한 여러 가지 모범 사례들이 등장합니다.

모범 사례

머신러닝 운영 (MLOps)은 제품 수준의 모델을 운영하기 위해 필요한 최상의 실천 방법과 적절한 도구에 대한 신흥 개념입니다. 이러한 필요성은 머신러닝 모델이 전통적인 소프트웨어 프로젝트와는 다른 운영 요구 사항을 갖기 때문에 생겨났지만, 근본적으로 핵심적인 요구 사항은 동일합니다. 이러한 요구 사항을 신뢰성, 확장성, 유연성 세 가지 주제로 요약하는 것을 좋아합니다.

신뢰성은 현대 소프트웨어 공학의 핵심입니다. 이에 대해 수천 권의 책이 출판되었으며, 이러한 개념은 테스트, 지속적인 통합 및 배포, 아키텍처 및 디자인과 같은 아이디어를 통해 머신러닝 및 강화학습에 직접적으로 적용될 수 있습니다. 머신러닝으로 진행하면 데이터 파이프라인 구축, 원천성 및 반복성 등과 같은 아이디어가 모델이 계속해서 작동됨을 확실히 보장하기 위한 단계로 작용합니다. 강화학습은 자체적인 도전 과제를 가지고 있으며, 시간이 지남에 따라 새로운 최상의 실천 방법이 등장할 것으로 예상됩니다.

예를 들어, 최근에 예전 동료와 만나서 함께 협업한 이전 프로젝트에 대한 이야기입니다. 2012년쯤에 교통과 혼잡 모니터링을 수행하기 위한 알고리즘을 개발했고, 이를 전용 하드웨어에 적용하여 영국의 주요 도로에 배포했습니다. 그런데 하드웨어가 두 번 고장났지만, 내 알고리즘들은 (자바로 작성되었음에도 불구하고) 거의 10년이 지난 지금까지도 원활하게 동작하고 있다는 사실을 알게 되었습니다. 이 사실은 내 알고리즘 덕분이 아니라, 동료들의 소프트웨어 공학 전문성과 신뢰성에 기인합니다.

확장성은 머신러닝과 강화학습에게 특히 중요한 요소로서, 일반적인 소프트웨어보다 더 중요한 역할을 할 수 있다고 말할 수 있습니다. 왜냐하면 머신러닝과 강화학습은 자신들의 작업을 수행하기 위해 많은 컴퓨팅 자원이 필요하기 때문입니다. 모든 소프트웨어가 고려된다면, 대부분의 응용 프로그램은 표준 노트북이 제공하는 자원에서 실행될 것입니다. 글로벌 메시징이나 은행 시스템과 같이 확장 가능한 시스템을 구축해야 하는 경우는 드뭅니다. 그러나 머신러닝과 강화학습에서는 거의 모든 제품이 노트북에서 제공하는 것보다 훨씬 많은 자원이 필요합니다. 저는 하드한 사실적인 자료는 없지만, 머신러닝 제품의 평균 계산 요구 사항이 소프트웨어 제품에 비해 여러 단계 더 크다고 추정합니다. 의도적으로 모호하게 말하고 있지만, 이 가설이 타당하다고 생각하며, 이것이 RL 배포 시 확장성이 중요한 요소인 이유입니다.

유연성은 가장 과소평가되는 최상의 실천 방법 중 하나라고 생각합니다. 산업 현장에서 신뢰성 있는 소프트웨어는 21세기 초의 주요 주제였으며, 소프트웨어 아키텍처, 테스트 주도 개발, 지속적 통합 등이 전세계적인 컨퍼런스에서 핫한 주제였습니다. 그 다음 10년 동안은 확장성이 화두가 되어 클라우드 채택과 그에 따른 오케스트레이션 등 중요한 변화가 이뤄졌습니다. 나는 세 번째 10년 동안 (인공지능, 강화학습, 머신러닝과 같은 구체적인 주제는 제외하고) 유연성에 초점이 맞춰질 것이라고 생각합니다. 이는 단지 산업 현장에서 하이퍼 책임주의로 향하는 경향을 관찰하기 때문입니다. 가장 가치 있는 엔지니어는 비즈니스 개발부터 운영까지 기업 환경에서 기대되는 모든 역할을 수행할 수 있는 능력으로 정의됩니다. DevOps 분야는 절대로 축소될 수 없고, 항상 확장될 수밖에 없습니다.

오늘날의 변화 속도에 대해서도 비슷한 주장을 할 수 있습니다. 엔지니어들은 지속적으로 새로운 기술을 창조하고 있으며, 어떤 기술이 시험을 통과하여 장기간 사용될지 예측하기 어렵습니다. 그러나 도구가 고정되고 유연성이 없거나 독점적인 작업 방식을 강요하려고 할 때, 그 도구는 빠르게 사용하기 불편하고 빠르게 구식화됩니다. 아니요, 유연성은 시스템, 프로세스, 솔루션을 미래에 대비하는 유일한 방법입니다.

계층적 요구들

마슬로의 욕구 계층은 초기 심리학적 모델로서 인간의 필수 요소를 계층적인 모델로서 제시한 것입니다. 안전을 위해서는 공기와 물에 접근할 수 있어야 하고, 친구를 가지기 위해서는 안전이 필요하며, 이와 같은 식입니다. 강화학습에도 비슷한 욕구 계층이 있습니다.

유효한 강화학습 문제를 해결하기 위해서는 관찰, 행동, 보상을 받을 수 있는 환경이 필요합니다. 관측을 기반으로 행동을 결정하기 위해서는 계산 능력이 필요합니다. 이러한 요소들은 필수적으로 필요하며, 이를 갖추지 않으면 강화학습을 수행할 수 없습니다.

이보다 상위에는 가치가 있지만 엄격히 필요한 것은 아닌 요소들이 있습니다. 예를 들어, 데이터를 통합하고 신뢰할 수 있는 방식으로 변환하는 파이프라인은 데이터 오류를 방지하는 데 도움이 됩니다. 운영상 유용한 측면에서, 운영 환경에서 실행 중인 것을 정확하게 지정할 수 있는 출처 정보는 중요합니다.

위의 계층은 최적 상태를 나타냅니다. 이는 많은 경우에 실제적인 측면보다는 개념적인 측면에서 더 가치가 있는 것일 수 있습니다. 다른 문제를 해결하거나 새로운 기능을 개발하는 것이 단기적으로 더 가치있을 수 있습니다. 이곳에서는 수행 중인 작업의 end-to-end 프로세스를 완전히 자동화하거나 제품이 자동으로 개선되도록 정교한 피드백 메커니즘을 통합하는 것을 고려할 수 있습니다.

표 10-1에는 구현 및 배포 과제의 일부 예시가 제시되어 있습니다. 나는 이들이 자동화 정도에 따라 다양한 해결책이 있다고 강조하고 싶습니다. 그러나 자동화의 각 수준의 가치는 다른 긴요한 필요에 대한 여러분이나 이해관계자들의 평가에 달려 있습니다. 더 정교한 솔루션이 있다고 해도 현재 상태가 이미 충분히 좋은 것은 아닙니다. 먼저 기본을 제대로 확립하세요.

표 10-1 다양한 구현 과제에 대한 요구 사항의 계층 구조 예: 맨 아래 행은 기본 요구 사항을 나타내고, 중간 행은 어느 정도 자동화를 나타내고, 맨 위 행은 최신 기술을 나타냅니다.

	Infrastructure	State representation	Environment	Learning	Algorithm improvement
Optimal	Self-healing	Continuously learning	Combination	Meta	Automated
Valuable	Automated deployment	Model-driven dimensionality reduction	Real life	Offline	Brute-force selection
Required	Manual deployment	Fixed mapping	Simulation	Online	Manual

10.2.2 아키텍처

일반적인 강화학습(RL) 아키텍처에 대한 많은 연구가 이루어지지 않은 이유에는 몇 가지 이유가 있습니다. 첫째, RL은 아직 산업 문제에 유용한 도구로 일반적으로 인정받지 않았습니다. 이 책을 통해 그 상황이 변화하기를 바랍니다. 따라서 이러한 종류의 시스템을 설계하는 데 충분한 경험이 모이지 않았으며, 이는 보다 넓은 관객에게 전파되지 않은 이유입니다. 둘째, 연구자들은 획기적인 연구에 더 초점을 맞추는 편이므로 해당 주제에 대한 논문은 적을 것입니다. 셋째, 일반적인 해결책이 없다고 생각합니다. 예를 들어, 단일 에이전트와 다중 에이전트 강화학습 사이에는 차이가 있습니다. 마지막으로, 배포 아키텍처는 주로 소프트웨어 엔지니어링의 문제입니다. 물론 RL에 특정한 요구사항이 있지만, 전형적인 소프트웨어 아키텍처의 모범 사례가 잘 적용됩니다.

그렇지만, contextual bandit 분야의 문헌들은 일부 참고할 수 있습니다. 이는 일반적으로 적용 가능하지는 않지만, 산업 현장에서 이 기술을 빠르게 채용했기 때문에 이미 많은 교훈들이 얻어졌습니다. 아키텍처에 영향을 미치는 가장 큰 문제 중 두 가지는 에이전트가 부분적인 피드백만을 관찰할 수 있다는 사실과 보상이 종종 지연되거나 최악의 경우 희소한 것입니다.[29]

- 기계 학습은 피드백 또는 실제 결과가 완전하다는 점에서 간단하다고 간주됩니다. 레이블은 단일 올바른 답변(또는 여러 개의 올바른 답변)을 나타냅니다. 반면, 강화학습은 단일 액션의 결과만을 관찰합니다. 탐색되지 않은 액션들로부터는 아무런 학습도 이루어지지 않습니다(액션의 수가 무한한 경우도 있을 수 있습니다).

- 에이전트가 관찰하는 보상은 종종 지연될 수 있으며, 지연은 입찰 경쟁에서 밀리초 단위부터 관련된 사람들이 참여하는 경우에는 몇 일까지 이어질 수 있습니다. 심지어 그럴 때에도 보상은 희소할 수 있습니다. 왜냐하면 일련의 액션이 어떤 시간 동안 실제 보상을 가져오지 않을 때(예: 구매와 같은), 보상이 발생하지 않을 수 있기 때문입니다.

일부 문제는 기계 학습의 이전 연구와 관련이 있지만, 강화학습에서는 이러한 문제가 더욱 부각됩니다. 예를 들어, 온라인 학습 또는 연속 학습은 일부 기계 학습 분야에서 중요하지만, 강화학습은 이를 더욱 심화시킵니다. 결정은 광범위한 영향을 미치며 정책은 불변하지 않기 때문입니다. 일괄 강화학습을 통합하더라도, 저지연 학습 루프를 가져야 합니다. 재현성도 큰 문제가 됩니다. 왜냐하면 정책과 환경이 계속 변동하기 때문입니다.

이러한 모든 측면은 문제에 유용할 수 있는 다음과 같은 아키텍처 추상화 범위로 이어집니다:

서빙 인터페이스

개인 맞춤형 쇼핑 어시스턴트와 같이 한 가지 추상화는 행동 제안과 탐색을 내장하는 능력을 포함해야 합니다. 이는 마코프 의사결정 과정(Markov decision process) 인터페이스를 구현하고 더 넓은 시스템이나 환경과 통신해야 합니다. 이는 시스템의 진입 및 이탈 지점이자 강화학습을 더 넓은 배포로부터 분리하기에 좋은 위치입니다.

로그

메시지 버스 대기열과 같이 상태를 유지할 수 있는 것은 매우 중요합니다. 첫째, 재해 복구를 위해 상호작용을 다시 재생하여 마지막으로 알려진 상태로 정책을 업데이트해야 할 수 있습니다. 둘째, 모델을 개선하기 위한 일괄 또는 전이 학습 노력의 일부로 사용할 수 있습니다. 그리고 셋째로, 느린 온라인 업데이트를 버퍼링하는 큐로 사용될 수 있습니다.

매개변수 서버

모델의 매개변수를 저장하는 장소로, 다중 에이전트 강화학습에서 나타납니다. 그러나 더 큰 부하를 처리하기 위해 단일 에이전트 정책을 복제해야 하는 상황에서도 유용합니다.

정책 서버

강화학습 알고리즘은 특정 문제에 맞게 맞춤화되기 때문에 구현을 캡슐화하는 추상화를 사용하는 것이 좋습니다. 더 단순하고 정적인 문제에서는 모델의 매개변수를 캡슐화에 포함시킬 수 있지만, 그렇지 않은 경우 매개변수 서버를 활용할 수 있습니다. 정책 서버를 복제하여 용량을 증가시킬 수 있습니다.

리플레이 버퍼

많은 알고리즘은 리플레이 버퍼를 활용하여 샘플 효율성을 향상시킵니다. 이는 로그의 확장이나 전용 데이터베이스일 수 있습니다.

액터와 평가자

정책 서버를 더 작은 구성 요소로 분할하는 것을 고려할 수 있습니다.

학습

이상적으로는 학습이나 훈련에 사용하는 정책 코드와 서빙에 사용하는 정책 코드가 동일하게 사용되어야 합니다. 이는 학습과 서빙 간에 분기가 없음을 보장합니다.

데이터 증강

알고리즘의 일부는 증강된 데이터에 의존할 수 있습니다. 예를 들어 상태 표현 알고리즘 등입니다. 이러한 부분은 관련된 지속적인 통합 및 학습 파이프라인을 가진 전통적으로 제공되는 머신 러닝 모델로 존재해야 합니다.

모든 이러한 추상화 개념이 아키텍처 설계에 나타날 수도 있고 아닐 수도 있습니다. 불행히도 이러한 추상화 개념은 도메인과 애플리케이션에 매우 특정하므로 이러한 추상화를 강제하는 것은 합리적이지 않습니다. 또한, 더 많은 추상화는 일반적으로 유지 보수 부담을 증가시킵니다. 결국 단일 코드베이스에서 작업하는 것이 더 쉽기 때문입니다. 대신, 개별 애플리케이션에 대해 이러한 아키텍처 기능을 활성화하기 위한 도구와 기술을 제공하세요.

10.2.3 보조 도구

저는 업계의 빠른 변화 때문에 도구에 대해 상세히 이야기하는 것에 주저하고 있습니다. 여기서 설명하는 구성 요소는 이 책이 출판되는 시점에는 이미 구식일 수 있습니다. 대신, 도구의 기능에 대해 추상적으로 이야기하고 몇 가지 (역사적인) 예시를 제공하겠습니다. RL 도구에 대한 구체적인 토론은 "RL 프레임워크" 섹션으로 돌아가서 참조하세요.

구축 대 구매

저도 동일한 생각입니다. RL에서도 전통적인 구축 vs. 바이(build vs. buy) 권장 사항이 적용됩니다. 만약 해당 도구가 핵심 역량이나 가치 제안을 나타낸다면, 지적 재산권을 보유하고 깊은 수준의 커스터마이즈와 완전한 제어를 갖는 빌드 방식을 선택하는 것이 좋습니다. 이렇게 하면 고객사에게 어떤 가치를 제공하는지를 고려할 수 있습니다.

하지만 만약 해당 도구가 핵심 역량을 대표하지 않거나 경쟁력을 제공하지 못한다면, 구매 또는 완제품 구성 요소 사용을 고려해야 합니다. 중간 단계도 존재합니다. 여기서는 오픈 소스 프로젝트를 활용하여 80% 정도를 완성하고 나머지를 적응하거나 추가 구성 요소를 사용하여 완성하는 방식을 선택할 수 있습니다.

모니터링

제품이 제작 단계에 이르렀을 때, 모니터링에 투자하는 것이 중요합니다. 이를 통해 알고리즘에 영향을 미치는 문제를 미리 감지할 수 있습니다. 신뢰는 중요한데, 기존의 소프트웨어가 갑자기 작동을 멈추는 것과는 달리, 기계 학습과 강화 학습은 사용자가 자신의 자동차를 평가하는 것처럼 비판적으로 살피기 때문입니다. 사용자가 이상하거나 예상치 못한 결과를 받으면 신뢰가 흔들릴 수 있습니다. 때로는 잘못된 예측이나 추천을 제공하는 것보다 제품이 고장 났다는 것을 시뮬레이션하는 것이 나을 수도 있습니다.

한 번 게임 회사의 기술 리드와 이야기를 나눈 적이 있는데, 자동화된 에이전트와 대전하는 사용자가 사회적 규범에 따르지 않으면 사용자들이 부정적으로 반응한다고 말했습니다. 예를 들어, 에이전트가 사용자를 약화시키는 기회를 이용한다면 사용자는 그것을 부적절한 행동으로 간주하고 게임을 그만두게 됩니다. 그래서 종종 사용자가 승산을 가질 수 있는 기회를 주기 위해 에이전트의 성능을 고의로 낮추어야 했습니다. 강화 학습은 사용자 유지를 포함한 중요한 요소를 최적화하기 위해 이러한 면에서 도움이 될 수 있습니다.

"평가"는 모니터링 솔루션에 구현할 수 있는 다양한 RL 특정 성능 지표에 대해 설명했습니다. 이는 모니터링해야 할 표준 기계 학습 통계 및 기반 데이터의 저수준 통계 지표에 추가된 내용입니다. 물론, 소프트웨어 수준의 모니터링도 매우 중요합니다. 이는 운영 상의 통찰력을 얻고 사용자보다 먼저 문제를 감지하기 위해 구현해야 할 메트릭스의 계층 구조를 형성합니다.

로깅과 추적

로그는 중요한 디버깅 도구입니다. 주로 개발 중에 에이전트를 튜닝하고 디버깅하는 데 도움이 되며, 오류 발생 후 사후 분석을 수행하는 데에도 중요합니다. 전통적인 소프트웨어의 버그는 예상치 못한 방식으로 프로그램의 상태가 변경될 때 발생합니다. 따라서 이러한 상태 변경을 로깅함으로써 문제를 추적하는 좋은 방법입니다. 그러나 RL에서는 에이전트와의 모든 상호작용이 상태 변경이므로 이는 정보의 과다함으로 신속하게 압도될 수 있습니다. 이러한 부담을 줄이기 위해 Markov 상태 변경을 위한 전용 로그를 사용하는 것을 권장합니다.

RL에서 가장 일반적인 버그 중 하나는 실행 시간과 데이터의 예상된 형태 간의 차이에 기인합니다. 이러한 형태를 로깅하는 것은 좋은 아이디어이며, 저수준 디버그 로그에 기록하여 발생 시 차이점을 빠르게 찾을 수 있습니다. 일부 사람들은 예외가 발견되는 즉시 코드를 중단시키기 위해 이러한 어설션을 수행하기도 합니다. 그 다음으로 가장 일반적인 버그는 데이터로 인해 발생하지만, 텍스트 기반 로그에 데이터를 직접 저장하지 않는 것이 좋습니다. 데이터가 너무 많기 때문입니다. 데이터를 요약하고 모니터링 지표로 저장하거나 오프라인 검사를 위한 전용 디렉토리에 저장하는 것이 좋습니다.

로그를 통해 결정 흐름을 추적하는 것은 잠재적으로 궤적의 길이가 길어서 꽤 까다로울 수 있습니다. 나쁜 추천은 이전의 행동에 의해 발생하지 않았을 수도 있습니다. 오랜 시간 전의 행동이 이 나쁜 상태로 이어질 수 있습니다. 이 문제는 서비스 경계를 통해 활동을 추적하기 위해 마이크로서비스 배포에서 사용되는 추적 시스템과 매우 유사합니다. 이러한 시스템은 모든 호출에서 전달되는 상관 식별자(고유 키)를 사용하여 활동을 연결합니다. 비슷한 접근 방식을 사용하여 궤적을 관련시킬 수 있습니다.

또한 상태 변경의 다른 원인도 있을 수 있습니다. 예를 들어 정책 변경, 사용자 피드백 또는 인프라 변경 등입니다. 문제가 발생할 때 전체 상황을 파악하기 위해 이러한 모든 요소를 포착하려고 노력해야 합니다. 만약 실패가 발생하고 그 이유를 모른다면, 적절한 로깅을 추가하는 것이 중요합니다.

지속적 통합 및 지속적 제공

지속적인 통합(CI)은 소프트웨어 엔지니어링에서의 표준적인 방법으로, 자동화된 파이프라인을 구축하여 솔루션을 배포합니다. 이러한 파이프라인은 테스트를 수행하여 제품의 품질을 유지합니다. 지속적인 전달(CD)은 품질 게이트에 대한 충분한 신뢰가 있다면, 매 커밋마다 소프트웨어의 새 버전을 배포할 수 있다는 아이디어입니다.

CI/CD는 프로덕션 배포에 있어 중요하고 필수적인 도구이지만, 그것은 오프라인의 정적인 소프트웨어 번들과 같은 아티팩트에만 적용됩니다. 데이터가 에이전트로 흐르는 동안 또는 에이전트로부터 흐르는 데이터가 유효한지에 대한 보장을 제공할 수는 없습니다.

내부 부분은 테스트로 처리할 수 있습니다. 데이터 흐름을 모니터링하고 경고를 발생시켜 데이터가 외부로 흐르는 것을 감시할 수도 있습니다. 그러나 들어오는 데이터를 모니터링한다고 해도 여전히 치명적인 장애를 발생시킬 수 있습니다.

들어오는 데이터의 문제를 다루기 위해서는 테스트가 필요합니다. 이를 "데이터를 위한 유닛 테스트"라고 부릅니다. 이 아이디어는 들어오는 데이터가 어떻게 보여야 하는지 스키마의 형태로 명시하고, 해당 스키마에 부합하는지를 테스트하는 것입니다. 만약 부합하지 않는다면, 데이터를 수정하거나 사용자에게 잘못된 데이터가 있다고 알릴 수 있습니다. 이러한 테스트를 수행할 위치에 대해 아키텍처적인 결정을 내려야 합니다. 가장 간단한 방법은 서빙 에이전트 내에서 수행하는 것이지만, 이는 코드를 부풀릴 수도 있습니다. 또한 중앙 집중식 센트리를 통해 이 프로세스를 관리할 수도 있습니다.

실험 추적

개발 과정에서는 수많은 실험을 수행하게 될 것입니다. 심지어 이 단계 이후에도 새로운 관측치를 수집하면서 에이전트나 모델의 성능을 추적하고 모니터링해야 합니다. 이를 일관되게 수행하기 위한 유일한 방법은 성능 메트릭을 추적하는 것입니다.

이러한 목표는 모니터링과 유사합니다. 품질을 유지하고 성능을 향상시키는 것입니다. 그러나 모니터링은 에이전트의 현재 상태에 대한 정보만 제공합니다. 반면에 실험 추적은 장기적이고 종합적인 전망을 제공하며 잠재적인 개선점을 고려합니다.

아이디어는 각각의 에이전트 실행마다 성능을 로깅하고 추적해야 한다는 것입니다. 시간이 지남에 따라 데이터가 변화함에 따라 에이전트의 성능에 대한 추세를 알아볼 수 있습니다. 또한 다른 실험과 비교하여 분석할 수도 있습니다.

하지만 가장 중요한 이유는 훈련이 때로는 몇 일이 걸릴 수 있기 때문에 효율성을 유지하기 위해 병렬로 실험을 실행해야 한다는 것입니다. 예를 들어, 추천 알고리즘을 설계했고, 연장자들은 무엇을 원하는지 알고 있기 때문에 더 쉽게 정책을 학습하는 것이라는 가설을 세웠다고 가정해 보겠습니다. 그래서 나이별로 훈련 데이터를 분할하고 여러 다른 데이터셋에서 훈련을 시작했습니다. 각각이 완료될 때까지 기다리는 대신, 모든 실험을 병렬로 실행하고 결과를 추적해야 합니다. 예, 가설에 대한 피드백을 받기까지 시간이 걸려 효율성이 떨어질 수 있지만, 적어도 모든 결과를 동시에 얻을 수 있습니다. 이러한 이유로 실험을 외부 시스템에서 추적하여 다른 시간을 효율적으로 활용하거나 자유롭게 쉬는 것이 좋습니다.

실제로는 메트릭(모니터링하는 항목)을 추적하고 데이터베이스에 저장해야 합니다. TensorBoard는 일반적인 솔루션 중 하나로 간단한 실험에는 잘 작동하지만 확장성이 그리 좋지 않습니다. 여러 실험을 구성하기가 어려워질 수 있습니다. 여러 사용자가 동일한 인스턴스를 사용할 때는 더욱 문제가 될 수 있습니다. 상용 시스템도 있지만 많은 시스템이 전통적인 기계 학습에 맞춰져 있으며, RL에는 적합하지 않을 수 있습니다. 또한 상용 시스템은 소유권이 있어 개선하거나 보완하기가 어려울 수 있습니다.

하이퍼 파라미터 튜닝

하이퍼파라미터 튜닝의 가장 기본적인 아이디어는 다음과 같습니다. 하이퍼파라미터의 값을 선택하고, 에이전트를 훈련하고 평가한 다음, 다른 하이퍼파라미터 값을 위해 이를 반복합니다. 다시 한 번, 하나의 실행에 걸리는 시간 때문에 모든 조합을 소진적으로 테스트하는 데 걸리는 시간이 문제입니다.

문제의 특성에 대한 통찰력을 제공하면 소진적인 방법으로 테스트해야 하는 하이퍼파라미터 값의 조합이 신중하게 선택될 수 있습니다. 그러나 성능과 하이퍼파라미터 값 간의 모델을 구축하여 최적 모델을 더 빠르게 찾아가려는 새로운 접근 방식이 있습니다. 이러한 방식은 성능이 최적이 아닐 것으로 예측되면 훈련 실행을 일찍 중단시킬 수도 있습니다. 저는 이를 위해 Optuna를 사용해보았고, 하이퍼파라미터가 연속적이고 성능 측정이 견고한 경우에 잘 작동합니다. 하지만 하이퍼파라미터가 학습을 늦추는 경우에는 최종 결과가 최적이 아니라고 판단하여 문제가 발생할 수도 있으며, 하지만 장기적으로는 더 나은 성능을 낼 수도 있습니다.

하이퍼파라미터 실험에 소요되는 시간을 줄이기 위해 자동으로 스케일링되는 좋은 인프라 구성이 중요합니다.

다중 에이전트 배포

마이크로서비스 아키텍처 패턴은 머신러닝과 강화학습에 적합합니다. 진보된 도구들의 발전으로 인해 복잡한 배포를 가능하게 해서, 복수의 에이전트를 운영하는 것이 이전보다 쉬워졌습니다. 다음은 가능한 배포 전략의 목록입니다:

카나리(Canary)

일정 비율의 사용자를 새로운 에이전트로 라우팅하되, 시간이 지남에 따라 변경합니다. 사용자의 경로가 동일한 에이전트에 의해 결정되도록 고정성을 제공할 수 있는 능력을 갖추어야 합니다. 이는 보통 추적(Tracing)과 유사한 아이디어를 사용하여 구현됩니다.

그림자(Shadowing)

배경에서 실제 데이터를 기반으로 다른 에이전트를 실행하지만 사용자에게 결과를 제공하지 않습니다. 이는 숨겨진 에이전트가 탐색을 수행하지 않도록 검증하기 어려울 수 있습니다.

A/B 테스트와 강화학습

네, 밴딧이나 강화학습을 사용하여 RL 에이전트를 최적으로 선택할 수 있습니다. 다시 말해, 고정성을 보장해야 합니다.

앙상블(Ensembles)

이는 주로 알고리즘 개발의 범주에 속하지만, RL 에이전트의 앙상블을 사용하여 결정을 내릴 수도 있습니다. 이론적으로, 다양한 에이전트가 있다면 결과적인 행동은 더욱 견고해질 수 있다는 것을 시사합니다.

정책 배포

새로운 정책을 배포하는 것은 중대한 위험이 따릅니다. 온라인 학습 시 최적이거나 발산하지 않을 것을 보장하기가 어렵기 때문입니다. 모니터링과 경고는 도움이 되지만, 이 문제를 배포 효율성의 관점에서 바라볼 수도 있습니다.

샘플 효율성을 측정하는 방식과 유사하게, 정책이 최적이 될 때까지 업데이트해야 하는 횟수를 계산할 수 있습니다. 덜 자주 업데이트해야 하는 정책은 제품에서 더 견고할 가능성이 높습니다. Matsushima 등은 이를 연구하고 현재 정책과 잠재적 정책의 경로 간 발산이 커질 때만 정책을 업데이트하도록 제안합니다. 이는 정책 업데이트의 빈도를 제한하여 일부 배포 위험을 완화하는 데 도움이 됩니다.[32]

정책을 업데이트할 시점을 고려하는 것은 흥미로운 과제입니다. 에이전트는 상호작용할 때마다 업데이트하는 지속적 학습(continuous learning)부터 일정한 스케줄에 따라 업데이트하는 배치 학습(batch learning)까지 다양한 방식 중 어딘가에 위치하게 됩니다. 더 이상 정책을 업데이트하지 않는 상태는 그림 10-9에 표시된 것처럼 범위에 포함됩니다. 이는 문제에 따라 다르므로 정답은 없습니다. 그러나 정책 업데이트를 가능한 한 자주 하지 않는 것을 권장합니다. 이는 오류나 발산을 모니터링해야 하는 빈도를 제한함으로써 배포의 안정성을 높일 수 있기 때문입니다.[33]

가능하다면, 배포를 상태 없고 변경 불가능하도록 만드는 것을 권장합니다. 모델의 매개변수를 업데이트하는 것은 함수 호출의 부작용(side effect)이라고 합니다. 이러한 부작용은 예기치 않은 실패를 야기하고 재해 복구를 어렵게 만들 수 있기 때문에 나쁜 것으로 간주됩니다. 예를 들어, 불변성(immutability)을 달성하기 위해 정책 업데이트를 코드 변경과 동일하게 새로운 배포로 취급하고 유효성을 검증하는 방식을 취할 수 있습니다. 이는 극단적인 방법이지만 매우 견고합니다.

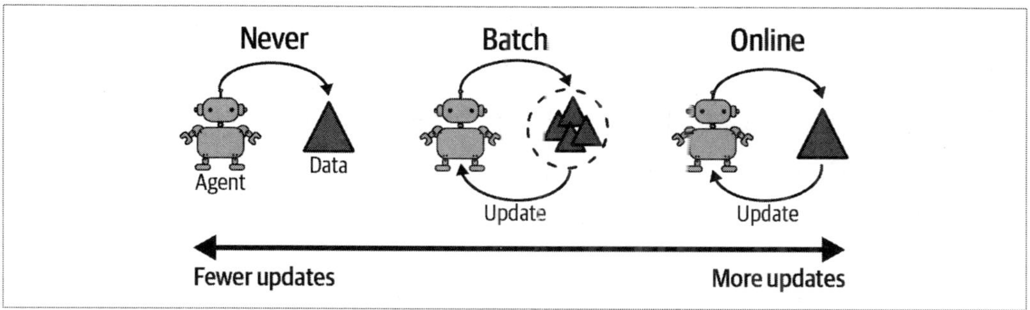

그림 10-9 프로덕션 정책을 업데이트하는 빈도는 배포 전략에 영향을 미칩니다. 업데이트 안 함(수동 배포)과 완전히 온라인 상태 사이의 연속체에 속합니다.

"Deploying multiple agents" 페이지의 전통적인 배포 기술은 각 새로운 정책 인스턴스(정책 매개변수에 의해 정의됨)를 별개의 배포로 취급하여 사용자에게 발생하는 문제를 제한하는 데도 도움이 될 수 있습니다. 자동 A/B 테스트를 통해 새로운 매개변수가 사용자에게 부정적인 영향을 미치지 않도록 할 수 있습니다.

10.2.4 안전성, 보안성, 윤리

RL 에이전트는 로봇이나 자동차와 같은 위험한 장비를 제어하기도 합니다. 이로 인해 잘못된 선택을 할 경우 위험도가 더욱 증가합니다. 안전 RL이라는 하위 분야는 이러한 위험을 다루려고 합니다. RL 에이전트는 기타 연결된 시스템과 마찬가지로 공격에 취약합니다. 그러나 RL은 전통적인 소프트웨어 및 머신러닝 공격에 추가적인 공격 경로를 제공합니다. 또한, 윤리적인 문제에 대한 엔지니어의 책임이 있으며 예방적으로 고려되어야 한다고 생각하기 때문에 이에 대해 논의하는 것이 중요하다고 생각합니다.

안전한 강화학습

안전 RL의 목표는 미리 정의된 안전 제약 내에서 보상을 최대화하는 정책을 학습하는 것입니다. 이러한 제약은 훈련 및 운영 중에 존재할 수도 있고 그렇지 않을 수도 있습니다. 이 정의의 문제는 보상 관점에서 재앙적인 업데이트를 방지하는 아이디어를 포함하고 있다는 점입니다. 예를 들어, 신뢰 영역 방법(페이지 163의 "신뢰 영역 방법" 참조)과 같은 알고리즘은 이 문제를 내재적으로 해결하기 위해 설계되었습니다. 또 다른 형태의 연구는 외부적인 방법을 포함하며, 이는 특정 동작이 실질적인 피해, 재정적 손실 또는 손상된 결과를 초래하는 행동을 방지합니다. 이에 대해 요약하겠습니다. 시작할 가장 명백한 곳은 이미 이 책에서 설명된 기술입니다.[34]

만약 당신의 문제가 제약 조건으로 자연스럽게 기술될 수 있는 안전 문제를 가지고 있다면, 제약 최적화를 수행하는 어떤 알고리즘을 사용할 수 있습니다. TRPO와 PPO는 좋은 선택지이며, 최적화 함수를 조정하여 문제의 제약 조건을 통합할 수 있습니다. 예를 들어, 웹 서비스의 복제본을 배포하여 수요를 충족시키는 알고리즘을 훈련한다고 가정해보겠습니다. 이 경우, 인프라의 가능한 용량을 초과하여 배포하지 않아야 합니다. 이 정보는 최적화 함수의 제약 조건으로 제공될 수 있습니다. Ha 등은 SAC의 제약 버전을 사용하여 로봇이 넘어지지 않도록 훈련하는 좋은 예를 제시하고 있습니다.[35]

마찬가지로, 특정 행동에 대해 벌점을 주는 방식으로 보상을 조정할 수도 있습니다. 예를 들어, 로봇 팔은 완전히 펼쳐질 때 큰 응력을 받게 됩니다. 로봇의 수명을 연장하기 위해 금속 피로를 유발할 수 있는 펼침 동작을 방지해야 합니다. 이러한 펼침 동작을 벌점 요소로 보상 함수에 포함시킬 수 있습니다.

이 두 가지 접근 방식의 문제는 하드코딩되어 있으며, 더 복잡한 문제에서는 최적이 아닐 가능성이 있습니다. 더 좋은 접근 방식은 모방 학습 또는 역강화(Inverse RL) 학습을 사용하여 전문가로부터 최적의 제약 조건을 학습하는 것일 수 있습니다.

그러나 이전의 접근 방식들은 특히 학습 과정에서는 안전을 보장하지 않습니다. 안전은 충분한 학습이 이루어진 후에만 대략적으로 보장됩니다. 기본적으로 이러한 접근 방식은 안전하게 행동하는 방법을 학습함으로써 위험한 행동을 수행합니다. 마치 아이나 성인이 뜨거운 컵임에도 불구하고 그 컵을 만지는 것처럼 말이죠.

보다 최근의 접근 방식 중 하나는 외부에서 안전의 정의를 사용하여 상위 수준의 안전한 상태 집합을 정의하는 것입니다. 예를 들어, 로봇의 동작 가능한 최대 범위를 정의하거나 차량 따라가기 알고리즘에서 차량 간 최소 허용 거리를 정의할 수 있습니다. 이러한 정의를 바탕으로 외부 필터가 행동이 안전한지 여부를 평가하고, 안전하지 않은 행동을 방지할 수 있습니다.

한 가지 원시적인 필터는 행동을 완전히 방지하고, 행동을 취한 에이전트에게 벌점을 부과하는 것입니다. 이는 실질적으로 보상 형성과 동일한 원리이지만, 위험한 행동을 발생시키지 않도록 합니다. 그러나 이러한 방식은 안전한 상태에 대한 지식을 최적화 과정에 통합하지 않습니다. 이러한 접근 방식에서는 특정 행동이 불안전한지 확실하게 알기 위해 나무에서 모든 높이에서 뛰어내리는 것이 필요할 수 있습니다. 대신, 안전 로프를 제안할 수 있습니다.

보다 실용적인 접근 방식은 중단과 안전한 재설정이 가능한 모델을 구축하는 것입니다. 안전하지 않은 행동을 피하기 위해 훈련을 설계할 수 있습니다. 예를 들어, Eysenbach 등은 다리가 있는 로봇을 구축하고, 안전하지 않은 상태로부터 먼 곳을 목표로 하여 걷도록 훈련했습니다. 예를 들어, 로봇이 너무 왼쪽으로 움직이면 목표를 오른쪽으로 변경합니다. 또한, 안전한 상태로 돌아가기 위한 자동화된 재설정 컨트롤러를 학습합니다.[36]

연구자들은 이러한 정보를 통합하는 다양한 방법을 연구해왔습니다. 하나의 제안은 롤아웃을 사용하여 불안전한 사건의 확률을 예측하고 안전한 경로로 이끄는 행동을 선호하는 것입니다.[37] 이는 가치 기반 강화학습 알고리즘에 적용될 수 있으며, 가치를 근사화 매개변수를 안전한 상태로 밀어넣음으로써, 정책 기울기 방법에도 안전한 상태로 기울기 단계를 유도하는 것으로 구현될 수 있습니다. 이때, 편향된 정책 생성을 고려한 보정이 필요합니다.[38]

또 다른 제안인 형식적으로 제약된 강화학습은 수학적으로 정의하여 안전성을 보장하려는 시도입니다. 그러나 이러한 방법은 주로 장난감 예제에서만 가능한 완벽한 상징적 표현에 의존하는 경향이 있습니다. Hunt 등의 실용적인 구현은 모델 기반의 행동 필터링 기술을 사용합니다. 의심의 여지 없이 이는 여전히 개방된 문제이며, 더 많은 개선이 예상됩니다.

보안을 위한 강화학습

공격자가 응용 프로그램의 소스 코드를 변경할 수 있다면 악성 코드를 삽입할 수 있습니다. 이를 화이트 박스 공격이라고 합니다. 소프트웨어 배포는 코드베이스에 엄격한 액세스 제어 메커니즘을 적용하여 이러한 위험을 완화합니다. 그러나 개발자가 소프트웨어를 공개 인터넷에 노출시키면, 공격자가 애플리케이션 실행을 변경할 수 있는 약점을 찾아내는 가능성이 있어 위험합니다. 이러한 외부 접근 방식을 블랙 박스 공격이라고 합니다.

머신 러닝 또는 데이터 기반 프로세스는 공격에 취약할 수 있습니다. 이러한 공격은 주로 학습 단계 또는 예측 단계를 대상으로 합니다. 학습 단계에서 공격자는 학습 데이터를 변경하거나 조작하여 알려진 결과를 얻을 수 있습니다. 이를 주로 독성화(poisoning)라고 합니다. 예를 들어, 공격자가 스팸 데이터셋에 잘못된 레이블을 가진 스팸 이메일을 삽입할 수 있다면 해당 데이터로 학습된 모델은 성적 향상을 약속하는 알약을 판매하는 유사한 이메일을 스팸으로 분류하지 않을 수 있습니다. 예측 공격은 입력 데이터를 제공하거나 보강하여 잘못된 결과를 출력하도록 하는 것입니다. 많은 방법들이 화이트 해킹 기법으로, 내부 모델에 대한 지식을 가정합니다. 그러나 최근 연구에서는 공격자가 첫 번째 모델과 유사한 두 번째 모델을 생성할 수 있는 블랙 박스 기법도 발견되었습니다. 두 번째 모델로 화이트 해킹 공격을 생성한 후 이를 첫 번째 모델을 공격하는 데 사용할 수 있습니다. 이러한 접근 방식은 공격이 이전될 수 있다는 것을 보여줍니다. 이러한 종류의 공격을 총칭하여 적대적 공격(adversarial attacks)이라고 합니다.

RL 에이전트 또한 동일한 방식으로 공격을 받을 수 있습니다. 가장 먼저 해야 할 일은 기본적인 보안을 강화하는 것입니다. 공격자는 여러분의 서버 중에서 열린 SSH 포트를 찾거나 누군가의 GitHub 자격 증명이 피싱으로 훔쳐졌을 때, 이러한 수고를 들일 필요 없이 바로 공격할 수 있습니다. 따라서 다중 요소 인증을 활성화하지 않았다면 활성화하는 것이 중요합니다. 다음으로,

데이터 무결성 테스트와 모니터링을 강화하고, 요청 비율 제한 및 서비스 거부 방어(Denial-of-Service Protection)를 사용하여 블랙박스 공격자가 모델을 탐색할 수 있는 범위를 제한해야 합니다. 가능한 한 모델을 단순하고 견고하게 유지하는 것이 중요합니다. ML 모델에 대한 대응 조치를 개선하기 위해 연구 스파이크를 고려해 볼 수도 있습니다.

RL은 공격 표면이 넓어져서 보다 큰 위험을 야기합니다. 일반적으로 ML 모델은 입력(input)과 출력(output)이라는 단일 진입점(entry point)과 단일 응답(response)을 갖습니다. 그러나 RL에서는 공격자가 환경(environment), 환경의 관찰(observation), 보상(reward), 또는 행동(actions)을 대상으로 할 수 있습니다. 이들 중 어느 하나라도 성공적으로 변경되면 정책(policy)이 다른 결과를 향하도록 변할 수 있습니다. 공격자가 내부 시스템에 접근할 수 있는 경우, 경험 리플레이 버퍼(experience replay buffer)나 매개변수 서버(parameter server)와 같은 부수적인 서비스를 대상으로 공격할 수도 있습니다.

이러한 유형의 공격을 방지하거나 완화하기 위한 방법들은 현재 활발히 연구되고 있습니다. 한 분야는 모델의 견고성이 보안 전략의 핵심이며 안전한 RL과 강력하게 관련되어 있다는 점을 상기시켜줍니다. 만약 역경에서 잘 작동하는 모델이나 정책을 갖고 있다면 외부 공격에 쉽게 굴복하지 않을 가능성이 높아집니다. Behzadan과 Munir은 예측 공격에 대해 더 견고해지도록 에이전트를 훈련하는 과정에서 퍼터베이션(perturbation)을 제안하였으며, 이는 ML 모델을 견고하게 만드는 일반적인 전략입니다.

Liu 등이 제안한 다른 접근 방식은 적대적 공격을 감지하고 피해가 발생하기 전에 공격을 중지하는 것입니다. RL은 순차적이며 종종 시간에 따라 상관관계를 갖기 때문에 현재 관찰을 기반으로 다음 상태를 예측하는 모델을 구축할 수 있습니다. 예측과 실제 발생 사이의 차이를 측정하고, 이를 "정상" 동작(차이의 일반적인 분포를 모델링한 것)과 비교함으로써 큰 차이가 관찰될 때 경고 알고리즘을 구축할 수 있습니다.[43]

최대 적대적 이득을 가져올 수 있는 상태로 에이전트의 행동을 유도하여 탐색을 안내하는 것도 고려할 수 있습니다.[44] 또는 문제를 계층적으로 고려하여 적대적인 학습 예제를 완화할 수도 있습니다. 적대적인 오염은 일반적인 상호작용과 매우 다를 것이므로, 계층적 강화학습은 이를 하위 정책으로 간주할 수 있어야 합니다. 그런 다음 하위 정책을 분석하여 적법성을 보장하고 오염된 데이터를 제거할 수 있습니다.[45]

많은 잠재적 공격 벡터에 대응하기 위해 많은 아이디어가 제시되고 있습니다. 그러나 여기에는 문제가 있습니다. 바로 잠재적인 가능성입니다. 이러한 공격을 완화하기 위해 시간, 에너지, 자금을 투자하는 것은 우선 그러한 공격이 발생할 가능성에 대한 고려와 저울질되어야 합니다. 예를 들어, 내부 네트워크에서 실행되고 공개 인터넷에 노출되지 않는 에이전트가 있다면, 이러한 수준의 완화는 공격 가능성이 매우 낮기 때문에 시간 낭비로 간주될 수 있습니다. 따라서 특정 상황에 대한 위험 분석을 수행해야 합니다.

또한 공격 완화는 감소하는 수익을 가지고 있습니다. 왜냐하면 공격을 수행하기 위한 지식과 자원은 기하급수적으로 증가하기 때문입니다. Symantec의 2019년 인터넷 보안 위협 보고서에 따르면, 모든 표적 공격 중 65%는 피싱으로 인한 것이었으며, 23%는 패치되지 않은 소프트웨어로 인한 것이었으며, 5%는 가짜 소프트웨어 업데이트로 인한 것이었습니다. 가장 하단으로 내려가야 비로소 노출된 RL 에이전트와 직접 관련된 악용을 찾을 수 있습니다. 2%는 웹 서버 악용이고, 1%는 데이터 저장 악용입니다. 이러한 통계는 기본적인 보안 관행이 회사에게 RL 또는 아마도 ML 공격 완화 기술보다 가치가 더 있다는 것을 보여줍니다. 분명히, RL 보안이 중요하지 않다는 것은 아니지만, 우선 기본을 제대로 이해해야 한다는 것입니다.[46]

윤리적 강화학습

아마도 사전 정의의 정확한 의미는 아니지만, 윤리에 대해서는 개인의 도덕적인 합의라고 생각합니다. 이는 중요한 차이점입니다. 왜냐하면 여러분이 옳고 그른 것으로 생각하는 것이 반드시 제가 그렇게 생각하는 것과 일치하지 않을 수 있기 때문입니다. 그러나 상호 합의할 수 있는 타협점이 있다고 생각하고 싶습니다. 도덕은 믿음의 분포를 나타내며, 평균은 윤리적 기준을 대표합니다. 일반적으로 엔지니어들은 윤리적 수단을 정의할 수 있는 단일한 통합 방법이나 장소를 가지고 있지 않기 때문에, 적어도 개념적인 수준에서 그 존재를 인식하고 여러분의 시각이 단지 다른 시각 중 하나임을 알아야 합니다.

나는 철학이나 종교를 설교하기 위해 말하는 것이 아니라, 단지 당신이 권력의 위치에 있다는 것을 상기시키기 위해 이야기합니다. 여러분은 의사 결정을 자동화하는 권한과 권력을 갖고 있습니다. 기계 학습(Machine Learning) 뿐만 아니라 강화 학습(Reinforcement Learning) 전략까지도 자동화할 수 있습니다. 이러한 기술을 시행할 때마다, 인간이 결정을 내릴 기회를 사실상 없애고 있습니다. 이는 결정이 사소하거나 부담스럽다면 좋은 일일 수 있지만, 때로는 그렇지 않을 수도 있습니다. 때때로 결정은 너무 중요하여 인간이 내려야 할 결정이며, 그래야 그 결정에 대한 책임을 지고 옳고 그름을 따질 수 있습니다. 그들은 알고리즘으로부터 제공된 정보를 자유롭게 사용할 수 있지만, 이는 그 책임을 없애는 것은 아닙니다. 때로는 결정이 전체적으로 중요하지 않을 수도 있지만, 인간의 관점에서는 중요할 수 있습니다. 결정권을 상실하게 되면 사람들은 결정을 내릴 수 없는 것에 대한 소실감이나 무력감을 느낄 수도 있습니다.

유감스럽게도, 시스템의 이해관계자들(사용자와 소유주 모두)은 일반적으로 영향을 독립적으로 평가할 수 있는 능력이나 위치에 있지 않습니다. 그들은 항의할 권한이나 기회가 부족하거나 기술적인 복잡성을 이해하는 데 제약을 받을 수 있습니다. 여러분은 이러한 상황을 방지할 수 있는 위치에 있습니다. 여러분은 간단한 용어로 자신의 솔루션의 장단점을 설명할 수 있습니다. 이를 개인적으로 관련짓는 방식으로 설명할 수 있습니다. 여러분은 사람들의 질문을 듣고 우려사항을 해결할 수 있습니다. 여러분은 시스템이 작동하는 경우와 작동하지 않는 경우, 그리고 이를 위해 여러분이 가정한 모든 가정들을 설명할 수 있습니다.

여러분에게는 아마도 자신이 하는 일을 선택할 수 있는 축복이 있을 것입니다. 적어도, 어떤 것이나 어떤 사람과 일하는 것이 여러분의 도덕적 원칙을 위반한다는 것을 알고 일을 선택하지 않을 수 있을 것입니다. 이는 기회, 교육, 그리고 엔지니어링의 암묵적인 혜택입니다. 여러분이 이 책을 읽을 수 있는 위치에 있다는 사실은 정말로 놀라운 성취입니다. 여러분은 이를 환급하기 위해 스스로가 무엇이 중요한지와 여러분의 작업이 세상에 어떤 영향을 미치는지를 적극적으로 고려할 수 있습니다. 아래는 여러분에게 중요할 수도 있고 그렇지 않을 수도 있는 목록입니다. 어떤 애플리케이션을 개발할 때마다 스스로에게 물어보세요.

편견

이 솔루션은 특정 그룹에게 다른 그룹보다 더 큰 영향을 미치는가요? 데이터의 측면 중에서 우연히 편견이 추가될 수 있는 부분이 있을까요?

개인적 영향

이 솔루션은 개인들에게 어떤 영향을 미치나요? 사람들이 이 솔루션을 보거나 사용할 때 어떤 느낌을 받을까요? 사람들에게 영향을 미칠 경우, 이를 완화할 방법이 있을까요? 의사결정 과정에 사람들을 포함할 수 있는 방법이 있을까요?

기후

이 솔루션은 기후에 어떤 영향을 미치나요? 에너지 비용에 대한 대가가 가치 있는 만큼 이 애플리케이션은 가치가 있을까요?

의도하지 않은 사용

이 애플리케이션은 어떻게 또 사용될 수 있을까요? 특정 산업에서 사용될 경우 불편한 감정을 가질까요? 그런 사용이 발생하는 것을 방지할 수 있을까요?

사악한 사용

이 솔루션은 직접적으로든 간접적으로든, 여러분이 동의하지 않는 활동에 사용될 것인가요?

합법성

이 솔루션은 합법적인가요? 특정 관할구역이나 국가에서 불법으로 간주될 수 있을까요?

인권

이 솔루션은 법적으로나 여러분의 인권 정의에 어긋날 수 있나요? 예를 들어, 개인의 개인 정보에 영향을 줄 수 있을까요?

정당성과 설명 가능성

여러분의 알고리즘의 행동을 어떻게 정당화할 수 있을까요? 신뢰할 만한 것으로 간주되기 위해 제공해야 하는 설명의 양은 얼마인가요?

성능에 대한 오해

여러분의 알고리즘의 효과나 잠재적인 성능을 가장 명확하고 독립적인 방식으로 설명했나요? 다른 사람들이 여러분의 결과를 잘못 해석하고 부당한 처벌을 받을 수 있는 가능성이 있나요?

기술적으로, 이러한 아이디어를 기계 학습과 강화 학습에 직접적으로 통합하려는 노력이 있습니다. 예를 들어, ML-fairness-gym은 사회적 환경에서 의사 결정 시스템의 장기적 영향을 평가하기 위해 간단한 시뮬레이션을 구축하는 구성 요소로 구성됩니다. 전 세계의 다양한 국가에서 신용 점수는 개인이 부채를 상환할 가능성을 평가하는 데 사용됩니다. 그러나 회사들이 이러한 지표를 사용한다는 사실은 개인들이 신용 이용률 및 신청서에서 가용성을 과장하는 등의 방법을 통해 신용 점수를 인위적으로 높이도록 유도합니다. 결과적으로 이러한 전술을 사용하지 않는 사람들, 즉 해당 정보에 접근할 능력 또는 기회가 없는 사람들이 필요할 때 신용을 얻는 것이 더 어려워집니다.[47]

장기적인 결과는 예측하기가 너무 어려워서 아예 시행하지 않을 수도 있습니다. 하지만 기술적으로 장기적인 순차적 보상을 모니터링하고 최적화할 수 있는 프레임워크에 접근할 수 있습니다. 예, 강화 학습(RL)입니다. 연구자들은 강화 학습을 사용하여 최적화하고 윤리적인 결정을 내릴 수 있다고 제안하며, 보상 형성을 윤리 형성의 대리자로 고려할 수도 있습니다.[48, 49] 아마도 RL이 세상을 구할 수 있을지도 모릅니다?

10.3 요약

내 지식 범위 내에서 이 장은 RL 에이전트를 구현하고 배포하는 방법에 대한 일관성 있는 포괄적인 조언을 제공하는 최초의 장이라고 할 수 있습니다. 연구 논문들에는 여러 정보들이 흩어져 있지만, 일반적으로 엔지니어들은 RL을 실무에서 충분한 경험을 하지 못했습니다. 저의 희망은 이 책이 그것을 바꾸는 시작이 될 것이라는 것입니다.

물론, 이는 제 경험과 저에게 중요하다고 생각하는 것을 기반으로 작성되었음을 의미합니다. 필요에 따라 이 조언을 받아들이고 적응하거나 변경하거나 완전히 무시해도 좋습니다. 다양한 응용 분야의 존재로 인해 프로젝트의 상황이 이러한 아이디어를 어떻게 적용할 수 있고 그 가치를 가늠할 수 있어야 합니다.

물론, (예를 들어 기계 학습과 비교했을 때) 실무에서의 활용이 부족하다는 점에도 불구하고 이미 시작하기 위한 다양한 프레임워크가 존재합니다. 이러한 프레임워크는 알고리즘부터 운영 프레임워크까지 다양하며, 특정 RL 문제의 구현을 위한 특화된 보조 프레임워크도 포함됩니다. 그러나 RL은 여전히 젊은 분야이므로, 특히 실무에 진입한다면 많은 맞춤형 코드가 필요할 것입니다. RL의 확장은 훈련 측면에서 프레임워크와 전통적인 소프트웨어 스택 및 오케스트레이터의 지원을 받으며 실무로의 확장도 가능해질 것입니다.

에이전트의 평가는 중요하며, 이는 9장에 포함될 수 있었지만, 첫 번째 에이전트를 배포할 때에만 실질적으로 중요해집니다. 개념 증명 단계에서는 일반적으로 표준 지표와 환경별 디버깅을 통해 사후 평가를 대충 처리할 수 있습니다.

그러나 다른 사람들이 사용할 수 있는 환경으로 프로젝트를 배포하고자 할 때는 RL 운영 측면을 고려해야 합니다. 달성하려는 목표를 고려하고 해당 목표를 지원하는 아키텍처를 구축하는 데 시간을 할애하세요. 시간을 절약하기 위해 특정 측면이 중요하지 않다고 말하는 것을 두려워하지 마세요. 그러나 이를 위해 위험을 고려할 때에만 그렇게 하세요. 배포를 지원하기 위해서는 다양한 소프트웨어 공학 및 기계 학습 도구를 활용해야 합니다. 이를 활용하고 RL 프로세스에 맞게 적용하세요.

10.4 추가 자료

- Software engineering:
  - Martin, Robert C. 2008. Clean Code: A Handbook of Agile Software Craftsmanship. Pearson Education.

  - McConnell, Steve. 2004. Code Complete. Pearson Education.
  - Hunt, Andrew, and David Thomas. 1999. The Pragmatic Programmer: From Journeyman to Master. Addison-Wesley Professional.
- Psychology:
  - Kahneman, Daniel. 2012. Thinking, Fast and Slow. Penguin UK.
  - Baumeister, Roy F., and John Tierney. 2012. Willpower: Rediscovering Our Greatest Strength. Penguin UK.
- Evaluation:
  - Provost, F., and T. Fawcett. 2013. Data Science for Business: What You Need to Know about Data Mining and Data-Analytic Thinking. O'Reilly Media.
  - I found this old paper to be a useful resource on traditional RL evaluation methods.[50]
- Explainability:
  - A good review of explainability, although biased toward medicine.[51]
  - Check out the PyTorch Captum and TensorFlow tf-explain projects for blackbox explainability implementations.
  - Recent survey on explainability in RL.[52]
- Microservices and deployment strategies:
  - Newman, Sam. 2021. Building Microservices: Designing Fine-Grained Systems. O'Reilly.
- Continuous integration and deployment:
  - Duvall, Paul M., Steve Matyas, and Andrew Glover. 2007. Continuous Integration: Improving Software Quality and Reducing Risk. Pearson Education.
  - Humble, Jez, and David Farley. 2010. Continuous Delivery: Reliable Software Releases through Build, Test, and Deployment Automation. Pearson Education.
- Safe RL:
  - A thorough survey, but a bit outdated.[53]
  - Pfleeger, Charles P., and Shari Lawrence Pfleeger. 2012. Analyzing Computer Security: A Threat/Vulnerability/Countermeasure Approach. Prentice Hall Professional.

- Excellent thesis on the subject by Vahid Behzadan.[54]

- Ethics:
  - Nielsen, Aileen. 2020. Practical Fairness. O'Reilly.
  - The Institute for Ethical AI & ML is pioneering work in this area.
  - I was really inspired by this paper on how ML can be used to tackle climate change.[55]

References

[1] GitHub Archive Program. n.d. GitHub Archive Program. Accessed 26 July 2020.

[2] Dhariwal, Prafulla, Christopher Hesse, Oleg Klimov, Alex Nichol, Matthias Plappert, Alec Radford, John Schulman, Szymon Sidor, Yuhuai Wu, and Peter Zhokhov. 2017. OpenAI Baselines. GitHub Repository. GitHub.

[3] Hill, Ashley, Antonin Raffin, Maximilian Ernestus, Adam Gleave, Anssi Kanervisto, Rene Traore, Prafulla Dhariwal, et al. 2018. Stable Baselines. GitHub Repository. GitHub.

[4] Albin Cassirer, Gabriel Barth-Maron, Thibault Sottiaux, Manuel Kroiss, Eugene Brevdo. 2020. Reverb: An Efficient Data Storage and Transport System for ML Research.

[5] Espeholt, Lasse, Raphael Marinier, Piotr Stanczyk, Ke Wang, and Marcin Michalski. 2020. "SEED RL: Scalable and Efficient Deep-RL with Accelerated Central Inference". ArXiv:1910.06591, February.

[6] Nair, Arun, Praveen Srinivasan, Sam Blackwell, Cagdas Alcicek, Rory Fearon, Alessandro De Maria, Vedavyas Panneershelvam, et al. 2015. "Massively Parallel Methods for Deep Reinforcement Learning". ArXiv:1507.04296, July.

[7] Dean, Jeffrey, Greg Corrado, Rajat Monga, Kai Chen, Matthieu Devin, Mark Mao, Marc'aurelio Ranzato, et al. 2012. "Large Scale Distributed Deep Networks". *Advances in Neural Information Processing Systems* 25, edited by F. Pereira, C. J. C. Burges, L. Bottou, and K. Q. Weinberger, 1223-1231. Curran Associates, Inc.

[8] Mnih, Volodymyr, Adria Puigdomenech Badia, Mehdi Mirza, Alex Graves, Timothy P. Lillicrap, Tim Harley, David Silver, and Koray Kavukcuoglu. 2016. "Asynchronous Methods for Deep Reinforcement Learning". ArXiv:1602.01783, June.

[9] Niu, Feng, Benjamin Recht, Christopher Re, and Stephen J. Wright. 2011. "HOGWILD!: A Lock-Free Approach to Parallelizing Stochastic Gradient Descent." ArXiv: 1106.5730, November.

[10] Clemente, Alfredo V., Humberto N. Castejon, and Arjun Chandra. 2017. "Efficient Parallel Methods for Deep Reinforcement Learning". ArXiv:1705.04862, May.

[11] Horgan, Dan, John Quan, David Budden, Gabriel Barth-Maron, Matteo Hessel, Hado van Hasselt, and David Silver. 2018. "Distributed Prioritized Experience Replay". ArXiv:1803.00933, March.

[12] Wijmans, Erik, Abhishek Kadian, Ari Morcos, Stefan Lee, Irfan Essa, Devi Parikh, Manolis Savva, and Dhruv Batra. 2020. "DD-PPO: Learning Near-Perfect Point-Goal Navigators from 2.5 Billion Frames." ArXiv:1911.00357, January.

[13] Stooke, Adam, and Pieter Abbeel. 2019. "Accelerated Methods for Deep Reinforcement Learning". ArXiv:1803.02811, January.

[14] OpenAI. 2018. "OpenAI Five" 2018.

[15] Espeholt, Lasse, Hubert Soyer, Remi Munos, Karen Simonyan, Volodymir Mnih, Tom Ward, Yotam Doron, et al. 2018. "IMPALA: Scalable Distributed Deep-RL with Importance Weighted Actor-Learner Architectures". ArXiv:1802.01561, June.

[16] Espeholt, Lasse, Raphael Marinier, Piotr Stanczyk, Ke Wang, and Marcin Michalski. 2020. "SEED RL: Scalable and Efficient Deep-RL with Accelerated Central Inference" ArXiv:1910.06591, February.

[17] Hung, Chia-Chun, Timothy Lillicrap, Josh Abramson, Yan Wu, Mehdi Mirza, Federico Carnevale, Arun Ahuja, and Greg Wayne. 2019. "Optimizing Agent Behavior over Long Time Scales by Transporting Value". Nature Communications 10(1): 5223.

[18] Colas, Cedric, Olivier Sigaud, and Pierre-Yves Oudeyer. 2019. "A Hitchhiker's Guide to Statistical Comparisons of Reinforcement Learning Algorithms". ArXiv: 1904.06979, April.

[19] Colas, Cedric, Olivier Sigaud, and Pierre-Yves Oudeyer. 2018. "How Many Random Seeds? Statistical Power Analysis in Deep Reinforcement Learning Experiments". ArXiv:1806.08295, July.

[20] Lee, Xian Yeow, Aaron Havens, Girish Chowdhary, and Soumik Sarkar. 2019. "Learning to Cope with Adversarial Attacks". ArXiv:1906.12061, June.

[21] Osband, Ian, Yotam Doron, Matteo Hessel, John Aslanides, Eren Sezener, Andre Saraiva, Katrina McKinney, et al. 2020. "Behaviour Suite for Reinforcement Learning". ArXiv:1908.03568, February.

[22] Gulcehre, Caglar, Ziyu Wang, Alexander Novikov, Tom Le Paine, Sergio Gomez Colmenarejo, Konrad Zolna, Rishabh Agarwal, et al. 2020. "RL Unplugged: Benchmarks for Offline Reinforcement Learning". ArXiv:2006.13888, July.

[23] James, Stephen, Zicong Ma, David Rovick Arrojo, and Andrew J. Davison. 2019. "RLBench: The Robot Learning Benchmark & Learning Environment." ArXiv:

1909.12271, September.

[24] Leike, Jan, Miljan Martic, Victoria Krakovna, Pedro A. Ortega, Tom Everitt, Andrew Lefrancq, Laurent Orseau, and Shane Legg. 2017. "AI Safety Gridworlds". ArXiv:1711.09883, November.

[25] Liu, Guiliang, Oliver Schulte, Wang Zhu, and Qingcan Li. 2018. "Toward Interpretable Deep Reinforcement Learning with Linear Model U-Trees". ArXiv:1807.05887, July.

[26] Yoon, Jinsung, Sercan O. Arik, and Tomas Pfister. 2019. "RL-LIM: Reinforcement Learning-Based Locally Interpretable Modeling." ArXiv:1909.12367, September.

[27] Madumal, Prashan, Tim Miller, Liz Sonenberg, and Frank Vetere. 2019. "Explainable Reinforcement Learning Through a Causal Lens". ArXiv:1905.10958, November.

[28] Atrey, Akanksha, Kaleigh Clary, and David Jensen. 2020. "Exploratory Not Explanatory: Counterfactual Analysis of Saliency Maps for Deep Reinforcement Learning". ArXiv:1912.05743, February.

[29] Agarwal, Alekh, Sarah Bird, Markus Cozowicz, Luong Hoang, John Langford, Stephen Lee, Jiaji Li, et al. 2017. "Making Contextual Decisions with Low Technical Debt". ArXiv:1606.03966, May.

[30] Merentitis, Andreas, Kashif Rasul, Roland Vollgraf, Abdul-Saboor Sheikh, and Urs Bergmann. 2019. "A Bandit Framework for Optimal Selection of Reinforcement Learning Agents". ArXiv:1902.03657, February.

[31] Lee, Kimin, Michael Laskin, Aravind Srinivas, and Pieter Abbeel. 2020. "SUNRISE: A Simple Unified Framework for Ensemble Learning in Deep Reinforcement Learning". ArXiv:2007.04938, July.

[32] Matsushima, Tatsuya, Hiroki Furuta, Yutaka Matsuo, Ofir Nachum, and Shixiang Gu. 2020. "Deployment-Efficient Reinforcement Learning via Model-Based Offline Optimization". ArXiv:2006.03647, June.

[33] Tian, Huangshi, Minchen Yu, and Wei Wang. 2018. "Continuum: A Platform for Cost-Aware, Low-Latency Continual Learning." *Proceedings of the ACM Symposium on Cloud Computing,* 26-40. SoCC '18. New York, NY, USA: Association for Computing Machinery.

[34] Garcia, Javier, and Fernando Fernandez. 2015. "A Comprehensive Survey on Safe Reinforcement Learning." *The Journal of Machine Learning Research* 16(1): 1437-1480.

[35] Ha, Sehoon, Peng Xu, Zhenyu Tan, Sergey Levine, and Jie Tan. 2020. "Learning to Walk in the Real World with Minimal Human Effort". ArXiv:2002.08550, February.

[36] Eysenbach, Benjamin, Shixiang Gu, Julian Ibarz, and Sergey Levine. 2017. "Leave No Trace: Learning to Reset for Safe and Autonomous Reinforcement Learning." ArXiv:1711.06782, November.

[37] Wabersich, Kim P., Lukas Hewing, Andrea Carron, and Melanie N. Zeilinger. 2019. "Probabilistic Model Predictive Safety Certification for Learning-Based Control." ArXiv:1906.10417, June.

[38] Gros, Sebastien, Mario Zanon, and Alberto Bemporad. 2020. "Safe Reinforcement Learning via Projection on a Safe Set: How to Achieve Optimality?". ArXiv:2004.00915, April.

[39] Hunt, Nathan, Nathan Fulton, Sara Magliacane, Nghia Hoang, Subhro Das, and Armando Solar-Lezama. 2020. "Verifiably Safe Exploration for End-to-End Reinforcement Learning". ArXiv:2007.01223, July.

[40] Goodfellow, Ian J., Jonathon Shlens, and Christian Szegedy. 2015. "Explaining and Harnessing Adversarial Examples." ArXiv:1412.6572, March.

[41] Papernot, Nicolas, Patrick McDaniel, Ian Goodfellow, Somesh Jha, Z. Berkay Celik, and Ananthram Swami. 2017. "Practical Black-Box Attacks against Machine Learning". ArXiv:1602.02697, March.

[42] Behzadan, Vahid, and Arslan Munir. 2017. "Whatever Does Not Kill Deep Reinforcement Learning, Makes It Stronger". ArXiv:1712.09344, December.

[43] Lin, Yen-Chen, Ming-Yu Liu, Min Sun, and Jia-Bin Huang. 2017. "Detecting Adversarial Attacks on Neural Network Policies with Visual Foresight". ArXiv:1710.00814, October.

[44] Behzadan, Vahid, and William Hsu. 2019. "Analysis and Improvement of Adversarial Training in DQN Agents With Adversarially-Guided Exploration (AGE)". ArXiv:1906.01119, June.

[45] Havens, Aaron J., Zhanhong Jiang, and Soumik Sarkar. 2018. "Online Robust Policy Learning in the Presence of Unknown Adversaries". ArXiv:1807.06064, July.

[46] *Internet Security Threat Report* (Volume 24). 2019. Symantec.

[47] Milli, Smitha, John Miller, Anca D. Dragan, and Moritz Hardt. 2018. "The Social Cost of Strategic Classification." ArXiv:1808.08460, November.

[48] Abel, David, James MacGlashan, and Michael L Littman. 2016. "Reinforcement Learning as a Framework for Ethical Decision Making." *Workshops at the Thirtieth AAAI Conference on Artificial Intelligence*.

[49] Yu, Han, Zhiqi Shen, Chunyan Miao, Cyril Leung, Victor R. Lesser, and Qiang Yang. 2018. "Building Ethics into Artificial Intelligence". ArXiv:1812.02953, December.

[50] Kaelbling, L. P., M. L. Littman, and A. W. Moore. 1996. "Reinforcement Learning: A Survey". ArXiv:Cs/9605103, April.

[51] Tjoa, Erico, and Cuntai Guan. 2020. "A Survey on Explainable Artificial Intelligence (XAI): Towards Medical XAI". ArXiv:1907.07374, June.

[52] Puiutta, Erika, and Eric MSP Veith. 2020. "Explainable Reinforcement Learning: A Survey". ArXiv:2005.06247, May.

[53] Garcia, Javier, and Fernando Fernandez. 2015. "A Comprehensive Survey on Safe Reinforcement Learning." The Journal of Machine Learning Research 16(1): 1437–1480.

[54] Behzadan, Vahid. 2019. "Security of Deep Reinforcement Learning." Manhattan, Kansas: Kansas State University.

[55] Rolnick, David, Priya L. Donti, Lynn H. Kaack, Kelly Kochanski, Alexandre Lacoste, Kris Sankaran, Andrew Slavin Ross, et al. 2019. "Tackling Climate Change with Machine Learning." ArXiv:1906.05433, November.

CHAPTER 11

결론과 미래

이제 이 책의 끝인 줄로 생각하고 기대하고 있을 수도 있습니다. 하지만 그렇지 않습니다. 이 책을 쓰는 동안 추후 연구를 위해 다양한 소소한 정보와 아이디어를 수집했습니다. 첫 번째 절반에서는 다른 부분에 들어맞지 않는 몇 가지 팁과 요령에 대해 다루었습니다. 두 번째 절반에서는 현재의 도전과 미래 연구의 방향을 제시합니다.

11.1 팁과 속임수

이미 몇 차례 말씀드렸지만, 실제 세계에서 강화 학습은 머신 러닝과 소프트웨어 엔지니어링에 근간을 두고 있기 때문에 어렵습니다. 그러나 순차적 확률성은 문제를 지연시키고 감추기 때문에 또 다른 차원을 추가합니다.

11.1.1 문제 프레이밍

보통 새로운 산업 문제에서는 마르코프 결정 과정(Markov decision process)의 구성 요소가 불명확할 수 있습니다. 여러분의 목표는 이 문제에 대한 강화학습의 타당성을 개념적으로 검증하고 개선하는 것입니다.

시작하기 전에, 가상 환경에서 무작위 정책이 작동하는 것을 시각화해보세요. 어디로 이동하나요? 무엇과 상호작용하나요? 올바른 행동을 언제 수행하나요? 올바른 행동을 찾는 데 얼마나 빠르게 진행되나요? 무작위 정책이 올바른 행동을 절대로 수행하지 않는다면, 강화 학습은 도움이 되지 않을 가능성이 높습니다.

무작위 정책을 시도한 후에는 스스로 문제를 해결해보세요. 에이전트가 되어 올바른 결정을 내릴 수 있을까요? 모든 상태를 탐색한 후에 올바른 결정을 할 수 있을까요? 관찰 결과를 활용하여 결정을 이끌어낼 수 있을까요? 어떤 요소가 작업을 더 쉽게하거나 어렵게 할까요? 이러한 관찰 결과에서 어떤 특징을 도출할 수 있을까요? 다시 말하지만, 개념적으로 타당한 전략을 고안할 수 없다면, 강화 학습 (또는 머신 러닝)이 작동하기 어려울 수 있습니다.

성능을 평가하기 위해 베이스라인(baseline)을 활용하세요. 먼저 무작위 에이전트를 사용해보세요. 그런 다음 크로스-엔트로피 방법(cross-entropy method)을 사용해보세요 (이는 무작위 탐색에서 최상의 이전 롤아웃을 되새기는 간단한 알고리즘입니다). 그리고 간단한 Q-러닝(Q-learning) 또는 정책 그라디언트(policy gradient) 알고리즘을 시도해보세요. 각 알고리즘을 구현할 때마다 과학적 실험처럼 다루어보세요: 가설을 세우고, 그 가설을 테스트하고, 실험에서 배우며, 이를 통해 향후 구현을 안내하세요.

문제를 최대한 간단하게 단순화한 후에 이를 해결하세요. 빠른 성과를 얻으세요. 여기서 단순화란 상태 공간과 행동 공간을 가능한 한 줄이는 것을 의미합니다. 이를 위해 피처 엔지니어링을 직접 수행하거나 도메인 지식을 활용하여 의미 없는 상태 요소를 제거할 수 있습니다. 또한 목표나 문제 정의를 단순화하세요. 예를 들어, 로봇으로 물체를 집는 대신, 먼저 위치로 이동하는 것을 훈련시켜보세요. 보상도 단순화하세요. 목표에 도달했을 때 긍정적 보상 대신 목표까지의 거리와 같은 지표를 사용하여 희소성을 줄이려고 하세요. 보상을 부드럽게 만들어보세요. 이상치나 불연속성을 제거하세요. 이러한 요소들은 모델이 근사화하기 어렵게 만들 수 있습니다.

새로운 행동을 하기 위해 이전의 행동을 기억해야 할 필요성이 있는지 스스로에게 질문해보세요. 예를 들어, 문을 열기 위해 열쇠가 필요한 경우, 열쇠를 집었음을 기억해야 합니다. 물건을 상자에 넣고 싶다면, 먼저 그 물건을 집어야 합니다. 이러한 상황은 특정한 순서로 방문해야 하는 상태를 가지고 있습니다. 이러한 기능을 제공하기 위해 작업 메모리(working memory)를 통합해야 하며, 일반적인 구현 방법 중 하나는 순환 신경망(recurrent neural networks)을 사용하는 것입니다.

하지만 이것을 두 개의 동작과 혼동해서는 안 됩니다. 기억이 필요하다고 생각할 수 있지만, 사실은 이러한 상태에 직접 도달하기 위한 동작이 있는 경우입니다. 예를 들어, 자동차에서 앞으로 이동하기 전에 엔진을 켜야 한다고 상상할 수 있습니다. 이는 다시 순서대로 실행되는 작업처럼 들릴 수 있지만, 사실은 자동차를 켜는 동작과 앞으로 이동하는 동작이 별도로 존재할 가능성이 높습니다. 기억을 가지지 않은 에이전트는 앞으로 이동하기 위해 자동차를 계속 켜는 것을 학습하는 데 완전히 능력이 있습니다. 이는 기억의 필요성을 없애는 방법을 강조합니다. 만약 이 상태로 가는 데에 단축키 역할을 하는 동작을 찾을 수 있다면, 작업 메모리를 사용하지 않을 수도 있습니다.

또한 이 시점에서 계층적 정책도 기억해야 합니다. 애플리케이션이 문제를 해결하는 데 도움이 되는 별개의 "기술"이 있는지 고려해 보세요. 가능하다면 독립적으로 이러한 기술을 해결하는 것이 계층적 강화학습보다 개념적으로나 실용적으로 더 간단할 수 있으며, 최종 결과는 동일할 수 있습니다.

11.1.2 당신의 데이터

저는 개발 시간의 상당 부분이 하이퍼 파라미터를 조정하거나 기능을 변경한 후에 모델을 재학습하는 데 사용된다고 생각합니다. 이러한 이유로, 말하지 않아도 되는 정도로 처음부터 올바른 방법으로 작업을 진행하려고 해야 합니다. 이는 경험을 통해서만 얻을 수 있습니다. 일반적으로 강화학습에 대한 경험, 해당 도메인에 대한 경험, 그리고 실제 문제에 대한 경험을 쌓는 것입니다. 하지만 다음은 약간의 지름길을 제공할 수 있는 몇 가지 팁입니다.

기계 학습과 마찬가지로 규모와 상관 관계는 매우 중요합니다. 모든 알고리즘이 크기 재조정을 필요로 하는 것은 아니지만 (예: 트리), 대부분의 알고리즘은 데이터가 정규 분포를 따른다고 가정합니다. 일반적으로 관측값을 평균이 0이고 표준 편차가 1이 되도록 재조정해야 합니다. 이를 위해 간단한 이동 평균과 표준 편차를 사용할 수 있으며, 관측값이 정상적이거나 한정되어 있다면 해당 관측값을 사용할 수도 있습니다. 데이터의 통계적 특성이 시간에 따라 변할 수 있고 문제가 정상적이지 않게 만들 수 있음을 알고 있어야 합니다.

또한 관측값을 상관 관계 없이 깔끔하게 만들려고 노력해야 합니다. 모델은 시간 또는 특징 사이의 상관 관계를 좋아하지 않습니다. 상관 관계는 복잡한 편향과 중복 정보를 나타내기 때문입니다. 단일 특징을 상관 관계 없게 만들기 위해 z-변환, 주성분 분석 또는 관측값 간의 간단한 차분(diff)을 사용할 수 있습니다. 데이터 분석 기술을 사용하여 관측값 간의 상관 관계를 찾아내고 제거하는 작업을 수행해야 합니다.

데이터의 모든 측면을 모니터링하세요. 보상 분포를 살펴보고 이상치가 없는지 확인하세요. 입력 데이터를 다시 살펴보고 분포나 시각화를 그려서 입력 데이터가 불안정하지 않은지 확인하세요. 모델의 다양한 부분에서 만들어지는 예측을 살펴보세요. 가치 함수는 잘 예측하고 있나요? 그레이디언트는 너무 큰가요? 행동 공간의 엔트로피를 살펴보세요. 잘 탐색하고 있나요, 아니면 특정한 행동에 국한되어 있나요? Kullback-Liebler 발산을 살펴보세요. 너무 큰지 아니면 너무 작은지 알아보세요.

단일화 수준을 증가시키는 것, 즉 행동 간 시간을 늘리는 것을 고려해보세요. 이렇게 함으로써 훈련이 더 안정적으로 이루어질 수 있으며 무작위 노이즈의 영향을 적게 받고 계산해야 할 행동이 적어져 훈련 속도를 높일 수 있습니다. Atari 환경에서의 프레임 스킵은 이와 같은 예입니다. 일반적인 지침은 자신이 행동을 선택한다고 상상해보는 것입니다. 어느 정도의 속도로 결정을 내려야 정상적인 정책을 만들 수 있는지 상상해보세요.

11.1.3 훈련

훈련은 상당히 낙담스러운 과정일 수 있습니다. 좋은 아이디어가 있다고 생각하더라도 그 아이디어가 전혀 차이를 만들지 못하고 하루 동안 구현하고 재훈련하는 데에 시간이 걸릴 수도 있습니다. 하지만 이런 경우에는 적어도 문제가 명확하게 드러납니다. 현재 강화학습에서 가장 큰 문제 중 하나는 특정 환경에 알고리즘 개발을 과적합하기 쉽고, 결과적으로 일반화가 잘되지 않는 정책을 만들어낸다는 점입니다.

다양한 환경에서 알고리즘을 개발해보세요. 임시 테스트용으로 사용하는 환경에 개발을 과적합하기는 매우 쉽습니다. 이는 훈련에 일관성을 유지하는 데 도움이 됩니다. 단순한 것부터 현실적인 것까지, 크기나 난이도, 완전히 관찰 가능하거나 부분적으로 관찰 가능하다는 등 서로 다른 설정을 가진 대표적인 환경들을 유지하려고 노력해보세요. 알고리즘이 이러한 모든 환경에서 잘 작동한다면, 일반화할 수 있는 능력이 있다는 확신을 가질 수 있습니다.

다른 시드를 사용해보세요. 때로는 특정 시드가 우연히 유효한 정책을 발견하여 과적합된 것으로 오해할 수 있습니다. 서로 다른 시드를 사용하면 에이전트가 이전과 약간 다른 방식으로 탐색하도록 강제할 수 있습니다. 물론 알고리즘은 시드 값에 관계없이 유사한 성능을 발휘해야 하지만, 그렇지 않은 경우에 놀라지 마세요.

하이퍼 파라미터의 민감도를 테스트해보세요. 다시 말해, 견고하고 점진적으로 성능이 저하되는 알고리즘을 목표로 해야 합니다. 매우 특정한 하이퍼파라미터 집합에서만 작동한다면, 다시 한 번 과적합의 표시일 수 있습니다.

학습률 스케줄을 조정해보세요. 고정된 값은 종종 잘 작동하지 않으며, 정책이 잘 동작하더라도 정책을 변경하도록 유도할 수 있습니다. 이는 최적의 정책에서 에이전트를 멀리 이동시킬 수 있는 효과를 가져올 수 있습니다.

11.1.4 평가

평가는 보통 가장 문제가 없는 단계 중 하나입니다. 왜냐하면 학습 중에 수행한 모니터링으로부터 성능에 대한 좋은 아이디어를 이미 갖고 있기 때문입니다. 그러나 여전히 문제가 발생할 수 있는 여지가 있습니다.

알고리즘을 비교할 때 결론을 내릴 때는 매우 주의해야 합니다. 향상을 양적으로 측정하기 위해 통계를 사용할 수 있지만 ("통계적 정책 비교" 참조), 성능을 시각화할 때는 실수가 덜 발생하는 경향이 있습니다. 기본 아이디어는 여러 시드에 대한 성능 곡선 간에 명확한 간격이 있는지 여부를 확인하여 중요한 성능 향상을 확인하는 것입니다. 간격을 보지 못하면 더 많은 시드로 추가 실험을 진행하거나 그 결과를 신뢰하지 않는 것이 좋습니다. 이는 간단한 것처럼 들리지만, 실제로 복잡한 환경에서는 그렇지 않습니다. 종종 알고리즘의 잘못이 아니라 복잡한 환경에서 초기 탐사의 문제로 인해 매우 나쁜 실행 결과를 얻을 수 있습니다. 에이전트가 탐사하기로 선택하는 상태를 살펴보고 탐사 전략을 변경할 필요가 있을 수 있습니다.

한 가지 측정 값이나 그래프만으로 성능을 완전히 입증할 수는 없습니다. 나는 해당 도메인과 환경에 대한 종합적인 경험과 알고리즘이 어떻게 동작해야 하는지에 대한 직관이 성능 변화 여부를 결정한다고 생각합니다. 이것이 자신을 기준으로한 베이스라인이 중요한 이유입니다. 왜냐하면 이는 추가적인 증거를 제공하기 때문입니다.

기본적으로 일부 정책은 확률적입니다. 예를 들어, 많은 정책 그라디언트 알고리즘은 확률적인 정책을 사용하므로 순수한 성능 측정을 위해 이러한 정책의 결정론적 버전으로 평가해야 합니다. 마찬가지로, 정책에 랜덤 탐사가 있는 경우 (예: ε-greedy), 비활성화해야 합니다. 평가 중에 비활성화할지라도, 최적 정책이 시간에 따라 변경될 가능성이 있다면 실제 환경에서는 확률성을 유지하는 것을 고려해야 합니다.

11.1.5 배포

나는 성공적인 응용 프로그램을 빠르게 개발하는 핵심은 특정 문제를 해결하기 위해 외부 구성 요소와 모듈을 결합하는 능력에 있다고 생각합니다. 이를 위해서는 일정한 수준의 조립 가능성(composability)이 필요하며, 이는 주로 좋은 코딩 관행을 통해 소프트웨어 수준에서 이루어집니다. 아이디어는 문제를 살펴보고 내재적 동기 또는 재생 버퍼와 같은 구성 요소를 선택하여 이를 멋지게 캡슐화된 인터페이스로 결합하고 함께 배포하는 것입니다. 그러나 현재로서는 이 꿈은 아직 멀리 떨어져 있습니다. 실제로 운영 배포에는 상당한 소프트웨어 엔지니어링 및 DevOps 전문 지식이 필요합니다.

프레임워크는 여기에서도 도움이 되는데, 많은 프레임워크가 조립 가능성을 갖기를 원합니다. 그러나 이는 일반적으로 그들의 코드 범위 내에서 조립 가능하다는 것을 의미합니다. 프레임워크는 종종 표준 부재로 인해 외부 구성 요소와 상호 작용하는 데 어려움을 겪을 수 있습니다. OpenAI의 Gym은 이에 대한 명백한 예외입니다.

따라서 실제 제품의 성공적인 배포와 운영을 위해 아키텍처에 대해 신중하게 생각해야 합니다.

11.2 디버깅

RL 알고리즘은 인공 지능에 관한 대중적인 이야기를 주도하지만, 심층 RL 방법은 “깨지기 쉽고, 재현하기 어렵고, 실행 간에 신뢰성이 없으며 때로는 간단한 기준선보다 성능이 낮은” 문제점을 가지고 있습니다. 이러한 이유 중 주요한 이유는 알고리즘의 구성 요소들이 어떻게 구현 동작과 성능에 영향을 미치는지 잘 이해되지 않기 때문입니다.

구현 세부 사항은 굉장히 중요합니다. Engstrom 등은 코드 수준의 최적화와 같은 작은 수정이 많은 인기 있는 알고리즘의 성능을 설명할 수 있다는 사실을 발견했습니다. 예를 들어, PPO가 업데이트 클리핑 또는 제약 조건 때문에 성능이 우수하다는 주장에도 불구하고, 이 연구자들은 코드 수준의 최적화가 알고리즘 선택보다 성능을 향상시킨다는 것을 증명했습니다 (TRPO와 PPO를 비교했습니다).[2]

이로 인해 명백한 결론은 버그가 성능에 영향을 미친다는 것입니다. 예를 들어, OpenAI의 무작위 네트워크 디스틸레이션 연구에서 Cobbe 등은 보이지 않는 작은 세부 사항이 에이전트가 멈추는 것과 어려운 Atari 게임을 해결할 수 있는 에이전트 사이의 차이를 만들었다는 사실을 관찰했습니다 (페이지 280의 “랜덤 임베딩(랜덤 디스틸레이션 네트워크)” 참조). 그들은 값 함수 근사치가 충분히 훈련된 후에 안정되어야 하는데도 불구하고 진동하고 있는 문제를 발견했습니다. 이는 호기심 보너스를 생성하는 데 사용되는 배열을 실수로 0으로 초기화하고 있었기 때문에 각 에피소드의 시작에서 값 함수가 낮아졌음을 의미했습니다. 이것이 진동을 설명하며, 수정 후에 안정된 값 추정을 통해 성능이 크게 향상되었습니다.

그래서 질문은, 이러한 버그를 어떻게 방지할 수 있을까요? 음, 코드의 매 줄은 버그의 가능성을 도입하므로, 모든 버그를 제거하기 위해서는 코드가 없어야 합니다. 저는 Winder Research와의 제품화 프로젝트에서 이 말을 자주 강조하며, 이는 운영 부담을 줄이는 추가적인 이점도 있습니다. 물론 코드는 필요하지만, 제가 전하는 포인트는 더 적은 것이 더 좋다는 것입니다. 요구 사항을 완벽하게 충족시키지 않더라도 완성된 라이브러리나 구성 요소를 사용할 수 있는 경우에는 사용하세요. 마찬가지로 코드를 작성하거나 프레임워크를 개발하는 경우, 화려한 디자인보다 적은 코드를 선호하세요. 이것이 Go나 Python 같은 언어를 좋아하는 이유입니다. 이들은 C++이나 Java와 같은 언어의 모든 소위 고급 기능을 갖추고 있지 않기 때문에 간결함을 적극적으로 장려합니다.

이 외에도, 추적, 데이터 시각화, 테스트, 그리고 print 문 등의 일반적인 디버깅 관행들은 RL의 일상 경험이 될 것입니다. 핵심적으로 디버깅은 과학적인 방법의 실현에 불과합니다: 이상한 현상을 관찰합니다(시각화는 정말 중요합니다), 그러한 행동을 설명하기 위한 이론을 개발합니다,

이론을 검증할 수 있는 방법을 개발합니다(print 문 등), 그리고 결과를 평가합니다. 더 배우고 싶다면, 소프트웨어 디버깅에 관한 책을 읽어보세요. "추가 자료"에서 추천하는 몇 가지 책이 있습니다.

RL은 순차적인 방식으로 진행되기 때문에 버그가 오랜 시간 동안 나타나지 않을 수 있으며, RL은 확률적인 요소를 포함하므로 학습 과정의 노이즈에 의해 버그가 감춰질 수도 있습니다. 이러한 것들을 기계 학습과 소프트웨어 엔지니어링의 기본적인 종속성과 결합하면, 거품이 일어나는 것처럼 불안정한 버그의 혼합물이 만들어집니다.

만약 새로운 문제에 대한 알고리즘을 개발하는 데 걸리는 시간을 프로젝트 매니저에게 얘기한다면, 그림 11-1의 상단 부분과 같이 연구와 구현에 대한 시간이 대부분이라고 추정할 것입니다. 그렇지 않습니다. 대부분의 시간은 디버깅에 소요되며, 왜 당신의 에이전트가 가장 간단한 문제를 해결하지 못하는지 알아내려고 노력합니다. 그림 11-1의 하단 부분은 더 현실적인 시간을 보여주며, 코드를 제대로 재구현하고 깔끔한 코드와 테스트를 작성하는 데 필요한 추가적인 시간을 보여줍니다. 내가 선택한 측정치는 임의적인 것이지만, 내 경험상 대표적입니다.

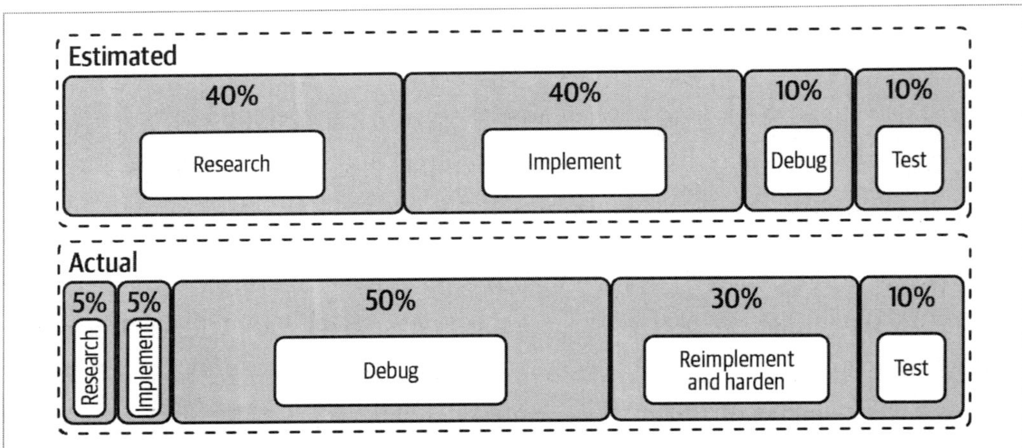

그림 11-1 알고리즘 개발 중 활동에 소요된 예상 시간과 실제 시간을 비교합니다. Matthew Rahtz에서 영감을 받음.[4]

11.2.1 ${ALGORITHM_NAME} Can't Solve ${ENVIRONMENT}!

이러한 알고리즘들은 놀라운 성과를 이룰 수 있지만, 그들이 마법이라고 생각해서는 안 됩니다. 모든 문제를 해결할 수는 없으며, 물론 자동으로 해결하지도 못합니다.

산업에서 RL을 사용하는 경우, 전체적인 관점을 가져야 합니다. 문제를 현저하게 단순화할 수 있는 방법이 많이 있을 가능성이 매우 높습니다. RL 방법이 실패하는 주된 이유는 알고리즘이 충분히 좋지 않기 때문이 아니라, 문제가 이 방식으로 해결하기에 적합하지 않기 때문입니다. 예를 들어, MountainCar-v0 환경은 개념적으로는 간단하지만 RL 알고리즘에게는 악명 높은 어려운 환경입니다. 이것은 알고리즘의 문제가 아닙니다. 가치 함수는 놀랍게도 간단합니다. 이는 탐색과 보상 할당의 문제입니다. 더 나은 탐색 방법을 개발하거나 언덕을 오르도록 보상을 변경한다면, 이러한 알고리즘 중 어느 것이든 문제를 쉽게 해결할 수 있습니다.

11.2.2 디버깅을 위한 모니터링

환경을 해결하는 유일한 해결책은 없습니다. 때로는 문제가 관측 공간에 있을 수도 있고, 때로는 탐색에 있을 수도 있고, 때로는 하이퍼 파라미터에 있을 수도 있습니다. RL에 오신 것을 환영합니다. 지능적인 에이전트들이 복잡한 전략적 목표를 자동화하는 환경입니다. 그러나 내 유일한 권장 사항은 이 책을 사용하여 한 번에 한 번씩 실험을 통해 해결 가능한 문제로 나아가는 것입니다. 강제로 한 가지만 선택하라고 한다면, 문제나 관측 공간을 단순화하는 것부터 시작할 것입니다. 상황을 시각화할 수 있을 정도로 충분히 간단하게 만든 다음, 그 간단한 문제를 해결하십시오. 그것을 습득한 후에는 보다 복잡한 버전의 문제에서 발생할 수 있는 문제점을 파악할 수 있을 것입니다.

운영 목적으로 생산 환경을 모니터링하는 것은 RL 알고리즘을 디버깅하는 데 충분한 저수준 정보를 제공하지 않습니다. 에이전트를 개발하는 동안 로그를 기록하고, 그래프를 그리고, 시각화를 최대한 활용하고자 할 것입니다. 아래는 추가 정보가 필요할 때 도움이 될 수 있는 팁 목록입니다:

- 관측값, 행동, 보상을 기록하고 시각화합니다. 탐색을 장려하기 위해 행동은 높은 엔트로피를 가져야 합니다. 상태에 대한 보상은 동일해서는 안 됩니다. 상태의 가치를 구별할 수 없을 것입니다. 에이전트에 제공되는 관측값을 확인하세요. 중요한 정보를 실수로 버리지 않았는지 확인하는 것이 중요합니다. 예를 들어, 이미지의 흑백 변환이 이미지 내의 특징을 유지하는지 확인하세요. 녹색과 빨간색 신호등은 색상에서는 분명히 다르지만, 흑백으로는 그렇지 않을 수 있습니다.

- 상태 공간의 다른 부분에 대해 가치 함수를 평가하세요. 가능하다면 전체 공간을 시각화하세요. 그렇지 않은 경우, 몇 가지 대표적인 상태를 선택하고 그래프로 나타내세요. 과적합이 있는지 확인하세요.

- 시간에 따라 가치 함수를 그래프로 나타내세요 (적절한 수의 상태에 대해). 어떻게 변화하나요? 멈추는 경우가 있나요? 진동하나요? 실행 동안 분산은 어떤가요? 여러 번 실행

하는 동안 분산은 어떤가요? 추정은 시간에 따라 변경되어 안정화되어야 합니다. 정책이 변경되면 완벽한 가치 함수도 변경됩니다. 가치 함수 근사는 비정상성에 대응할 수 있을 만큼 충분히 안정적이어야 하지만, 변화에 대응할 수 있을만큼 유연해야 합니다.

- 좋지 않거나 버그가 있는 신경망 구현은 RL을 나쁘게 보일 수 있습니다. 간단한 것으로 시작해서 선형 근사자 또는 단일 레이어 신경망과 같은 것을 사용하세요. 모든 것이 예상대로 작동하는지 확인한 후에 복잡한 네트워크를 시도하세요. 실용적인 딥러닝 책을 참고하세요 (자세한 내용은 "Further Reading"을 참조하세요).
- 다중 시드 또는 다중 스레딩/다중 노드 실행으로 확장하기 전에 고정된 시드와 단일 스레딩에서 모든 것이 작동하는지 확인하세요.
- 다른 구현과의 과거 경험을 통해 잘 작동하는 것으로 알려진 하이퍼파라미터로 시작하세요.

11.3 강화 학습의 미래

RL에 대한 현재 의견은 무엇일까요? 이것은 Andrew Ng의 거의 획기적인 실용적인 딥 러닝 강연을 떠올리게 합니다. 그는 단기적인 회의론적인 시각과 장기적인 낙관주의를 완벽하게 조화롭게 유지하는데 성공했습니다. 이로써 저는 산업적인 구현을 포함한 주제의 복잡성에 대해 이해하게 되었으며, 동시에 낙관주의는 이러한 문제들이 과정의 일부인 것처럼 느끼게 했습니다. 도전 과제들은 존재하므로 그것들을 받아들이고 최선의 방법으로 대처한 후 전진해야 합니다. 때로는 딥 러닝이 이치에 맞지 않을 수도 있지만, 그럴 때에는 모델과 데이터의 융합이 아름다움을 자아내게 됩니다.

저는 지금 RL이 이러한 위치에 있는 것 같습니다. 산업 제품화와 운용화가 가능하지만 까다로운 단계에 우리는 서 있습니다. 여전히 RL보다 간단한 알고리즘이 더 뛰어난 경우가 많습니다. 예를 들어, 환경을 오프라인으로 플레이할 수 있는 경우에는 알파고와 같은 몬테카를로 트리 탐색(MCTS) 알고리즘을 사용하여 가능한 움직임을 평가할 수 있습니다. 예를 들어, 2014년의 한 실험에서 MCTS가 DQN의 성능을 크게 앞지르면서 RL 방법이 따라잡는 데 시간이 걸렸습니다. 하지만 이것은 괜찮습니다. RL은 마법같은 해결책이 아니며, 기계 학습도 아직 인공 지능을 창조하지 않았습니다. 그저 도구에 불과합니다. 목수가 작업에 가장 적합한 도구를 사용하는 것처럼, 당신도 자신의 일에 가장 적합한 도구를 사용해야 합니다.

11.3.1 강화 학습의 시장성

딥러닝은 이제 주류가 되어서 기업 고객들도 운용화에 투자하고 있습니다. 저는 RL도 다음 몇 년 안에 따를 것이라 믿습니다. 이는 새로운 시장과 기회를 열어줍니다. 하지만 기계 학습과 마찬가지로 RL은 해결책이 아닌 여러 산업에서 활용되는 기술입니다. 도메인 전문지식, 산업별 시장 인식, 그리고 영감이 필요합니다.

이미 RL이 특정 도메인에 특히 잘 적합하다는 신호들이 나타나고 있습니다. 로보틱스는 한 가지 분명한 예입니다. 그러나 자동 입찰 및 추천 시스템은 글로벌 수익 측면에서 로보틱스를 앞지를 수도 있습니다. 아직 RL에 대한 산업 전반적인 연구는 이루어지지 않았지만, RL이 성공하면 그런 연구들도 나올 것입니다.

시장 조사 기업인 가트너(Gartner)는 RL이 여전히 기대효과 곡선 상승 중에 있으며, 2023년까지 기업의 삼분의 일이 전략적 의사결정 자동화(Decision Intelligence)를 자동화하려는 경향이 있다고 추정하고 있습니다.[7, 8] 특정 기술의 영향을 양적으로 측정하는 것은 어렵기 때문에 가트너는 시장 가치에 대해서는 상대적으로 모호한 언급을 하고 있지만, 비즈니스에 대한 전 세계적인 가치는 연간 수조 달러에 이를 것으로 보고되고 있습니다.[9] 흥미로운 점은 가트너의 시각화 자료 중 일부에서 "에이전트"와 "의사결정 자동화"를 다른 형태의 보다 전통적인 기계 학습인 "의사결정 지원/증강"과 구분하고 있으며, 이를 통해 순차적 의사결정의 최적화 가치를 명확히 인식하고 있습니다.

이러한 약속은 운영 영역에서 가치와 기회가 있다는 것을 의미합니다. 현재의 머신 러닝 서비스 제공업체들은 대부분 지속적인 학습과 순차적 의사결정에 적합하지 않기 때문에 기업들은 사용할 수 없을 것입니다. 물론 몇몇은 적응할 수 있지만, 기업들이 이 공간을 채울 수 있는 기회가 있습니다.

오픈 소스 프로젝트도 멀리 뒤쳐지지 않을 것이며, 많은 경우에는 심지어 앞서 나갈 수도 있습니다. 머신 러닝과 마찬가지로 세계적인 채택은 개방형 협업을 필요로 하기 때문에 진정으로 성공적인 것은 오직 오픈 소스 프로젝트뿐이라는 주장이 있을 수 있습니다.

그렇지 않으면 귀하의 요구사항과 도전 과제가 독점적인 프로세스와 의견과 충돌할 수 있습니다. 이를 고려할 때, 귀하의 제품을 대규모 공급업체들이 관심을 갖는 것으로부터 거리두는 것이 중요합니다. 또한, 귀하는 오픈 소스 개발을 통해 어떻게 귀하와 글로벌 커뮤니티가 상호 이익을 얻을 수 있는지에 대해 반성해야 합니다.

이는 기업들이 장기적으로 RL 지원과 전문 지식이 필요할 것을 의미합니다. RL이 상용화되기까지 최대 10년이 걸릴 수도 있습니다. 따라서, 제 회사와 같이 실제 RL 전문지식을 갖춘 컨설턴트와 엔지니어들이 많이 수요를 받을 것입니다. RL을 직업으로 전문화하려는 생각이 있다면, 방금 논의한 명백한 기회와 예측 때문에 나쁜 결정은 아닐 것입니다. 그러나 이를 통해 안일한 안정감에 빠져서는 안 됩니다. RL, ML, 소프트웨어 엔지니어링은 어렵습니다. 특히 이러한 것들을 실제 운영환경으로 이동시키려고 할 때는 말이죠. 지식 기반 산업의 어떤 분야에서도 목표는 끊임없이 움직입니다. 이를 인정하고, 경쟁력 높은 이 분야에서 장기적인 입지를 확보하기 위해 이동해야 합니다. 이렇게 많은 노력을 기울이기 위해서는 정말로 그것을 좋아해야 합니다. 여러분은 이러한 공예와 역경의 도전, 그리고 아직 아무도 다루지 않은 특정 산업 상황에 직면하는 도전을 즐겨야 합니다.

11.3.2 미래의 강화학습과 연구 방향

RL가 다양한 도전 과제를 가지고 있다는 것은 이 책을 통해 계속해서 이야기해 왔습니다. RL의 잠재력을 탐구하는 데 이러한 도전 과제들이 당신을 막지 않도록 해야 합니다. 왜냐하면 저는 정말로 인공 지능의 다음 수준은 이러한 아이디어에 의해 주도될 것이라고 믿기 때문입니다. 그저 돌파구를 기다리고 있는 응용 분야일 뿐입니다. 하지만 이 책에서 RL의 어떤 부분이 산업 문제에 작업할 때 속도를 늦추거나 걸림돌이 될 수 있는지를 분명하게 표시했기를 바랍니다. 이러한 문제들은 주로 미래의 연구 기회로 이어집니다.

연구 방향은 크게 산업 연구와 학술 연구로 나눌 수 있습니다. 산업 연구는 개발 및 운영 효율을 향상시키는 방법으로 구성되며, 비즈니스의 요구에 따라 추진됩니다. 학술 연구는 주로 기존의 이해를 개선하거나 재정립하는 데 초점을 맞추며, 동료들에 의해 새로움이나 진보로 정의되는 이론적인 개념에 의해 주도됩니다. 이는 학술 연구자들이 예를 들어 코드의 가독성을 향상시키는 데 시간을 투자하지 않을 것이라는 것을 의미합니다. 마찬가지로, 산업 연구자들은 참으로 혁신적인 것에 우연히 맞닥뜨릴 가능성은 낮습니다. 그러나 물론 그 사이에 위치한 사람들도 있습니다.

저는 현재 학술 기계 학습 커뮤니티에서 문제가 있다고 믿고 있습니다. 학술적 성공을 위한 주요한 장은 학회와 저널입니다. 가장 인기 있는 장은 선택권이 있기 때문에 심사자들은 현재와 미래의 콘텐츠를 지배하는 데 많은 권력을 가지고 있습니다. 불행하게도, 응용 프로그램은 예를 들어 새로운 알고리즘 개선보다는 가치가 적게 여겨집니다. 예를 들어, Hannah Kerner은 최근 자신의 응용 프로그램 중심 논문을 학회에 제출하려는 경험을 공유했는데, “기계 학습 커뮤니티에는 중요성이 제한되어 보인다”라는 결과를 발견했습니다.[10] 물론, 근본적인 개선은 학술계와 과학적 발견의 주요 목표입니다. 하지만 저는 이 기울기가 너무 멀리 치닫았다고 생각합니다.

산업에서의 연구

산업적 관점에서 시작하여 연구 기회와 모멘텀이 있다고 생각하는 영역은 다음과 같습니다:

운영 및 아키텍처

RL은 점점 더 많이 사용되고 있으며 곧 생산 환경으로 이동할 응용 프로그램이 많아질 것입니다. 현재의 머신 러닝 프레임워크 중 어느 것도 RL을 운영에 적합하게 다루고 있지는 않은 것 같습니다. RL 프레임워크들은 주로 개발에 초점을 맞추고 있는 편입니다. 물론 몇 가지 예외가 있지만 아키텍처 측면에서 향상할 여지가 많습니다.

RL 설계 및 구현

이 분야에 이미 많은 작업이 진행되고 있습니다. RL 프레임워크들을 살펴보면 이를 예로 들 수 있습니다. 그러나 이 중 많은 프레임워크들은 잘못된 문제에 초점을 맞추고 있습니다. 많은 프레임워크들이 RL 알고리즘을 구현하려는 시도를 하고 있지만, 이는 산업적인 문제의 목표가 아닙니다. 목표는 비즈니스적 도전에 대한 RL 솔루션을 찾고 개선하며 구축하는 것입니다. 따라서 피처 엔지니어링, 보상 형성 및 이전 두 장에서 언급된 모든 요소들이 알고리즘보다 중요하며, 심지어 더욱 중요할 수도 있습니다. 프레임워크들은 알고리즘 개발에서 응용 프로그램 개발로의 초점을 변경해야 합니다.

환경 관리 및 시뮬레이션

시뮬레이터는 초기 개발에 물론 필수적입니다. 정확한 시뮬레이션은 지식을 실제 세계로 전달하는 능력을 제공합니다. 더 복잡한 산업적 문제를 시도할수록 실제적인 시뮬레이션의 장점을 누릴 수 있습니다. 이미 3D 시뮬레이션 엔진의 경우 실제 세계를 무섭게 잘 모사할 수 있습니다. 그러나 다른 모든 도메인에서는 괜찮고 현실적인 시뮬레이터를 구하기가 어렵습니다. 이에 대한 하나의 이유는 시뮬레이션을 구동하는 모델들이 종종 해당 회사가 소유한 데이터를 기반으로 구축되어 경쟁 우위를 나타낸다는 것을 알기 때문입니다. 여기에서 연구가 도움을 줄 수 있는 한 가지 방법은 환경의 관리 및 개발 프로세스를 개선하는 것입니다. 이렇게 하면 데이터 문제는 피할 수 있지만 개발의 이 중요한 단계를 도와줄 수 있습니다.

모니터링과 설명 가능성

RL 에이전트를 모니터링하는 데 필요한 도구와 지원이 부족하며, 이는 운영화의 부족으로 설명될 수 있습니다. 운영 중에는 정책이 견고한지 확신해야 하며, 그것을 확신할 수 있는 유일한 방법은 적절한 감독을 통한 것입니다. 어떤 응용 프로그램은 설명 가능성을 요구할 수도 있는데, 특히 현재는 생산 환경에서 이를 어렵게 만들고 있습니다. 그러나 그 이상으로 응용 프로그램 개발을 디버깅하는 데 도움이 되는 도구들이 필요합니다. 에이전트 내부에서 무슨 일이 일어나고 있는지를 보여주는 도구입니다. 이 문제는 알고리즘과 도메인에 특정되는 경향이 있지만, 여전히 가치 있는 도전 과제입니다.

안전성과 견고성

이것은 학술 연구에서도 핫한 주제이지만, 연구의 영향은 실제 응용 프로그램에 적용될 때에만 느껴집니다. 모델의 견고성을 입증하는 것은 모든 응용 프로그램에 중요하기 때문에, 그 문제를 해결하기 위한 라이브러리와 도구가 필요할 것으로 생각됩니다. 안전성은 훨씬 더 큰 문제입니다. 저는 기술적인 측면에 대해서는 그다지 걱정하지 않습니다. 왜냐하면 엔지니어들이 안전한 설계로 솔루션을 만들 수 있다고 믿기 때문입니다. 저는 법적 및 규제적 영향에 대해 걱정합니다. 왜냐하면 이 시점에서 이는 윤리적인 문제가 되기 때문입니다. 누가 책임을 져야 할까요? 얼마나 안전해야 할까요? 어떻게 안전성을 테스트할까요?

응용 프로그램

물론, 기업들은 RL의 응용에 대해 비용을 지불하고 있습니다. 여기에서 논의된 연구 방향은 해당 응용 프로그램을 제공하는 데 도움이 됩니다. 비즈니스 도전 과제에 RL을 적용하는 데 대한 많은 관심과 따라서 연구가 있을 것입니다. 하지만 기술을 비즈니스 도전 과제에 매핑하는 것은 매우 어려운 일입니다. RL은 너무 일반적이기 때문에 이는 생각보다 훨씬 어렵습니다. 가능한 응용 사례가 많기 때문입니다. 따라서 "문제 정의: RL 프로젝트란?"에서 제시된 제안을 사용하여 실행 가능한 RL 문제를 찾은 다음 비즈니스 가치에 따라 우선순위를 정하세요.

학술적 연구

학문적인 관점에서 RL은 정말로 흥미로운 분야입니다. 인간과 같은 수준으로 어떠한 작업도 학습할 수 있는 에이전트에 한 발짝 더 가까워지는 것 같아서 신이 나는 기분입니다. 이 순간은 마치 방파제 같은 역할을 합니다. 한 번 뚫리면 전적으로 새로운 가능성의 세계가 열립니다. 대부분은 좋은 가능성이 존재하지만 가끔은 무섭기도 합니다.

현재의 기계 학습 및 RL의 응용은 과학적인 방법을 활용하고 그 지식을 지능적으로 유지하는 능력의 한계로 제한됩니다. 에이전트가 자체적으로 이론을 개발하고 자신의 믿음을 검증하며 이러한 지식을 적용하여 새로운 이론을 발견할 수 있는 능력이 있다면, 그 때에 RL을 모든 데이터에 대한 순차적 문제 해결에 일반화할 수 있다고 생각합니다. 그리고 거의 그 시점에 다다른 것 같습니다. 하지만 구체적으로 언급하자면, 응용 관점에서 이 목표를 방해하는 도전 과제는 다음과

같습니다:

오프라인 학습

이것은 아마도 가장 큰 도전입니다. 시뮬레이터가 필요한 이유는 에이전트가 정책을 학습하기 위해 동작을 테스트해야 하기 때문입니다. 만약 이 상호작용 없이 정책을 학습할 수 있는 방법으로 이동할 수 있다면, 시뮬레이터를 완전히 제거할 수 있습니다. 로그 데이터를 수집하고 그 위에서 학습하는 것처럼 진행할 수 있습니다. 기계 학습에서와 마찬가지로 말이죠. 연구자들은 이미 이 프로세스를 개선하기 위해 노력해왔으며, 예를 들어 8장을 살펴보면 됩니다. 하지만 아직 많은 부분이 향상되어야 합니다. 직관적으로 생각해보면, 환경의 확률성을 이해할 수 있는 알고리즘이 있고 최적 경로의 예제를 관찰한 다음 데이터에 일반화된 경로 모델을 적용하는 것은 비합리적이지 않다고 생각합니다. 이렇게 하면 최적 정책을 찾는 것과 로그에서 관찰되지 않은 상태에 대한 충분한 불확실성을 유지하는 것 사이의 타협점을 제공해야 합니다.

샘플 효율성

알고리즘의 샘플 효율성을 향상시키는 것은 바람직합니다. 왜냐하면 응용 프로그램은 일반적으로 가능한 한 최적의 정책을 가장 적은 상호작용으로 얻고자 합니다. 쇼핑 카트 예를 들어보면, 애완동물이 없을 때 개와 고양이 사료를 배달받고 싶지 않습니다. 이 선호도를 빠르게 학습할수록 덜 당황스러울 것입니다. 다시 말해서, 여기에는 탐색 개선과 앙상블과 같은 지식 통합과 같은 다양한 연구 방향이 있지만 이들은 종종 도메인에 의해 주도됩니다. 알고리즘들이 추구할 수 있는 일반적인 이론적 효율성 보장이 있다면 좋을 것입니다.

고차원 효율성

대규모 상태 공간과 행동 공간은 여전히 문제가 됩니다. 대규모 상태 공간은 유용한 정보로 축소하기 위해 필요한 계산 에너지의 양 때문에 불편합니다. 특정 도메인에서는 사전 훈련된 트랜스포머나 임베딩을 사용하여 상태 공간을 단순화할 수 있습니다. 이를 위해 축소를 훈련시킬 필요 없이 상태 공간을 단순화할 수 있습니다. 큰 행동 공간은 더 문제가 됩니다. 왜냐하면 에이전트는 최적 정책을 보장하기 위해 언제든지 가능한 모든 행동을 적극적으로 샘플링해야 하기 때문입니다. 행동들이 연관되어 있는 경우에는 이 작업이 더 쉽습니다. 예를 들어, 단일 연속 행동은 무한하지만, 분포로 행동을 모델링함으로써 쉽게 해결할 수 있습니다. 그러나 많은 고유한 행동은 더 큰 문제를 야기하며, 주로 탐색 문제가 어려워집니다.

보상 함수의 민감성

지도 학습은 목표가 무엇인지 알기 때문에 쉽습니다. 저도 이렇게 간단한 방식으로 RL의 목표를 정의할 수 있다면 좋겠습니다. RL 보상은 종종 희소하며, 다중 목표를 가지며, 고차원적입니다. 오늘날에도 보상 함수를 정의하는 것은 주로 과도한 수동적인 과정이며, 내재적 보상과 같은 기법을 사용하더라도 그렇습니다. 미래에는 여전히 고수준의 목표를 정의하기 위해 일부 수동적인 개입이 필요할 것으로 예상하지만, 이를 덜 침범적인 방식으로 수행할 것으로 기대합니다. 보상을 조정할 필요가 없어야 합니다. 특히 보상이 지연될 때 이는 더욱 중요해집니다.

다른 유형의 학습을 결합하는 방법

다중 에이전트 강화학습의 탐색적 이점, 계층적 강화학습의 일반화 능력, 전문가 지도의 장점을 결합하는 방법이 있을까요? 진화 또는 유전적 학습을 이러한 강화학습 기법과 결합할 수 있을까요?

사전 훈련된 에이전트와 커리큘럼 학습 개선

한 번 어디에서 읽은 기억이 나지 않지만, 배울 때는 알고 있음과 모르는 것 사이의 격차가 작을 때만 가능하다고 들은 적이 있습니다. 저는 이것이 강화학습에도 적용된다고 믿습니다. 아이가 자동차를 운전할 수 있는 것을 기대하지 않는 것처럼, 훈련되지 않은 에이전트도 마찬가지입니다. 또한 한 가지 작업에만 훈련을 과적합하는 것도 해결책이 아닙니다. 자동차 운전은 복잡한 스테레오 비전을 통합하고 바퀴를 움직이는 것 이상입니다. 에이전트는 지정된 커리큘럼에서 사전 훈련된 에이전트에게 제공될 수 있는 폭넓은 지식이 필요합니다. 심지어 그들에게 마지막에 등급을 매길 수도 있습니다.

실생활 애플리케이션 및 벤치마크에 대한 관심 증가

실제 응용 가능성은 학계가 원하는 것임을 알고 있지만, 이에 대한 강조를 더 원합니다. Atari 벤치마크에 과적합된 알고리즘을 볼 수 있는데, 이는 최고 성능을 주장하기 위한 것입니다.

윤리적 기준

윤리적이거나 도덕적인 기계 학습과 강화학습은 산업과 학계 양쪽에 영향을 미칩니다. 논의를 진전시키고자 하는 열망이 있는 것 같지만, 이는 어려움을 겪고 있습니다. 아마도 이는 항상 철학적인 논쟁으로 이어지거나, 각자의 도덕적 기준이나 맥락이 다르기 때문에 윤리적 결론에 합의하기 어렵기 때문일 수 있습니다. 이는 저에게 양식 있는 의견을 제시할 자격이 없는 매우 민감한 주제입니다. 하지만 이는 고려하지 않아서는 안 되는 것이며, 모든 일에 있어서 고려해야 합니다.

미래에 대해서는 윤리적 기준을 정의하려는 시도조차 느껴지지 않는다고 생각합니다. 더구나 그 문제를 해결하려는 노력도 많이 이루어지지 않은 것 같습니다. 일반 데이터 보호 규칙(GDPR)은 정부가 개인의 데이터 사용에 대한 윤리적 기준을 정의하려는 시도 중 하나입니다. 그러나 실제로는 너무 모호하고 법률 용어가 많아서 유용하게 활용하기 어렵습니다.

예를 들어, GDPR의 동의 조건에 관한 7조는 다음과 같이 명시하고 있습니다. 동의는 다른 사항과 명확히 구분되어 이해하기 쉽고 쉽게 접근할 수 있는 형태로 제시되어야 합니다. 당연합니다. 하지만 정확히 같은 페이지에서 4절은 다음과 같이 나와 있습니다. 동의가 자유롭게 이루어졌는지를 평가할 때에는, 계약의 이행을 비롯하여 서비스 제공이 개인 데이터 처리에 대한 동의에 조건을 두는지 여부 등을 고려하여야 한다.

명확하고 간결한 언어라고요? 이 법의 문자에 대한 완전한 무시를 입증하는 것으로, 명시적인 결론을 내린 조항 32에 따르면 "미리 선택된 상자나 비활동은 동의로 간주되어서는 안된다"고 명시되어 있습니다. 거의 모든 GDPR 옵트인 양식이 "모두 수락" 상자를 제공하는데, 당연히 여러 상자를 확인하기 전에 내용을 읽을 기회도 없이 모든 상자에 체크를 하게 됩니다.

이 의사안전은 또한 비용이 따르기도 합니다. 팝업을 제거하기 위해 가운데에 엑스표를 찾아야 하는 것에 끊임없이 짜증이 납니다 (그런데 닫기 버튼은 뭐에 대한 동의를 의미하는 건가요? 모두 수락할까요, 아니면 모두 거부할까요?). 마치 팝업 창이 가득한 90년대의 웹사이트로 돌아간 기분입니다.

그래서 GDPR가 기계 학습과 강화 학습의 윤리 기준과 무슨 관련이 있는 걸까요? GDPR는 데이터와 관련된 윤리적으로 문제가 있다고 판단한 실천 방식을 규제하기 위한 정부의 최초이자 가장 큰 시도를 대표합니다. 그 결과는 어떨까요? 아마도 약간은 성과가 있었을 것입니다. GDPR는 일부 큰 기업이나 정부가 민주주의와 자유에 대한 중요한 대화를 조작하려는 시도를 어느 정도 억제했을 것입니다. 그러나 그 비용은 어떤 것일까요? 더 좋은 방법이 있을까요? 아마도 그렇지만, 제 생각에는 하나의 옳은 답은 없을 것 같습니다.

11.4 끝 맺음

순차적 의사 결정 최적화에 관한 책을 마치며, 당신에게 좋은 결정을 내리도록 요청하는 말을 하는 것은 약간 아이러니하다고 생각합니다. 누가 알까요, 아마도 미래에 우리는 RL을 사용하여 윤리적 결정을 내릴 수 있을지도 모릅니다.

최근까지 RL은 주로 학문적 관심의 대상이었습니다. 이 책의 목표는 산업과 비즈니스에 그 지식의 일부를 전달하여 자동화를 통한 생산성 향상의 여정을 이어가려는 것이었습니다. RL은 비즈니스 지표에서 직접 유도된 목표를 사용하여 전략 수준의 의사 결정 프로세스를 최적화할 수 있는 잠재력을 가지고 있습니다. 이는 RL이 공장 생산직 종사자부터 CEO까지 전체적인 비즈니스 구조에 영향을 미칠 수 있다는 것을 의미합니다.

이는 독특한 기술적 및 윤리적 도전을 제기합니다. 의사 결정이 당시에는 알려지지 않는 장기적인 결과를 가져올 수 있고, 자동화된 전략이 사람들에게 영향을 미칠 수 있다는 점 등이 그 예입니다. 하지만 이는 RL이 당신의 상황에서 어떻게 도움이 될 수 있는지 실험하는 것을 방해해서는 안 됩니다. RL은 그저 도구에 불과하며, 어떻게 사용하느냐가 중요합니다.

11.4.1 다음 단계

아마도 많은 질문이 있을 것입니다. 그건 좋은 일입니다. 그러나 일반적으로 여기에서 멈추지 말고 계속해서 나아가는 것을 추천합니다. 가능하다면 직장에서 해결해야 할 실용적인 문제를 찾아보십시오. 직장에서 연구를 지원하도록 설득할 수 있다면, 20% 시간이나 완전히 제한된 기간의 개념 증명 등으로 시간과 동기부여를 제공받아 실제로 마주할 실생활의 도전에 대처할 수 있습니다. 장난감 예제에만 집중한다면 아쉽게도 너무 쉬울 것입니다. 직장 시간 내에 이를 수행할 수 없다면, 다른 취미와 관련된 문제를 찾아보십시오. 인생 때문에 전용 시간을 할애할 수는 없을 것입니다만, 희망적으로 보상이 되며 실용적인 경험을 얻을 수 있을 것입니다.

실용적인 경험 이외에도, 계속해서 독서하는 것을 권장합니다. 분명히 강화학습은 기계 학습에 크게 의존하기 때문에 데이터 과학이나 기계 학습에 관련된 책은 유용합니다. 또한 다른 강화학습 관련 서적들도 있으며, 이들은 다른 시각을 제공할 것입니다. 또한 전체 스택에 대해 알고 싶다면 일반적인 소프트웨어와 엔지니어링 기술을 향상시키세요.

배운 내용을 확고히 하기 위해 사용해야 합니다. 이미 경험을 통한 방법을 언급했지만, 멘토십, 가르침, 그리고 발표를 통한 경험 또한 학습하는 좋은 방법입니다. 다른 사람에게 무언가를 설명해야 한다면, 특히 발표와 같은 형식이면, 아이디어를 정리하고 모델과 일반화를 기억에 담을 수밖에 없습니다. 자신이 충분히 경험이 부족하다고 생각에 빠지지 마세요. 여러분은 이미 여러분이 경험한 분야의 전문가입니다. 여러분의 경험 중 일부는 다른 사람이 적용, 설명, 또는 가르칠 수 없는 방식으로 강화학습에 일반화될 수 있습니다. 한 번 시도해 보세요!

11.4.2 이제는 당신의 차례

강화학습에 대한 추가 자료는 기재된 웹사이트에서 찾으실 수 있습니다. 하지만 여기서도 여러분의 이야기를 듣고 싶습니다. 여러분이 진행 중인 프로젝트, 마주하는 도전, 팁과 요령, 그리고 강화학습의 미래에 대한 아이디어를 듣고 싶습니다. 특히 산업 현장에서 강화학습을 적용하려고 생각하거나 문제에 직면한 경우에는 함께 대화하고 싶습니다. 해결책, 팁, 평가를 통해 여러분의 노력을 줄이고, 위험을 감소시키고, 성과를 향상시킬 수 있습니다. 전체 연락처는 '저자 소개'에 기재되어 있습니다.

행운을 빕니다!

11.5 추가 자료

- Debugging:
  - Agans, David J. 2002. Debugging: The 9 Indispensable Rules for Finding Even the Most Elusive Software and Hardware Problems. AMACOM.
  - Fowler, Martin. 2018. Refactoring: Improving the Design of Existing Code. Addison-Wesley Professional.
  - Feathers, Michael C. 2004. Working Effectively with Legacy Code. Prentice Hall PTR.
- Deep learning debugging:
  - Goodfellow, Ian, Yoshua Bengio, and Aaron Courville. 2016. Deep Learning. MIT Press.
- RL debugging:
  - Excellent Reddit thread, which led to a lot of this information.[11]
  - John Schulman's fantastic nuts and bolts presentation.[12]
  - Representative experience from Matthew Rahtz.[13]
- Research directions:
  - Many of the ideas were inspired by the paper by Dulac-Arnold et al.[14]
  - Offline RL.[15]
  - I personally loved Max Tegmark's book on the future for AI.[16]

References

[1] Engstrom, Logan, Andrew Ilyas, Shibani Santurkar, Dimitris Tsipras, Firdaus Janoos, Larry Rudolph, and Aleksander Madry. 2020. "Implementation Matters in Deep Policy Gradients: A Case Study on PPO and TRPO". ArXiv:2005.12729, May.

[2] Ibid.

[3] Cobbe, Karl et al. "Reinforcement Learning with Prediction-Based Rewards." OpenAI. 31 October 2018.

[4] "Lessons Learned Reproducing a Deep Reinforcement Learning Paper". n.d. Accessed 17 August 2020.

[5] Ng, Andrew. "Nuts and Bolts of Applying Deep Learning". 2016.

[6] Guo, Xiaoxiao, Satinder Singh, Honglak Lee, Richard L Lewis, and Xiaoshi Wang. 2014. "Deep Learning for Real-Time Atari Game Play Using Offline Monte-Carlo Tree Search Planning". *Advances in Neural Information Processing Systems* 27, edited by Z. Ghahramani, M. Welling, C. Cortes, N. D. Lawrence, and K. Q. Weinberger, 3338-3346. Curran Associates, Inc.

[7] "Hype Cycle for Data Science and Machine Learning, 2019". n.d. Gartner. Accessed 17 August 2020.

[8] "Gartner Top 10 Trends in Data and Analytics for 2020". n.d. Accessed 17 August 2020.

[9] "Gartner Says AI Augmentation Will Create $2.9 Trillion of Business Value in 2021". n.d. Gartner. Accessed 17 August 2020.

[10] "Too Many AI Researchers Think Real-World Problems Are Not Relevant". n.d. *MIT Technology Review*. Accessed 20 August 2020.

[11] "Deep Reinforcement Learning Practical Tips". R/Reinforcementlearning, n.d., Reddit. Accessed 17 August 2020.

[12] "Deep RL Bootcamp Lecture 6: Nuts and Bolts of Deep RL Experimentation". 2017.

[13] "Lessons Learned Reproducing a Deep Reinforcement Learning Paper". n.d. Accessed 17 August 2020.

[14] Dulac-Arnold, Gabriel, Daniel Mankowitz, and Todd Hester. 2019. "Challenges of Real-World Reinforcement Learning". ArXiv:1904.12901, April.

[15] Levine, Sergey, Aviral Kumar, George Tucker, and Justin Fu. 2020. "Offline Reinforcement Learning: Tutorial, Review, and Perspectives on Open Problems". ArXiv: 2005.01643, May.

[16] Tegmark, Max. 2017. Life 3.0: *Being Human in the Age of Artificial Intelligence*. Penguin UK.